Meisterschule Malen und Zeichnen

Ohne Aufwand zur Kunst - Das geht leider nicht! Kein Lehrbuch kann so etwas versprechen. Sinnvolle Wege zur Kunst lassen sich aber durchaus beschreiben. In diesem Sinn will die ***Meisterschule Malen und Zeichnen*** ein tragfähiges und umfassendes Fundament für die künstlerisch-gestalterische Arbeit vermitteln. Trotz der anspruchsvollen Thematik werden die Informationen und Anleitungen so dargestellt, dass sie für den ernsthaften Leser verständlich und vor allem nachvollziehbar sind.

Das Buch gliedert sich inhaltlich in vier große Kapitel: „Grundlagen des bildnerischen Gestaltens", „Zeichnen", „Malen", und „Das Bild als Realisierung einer Gestaltungsabsicht". Methodisch gibt es drei verschiedene Ebenen, die sich durch ihre unterschiedliche Gestaltung deutlich voneinander abheben: Ein Informationsteil stellt praktisch den „roten Faden" durch die zu Grunde liegende Theorie dar (und da wir als Maler Freude an der Farbe haben, ist der rote Faden zu einem Farbband mutiert, das sich unten auf den entsprechenden Seiten befindet).

Der Aufgabenteil vermittelt konkrete Herangehensweisen (zum Beispiel auch für Kursleiter und Lehrer), die in zahlreichen Kursen erprobt worden sind. Er ist mit einem dunklen Fond hinterlegt, und auf jeder ersten Aufgabenseite ist in der oberen Ecke das „Werkzeug" abgebildet, mit dem die jeweilige Aufgabe bearbeitet werden soll. Schließlich gibt es noch den Lösungsteil, der - zur Orientierung und zum Vergleich - eine Fülle kommentierter Arbeitergebnisse von Kursteilnehmern zeigt.

Obwohl das alles recht schlüssig und Hoffnung machend klingt, muß festgestellt werden, dass Kunst als solche nicht lehrbar ist, wohl aber ihre Voraussetzungen und Grundlagen. Bildnerisches Gestalten unterliegt Regeln - bedachten oder unbedachten, eingehaltenen oder bewusst nicht eingehaltenen, theoretischen und praktischen. Bedeutende Kunstwerke lassen nicht unbedingt auf solche Regeln schließen. Deren Ablehnung ist aber meist keine Folge ihrer Unkenntnis, sondern ihrer Überwindung. Hoffen Sie also nicht, die Mühe der Auseinandersetzung vermeiden zu können. Glauben Sie nicht, dass Sie mit ein paar Tricks und Kniffen die ganz tollen Bilder herbeizaubern können. Das meiste, was auf diese Art und Weise produziert wird, ist Dilettantismus und Kitsch. In der „Bildnderischen Grundlehre" von Hugo Peters, einem meiner Professoren heißt es: „Die Kenntnis dieser Regeln, der bewusste Umgang mit der Tradition und eine solide handwerkliche Beherrschung der verschiedenen Techniken gehören zur allgemeinen künstlerischen Ausbildung". Dementsprechend darf ich abschließend mich selbst zitieren: „Kunst kann man nicht produzieren, Kunst stellt sich ein. Aber man muss ihr die Chance geben, einen am Arbeitsplatz anzutreffen!"

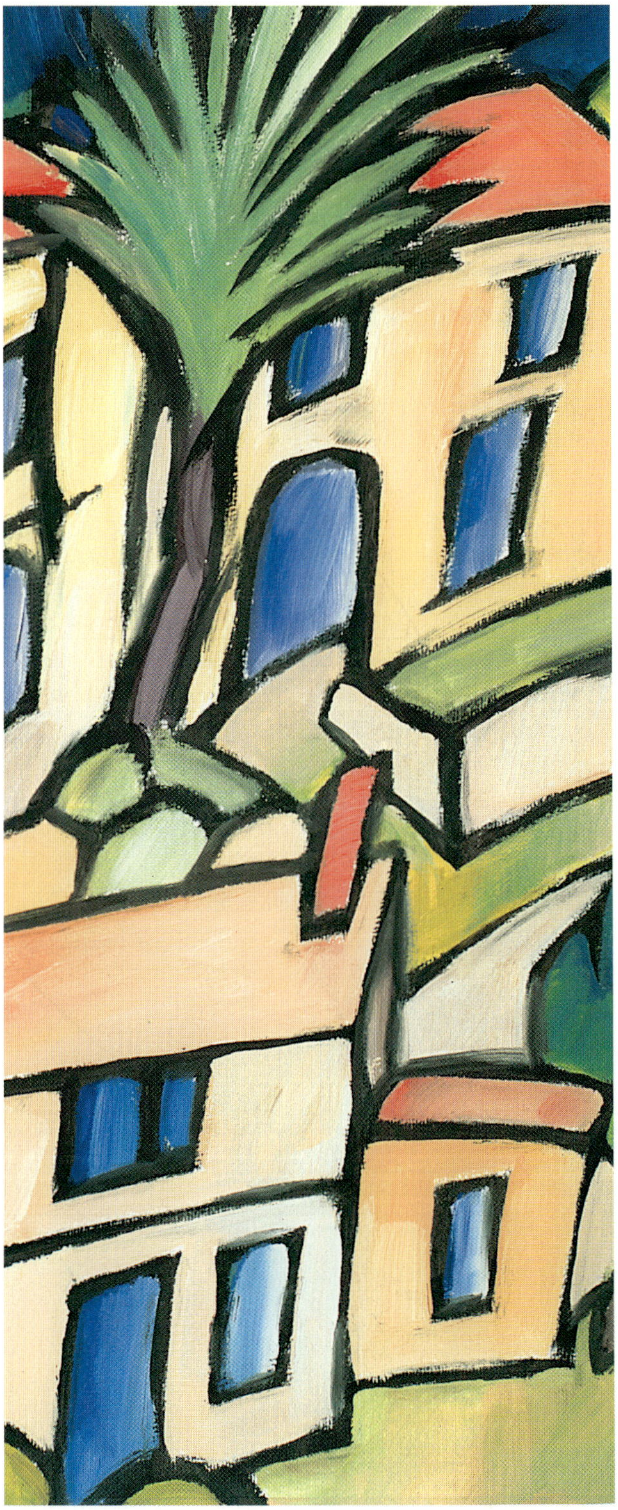

Prof. Wolf Wrisch
Meisterschule Malen und Zeichnen

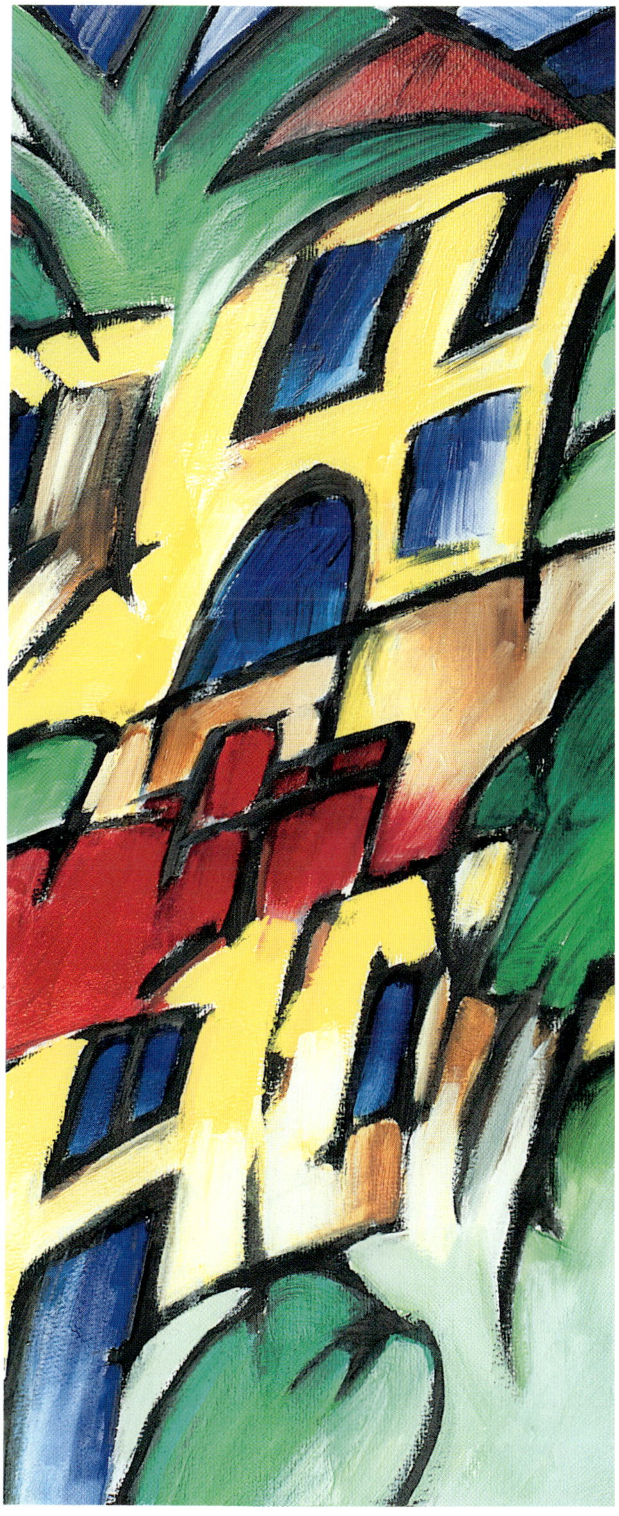

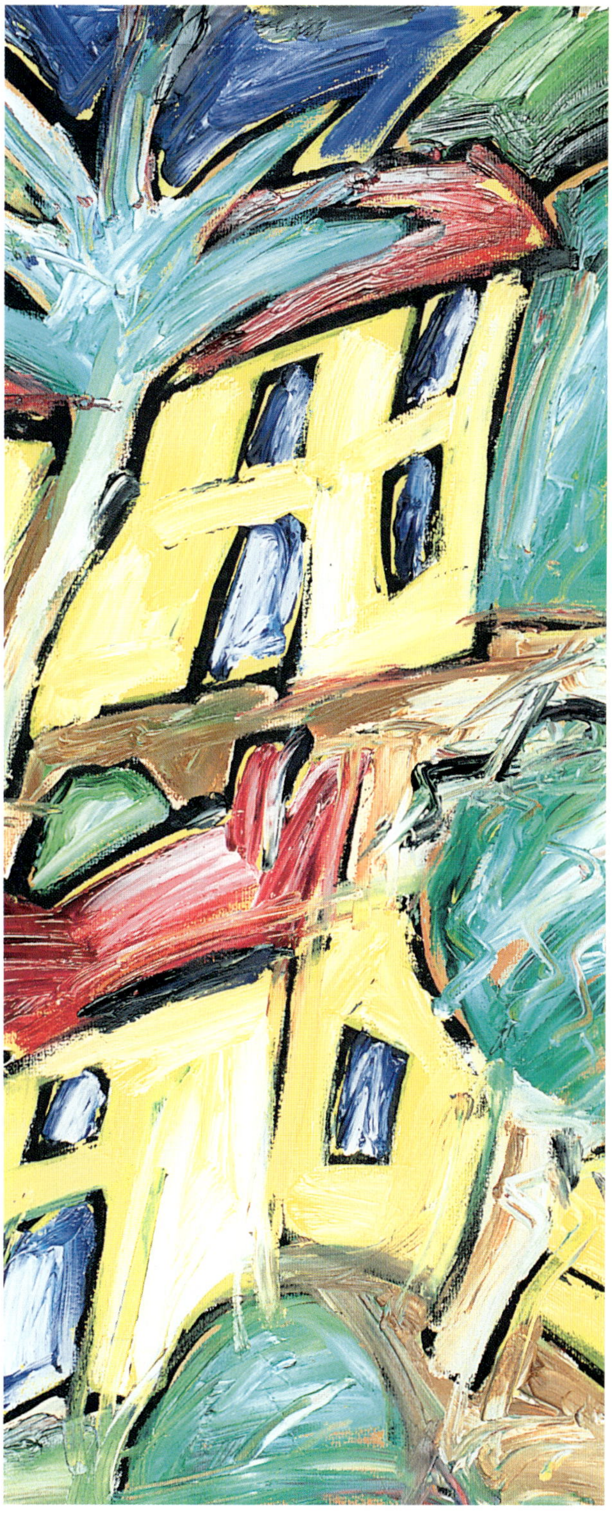

Inhalt

Malen

Das Bild als Realisierung einer Gestaltungsabsicht

Was ist Kunst, was gilt als Kunst?

Neben den Stammtischäußerungen über Politik gibt es wohl kaum einen Themenbereich, über den so viel Unfug erzählt wird wie über bildende Kunst. Und jeder Versuch, eine umfassend gültige Definition zu finden, ist hoffnungslos. Dennoch glauben die meisten Menschen, dass es eine verbindliche Festschreibung gibt – die gibt es aber nicht. Trotzdem hält sich noch immer die Auffassung, dass Kunst ganz bestimmten Forderungen unterliegen sollte: schön soll sie sein, gekonnt und dekorativ – davon sind die meisten Menschen überzeugt, auch ohne sich intensiver mit der bildenden Kunst auseinanderzusetzen.

Inge Dethlefs: Selbstporträt. 1995, Gouache und aufgeklebtes Papier, 72x50 cm. Die spontane, in ihrer Wirkung sehr ausdrucksstarke Arbeit lässt sich mit der Porträtzeichnung Ulrike Lampes schwer vergleichen, vor allem aber nicht vergleichend werten, obwohl beide Bilder das gleiche Motiv zeigen: das Gesicht eines Menschen. Jedes ist Ausdruck individuellen Wollens und entzieht sich damit jeder – vermeintlich objektiven – Wertung. Der Betrachter darf natürlich sehr wohl werten und sagen, welches der Bilder ihm bedeutsamer, spannender, schöner, ... erscheint. Aber diese Wertung bleibt subjektiv! Was ist Kunst, was gilt als Kunst?

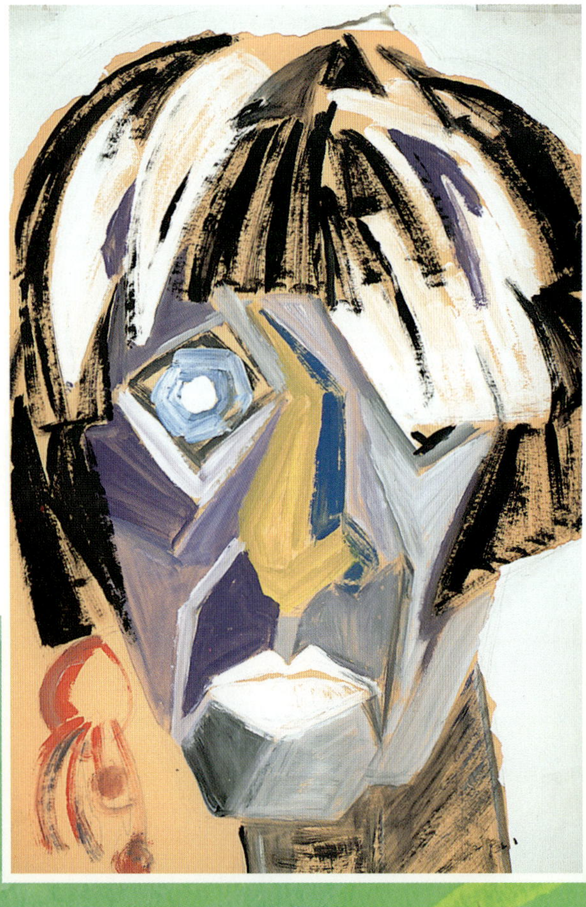

Kunst verstehen

Kunst lässt sich nicht „einfach so" verstehen, ohne sich ernsthaft damit zu beschäftigen. Man spricht dabei nämlich nicht ganz zufällig von „verstehen". Es gibt sogar Kunstwissenschaften. Sie sagen jedoch nicht, was oder sogar welches Ding Kunst sei, genauso wenig, wie die Politikwissenschaft etwas über die „richtige" politische Auffassung sagen kann. Wissenschaft ist nämlich nie normativ, also wertend – so jedenfalls lautet eine wissenschaftstheoretische Grundannahme.

In jedem Fall fördert die wissenschaftliche Auseinandersetzung mit einem Sachgebiet das Verständnis dafür.

So weit werden Sie mir sicher folgen. Sie wollen aber sicher einwenden, dass sich wirklich bedeutende Kunstwerke auch ohne Vorkenntnisse erschließen lassen, dass sie als sinnliche Erfahrung jenseits intellektueller Vorleistungen erlebbar sind. Da mag etwas dran sein. Bedenken Sie aber einmal folgenden Vergleich: Ein Bild ist für das Auge, was eine Musikstück für das Ohr und ein Glas Wein oder ein gutes Essen für den Geruchs- und Geschmackssinn sind.

Glauben Sie, dass jemand, der in seinem Leben bisher nur Cola und Bier getrunken hat, in der Lage ist, die Qualität eines Weines zu beurteilen, oder dass der häufige Verzehr von Curry-Wurst mit Pommes die beste Voraussetzung ist, um die Sterne des Guide Michelin zu vergeben?

Ich habe kürzlich ein Seminar zur Bedeutung Delacroixs abgehalten. Dessen wegbereitende Erkenntnisse in Bezug auf die Zusammenstellung der Farbpalette und die Farbverwendung, die von vielen späteren Künstlern, so auch von Cézanne und van Gogh bewundert wurden, werden Sie überhaupt nicht wahrnehmen können, wenn Sie nicht wissen, wie seine Zeitgenossen gemalt haben.

Sie werden seine Bilder daher aus der Begrenztheit der gegenwärtigen Sicht als belanglose Historienschinken abtun und nicht erkennen, dass er praktisch den Impressionismus vorbereitet hat.

Eine Kriterienliste

Wenn es schon keine verbindliche Definition dessen gibt, was Kunst ist, so könnte man doch Bedingungen beschreiben, die insgesamt den Kunstbegriff füllen sollen. Das klingt sachlich und hilfreich. Spätestens dann, wenn es an konkrete Einschätzungen geht, wird aber deutlich, dass die scheinbar sachlichen Kriterien sehr unterschiedlich interpretiert oder gewichtet werden.

Kunsthochschulen beurteilen in ihren Aufnahmeprüfungen beispielsweise nach der Qualität im Darstellungsvermögen, Abstraktionsvermögen, Vorstellungsvermögen, Realisationsvermögen, Selektionsvermögen, nach der Intensität und Originalität.

Exemplarisch möchte ich mich kurz nur mit dem Kriterium „Originalität“ auseinandersetzen, weil ganz offensichtlich die Hobbykunst von penetrantem Nachmachen, von Genauso-malen-wollen-wie, geprägt ist, und die Hochkunst Originalität zuweilen als nahezu einziges, jedenfalls überwältigend bedeutsames Kriterium ausgewählt hat. Hier steht Originalität praktisch als Synonym für Kunst.

Das Nachgemachte ist das ohnehin Erwartete. Es bestätigt nur Vorurteile, ist Wiederholung, Abklatsch, es ist eigentlich überflüssig. Meist dienen solche Bilder eher dem Bedürfnis nach Anerkennung, als dass sie gestalterisch ernst genommen werden wollen. Wenn andererseits Originalität zum einzig bedeutsamen Kriterium von Kunst wird, ist mir das zu wenig. Verstehen Sie mich nicht falsch, ich finde das Kriterium Originalität höchst bedeutsam. Der genannte Kriterienkatalog ist aber aus gutem Grund erheblich länger. Kunstausstellungen werden sonst nur zu Novitätenmessen, der originellste Gag wird zum Kunstereignis.

Die Möglichkeit, Kriterien von Kunst völlig unterschiedlich auszuwählen, sie zu interpretieren und zu gewichten, macht ihre Beurteilung offenbar individuell verfügbar. Die Verwendung spezifischer, zu benennender (!) Kriterien zur Analyse von Bildern lässt einen tatsächlich entscheiden, was man als Kunst bezeichnen will und was nicht. Man kann also sagen: „Im Folgenden nenne ich dies oder jenes Kunst“, aber man kann nicht sagen, was – verbindlich für alle – Kunst ist. Die Be- oder Verurteilung von Bildwerken als Kunst oder Nichtkunst ist unzulässig.

Zielorientiertes Arbeiten

Als Lehrender habe ich den Vorteil, meinen Kunstbegriff zu verbreiten, meine Seminarteilnehmer zu überzeugen, in dieser oder jener Richtung zu arbeiten. Ich muss ihn nicht mit einem Kunstverein absprechen, mit Galerien, den Kunstkritikern der Zeitung oder „der“ Öffentlichkeit.

Das setzt aber natürlich voraus, dass ich die Kriterien, deren Anwendung mir sinnvoll erscheint, vor jeder Aufgabe erläutere. Zugegebenermaßen ist künstlerische Arbeit nicht bloß der einfallsreiche und gekonnte Vollzug von sachlichen Vorgaben, Konzepten und Zielen. Vieles von dem spielt sich unbewusst ab. Wenn dies aber das Wesentliche des künstlerischen Tuns wäre, was sollten dann noch Lehren und Lernen? Aber genau das passiert leider nicht. Kunst hat sehr viel mit Arbeit zu tun, sehr viel mit Lernen. Und darum geht es im Rahmen dieser Meisterschule. Es geht darum, die Voraussetzungen für späteres künstlerisches Arbeiten zu schaffen. (Obwohl dabei, wie Sie sich selbst überzeugen können, durchaus schon überzeugende Bilder entstehen.)

Kunst begreifen

Künstlerisches Tun hat viel mit Begreifen, weniger mit Verstehen zu tun. Begreifen hat etwas mit den Händen, mit Handeln zu tun. Handeln Sie!

Verzeihen Sie den etwas platten Vergleich, aber Fahrrad fahren lässt sich auch nicht dadurch erlernen, dass Sie ein Buch darüber lesen. Um die Übungen zu verinnerlichen, um sie zu „können“, sollten Sie diese auch wirklich bearbeiten. Schließlich ist das, worauf Sie sich hier einlassen, mit dem vergleichbar, was an Kunsthochschulen als „Grundstudium“ bezeichnet wird. Und das umfasst in der Regel zwei Semester. Sie können sich im Gegensatz zu den Studenten die Zeit einteilen, aber genau wie diese sollten Sie sich an die vorgegebene Reihenfolge der Übungen halten.

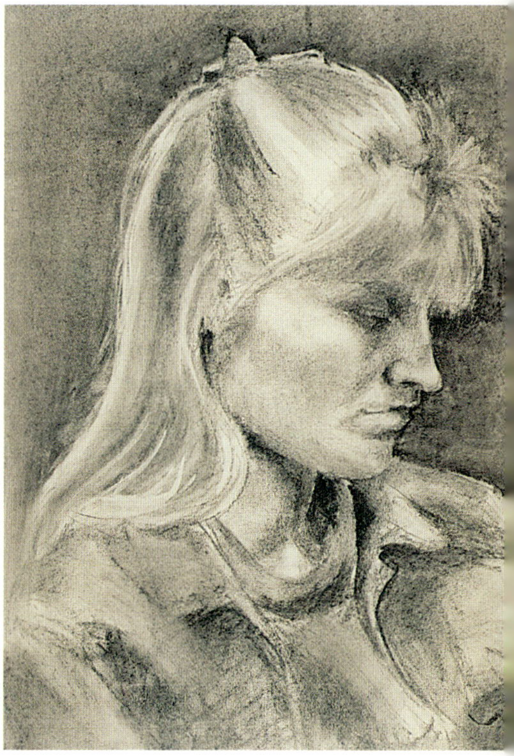

Ulrike Lampe: Porträt. 1988, Kohle, 55,5x42 cm. Der malerisch anmutenden Kohlezeichnung liegt wohl das Bestreben zu Grunde, die äußere Erscheinung des porträtierten Menschen erkennbar wiederzugeben, Materialien und Oberflächen zu charakterisieren und Plastizität zu verdeutlichen. Ein völlig anders gelagertes Gestaltungsziel als bei dem Selbstporträt auf der linken Seite, das eine ausdrucksbezogene „Botschaft“ gestalterisch vermitteln will.

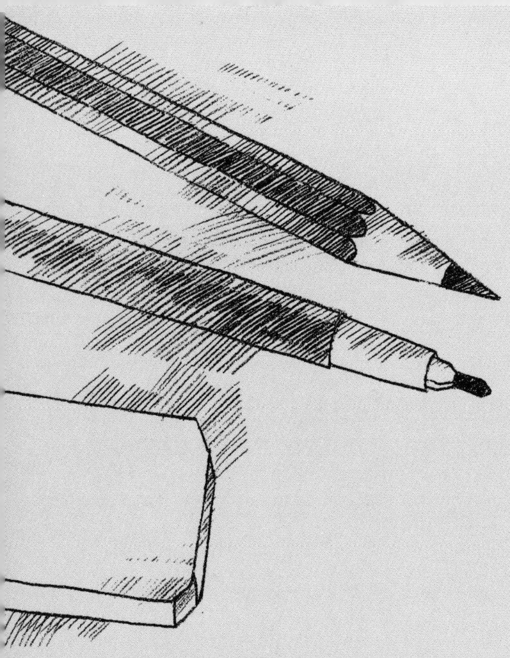

AUFGABE:
Der Inhalt meiner Tasche

„Der Inhalt meiner (Ihrer) Tasche" war ein Teil meiner Aufnahmeprüfung an der Kunsthochschule. Fertigen Sie bitte eine Bleistiftzeichnung auf einem weißen Zeichenbogen, etwa im Format DIN A2, an. Die einzige ausdrückliche Forderung an Sie ist, das Thema ernst zu nehmen. Alles weitere bleibt Ihnen überlassen.
Bevor Sie sich die Zeichnungen auf dieser und den folgenden Seiten anschauenen, die in meinen Seminaren entstanden sind, schließen Sie das Buch und zeichnen den Inhalt Ihrer Tasche.
Die Abbildungen sind zum besseren Vergleich zeichnerisch vereinheitlicht, damit man nicht durch Dinge, die lediglich die „handwerkliche" Ausführung betreffen (die bei dieser Aufgabe keine besondere Bedeutung hat), abgelenkt wird.
Jedes Bild kann – grob eingeteilt – auf drei zentralen Ebenen betrachtet werden:

1. Technik
Ist das Bild als Zeichnung gelungen, und wie ist es unter handwerklichen Aspekten zu bewerten?

2. Gestaltung
Hier wird insbesondere nach dem Bildgefüge, nach der Qualität der Komposition gefragt.

3. Ausdruck
Bei dieser Aufgabe ist der „Ausdruck" vorgegeben, das Bild sollte das Thema verdeutlichen: den Inhalt einer Tasche. Dazu ist es erforderlich, dass eine Tasche, oder wenigstens ein Teil davon im Bild gezeigt wird, um den Zusammenhang von Tasche und Gegenständen zu verdeutlichen.
Bei der hier gestellten Aufgabe wurde ein weiteres Kriterium zur Beurteilung der Bilder hinzugezogen:

4. Originalität der Darstellung
Dass es Sinn macht, die Fähigkeit, originelle Bildlösungen zu finden, in eine Aufnahmeprüfung einzubeziehen, liegt auf der Hand. Wenn Originalität ein ganz wesentliches Kriterium gegenwärtiger Kunstproduktion ist, kann es von keiner Kunsthochschule ignoriert werden.

Bildlösungen

Die wenigsten Bilder verdeutlichen den Zusammenhang von Gegenständen und der – im Titel – erwähnten Tasche. Meist sind die Objekte, wie die Abbildungen auf dieser Seite zeigen, mehr oder minder aufzählend und kompositorisch belanglos dargestellt.

Die linke Abbildung zeigt Gegenstände, die perspektivisch halbwegs schlüssig gezeichnet sind. Sie sind allerdings auf der Bildfläche insgesamt nach unten gerutscht und, ohne dass dafür eine formale Begründung nachvollziehbar wäre, sehr streng axial gegliedert. Jeder Hinweis auf eine Tasche fehlt. Originalität ist absolut nicht zu spüren.

Auch dieses Bild zeigt keinen Bezug der Gegenstände zu einer Tasche. Die Objekte sind weitgehend in die untere Bildhälfte gesackt. Das dadurch entstandene kompositorische Loch ist darauf zurückzuführen, dass die Seminarteilnehmerin beim Zeichnen die Gegenstände, die sie als Vorlage benutzte, auf das Papier gelegt hatte. Das vermittelte ihr während der Arbeit das Gefühl einer ausgewogenen Komposition.

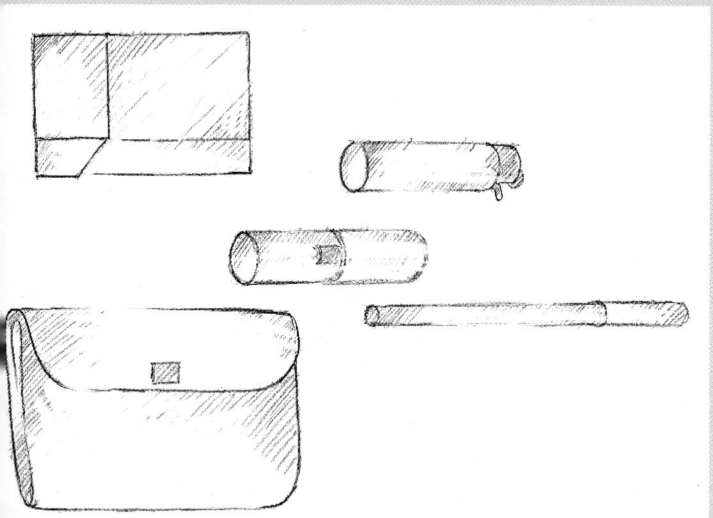

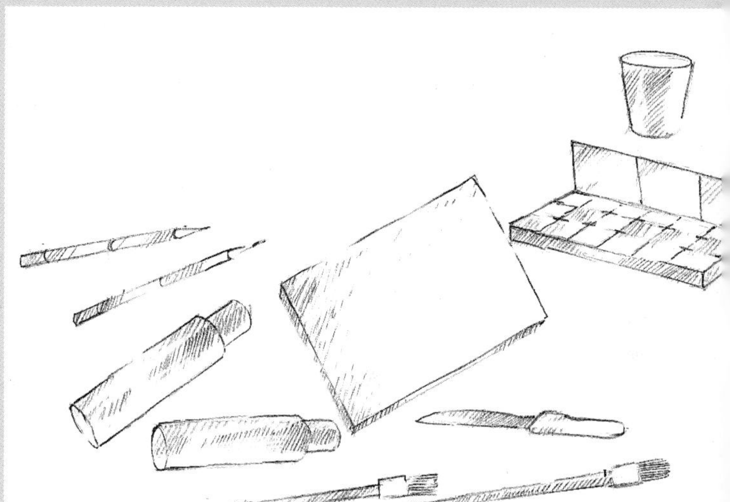

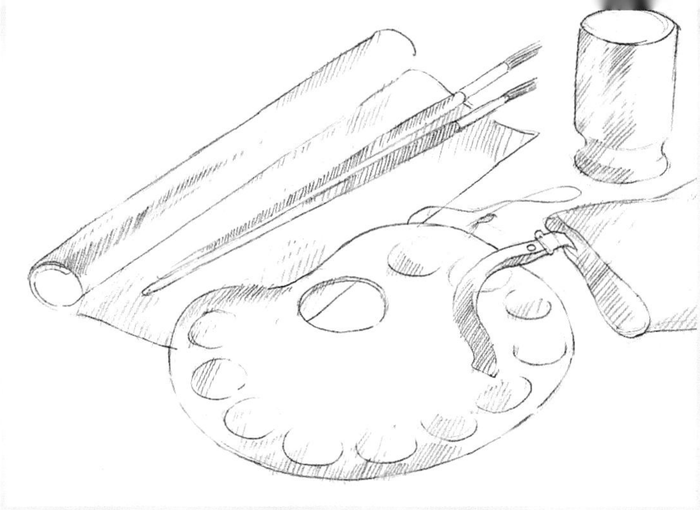

Diese Abbildung ist kompositorisch deutlich besser als die beiden auf der linken Seite. Es gibt Formüberschneidungen, einen Anschnitt (eine Überschneidung einer Form mit der Bildbegrenzung), ein Objekt ist freigestellt. Rundliche Formen kontrastieren mit eher eckigen, kleine mit großen. Lediglich ist auch hier kein Bezug der Gegenstände zu einer Tasche hergestellt.

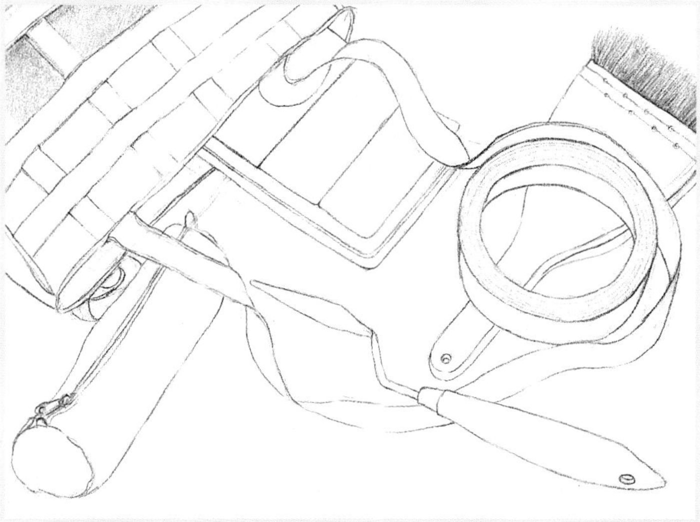

Helga Lagemann: Der Inhalt meiner Tasche. 1996, Bleistift, 30x40 cm.
Diese Zeichnung ist nicht bloß zufällig eine gute Lösung der gestellten Aufgabe. Die Seminarteilnehmerin hat, bevor sie mit der eigentlichen Zeichnung begann, ein paar schnelle Ideenskizzen angefertigt. Sie helfen, eine klarere Vorstellung von den eigenen Gestaltungszielen zu bekommen. Der Zusammenhang von Tasche und Inhalt ist in diesem Bild klar definiert, und die Fläche ist kompositorisch gut gegliedert.

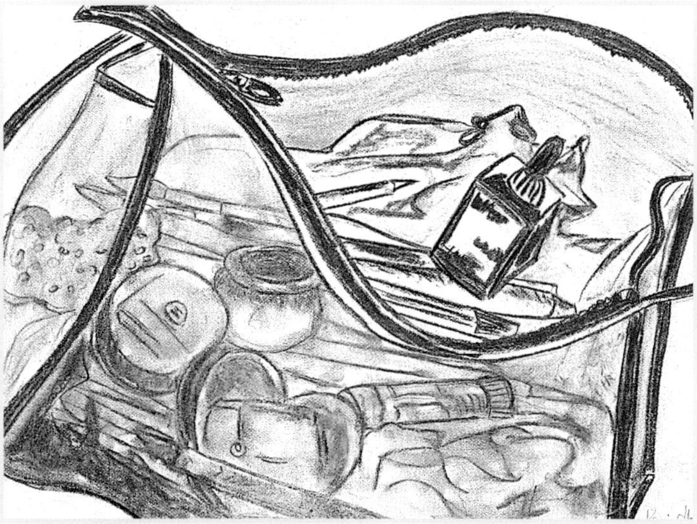

Karin Hölz: Der Inhalt meiner Tasche. 1993, Kreide, 37,5x55 cm.
Eine konzeptionelle Alternative zur ausgeschütteten Tasche ist die durchsichtige. Auch auf diese Weise lässt sich das Thema durchaus darstellen. Die kompositorischen Möglichkeiten sind durch die kompakte Form der Tasche allerdings sehr viel geringer. Recht geschickt sind die Objekte, die eigentlich verdeckt wären, durch eine geringere Intensität des Kreidetons von anderen abgehoben.

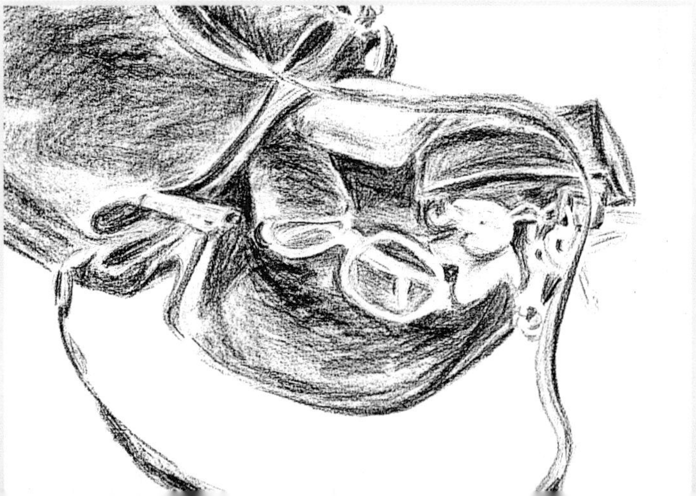

Birgit Fruhner: Der Inhalt meiner Tasche. 1993, Kreide, 50x70 cm.
Die ausgeschüttete Tasche verdeutlicht das Thema recht überzeugend. Überdies eröffnet diese Bildidee kompositorisch einen großen Spielraum. Bei beiden Zeichnungen ist die Tasche links angeordnet, der Inhalt ergießt sich nach rechts. Wenn Sie sich klarmachen, dass Bilder in unserem Kulturkreis im Prinzip immer von links nach rechts „gelesen" werden (siehe Seite 35), ist damit auch der Aspekt des Ausschüttens am besten verdeutlicht.

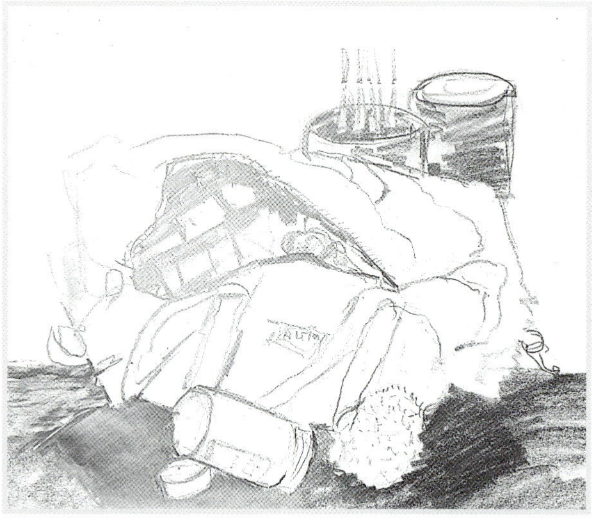

Viera Walsch: Der Inhalt meiner Tasche. 1994, Bleistift, 50x70 cm.

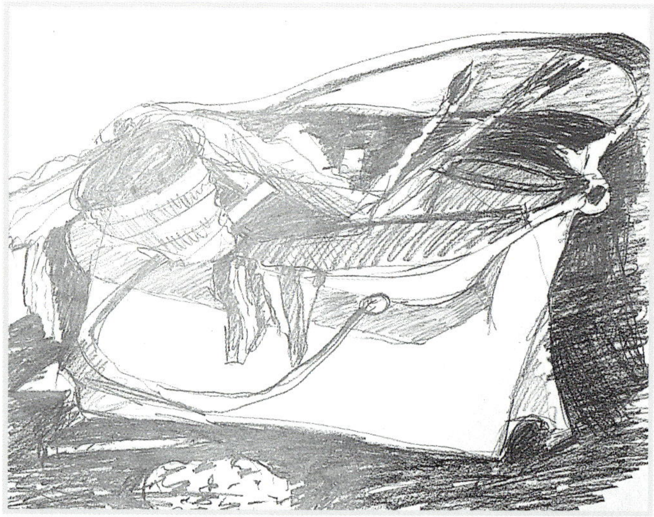

Gesa Goldammer: Der Inhalt meiner Tasche. 1994, Bleistift, 50x70 cm.

Die oberen Zeichnungen erzielen ihre Bildwirkung ganz erheblich auch durch Einbeziehung gestalterischer Qualitäten. Sie unterscheiden sich allerdings insofern von denen auf Seite 9, dass sie in stärkerem Maße den Unter- beziehungsweise Hintergrund durch entsprechende Hell-Dunkel-Akzentuierungen einbeziehen. Dadurch entsteht, auch bei der relativ großzügigen Strichführung im Bild von Gesa Goldammer eine recht überzeugende formale Einheitlichkeit.

Der Begriff „Tasche" löst bei Frauen und Männern möglicherweise unterschiedliche Assoziationen aus. Jedenfalls waren die „männlichen" Lösungen zufällig (von der Bildidee her) origineller.

Die linke Zeichnung unten stammt von einem jungen Mann aus einem Informationsseminar für Interessierte an einem Kunststudium und die rechte von Volkmar Heym aus einem meiner Hochschulseminare. Die Geldstücke in seinem Bild sind übrigens eine so genannte Frottage: sie wurden unter das Papier gelegt und mit Wachskreide abgerieben.

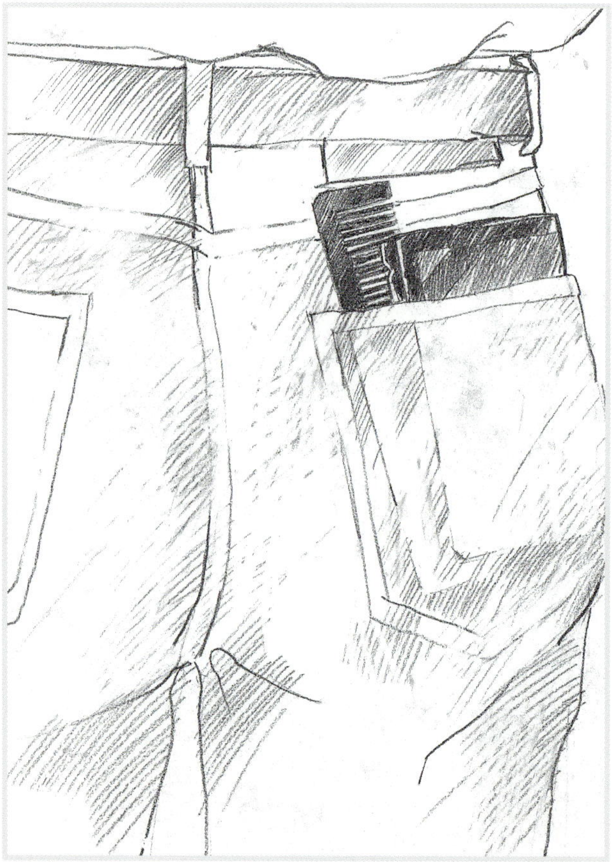

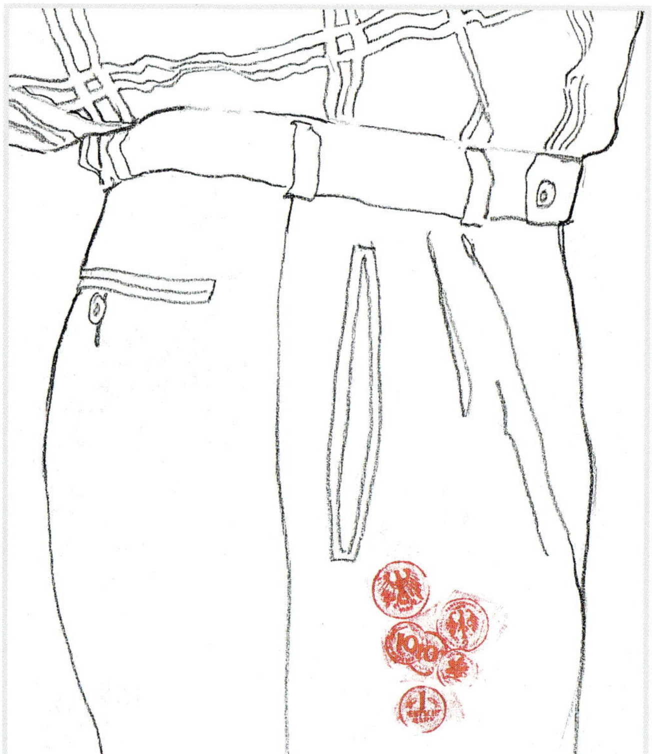

AUFGABE:
Das Bildformat spannungsreich bewältigen

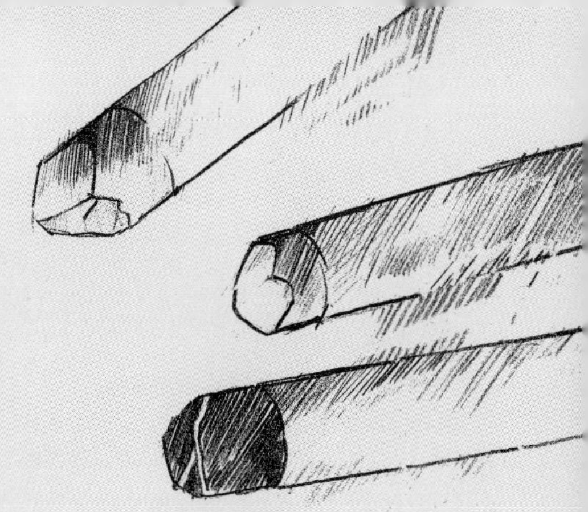

Auch diese Aufgabe wurde im Rahmen einer Aufnahmeprüfung an einer Kunsthochschule gestellt. Sie wählen sich zwei winzige Objekte; beispielsweise solche, wie sie hier auf dieser Seite abgebildet sind. Diese Gegenstände sollten Sie weitgehend realistisch darstellen und mit ihnen ein großes Format spannungsreich bewältigen. In meinen Seminaren bekommen die Teilnehmer dafür 70 x100 cm große Zeichenbogen. Gearbeitet wird mit farbigen Ölkreiden.

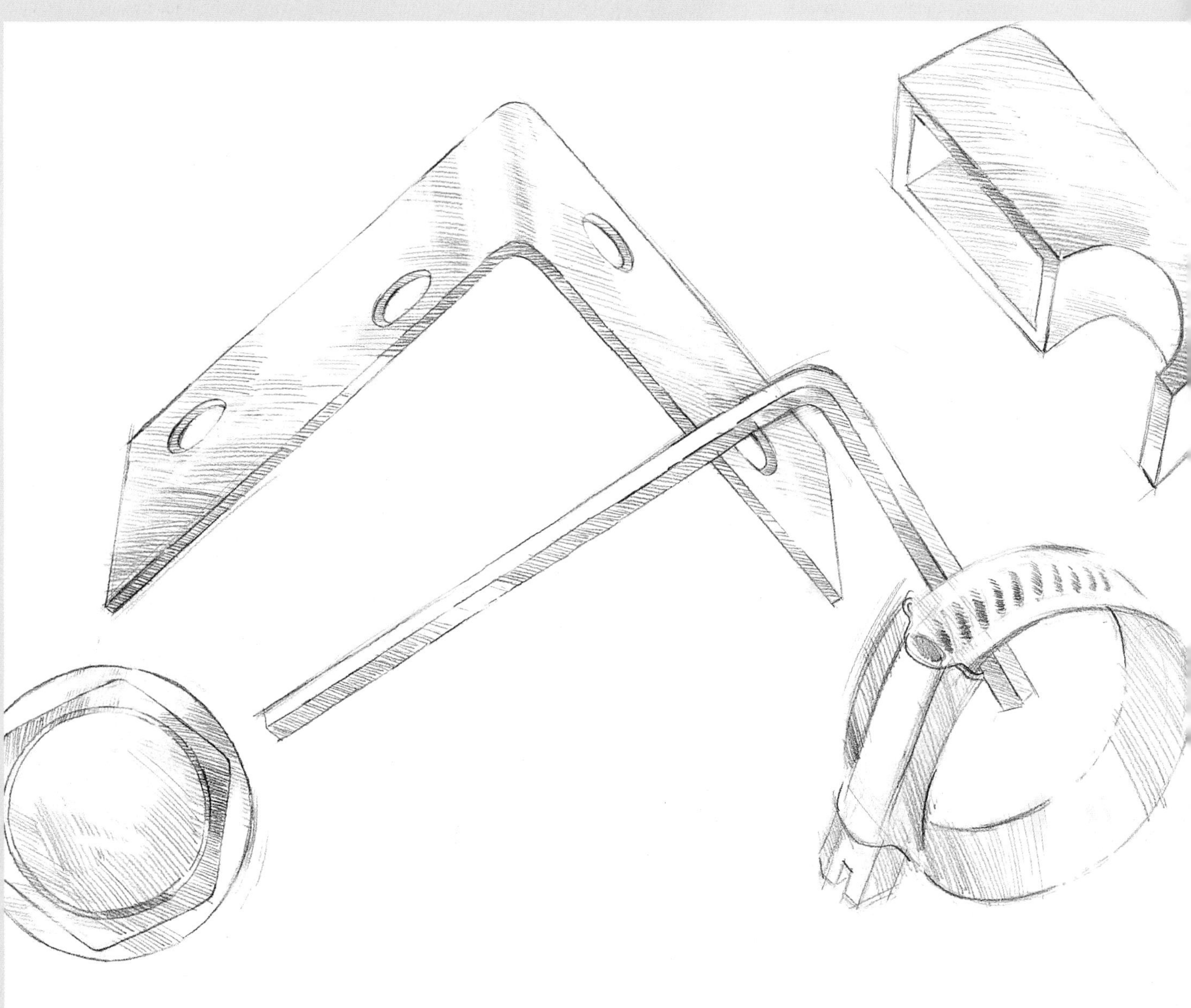

Bildlösungen

Bild rechts:
Bärbel Politsch:
Ohne Titel. 1996, Ölkreide, 100x70 cm.
Seinen fast beunruhigend dynamischen Ausdruck bezieht dieses Bild vor allem aus der konsequenten kompositorischen Gliederung und der starken Kontrastwirkung von vital gesetzten, schraffurartigen Linienbündeln und verwischten, meist hellen Bildteilen, die die ansteigende Bewegung im Bildaufbau noch verdeutlichen.

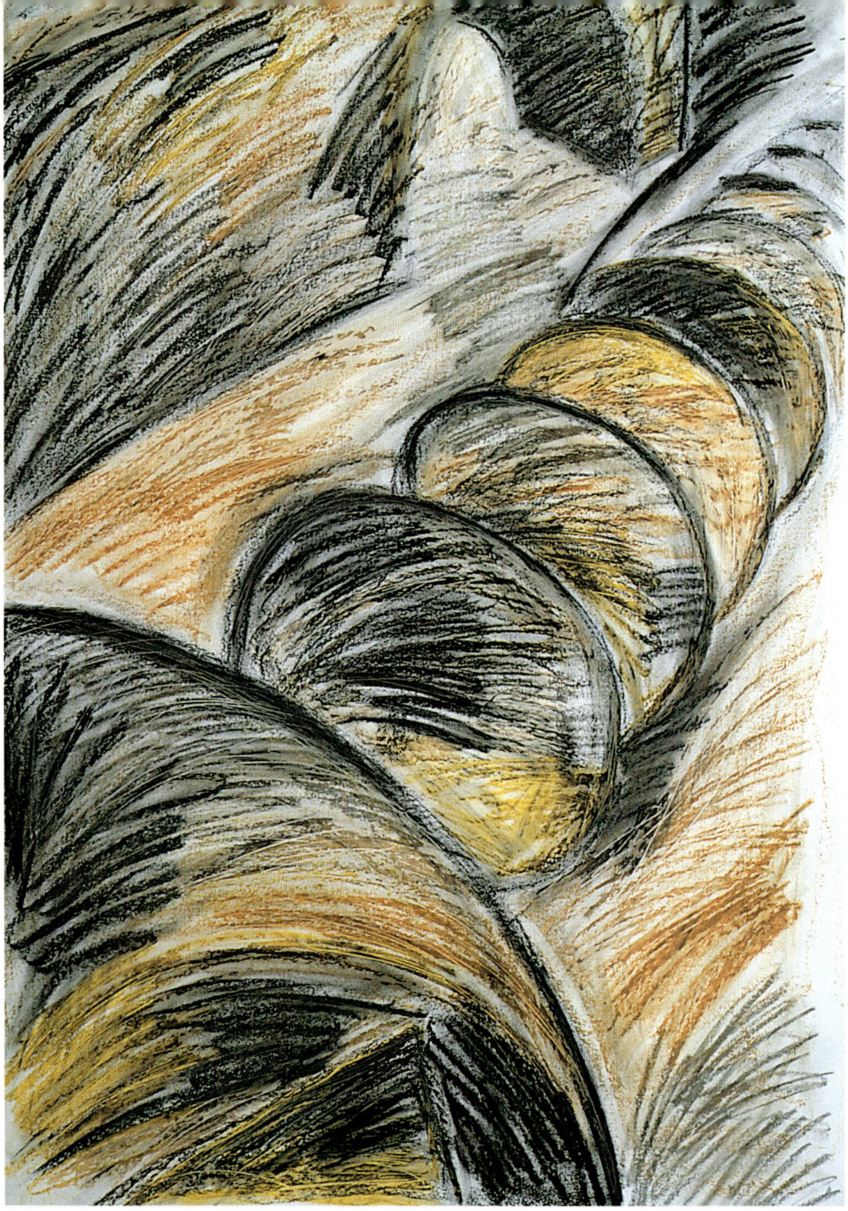

Bild unten:
Birgit Fruhner:
Ohne Titel. 1996, Ölkreide, 70x100 cm, Ausschnitt
Diese Arbeit überzeugt durch eine klare Gliederung, präzise Handhabung der formalen Kontraste und souveräne grafische Akzentuierungen. Um die Qualität der kompositorischen Gliederung – und damit das Verhältnis von Leerflächen (Zwischenräume) und Objektflächen (Gegenstände) – angemessen beurteilen zu können, bedenken Sie zweierlei: es standen zur Gestaltung der 70x100 cm großen Bildfläche tatsächlich nur zwei Objekte zur Verfügung und sämtliche hier verwendeten Gegenstände waren kaum größer als jeweils wenige Millimeter.

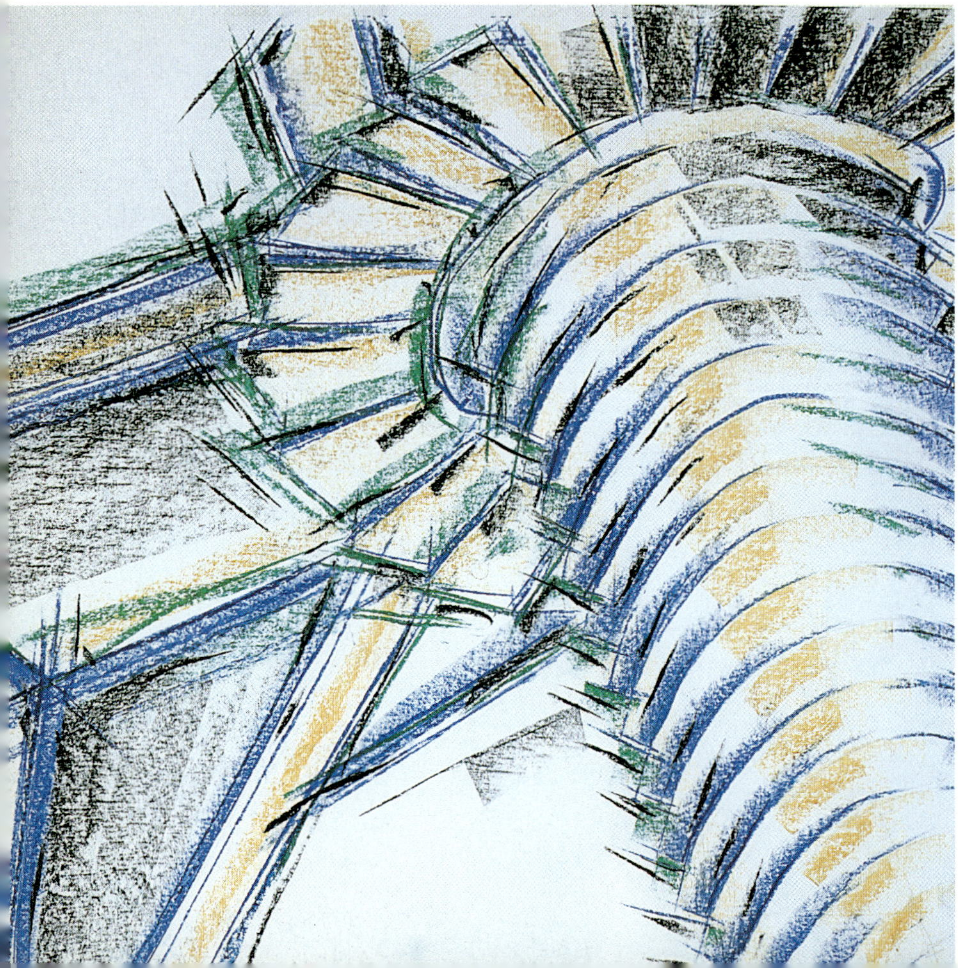

Bild rechts:
Manuela Schnackenburg:
Ohne Titel. 1995, Ölkreide,100x70 cm.
Diese Arbeit macht einsichtig, dass es nicht bedeutender Objekte, Themen oder Botschaften bedarf, um überzeugende Bilder zu zeichnen oder zu malen. Trotz der fast lächerlich banalen Objekte, die hier abgebildet werden (ein Imbusschlüssel und eine Schlauchschelle!) geht von diesem Bild eine monumentale Kraft aus, es vermittelt etwas Archaisches, erinnert an Rüstung, Totem oder Fetisch.

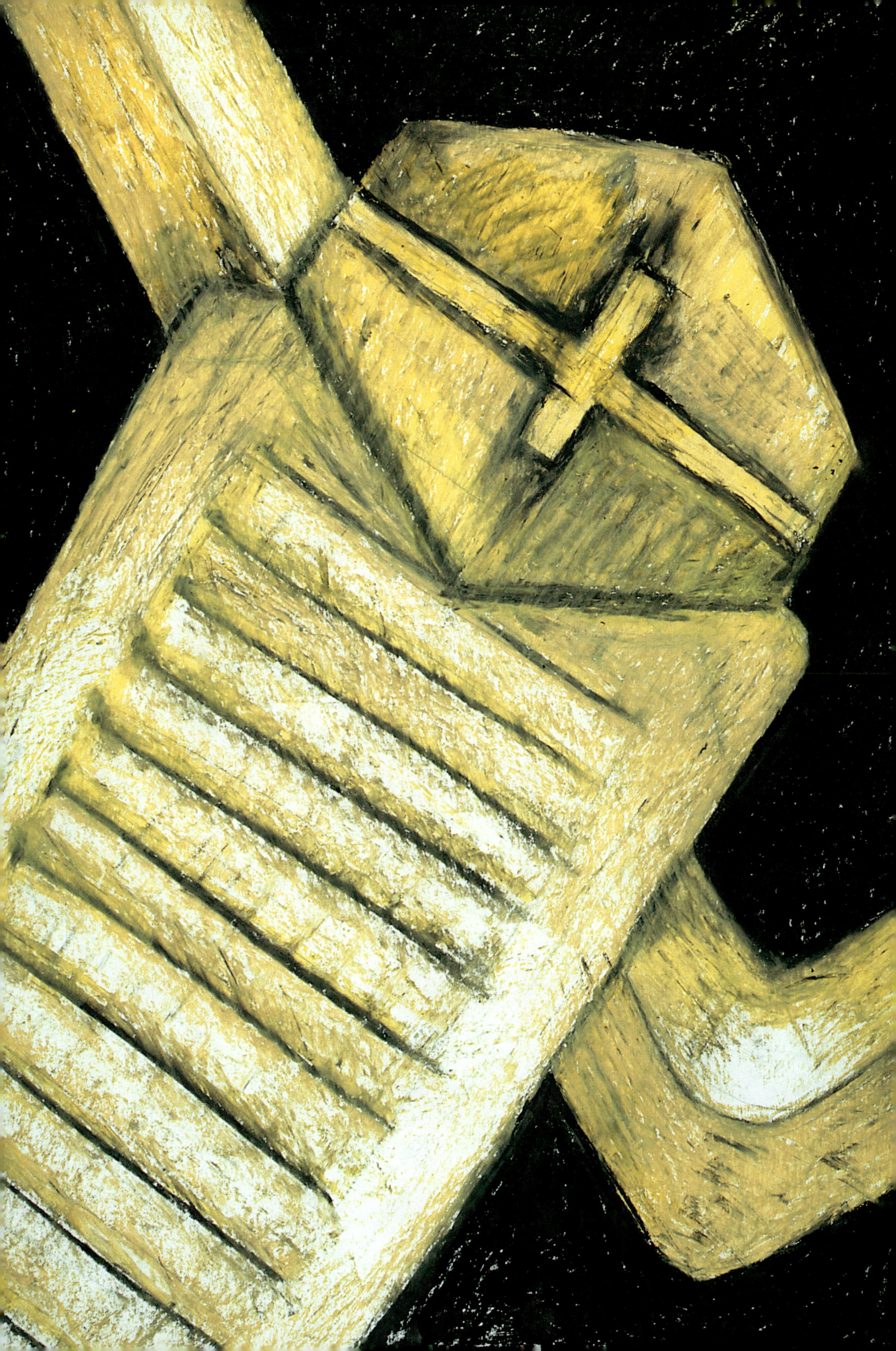

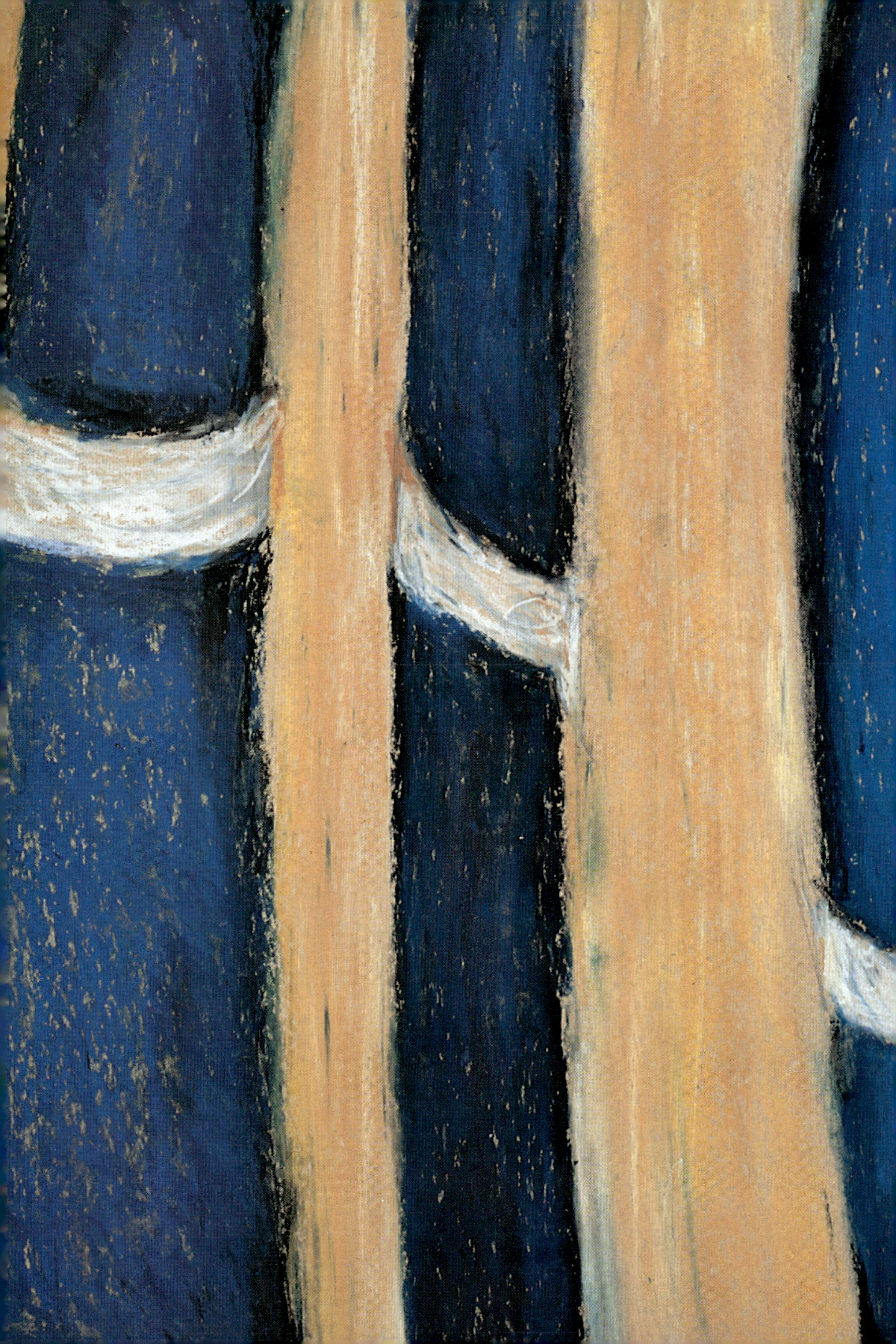

Grundlagen des bildnerischen Gestaltens

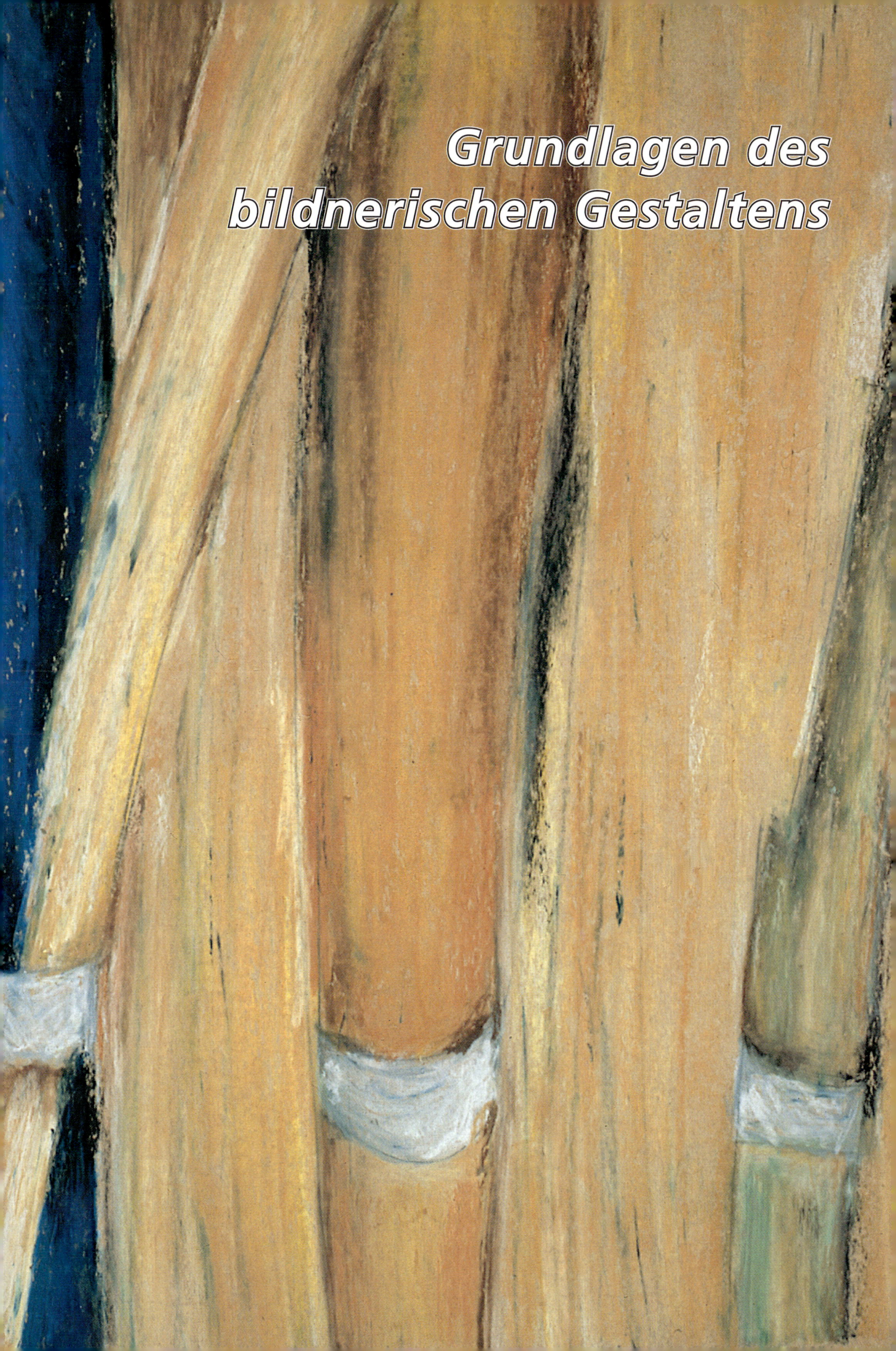

Wie gehe ich mit einem Motiv um?

Die gestalterische Auseinandersetzung mit einem Motiv ist, bewusst oder unbewusst, ganz erheblich davon geprägt, wie es auf mich wirkt, nicht, wie es objektiv aussieht. Ob es sich dabei um ein Stillleben, eine Landschaft oder einen Menschen handelt, spielt keine Rolle. Wir projizieren quasi ganz viel auf diese Dinge und übersehen dementsprechend oft charakteristische und ungewöhnliche Aspekte. Dass wir uns so verhalten, hat weniger mit einer Unfähigkeit als mit einer Fähigkeit zu tun, ohne die wir im Alltag vermutlich nicht überleben könnten.

Sehgewohnheiten

Im Laufe unserer Entwicklung bilden wir Muster oder Modelle von den Dingen. So ist uns beispielsweise eine Tür nicht neu, da wir bereits sehr viele gesehen haben. Wir gucken nicht mehr so genau hin, haken das Thema Tür ab und meinen, dass die eine in etwa so wie die andere aussieht.
Eine der boshaftesten Prüfungsaufgaben an Kunsthochschulen, die auch im Schulunterricht immer wieder gestellt wurde, war die Zeichnung der Eingangstür, durch die man das Gebäude betreten hat. Versuchen Sie es einmal, es dauert nur fünf Minuten, zeichnen Sie die Haustür, durch die Sie zuletzt hindurchgegangen sind und vergleichen Sie die Zeichnung mit dem Original: eine sehr enttäuschende Erfahrung! Sie müssen diese Erfahrung aber selbst machen, sonst werden Sie mir nicht glauben! Aus diesem Grund wiederhole ich hier eine Aufgabe, die ich in meinem Buch „Zeichnen und Malen auf Reisen“ in ähnlicher Weise gestellt habe.

AUFGABE:
Was sehe ich in einem Motiv?

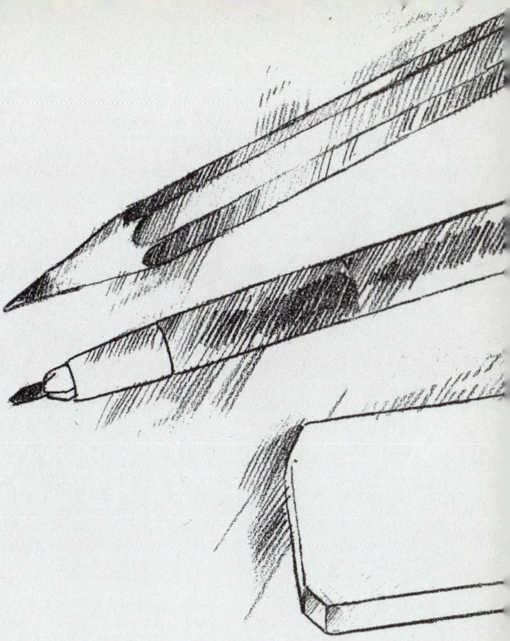

Bitte betrachten sie diese Abbildung etwa eine Minute lang ganz intensiv.
Schließen Sie nun gleich das Buch und zeichnen Sie das Gesehene. Es geht dabei nicht um ein durchgearbeitetes Bild. Zeichnen Sie mit Bleistift auf einem etwa DIN A3 großen Blatt Skizzenpapier das auf, woran Sie sich erinnern können. Fünf bis zehn Minuten reichen dazu vollkommen aus. Bitte lesen Sie erst nach Beendigung der Zeichnung weiter.
Wenn Sie jetzt damit fertig sind, vergleichen Sie das Foto und Ihre Zeichnung. Vermutlich fangen Sie an, die Fenster und Türen, die Tische und Stühle nachzuzählen. Sie werden deren Anordnung und die Größenverhältnisse überprüfen. Vieles wird nicht mit der „Realität“ des Fotos übereinstimmen. Ich hatte Ihnen allerdings auch eine wenig hilfreiche Arbeitsanweisung gegeben: Ich bat Sie, das Bild „intensiv“ zu betrachten. Was heißt das? Bei der Überprüfung der Richtigkeit haben Sie nun aber nicht intensiv (was immer das ist), sondern strukturiert geschaut: Sie haben gezählt, gemessen, verglichen. Genau das sollten Sie von vornherein tun, wenn Sie nicht in der Lage sind, eine komplexe Situation als Ganzes zu erfassen.

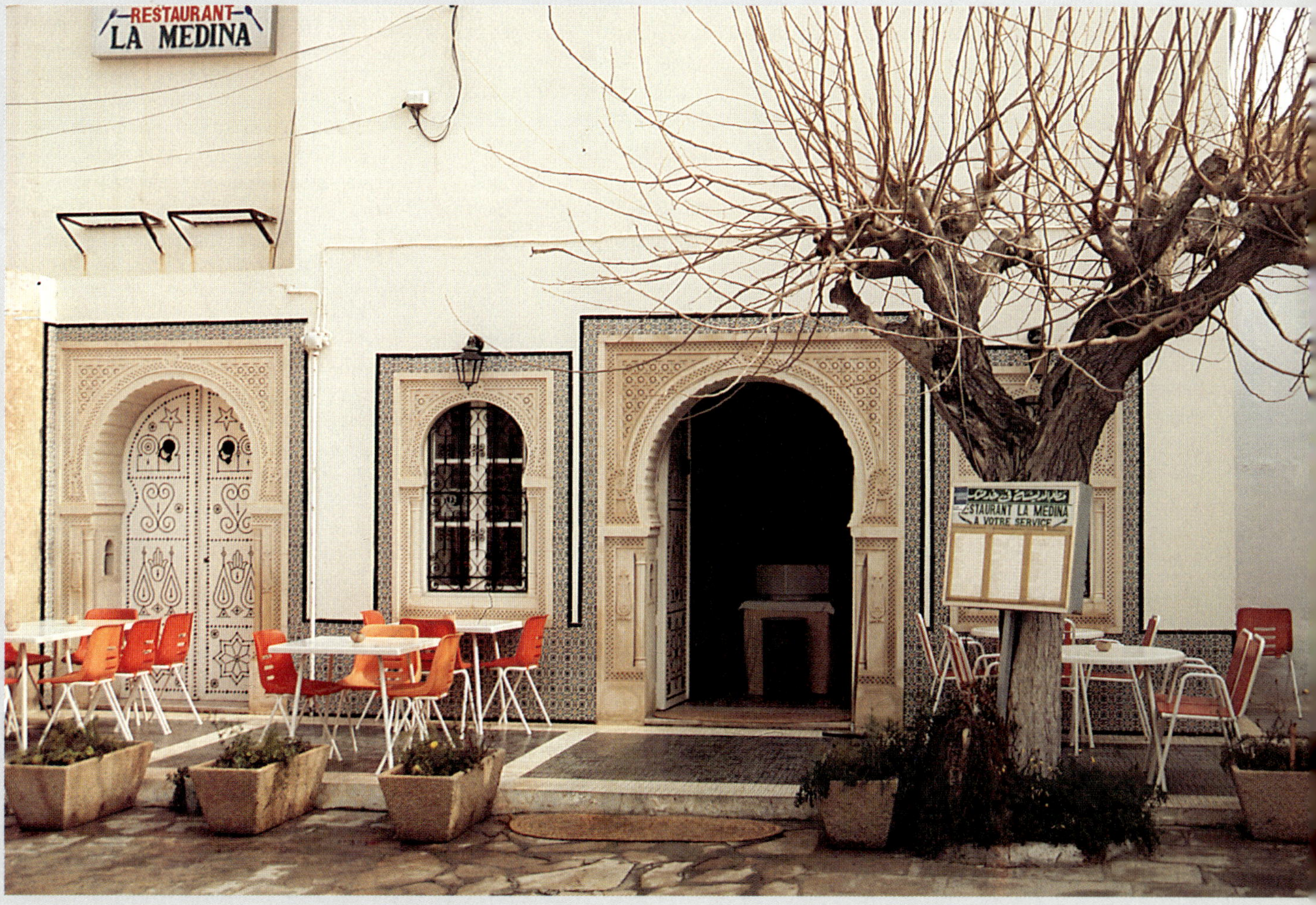

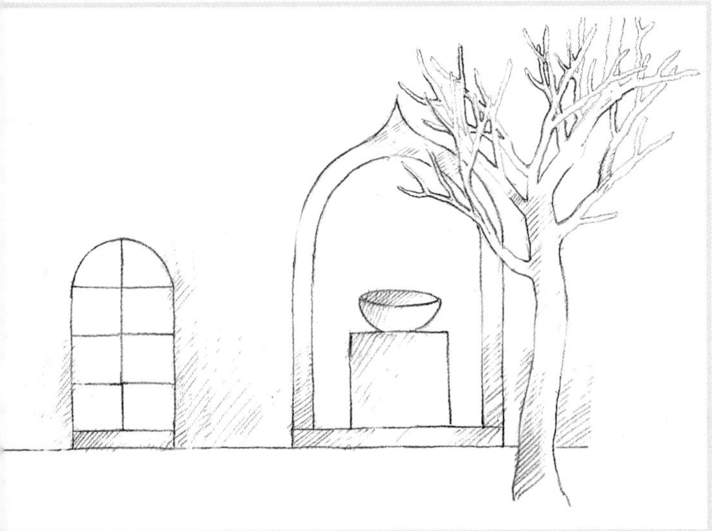

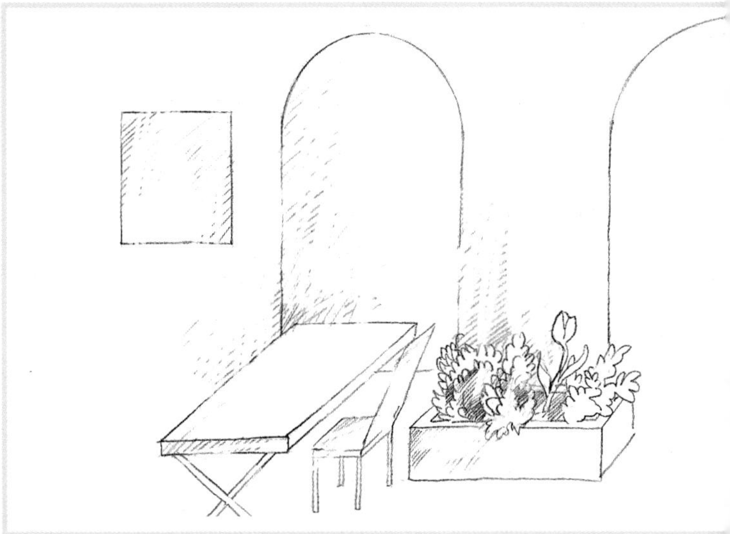

Ich weiß natürlich nicht, wie das Ergebnis Ihrer Bemühungen aussieht. Ich weiß nur, dass viele Zeichnungen, die bei dieser Übung entstanden sind, ganz wenig mit dem gezeigten Dia, also mit der Realität zu tun hatten, – denn dafür steht das Foto ja, genausogut hätte ich meine Seminarteilnehmer schließlich auch vor ein Motiv setzen können. Dennoch zeigt auch diese Zeichnung im Grunde sehr wenig von dem, was ich an der Bildvorlage als bedeutend, als interessant und als typisch empfunden habe. Der Weg nach Nordafrika ist recht weit und – wen verwundert es – wir bringen den gesamten Ballast unserer Vorerfahrung mit. Sie dürfen durchaus einwenden, dass Sie tatsächlich ja nur eine Fotografie zu sehen bekamen und vor allem, dass die Betrachtungsdauer einfach zu kurz war. Das erste Argument kann ich aufgrund meiner Erfahrung schnell entkräften: ich habe schon über 40 Malreisen geleitet und konnte leider allzu oft die Erfahrung machen, dass auch vor Ort die „mitgebrachten" inneren Bilder die Zeichnungen und Malereien ganz massiv beeinflusst haben. Der Zeitfaktor spielt allerdings dabei ein ganz entscheidende Rolle. Die Arbeiten waren nie so schlecht, so ausdrucks- und belanglos, wie die Ergebnisse dieser Aufgabe. Dennoch bewahre ich einige Vorbehalte – nach der nächsten Übung komme ich darauf zurück.

Die oben gezeigten Abbildungen sind zur besseren Vergleichbarkeit wieder von mir zeichnerisch vereinheitlicht worden, aber sie sind im Prinzip unverändert. Sie zeigen, wie stark die Wahrnehmung von inneren Bildern überlagert wird. In der ersten Zeichnung tauchen nur Bruchstücke der Realität auf, allesamt verändert von Vorstellungen und Erinnerungen: ein im Wuchs unbeeinflusster Baum und ein spätgotisch geprägter Türbogen.
Noch weniger mit der Vorlage hat das zweite Bild zu tun: offenbar war für die Zeichnerin der Blumenkübel das wichtigste Element des nordafrikanischen Motivs, das eckige Fenster ist eine freie Erfindung und – wie bei dem ersten Bild auch – wurde nur ein Ausschnitt aus dem Gesamtzusammenhang wiedergegeben.

Zwar begrenzt die Zeichnung unten links das Motiv auf nicht lediglich einen kleinen Ausschnitt, die abgebildeten Dinge sind aber fast völlig aus der Erinnerung hervorgezaubert worden.
So wurden die Objekte nicht nur erheblich verändert, der Sonnenschirm, die eckigen Fenster und die Speisekarte an der Wand wurden mutig hinzu-gemogelt. Frei erfunden sind auch das Laub und die merkwürdige Gestaltung der linken Tür in der rechten unteren Zeichnung.

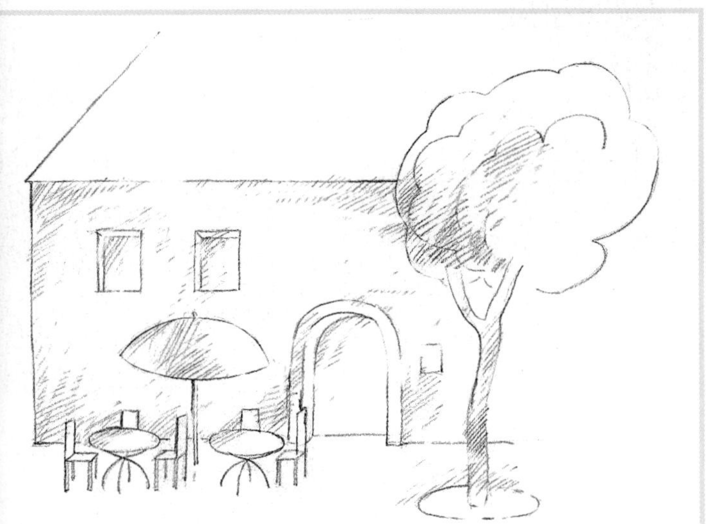

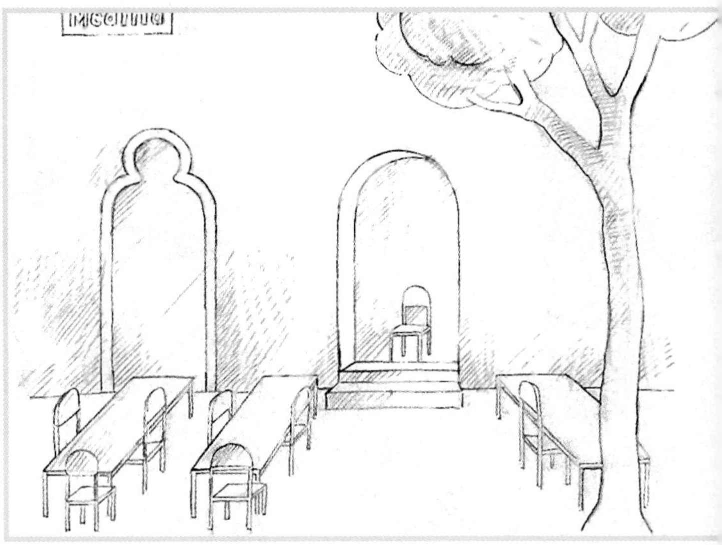

AUFGABE:
Sehen und Erkennen ist zweierlei

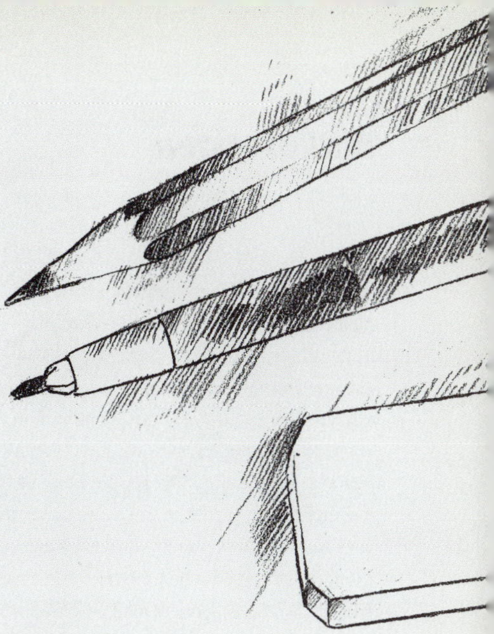

Sie haben ein paar exemplarische Bilder meiner Seminarteilnehmer gesehen, und vor allem haben Sie Ihre Zeichnung mit dem Foto verglichen. „Richtiges“ Sehen bedeutet, das habe ich bereits erklärt, strukturiert zu sehen. Aber es kommt noch etwas anderes hinzu: Sie müssen das Ungewöhnliche, das Typische erkennen. Gehen Sie noch einmal das Motiv mit den Augen durch. Nehmen Sie sich ausreichend Zeit. Auch das ist etwas, was wir verlernt haben. Das schnelle Erfassen einer Situation, die fast spontane Unterscheidung von wichtig und unwichtig, von interessant und uninteressant entsprechen dem Zeitgeist. Tatsächlich stärkt so etwas bloß unsere Vorurteile und Konzepte. Nehmen Sie sich noch einmal die Zeit, das Bild eine Weile zu betrachten. Nun sollten Sie sich darauf einlassen, das Buch noch einmal zu schließen und die Zeichnung zu wiederholen. Die Bedingungen sind die gleichen wie eben: Fünf bis zehn Minuten, A3-Papier, Bleistift! Blättern Sie erst dann um, wenn Ihre Zeichnung fertig ist!

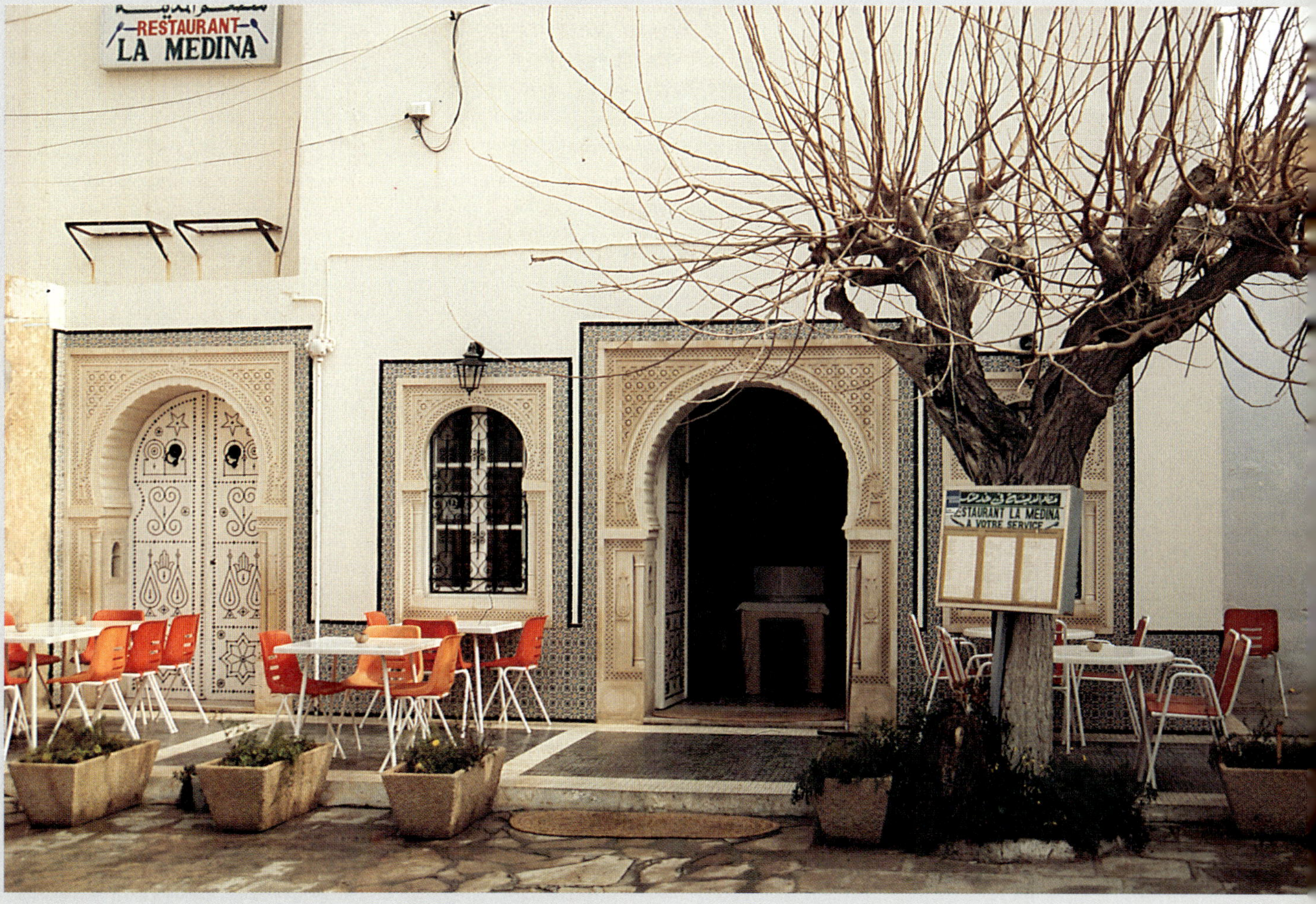

Bildlösungen

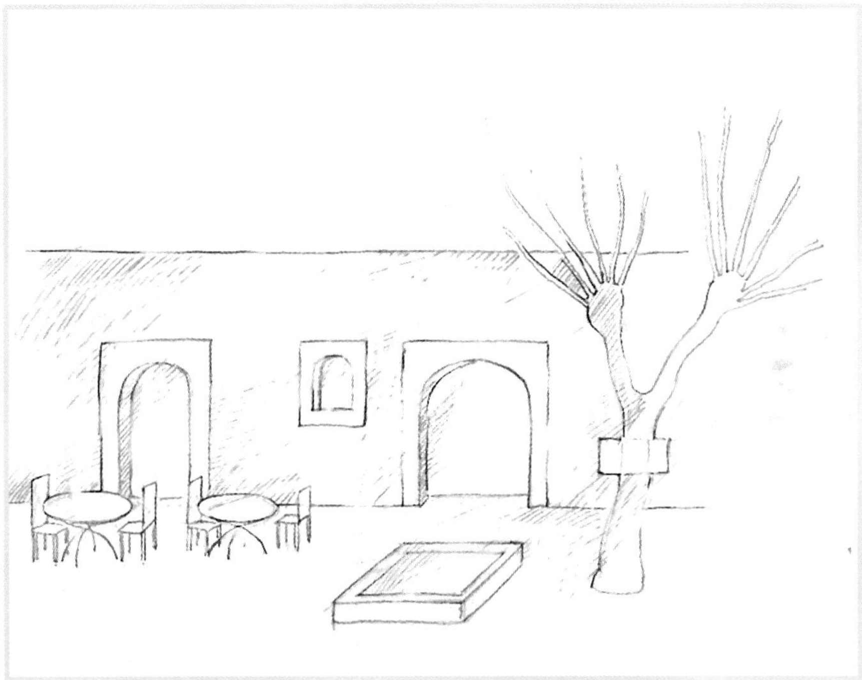

Sind Sie fertig? Beim Vergleich Ihrer zweiten Zeichnung mit der ersten werden Sie vermutlich feststellen, dass Sie durch die erneute Betrachtung eine Reihe von Fehlern ganz sicher nicht mehr gemacht haben. Andererseits werden sie eventuell feststellen können, dass einige Dinge, die beim ersten Versuch falsch waren, es im zweiten Versuch im Grunde immer noch sind. Sie sind nur nicht mehr ganz so falsch wie beim ersten Mal. Das ist eine ganz wichtige Erkenntnis: Wir sehen alles durch die Brille unserer Vorerfahrung, die das Neue und Andersartige praktisch durch Bekanntes überlagert. Unsere Bilder werden demnach – wenn wir uns nicht sehr bewusst und kontrolliert verhalten – immer etwas belanglos und hausbacken aussehen.

Die hier beschriebene Aufgabe habe ich in vielen Seminaren gestellt. Die Ergebnisse waren nicht sehr befriedigend, aber gerade dadurch für alle sehr aufschlussreich. Der erste Versuch hatte in den meisten Fällen nur sehr wenig mit dem Motiv zu tun. Das heißt, dass in vieler Hinsicht nur das gezeichnet wurde, was man – in diesem Fall über Häuser, über Fenster und Türen, über Rundbogen und Restauranttische und -stühle – schon wusste. Die zweite Lösung zeigt in fast allen Fällen zwar eine Verbesserung, gleichermaßen ist aber zu beobachten, dass Fehler tendenziell beibehalten werden. Falsch gesehene Elemente (Rundbogen, Stühle und Tische) wurden noch immer falsch gezeichnet, die Zuordnungen der Objekte, also zum Beispiel die Gruppierung von Türen und Fenstern, die Proportionen der Objekte untereinander blieben weitgehend konstant. Insgesamt fällt es deshalb in den Seminaren nicht schwer, die ersten und zweiten Lösungen jeweils richtig zusammenzutragen, also sie einer Zeichnerin oder einem Zeichner zuzuordnen.

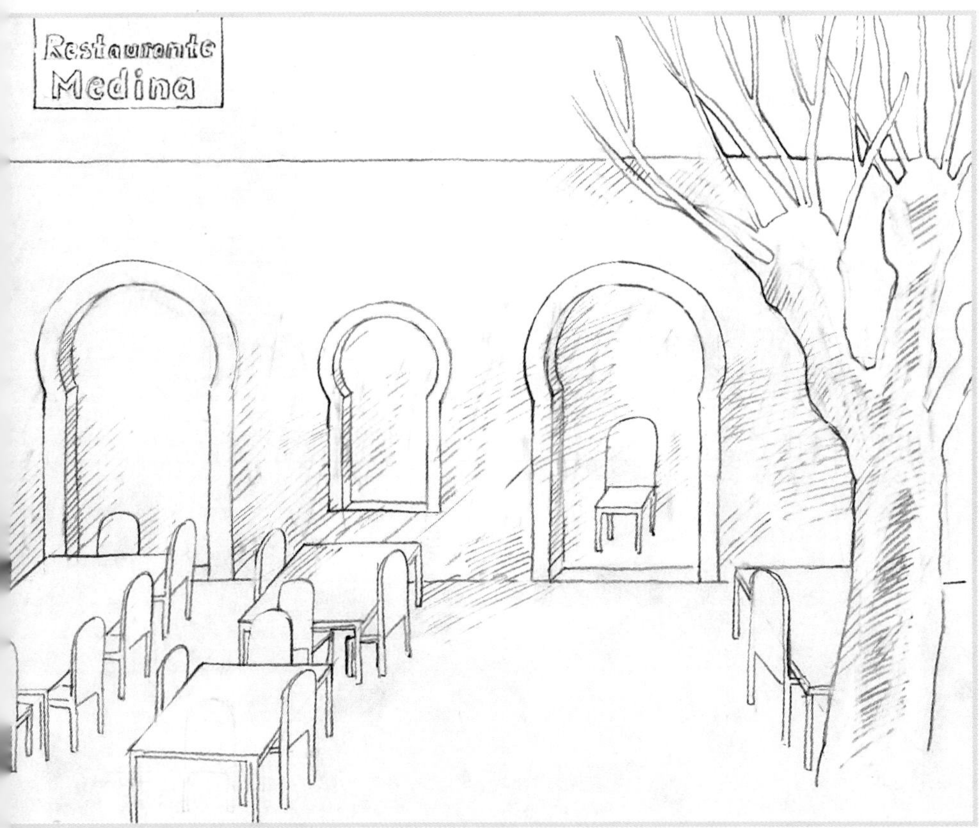

Bild oben:
Die zweite Fassung der Zeichnung auf Seite 18 unten links hat nun zwar ein wenig von ihrem bayrischen Biergartencharakter verloren, nach Tunesien sieht das Bild aber noch immer nicht aus. Die Zeichnerin beharrt aber auf den fälschlich rund gezeichneten Tischen und den eckigen Stuhllehnen und wesentliche, für die Charakterisierung der Situation wichtige Dinge fehlen. So fehlt die ganz typische Gestaltung der Rundbögen, die erstaunlicherweise von wenigen Seminarteilnehmern erkannt wurde.

Bild links:
Eine deutliche Verbesserung stellt diese zweite Lösung der Aufgabe dar (die erste war das Bild auf Seite 18 unten rechts). Wesentliche Aspekte (die Gestaltung der Rundbögen, die Anordnung der – linken – Tische und die Größenverhältnisse der Objekte untereinander) sind recht gut erfasst. Stellen Sie sich diese Zeichnung in südlich warmen Farben angelegt vor, dann würde bestimmt etwas vom nordafrikanischen Charakter des Motivs spürbar werden.

Diese beiden Abbildungen zeigen die besten Ergebnisse, die ich bisher im Zusammenhang dieser Aufgaben gesehen habe. Schon die erste Zeichnung charakterisiert die Situation weitgehend. Zwar schlichen sich in das zweite Bild ein paar Fehler ein, die im ersten nicht gemacht wurden. Insgesamt ist es aber eine großartige Lösung der Aufgabe. Wenn Sie mit Ihren Zeichnungen auch nur in die Nähe dieser Arbeiten gekommen sind, können Sie sich zu einem fast fotografisch exakten Gedächtnis gratulieren. Wenn nicht, befinden Sie sich zumindest in sehr großer Gesellschaft, und für die ist das folgende Kapitel sehr wichtig. Auch bei diesen wirklich hervorragenden Zeichnungen finden wir wieder in einem Objekt die Erfahrung bestätigt, dass falsch gesehene Dinge, so wie sie dann dargestellt wurden, sehr viel Beharrungsvermögen entwickeln und weiterhin falsch erscheinen: in diesem Fall die perspektivisch völlig überzeichnete Speisekarte. Entscheidend ist dabei, dass die Objekte falsch wahrgenommen wurden, nicht dass sie übersehen wurden, denn dann entsteht kein innerer Konflikt zwischen einer veränderten und einer wahren Realität. Ein Objekt, das man nicht gesehen hat, hinzuzufügen ist offenbar leichter, als ein falsch gesehenes wieder zu verändern.

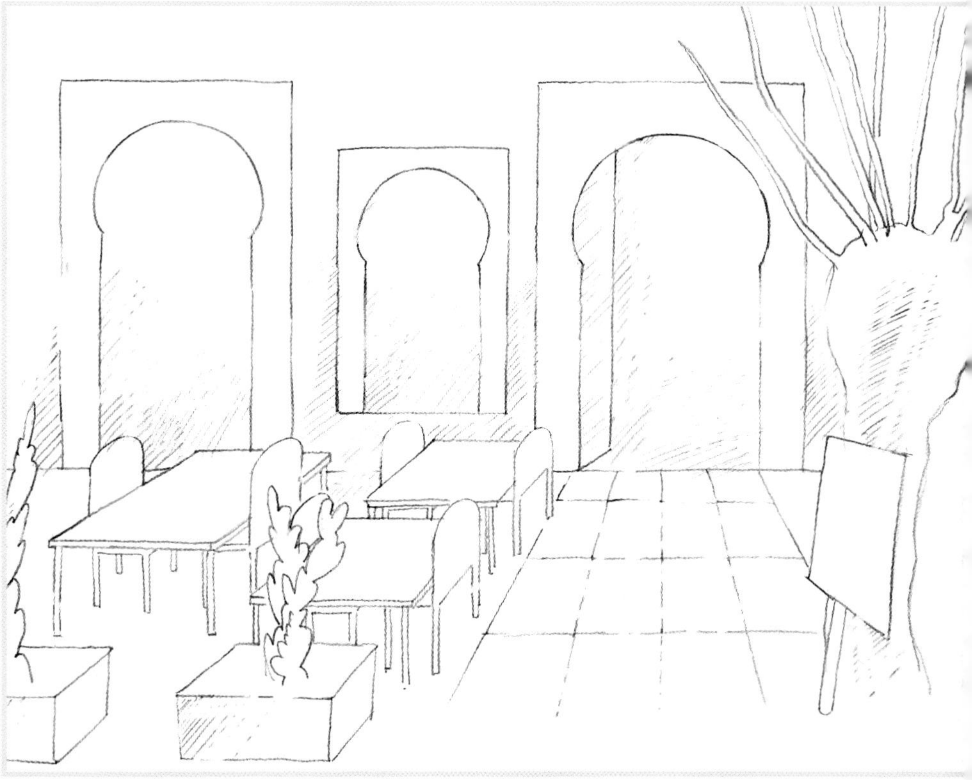

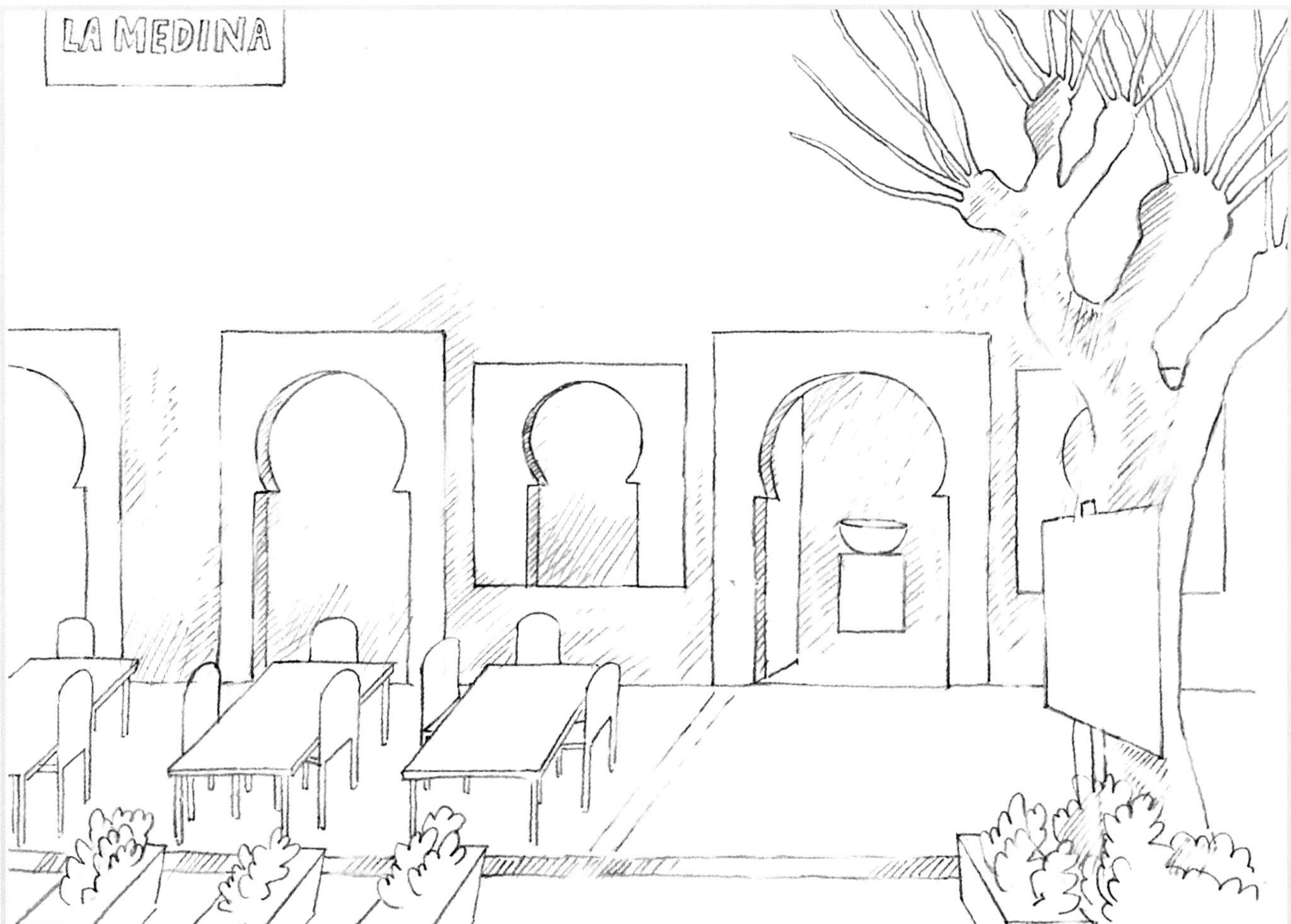

Strukturiertes Sehen

Bitte verstehen Sie die Bedeutung der letzten Aufgabe nicht falsch. Bei der gestalterischen Auseinandersetzung mit der Realität soll es nicht darum gehen, ein möglichst exaktes Abbild herzustellen. Wenn Sie aber das Typische, Originelle oder Beeindruckende eines Motivs darstellen wollen, müssen Sie zuerst einmal in der Lage sein, dies zu sehen und zu erkennen. Diese Fähigkeit ist demnach die Voraussetzung für alles Weitere. Sie kann und muss gelernt werden. Und Sehenlernen vermittelt sich über strukturiertes Sehen.

Messen, Abzählen, Vergleichen

Wenn Sie nicht in der Lage sind, die Dinge spontan und ohne groß darüber nachzudenken zu erfassen (was übrigens die wenigsten Menschen können), müssen Sie lernen, strukturell damit umzugehen. Das heißt, Sie müssen abmessen, vergleichen, zählen, die Richtungen kontrollieren, Farben analysieren, mit Farbproben vergleichen usw. Mit einem Bleistift, den Sie vor die abzumessenden Objekte Ihres Motivs halten, können Sie nicht nur deren Größe messen und vergleichen, Sie können damit auch deren Richtungen ermitteln. In jedem Fall müssen Sie dazu den Arm ausgestreckt halten (da sich sonst die Größen der gemessenen Objekte erheblich verändern), und Sie dürfen mit dem Bleistift nicht in die Tiefe des Raumes „zielen", da Sie die Richtungen schließlich auf eine Bildfläche übertragen.

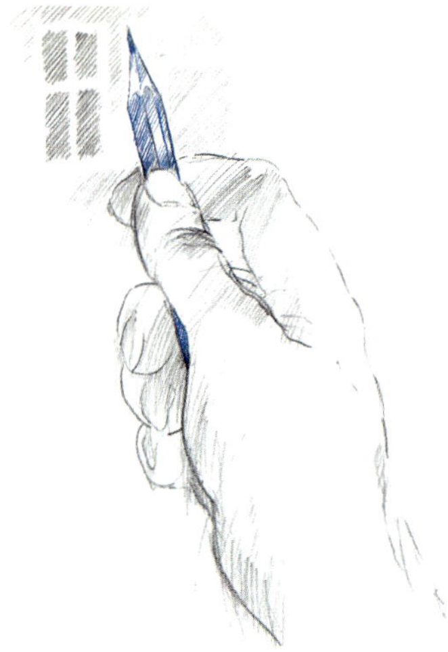

Um die Größenverhältnisse unterschiedlicher Objekte zu ermitteln, halten Sie den Bleistift (oder einen Pinsel) einfach vor diese Dinge und ***vergleichen*** *die gemessenen Längen.*

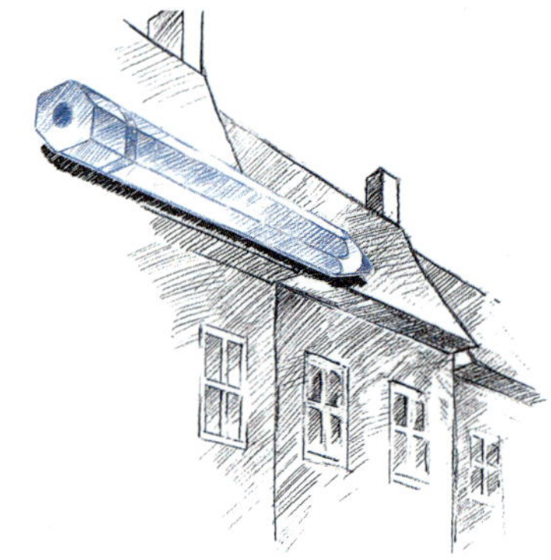

Bei der Ermittlung von Richtungen dürfen Sie mit dem Bleistift ***nicht in die Tiefe des Raumes*** *weisen. Ihr Bild ist eine flächige Projektion der Realität!*

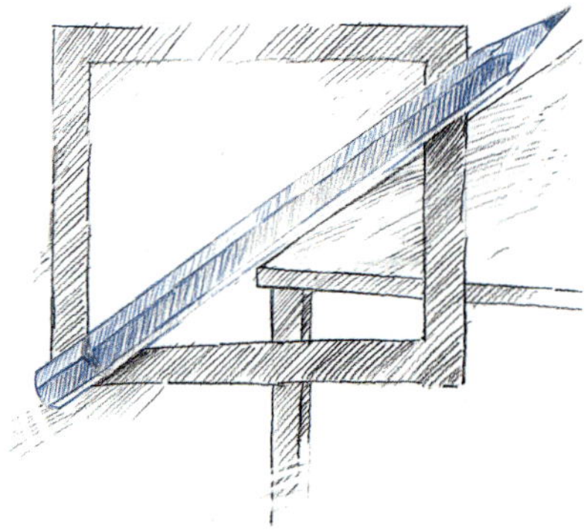

Sollten Sie Probleme damit haben, den Bleistift in einer gedachten Ebene zu halten, die sich zwischen Ihrem Auge und dem Motiv befindet, benutzen Sie ein Papprähmchen, das kleiner als Ihr Bleistift ist. Vor diesem Rahmen drehen Sie Ihr Messgerät so, dass es die Schräge der Objekte,, nicht aber in die Tiefe zeigt.
Übrigens: das Anvisieren, ob für die Größen oder die Richtungseinschätzung, darf immer nur mit einem Auge geschehen: kneifen Sie also das andere Auge zu!

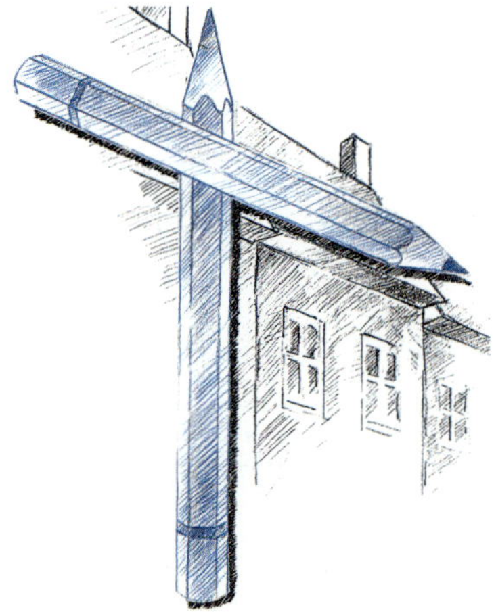

Wenn es Ihnen schwer fällt, mit dem Bleistift (am ausgestreckten Arm zwischen Auge und Objekt gehalten), den Winkel einer Schräge zu beurteilen, und sollten Sie kein Papprähmchen zur Hand haben, das diese Orientierungen erleichtert, nehmen Sie einfach einen zweiten Stift, einen Pinsel oder Ähnliches zu Hilfe: Einen halten Sie senkrecht oder waagerecht, den anderen in der Richtung der zu ermittelnden Schräge.

Aufbrechen der Muster

Lernen hat, wie Sie gesehen haben, auch etwas mit Verlernenkönnen zu tun. Nicht alle Häuserfassaden sind so gegliedert wie die meisten, die Sie bisher gesehen haben. Sie müssen, wenn Sie sich künstlerisch entwickeln wollen, Lust auf das Neue und Ungewöhnliche bekommen. Erst wenn Sie etwas so sehen, wie es der flüchtig betrachtende Laie nicht wahrnimmt, haben Sie wirklich spannendes Ausgangsmaterial für Ihre Bilder.

Zwischenräume beachten

Achten Sie auch auf die Flächen zwischen den Gegenständen. Jede Restfläche hat für die Qualität des Bildes die gleiche Bedeutung wie die „eigentlichen" Bildobjekte. Sehen Sie einfach einmal vom Bedeutungsaspekt der Gegenstände ab. Dann ist jede (gleich große) Fläche objektiv gleich wichtig für die Komposition des Bildes. Dann erfordern alle Flächen, eben auch die Zwischenräume, die gleiche gestalterische Aufmerksamkeit und Intensität. Außerdem geben Sie, wenn Sie mehr auf die Zwischenräume achten als auf die Gegenstände, praktisch automatisch Muster auf. Sie handeln dann nicht so als würden Sie denken: „Dies sind die Gegenstände eines Stilllebens, dies die Objekte einer Landschaft, dies ist ein Gesicht. Diese Dinge kenne ich und brauch' mich nur an meine Vor-Bilder zu halten." Sie sehen stattdessen sehr viel genauer hin und versuchen, die Dinge vorurteilsfrei zu erfassen. Es gibt Zeichenschulen, die gehen so weit, dass Sie von den Lernenden fordern, nicht die Gegenstände, sondern die Zwischenräume zu zeichnen. Probieren Sie das auch einmal, vermutlich kriegen Sie komplizierte Situationen viel besser hin, als wenn Sie so darangehen, wie Sie es sonst tun.

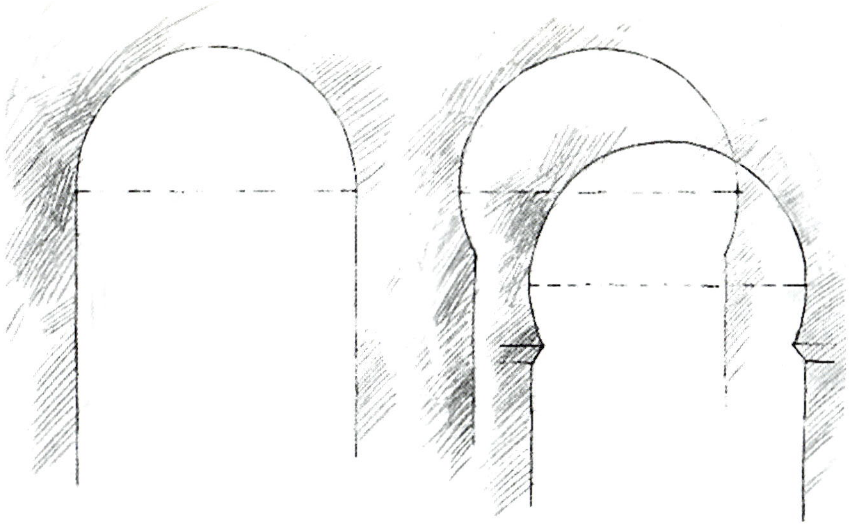

Der Rundbogen gehört zum kunstgeschichtlichen Erbe Mitteleuropas. Er ist uns derart vertraut, dass wir leichte Andersartigkeiten nicht bemerken. In der islamischen Baukunst ist der Rundbogen zwar unterschiedlich ausgeprägt, er ist dort aber immer mehr als halbrund.

Gestutzte Bäume, wie sie in der Fotografie auf Seite 19 zu sehen sind, sind im nördlichen Europa selten. Ein Südeuropäer hätte sie vermutlich sofort wiedererkannt. Meine Kursteilnehmer meinten meist entweder Kopfweiden, unbeschnittene und unbelaubte Laubbäume oder sogar belaubte Bäume erkannt zu haben.

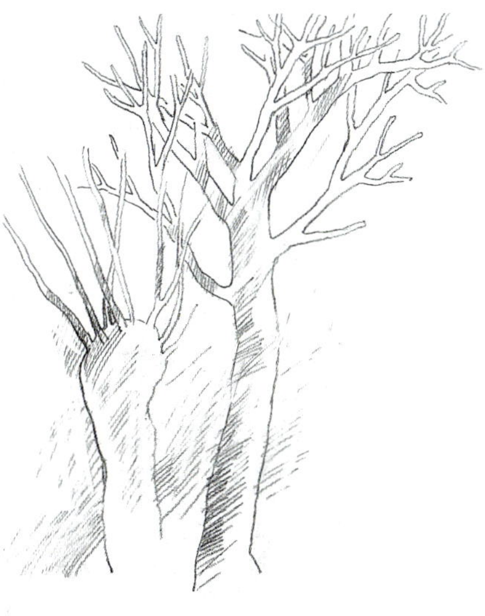

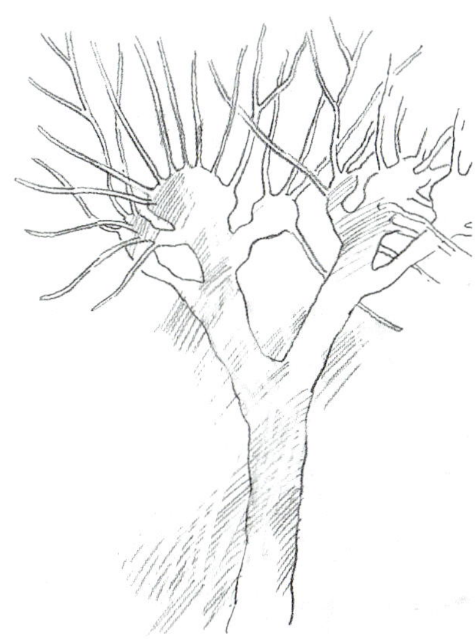

Die Beachtung der Bereiche zwischen den Bildobjekten vermittelt einem sehr schnell die richtige Einschätzung der tatsächlichen Größenverhältnisse. Anfänger neigen dazu, die abzubildenden Gegenstände unbedacht irgendwo, oft mittig ins Bild zu setzen. Dadurch stimmen die Abstände der Objekte voneinander oder deren Größenverhältnisse meist nicht. Genau das zeigt die Abbildung unten rechts. Die Objekte bilden praktisch eine kleine Insel in einem viel zu großen, undefinierten Umfeld. Viele Dinge fehlen, was der Zeichnerin vermutlich nicht passiert wäre, wenn Sie den Zwischenräumen Beachtung geschenkt hätte.

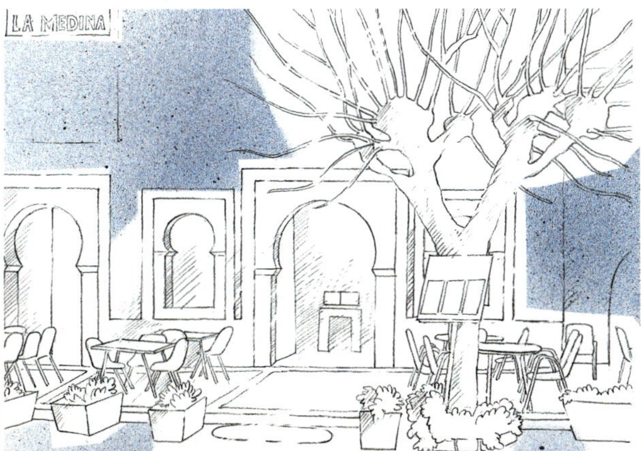

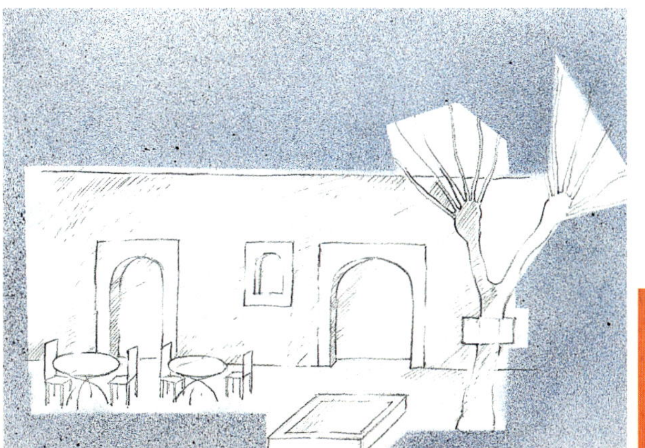

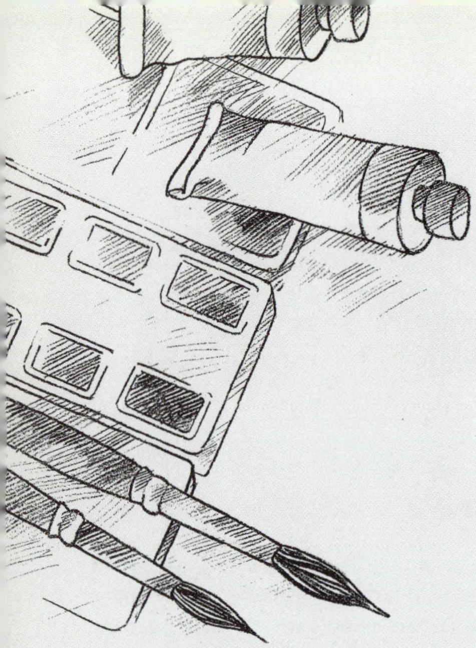

AUFGABE:
Ohne Vorgaben nach einer Bildvorlage malen

Ein letztes Mal bekommen Sie von mir eine Aufgabe, ohne dass ich Ihnen Vorgaben mache oder Hilfen gebe. An dieser Stelle lediglich der Hinweis darauf, dass die Realität – und die Fotografie soll hier die Funktion einer realistischen Vorlage haben – natürlich nicht naturgetreu nachgemacht werden soll. Sie entscheiden selbst, wie dicht Sie an der Realität bleiben wollen. Die einzige Erwartung, die ich an Ihre Arbeit im Augenblick habe, ist, dass es ein farbiges Bild wird. Ansonsten sollten Sie am besten so malen, wie Sie es bisher immer getan haben. Das betrifft auch das Material. Sie können mit Pastell-, mit Deckfarben oder Aquarellfarben arbeiten, oder auch mit Acryl- oder Ölfarben. Auch die Entscheidung über das Werkzeug, also ob Sie mit Rund- oder Flachpinseln arbeiten wollen, liegt bei Ihnen. Das Gleiche gilt für den Malgrund.

Die hier abgebildete Fotografie zeigt eine Situation in Galilea, einem kleinen Dorf auf Mallorca. Es ist kein besonders gutes Foto – gute Fotografien verführen nur dazu, die gestalterischen Entscheidungen, die jemand anders getroffen hat, nämlich der Fotograf, „nachzumachen“. Das Bild wirkt zu „flach“, weil es mit einem Teleobjektiv aufgenommen wurde, und farblich zu indifferent. Die vermeintlich negativen Faktoren bieten aber nicht nur einen Spielraum für eigene Zielsetzungen, sie fordern sie sogar.

Galilea auf Mallorca

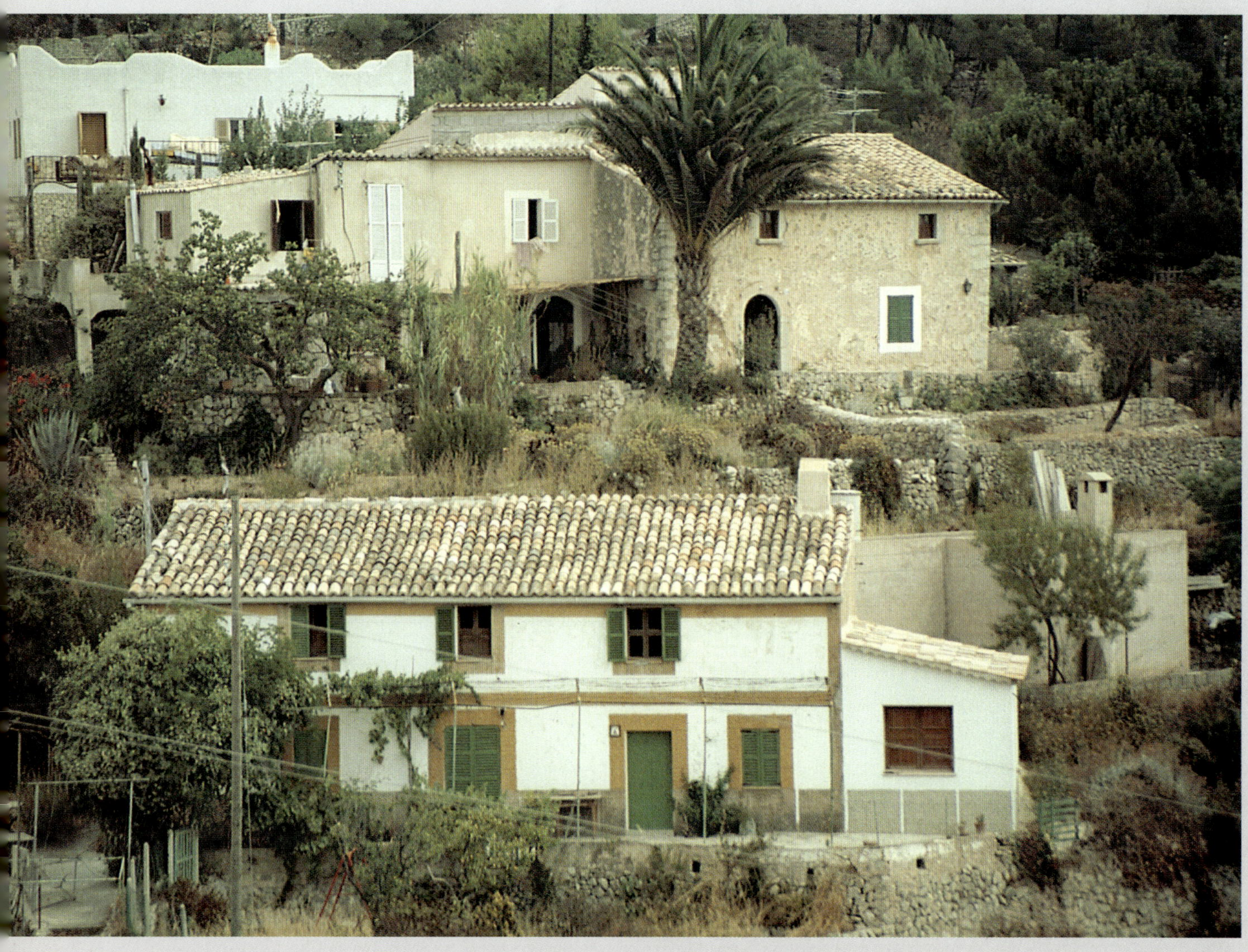

Gestalterische Entscheidungsfelder

Ich hatte Sie aufgefordert, nach der links abgebildeten Fotovorlage ein Bild zu malen. Weitere Vorgaben existierten nicht. Positiv formuliert heißt das, dass Sie sich frei entfalten konnten. Das hätten Sie aber auch tun können, ohne dieses Buch zu kaufen. Die Kehrseite solcher Freiheiten bedeutet schlimmstenfalls nämlich, dass man nur immer wieder das tut, was man immer macht: man wählt die gleiche Farbzusammenstellung, die gleiche Komposition und den gleichen Farbauftrag – egal was das Motiv fordert.
Auf dieses Problem möchte ich Sie durch diese Aufgabe hinweisen. Sie waren bei dieser Übung auf sich gestellt. In meinen Seminaren sind die Teilnehmer in der gleichen Situation gewesen. Sie mussten entscheiden, wie sie vorgehen, was sie tun wollten. Und als sie fertig waren, wurden sie von mir mit einem Fragenkatalog konfrontiert. Ich möchte Ihnen hier die gleichen Fragen stellen. Ich möchte Sie fragen, ob Sie die folgenden aufgelisteten Dinge bedacht haben und ob Sie sie in der Planung und Ausführung Ihres Bildes berücksichtigt haben?

Fragenkatalog

Ich gebe zu, dass die Liste in dieser konkreten Situation, auch dadurch, dass eine Fotografie als Vorlage benutzt wurde, nicht in allen Punkten zutreffend oder sinnvoll war. Ich habe sie unter allgemeineren Gesichtspunkten zusammengestellt. So ist sie auch in anderen Situationen weitgehend gültig, nicht nur für diese eine Aufgabe. Ich denke, dass die Beantwortung der Fragen hilft, überzeugendere Bilder zu malen. Nach der Auseinandersetzung mit (zwei) typischen Bildbeispielen werden die folgenden Punkte im Einzelnen ausführlich erläutert.

1. Welche konzeptionellen Entscheidungen haben Sie bedacht und getroffen?
2. Was haben Sie mit Ihrer Malerei gewollt? (Sollte das Bild gut aussehen? Warum? Sollte es der Vorlage ähneln? Wie genau? Warum?)
3. Was sollte beim Betrachter „ankommen"?
4. Was wollten Sie ausdrücken, was wollten Sie zeigen?
5. Welche formalen und materialbezogenen Entscheidungen haben Sie bedacht und getroffen?
6. Welche Farben (Farbstifte, Aquarell, Öl, ...) haben Sie gewählt? Warum?
7. Welchen Zeichen- oder Malgrund haben Sie gewählt (Welche Farbe, Welche Oberfläche, ...)?
8. Welches Format haben Sie gewählt (Welche Größe? Hoch- oder Querformat?)? Warum?
9. Welchen Ausschnitt haben Sie gewählt, wie nah sind Sie an das Motiv herangegangen?
10. Welchen Standpunkt haben Sie gegenüber dem Motiv eingenommen, wie war deswegen der Blickwinkel?
11. Wohin haben Sie die Horizontlinie gelegt?
12. Welches war Ihre Farbkonzeption?
13. Für welchen Farbauftrag haben Sie sich entschieden?
14. Welche kompositorischen Veränderungen haben Sie vorgenommen?
15. Haben Sie die Formen verändert? Welche? Warum?
16. Welche arbeitspraktischen Entscheidungen haben Sie bedacht und getroffen?
17. Haben Sie Skizzen hergestellt?
18. Haben Sie Farbentwürfe entwickelt?
19. Wie haben Sie die Skizze auf den endgültigen Zeichen- oder Malgrund übertragen?
20. Haben Sie im Sitzen oder an der Staffelei gearbeitet?
21. Haben Sie sich Ihre Arbeit zwischendurch immer mal wieder mit Abstand betrachtet?

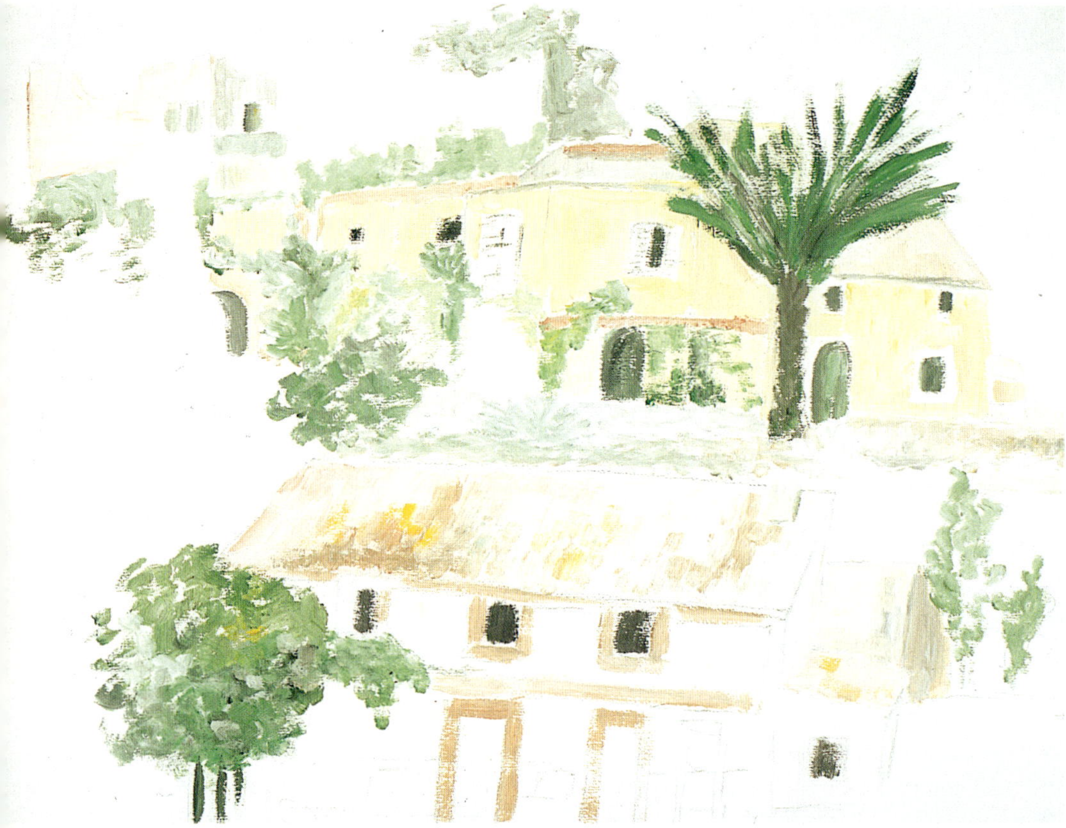

Gouache, 50x70 cm
Das nicht ganz fertig gestellte Bild zeigt das typische praktische und gestalterische Vorgehen vieler Anfänger: die für wichtig erachteten Objekte werden Stück für Stück übertragen, kompositorisch wird das Bild aus der Mitte heraus entwickelt und die Bildränder werden in ihrer gestalterisch bedeutsamen Funktion ignoriert. Auch die Farbwahl zeigt, dass dem Bild keine konzeptionelle Idee, kein gestalterisches Wollen zu Grunde liegt.

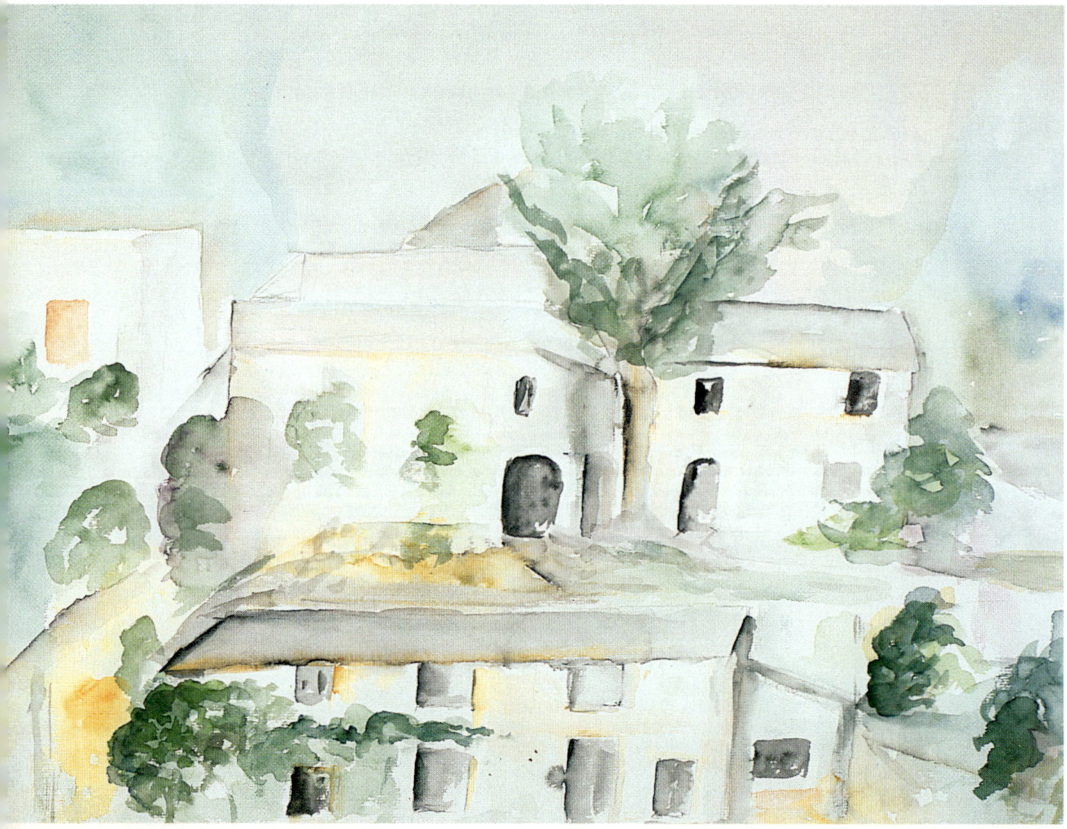

Gouache, 50x70 cm
Im Grunde sind die Bilder, die ohne weitere Vorgaben entstanden sind, zum größten Teil fast austauschbar: Mittenorientierung, oder Übernahme eines unbefriedigenden kompositorischen Aufbaus, (zu) starke Betonung der Details statt der Gesamtformen sowie unentschlossener, belangloser Farbentscheidungen.

Hilfen zur Entwicklung kompetenterer Bilder

Ich befürchte, dass Sie von dem Fragenkatalog auf Seite 25 etwas irritiert sind. Sie wünschten sich, dass Bildermalen etwas Leichtes, Heiteres und Glücklichmachendes sei – und nun sieht es nur nach Arbeit aus! Lassen Sie sich trotzdem nicht entmutigen. Solange Sie am Anfang stehen, werden Ihre Bilder bei Beachtung dieser Planungsschritte nämlich garantiert besser. Später können Sie solche Planungen dann getrost über Bord werfen, nämlich wenn Sie sie so weit verinnerlicht haben, dass sie ohnehin unbewusst ablaufen.
Bildene Kunst ist ein Prozess, der außer der Planung natürlich auch Offenheit, Wachheit, Witz und Fantasie erfordert. Er verlangt darüber hinaus – das haben Sie bereits gesehen – das Loslassen von Konzepten und das Infragestellen von Vorerfahrungen. Auch diese Dinge sind lernbar und haben ganz wenig mit „Talent" zu tun. Es kann zwar ganz hilfreich sein, Talent oder Begabung zu haben; die sind aber keine Voraussetzung dafür, Maler zu werden. Es gibt genügend bedeutende Künstler, deren Begabung so gering war, dass sie an keiner Kunstschule zugelassen wurden. Sie haben sich ihren Erfolg buchstäblich erarbeitet.
Im Folgenden soll der Fragenkatalog von Seite 25, soweit er die konkret handlungs- und materialbezogene Konzeption betrifft, erläutert werden. Diese Entscheidungen lassen sich in zwei Gruppen einteilen, in solche, die nicht auf eine unmittelbare Veränderung der Realität zielen, und solche, die von der Realität wegführen.

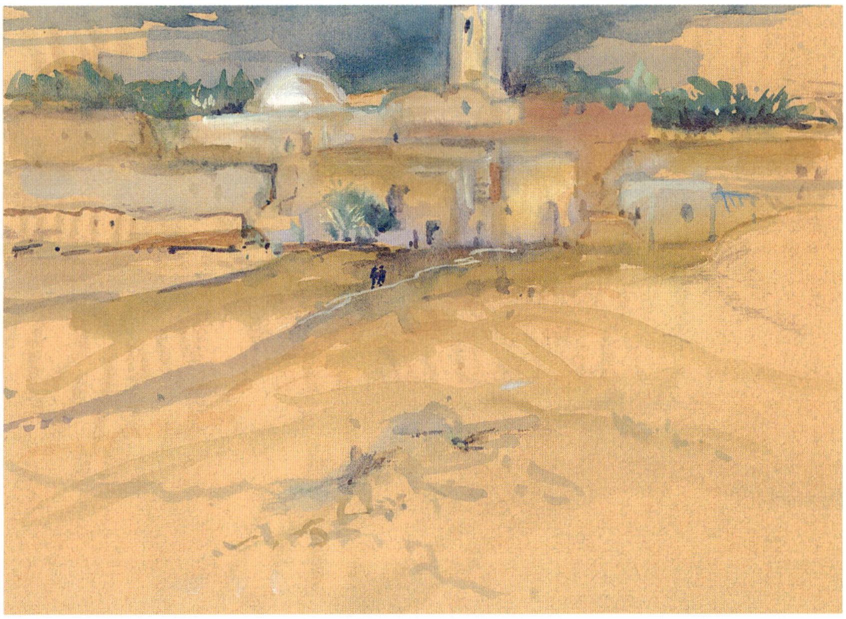

Entscheidungen, die nicht auf eine unmittelbare Veränderung der Realität zielen:

Farbensystem

Unter einem Farbensystem versteht man das Gemisch von Pigmenten mit bestimmten Bindemitteln (und meist diversen Zusatzstoffen), also beispielsweise Leim-, Öl- oder Kunstharzfarben. Jedes dieser Farbensysteme „kann" bestimmte Dinge sehr gut, andere weniger gut. Deswegen sind sie auch nicht austauschbar. Die Entscheidung für ein Farbensystem ist zugleich eine Entscheidung für dessen Möglichkeiten und Wirkungen. Insofern folgt die Wahl der Farben nicht nur pragmatischen Erwägungen, sondern ganz wesentlich auch gestalterischen.

Zeichen- oder Malgrund

Der Untergrund eines Bildes ist nicht nur der Träger einer Zeichnung oder Malerei, auch wenn diese Tatsache in technischer Hinsicht, zum Beispiel in Bezug auf die Haltbarkeit eines Bildes, bereits wichtig genug wäre. Hier geht es aber im Wesentlichen um die ästhetische Wirkung der Bildträger. Die Entscheidung für einen farbigen Zeichen- oder Malgrund ist beileibe nicht nur eine „Geschmacks"-Frage.
Die Untergrundsfarbe kann wesentliche Funktionen übernehmen: sie kann – wie im Bild unten – eine Gegenstandsfarbe ersetzen oder dem Bild eine besondere Stimmung geben wie im Bild oben.

Bild oben:
Renate Meyer:
Nordafrikanische Landschaft. 1997, Gouache auf farbigem Ingres-Papier, 24x30 cm.
Bild unten:
Renate Meyer:
Norddeutsche Landschaft. 1997, Aquarell auf farbigem Ingres-Papier, 28x39 cm.

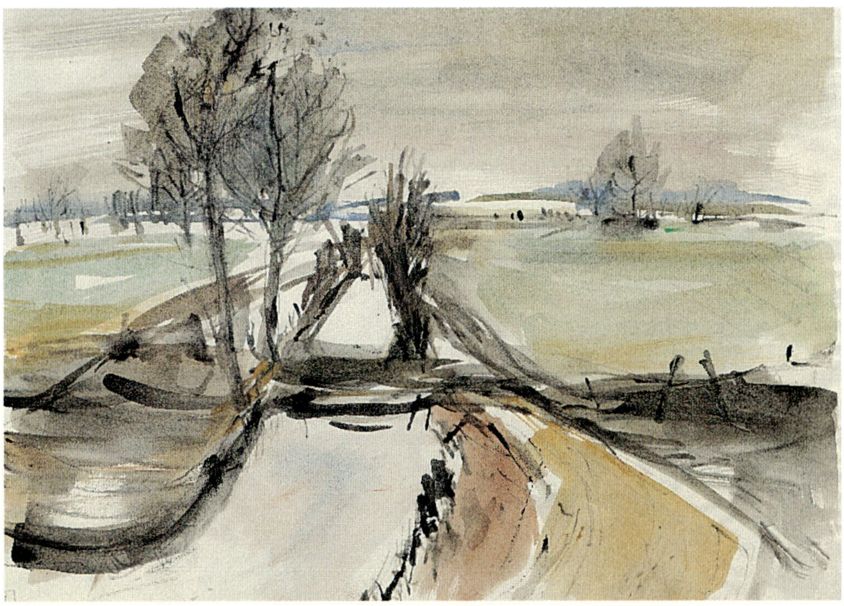

Falls Sie bereits mit Aquarellfarben gearbeitet haben, wissen Sie, welch starken Einfluss die Papieroberfläche auf das Fließverhalten der Farbe und damit schließlich auf die Bildwirkung hat. Ein vergleichbares Beispiel ist die Leinwand bei der Acryl- oder Ölfarbenmalerei. Eine extrem grobe Leinwand führt zwangsläufig zu anderen Bildlösungen als ein glattes Tuch.
Die Farbe des Grundes beeinflusst die Bildwirkung noch stärker. Sie kann im Wesentlichen zwei Funktionen übernehmen: einmal kann sie insgesamt vereinheitlichend wirken, zum andern die Funktion einer Gegenstandsfarbe übernehmen. Die Vereinheitlichung wird durch lasierenden oder nicht durchweg abdeckenden Farbauftrag (über dem farbigen Bildträger) erzielt. Zur Gegenstandsfarbe wird der farbige Untergrund, wenn er in bestimmten Bereichen fast oder ganz unbearbeitet bleibt.

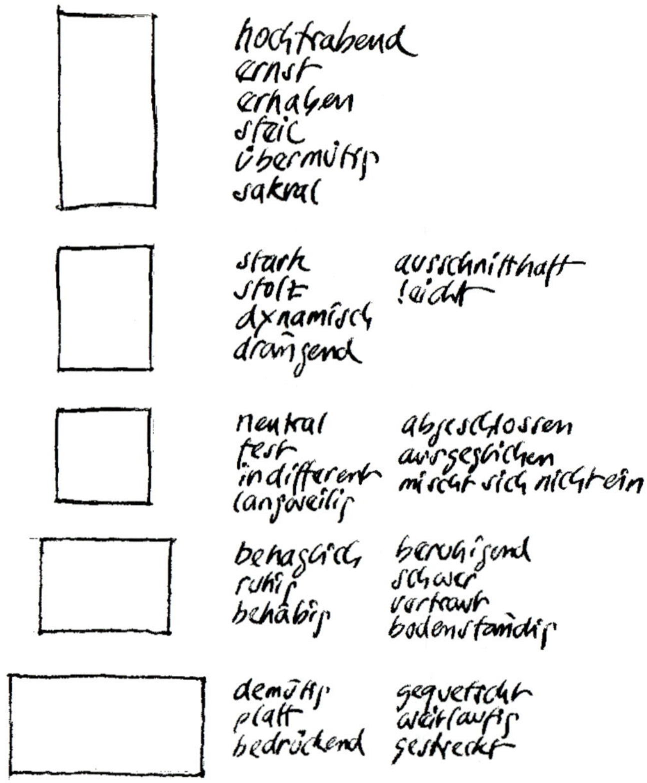

Bildformate und Einschätzungen ihres Ausdrucks. Die Wahl des richtigen, des angemessenen Formats kann für ein stark ausdrucksbezogenes Bild bereits von hoher Bedeutung sein.

Format

Obwohl unser Sehfeld keineswegs recht- oder sonstwie eckig ist, haben die meisten Bilder – vor allem fertigungsbedingt – ein derartiges Format. Es ist nämlich viel einfacher, eckiges Papier und eckige Rahmen herzustellen als runde oder ovale. Warum findet man aber so selten quadratische Bildformate? Vom Herstellungsprozess her müssten sie mindestens gleichermaßen verbreitet sein. Es liegt an der unterschiedlichen Wirkung der Bildformate an sich: Ein quadratisches Format ist absolut neutral; negativ könnte man sagen: ausdruckslos, belanglos. Es ist bezeichnend, dass es im Grunde nur von Künstlern benutzt wurde und wird, die keinerlei Einfluss durch das Bildformat zulassen wollen. Es sind meist solche Gestaltungen, die ausdrucksbezogenen Aspekten keinen Raum geben, wie etwa im Konstruktivismus, in der konkreten Kunst, der Pop-Art und der De-Stijl-Bewegung.

Extreme Formate, mit denen Anfänger besser noch nicht experimentieren sollten, finden sich meist bei solchen Künstlern oder in solchen Epochen, deren Gestaltungsziele in gefühlsbetonten und ausdrucksstarken Bildern liegen. So hat jedes Format, ohne dass darauf irgendetwas abgebildet ist, bereits einen eigenen Ausdruck. Damit impliziert eine thematisch-inhaltliche Entscheidung bereits eine Wahl des Formats. Sie haben in einem Hochformat mehr Raum, aufstrebende, kraftvolle und dynamische Motive zu verwirklichen. Auch die Größe des Zeichen- oder Malgrundes beeinflusst die Bildwirkung. Ein gewaltiges, ein drohendes oder irgendwie sonst beeindruckendes Motiv ist schwerlich auf einem Miniaturformat überzeugend darzustellen. Auch verändert sich die gestalterische „Handschrift", die Art des Farbauftrags, wenn ich statt aus Schulter und Ellenbogen heraus mit der Feinmotorik der Finger arbeite. Und damit wird sogar das emotionale Verhältnis zum Zeichnen oder Malen beeinflusst. Bei einem kleinteiligen Bild wird man tendenziell immer mehr mit dem Kopf dabei sein, die grobmotorische Arbeit lässt dagegen unbewusst deutlich mehr Emotionalität ins Bild einfließen.

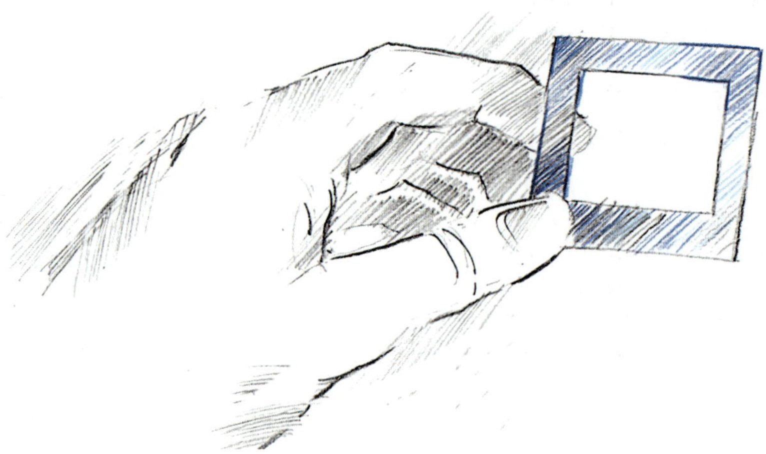

Um einen Ausschnitt zu bestimmen, kann man einen selbst gebastelten Papprahmen oder ein Diarähmchen benutzen. Bei einem vorgefertigten Rahmen sollte man aber darauf achten, dass das Verhältnis von Höhe zu Breite dem des Zeichen- oder Malgrundes entspricht.

Wenn das Format groß genug ist, können Sie auch mit der Zeichnung oder Malerei beginnen, ohne sich endgültig auf das spätere Bildformat festzulegen. Sie schneiden dann, wenn Sie fertig sind, das „richtige" Format aus der Gesamtfläche heraus. Problematisch an dieser Vorgehensweise ist, dass Sie die Beziehungen der Objekte zu den Begrenzungen des Bildformats, die ja für die gestalterische Wirkung durchaus von Belang sind, nicht recht im Auge haben. Die „ausgeschnittenen" Bilder sind dann allzu oft eher effekthascherische Suchaktionen als gezielte Gestaltungen. Wenn die Bildobjekte beim Skizzieren nicht zunächst wenigstens grob angelegt werden, so dass sie zumindest ungefähr ins Format passen, kann natürlich auch das Gegenteil eintreten, dass nämlich das Format nicht ausreicht. Obwohl es auch dafür, wie Sie in der Zeichnung von Rolf Ebeling auf Seite 30 oben sehen, durchaus intelligente Lösungen gibt.

Ausschnitt

Bei der Motivwahl vor der Realität wird aus der Rundumsicht ein mehr oder minder kleines Rechteck herausgeschnitten. Statt diese Ausschnitthaftigkeit zu verdeutlichen, wird sie meist vertuscht. Oft sind die abgebildeten Objekte freigestellt, sie „schwimmen" in der Bildmitte. Sie haben keinen Bezug zum Bildrand und sind deswegen ohne Anschnitte. Die gestalterischen Möglichkeiten werden durch derartige Gestaltungsprinzipien erheblich eingeschränkt:

- „Sperrige" Objekte ziehen belanglose, große Leerflächen nach sich,
- da Anschnitte, also Kreuzungen mit den Bildkanten, die gleiche gestalterische Kraft wie Überschneidungen im Bild haben, bedeutet der Verzicht darauf, dass die Ergebnisse eher etwas langweilig wirken,
- Bewegungen und Richtungen im Bild bleiben verhalten, wenn sie sich auf die Bildfläche beschränken,
- die Objektformen behalten ihre ablesbare Begrenztheit, wodurch der Bildausdruck beschränkt bleibt.

Ausschnitthaftigkeit bewirkt Nähe. Erstens die tatsächliche physische Nähe und zweitens das emotional Unmittelbare. Viele (schlechte) Bilder zeigen die Dinge in der Distanz. Oft übrigens auch Dinge, die eigentlich, von der Logik des Bildes her, näher und größer hätten sein müssen. Die „ferne Nettigkeit mit Bonsais" lässt den Betrachter nicht nur deswegen, weil er so etwas in unzähligen Wiederholungen gesehen hat, kalt, sondern vielmehr auch deswegen, weil die Nähe fehlt. Es geht einen nichts an, ist weit weg, nett aber belanglos.

Mutige und kraftvolle Anschnitte im Vordergrund zeigen dagegen auch eine emotionale Kraft. Solche Bilder gehen Sie an, ja, sie stellen etwas mit Ihnen an.

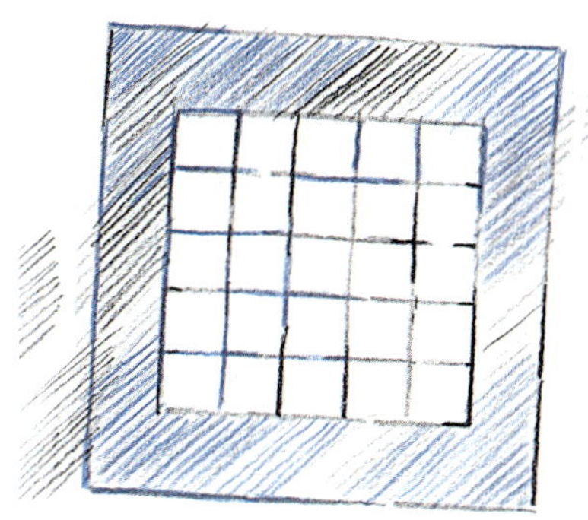

Im Fachhandel gibt es gerasterte „Motivsucher" zu kaufen. Manchem erleichtert die vorgegebene Unterteilung die Übertragung des Motivs. Sie müssen dann aber auch das gleiche Raster auf der Bildfläche einzeichnen und den gewählten Ausschnitt Kästchen für Kästchen erfassen und übertragen.

Ein solches Fadengitter, das dem Motivsucher recht ähnlich ist, hat bereits Albrecht Dürer als Zeichenhilfe verwendet.
Gleichgültig, mit welchem Hilfsmittel Sie arbeiten, eine wichtige Voraussetzung ist, dass Sie Ihr Motiv nur mit einem Auge anvisieren. Haben Sie „Ihren" Ausschnitt endgültig festgelegt, dann wäre es am besten, wenn Sie Auge und Motivsucher so fixieren, dass Sie nicht dauernd einen leicht veränderten Ausschnitt betrachten. Dürer stellte seinen Motivsucher auf den Tisch, legte das Zeichenpapier davor und benutzte eine Art Visiereinrichtung über die er das Motiv betrachtete.

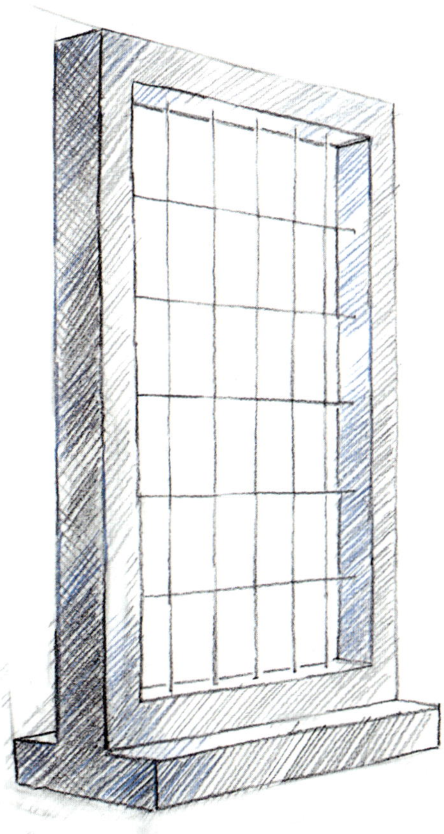

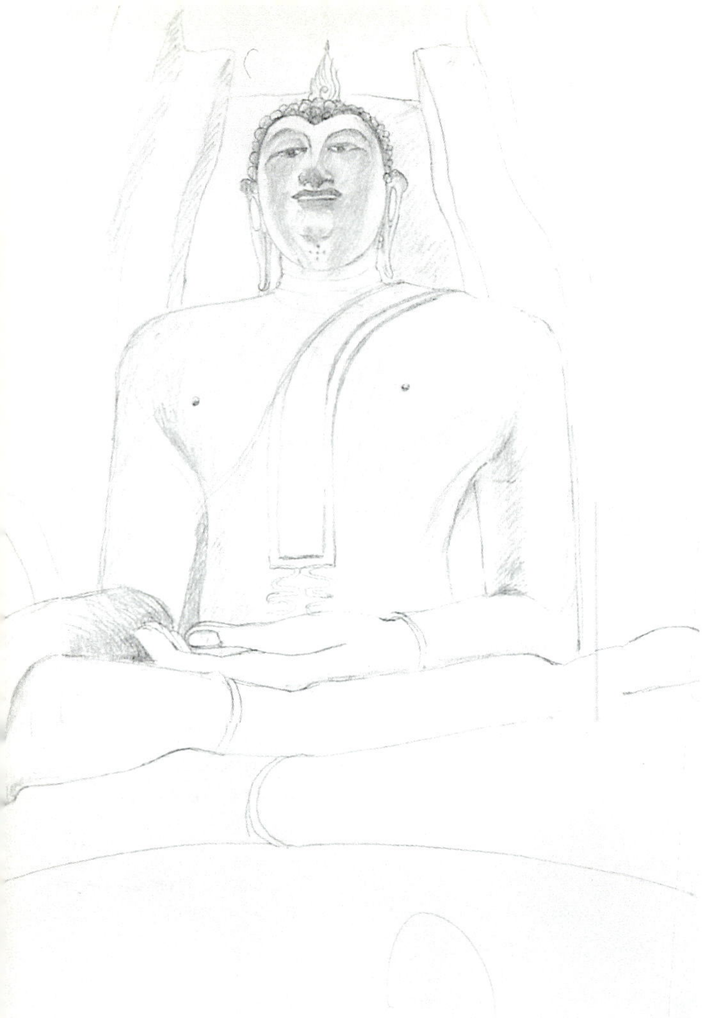

Rolf Ebeling:
Sitzender Buddha im Wat Si Chum. 1994, Bleistift, größte Abmessungen: 41,5x25,5 cm.
Die gewaltige, fast 15 Meter hohe Buddhastatue musste praktisch das Format sprengen. Rolf Ebeling fing mit der Zeichnung oben an (ein verbreitetes, aber gerade bei figürlichen Darstellungen problematisches Konzept), um dann festzustellen, dass der Zeichenblock nicht ausreichte. Das quer hinzugefügte Blatt hat nicht nur das Problem gelöst, sondern bildet gemeinsam mit dem ersten Bogen ein Format, das beinahe wie ein Symbol für die im Lotossitz meditierende Gestalt wirkt.

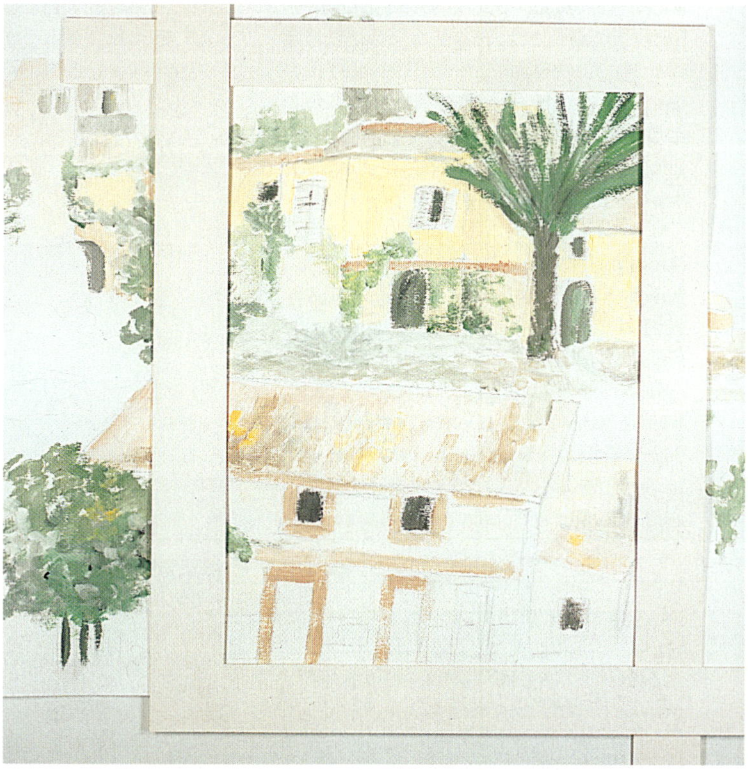

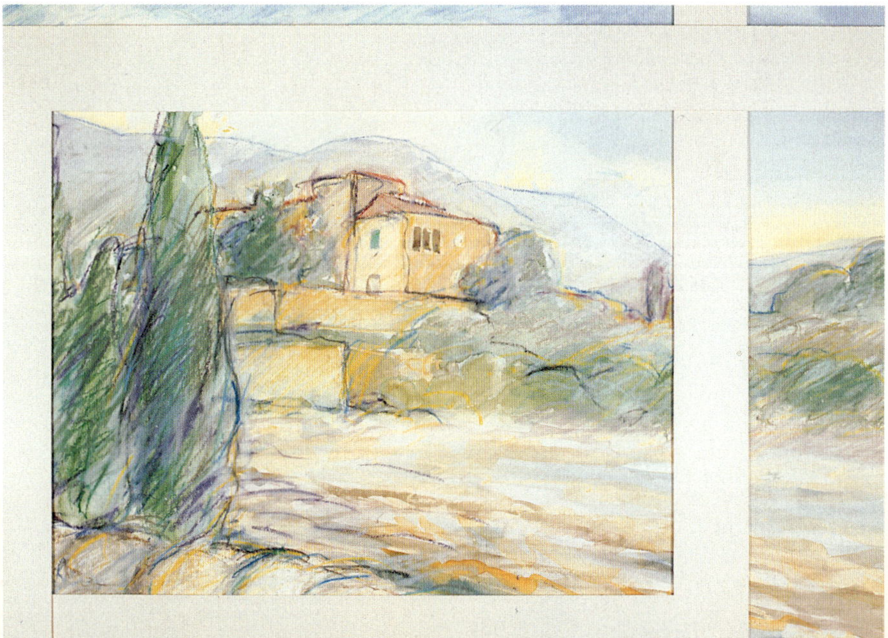

Zweifellos können Sie Ihre Bilder auch im Nachhinein auf das richtige Format zurechtstutzen – die meisten Bilder werden dadurch tatsächlich kraftvoller, unmittelbarer und ausdrucksstärker. Ein Passepartout, der Name sagt es bereits, passt schließlich für alles. Sie können damit also durchaus manches retten. Im Rahmen dieses Buches geht es aber um Lernprozesse und nicht um kosmetische Rettungsaktionen. Lernen Sie besser von Anfang an, den richtigen Ausschnitt zu bestimmen.

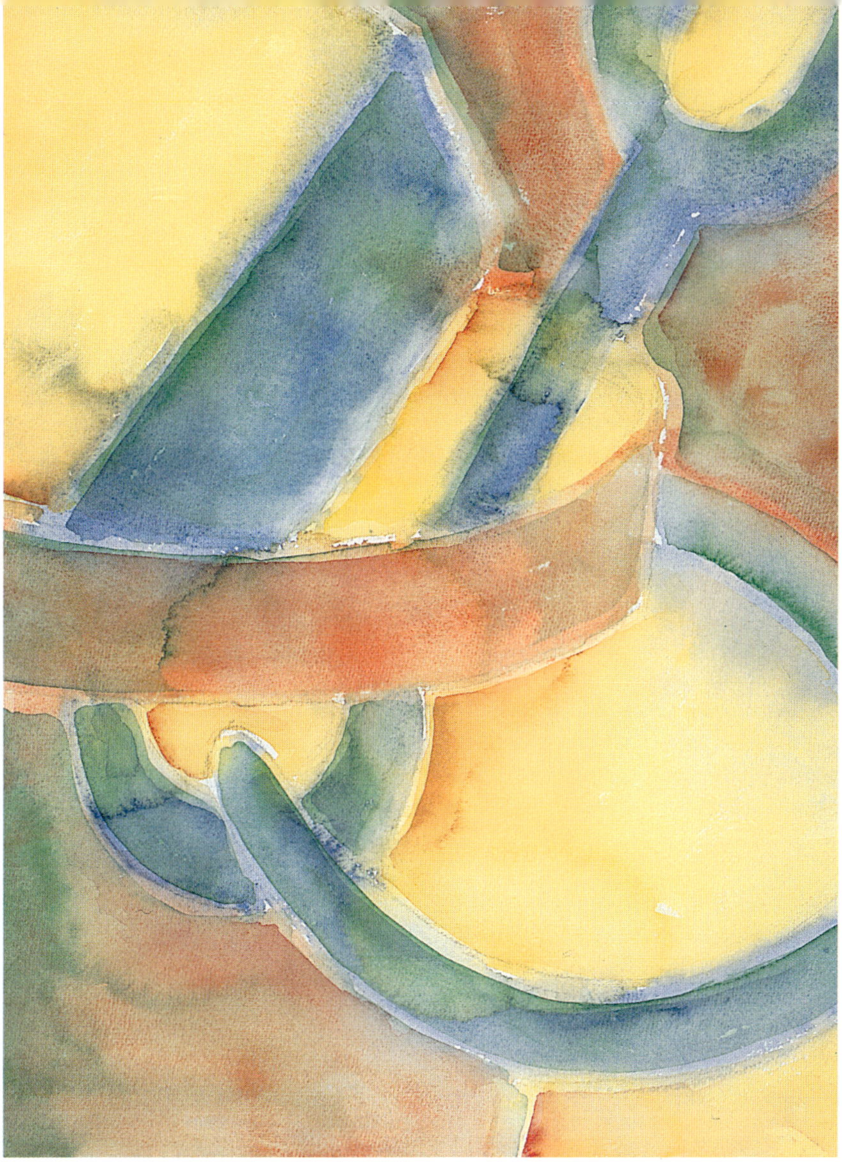

Bild links:
Marianne Beckert: Ohne Titel. 1997, Aquarell, 48x36 cm.
Extreme Ausschnitthaftigkeit führt zur Abstraktion. Die Objekte (es sind tatsächlich so belanglose Dinge wie ein Eimer, der Stiel einer Spülbürste, ein Schwamm und Ähnliches) verlieren ihre erkennbare Gestalt und ihre Bedeutung. Dadurch richtet sich das Augenmerk des Betrachters auf die handwerklich-technische und die formal-gestalterische Dimension eines solchen Bildes. Es „lebt" von der Spannung zwischen den Verläufen und den darüber liegenden harten Kanten, von den leicht voneinander abweichenden farbigen Lasuren und der kraftvollen Komposition.

Bild unten:
Ulrike Strauch-Göbel: Pinselmatte. 1996, Ölkreide auf Packpapier, 47x67 cm.
Auch diese Arbeit bezieht ihre Kraft aus der deutlichen Zurücknahme des Motivischen. Sie überzeugt durch ihre souveräne Komposition, von der auch keine Materialwirkungen oder -effekte ablenken.

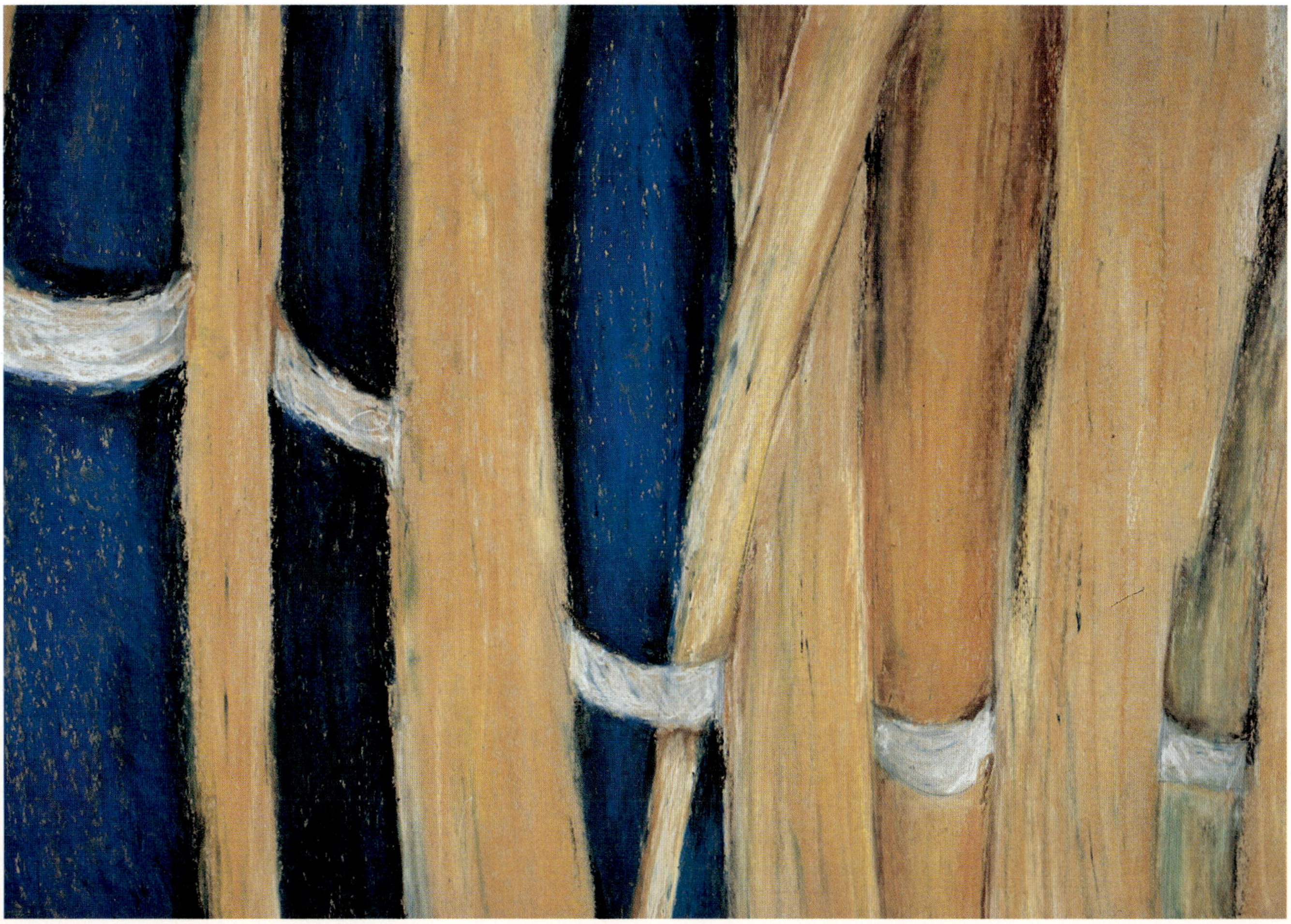

Standpunkt und Blickwinkel

Es spielt keine Rolle, ob Sie ein Stillleben oder eine Landschaft, einen Akt oder ein Porträt zeichnen oder malen – die Bildwirkung wird ganz entscheidend davon beeinflusst, wie Sie auf Ihre Gestaltungsobjekte blicken. Dabei sind zwei Faktoren zu unterscheiden: erstens ist von Bedeutung, wo Sie sich im Verhältnis zu den Dingen befinden, also ob Sie stehen, sitzen oder liegen und zweitens aus welchem Blickwinkel heraus Sie auf die Objekte sehen. Sehen Sie hoch oder runter oder befinden sich die Objekte in Augenhöhe; sitzen Sie direkt davor, oder blicken Sie seitlich auf das Motiv?

Bei einer Fotovorlage – also wie bei der Aufgabe hier im Buch – können Sie schwerlich den Standpunkt gegenüber der abgebildeten Realität verändern, den hat der Fotograf festgelegt. Wenn Sie aber beispielsweise ein Stillleben malen, eröffnen Sie sich völlig neue gestalterische Möglichkeiten, wenn Sie ihren Standort oder wenigstens den Blickwinkel verändern.

Manche Dinge, die Sie in Ihrem Bild zeigen, werden eine völlig neue Bedeutung bekommen. Die ungewöhnliche Sicht wird das Bild fast von alleine schon spannender machen.

Augenhöhe

Ihr Standpunkt ist oft vorgegeben. In einer Landschaft ist ein „Blick von oben" vielleicht nicht zu malen, weil gegenüber dem Motiv der Berg fehlt, auf den man hätte steigen können. Die Augenhöhe dagegen ist, obwohl sie im Prinzip in die Mitte gehört, im Bild frei beweglich. Zugegebenermaßen kann durch deren Lage zwar die topografische Situation unklar werden, aber der Bildausdruck kann erheblich gewinnen.

In vielen Büchern finden Sie den Begriff bedeutungsgleich mit der „Horizontlinie", was ich für sehr verwirrend halte (mehr dazu im Kapitel „Die perspektivische Darstellung" ab Seite 60).

Begründungen dafür, dass die Augenhöhe nicht in der Bildmitte liegt, sollten mit Ihren Gestaltungszielen zu tun haben (und nicht lediglich damit, dass das Bild dann gefälliger aussieht). Angenommen, Sie wollen einen eindrucksvollen Himmel zeigen, dann legen Sie den Horizont weit nach unten; wollen Sie dagegen die Tiefe einer Landschaft zeigen, oder den Boden charakterisieren, sollten Sie die Linie weit nach oben legen. Damit haben Sie nicht nur genug Raum, um das zu gestalten, was Ihnen wichtig erscheint, vor allem zwingen Sie den Betrachter Ihres Bildes dazu, Ihr Anliegen auch wirklich wahrzunehmen.

Janne Battermann: Amaryllis. 1997, Ölkreide, 32,5x24 cm.
Zweifellos würde die Bildwirkung, die sich aus den unterschiedlichen Standpunkten der Malerin ergab, noch deutlicher sein, wenn sie statt der Amaryllis die für derartige Darstellungen typischen Objekte wie Kästen, Flaschen, Gläser, Schalen und dergleichen abgebildet hätte. Ihre Bilder sind aber zunächst einmal reizvoller und machen darüber hinaus deutlich, dass die Frage nach dem Standpunkt, von dem aus ein Bild gemalt wird, auch für solche Objekte von Bedeutung ist, bei denen allgemein so etwas nicht beachtet wird. Die Bilder zeigen sehr überzeugend, wie stark sich die Bildwirkung verändert, wenn der Betrachtungswinkel statt der – bei Stillleben üblichen – 45 bis 60° einmal etwa 0° (die Objekte sich also praktisch auf Augenhöhe befinden), ein anderes Mal fast 90° ist (was dem Blick von oben entspricht) und das Motiv schließlich sogar von unten abgebildet wird.

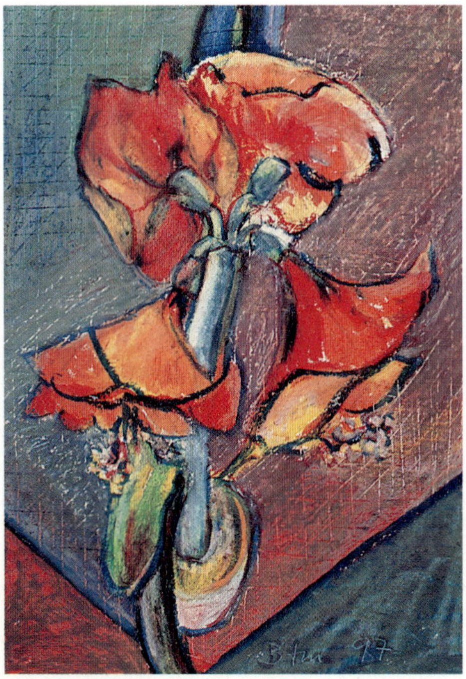

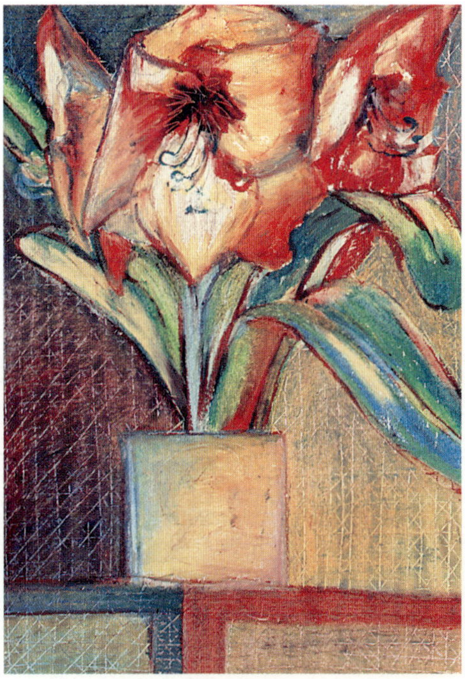

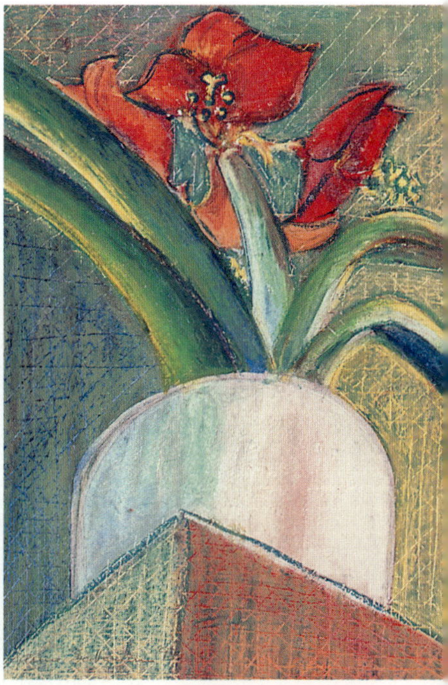

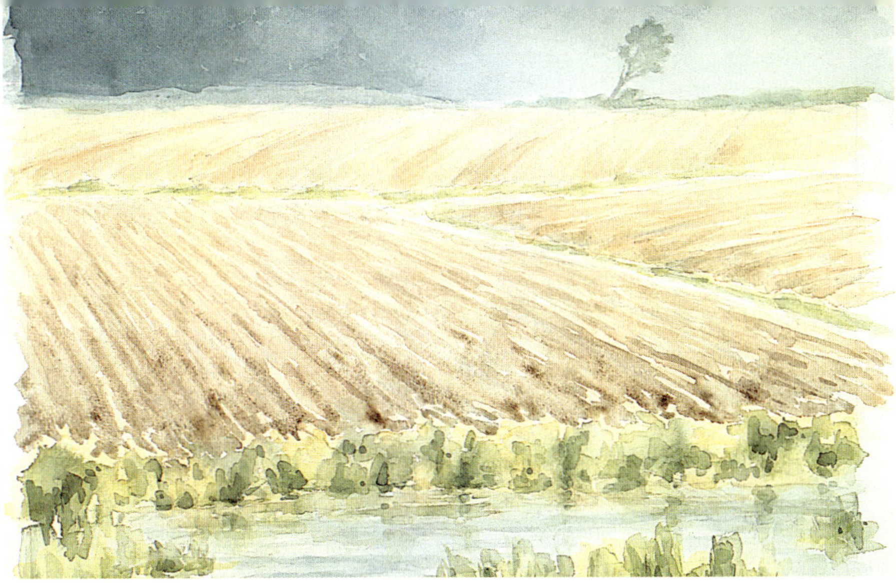

Kurt Froese: Landschaft. 1997, Aquarell, 27x41 cm.
Um dem Betrachter eines Bildes die korrekte topografische Situation zu vermitteln, müsste sich die Augenhöhe eigentlich in der Mitte befinden. Darum geht es in diesem Bild aber nicht. Die extrem hochgezogene Augenlinie zwingt dem Betrachter vielmehr die eigentliche „Botschaft" auf: die Schwere des Bodens und die Weite der Landschaft.

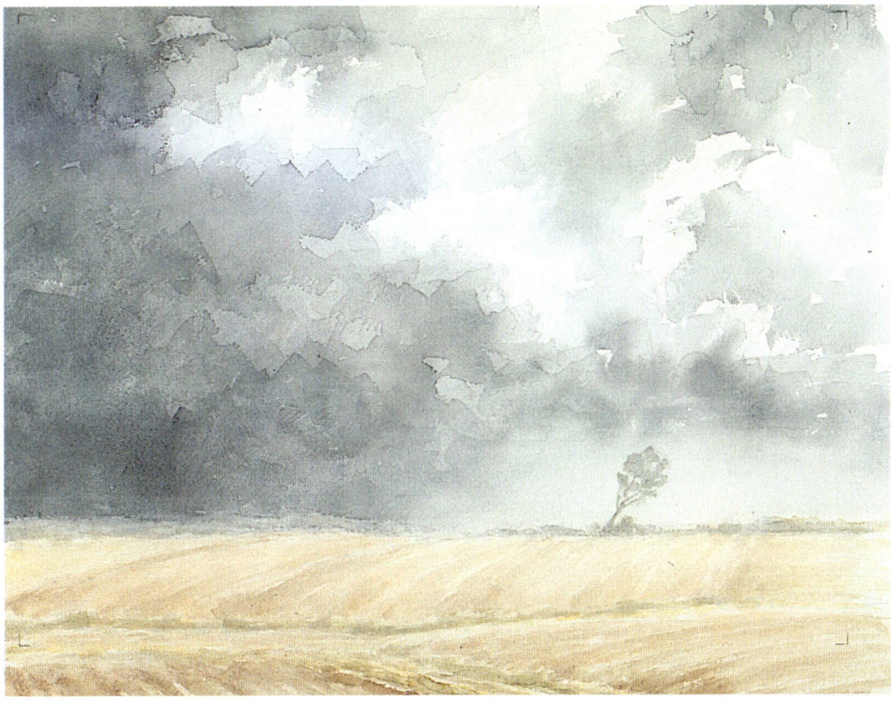

Kurt Froese: Landschaft. 1997, Aquarell, 35x41 cm.
In diesem Aquarell wird die Aufmerksamkeit des Betrachters auf den Himmel gelenkt. Der Blick wird von dramatischen Wolkengebilden und (buchstäblich:) der Höhe des Himmels gefesselt. Würde sich die Augenhöhe irgendwo in der Mitte des Bildes befinden, würde es weder die Weite der Landschaft noch die Höhe des Himmels verdeutlichen.

Helga Neuber: Straße in der Bretagne. 1989, Aquarell, 48x43 cm.
Bei diesem Bild handelt es sich um die Umsetzung einer sinnlichen Erfahrung. Es entstand auf einer Malreise in die Bretagne, wo wir die Fahrten zu den (eigentlichen) Malmotiven mit Fahrrädern unternahmen. Wie Sie sehen können, waren die geteerten Landstraßen zuweilen sehr steil und die möglichen Ziele leuchteten dann irgendwo, hoffnungsbesetzt, oben.

Entscheidungen, die auf eine Veränderung der Realität zielen

Farbkonzeption

Da es nicht darum gehen kann, die Realität im Bild nur nachzumachen, kann es auch nicht nur darum gehen, die Farben so hinzukriegen, wie sie erscheinen. Selbst wenn Sie ein realistisches Bild malen wollen, müssen Sie, beispielsweise um die Illusion von Tiefe im Bild herauszuarbeiten, die so genannten Lokal- oder Gegenstandsfarben verändern. Möglicherweise wollen Sie aber mit der Farbe auch eine bestimmte Stimmung vermitteln, Sie wollen etwas deutlicher machen, Sie wollen Ihrem Bild damit mehr Ausdruck geben. Malerei lebt durch die Farbe. Wenn Sie nicht mit Farbe gestalten wollen, lassen Sie am besten die Finger von der Malerei.

Der Begriff „Farbe“ hat, wie ich bereits erwähnt habe, unterschiedliche Bedeutungen und Aspekte. Es gibt drei zentrale Aspekte von Farben: erstens ihr Farbton, zweitens ihre Sättigung und drittens ihr Tonwert. Als Farbton wird allgemein das bezeichnet, was in der Umgangssprache „Farbe“ genannt wird, also Gelb, Orange, Rot und so weiter. Die Sättigung wird wiederum von zwei Faktoren beeinflusst: von der Farbstoffmenge, also der Fülle der Pigmente und von der Reinheit der Farbe, das heißt, ob und inwieweit sie mit anderen Farben vermischt ist. Unter Tonwert versteht man die gleiche Farbeigenschaft, die auch als Dunkelstufe bezeichnet wird. Der Tonwert einer Farbe gibt, unabhängig von ihrer Sättigung, deren Dunkelheit an. Er wird durch Vergleich mit einer Graustufenskala bestimmt. Wenn Sie eine Farbkonzeption entwickeln, „spielen“ Sie mit diesen Faktoren: Sie können eher viele Farben oder sehr wenige verwenden, eher abgetönte, gebrochene als satte Farben, und Sie können Ihr Bild eher mit starken Hell-Dunkel-Kontrasten oder in zarten Abstufungen anlegen. Im Kapitel „Farbtheorien und Farbkonzeptionen“ werde ich ausführlich darauf eingehen.

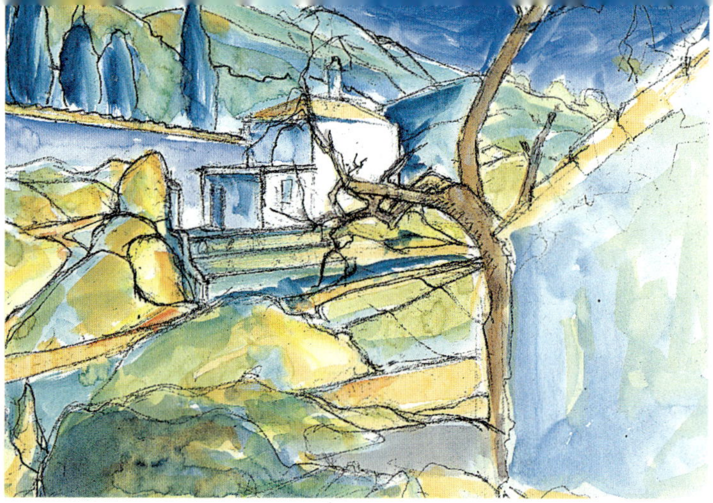

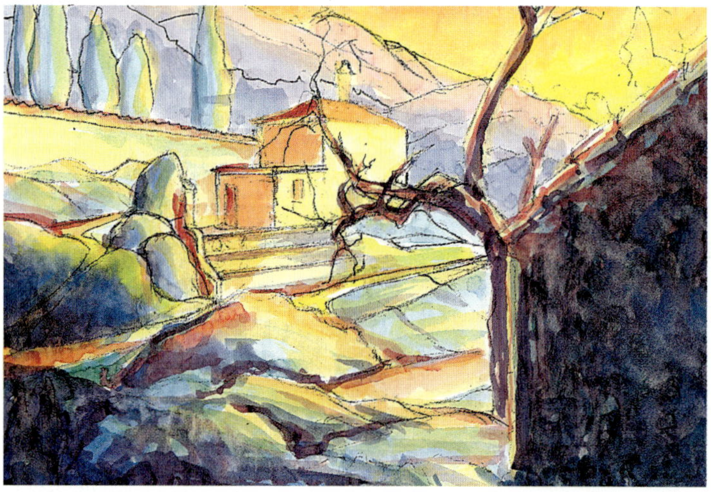

Farbauftrag

Ebenso rigoros, wie das Postulat von der Lust an der Farbe, fallen meine Bemerkungen zum Farbauftrag aus. Sie sollten damit experimentieren, Sie sollten spielen, Sie sollten sich alle möglichen Arten des Farbauftrags aneignen, um sie in der Situation, in der Sie sie anwenden wollen, zur Verfügung zu haben. Es macht doch einen ganz erheblichen Unterschied, ob Sie die Farbflächen in einem Bild so gleichmäßig anlegen, dass nicht die Andeutung einer Pinselspur erkennbar ist, oder ob Sie die Farbe mit wildem Pinselstrich aufgetragen haben. Beides hat seinen Reiz, und beides hat seine Bedeutung.

Bilder oben:
Farbkonzeptionen lassen sich am einfachsten so entwickeln, dass man den gezeichneten Bildentwurf auf einem Schwarzweißkopierer beliebig oft vervielfältigt, um darauf unterschiedlichste Farbzusammenstellungen auszuloten. Ob Sie mit diesen konzeptionellen Entwürfen relativ dicht an den tatsächlich wahrgenommenen Farben der Realität bleiben (wie im Bild ganz oben), oder ob Sie völlig freie, von den Lokalfarben unabhängige Konzeptionen entwickeln, ist Ihre Entscheidung. Am besten wäre es, wenn Sie möglichst viele Wege erproben.

Bilder unten:
Die Entscheidung für eine bestimmte Art des Farbauftrags kann den Charakter der abgebildeten Dinge mehr oder minder deutlich verändern. Ob die Dinge kompakt und plastisch erscheinen oder in Linien aufgelöst werden, ob die Spuren des Farbauftrags still und unauffällig oder laut, nervös oder ekstatisch bewegt sind – sie sind, wenn sie der gestalterischen Absicht entsprechen, jede für sich völlig legitim.

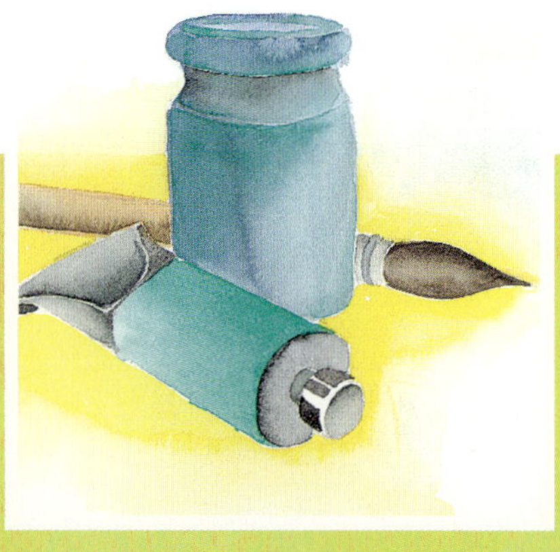

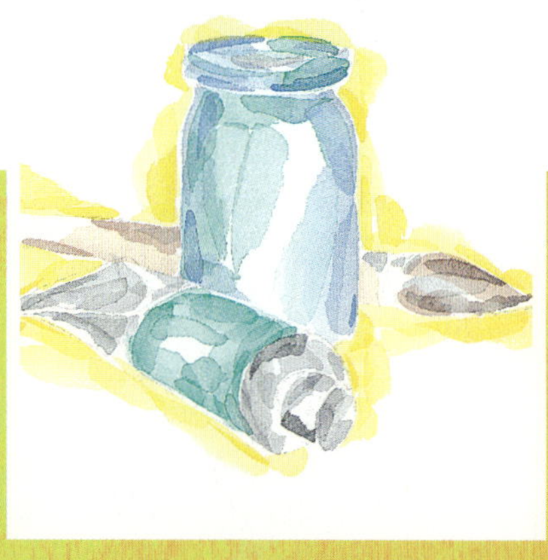

Veränderungen der Anordnung der Objekte

Sie können die Anordnung der Objekte, die Sie abbilden wollen, selbstverständlich verändern, selbst wenn Sie realistisch arbeiten. Das Gefüge der Bildgegenstände ist das, was ganz wesentlich die Komposition eines Bildes prägt. Der Begriff „Komposition“ kommt aus dem Lateinischen und heißt „Zusammensetzung, Zusammenstellung“. Eine Bildkomposition ist demnach das Ergebnis einer aktiven Gestaltung, eben einer Zusammenstellung von Objekten. Wenn ein Gegenstand an der Stelle im Bild, an die er „eigentlich“ gehören würde, völlig falsch ist, kann er woanders hingeschoben werden oder sogar wegfallen. Sie sollten sich dabei aber im Klaren sein, was diese Veränderungen bewirken und warum Sie die Komposition verändert haben.

Veränderungen der Formen

Auch die Form der Objekte beeinflusst die Bildwirkung. Schon die Einzelform ruft, bewusst oder unbewusst, Vorstellungen, Gefühle und Erinnerungen hervor. Im Verhältnis zu den Nachbarformen entstehen Wechselwirkungen und schließlich entsteht die Bildwirkung insgesamt. Sie können Gegenstände vergrößern, verkleinern, vereinheitlichen und so weiter. Alle Veränderungen sind möglich und – im Hinblick auf das Gestaltungsziel – legitim. Allerdings ...: Ist Ihnen bereits klar, wann Sie derart massive Eingriffe vornehmen sollten? („weil das Bild dann hübscher aussieht“ reicht als Begründung nicht aus!) Die Herstellung eines kompositorischen Gleichgewichts, die Entwicklung einer vitaleren Bildspannung oder eine bessere Verdeutlichung des Bildausdrucks wären dagegen überzeugende Argumente.

Veränderungen der Richtungen

Ob ein Bild statisch oder dynamisch wirkt und welche Stimmung es vermittelt, hat viel mit dem Richtungsgefüge aller Bildobjekte zu tun. Richtungen und die daraus abzuleitende Wirkung ergeben sich aus Form- oder Farbbeziehungen sowie natürlich den konkreten Linienführungen auf der Bildfläche. In diesem Zusammenhang spielt es also keine Rolle, ob es sich um gezeichnete oder gemalte Linien handelt oder um gedachte oder empfundene, die sich aus der Anordnung der Objekte ergeben. Ob solche Richtungen ansteigen oder fallen, ob sie eine statische Situation betonen (z.B. als Dreieckskomposition) oder behäbig und ruhig die Gestaltung horizontalisieren, ist ein wesentlicher, bildbestimmender und eben auch veränderbarer Faktor der Bildgestaltung.

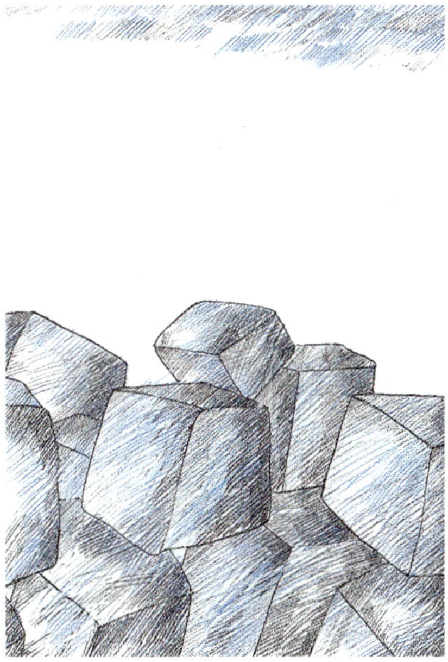

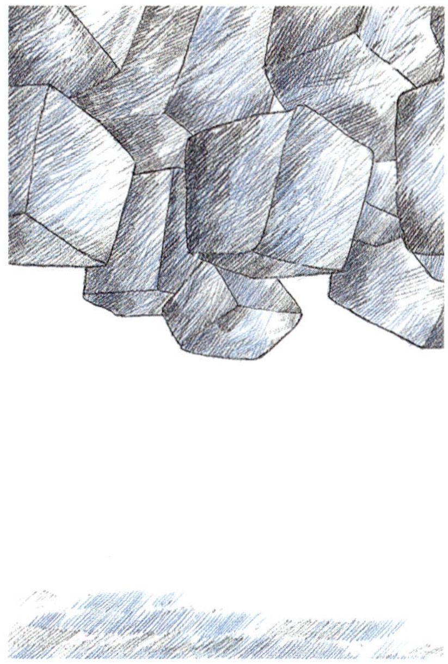

Bilder oben:
Die Gegenüberstellung der einmal „richtig“ und einmal über Kopf wiedergegebenen Würfel-“Landschaft“ ist ein sehr ausdrucksstarkes Beispiel für die unterschiedliche Wirkung einer veränderten Anordnung der Bildobjekte: die linke Zeichnung wird allgemein als völlig „normal“ empfunden. Die kubischen Formen ruhen schwer am „Boden“ und regen den Betrachter deswegen auch nicht weiter an oder gar auf. Die rechte Zeichnung dagegen wirkt irritierend, bedrohlich, sogar Angst machend. Die klotzigen, kantigen Objekte in der oberen Bildhälfte sind kaum zu ertragen.

Bilder unten:
Die Frau, die sich in diesen Zeichnungen mit der Ziege quält, ist einem Bild Max Liebermanns entnommen. In welcher Zeichnung ist ihre Mühsal größer? Was meinen Sie? Bevor Sie weiterlesen, sollten Sie sich Ihre Meinung bilden und möglichst begründen. Es finden sich tatsächlich durchaus sachliche Gründe dafür. Wir betrachten Bilder in der gewohnten Leserichtung, also von links nach rechts. Dementsprechend quält sich die Frau dann auch mehr, wenn sie sich gegen die Sehrichtung, also nach links wendet. Die Ziege zieht sie dann nämlich eher den steilen Weg hinunter, als dass die Frau die Ziege in die andere Richtung bewegen kann. Und so hat natürlich auch Max Liebermann die Figuren in seinem Bild angeordnet, um mit gestalterischen Mitteln eine Aussage zu verdeutlichen.

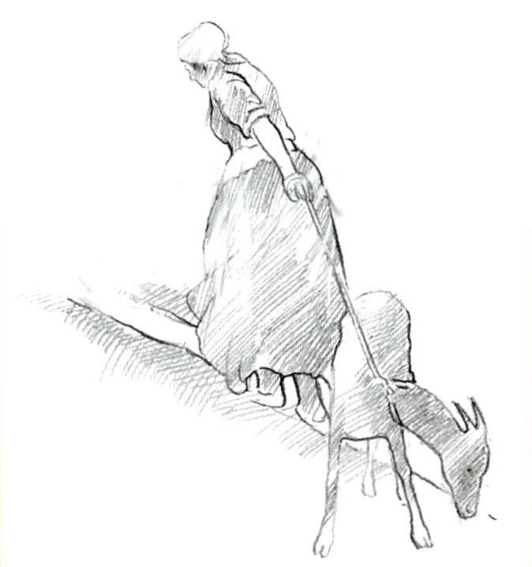

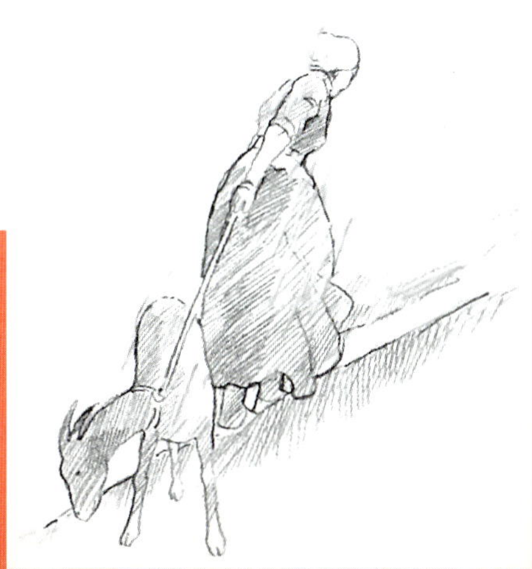

Ideenskizzen, Entwurf, Übertragen des Entwurfs, Farbentwürfe

Erste Erprobungen der Bildidee mit unterschiedlichen Standpunkten, anders angeordneten Bildelementen, abweichenden Akzentuierungen und so weiter bezeichne ich als Ideenskizzen. Sie bedeuten den ersten, wichtigen Schritt auf dem Weg zum Bild. Zwei bis vier derartige Zeichnungen sollten Sie unbedingt anfertigen. Sie nehmen nicht viel Zeit in Anspruch, helfen aber zu klären, wie Sie an das Motiv herangehen wollen.

Die tragfähigste Skizze führen Sie dann als Entwurf aus, der dann sehr konsequent auf den endgültigen Zeichen- oder Malgrund übertragen werden muss. Die vermeintliche Erfahrung, dass die endgültigen Vorzeichnungen gestalterisch dürftiger ausfallen als die Skizzen und Entwürfe, liegt fast ausschließlich daran, dass die Übertragung allzu nachlässig geschieht. Natürlich ist es leichter, einen Strich nur ein paar Zentimeter lang kraftvoll und spannungsreich auf das Blatt zu bringen. Die zwei-, drei- oder vierfache Länge fällt tatsächlich schwerer. Auch ist die Hemmung vor dem „eigentlichen", dem „richtigen" Bild ein wesentliches Hindernis und fördert nicht gerade Spontaneität und Großzügigkeit. Wenn die Dinge aber mit der erforderlichen Planung und Sorgfalt übertragen wurden, gab es kaum Probleme. Bei den meisten verunglückten Blättern wurden die Objekte – trotz des meist erheblich größeren Formates – fast in der gleichen Größe übertragen. Sie wirkten dann natürlich verloren, die Zwischenräume vergrößerten sich überproportional, und die Bilder hatten keine kompositorische Dichte mehr.

Als Übertragungshilfe empfehle ich, den Entwurf (Bild unten links) zu vierteln.
Er soll natürlich die gleichen Proportionen (das Verhältnis von Formatbreite und -höhe) haben wie der Zeichen- oder Malgrund! Die Zeichnung ist dann leichter in den richtigen Größenver-hältnissen zu übertragen. Die Vorzeichnung (Bild unten rechts) greift dann einfach die wesentlichen Punkte wieder auf. Sollten Sie damit auch noch Schwierigkeiten haben, wählen Sie ein noch kleineres Raster. Wenn Sie Ihren Entwurf längs und quer vierteln, dürfte das Raster – nun 16-teilig – so klein sein, dass Sie sich nicht mehr in den entstandenen Kästchen „verlieren".
Außerdem sollten Sie Farbentwürfe herstellen. Wenn man von den Entwürfen Fotokopien herstellt, ist der Aufwand recht gering, die Farbentscheidungen werden aber erheblich sicherer. Im Entwurf sollten bereits alle gestalterischen Entscheidungen getroffen und alle Probleme soweit gelöst sein, dass er ohne weitere Änderungen übertragen werden kann. Ungeklärte Aspekte müssen gegebenenfalls vorher in gesonderten Studien erarbeitet werden. Die Übertragung sollte sehr gewissenhaft erfolgen. Unterteilen Sie den Entwurf, wie in der linken unteren Abbildung gezeigt, in vier gleich große Teile. Eine entsprechende Unterteilung des endgültigen Malgrundes hilft Ihnen, die markanten Punkte festzulegen (einige solcher Punkte sind im Entwurf und in der Vorzeichnung mit Kreisen gekennzeichnet) und den Entwurf proportional richtig zu übertragen.

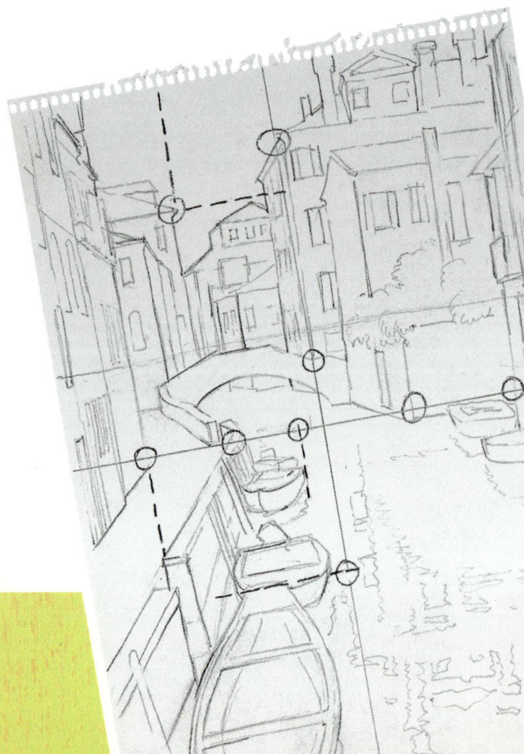

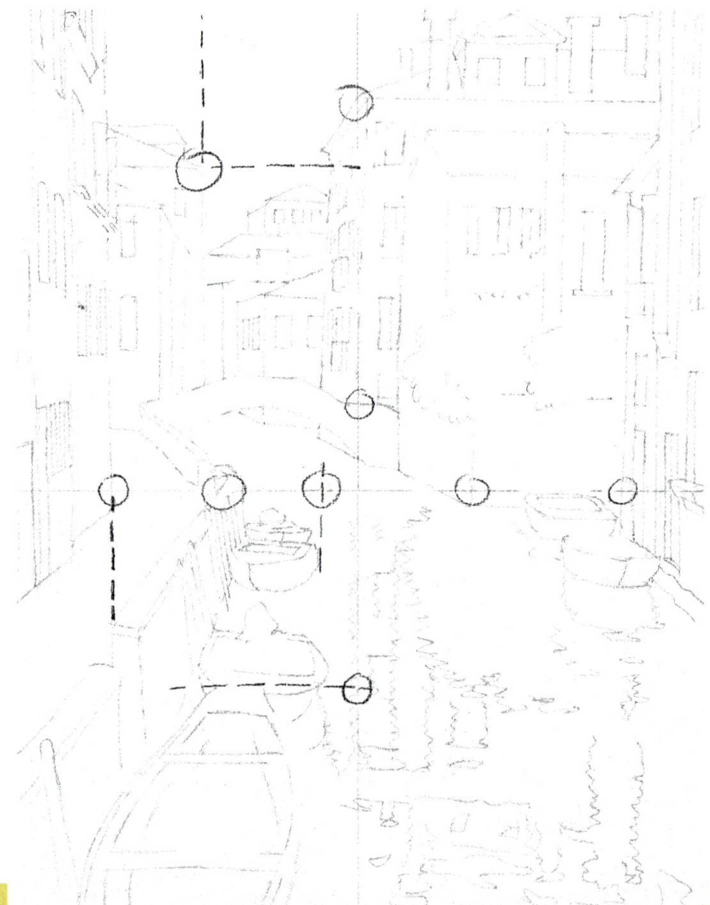

Im Stehen arbeiten

Sie sollten häufiger im Stehen als im Sitzen arbeiten. Und dann am besten an einer Staffelei. Wenn Sie sitzend malen, sind die Bewegungsmöglichkeiten des malenden Arms eingeschränkt und Sie verkrampfen sich viel leichter – was der Malerei anzusehen ist. Außerdem sehen Sie alles, was Sie tun, schräg und damit leicht verzerrt. Auch das kann einem Bild nicht unbedingt gut tun. Bei Bildern, in denen es auf die exakte Wiedergabe der Proportionen ankommt, beispielsweise beim Portrait oder beim Akt, muss die Bildfläche unbedingt senkrecht vor Ihnen stehen. Wenn Sie Schwierigkeiten haben, lange zu stehen, können Sie natürlich auch im Sitzen an einer Staffelei arbeiten (die muss dann allerdings auch so einstellbar sein!) oder Sie sollten wenigstens Ihr Bild auf eine Holzplatte kleben und sie irgendwie möglichst senkrecht fixieren (anlehnen, auf eine Tischstaffelei stellen o.Ä.).

Abstand nehmen

Sehen Sie sich Ihr Bild während der Arbeit zwischendurch aus einem größeren Abstand an. Ich beobachte bei Seminarteilnehmern, dass sie buchstäblich den Überblick verlieren, wenn sie dauernd unmittelbar an und direkt vor ihrem Bild sitzen. Das Bild als Ganzes wirken zu lassen, erfordert den Abstand. Auch hier wird die doppelte Bedeutung des Begriffs relevant:
Der Abstand ermöglicht einen Überblick und er ermöglicht es Ihnen, Ihr Bild distanzierter, also emotionsloser zu sehen. Abstand nehmen heißt eben auch, Dinge sachlicher und unvoreingenommener betrachten zu können. Ein besserer Überblick ermöglicht es auch, das Bild gleichmäßig auf der Fläche zu entwickeln. Es macht unter kompositorischen Gesichtspunkten keinen Sinn, Gegenstand für Gegenstand zu zeichnen oder zu malen. Entwickeln Sie möglichst das Bild als Ganzes. Arbeiten Sie so, als würden Sie ein Mobile basteln: einmal an der einen Stelle im Bild, dann an einer anderen. Dabei sollte – natürlich auch während der Arbeit – die Herstellung eines spannungsreichen Gleichgewichts oberstes Ziel sein.
Es versteht sich von selbst, dass ein solches Ausbalancieren den größeren Abstand vom Bild verlangt.

Nichts auf den Zeichen- oder Malgrund legen

Bei diesen ersten Aufgaben war in meinen Seminaren immer wieder zu beobachten, dass manche Teilnehmer die Vorlagen oder das Zeichen- und Malmaterial auf ihrer Bildfläche liegen ließen. Das sollte man keinesfalls tun. Diese Dinge „zählen“ unbewusst beim Bildaufbau, bei der kompositorischen Gliederung mit. Wenn sie weggenommen werden, kann an dieser Stelle etwas fehlen.
Sie müssen beim Zeichnen die gesamte Bildfläche im Auge behalten. Ihr Bild muss sich als Gesamtheit entwickeln. Jeder Strich, den Sie irgendwo auf das Papier zeichnen, verlangt eine „Antwort“ an einer anderen Stelle. Wenn Sie die Zeichenvorlagen oder Ihr Arbeitsgerät auf dem Papier liegen lassen, beeinflussen diese Dinge Ihr Gefühl für die Komposition des Bildes. Nehmen Sie sie später weg, entsteht eine gestalterische Lücke, das Bild „kippt“ kompositorisch.

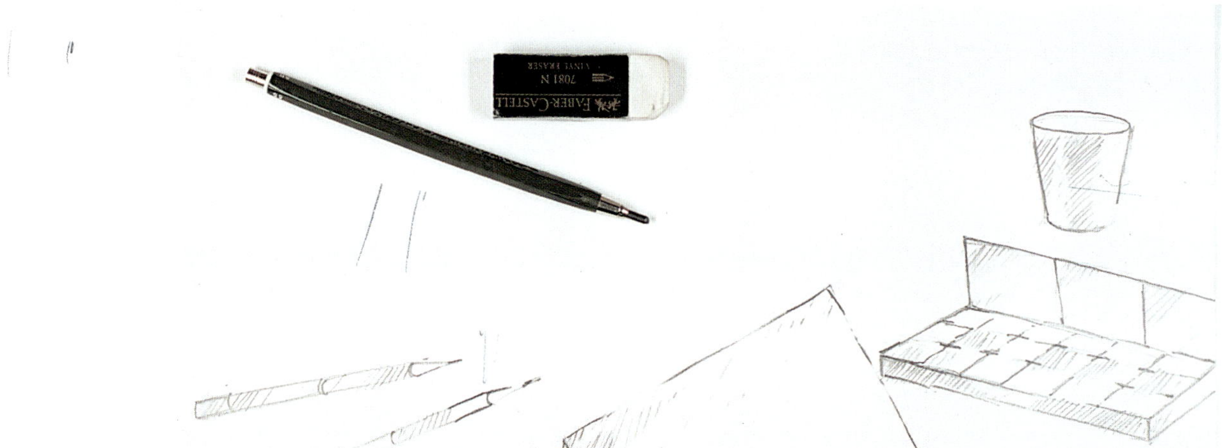

Das Bild als Übersetzung der Realität

Als es um die Vorüberlegungen für die Bearbeitung der Fotovorlage aus Galilea (siehe Seite 24) ging, fragte ich auch danach, was beim Betrachter ankommen sollte. Jede Antwort darauf, beziehungsweise ihre entsprechende Realisierung im Bild, führt zur Veränderung der Vorlage. Bilder – ich denke, das ist Ihnen bereits klar – sind immer Veränderungen von Realität.
Ich spreche in diesem Zusammenhang von „Übersetzungen". Realität wird zur Bildrealität. Mit anderen Gesetzmäßigkeiten, mit einer anderen Grammatik.

Räumliche Realität und Bildfläche

Ein wesentlicher Unterschied zwischen Bild und Realität liegt darin, dass die Realität räumlich ist, ein Bild bestenfalls eine Illusion davon vermitteln kann. Die Farben in einem Gemälde sind den Gegenstandsfarben höchstens ähnlich, weil sie im Normalfall nichts mit den Pigmenten der Künstlerfarben zu tun haben. Auch kann ein Bild objektiv nur immer einen Ausschnitt des Wahrnehmungsspektrums ermitteln, nämlich das, was wir sehen. Wärmeempfindungen, Gerüche und Geräusche sind nur – wenn überhaupt – übersetzbar. Wenn man das, was man sieht, genauso wie man es sieht, nachmalt, entsteht kein schlüssiges Bild. Veränderungen müssen demnach ohnehin vorgenommen werden; insofern stellt sich im Prinzip auch nicht die Frage, ob man Veränderungen vornehmen darf – man muss es sogar! –, sondern welche und warum.

Gegenstandsfarben und Farbkonzeption

Die Veränderungen, die Sie im Folgenden bei der Gestaltung des Galilea-Motivs vornehmen sollten, beziehen sich zuerst einmal lediglich auf die Farbe. Dass dadurch auch andere Gestaltungsfelder betroffen sind, wird (vermutlich erst) später deutlich.
Die Begriffe monochrom, valeuristisch und koloristisch bezeichnen unterschiedliche Farbkonzeptionen, die in bestimmten kunsthistorischen Phasen bedeutsam waren. In der Gegenwartskunst sind sie als programmatische Planungen höchstens für einzelne Künstler nachweisbar. Das relativiert nicht ihre Bedeutung. Ein konsequentes Umsetzen solcher Farbkonzeptionen (ab Seite 160 lernen Sie noch andere kennen) führt zu sehr unterschiedlichen Bildwirkungen. Insofern sind sie für eigene Planungen noch ebenso nützlich, wie sie es für die Künstler vergangener Epochen waren.

AUFGABE:
Das monochrome Bild

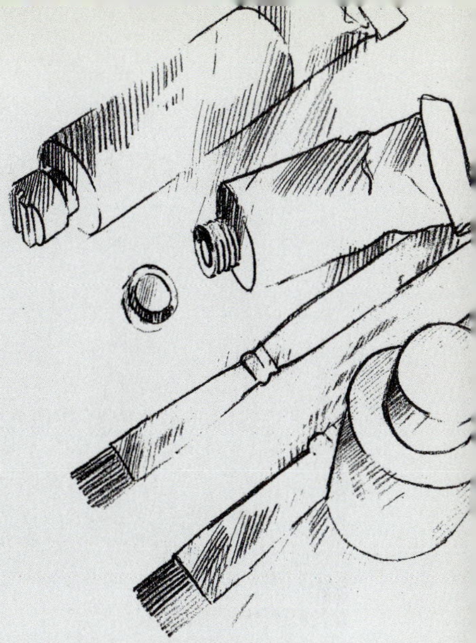

Monochrom heißt einfarbig. Die erste bewusste Veränderung der Realität soll dementsprechend eine Übersetzung der Gegenstandsfarben in unterschiedliche Tonwerte einer Farbe sein.
Sie wählen also eine Farbe aus, mit der Sie das ganze Bild malen werden. Die Farbe sollte relativ dunkel sein, also beispielsweise Schwarz, Violett, Braun oder Blau. Durch Aufhellung der Farbe erhält man unterschiedliche „Dunkelstufen". Bei helleren Farben gibt es zu wenige solcher Stufen. (Man sagt auch, dass der Tonwertebereich zu eng ist.)
Die Farben und den Malgrund können Sie für diese Aufgabe frei wählen. Malen Sie mit der Farbe, mit der Sie am liebsten arbeiten, oder mit einer, die Sie einmal ausprobieren wollen. Informationen über die unterschiedlichen Farbensysteme finden Sie ab Seite 178.
In meinen Seminaren arbeiten die Kursteilnehmer recht oft mit Gouachefarben, die recht unproblematisch in der Handhabung sind. Sie sind wasserlöslich, riechen nicht, brauchen keine Verdünnungs- oder Lösungsmittel und sind nicht teuer. Gouachefarben sind Wasserfarben. Das Papier, auf dem Sie malen wollen, würde sich durch den Farbauftrag wellen. Meine Seminarteilnehmer benutzen preiswerte Aquarellpapiere, die sie nass aufspannen. Zuerst werden die Bogen gleichmäßig durchnässt. Dadurch dehnen Sie sich aus. Legen Sie das Papier dazu in die Badewanne oder feuchten Sie es kräftig auf beiden Seiten mit einem Schwamm an.
Dann beobachten Sie, wann das Material seine größte Ausdehnung erreicht hat. Sonst wirft es, wenn man es zu früh aufklebt, gleich wieder Beulen. Warten Sie also ein paar Minuten und legen es dann glatt auf eine unbeschichtete Span-, Sperrholz- oder Tischlerplatte. Dann wischen Sie das überschüssige Wasser weg und kleben das Papier mit einem angefeuchteten Leimklebeband fest. Wenn das Papier trocknet, zieht es sich wieder zusammen.
Beschleunigen Sie den Prozess nicht mit einem Föhn oder auf der Heizung. Das ungleichmäßig trocknende Papier würde die Klebestreifen zerreißen.
Nachdem die praktischen Vorbereitungen abgeschlossen sind, können Sie anfangen, die farbige Vorlage in ein monochromes Bild zu übersetzen.

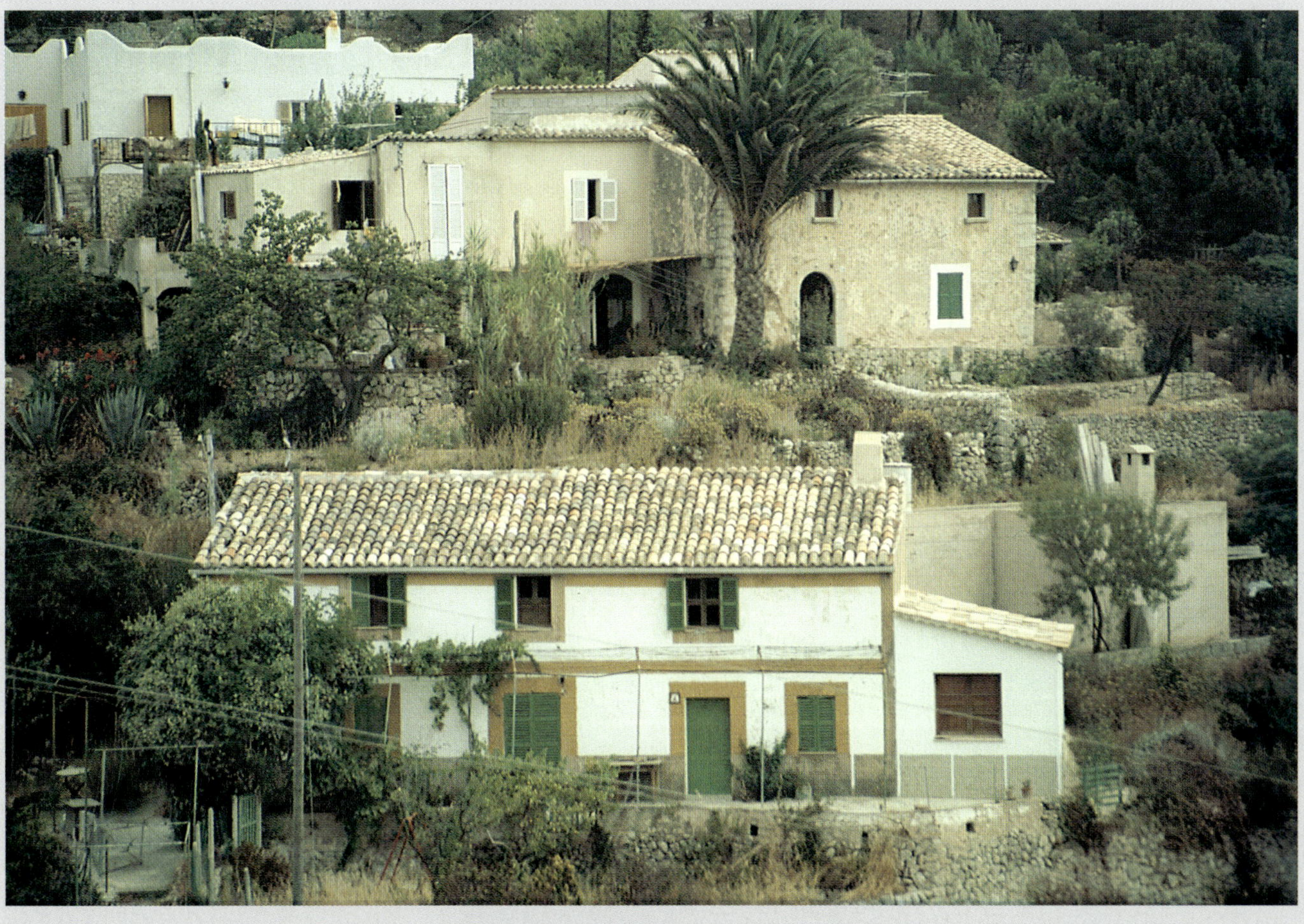

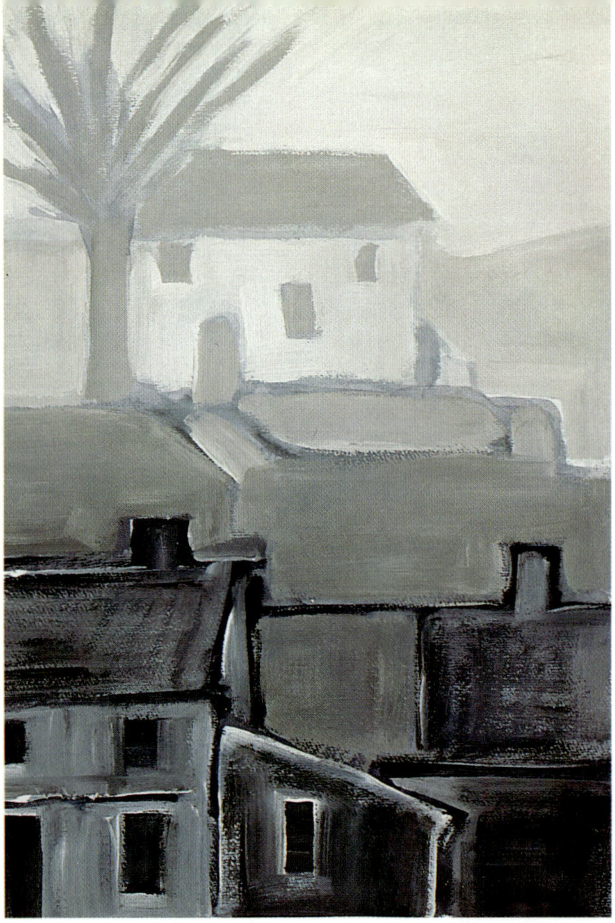

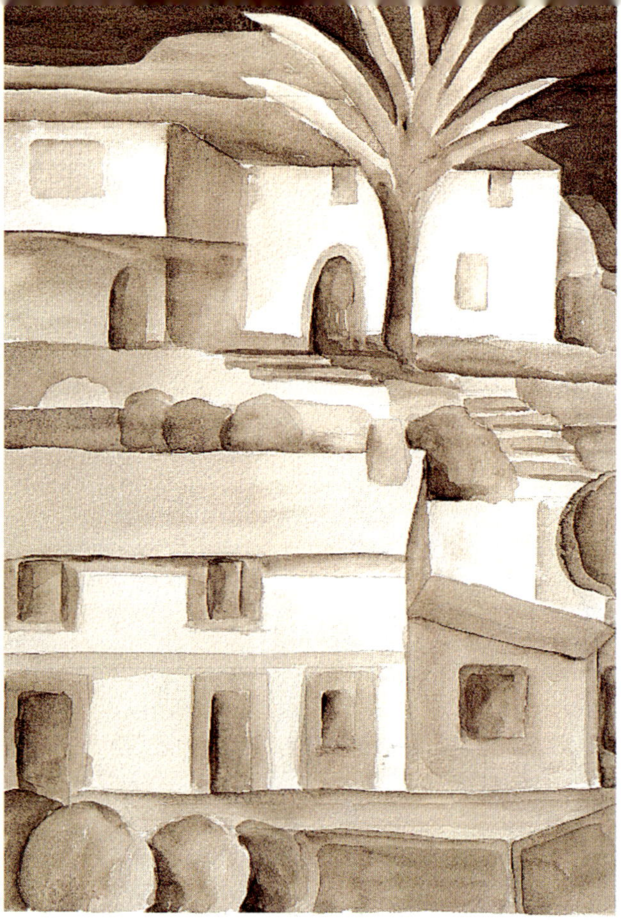

Bildlösungen

Renate Dahlmann: Galilea. 1996, Gouache, 47x33 cm.
Zugunsten einer Verdeutlichung der landschaftlichen Tiefe berücksichtigt die Darstellung oben links weder die tatsächliche, aus der Realität übernommene, noch eine kompositorisch ausgewogene Hell-Dunkel-Verteilung.

Karin Kuthe: Galilea. 1996, Aquarell, 30,5x22,5 cm.
Das Bild oben rechts zeigt eine recht genaue Tonwerte-Übersetzung. Die dunklen Farben wurden durch einen dunklen Sepiaton, die hellen durch die entsprechend aufgehellte Farbe verdeutlicht. Beim Aquarell geschieht diese Aufhellung durch die Verdünnung der Farbe und der damit verbundenen Verstärkung der Lasurwirkung und der optischen Mischung mit dem Weiß des Papiers. Das Bild vermittelt – wie auch das Aquarell von Edeltraud Rehling-Buschan – keine Tiefe. Der dunkle Hintergrund in hohem Kontrast zu dem hellen hinteren Gebäude verdeutlicht Nähe. Der Vordergrund wirkt wenig dynamisch, er „sackt" nach hinten.

Edeltraud Rehling-Buschan: Galilea. 1996, Aquarell, 48,5x68,5 cm.
Das Aquarell links ähnelt konzeptionell und von der Ausführung her dem Bild von Karin Kuthe. Es ist allerdings eine „naturgetreuere" Wiedergabe der Ausgangsrealität. So wurde das Format nicht verändert und auch die Darstellung der Einzelformen orientiert sich stärker an der Fotovorlage. Dass das Bild wiederum keine Tiefe vermittelt, liegt genau an dieser Naturnähe. Um die Illusion räumlicher Tiefe zu vermitteln, bedarf es einer „Übersetzung" der Realität. Eine Übersetzungsregel dafür haben Sie bereits im Bild von Renate Dahlmann kennen gelernt, die anderen finden Sie auf den nächsten Seitne.

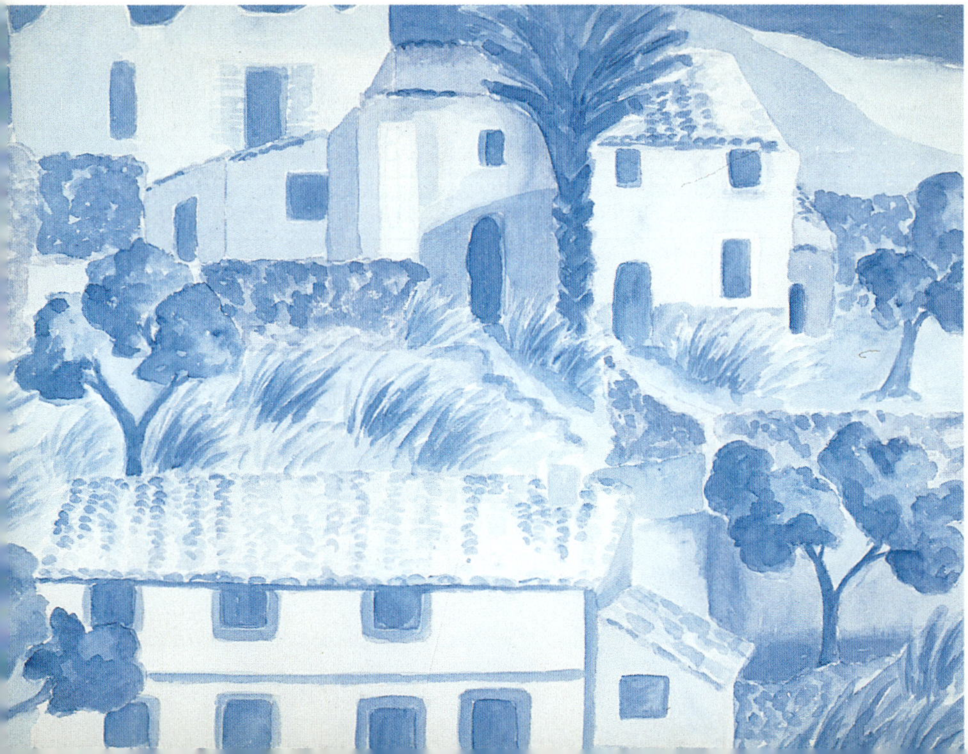

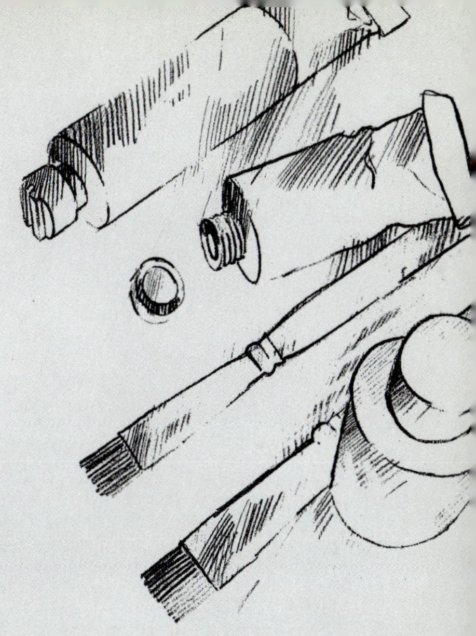

AUFGABE:
Tonwertemalerei unter Berücksichtigung der Tiefenillusion im Bild

Sie haben vermutlich, wie die meisten meiner Seminarteilnehmer auch, die Illusion der Tiefe im Bild nicht beachtet. Das ist nicht weiter problematisch, Sie hatten mit der Übersetzung von Farben in Tonwerte genug zu tun. Die Gestaltung der Tiefe wird Teil dieser Aufgabe sein. Hier geht es nun um Tonwertemalerei. Sie wird auch als Tonmalerei, Ton-in-Ton-Malerei oder Valeursmalerei bezeichnet. Nicht nur, dass die Ergebnisse oft auf eine sehr sensible Art reizvoll sein können, sie sind als Übung eine ganz hervorragende Schulung für den Umgang mit Hell-Dunkel-Differenzierungen und -verteilungen. Gegen Letztere steht aber die Forderung nach einer überzeugenden Tiefengliederung. Je nach gestalterischer Zielorientierung überwiegt einmal die eine, einmal die andere Forderung. Sie können, um es krass zu formulieren, also entweder eine gute kompositionelle Lösung anstreben oder die Tiefengliederung verdeutlichen. Die praktische Realisierung Ihrer gestalterischen Absicht schließt (oft) andere Dinge, die man eigentlich auch ganz gern hätte zeigen oder ausdrücken wollen, aus.
In dieser Aufgabe geht es um die Illusion von Tiefe. Die Intensität ist die wichtigste tiefengestaltende Bedingung. Sie wird von drei Faktoren beeinflusst: Von der Reinheit der Farbe, von der Farbstoffmenge und vom Tonwert. Eine sehr intensive Farbe ist demnach rein, satt, kräftig und eher dunkel (auf das „eher" komme ich noch zurück). Welches sind die anderen Möglichkeiten, die Tiefenillusion zu beeinflussen?

Tiefe wird im Bild verdeutlicht durch:
1. Die Intensität der Farben: intensive Farben drängen nach vorn.
2. Farbe-an-sich: dynamische Farben (Orange, Rot, Gelb) drängen in den Vordergrund, andere Farben, wie beispielsweise Grün oder Braun verhalten sich neutral, andere treten in den Hintergrund (Violett und Blau).
3. Kontrast: starke Kontraste drängen nach vorn.
4. Formbegrenzungen: harte Formbegrenzungen signalisieren Nähe, weiche Begrenzungen Ferne.
5. Differenziertheit der Formen, Strukturen und Muster: je differenzierter die Darstellung dieser Dinge, desto mehr empfindet man ihre Nähe.
6. Größenverhältnisse: große Formen lassen einen unbewusst an Vordergrund denken, je kleiner die Formen sind, desto weiter weg erscheinen sie.
7. Richtungen: diagonale oder auf Fluchtpunkte weisende Linien erzeugen Tiefe.
8. Formüberschneidungen: überschneiden sich Formen, so erscheint die nicht verdeckte Form näher als die, die weiter vorn ist.

Beachten sie, dass die Illusion von Tiefe nicht dann realisiert ist, wenn 5 von 8 Bedingungen, oder wie viel auch immer, zutreffen. Es kann sogar so sein, dass die überzeugende Klärung **einer** Bedingung die Tiefe derart überzeugend vermittelt, dass die anderen bedeutungslos werden.
Bei dieser Aufgabe arbeiten Sie nun wieder weitgehend mit den gleichen Materialien wie bei der Vorübung. Hier kommt lediglich eine zweite Farbe hinzu, die mit der ersten „verwandt" sein sollte, also zum Beispiel Grün und Blau. Wobei Sie sich aber nicht auf die Grundfarben beschränken müssen; genauso gut könnten es Farben wie Umbra und Grüne Erde oder Vandyckbraun und Englischrot sein, die dann untereinander und mit Schwarz und Weiß gemischt werden. Denken Sie bei der Arbeit in jedem Fall an die wichtigste Spielregel der Tonwertemalerei: das Bild soll von den feinen Abstufungen der Farben und von differenzierten Mischungen leben und damit tendenziell auch eher von Hell-Dunkel-Wirkungen als von Farbkontrasten.

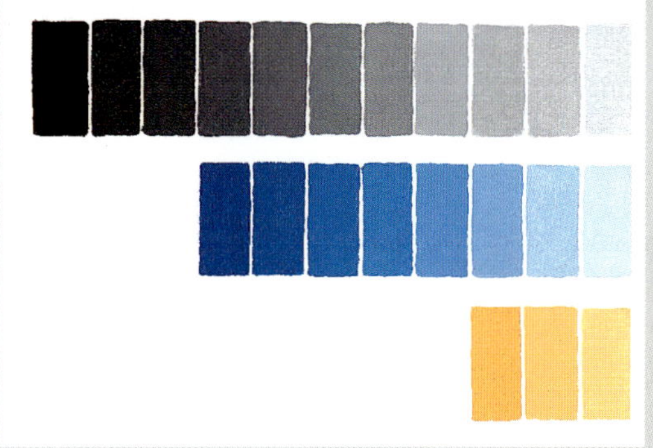

Bild oben rechts:
„Tonwerte" oder „Dunkelstufen" orientieren sich am Grad der Dunkelheit von Farben, unabhängig von deren Farbtönen. Schwarz hat den größten, Blau (in diesem Falle Kobaltblau) hat noch einen relativ großen und der gelbliche Ton (Neapelgelb dunkel) einen recht kleinen Tonwerteumfang.

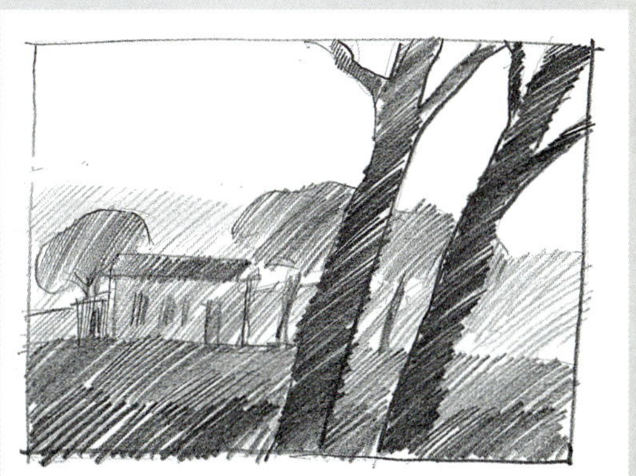

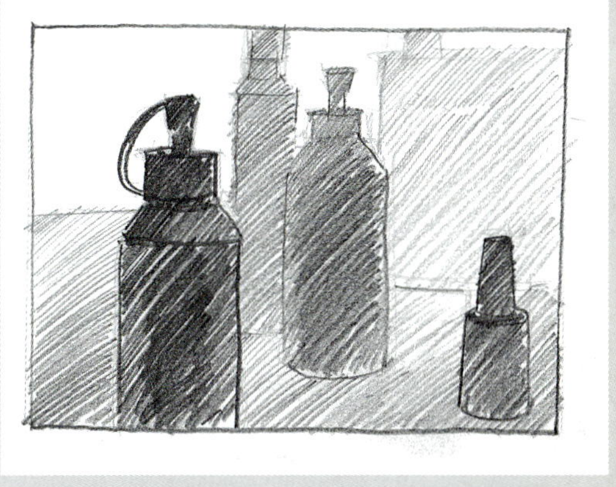

Die Tatsache, dass Intensität nach vorn drängt, ist in der Landschaftszeichnung und -malerei (Bild Mitte rechts) ein fraglos akzeptiertes Konzept. Dass es – was eigentlich logisch ist – für alle anderen Motive auch gilt, soll die Stilllebenskizze (Bild unten rechts) exemplarisch zeigen.

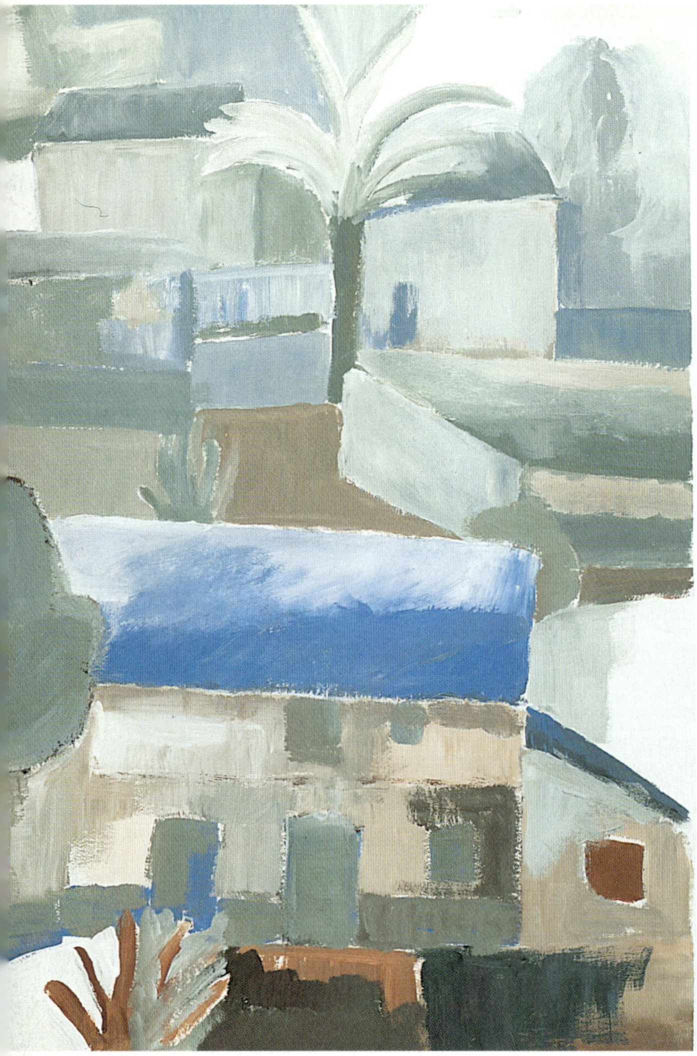

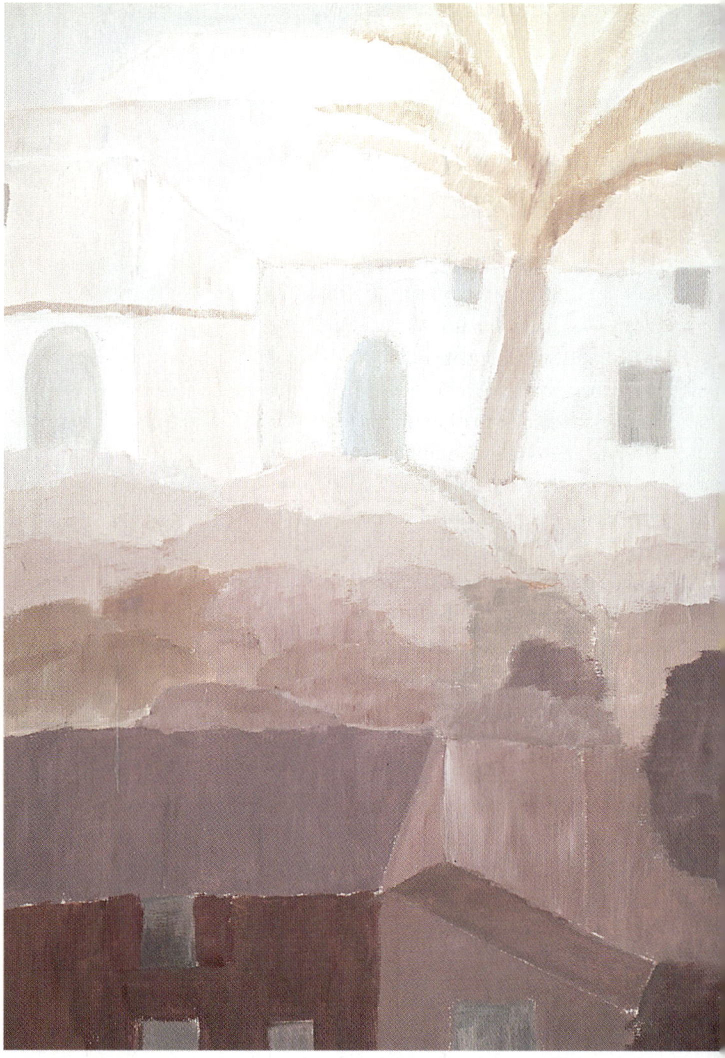

Bildlösungen

Verena Janssen. Galilea. 1997, Gouache, 70x50 cm.
Braun- und Blautöne geben dem Bild oben links, vielfach abgestuft und verhalten, seinen Charakter. Die warmen, auch vom Tonwert her kraftvollen Farben im unteren Teil vermitteln Tiefe, bewirken aber – was bei allen Bildern nach dieser Vorlage und mit der entsprechenden Aufgabenstellung passiert – ein kompositorisches Ungleichgewicht.

Karin Kuthe: Galilea. 1997, Gouache, 69 x49 cm.
Das Bild Karin Kuthes (oben rechts) ist farbig so zurückhaltend, dass es an der Grenze zwischen monochromer Malerei und Tonwertemalerei steht. Die Herausarbeitung der Tiefe führt auch hier zu einem kompositorischen Ungleichgewicht (was allerdings durch die - von ihrer Tiefe im Bildraum her unangemessene - farbige Betonung der Palme ausgeglichen wird).

Gertraud Heitkämper: Galilea. 1996, Aquarell, 50x35 cm.
Das rechte Bild macht deutlich, dass es nicht am Farbensystem, also an der Gouachefarbe, oder dem flächigen Farbauftrag der anderen Bilder liegt, wenn formal problematische Dinge entstehen. Es liegt wirklich nur an der Widersprüchlichkeit des Bemühens um kompositorische Ausgeglichenheit auf der einen und Verdeutlichung der Tiefe auf der anderen Seite.

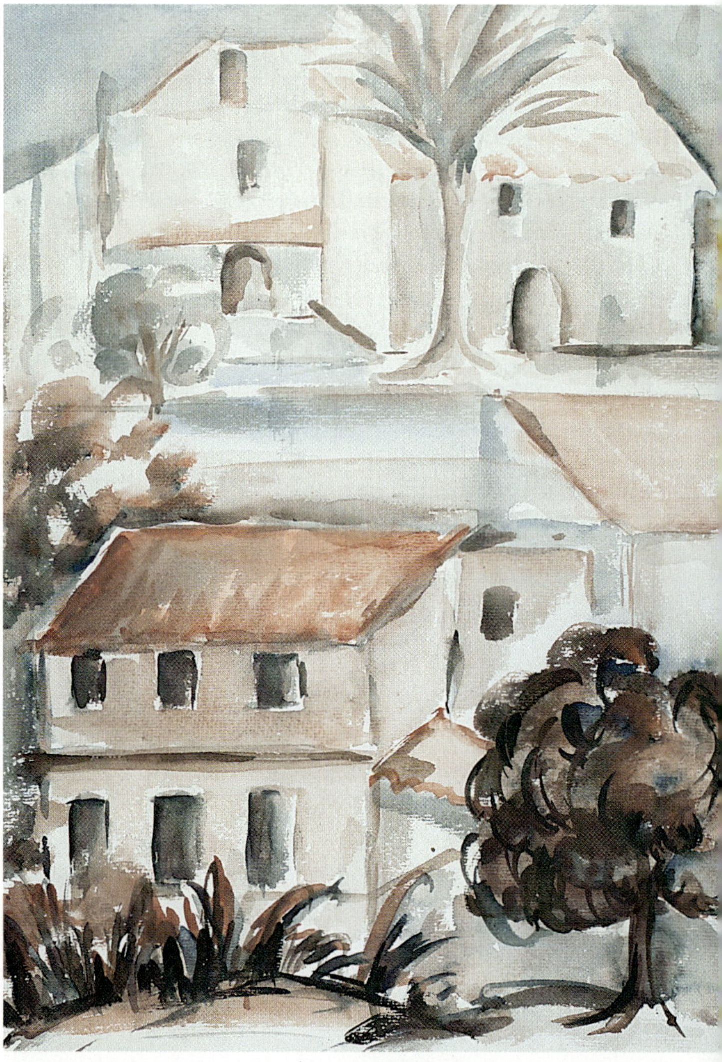

AUFGABE:
Das koloristische Bild

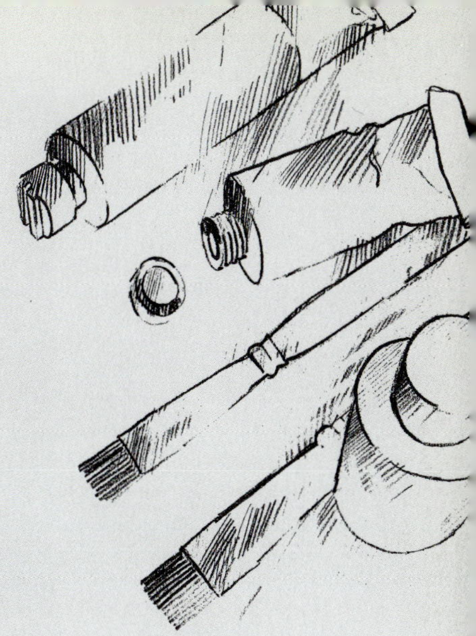

Bei der folgenden Aufgabe geht es darum, eine koloristische Farbwirkung zu erzielen. Sie wird von klaren und vitalen Farben geprägt, die nur wenig abgetönt und differenziert sind.
Die Tiefe spielt in koloristischen Bildern meist keine Rolle. Sie soll auch hier unbeachtet bleiben, obwohl sie natürlich auch bei dieser Gestaltungsart realisierbar wäre. Denken Sie an die zweite Möglichkeit, die Tiefenillusion zu beeinflussen: an die Farbe an sich. Dynamische Farben drängen nach vorn. Wenn Sie diese Eigenschaft noch durch die Wirkung der Intensität steigern, würde das Ergebnis die Tiefe natürlich sehr stark zum Ausdruck bringen. Bei der Vorlage, mit der Sie sich hier auseinandersetzen, würde die Komposition dann aber recht unbefriedigend ausfallen – wie Sie das auch bei der letzten Aufgabe gesehen haben. Alle gestalterischen Sensationen: Farbe, Intensität und Kontraste, würden sich dann in der unteren Bildhälfte abspielen. Das Bild wäre das, was ich boshaft als „Schüttelkomposition" bezeichne (eine Komposition, die dadurch entsteht, dass man ein Bild am oberen Rand festhält und so lange schüttelt, bis fast alles am unteren Bildrand angekommen ist – fatalerweise eine stark verbreitete kompositionelle Vorliebe).
Sie haben hier also eine andere gestalterische Absicht, das Ziel Ihrer Übersetzung ist ein anderes: es geht nicht darum, mit sanften Abstufungen und differenzierten, verwandten Tönen Bildtiefe zu suggerieren, sondern mit vitalen und ungebrochenen Farben ein kraftvolles Bild zu gestalten. Dass die Vernachlässigung der Bildtiefe nicht von vornherein eine Einschränkung ist, verdeutlichen beispielsweise eine Fülle von Landschaftsmalereien der letzten einhundert Jahre.

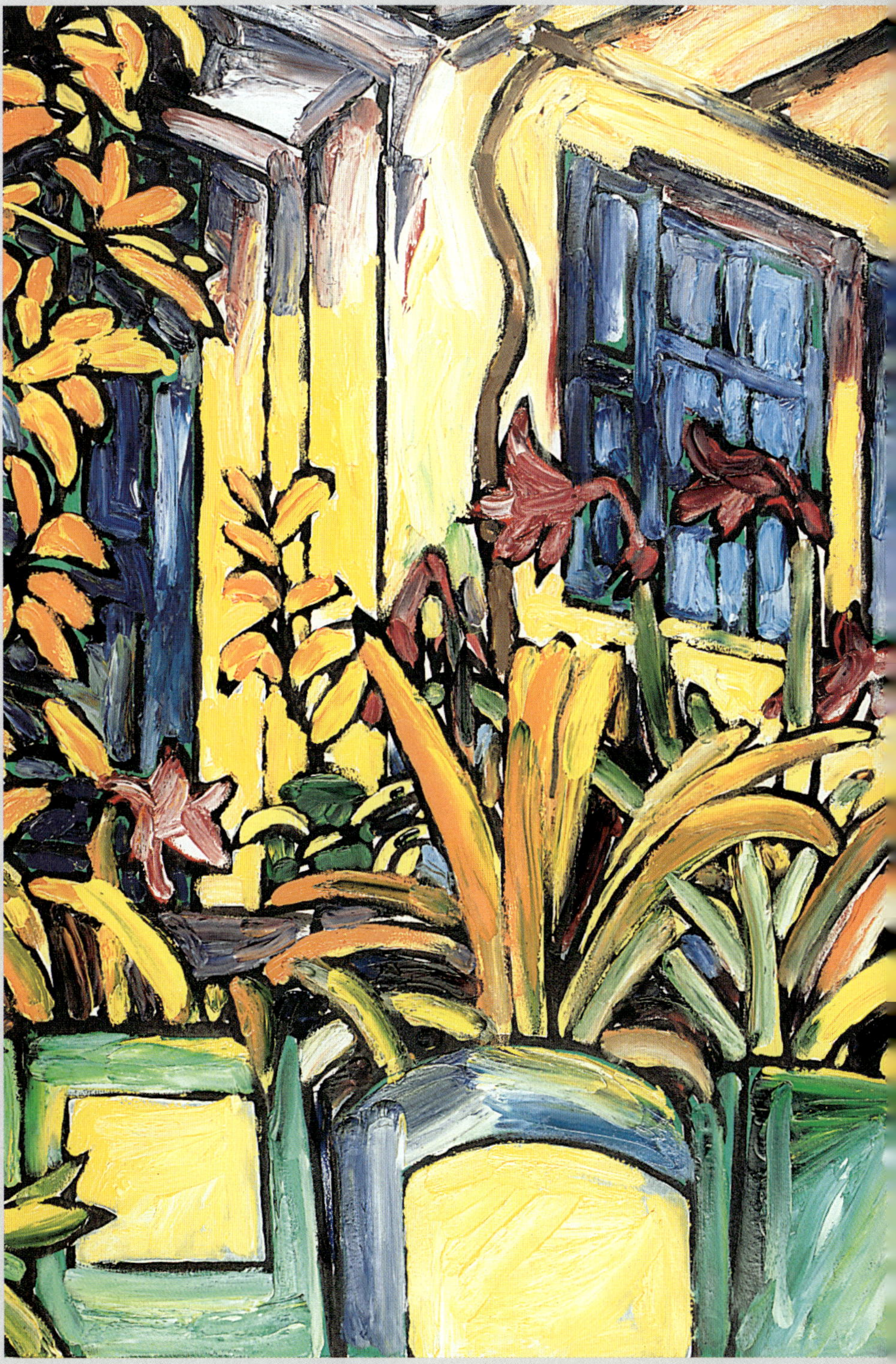

Wolf Wrisch: In Molivos. 1997,
Öl auf Malkarton, 70x50 cm.
Die Situation vor Ort war farblich zweifellos viel verhaltener. Sie wurde von viel Weiß und wenigen, zum größten Teil kalten Farbtönen bestimmt. Aber sie wirkte auf uns viel farbiger, vitaler und vor allem wärmer. Hätte ich das Bild den tatsächlichen Farben entsprechend gemalt, würde es kalt und kraftlos erscheinen. Die satt warmen Gelb- und Orangetöne und der lebhafte Orange-Blau-Kontrast sind zwar „gelogen" (August Macke forderte genau dies: „Malerei ist gut gelogene Natur"!), aber sie vermitteln eben viel mehr von der erlebten Situation, als wenn die Farben exakt der Realität entsprechen würden.

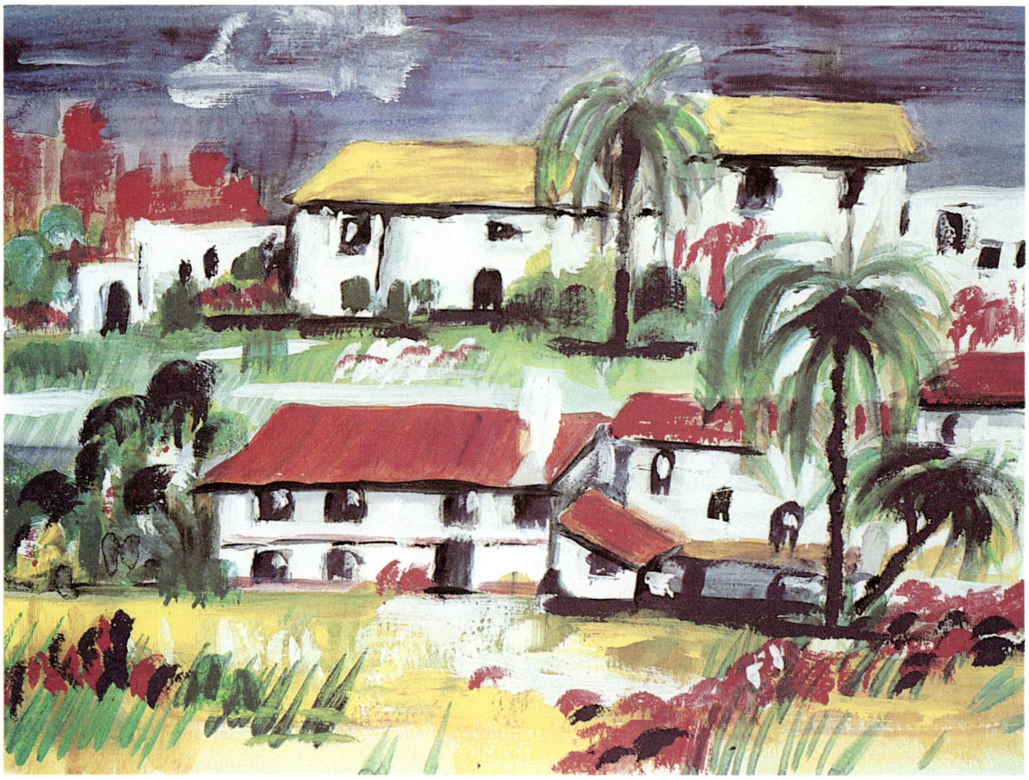

Bildlösungen

Bild oben:
Dr. Inge Deppe: Galilea. 1994, Gouache, 50x70 cm.
Trotz großzügiger Ausführung (die vitale Handschriftlichkeit des Farbauftrags und die kompositorisch geschickte Hell-Dunkel-Verteilung) wurde die Chance einer freien Farbgestaltung nicht ausreichend genutzt. Die Zuordnung der Blau-, Rot-, Weiß- und Grüntöne orientiert sich weitgehend an den Gegenstandsfarben der Objekte (Himmel, Dächer, Häuserwände, Bäume).

Bild unten links:
Viera Walsch: Galilea. 1994, Gouache, 70x50 cm.
Von allen Bildbeispielen zu diesem Thema zeigt diese Gouache die deutlichste Tendenz, die Farbe nach rein gestalterisch-kompositorischen Erwägungen einzusetzen.

Bild unten rechts:
Christa-Maria Roth: Galilea. 1994, Gouache, 70x50 cm.
Zwar macht sich Christa-Maria Roth in ihrem Bild auch nicht von der Objektbindung, von den Gegenstandsfarben frei, aber vor allem im unteren Bereich ist die Farbwahl bei Gebäudewänden, Dächern und Bäumen bereits deutlich von farbkompositorischen Überlegungen beeinflusst.

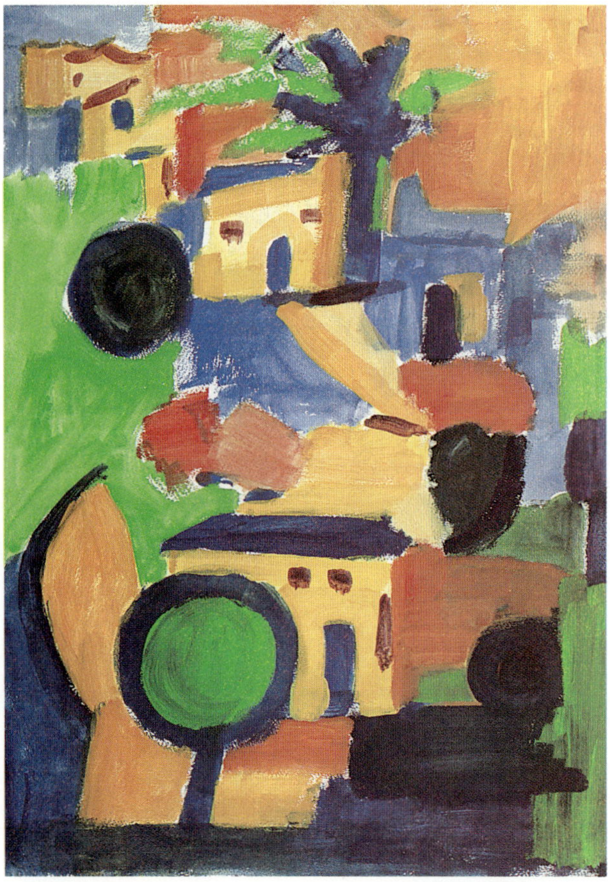

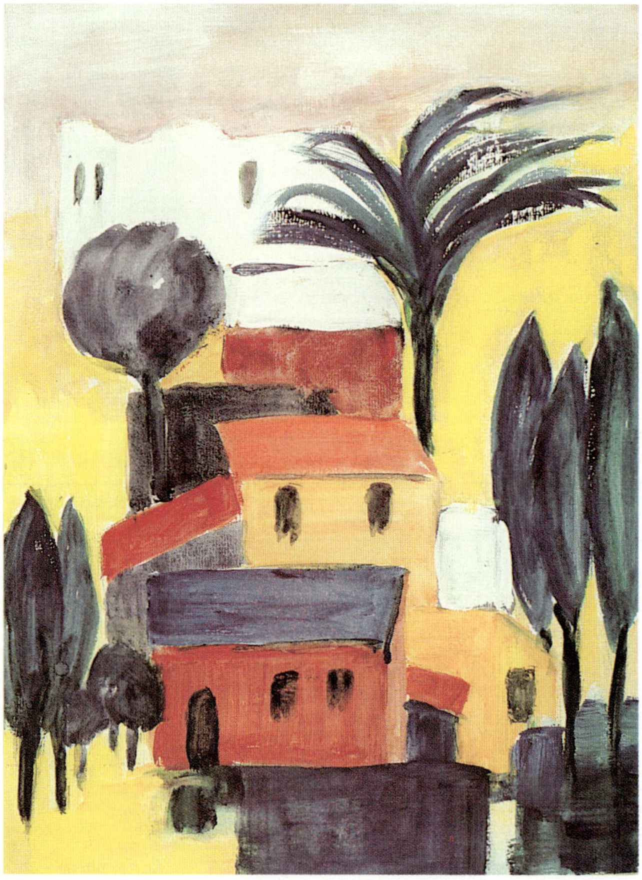

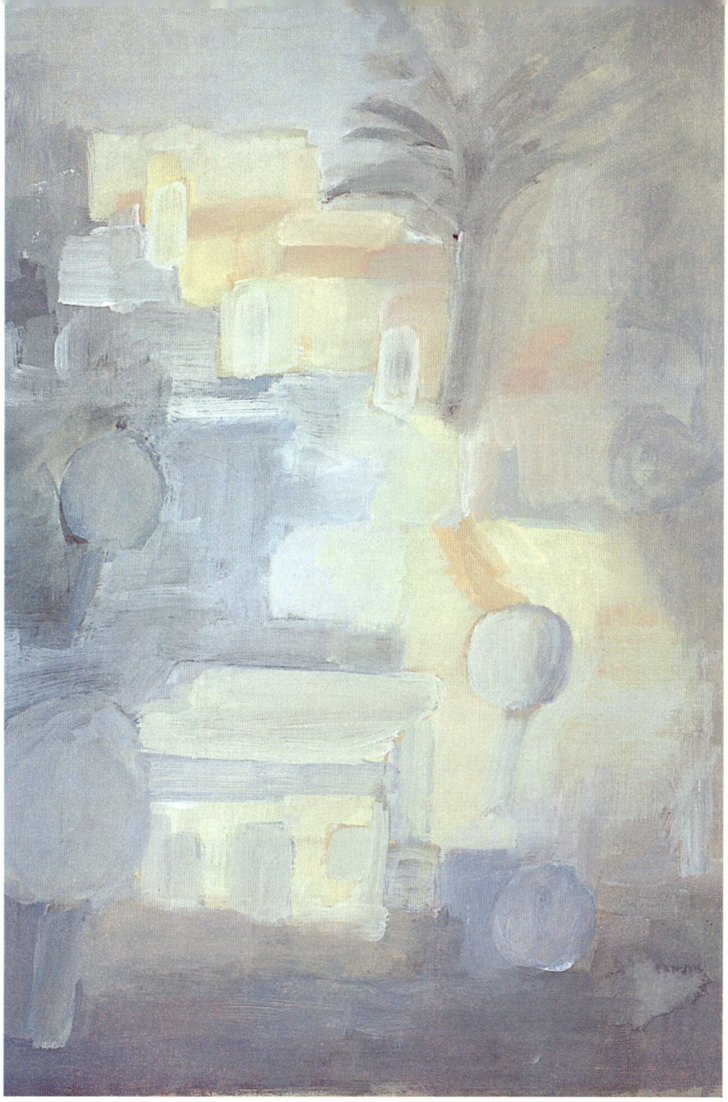

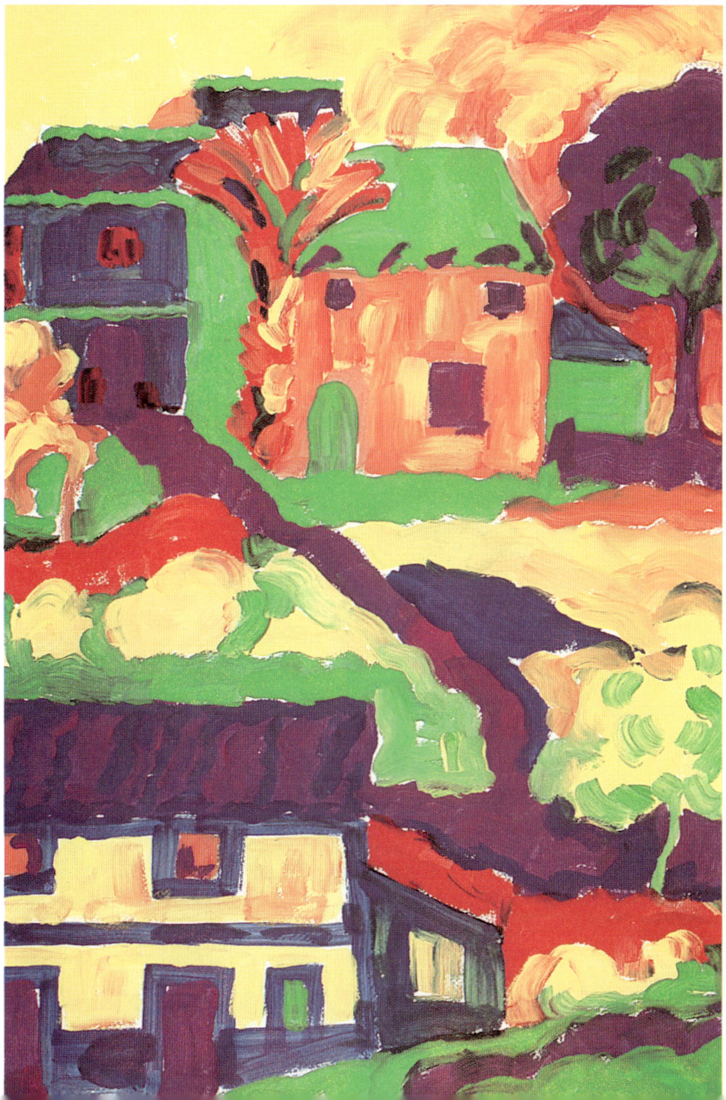

Viera Walsch: Galilea. 1994, Gouache, 70x50 cm.

Marianne Beckert: Galilea. 1997, Gouache, 68x48 cm.

Die unmittelbare Gegenüberstellung einer valeuristischen und einer koloristischen Bildlösung zeigt sehr anschaulich den Sinn einer derartigen Übung – und damit den Sinn der Erarbeitung unterschiedlicher gestalterischer Konzepte. Beide Lösungen überzeugen nicht lediglich als jeweiliges Ergebnis einer Aufgabe, sie stellen vielmehr, davon völlig unabhängig, ausgesprochen überzeugende Malereien dar.
Trotz seiner beschränkten Farbpalette zeigt das Bild Viera Walschs eine reizvolle Farbigkeit. Die Farben spielen weit häufiger als in den Beispielen auf Seite 42 in Schwarzabtönungen hinein (die nicht so kalt wirken), die Hell-Dunkel-Kontraste sind geringer und es wirkt kompositorisch geschlossener. Vor allem der letzte Aspekt war in dieser Arbeit nur durch Nichtbeachtung der Tiefengliederung möglich. Insofern bietet sich hier auch ein sehr viel überzeugenderer Vergleich an, weil bei den koloristischen Bildern die Gestaltung der Tiefe von vornherein kein Bestandteil der Aufgabe war. Die Gegenüberstellung offenbart die unterschiedliche Farbwirkung, die, bewusst oder unbewusst, wiederum eine Andersartigkeit des Farbauftrags zur Folge hat. Der Ruhe und Verhaltenheit des oberen Bildes stehen kraftvolle Farb- und Hell-Dunkel-Kontraste gegenüber, dem relativ weich verarbeiteten Farbauftrag vitale Pinselstriche.

Der Einfluss der Komposition auf die Bildwirkung

Als Komposition bezeichnet man die Neuordnung von ausgewählten Objekten auf einer Bildfläche. Ihr Ziel ist ein organisches Ganzes, das besser als die Ausgangssituation (die Realität) dem gestalterischen Wollen des Künstlers Ausdruck verleiht. Es geht dabei in erster Linie um die Anordnung der Bildobjekte, aber natürlich auch um die Gestaltung dieser Elemente, um ihre Form, Farbe und Oberfläche.

Um ein Gefühl für „gute" oder „richtige" Kompositionen zu entwickeln, sollten Sie sich Zeichnungen und Malereien gezielt unter diesem Gesichtspunkt betrachten; sowohl gute als auch schlechte Lösungen. Kompositorisch unbefriedigende Bilder sind leider sehr häufig zu finden. In vergangenen Kunstepochen waren kompositorisch ausgereifte Werke selbstverständlicher als heute. Aber auch wenn es – wie in der Gegenwartskunst – in stärkerem Maße um persönlichen Ausdruck, um Botschaft und Idee geht, ist die Frage nach der Angemessenheit kompositorischer Prinzipien nicht belangloser geworden – und keinesfalls einfacher. Schließlich verlangt das individuelle Anliegen natürlich eine dementsprechende Gliederung, man kann nicht auf verbindliche Vorgaben zurückgreifen.

Das Bedürfnis nach Harmonie

Das gängige Ordnungsprinzip von Bildern drückt in erster Linie ein intensives Bedürfnis nach Harmonie aus. Kompositorisch wird nichts riskiert. Die Bildobjekte sitzen behäbig in der Mitte, das Motiv „läuft" zum Rand hin aus. Die Bildränder werden weitgehend ignoriert, als würden sie nicht existieren. Solche Kompositionen sind natürlich nicht per se belanglos. Ruhige und harmonische Gestaltungen sind völlig legitim und können durchaus überzeugende Bildwirkungen haben. Die entscheidende Frage ist, ob derartige kompositorische Gliederungen gewollt waren oder ob sie „passiert" sind. Wenn sie nämlich unreflektiert für die unterschiedlichsten Bildideen übernommen werden, sind Zweifel angebracht. Denn damit schränken Sie den Bereich Ihrer künstlerischen Möglichkeiten ganz erheblich ein. Für eine Grundlehre des Zeichnens und Malens ist eine derartige Beschränkung völlig undenkbar. Schließlich muss deren Zielbestimmung darin liegen, eine möglichst breite gestalterische Kompetenz zu entwickeln. (Was Sie später daraus machen, ist dann natürlich Ihre Sache.)

Es gibt Beziehungsverhältnisse im Bild, die beim Betrachter recht genau beschreibbare Eindrücke oder auch Empfindungen auslösen, – wobei es sich hier nur um gestalterische, also formale Beziehungen handelt, nicht um inhaltliche Aussagen. Dieser Unterschied ist ganz erheblich. Wenn Sie inhaltliche „Botschaften" ins Bild integrieren, verdeutlichen Sie, dass Sie Ihr Anliegen nicht mit rein künstlerisch-gestalterischen Mitteln erreichen konnten. Dazu zwei Beispiele: Wenn Sie in Ihrem Bild ein Gefühl verdeutlichen wollen, zum Beispiel Liebe, sollten Sie dieses Vorhaben mit den gestalterischen Mitteln, also etwa mit Farbe und Farbauftrag tun, und nicht indem Sie Herzchen, Engelchen, rote Rosen usw. abbilden. In ein Stillleben, das Harmonie ausdrücken sollte, zeichnete eine meiner Teilnehmerinnen einen Aschenbecher mit einer Zigarette, aus der Rauch kräuselte. Sie erklärte dieses schmückende Beiwerk damit, dass diese Situation für sie Harmonie veranschauliche. Ihr Mann sei selten zu Hause, wenn er aber da sei, rauche er; und es sei so harmonisch, wenn er da wäre. Damit wird die Problematik deutlich: Erstens ist es keine gestalterische Lösung und zweitens ist sie interpretationsbedürftig – und lässt deshalb durchaus falsche Erklärungen zu. Viele Menschen finden nämlich qualmende Zigaretten eher unangenehm und können daher die vermeintliche Harmonie auch nicht nachvollziehen. Die Aussage ist durch die gezeichnete „Geschichte" nicht überzeugender geworden; sie kommt, ganz im Gegenteil, meist nicht an.

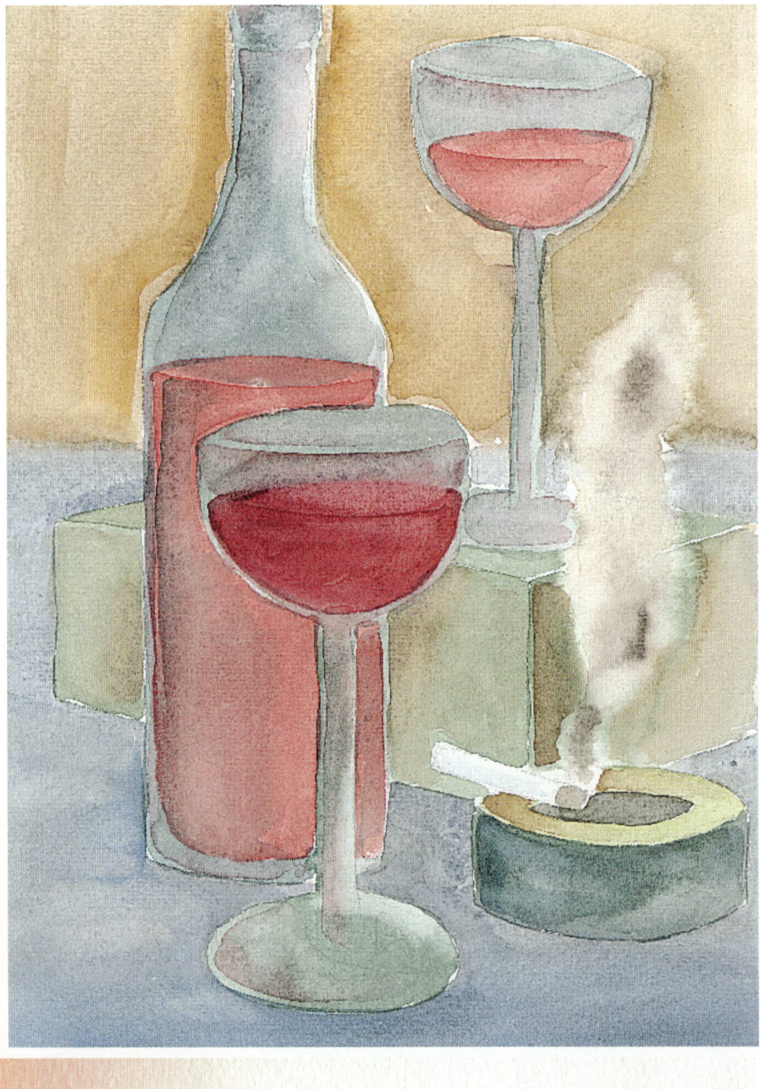

Harmonie, 1992. Aquarell, 40x30 cm
Eine qualmende Zigarette als Ausdruck von Harmonie? Die „erzählte Geschichte" im Bild verwirrt den Betrachter eher, als dass sie die Gestaltungsabsicht verdeutlicht.

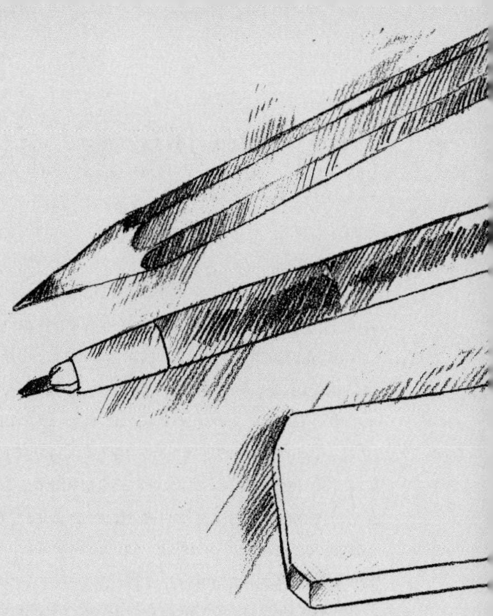

AUFGABE:
Übungen mit Äpfeln und Birnen

Nachdem Sie mit dem theoretischen Hintergrund kompositorischer Grundprinzipien ein wenig vertraut sind, geht es nun um deren praktische Anwendung. Sie sollten drei Zeichnungen anfertigen. Eine soll Harmonie ausdrücken, eine Spannung und eine soll eine gestalterische Aussage verdeutlichen.

Denken Sie daran, dass es dabei im Wesentlichen um das Gefüge der Bildobjekte geht. Und damit Ihnen die Prinzipien klarer werden, habe ich für diese Aufgabe die Objektwahl stark eingeschränkt: als Bildobjekte gibt es nur Äpfel und Birnen. Deren Gestaltung ist – bis auf wenige Aspekte – ohne Bedeutung: die Gegenstandsfarbe, die Charakterisierung ihrer Oberflächen, Licht und Schatten und alle Hinzufügungen wie Blätter, Zweige und so weiter – alles wären nur Ausflüchte vor der eigentlichen Aufgabe, nämlich: nur durch die Anordnung, Größe und Menge der Gegenstände das gestalterische Ziel zu erreichen.

Als kleine Hilfestellung für Ihre Planungen sei gesagt, dass Ihre Zeichnungen im Sinne des Gestaltungsziels auch dann überzeugen sollten, wenn Sie die Objekte gegen andere austauschen würden (also beispielsweise durch Quadrate und Kreise).

Für diese Übung reicht es aus, wenn Sie mit einem weichen Blei- oder Grafitstift (also B, 2B oder 3B) auf ganz normalem DIN-A4-Papier zeichnen. In meinen Seminaren lasse ich dann alle Ergebnisse – durcheinander – auf den Boden legen, um sie, entsprechend ihrer vermeintlichen Zielbestimmung, neu zuzuordnen.

Gleichgültig, ob Ihr Gestaltungsziel eine harmonische oder eine spannungsreiche Komposition ist, oder ob es sich um eine gestalterische Aussage handelt, die hier gezeigten Dinge sollten Sie bei Ihren Zeichnungen vermeiden. Der angebissene oder der zerschnittene Apfel und auch der Wurm darin sind gestalterisch belanglos, es sind erzählte Geschichten wie die Abbildung auf der linken Seite. Künstlerisch bedeutsamer sind Bilder, die nur mit gestalterischen (hier i.W. kompositorischen) Mitteln arbeiten. Deswegen sollten Sie auch auf weitere Hinzufügungen wie Obstschalen, Messer oder Dekorationen wie Schatten oder irgendwelche grafischen Schnörkel verzichten.

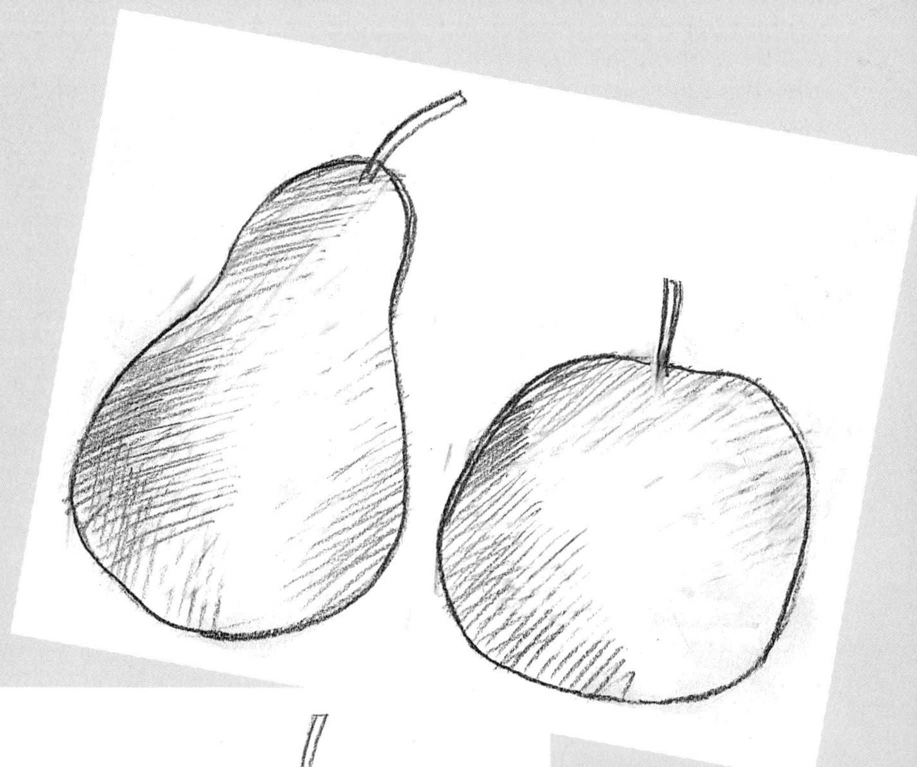

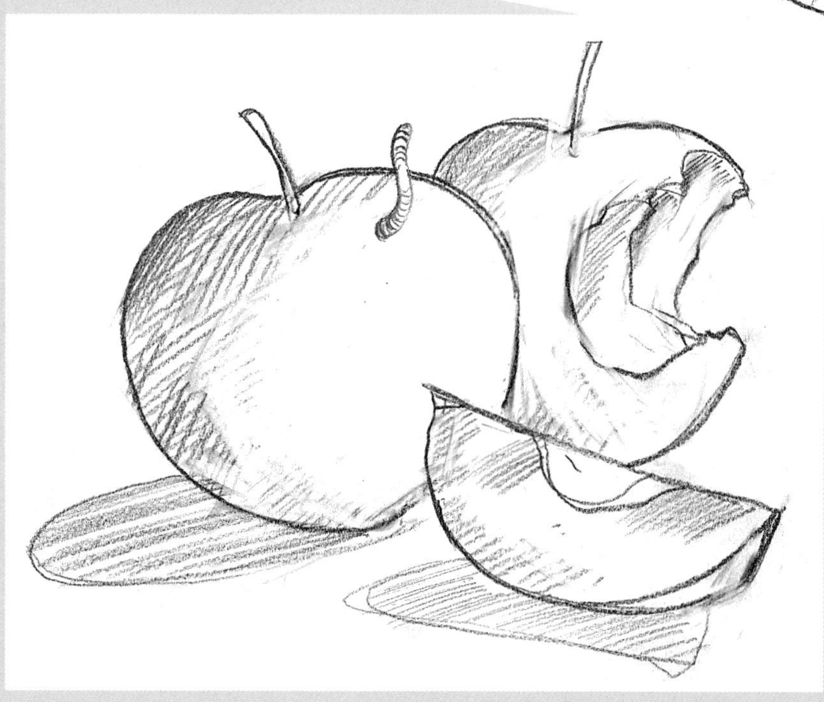

Eine harmonische Komposition

Die Kriterien für ein Bild, das man als Betrachter harmonisch empfindet, sind nicht sehr schwer zu entwickeln. Sie dürfen dabei durchaus auch an zwischenmenschliche Beziehungen denken (es handelt sich ja tatsächlich um Beziehungen zwischen den Objekten untereinander und den Objekten und der Bildfläche). Nähe, Ruhe und Geschlossenheit sind vermutlich die zentralen Gesichtspunkte.

Ich erinnere noch einmal an die drei unterschiedlichen Betrachtungsmöglichkeiten eines Bildes: die handwerklich-technische, die gestalterische und die ausdrucksbezogene Ebene. In dieser Reihenfolge sind die Beurteilungen auf der jeweiligen Ebene ansteigend subjektiv. Ob ein Bild handwerklich-technisch gelungen ist (ob es also zum Beispiel als Aquarell, nur unter dem Gesichtspunkt des angemessenen Umgangs mit dem Material, gut ist), ist im Grunde nicht unterschiedlich zu beurteilen. Ob ein Tisch handwerklich in Ordnung ist, kann nicht kontrovers diskutiert werden, ob er mir gefällt, ist eine ganz andere Geschichte. Die Frage danach, inwieweit eine Komposition gelungen oder nicht gelungen, angemessen oder unangemessen ist, wird bereits nicht mehr so eindeutig klärbar sein. Ob allerdings ein Bildausdruck stimmig ist und ob er beim Betrachter „ankommt" oder nicht, darüber wird man durchaus zu Recht streiten können. Ist also die leichte Spannung, die in der dritten Zeichnung zu sehen ist, im Rahmen einer harmonischen Gestaltung akzeptabel (oder sogar, wie die Prise Salz im Kuchen, wünschenswert?), oder bricht die Harmonie bereits auseinander? Die Beurteilung liegt weitgehend beim Betrachter.

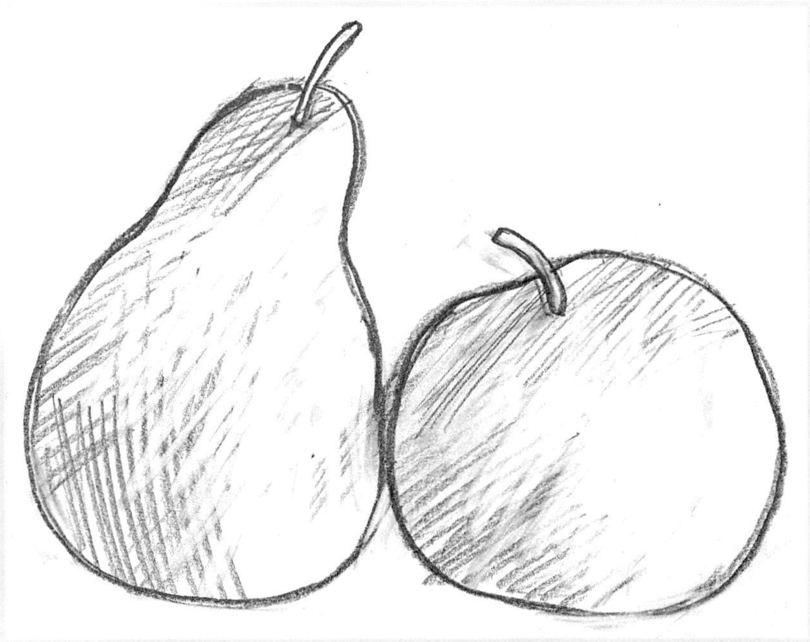

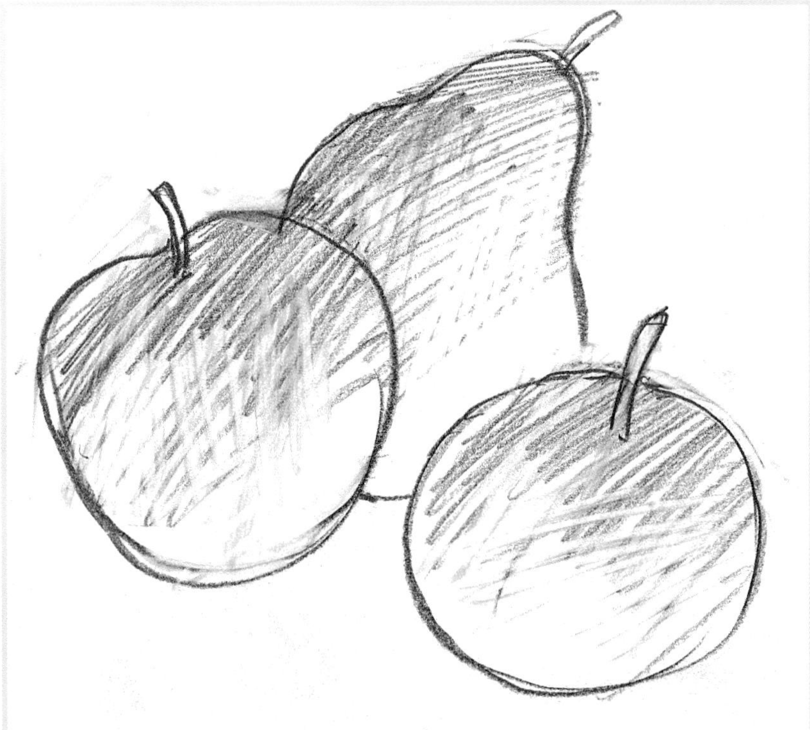

Bildlösungen

Die Berührung in der ersten Zeichnung könnte man in diesem Zusammenhang wohlmeinend noch akzeptieren, unter gestalterischen Erwägungen sind Berührungen jedoch besser zu vermeiden, sie wirken künstlich, gewollt oder sogar falsch. Die zweite Lösung ist wohl die überzeugendste Interpretation dieses Themas. Ob man den Abstand zwischen den Objekten im dritten Bild noch als harmonisch empfinden kann, darf durchaus unterschiedlich beurteilt werden.

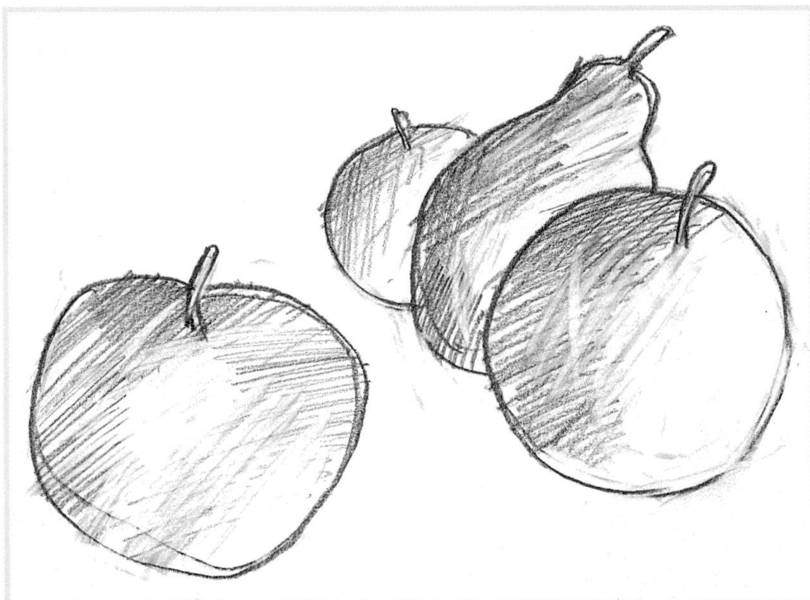

Eine spannungsreiche Komposition

Spannung ist ein Gegenüber und tendenziell ein Gegeneinander, und sie impliziert einen Abstand, der nicht zu gering sein darf (sonst verdeutlicht er schon wieder Nähe) und nicht zu groß sein darf (sonst würde die Spannung fehlen, die Objekte hätten nichts mehr miteinander zu tun).

Bildlösungen

Die erste Zeichnung macht das Prinzip schon ganz gut deutlich. Allerdings ist das Querformat, das besser zu ruhigen, harmonischen Gestaltungen passt, zu behäbig. Spannung lässt sich besser im Hochformat realisieren. Auch sollte eine spannungsreiche Komposition nicht nur Sehgewohnheiten bestätigen.
Die kleineren Objekte im zweiten Bild sind gegenüber der Form im Vordergrund so klein, dass sie Ferne signalisieren. So vermittelt das Bild eher – gewohnte – Tiefe, als Spannung.
Insofern ist die dritte Lösung die überzeugendste: außer der Gegenüberstellung, dem Abstand und der vital ansteigenden gestalterischen Diagonale kommt durch die großen Formen in der Nähe des oberen Bildrandes noch ein Gefühl von Bedrohung auf, das die Spannung deutlich erhöht.

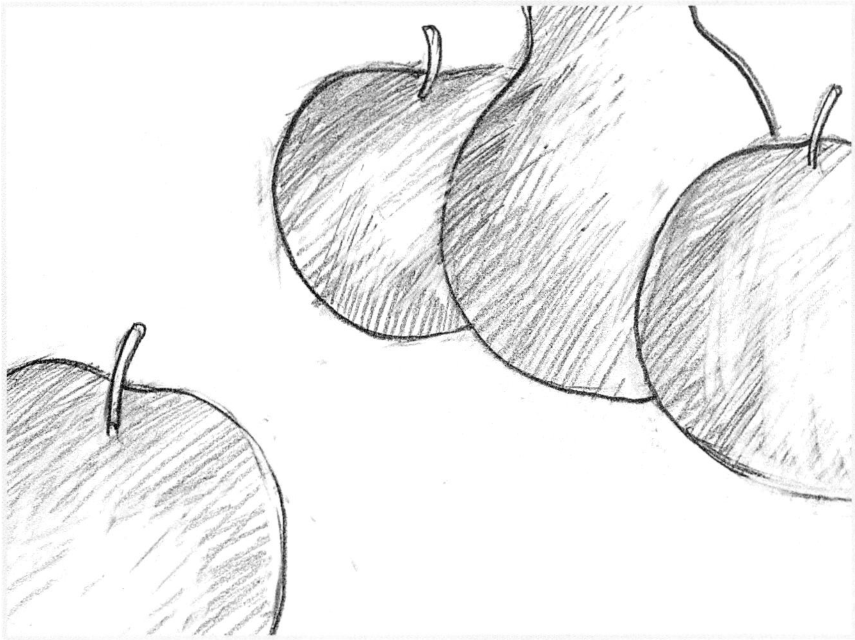

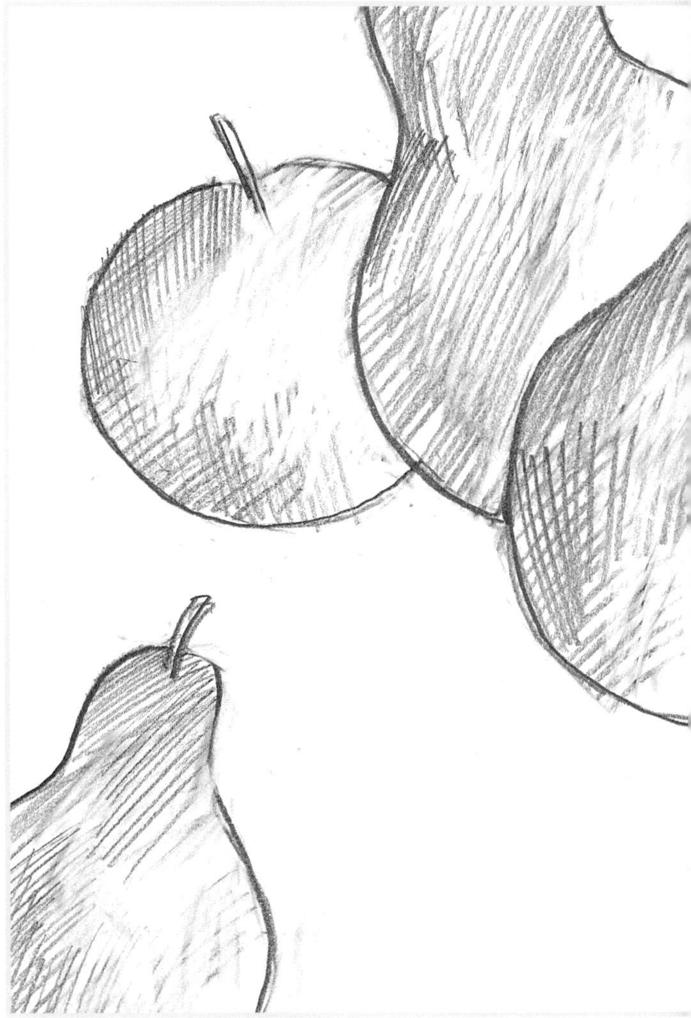

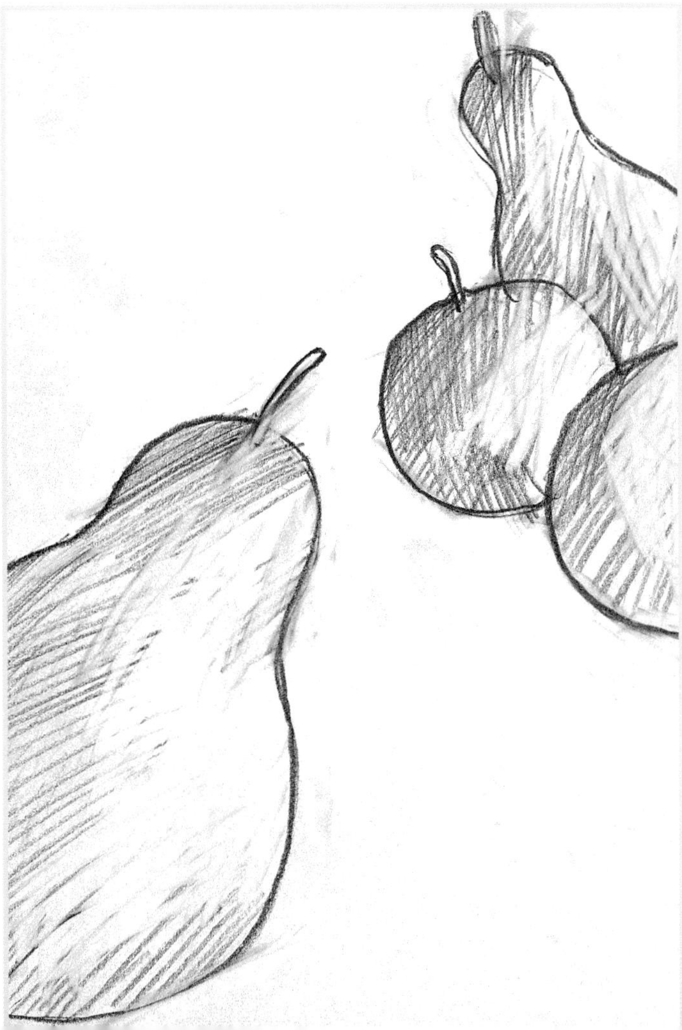

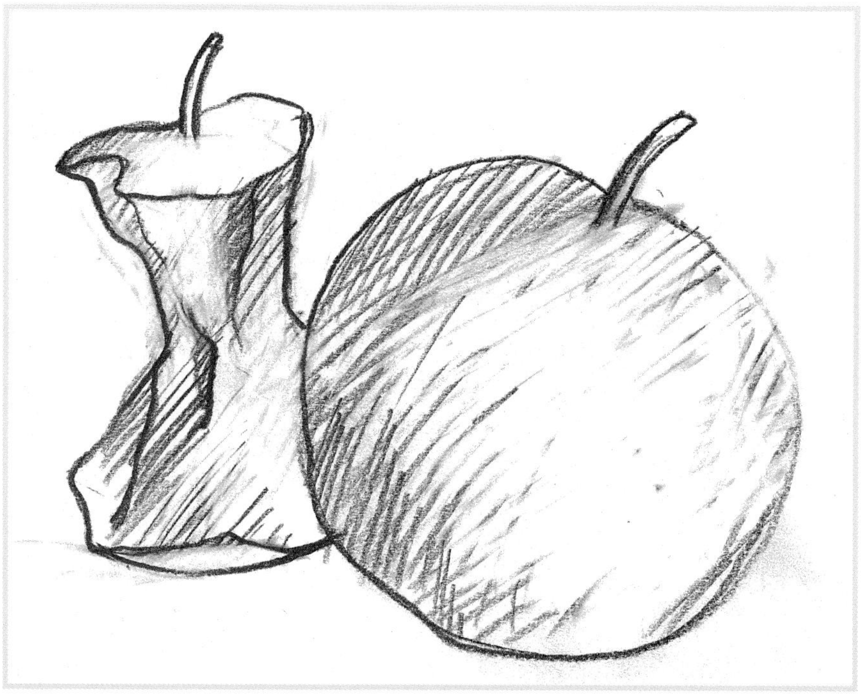

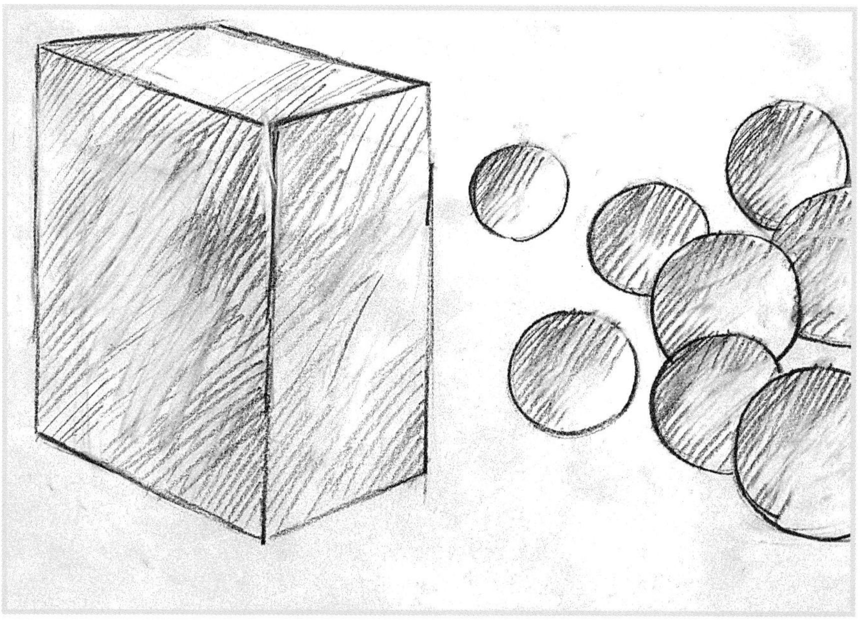

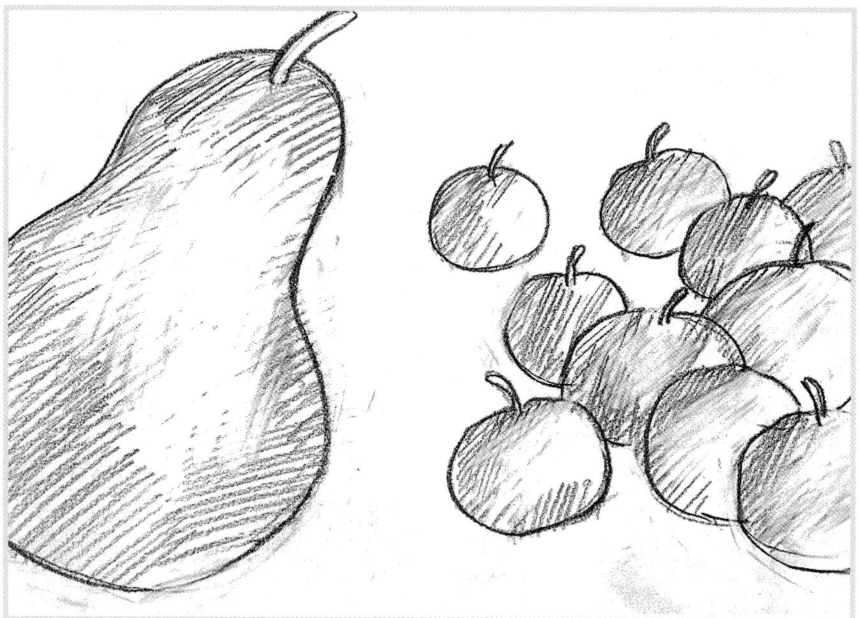

Eine gestalterische Aussage

Die Unterscheidung zwischen bebilderten Erzählungen und gestalterischen Aussagen fällt meinen Seminarteilnehmern anfangs meist recht schwer, und das auch dann, wenn sie sich bereits länger mit der Malerei befasst haben. Deshalb entstehen dann auch immer wieder Bilder, die so aussehen wie das erste der hier gezeigten.
Andere gestalterische Prinzipien, die formale Aussagen ermöglichen, sind: Reihungen, Streuungen, Gruppierungen, Symmetriebildungen und Schwerpunktsetzungen. Aus all diesen – zuerst einmal: formalen – Dingen folgen ausdrucksbezogene Bildwirkungen. In der dritten Zeichnung auf Seite 35 entsteht durch die Umkehrung der gewohnten Oben-Unten-Bedingungen (unten gleich vorne und groß; oben gleich hinten und klein) ein Gefühl von Bedrohung. Auch die große Birne im letzten Bild auf dieser Seite bekommt etwas spürbar (unangenehm?) Massiges durch die Konfrontation mit den kleinen, andersartigen Objekten, den Äpfeln.

Bildlösungen

Die erste Abbildung zeigt keine gestalterische Aussage, sondern eine erzählte Geschichte. Ich hatte gesagt, dass das Bild auch dann eine Aussage verdeutlichen müsste, wenn die Objekte durch Kreise und Karos, Kuben und Kugeln usw. ersetzt wären. Und das ist bei diesem Bild eindeutig nicht der Fall, es ist nur inhaltlich-anekdotenhaft zu verstehen. Bei der zweiten Lösung ist dagegen eindeutig eine gestalterische Aussage getroffen. Sie ist für jeden Menschen gleich, egal aus welchem Kulturkreis er kommt, egal wie er sich fühlt oder welche Erwartungen er an ein Bild hat. Das Bild zeigt eine Gegenüberstellung von Viel und Wenig und von Groß und Klein. Gestalterische Aussagen haben oft mit formalen Kontrasten zu tun: Groß und Klein, Hell und Dunkel, Oben und Unten usw.

AUFGABE:
Übungen mit Schablonen

Einige meiner Seminarteilnehmer haben nicht auf die Hinzufügung von Schatten, Tellern oder Obstschalen, Messern, Würmern und so weiter verzichten können. (Und wie sah das bei Ihnen aus?) Nachdem durch die Besprechung der Ergebnisse nun aber deutlich wurde, dass Bilder durch derartige „schmückende“ Beigaben tatsächlich nicht besser werden, lasse ich meine Seminarteilnehmer eine ganz ähnliche Aufgabe durchführen. Mit vorgegebenen Schablonen sollen die drei Aufgaben wiederholt werden.
Schneiden Sie sich ein paar Schablonen aus. Am besten, genau wie ich es getan habe, aus einem festeren, schwarzen Papier. Stellen Sie auf diese Weise drei unterschiedlich große Flaschen und drei unterschiedlich große Gläser her. Natürlich wären auch ganz andere Objekte möglich, aber dann könnten Sie Ihre Ergebnisse nicht so gut mit denen auf der folgenden Seite vergleichen. Legen Sie nun ein oder zwei weiße DIN A4 Bogen auf den Tisch und schieben die Objekte so lange hin und her, bis Sie glauben, eine überzeugende Lösung für eine „harmonische Komposition“ gefunden zu haben. Sie können nur einen Bogen benutzen, ihn quer oder hoch legen oder zwei, was natürlich im Verhältnis zu den Bildobjekten die Fläche deutlich vergrößert.
Zeichnen Sie die Lösung dieses Aufgabenteils wenigstens skizzenhaft auf, sodass Sie sie wieder rekonstruieren können. Das Gleiche tun Sie für die „spannungsreiche Komposition“.
Schließlich bringen Sie die Flaschen und Gläser auch noch in eine Anordnung, von der Sie der Auffassung sind, dass sie eine „gestalterische Aussage“ verdeutlichen könnte. Blättern Sie nun um und vergleichen Sie Ihre Lösungen mit den Abbildungen.

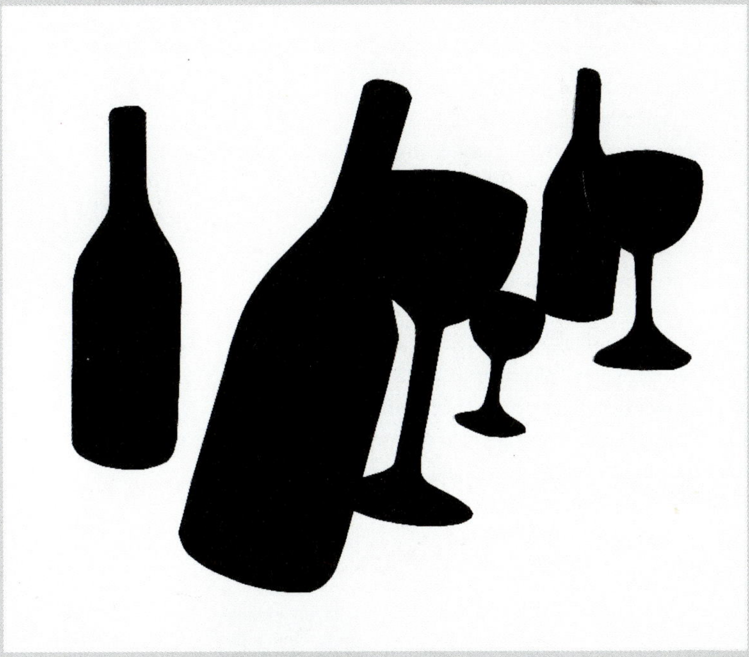

Das „Material“ für die Kompositionsübungen: unterschiedlich große Gläser und Flaschen als Pappschablonen.

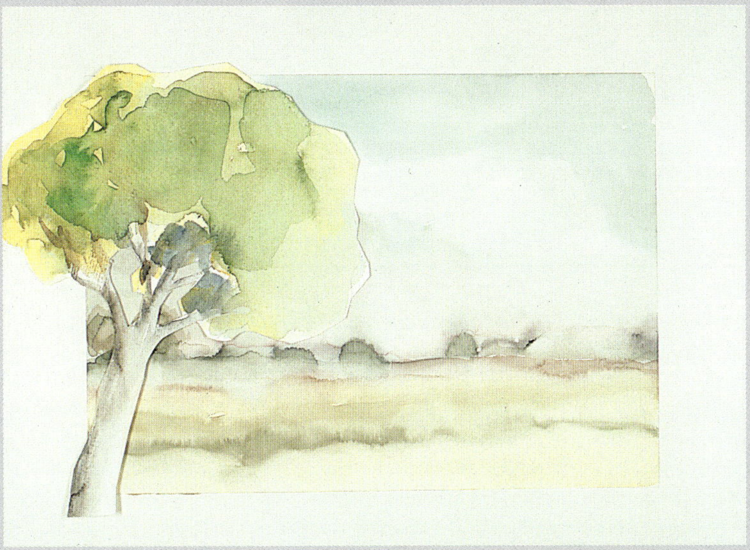

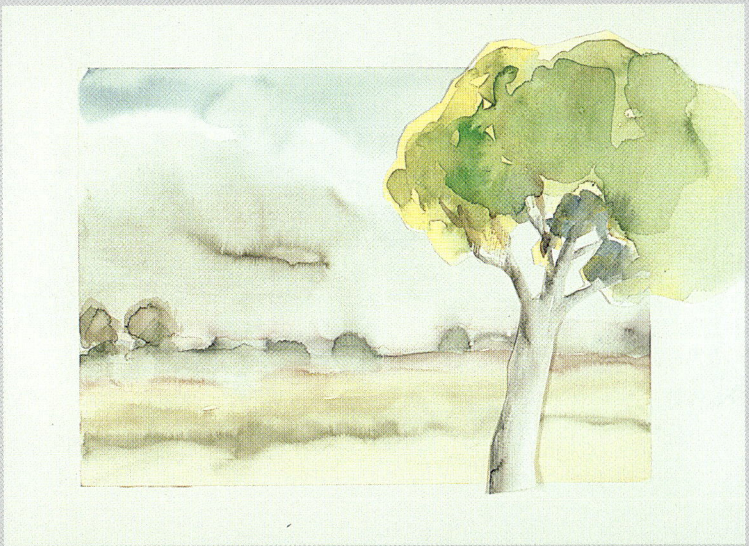

Bewegliche Bildobjekte können auch hilfreich sein. Wenn Sie unsicher sind, ob in Ihrem Bild etwas fehlt, ob es durch Hinzufügen von passenden Objekten mehr Spannung oder Ausdruck hätte, malen Sie diese Dinge zuerst auf ein gesondertes Blatt Papier, schneiden sie aus und schieben sie dann probeweise auf dem Bild hin und her.

Bildlösungen

Trotz der Reduzierung der gestalterischen Möglichkeiten auf lediglich einen Bereich (nämlich auf die Anordnung der Bildobjekte) wirken die hier gezeigten Bilder sehr unterschiedlich. Und die Wirkung ist nicht etwa nur undefiniert anders, sondern sehr gut im Sinne der jeweils beabsichtigten Aussage nachvollziehbar.
Spannung verlangt neben der Dichte auch nach leeren Flächen. Wie ein ganz bestimmter Abstand eines Magneten zu einem Eisenteil die Objekte in Spannung hält, so muss auch hier die „richtige" Entfernung der Bildobjekte gefunden werden.

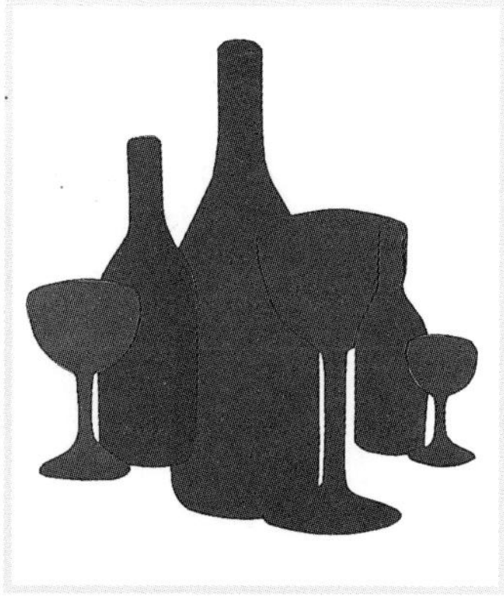

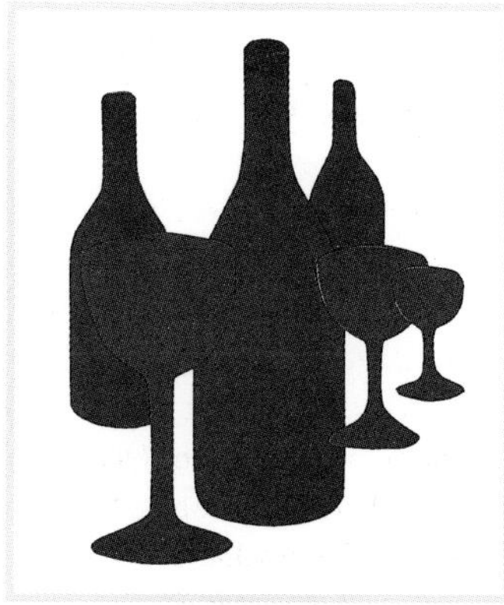

Die beiden Bilder wirken – wie geplant – harmonisch, auch ohne dies durch Farbe und Farbauftrag zu unterstreichen. Die harmonische Geschlossenheit ist in dem Beispiel links allerdings zu „breiig" geworden. Die Gesamtform erscheint zu unstrukturiert. Bei der Anordnung der Formen hätten auch die Zwischenräume und Restflächen besser beachtet werden müssen.

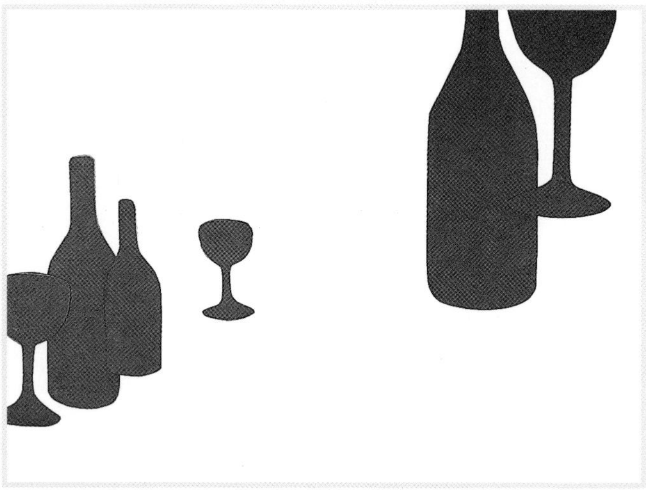

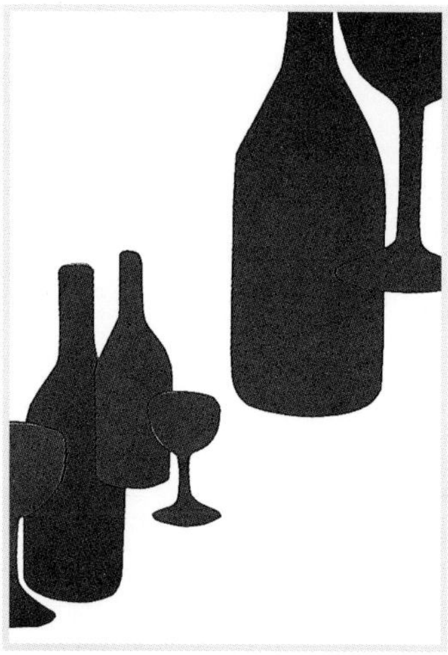

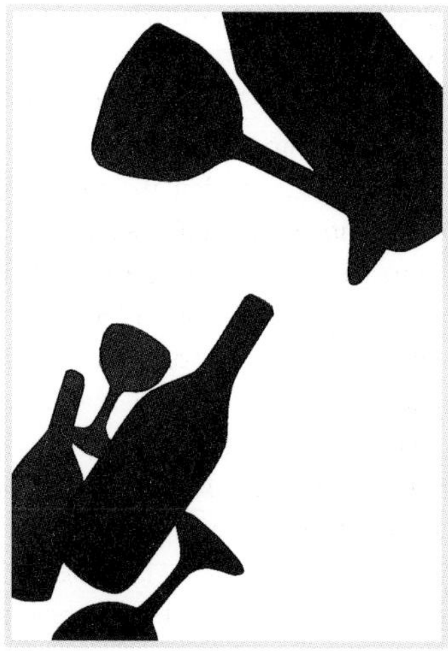

Bilder mittlere Reihe:
Bei der linken Abbildung ist der Leerraum sicherlich zu groß. Außerdem vermittelt das Querformat eher Behäbigkeit als Dynamik. Sehr viel besser ist die Lösung, bei der das Hochformat gewählt und die Bildfläche verkleinert wurde.
Richtungsdivergenzen können durchaus zur Bildspannung beitragen. Wenn nachvollziehbar „reale" Objekte in einer solchen Weise angeordnet werden, die nicht mehr in Wirklichkeit nachstellbar und verstehbar ist, existiert eine Diskrepanz zwischen Objektbehandlung und -anordnung, das Bild erscheint als Ganzes nicht mehr schlüssig, es wirkt unstimmig.

Bilder untere Reihe:
Gestalterische Aussagen sind, wie Sie wissen, keine erzählten Geschichten. Es sind meist Gegenüberstellungen, Reihungen, Gruppierungen und so weiter.
Hier stehen in einem Bild (links) eine Sorte Objekte einer anderen gegenüber und in dem anderen Bild sind die Objekte gleicher Größe gruppiert. Dass derartige gestalterische Konzepte nicht nur formale Spielereien sind, wird dadurch deutlich, dass sie in bestimmten Kunstrichtungen wesentliche Bedeutung hatten und haben: denken Sie an Bilder des Futurismus, des Konstruktivismus und der Op-Art .

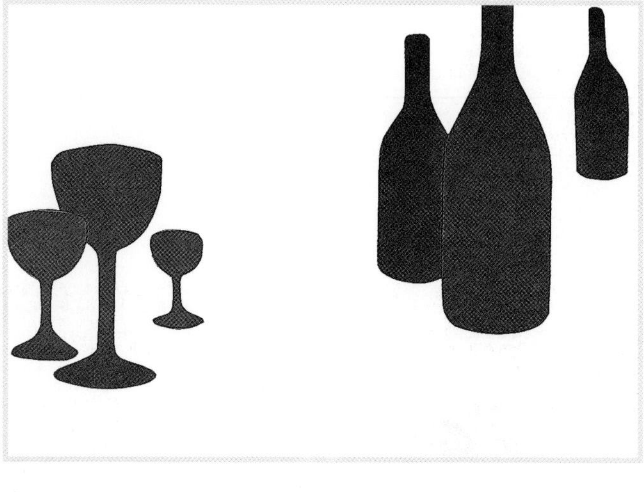

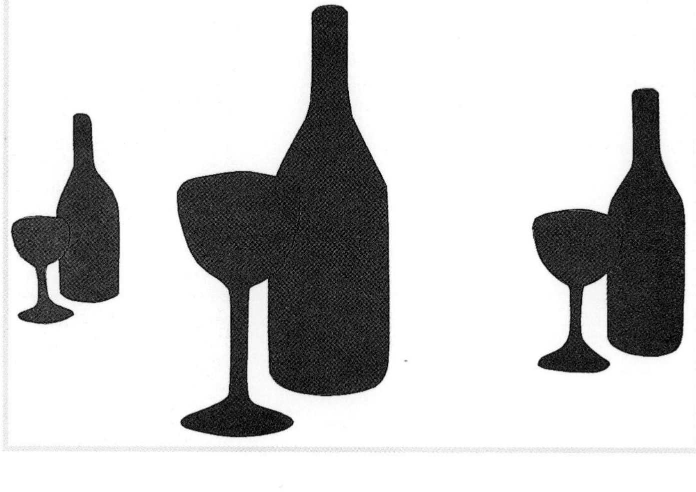

Objektive Kriterien oder subjektive Meinungen?

Künstlerische Prozesse haben technisch-handwerkliche, gestalterische und ausdrucksbezogene Aspekte. Diese unterschiedlichen Betrachtungsweisen stehen aber nicht völlig gleichberechtigt nebeneinander. Die technisch-handwerkliche Qualität eines Bildes ist relativ eindeutig zu beurteilen, die gestalterische Beschaffenheit ist kaum mehr objektiv und die ausdrucksbezogene Qualität nur weitgehend subjektiv zu beurteilen. Gestalterische Aspekte lassen sich demnach weder allgemein verbindlich klären, noch lassen sie sich völlig in den Bereich individuellen Dafürhaltens verweisen. Trotz persönlicher Unterschiede existieren subjektunabhängige und zeitbedingte Gestaltungsprinzipien.
Ein Blick in die Kunstgeschichte zeigt, dass wenigstens im Nachhinein Stilbezeichnungen gefunden werden, die auf der Verwendung mindestens ähnlicher Gestaltungsprinzipien basieren. Außerdem konnten und können sich die Künstler kaum den bereits angesprochenen Zwängen des Kunstmarktes entziehen.
Aber es gibt auch wahrnehmungspsychologisch zu begründende Gestaltungsprinzipien. Man „findet", dass ein Bild so oder so wirkt. Die Ursache dafür liegt in Wahrnehmungsprozessen, deren Existenz bereits in der Antike bekannt war.
Bestimmte Form--Mengen-, Farb- oder Richtungsbeziehungen werden nicht lediglich individuell erlebt, sondern von den meisten Menschen in einer ganz bestimmten Art und Weise gedeutet oder empfunden. In diesem Zusammenhang sind im Verlauf der Kunstentwicklung immer wieder Versuche unternommen worden, derartige Beziehungen zu benennen. Eine der bekanntesten Verhältnisbeschreibungen ist die folgende:

Der goldene Schnitt

Das Unterteilungsprinzip einer Strecke in zwei ungleiche Teile, bei dem sich die Gesamtstrecke zum großen Teil verhält, wie dieser zum kleinen, bezeichnet man als den goldenen Schnitt. Eine derart geteilte Strecke wird allgemein unmittelbar als harmonisch empfunden. Obwohl dieses Maßverhältnis in bestimmten Epochen durchaus normativen Charakter hatte, sollte man ihm für die eigene gestalterische Arbeit nicht allzu viel Bedeutung beimessen. Seit dem Beginn dieses Jahrhunderts sind andere Gestaltungsprinzipien in den Vordergrund getreten.

Kontraste

Wassily Kandinsky formulierte mit dem Satz „Die Harmonie des Künstlers ist der Kontrast" ein völlig anderes Prinzip. Durch Kontraste, also Gegensätze, wird Spannung im Bild erzeugt. Zweifellos bedeutet das nicht, dass alle Kunst des 20. Jahrhunderts von Spannung geprägt ist – oder sein sollte – und damit auf Kontrastwirkungen basiert. Sie können aber selbst erfahren, dass Ihre Bilder interessanter werden, wenn Sie – vom Bildaufbau oder der Motivsuche angefangen – mehr auf dieses Gestaltungsprinzip achten. Es gibt Formenkontraste, Hell-Dunkel-, Material-, Oberflächen- und Farbkontraste.

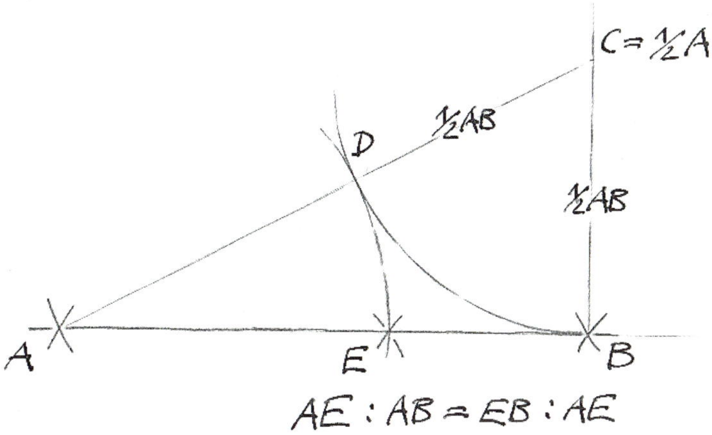

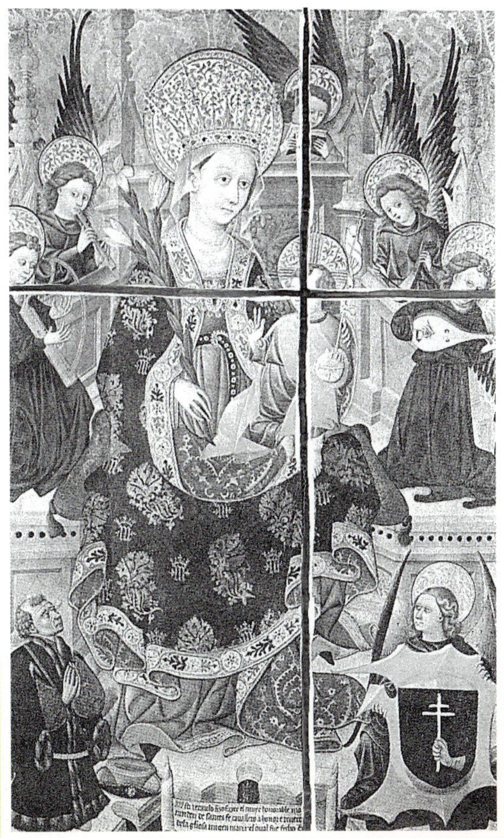

Bild oben:
Der „goldene Schnitt" wird folgendermaßen konstruiert: über dem Endpunkt einer Strecke AB wird eine Senkrechte mit der halben Länge von AB errichtet. Dadurch entsteht der Punkt C. Dieser Punkt wird mit Punkt A verbunden und auf dieser Verbindungslinie wird von C aus die halbe Länge von AB markiert . Dadurch entsteht Punkt D. Von A aus wird mit einem Zirkelschlag die Entfernung AD auf die Strecke AB übertragen.

Im Mittelalter wurde der goldene Schnitt sehr häufig zur kompositorischen Gliederung von Malereien herangezogen. In der rechts abgebildeten Mariendarstellung der ersten Hälfte des 15. Jahrhunderts befindet sich das linke Auge Christi ziemlich exakt im goldenen Punkt.

AUFGABE:
Ein Stillleben mit dem Gestaltungsziel Harmonie

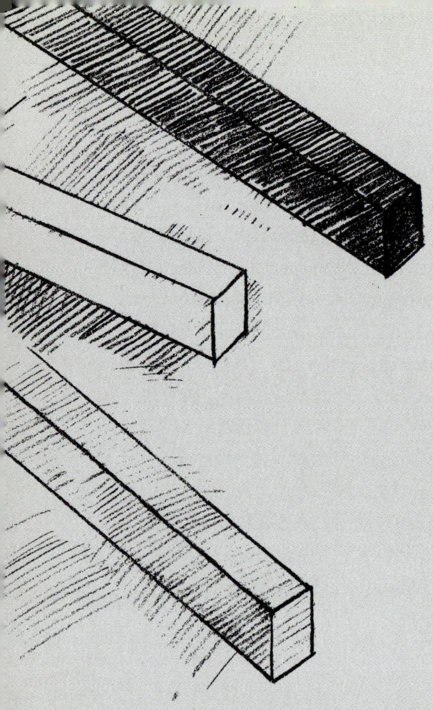

Dass Stillleben wegen der Beweglichkeit der Objekte ideale Motive sind, um kompositorische Konzepte zu erproben, ist unmittelbar einsichtig. Durch die Auswahl und Kombination der Gegenstände können sie höchst spannende Bilder ermöglichen. Der Fantasie sind fast keine Grenzen gesetzt. Die Objekte müssen nicht still sitzen, sie müssen nicht umgepflanzt oder gefällt werden, Neubauten oder Abrisse entfallen. Über die gestalterische Kraft von Kontrasten hatte ich bereits gesprochen, und selbst wenn es bei dieser Aufgabe um eine harmonische Komposition geht, bedeutet das nicht, dass sie fad oder belanglos sein soll.

Um die Ergebnisse besser vergleichen zu können, soll in diesem Fall die Auswahl der Bildgegenstände stark eingeschränkt werden. Besorgen Sie sich für diese Aufgabe zwei schlichte Kelchgläser, eine Flasche und einen kleinen Karton. Es geht bei dieser Aufgabe darum, mit Kreiden auf braunem Papier (das kann Tonpapier, Ingres-Papier oder die raue Seite von Packpapier sein) ein Stillleben mit dem Gestaltungsziel „Harmonie" zu zeichnen. Die Kreiden sollten die drei „klassischen" Farben Weiß, Rötel und Schwarz sein. Entwickeln Sie das Bild im Wesentlichen mit Schwarz und Weiß; die Rötelkreide, die dem Zeichengrund ähnlich ist, benutzen Sie zur Vermittlung, zur „malerischen" Verbindung.

Die Kreiden verlangen ein großzügigeres Arbeiten. Verwenden Sie also mindestens DIN A2 (42x59,4 cm) oder 50x70 cm große Bogen, je nachdem wie Sie es kaufen können.

Schieben Sie also die Objekte so lange hin und her, bis Sie das Gefühl haben, damit eine überzeugende Bildwirkung erzielen zu können. Stellen Sie eine Skizze her und überprüfen Sie, ob die Lösung tatsächlich überzeugt. Übertragen Sie die Zeichnung am besten mit Kohle auf das große Format (siehe Seite 36). Kohle kann man leicht wieder wegwischen und korrigieren; und die schwarze Farbe stört nachher im Bild ohnehin nicht. Dann beginnen Sie, mit den Kreiden das Bild anzulegen und später zu verdichten.

Zwar sollten Sie sich um ungewöhnliche Objekte und Objektzusammenstellungen bemühen, wählen Sie die Gegenstände aber nicht bloß aufgrund ihrer Originalität aus, sondern in erster Linie wegen sachlich-formaler Kriterien. Die Einzelformen sollten charakteristisch und klar sein und sie sollten untereinander kontrastieren: rund gegen eckig, groß gegen klein, differenziert gegen flächig und so weiter. Wenn Sie hier nun doch wieder bloß Flaschen, Gläser und Kartons benutzen sollen, dann liegt der Grund dafür in der Vergleichbarkeit der Ergebnisse. Sie können Ihre Bilder besser miteinander vergleichen, und Sie können vor allem auch sehen, was andere, nämlich meine Seminarteilnehmer, mit der gleichen Aufgabenstellung produziert haben.

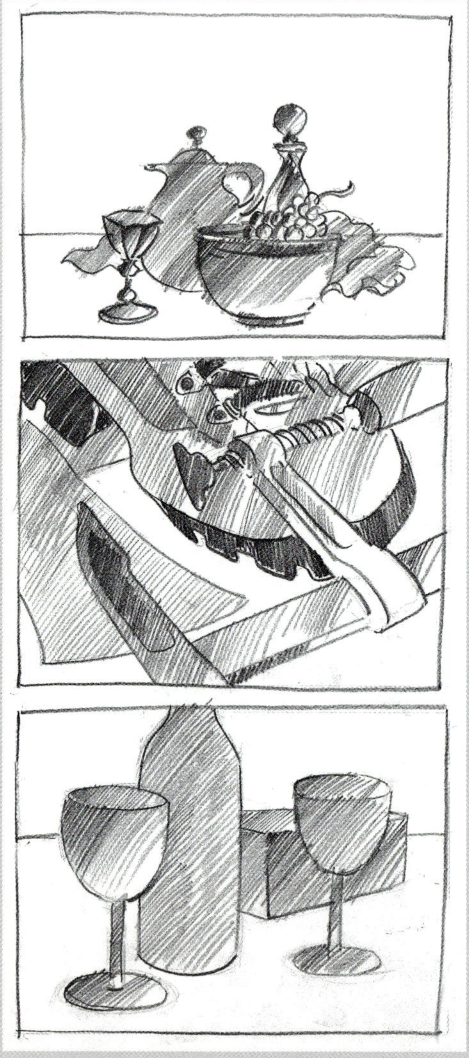

Bilder links:
Zwar ist jedes Objekt und jedes Motiv im Grunde ein gleichwertiger Zeichen- oder Malanlass. Stellen Sie aber trotzdem nicht nur solche Dinge zusammen, die bloß sattsam bekannte Wiederholungen ewig gleicher Bildvorstellungen ermöglichen. Solche Bilder sind nicht nur zutiefst langweilig und bieten keine gestalterischen Möglichkeiten mehr, sie wecken auch kein Interesse: kein Betrachter mag sich mit ihnen noch auseinandersetzen, weil er sie schon allzu oft gesehen hat.

Die Kreidenkombination für diese Aufgabe; Schwarz, Weiß und Rötel.

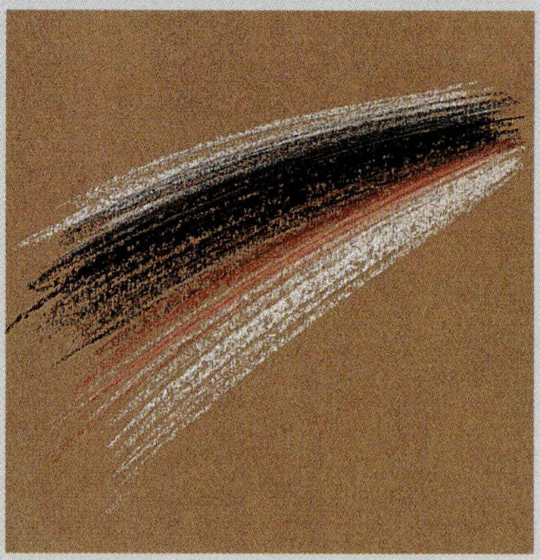

Bildlösungen

Zum Vergleich hier noch einmal eine harmonische Bildkomposition aus den Schablonen, wie es auf den Seiten 51 und 52 beschrieben wurde.
Die Objekte bilden eine insgesamt geschlossene, mittenorientierte Form. Trotzdem sind die Restfläche und die einschnittartigen Zwischenräume nicht uninteressant. Überdies irritiert die Anordnung der Bildgegenstände keine Sehgewohnheiten (zum Beispiel durch „falsche“ Platzierung der unterschiedlich großen Objekte).

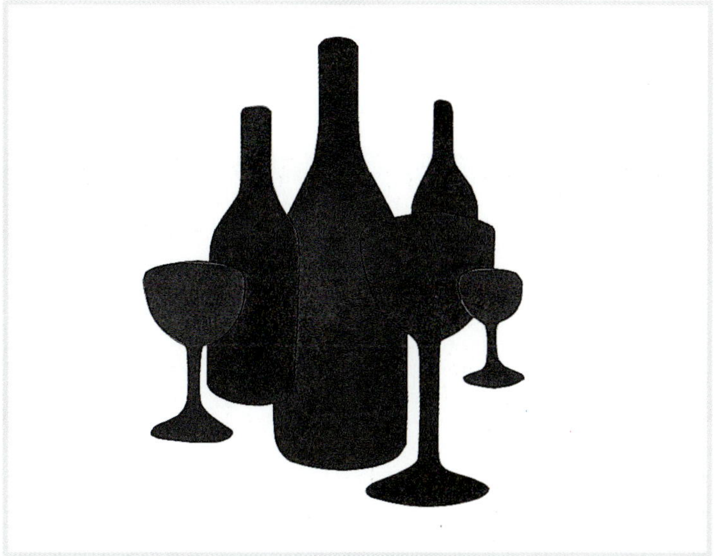

Bild unten links:
Regine Demuth: Stillleben. 1996, Kreiden auf grauem Papier, 70x50 cm.
Zweifellos lebt diese Zeichnung von einer spannenden Hell-Dunkel-Gestaltung und der reizvollen „Handschrift“ des Farbauftrags. Aber genau darin liegt auch ein Problem: zwar vermittelt die Komposition durchaus Harmonie, vor allem aber der vitale, fast heftige Kreidestrich drückt eher Spannung aus. Damit ist die Bildwirkung uneinheitlich und im Sinne des Gestaltungsziels „Harmonie“ nicht voll überzeugend – was aber nur in dieser Hinsicht eine Aussage über die Qualität der Zeichnung darstellt. Regine Demuth entschied sich für einen grauen Zeichengrund. Konsequenterweise ließ sie dann auch die Rötel-Kreide weg und gestaltete das Bild nur in unterschiedlichen Grauabstufungen.

Bild unten rechts:
Ilse Bauwe: Stillleben. 1996, Kreiden auf braunem Papier, 70x47,5 cm.
Das Bild zeigt eine eindeutig harmonische und ruhige Situation. Die Wirkung wird noch dadurch verstärkt, dass sich der weiche Braunton praktisch durch alle Bildbereiche hindurchzieht.

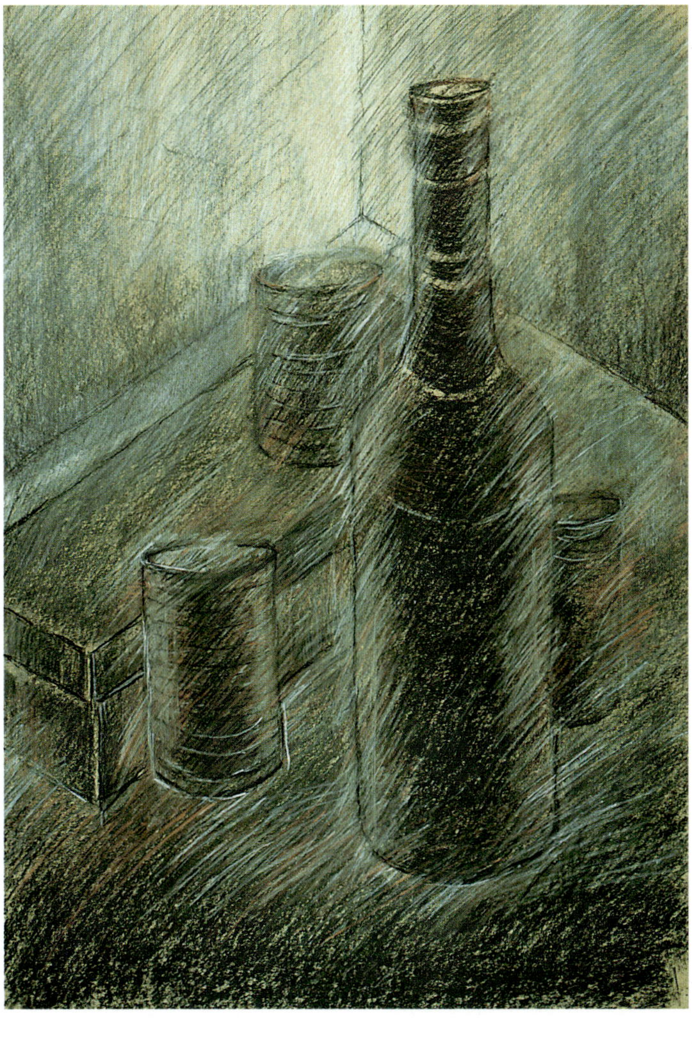

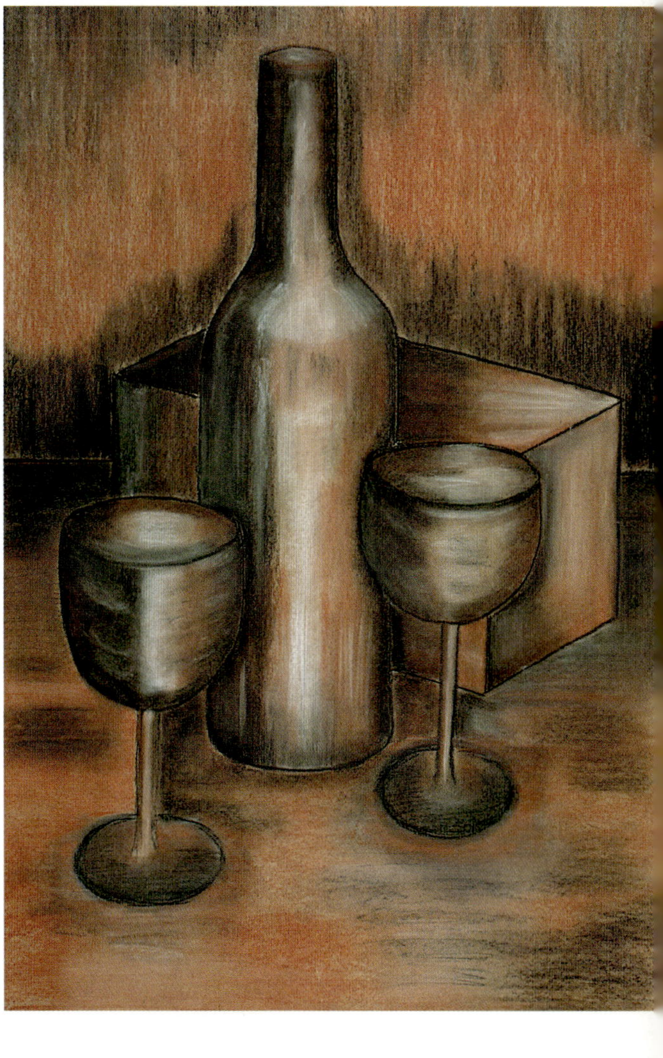

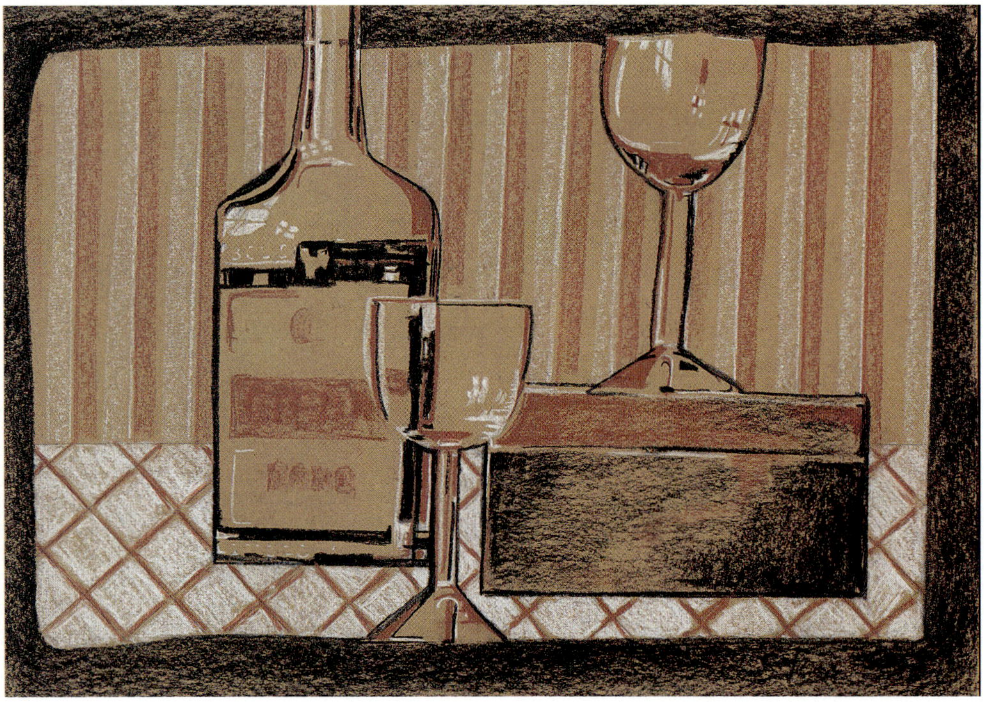

Janne Battermann: Stillleben. 1997, Kreide auf braunem Packpapier, 35x50 cm.
Im Rahmen dieser Aufgabe ist Harmonie als Gegenpol zur Spannung zu verstehen. Dementsprechend wurde alles vermieden, was Spannung vermitteln könnte: ein extremer Blickwinkel, eine Richtungsdynamik und kompositorische Kontraste. Auch wurde das eher ruhige Querformat gewählt und dem Ganzen ein Rahmen gegeben. Anderseits sind die Ruhe, die strenge axiale Gliederung, sogar eine gewisse Härte (durch die starken Hell-Dunkel-Kontraste) derart ausgeprägt, dass das Bild nicht für jeden Betrachter Harmonie ausstrahlt. Wäre da nicht der warme Braunton, der das ganze Bild beeinflusst, würde es vielleicht sogar beunruhigend erstarrt und kalt wirken.

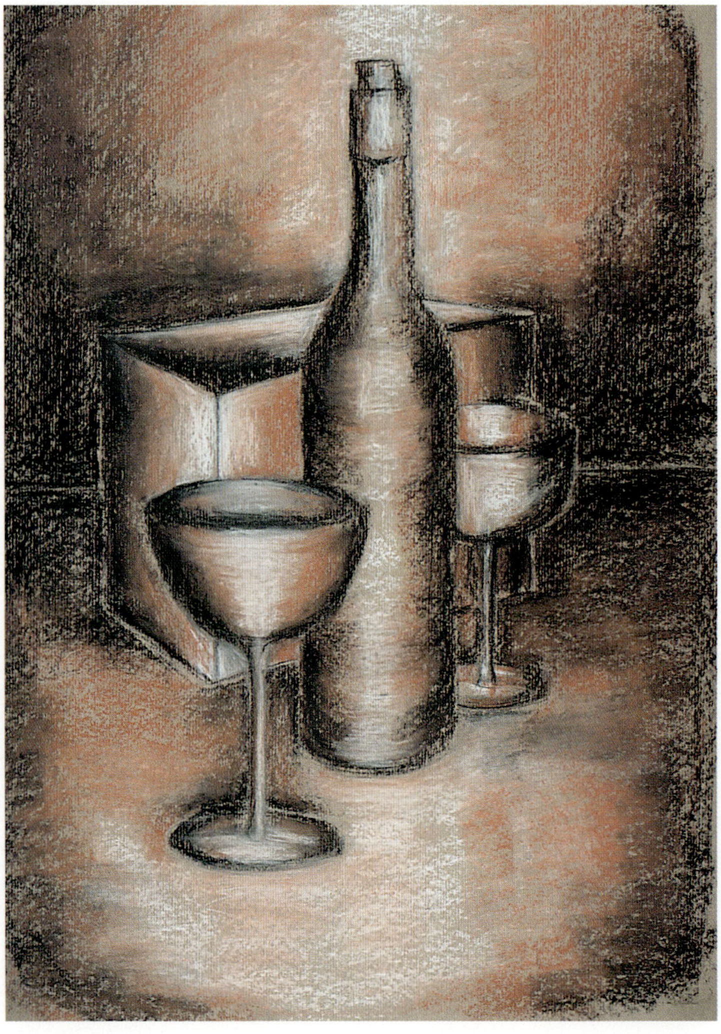

Helge Marie Wandel: Stillleben. 1996, Kreiden auf braunem Papier, 70x50 cm. Kompositorisch vermittelt das Bild zweifellos Harmonie. Die Farbkontraste sind für dieses Gestaltungsziel allerdings ein wenig zu kraftvoll angelegt. Recht geschickt wurde (zum Ausgleich?) durch eine Verdunklung der Farbe zu den Bildrändern hin eine Art Vignettierung geschaffen, die dem Ganzen einen Rahmen und damit ein Mehr an Geschlossenheit gibt.

AUFGABE.
Ein Stillleben mit dem Gestaltungsziel Spannung

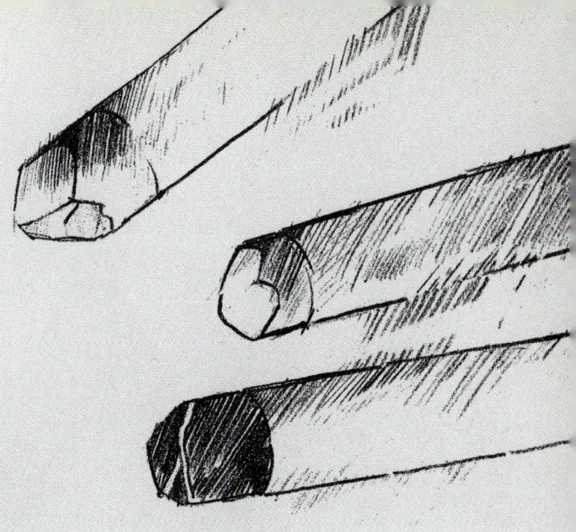

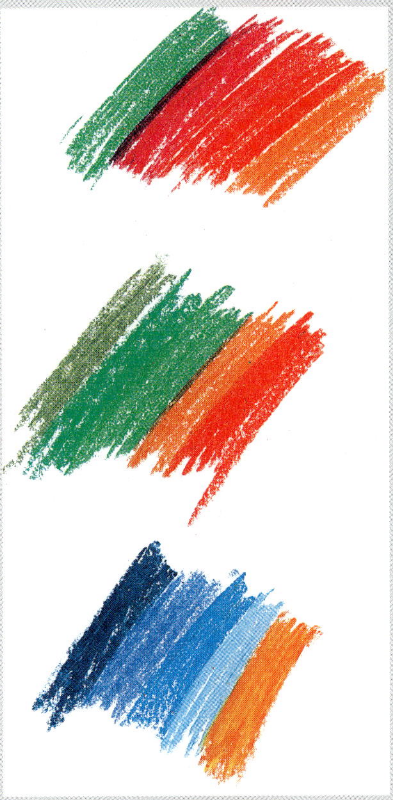

Mögliche Kreidenkombinationen für diese Aufgabe (1x Grün und 4x Rot; 3x Grün und 2x Rot; 4x Blau und 1x Orange).

Verwenden Sie nun die gleichen Objekte, die Sie für die Realisierung des Gestaltungsziels „Harmonie" verwendet haben und verändern Sie deren Anordnung, bis sich eine spannungsreiche Wirkung ergibt. Das Gestaltungsziel heißt diesmal also „Spannung". Zur Unterstützung dieses Ziels verwenden Sie nun nicht mehr die harmonischen Hell-Dunkel-Modulationen der weißen, roten und schwarzen Kreiden, sondern kraftvollere Farben. Benutzen Sie Öl- oder Wachskreiden (Erstere irreführenderweise auch als Ölpastellkreiden bezeichnet) und wählen Sie – damit es nicht zu „kunterbunt" wird – zwei Farben aus. In meinen Seminaren lasse ich aus einem großen Sortiment fünf Stifte auswählen, ein bis vier der einen Farbe, den Rest der anderen (also zum Beispiel drei verschiedene Grüntöne und zwei verschiedene Rottöne oder vier Grüntone und ein Rot). Damit die Farbkreiden ihre Kraft entfalten können, arbeiten Sie nun auf weißem Papier. Das Format sollte wieder nicht unter DIN A2 liegen. Ansonsten gehen Sie bitte wieder wie bei der letzten Aufgabe vor: Schieben Sie also die Objekte so lange hin und her, bis Sie das Gefühl haben, mit ihnen eine überzeugende Bildwirkung erzielen zu können. Stellen Sie eine Skizze her und überprüfen Sie, ob die Lösung tatsächlich überzeugt. Übertragen Sie die Zeichnung diesmal am besten ganz vorsichtig mit nur angedeuteten, gestrichelten Linien in der hellsten Ihrer gewählten Farben auf das große Format. Dann beginnen Sie, mit den Stiften das Bild anzulegen und später zu verdichten.

Zwei gleichermaßen widersprüchliche Realisierungen des Themas „Spannung". Im Bild unten links wurden zwar Farben verwendet, die dem Ziel durchaus entsprechen – auch der Farbauftrag wird dem Gestaltungsziel „Spannung" gerecht –, die Formatwahl (quer) und die Anordnung der Objekte (mittenorientiert, praktisch keine Anschnitte) drücken aber eindeutig Ruhe aus. Dem Bild unten rechts liegt dagegen zwar eine spannungsreiche Komposition zu Grunde, die gewählten Farben und der Farbauftrag beruhigen die Bildwirkung aber dermaßen, dass der Betrachter auch hier keine eindeutige „Botschaft" wahrnehmen kann.

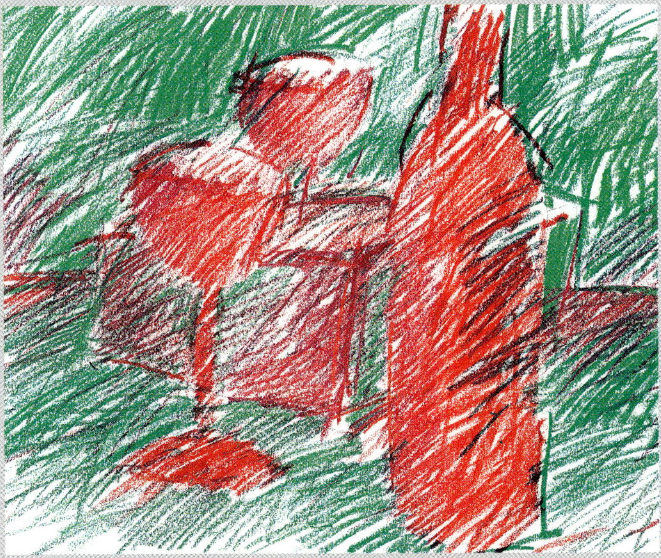

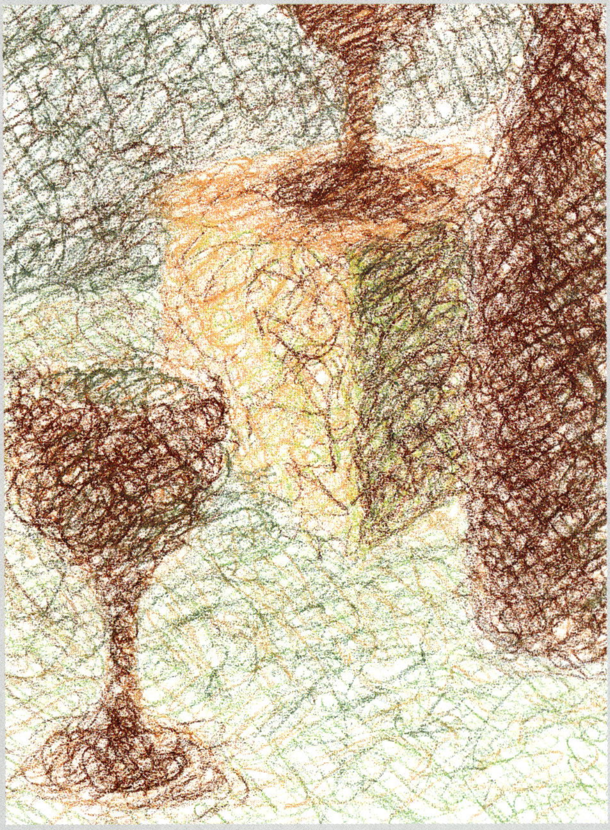

Bildlösungen

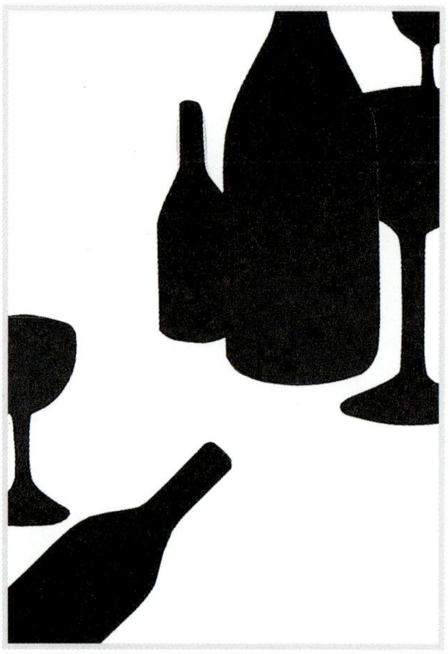

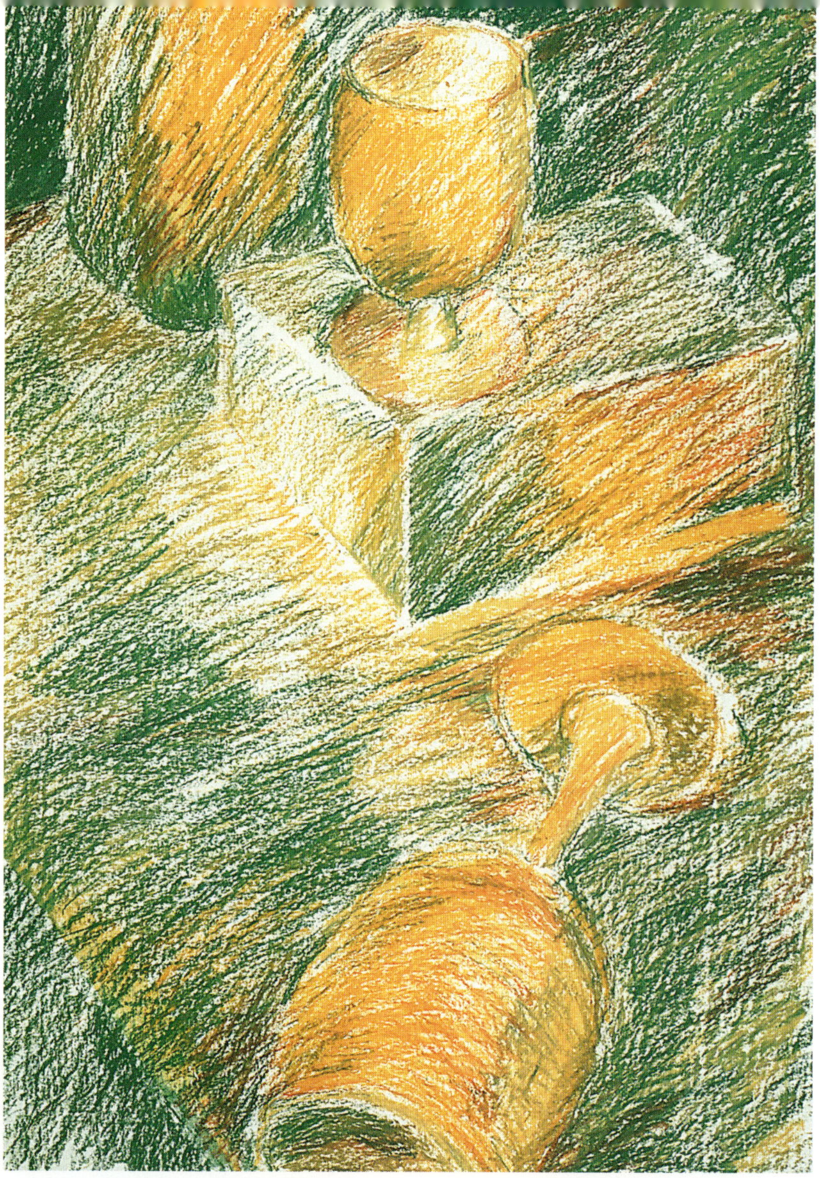

Zum Vergleich hier (oben links) noch einmal eine spannungsreiche Bildkomposition aus den Schablonen, wie es auf den Seiten 51/52 beschrieben wurde. Die Anordnung ist dabei so gewählt, dass eine Vielzahl von Anschnitten (Überschneidungen mit den Bildrändern), die „Pause" zwischen den Gegenständen und die Irritation von Sehgewohnheiten durch eine „falsche" Anordnung der unterschiedlich großen Objekte Spannung erzeugt.

Bild oben rechts:
Verena Janssen: Stillleben. 1997, Ölkreide, 70x50 cm
Die Ölkreide-Arbeit von Verena Janssen zeigt eine interessante, dynamische Komposition. Das Glas im Vordergrund scheint förmlich aus dem Bild herauszurollen und die anderen Gegenstände wirken durch ihre Anordnung fast ein wenig beunruhigend. Zusammen mit dem kraftvollen, fast vibrierenden Farbauftrag erzeugt dieser Bildaufbau ein hohes Maß an Spannung. Lediglich die Farbwahl hätte diese „Botschaft" noch etwas besser verdeutlichen können, sie ist zu verhalten.

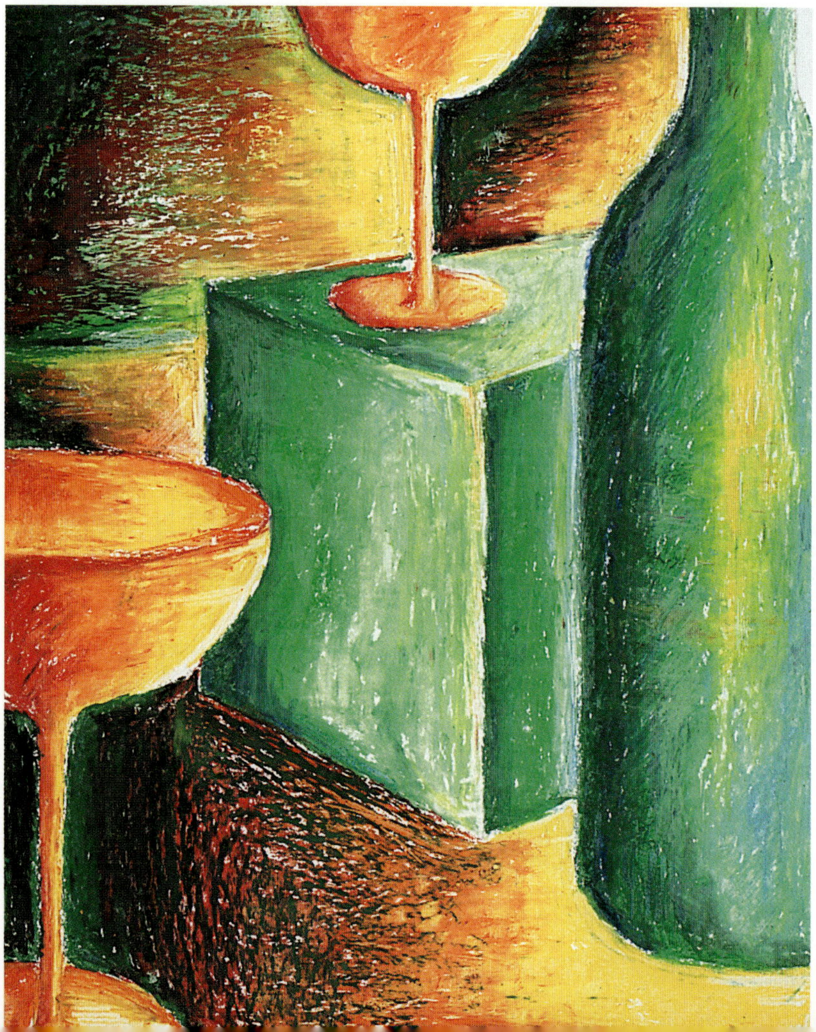

Bild rechts:
Helge Marie Wandel: Stillleben. 1996, Ölkreide, 55x44 cm.
Mit ihren heftigen, kraftvollen Hell-Dunkel- und Farbkontrasten vermittelt diese Ölkreidearbeit (oben) durchaus Spannung, obwohl die Verteilung der Objekte auf der Bildfläche spannungsreicher sein könnte. Insofern ist das Bild ein Gegenstück zu dem von Verena Janssen. Bei beiden führen gestalterische Fähigkeiten (vermutlich unbewusst) zu einem Umgehen von solchen Gestaltungsbereichen, die ihnen weniger liegen.
Vielleicht erfahren Sie im Vergleich mit den Bildergebnissen meiner Seminarteilnehmer auch etwas über Ihre Stärken und Schwächen.

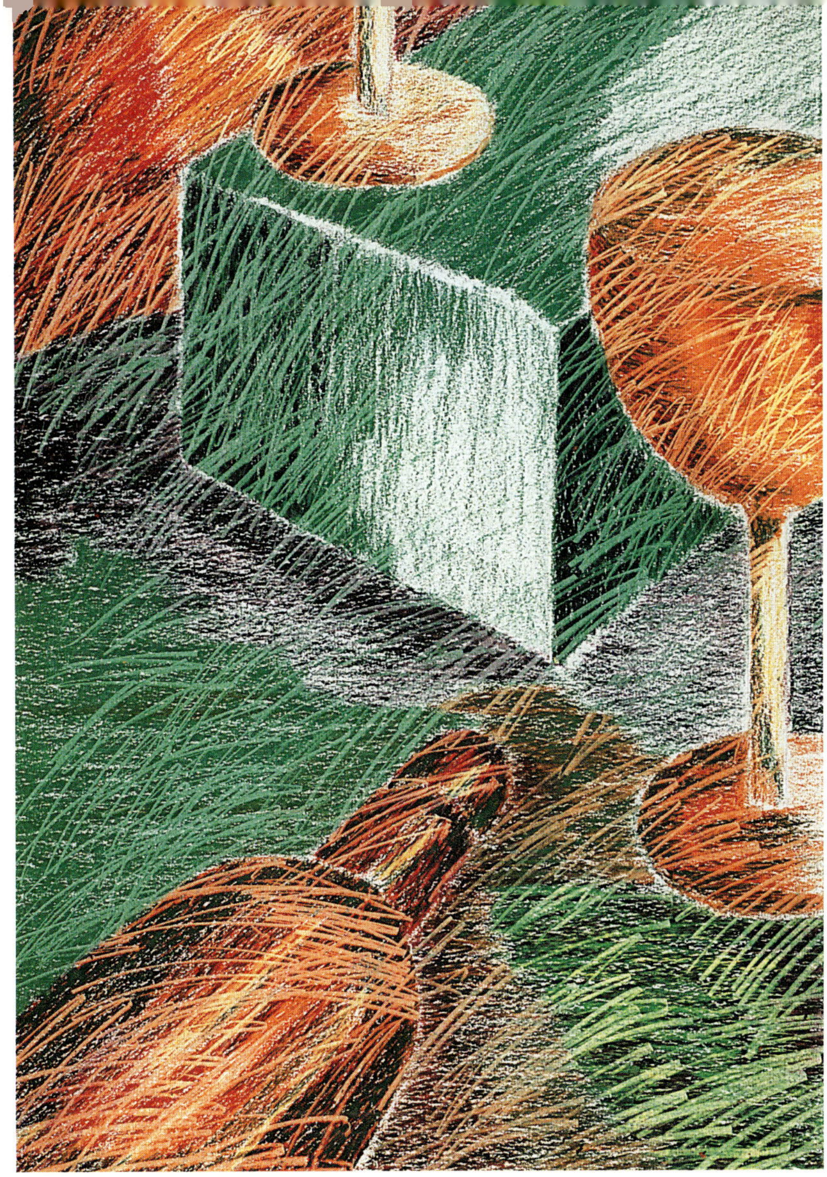

Ilse Bauwe: Stillleben. 1996, Ölkreide, 70x47,5 cm.
Die Konfrontation von runden und eckigen Formen, die Richtungen und Anschnitte und die Verteilung der Objekte auf der Bildfläche vermitteln das Gestaltungsziel recht deutlich. Auch die Farben, die sich in etwa an einem komplementären Kontrast von Rot und Grün orientieren, unterstreichen die Bildwirkung.

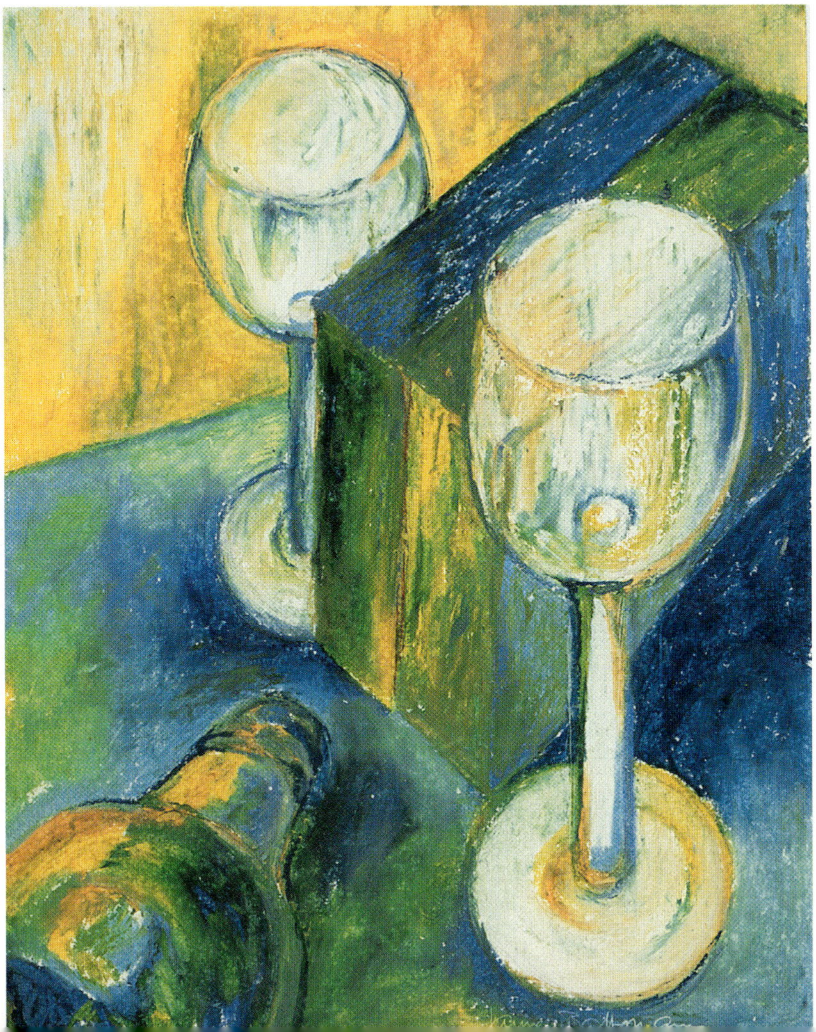

Janne Battermann: Stillleben. 1997, Ölkreide, 32,5x24 cm.
Auch dieses Bild zeigt eine gute Lösung der gestellten Aufgabe: die „Spannung" wird durch die kompositorische Gliederung, die Farbwahl und die Art des Farbauftrags verdeutlicht.

Die perspektivische Darstellung

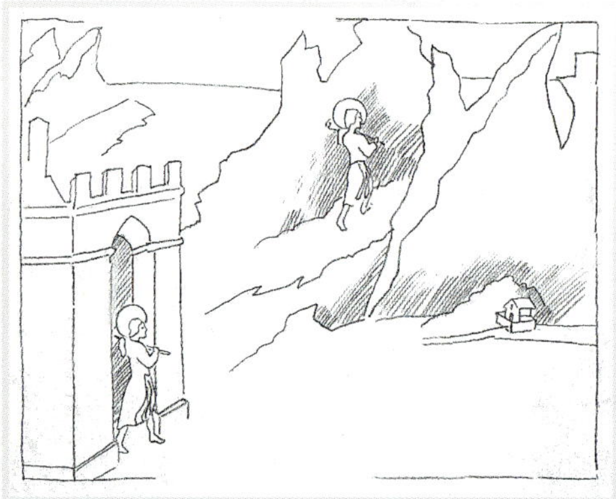

„Johannes der Täufer zieht sich in die Wüste zurück“ heißt das Original, nach dem diese Zeichnung angefertigt wurde, (Mitte des 15. Jahrhunderts) In diesem Bild ist Johannes zweimal abgebildet.

Unterschiedlich groß dargestellte Figuren klären deren (religiöse) Bedeutung. Die Stifter der Gemälde wurden in der mittelalterlichen Malerei zwar oft abgebildet, dann aber meist klein und unbedeutend. Die Vorlage für die untere Zeichnung ist eine Malerei des 15. Jahrhunderts (siehe auch Seite 53).

Wie bei anderen, eher handwerklichen Aspekten der bildenden Kunst, muss der Ehrlichkeit halber festgestellt werden: kein Bild - als Kunstwerk - ist bereits dadurch „besser“, dass die perspektivische Darstellung stimmt. Die Illusion einer Tiefengliederung lässt sich auch durch den geschickten Umgang mit der Farbe realisieren. Außerdem ist es völlig legitim, auf die Illusion bildräumlicher Tiefe völlig zu verzichten, weil sie für die gestalterische Konzeption eines bestimmten Bildes möglicherweise völlig belanglos, vielleicht sogar störend wäre. Eine Fülle bedeutender Bilder - nicht nur der Gegenwartskunst - belegt diese Tatsache eindrucksvoll.

Ein kunsthistorischer Rückblick

Die Geschichte der Kunst ist keine schlüssige Entwicklung vom Noch-nicht-Können bis zur Perfektion. So lassen sich auch in Bezug auf die perspektivische Darstellung viele Kenntnisse und Fähigkeiten erheblich früher nachweisen, als das im Hinblick auf spätere Epochen zu erwarten wäre. So begründen sich - vermeintliche - Rückschritte in religiösen oder weltanschaulichen Überzeugungen, und nicht etwa in „Unfähigkeiten“. So war die „falsche“ perspektivische Darstellung in den Bildern mittelalterlicher Maler nicht, oder nicht lediglich eine Unkenntnis bereits vollzogener Entwicklungen. Viel wichtiger als die „richtige“ perspektivische Darstellung einer Situation war in mittelalterlichen Darstellungen die Herausarbeitung des religiösen Handlungsablaufs und der Bedeutung der Akteure. So entstanden Bilder, in denen gleichzeitig Ereignisse zu sehen sind, die tatsächlich zeitlich hintereinander stattfanden und solche, auf denen die dargestellten Menschen unterschiedlich groß abgebildet wurden, und zwar nicht ihrem Abstand zum Betrachter entsprechend, sondern auf Grund ihrer Bedeutung. Man spricht in diesem Zusammenhang von einer Bedeutungsperspektive.

Zur Praxis der perspektivischen Darstellung

Die Methoden der perspektivischen Darstellung dienen dazu, den realen, dreidimensional erlebten Raum auf der ebenen Bildfläche so darzustellen, dass der Betrachter den Eindruck einer natürlichen räumlichen Situation hat. Wobei die im Folgenden aufgezeigten Wege nur einen Teil der tatsächlich anzuwendenden Gesetzmäßigkeiten ausmachen. Sie sind erheblich komplizierter, sodass ihre Darstellung den Rahmen dieses Buches sprengen würde. Ich habe mich hier auf die Dinge beschränkt, von denen ich meine, dass sie auch für den Laien verständlich und anwendbar sind.

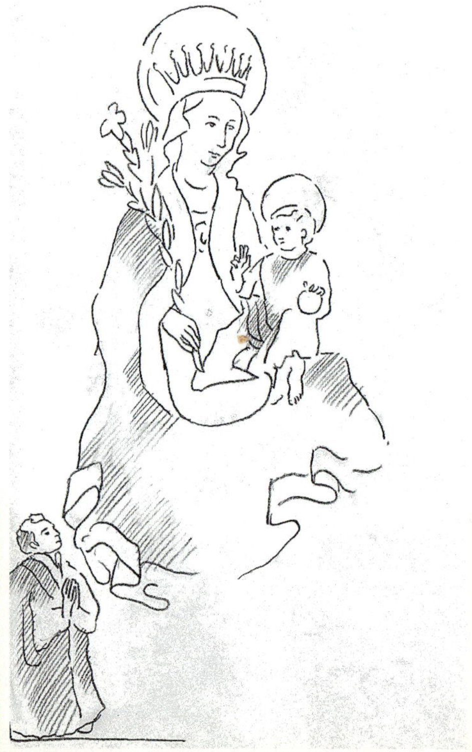

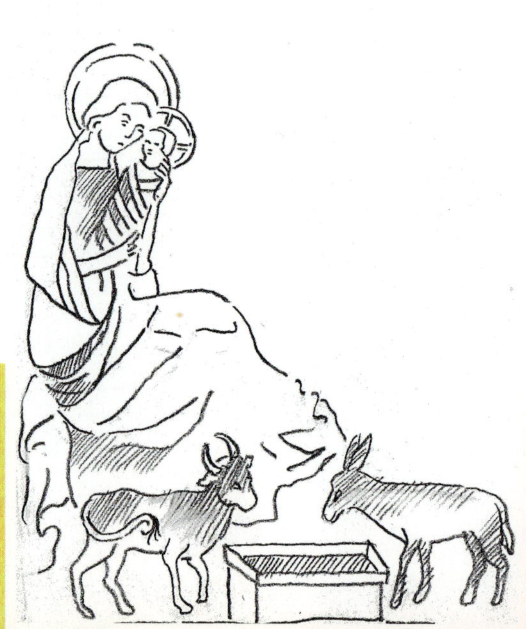

In der Bildlogik dieser Zeit durften natürlich auch die Tiere in dieser Verkündigungsszene ihrer Bedeutung entsprechend nur sehr klein abgebildet werden. (14. Jahrhundert)

Man sollte den technischen Aspekt der Darstellungsweise nämlich nicht überbewerten. Wenn allzu viel Aufwand in die Konstruktion einer räumlichen Situation investiert wurde, geht vieles an Spontaneität und Fluss verloren. Wichtiger als Berechnung und Konstruktion ist das Training des Augenmaßes, das, was ich auf Seite 22 als das „strukturierte Sehen“ beschreibe. Ziel jeder Auseinandersetzung mit den Methoden der perspektivischen Darstellung muss demnach sein, den rein technischen Aspekt schnell zu überwinden und durch Übung zu verinnerlichten, richtigen Darstellungsweisen zu gelangen.

Die perspektivische Darstellung mit einem Fluchtpunkt

Die einfachste Form der perspektivischen Darstellung ist die mit einem Fluchtpunkt. Ob sie anwendbar ist, hängt von der Ausrichtung der Objekte ab. Man bezeichnet diese Darstellungsart als „Zentral- oder Frontalperspektive“.

Die perspektivische Darstellung mit zwei Fluchtpunkten

Die nützlichere Darstellungsweise ist die „Übereckperspektive“, bei der die abgebildeten Objekte nicht frontal gegenüberstehen, sondern mehr oder minder von der Betrachtungsachse weggedreht sind.
Dadurch ergeben sich zwei Fluchtpunkte, ein linker und ein rechter. („Zwei-Punkt-Perspektive“)

Die Ein-Punkt-Perspektive

Die Würfel in der Skizze unten links sollen stark vereinfachte Gebäude darstellen, daher liegt die mit „Augenhöhe“ bezeichnete Linie, die ja der tatsächlichen Höhe der Augen in Relation zu den abgebildeten Objekten entspricht, so weit unten. Würden die Würfel beispielsweise kleine Holzklötzchen darstellen, müssten Sie sich sehr weit herunterbeugen, um die Augenhöhe an dieser Stelle zu rechtfertigen.
Die schrägen Kanten der Würfel, die in die Tiefe fluchten, ergeben sich aus der Verbindung der vorderen Eckpunkte mit dem Fluchtpunkt.

Bild unten links:
Kurt Froese: In Venedig. 1997, Aquarell, 40x29,5 cm
Die Ein-Punkt-Perspektive ist im Grunde recht selten anzuwenden. In diesem Beispiel treffen die Fluchtlinien aber tatsächlich – fast genau – in einem Punkt zusammen. Da die alten Gebäude der Lagunenstadt nicht mehr exakt im Lot stehen und beim Bau vermutlich auf keine präzise Rechtwinkligkeit der Gebäude zueinander Wert gelegt wurde, gibt es geringe Abweichungen.

Die Zwei-Punkt-Perspektive

Je nachdem, wie das abgebildete Objekt gedreht ist, rücken die Fluchtpunkte auf der Augenhöhe unterschiedlich weit nach links und nach rechts.
Bild unten rechts:
Kurt Froese: In Venedig. 1997, Aquarell, 40x29,5 cm
In diesem Bild kommen beide Darstellungsarten zur Anwendung. Die Fluchtpunkte des hinteren Gebäudes liegen unterschiedlich weit außerhalb des Bildes. Sie wären nur dann gleich weit entfernt, wenn die Gebäude gleichwinklig übereck stehen würden. Bei der Originalgröße des Bildes liegt der rechte Fluchtpunkt etwa 13 cm, der linke mehr als 70 cm jenseits des Bildrandes.

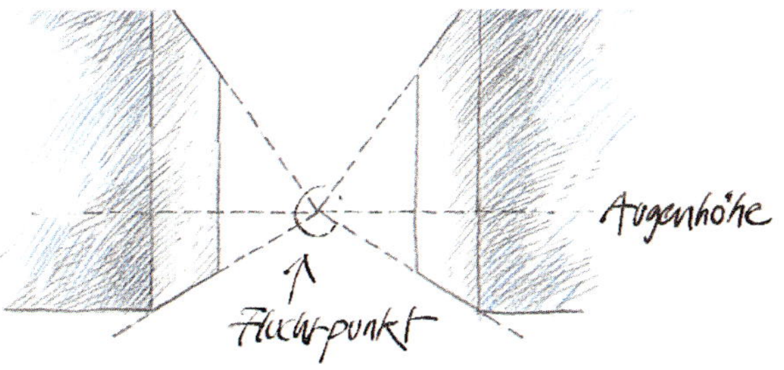

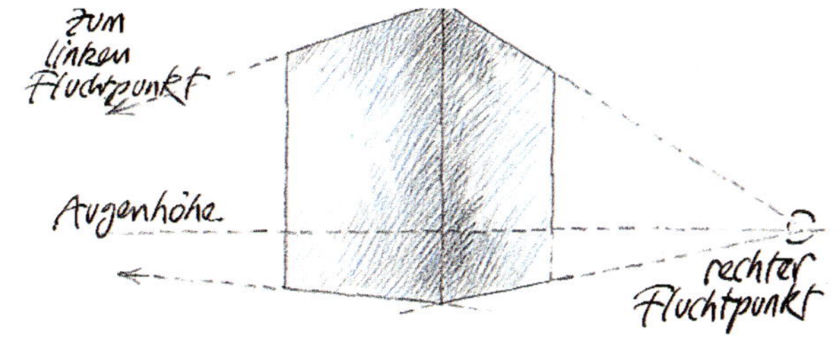

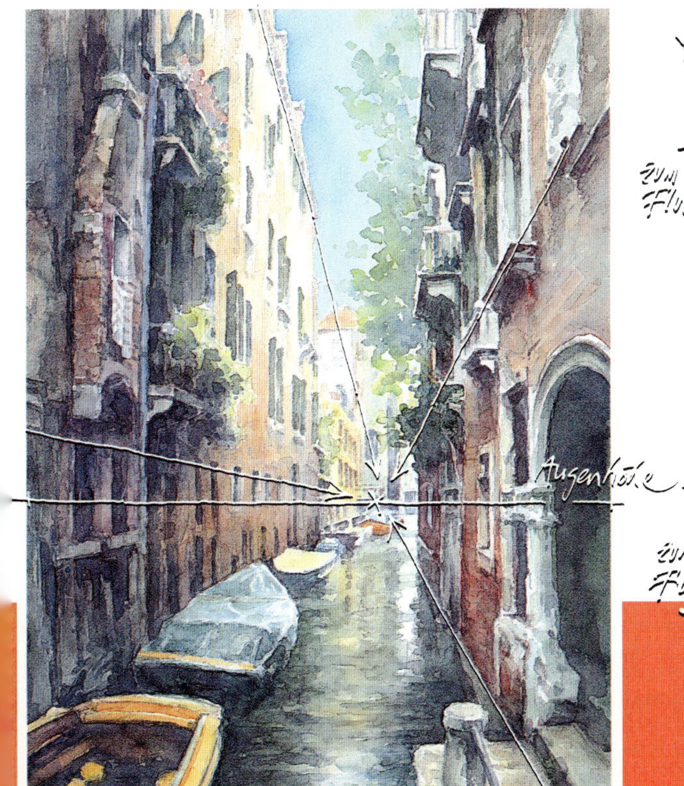

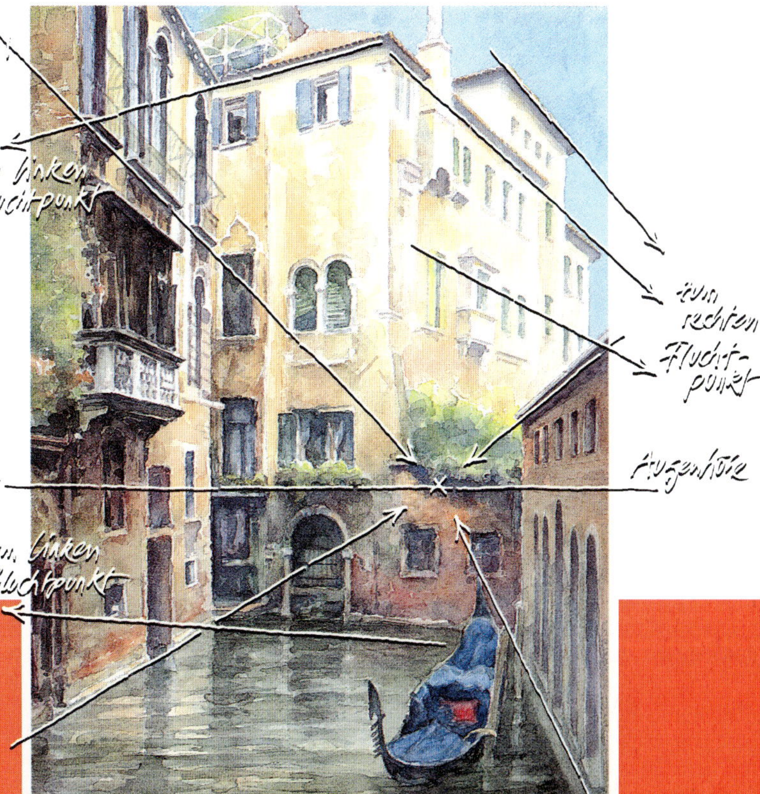

Das Spiel mit der Augenhöhe

Die perspektivische Darstellung ist außer von der Ausrichtung der Objekte natürlich auch vom Standpunkt des Zeichners abhängig. Die Begriffe „Normal-“, „Frosch-“ und „Vogelperspektive“ klären die sinnlich nachvollziehbare Bedeutung der jeweiligen Situation. Ich schreibe bewusst: sinnlich nachvollziehbar. Die Definition der Begriffe ist nämlich nicht ganz unproblematisch, weil sie je nach Größe der abzubildenden Objekte neu bestimmt werden muss. Als Vogelperspektive bezeichnet man allgemein eine Sichtweise, bei der sich die darzustellenden Objekte unterhalb der Augenhöhe befinden. Analog dazu spricht man von einer Froschperspektive, wenn sich die Gegenstände oberhalb der Augenhöhe befinden. Als Normalperspektive wird meist eine Darstellung bezeichnet, bei der die Oberseite der Gegenstände über und die Unterseite unter der Augenhöhe liegt.

Diese Definitionen können aber missverständlich sein. Bei einem größeren Objekt, also beispielsweise einem Haus, liegt dessen Oberseite (stellen Sie sich ein Flachdach vor) über der Augenhöhe und die Unterseite darunter. Sie haben es demnach mit einer Normalperspektive zu tun. Bei kleineren Gegenständen ist es – außer aus allernächster Nähe – unmöglich, dass die Oberseite der Objekte über und die Unterseite unter der Augenhöhe liegen könnte.

Wichtig ist jedenfalls, dass Sie die besonderen Ausdrucksqualitäten der unterschiedlichen perspektivischen Standpunkte kennen lernen und in der jeweiligen Situation angemessen anwenden können.

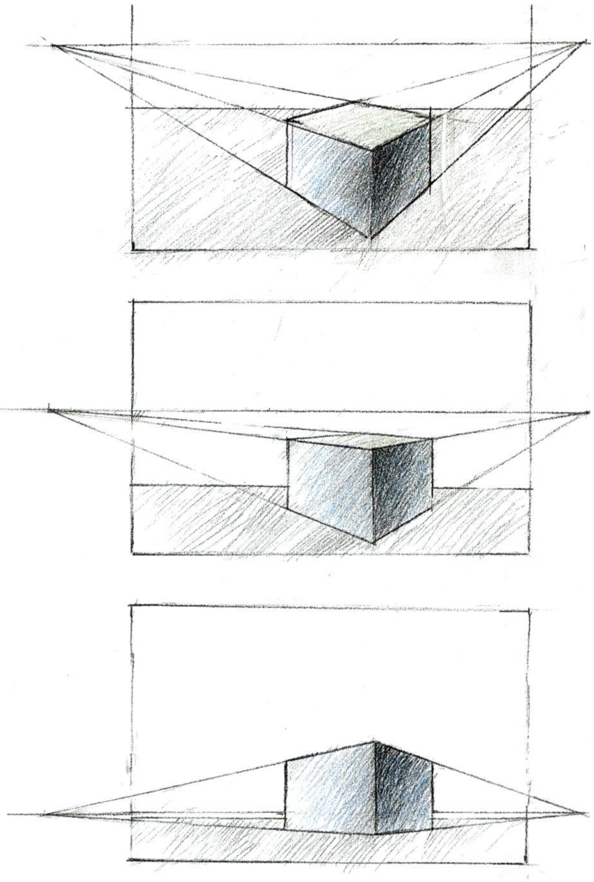

Die Abbildung oben verdeutlicht die Vogel–, Normal– und Froschperspektive, so wie sie für kleinere Objekte nachvollziehbar erscheint. Die Würfel könnten kleine Pappschachteln sein, die auf einer Tischplatte liegen.

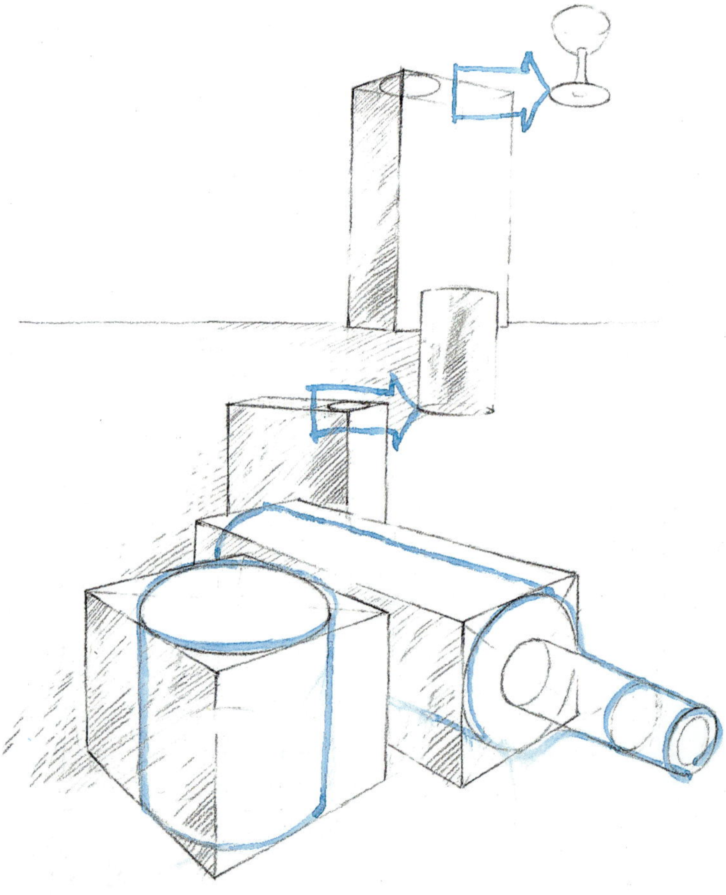

Bild unten:
Viele Menschen haben Probleme damit, Kreise perspektivisch richtig darzustellen. Kreise werden, je nach ihrer Nähe zur Augenhöhe, zu unterschiedlich weiten Ellipsen. Eine einfache Konstruktionshilfe besteht darin, zuerst ein perspektivisch (richtig) fluchtendes Quadrat zu zeichnen – was meist leichter fällt -, in das dann die Ellipse hineingezeichnet wird.

AUFGABE:
Ein schwebender, ein ruhender und ein abgestürzter Ziegelstein

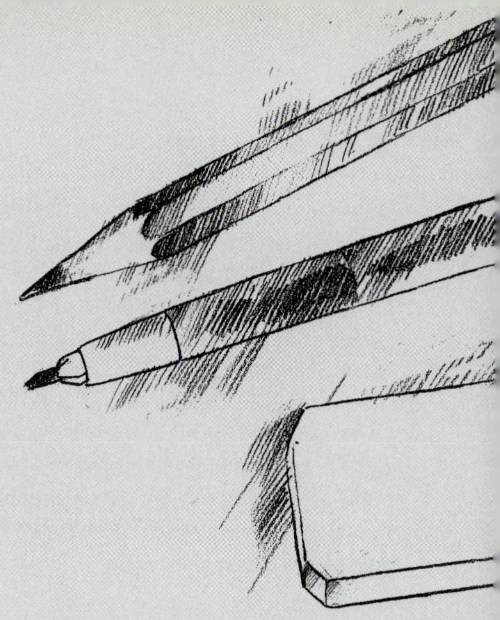

Auf Seite 61 haben Sie gelesen, dass die perfekte perspektivische Konstruktion baldmöglichst von einem Gefühl für die „stimmige" räumliche Darstellung abgelöst werden sollte. Sie haben schließlich nicht die Zeit, in jedem Fall Fluchtpunktkonstruktionen zu basteln und – wie gesagt – das Bildganze wird meist auch eher holperig als souverän.

Die folgende Aufgabe dient zur Überprüfung Ihrer Fähigkeit, perspektivisch stimmig zu zeichnen.

Zeichnen Sie mit Blei- oder Grafitstift auf einem DIN-A3-Blatt drei Ziegelsteine: einen schwebenden, einen fallenden und einen abgestürzten. Versuchen Sie, ohne Fluchtpunktkonstruktionen auszukommen. Wenn Sie sich das noch nicht zutrauen, greifen Sie zum Lineal.

Beachten Sie dann, dass die Augenhöhe, trotz der unterschiedlichen Position des Steins, immer die gleiche bleibt. Ein Ziegelstein hat übrigens bestimmte Proportionen: er ist erheblich länger als breit und breiter als hoch. Diese Verhältnisse sollen in allen drei Positionen in etwa erhalten bleiben.

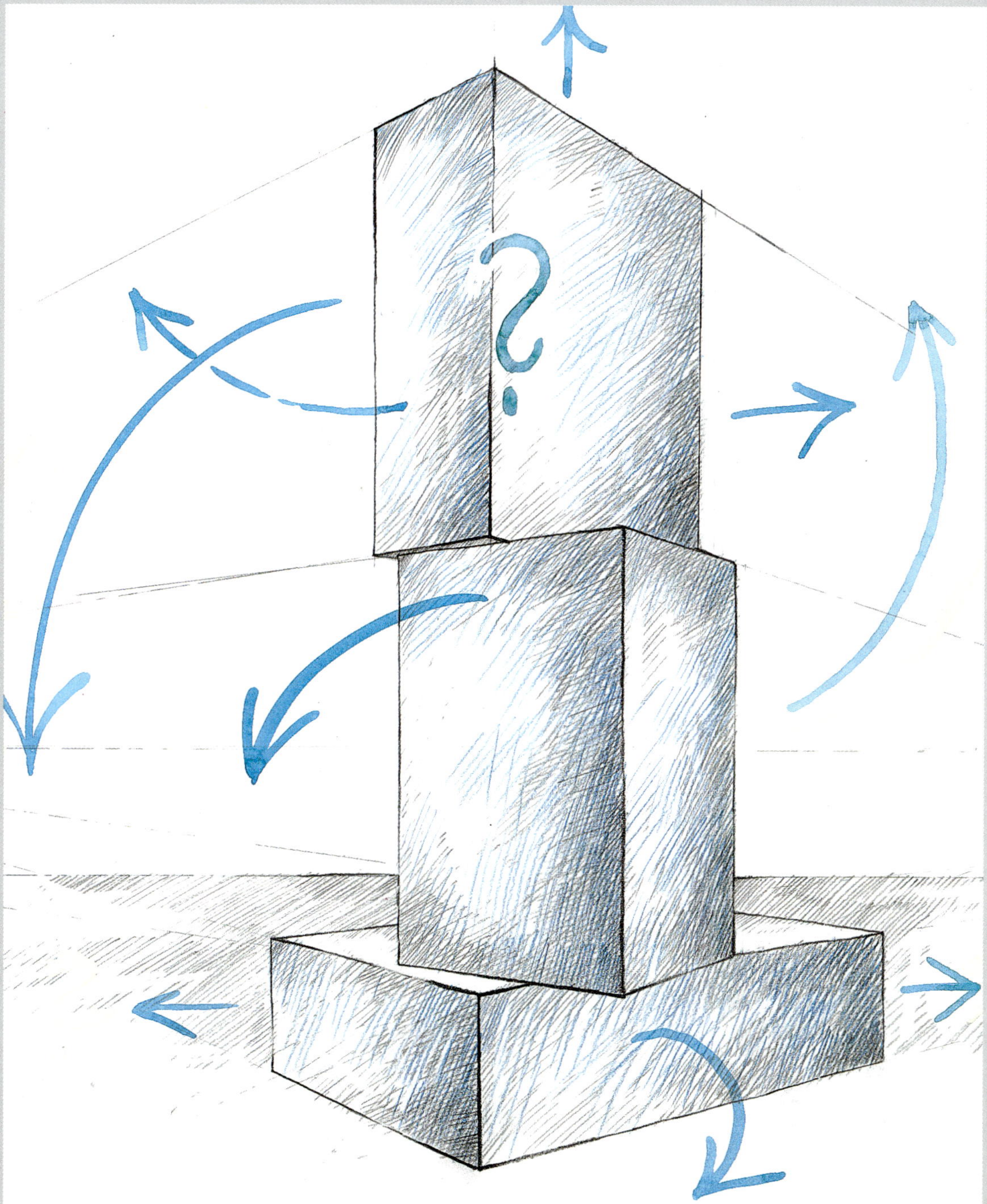

Bildlösungen

Hier nun zum Vergleich mit Ihren Lösungen ein paar Vorschläge für fliegende, ruhende und abgestürzte Ziegelsteine. Haben Sie daran gedacht, die Proportionen halbwegs zu berücksichtigen, und sehen die Ergebnisse aus wie Ziegelsteine? Auch das waren Aspekte der Übung. Und haben Sie die Steine nicht allzu stark perspektivisch verzerrt dargestellt? Es sind schließlich relativ kleine Objekte. Aber diese Dinge stehen nicht im Vordergrund. Wichtig war das Fliegen, Ruhen und das Abgestürztsein.

Von den vermeintlich schwebenden Ziegelsteinen im oberen Bildteil auf dieser Seite ist meines Erachtens nur der mittlere wirklich in diesem Zustand. Die anderen sind bereits im Sturzflug oder steigen gerade in die Höhe. Beide ruhenden Steine ruhen wirklich, obwohl die Überschneidung eines solchen Objektes mit der Augenhöhe etwas irritiert. Nun zu den abgestürzten Steinen: Der linke liegt einfach nur herum, der rechte ist zerbröselt und der mittlere steckt im Boden. Hinweise auf den Absturz („abgestürzt“ war gefordert) liefern beide. Ihr Einwand, dass das eine „erzählte Geschichte“ sei, ist richtig. So ist es mit der Theorie in der Kunst: Regeln treffen so lange zu, bis sie durch andere Ziele (Gestalterische Absichten) abgeschafft werden, oder – wie in diesem Fall – nicht mehr eingehalten werden können, weil etwas gezeigt werden soll, was sonst nicht verdeutlicht werden kann. Es bleibt aber trotzdem dabei: arbeiten Sie so lange und so weit wie möglich ausschließlich mit gestalterischen Mitteln, also mit Farbe, Form und Farbauftrag, nicht mit erzählerischen.

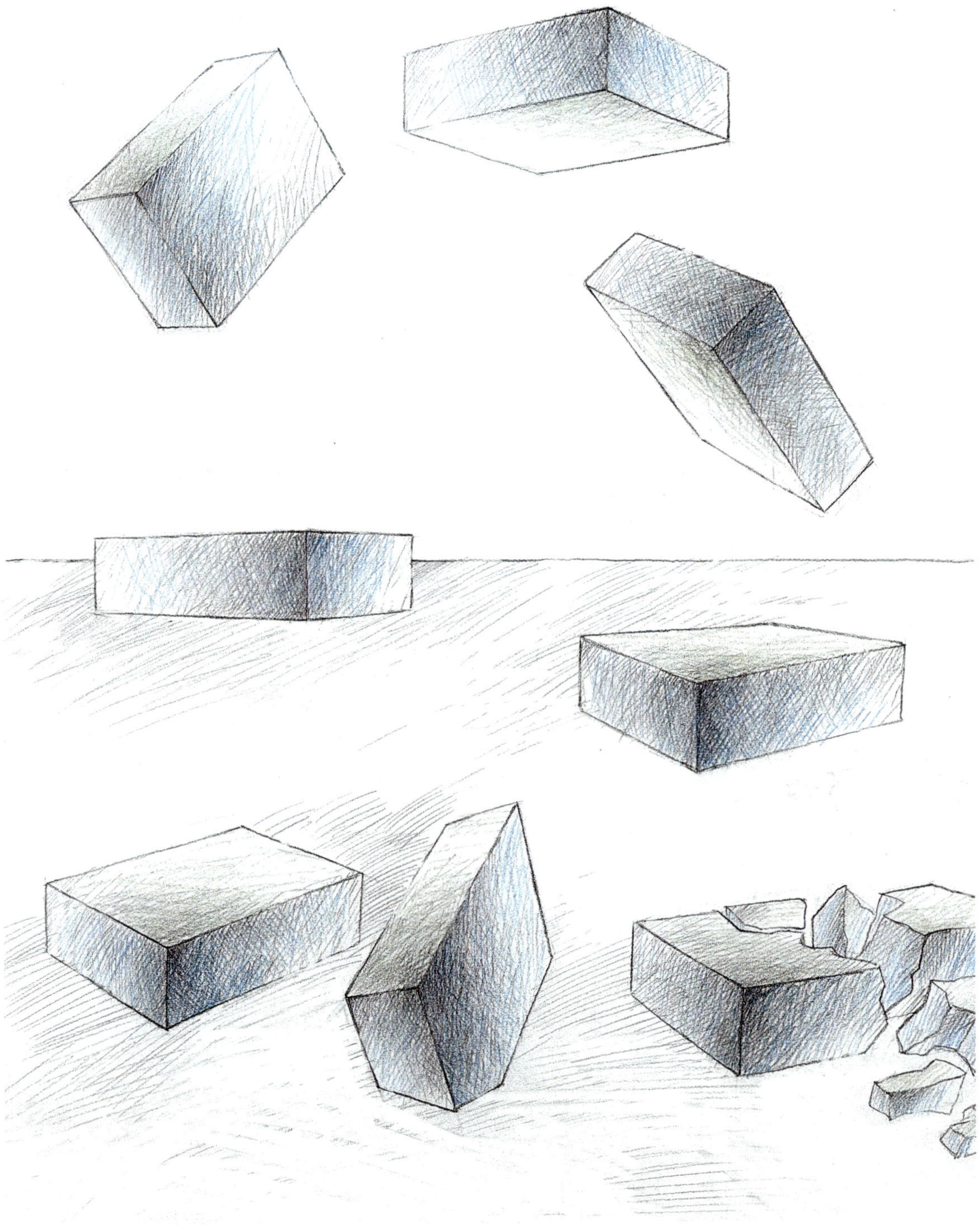

Ausdruckssteigerung durch Überzeichnung der Perspektive

Ich habe bereits dargestellt, dass die Nähe der im Bild gezeigten Objekte auch immer ein Gefühl von Nähe vermittelt. Aus dieser Tatsache lassen sich durchaus konzeptionelle Ideen ableiten, die den Betrachter quasi in das Bild hineinziehen, ihn betroffen machen. Die Abbildung naher Objekte hat allerdings Konsequenzen auf deren perspektivische Gestaltung. Die Fluchtpunkte rücken, ähnlich wie bei extrem großen Objekten, sehr nahe an sie heran. Insofern ist die perspektivische Darstellung der Streichholzschachtel tatsächlich auch nicht überzeichnet, sondern völlig realistisch. Unsere Wahrnehmung gestattet sich derartige Extravaganzen aber nur gezwungenermaßen. Normalerweise nehmen wir extreme Veränderungen unserer gewohnten Sicht nicht wahr.

Was unsere Wahrnehmung alles nicht zulässt, können Sie an einem kleinen Experiment erfahren. Strecken Sie den rechten Arm nach rechts aus, winkeln Sie den linken an und halten ihn nach links. Betrachten Sie nun die rechte Hand, wenden Sie den Kopf und schauen Sie auf die linke. Wie groß sind die Hände im Vergleich? Schauen Sie wieder zur rechten Hand. Sie wissen, dass sie kleiner sein müsste, weil sie ja weiter weg ist. Aber sehen Sie das wirklich? Noch einmal den Blick zurück zur linken – Unsicherheit. Bringen Sie nun die Arme in der Mitte zusammen und halten Sie die Hände – im Abstand – übereinander. Je nach Anwinkelung des linken Arms ist die linke Hand doppelt bis dreimal so groß wie die rechte! Das „will" unsere Wahrnehmung nicht, das kann sie nicht ertragen! Sie gaukelt uns stattdessen eine ähnliche Größe vor. Beim Wenden des Kopfes von rechts nach links „vergessen" wir die gesehene Größe. – Daher auch meine Aufforderung, strukturiert zu sehen, abzumessen und zu vergleichen. Hier heißt das, nicht unbedingt zu überzeichnen, aber mindestens die extremen perspektivischen Veränderungen wiederzugeben, wie sie tatsächlich zu beobachten sind

Bilder oben :
Ein großes Objekt, hier zum Beispiel ein Hochhaus, das man aus einer größeren Entfernung anschaut, hat ganz ähnliche perspektivische Eigenschaften wie ein sehr kleines – in diesem Beispiel die Streichholzschachtel -, wenn es nahe vor das Auge gehalten wird.

Bild unten:
Manfred Castens: Flasche, Glas, Karton. 1997, Ölkreide, 49x36 cm.

Ein souveräner Umgang mit der perspektivischen Darstellung erweitert deutlich das Repertoire der gestalterischen Möglichkeiten. In dieser Arbeit befindet sich der Zeichner (und damit dann auch der Betrachter) scheinbar auf dem Boden des Kartons. Neben ihm steht eine Flasche, oben auf dem Rand des Kartons balanciert ein Glas. Die Gegenstände erscheinen sehr (unangenehm?) nah, der Betrachter fühlt sich eingesperrt. Trotz der eher heiteren Farben wirkt das Bild unterschwellig bedrohlich.

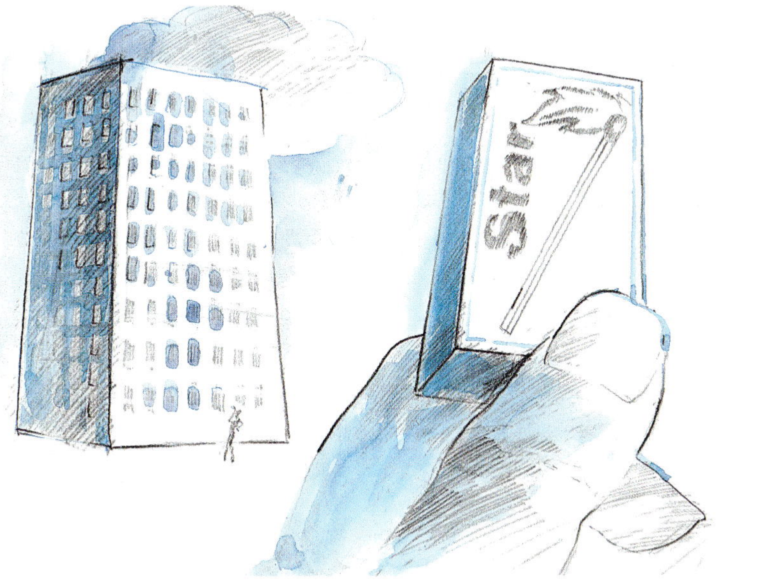

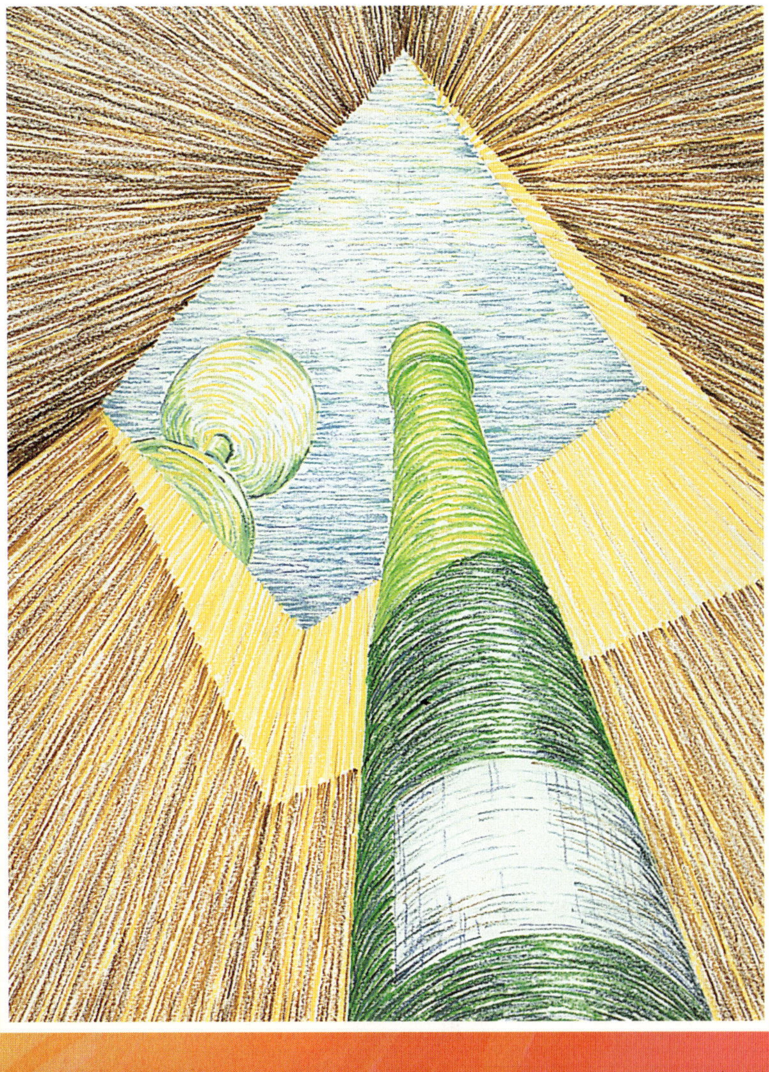

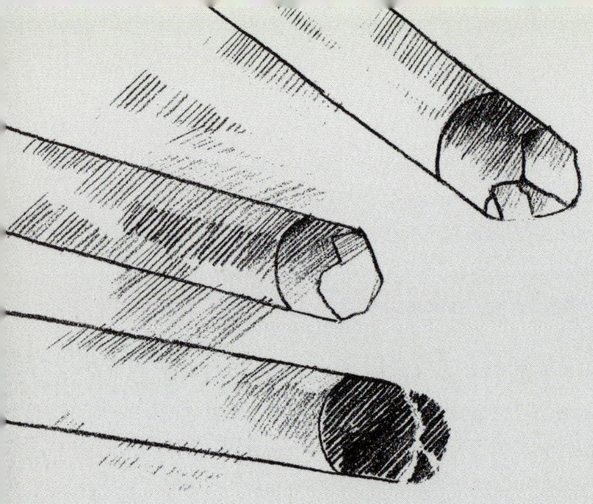

AUFGABE:
Gulliver und das Riesen-Stillleben

Extreme Nähe kleiner Objekte ist, von der perspektivischen Wirkung her, das Gleiche wie die Darstellung extrem großer Objekte. Dementsprechend könnte es tatsächlich Gulliver als Winzling zwischen riesigen Flaschen, Gläsern und Kartons sein, oder eben Sie selbst – mit den Augen unmittelbar vor Ihrem Stillleben. Probieren Sie es, es stimmt! Ich beobachte bei meinen Seminarteilnehmern oft eine Reserviertheit, eine Befangenheit, dicht an die Dinge heranzugehen (dazu muss man sich auf das Niveau der Dinge bücken oder das Stillleben auf einer höheren Unterlage aufbauen). Sie sollten mir nämlich nicht glauben, Sie sollten es erfahren – also müssen Sie es, mit der Nase dicht an dem vordersten Gegenstand, wirklich überprüfen!

Nun gehen Sie bitte wie schon fast gewohnt vor: Schieben Sie die Objekte so lange hin und her, bis Sie das Gefühl haben, damit eine überzeugende Bildwirkung erzielen zu können. Diesmal wird Ihre Vorzeichnung sehr viel wichtiger. Arbeiten Sie daran so lange, bis Sie halbwegs sicher sind, die perspektivischen Verhältnisse ganz gut hingekriegt zu haben. Übertragen Sie die Zeichnung diesmal am besten ganz vorsichtig mit dem Bleistift, da Sie vermutlich doch häufiger korrigieren, also radieren müssen, auf das große Format (mindestens A2, weißes Papier) . Dann beginnen Sie, mit beliebigen farbigen Stiften das Bild anzulegen und später zu verdichten.

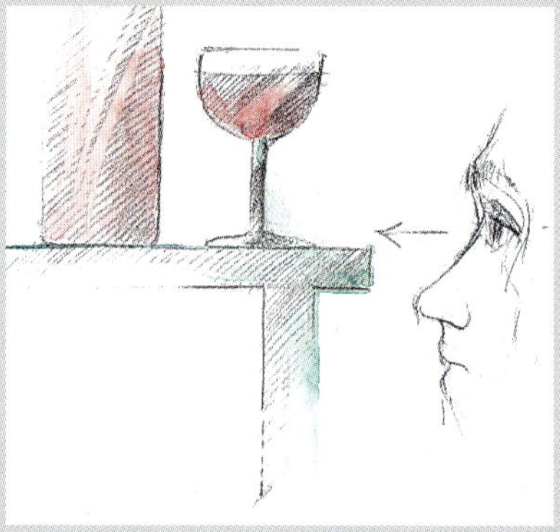

Wenn sich ein Betrachter ein Objekt aus nächster Nähe betrachtet, kann es durchaus sein, dass er es zu einem Teil in Aufsicht, zu einem anderen Teil in Untersicht sieht. In diesem Fall kann er auf den Fuß des Weinglases sehen und gleichzeitig unter den Kelch. Für ihn wölben sich der vordere Rand des Glases und der Weinspiegel nach oben.

Eine perspektivische Situation ist nicht nachvollziehbar und sieht falsch gezeichnet oder gemalt aus, wenn sie nicht insgesamt schlüssig ist. Das Glas in der Abbildung links ist so gemalt, als hätte der Maler unmittelbar davor gesessen. Die Skizze oben rechts zeigt eine solche Situation. Dazu erscheint in diesem Fall aber der Abstand zum Objekt zu groß, und die Perspektive wirkt irgendwie überzeichnet. Wenn Sie in Ihrem Bild „Nähe“ verdeutlichen wollen, müssen sie unbedingt auch mit dem Bildausschnitt entsprechend umgehen, wie im rechten Bild.

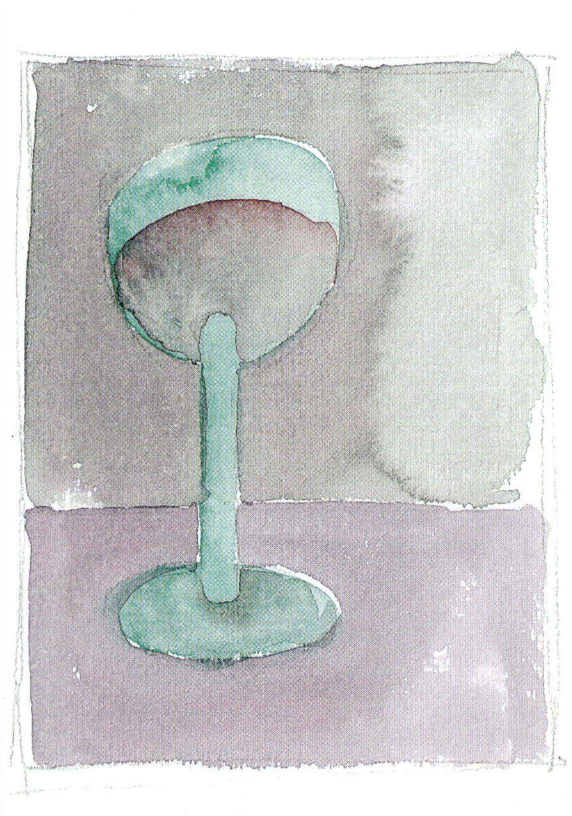

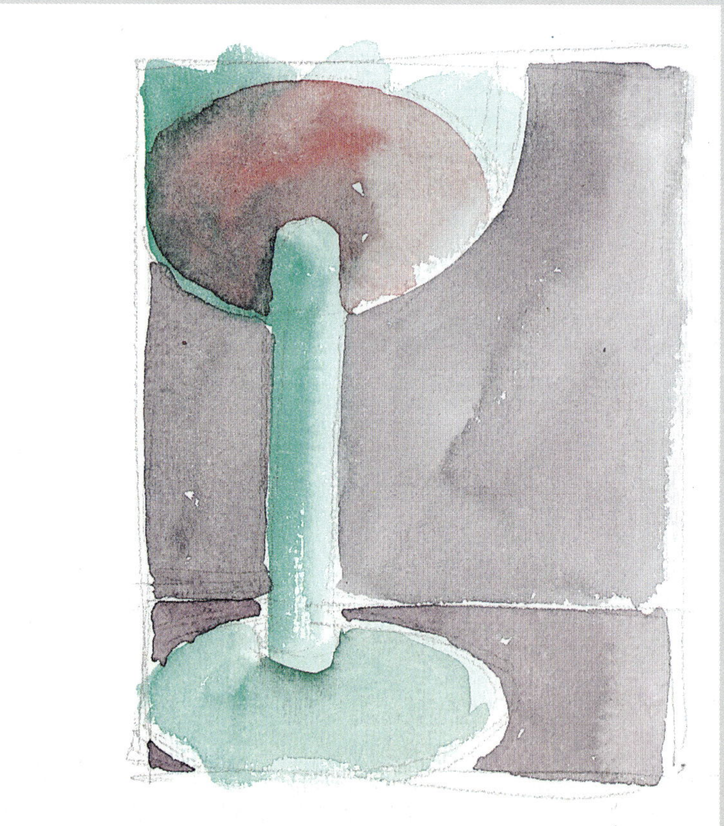

Bild oben links:
Karin Kuthe: Stillleben. 1996, Ölkreide, 70x50 cm.
Dieses Bild vermittelt spontan und sehr überzeugend eine räumliche Tiefe. Der Blick des Betrachters wird förmlich nach hinten gesogen. Dadurch wird der Blick aber von der Größe der Objekte abgelenkt: sie wirken nicht so bedrohlich riesenhaft, wie es die Dinge im Vordergrund ja wirklich sind.

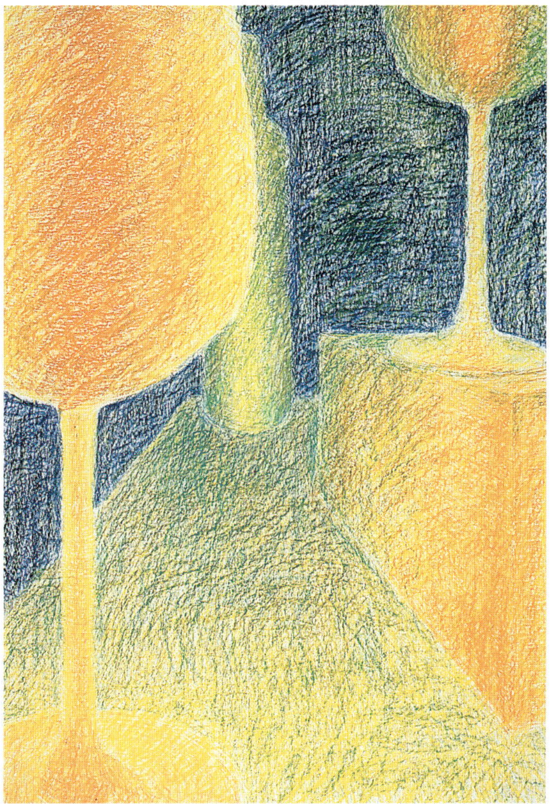

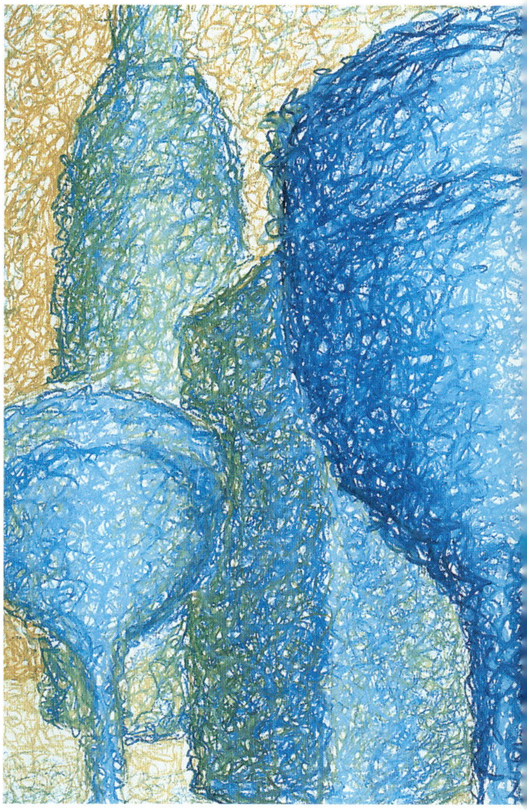

Bild oben rechts:
Ingrid Schmitz: Stillleben. 1996, Ölkreide, 70x50 cm.
Das zunächst recht ansprechende Bild überzeugt beim genaueren Hinsehen nicht ganz. Der durchaus reizvolle, spielerische Strich widerspricht dem Thema dieses Bildes (er löst die Formen eher auf als sie zu verdeutlichen) ebenso wie der Anschnitt der Weingläser im Vordergrund, wodurch der Blick nach unten nicht ausreichend verdeutlicht wird.

Bild unten links:
Roswitha Keppler: Stillleben. 1997, Ölkreide, 70x50 cm
Dieses Bild ist eine recht gute Lösung der gestellten Aufgabe. Der Betrachter hat das Gefühl (er wird durch die Gestaltung quasi dazu gezwungen, es so zu empfinden), auf riesige Monumente statt auf ein „normales" Stillleben zu blicken und zwar aus nächster Nähe, nicht aus einer beruhigenden Distanz.

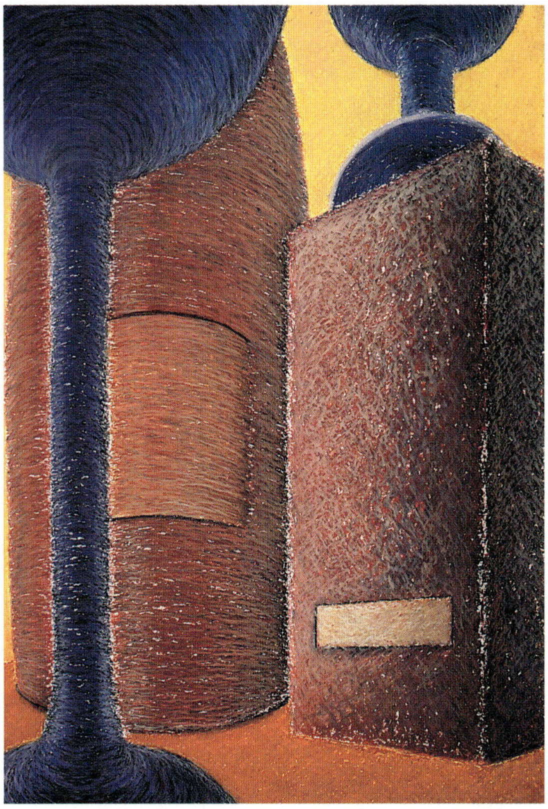

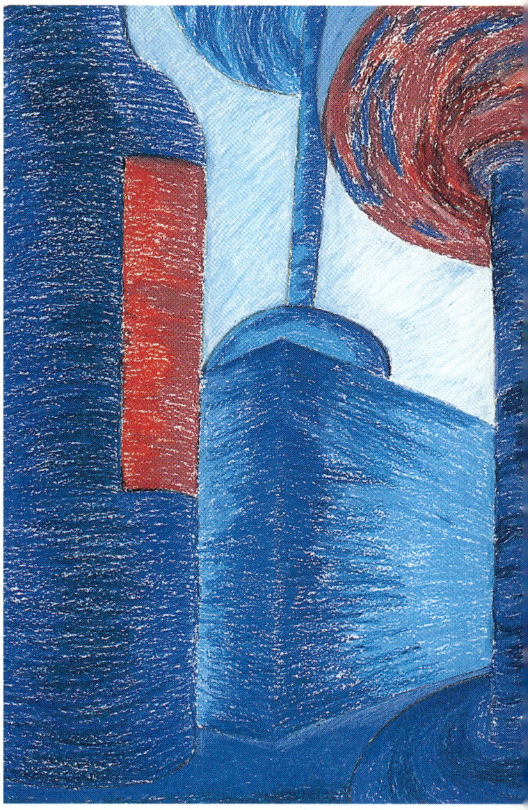

Bild unten rechts:
Svenja Warnke: Stillleben. 1997, Ölkreide, 70x50 cm
Trotz einiger - aber recht bedeutungsloser - perspektivischer Fehler vermittelt auch diese Arbeit die „Botschaft" sehr überzeugend. Als Betrachter hat man wirklich das Gefühl, ganz winzig zu sein. Die riesenhaften Objekte entwickeln eine fast bedrohliche Monumentalität.

Kathrin Kutz: Stillleben. 1997, Ölkreide, 70x50 cm.
Dass auch Ergebnisse derartiger Aufgabenstellungen, die zunächst nur an „Unterricht", „Schulaufgaben" und an die Irrelevanz der Produkte denken lassen, interessante Bilder sein können, zeigt diese Abbildung. Bei einer deutlichen Zurücknahme der Farbigkeit bezieht das Bild seine Wirkung aus der perspektivischen Situation (die allerdings noch deutlicher hätte sein können – das Glas im Vordergrund ist im Hinblick auf die Themenstellung noch zu klein) und vor allem aus der sehr überzeugenden Hell-Dunkel-Gestaltung.

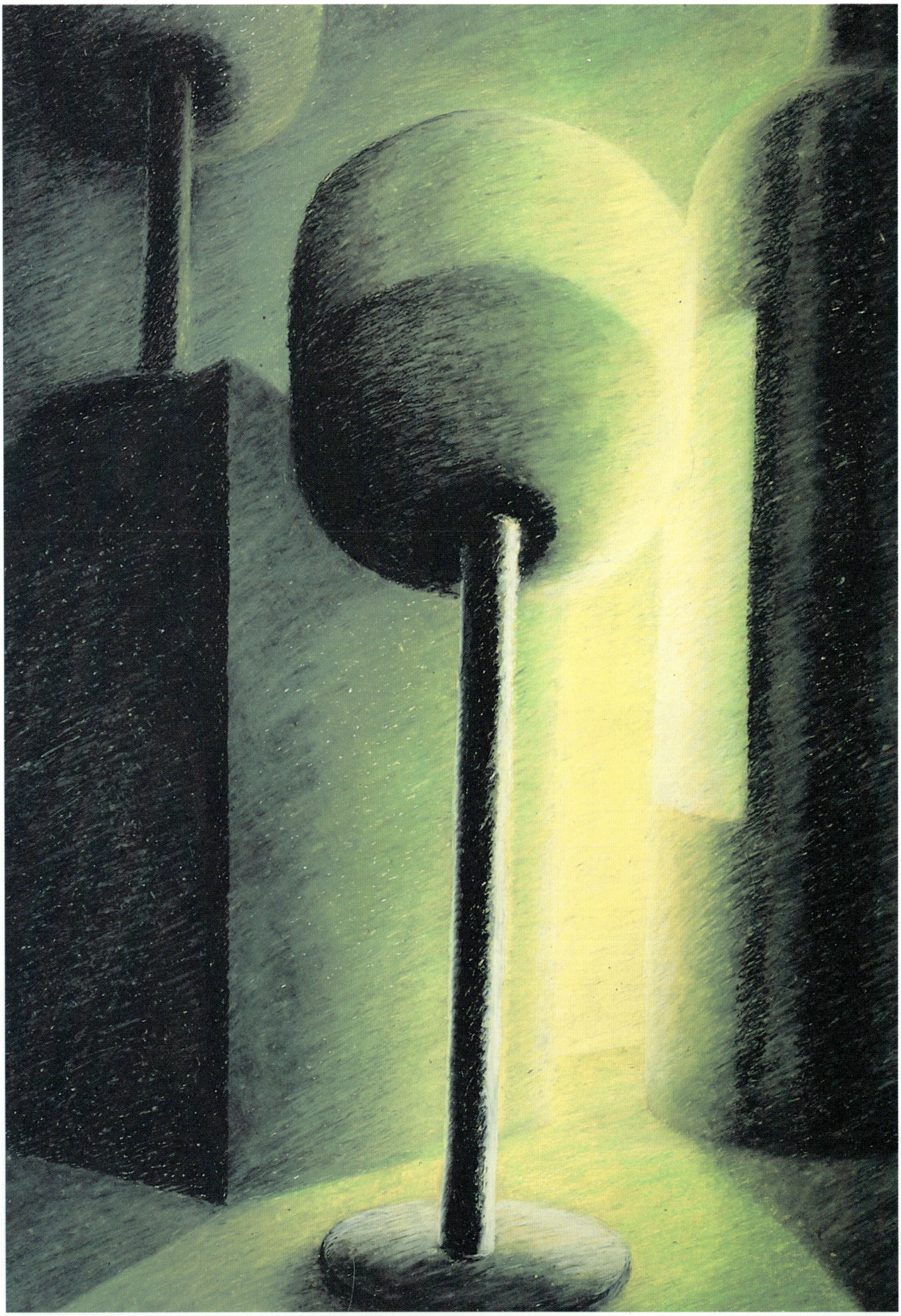

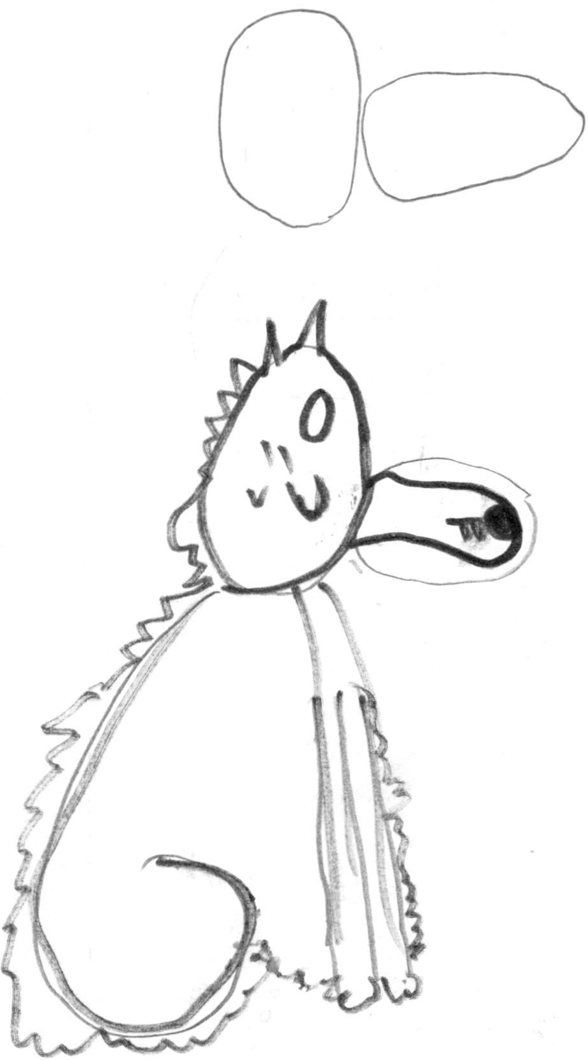

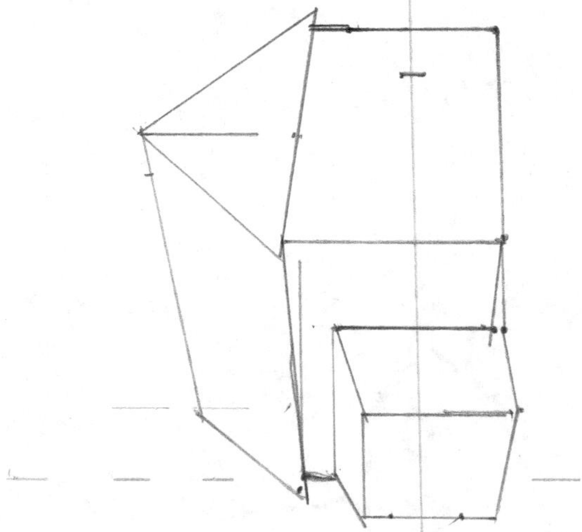

Hilfen zur Überprüfung einer perspektivischen Darstellung

Ebenso wie Sie mithilfe der perspektivischen Gesetzmäßigkeiten räumliche Verhältnisse darstellen können, können Sie sie damit überprüfen. Auch wenn Sie bereits etwas sicherer im Zeichnen sind und ohne Konstruktionen auskommen, sollten Sie Ihre Arbeiten ab und zu kontrollieren.
Auf den ersten Blick sieht das hier abgebildete Haus gar nicht so schlecht gezeichnet aus. Um zu überprüfen, ob und inwieweit sich doch Fehler eingeschlichen haben, gehen Sie folgendermaßen vor: Zuerst bestimmt man die Augenhöhe des Zeichners in Bezug auf das abgebildete Haus.
In diesem Fall habe ich angenommen, dass stehend gezeichnet wurde und der Zeichner ins Fenster blicken konnte.

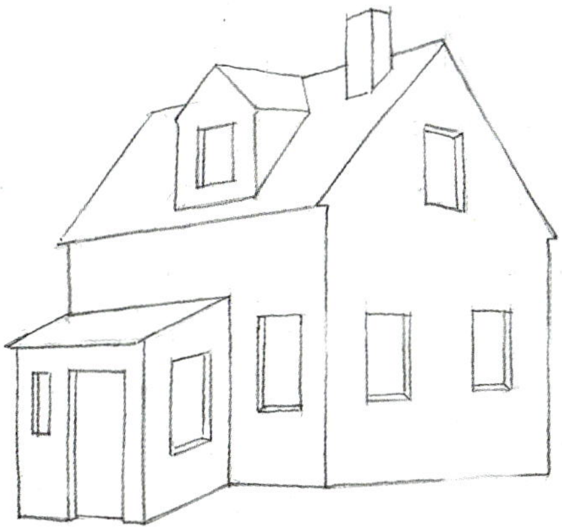

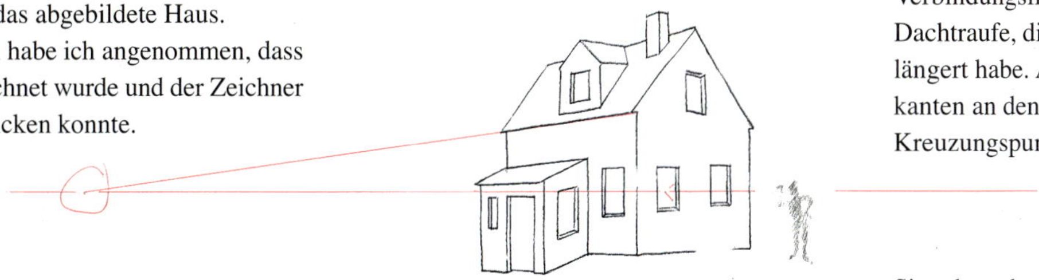

Als recht zuverlässige Gerade dient hier die Verbindungslinie von linker und rechter Dachtraufe, die ich bis zur Augenhöhe verlängert habe. Alle horizontalen Gebäudekanten an den rechten Seiten fluchten im Kreuzungspunkt dieser beiden Linien.

Auf dieser Höhe habe ich eine horizontale Linie gezogen. Die rote Gerade ist also die Augenhöhe (2. Skizze). Hätte der Zeichner auf einem Malhocker gesessen, würde sich die Linie natürlich weiter unten befinden.

Sie sehen, dass die Zeichnung doch ein paar recht gravierende Fehler aufweist: am schlechtesten ist der Anbau mit der Eingangstür gezeichnet. Er hängt, als würde er sich auf einem Abhang befinden, nach links herunter.

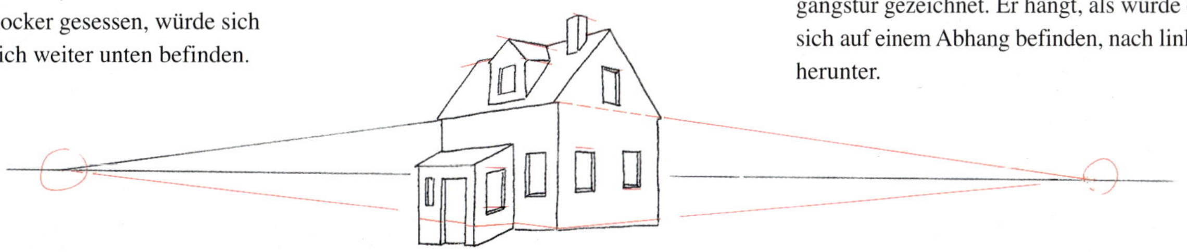

Nun sucht man eine markante, möglichst lange, gerade Gebäudekante. Befindet sich diese Linie an der linken Seite des Hauses, muss sie nach links verlängert werden, bis sie die Augenhöhe kreuzt.
Dort befindet sich der linke Fluchtpunkt – der Punkt, in dem sich alle Geraden treffen, die sich auf linken Gebäudeseiten befinden. Die Senkrechten bleiben, wie Sie wissen, sofern kein extremer Standpunkt eingenommen wurde, immer senkrecht, verändern sich also nicht. Der rechte Fluchtpunkt wird ebenso gefunden (3. Skizze).

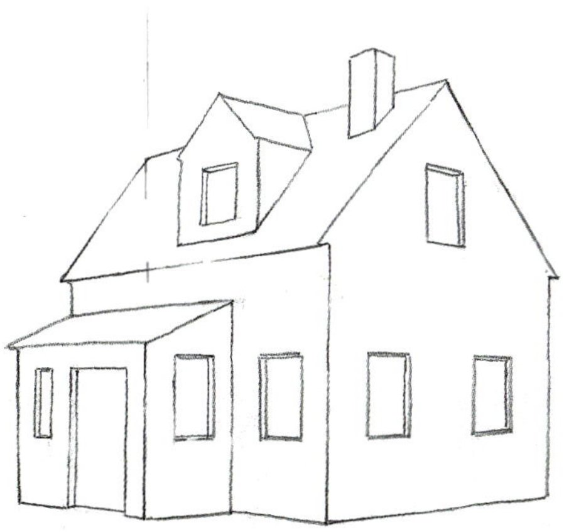

Das falsch gezeichnete größere Fenster dieses Gebäudeteils (das ja zu einer rechten Gebäudeseite gehört und dementsprechend nach rechts fluchten muss) unterstreicht diesen Eindruck. Deutliche Fehler finden sich darüber hinaus am Dach der Gaube (wieder: rechter Fluchtpunkt!) und der rechten Schornsteinseite. Außerdem ist die Aufsicht auf die Fensterbretter im Parterre überzeichnet. Da sich die Augenhöhe etwa in der Mitte der Fenster befindet, kann man genau so wenig auf die Fensterbretter sehen wie unter den Fenstersturz.
Die 4. Skizze zeigt die überarbeitete, perspektivisch nun weitgehend richtige Darstellung des Häuschens.

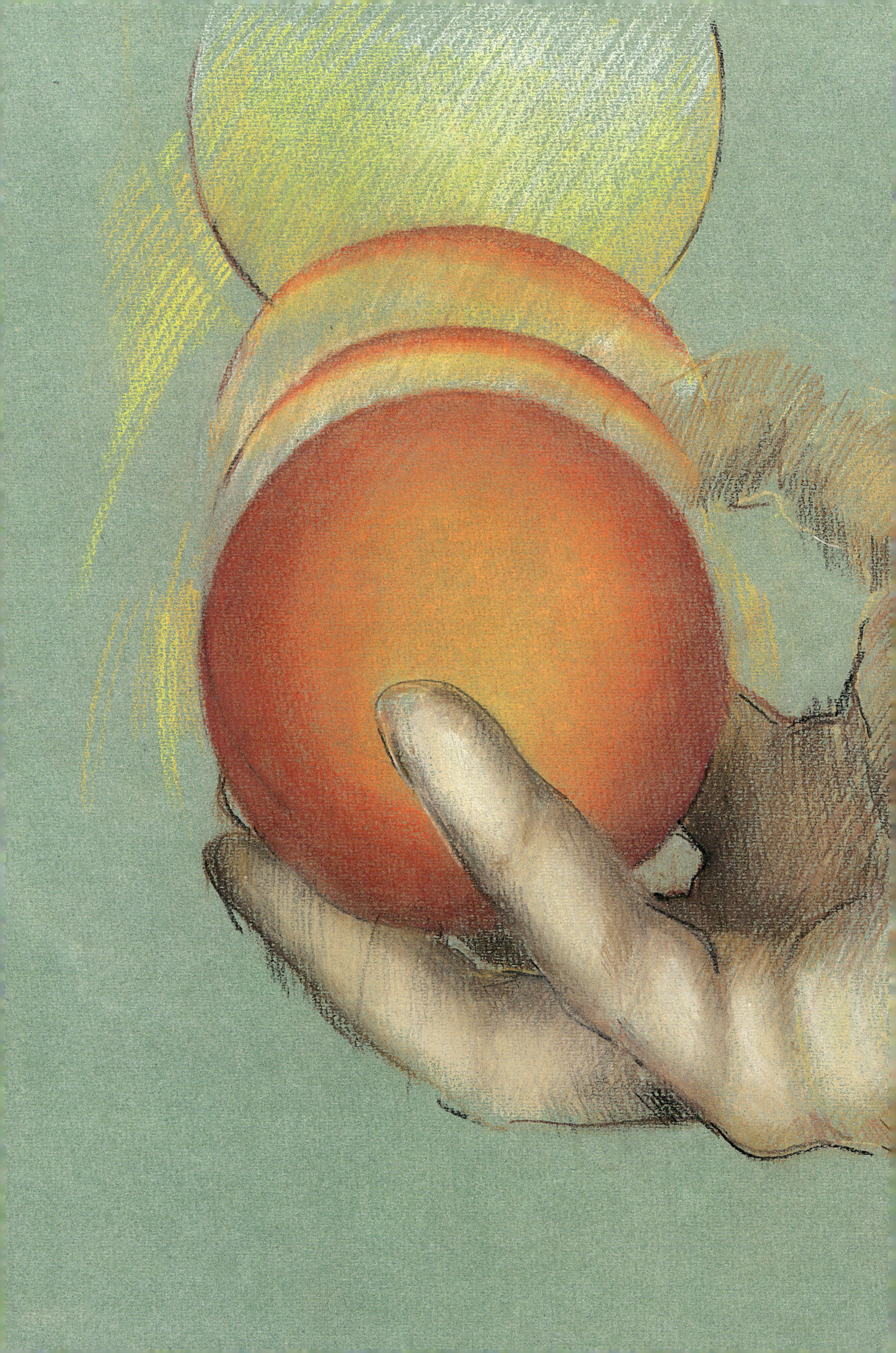

Zeichnen

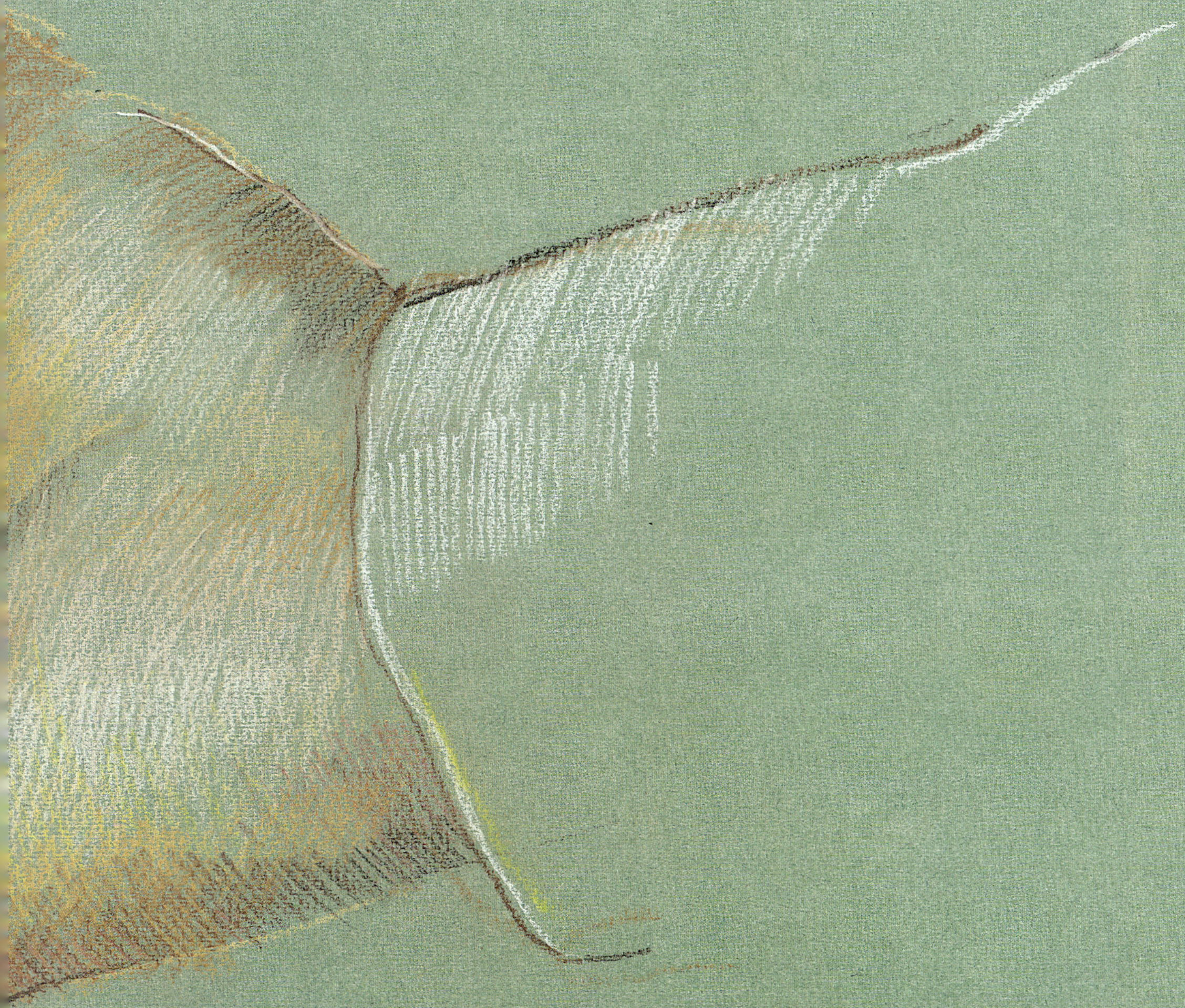

Zeichnerische Grundtechniken

Leider sind die meisten Bezeichnungen in Bezug auf die künstlerische Praxis, auch die von wesentlichen Verfahren und Herangehensweisen, nicht schlüssig definiert. Mit Widersprüchen und Unklarheiten der tradierten Bezeichnungen möchte ich Sie hier nicht irritieren, schon gar nicht mit dem definitorischen Wirrwarr vieler Kursangebote. Da aber begriffliche Verabredungen das Verständnis erleichtern und spätere Arbeitsempfehlungen überhaupt erst nachvollziehbar machen, schlage ich folgende Begriffsbestimmung der zeichnerischen Grundtechniken vor:

Kontur

Die Kontur oder Umrisslinie ist die zeichnerische Begrenzung einer Form. Wobei unter Form nicht nur die Gesamtheit eines Objekts, sondern auch binnengliedernde Elemente gemeint sind. Insofern wird manchmal auch berechtigt zwischen Außen- und Binnenkontur unterschieden.

Schraffur

Dieser Begriff bezeichnet weitgehend parallele Striche, die, sich mehr oder minder verdichtend, in der natürlichen Pendelbewegung der zeichnenden Hand schwingen. Beim Rechtshänder also von rechts oben nach links unten. Um dunklere Flächen anzulegen, wird die Lineatur oft auch überkreuzend gezeichnet. Man nennt diese Technik „Kreuzschraffur“.

Freie Lineatur

Sie stellt eine lineare Erfindung des Zeichners dar. Und da dem Erfindungsreichtum im Prinzip keine Grenzen gesetzt sind, müsste man eigentlich im Plural davon reden: von den freien Lineaturen. Eine (wesentliche) Einschränkung gibt es allerdings doch: die Lineatur muss – ebenso wie die anderen Grundtechniken – zur Gestaltung aller Bildobjekte, also des gesamten Bildes tragfähig sein.

Formstrich

Der Formstrich orientiert sich an der Plastizität der Objekte. Er definiert die Körperlichkeit der Objekte. Mit weitgehend parallelen Lineaturen umfährt er praktisch deren sichtbare Teile.

Der Technikbegriff verlangt meines Erachtens die Tragfähigkeit der Herangehensweise. Um von einer gestalterischen Technik reden zu können, sollte sie ausreichen, um das gesamte Bild mit allen seinen Objekten adäquat zu gestalten. Je nach der gewählten Technik lassen sich natürlich nicht alle Eigenschaften der Bildobjekte gleichermaßen überzeugend darstellen, aber es sollten wenigstens keine Leerstellen entstehen. Es gibt Theorien, die beispielsweise der zeichnerischen Gestaltung der Oberflächenstruktur einen Technikstatus zubilligen. Das hat dann aber die fatale Konsequenz, dass sich alle Gegenstände, die keine deutlich strukturierten Oberflächen haben, nicht abbilden ließen. Man müsste Anleihen bei anderen Techniken machen, zum Beispiel bei der Kontur, um derartige Dinge darstellen zu können. Außerdem stellt die Struktur in letzter Konsequenz eigentlich immer eine Kontur dar, allerdings sehr kleinmaßstäblich. Die begriffliche Zuordnung ist insofern im Wesentlichen eine Frage der Objektgröße. Sehen Sie sich beispielsweise die Zeichnung einer Blumenwiese Van Goghs an, dann werden Sie erkennen, dass er nahezu unzählige Blumen und Gräser als Umriss gezeichnet hat. In ihrer Fülle sieht man aber zuerst die Wiese als Gesamtheit. Die Blumen und Gräser sind dadurch das, was man als die Struktur der Wiese bezeichnen könnte. Genau genommen bleibt es aber eine Kontur: die Binnenkontur der Wiese.

Kontur

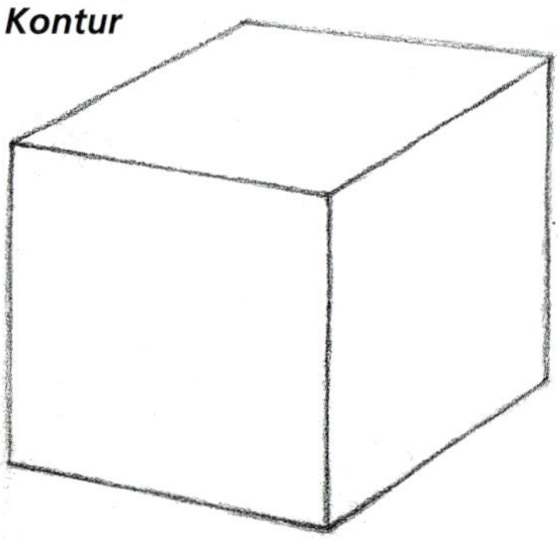

Formstrich

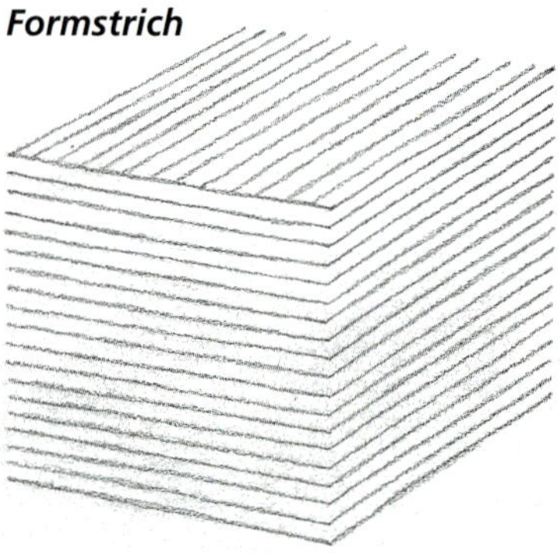

Schraffur

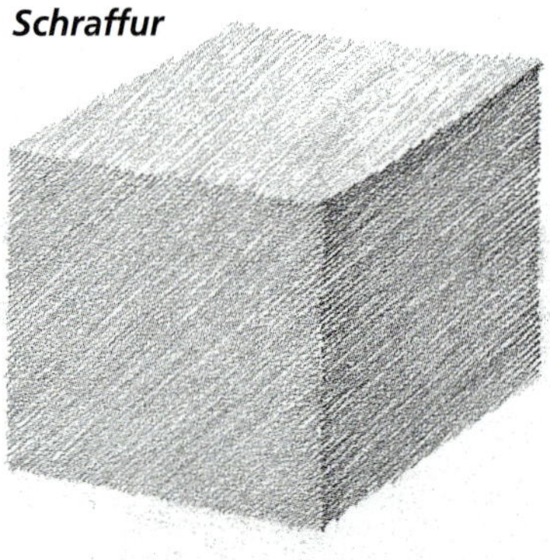

Freie Lineatur

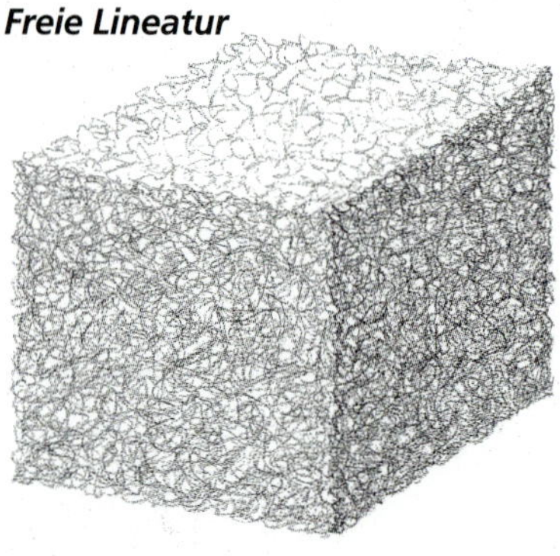

AUFGABE:
Ein Motiv in den unterschiedlichen zeichnerischen Grundtechniken

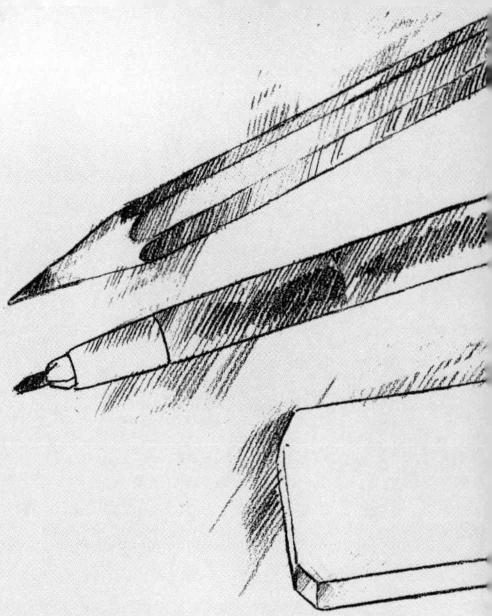

Sie sollten sich nun ein kleines Stillleben mit zwei oder drei Objekten aufbauen, das Sie in den zeichnerischen Grundtechniken viermal bearbeiten. Einmal in der Kontur, einmal in der Schraffur, einmal in der freien Lineatur und schließlich einmal im Formstrich.
Bei der Zusammenstellung der Objekte für Ihr Bild wäre es sinnvoll, kontrastierende Dinge zu wählen: runde und eckige Formen, raue und glatte Oberflächen und so weiter. Sie haben auf der linken Seite gesehen, wie ein Würfel in den zeichnerischen Grundtechniken gestaltet wird. Zeichnen Sie nun mit einem Bleistift (B oder 2B, die harten Stifte sind für die meisten künstlerischen Arbeiten nicht zu gebrauchen), mit relativ klaren Linien die von Ihnen gewählten und zusammengestellten Objekte. Besser, aber auch deutlich schwerer wäre es, wenn Sie mit Tusche und einem Federhalter oder mit einem Füllhalter zeichneten, da Sie damit klarere Linien ziehen und nicht schattieren, wischen oder schummern können. (Als „Schummern" bezeichnet man den flächigen Abrieb eines extrem flach gehaltenen Stiftes.)
Halten Sie also den Bleistift relativ gerade und versuchen Sie, nicht zu stricheln, Linien nicht auszubessern und sie nicht nachzu - ziehen. Sie können die Zeichnungen auf kleinen (mindestens A4) Einzelblättern herstellen, ich halte ein großes Blatt (mindestens A2), das Sie entsprechend unterteilen, für besser, da Sie die Ergebnisse nebeneinander sehen und deren Wirkung besser vergleichen können.
Um schließlich noch ein Thema abzuhaken, das in vielen Seminaren diskutiert wird: natürlich dürfen Sie radieren. Lassen Sie sich nicht weismachen, dass die künstlerische Qualität eines Bildes darunter leidet, wenn Sie einen Radiergummi benutzen.

Drei Beispiele dafür, wie die Zeichnungen nicht aussehen sollten:
In der oberen Abbildung wurden drei verschiedene zeichnerische Grundtechniken gleichzeitig verwendet. Dadurch entsteht ein teilweise widersprüchlicher Eindruck (der Betrachter meint, auch in der Schraffur eine Richtung erkennen zu müssen), und das Bild wirkt durch die verkrampfte doppelte Sicherstellung der Form mithilfe der hinzugefügten Kontur wenig großzügig und überzeugend.
Auch die Zeichnung unten links vermischt zwei Grundtechniken. Eine davon ist völlig überflüssig: entweder wird das Bild in der Schraffur oder in der Kontur gestaltet. Außerdem wurde innerhalb der rechten Würfelseite die Richtung der Schraffur geändert. Dadurch entsteht auch hier wieder eine Irritation der Form: der Betrachter versucht, eine plastische Veränderung in diese Fläche „hineinzusehen".
Die freie Lineatur stellt in der Zeichnung unten rechts nur eine Dekoration der Fläche dar. Eine angemessene Verwendung der Technik bedeutet aber, dass der Würfel aus der Lineatur gebildet würde, wobei dann auch die zusätzliche Kontur überflüssig wäre.

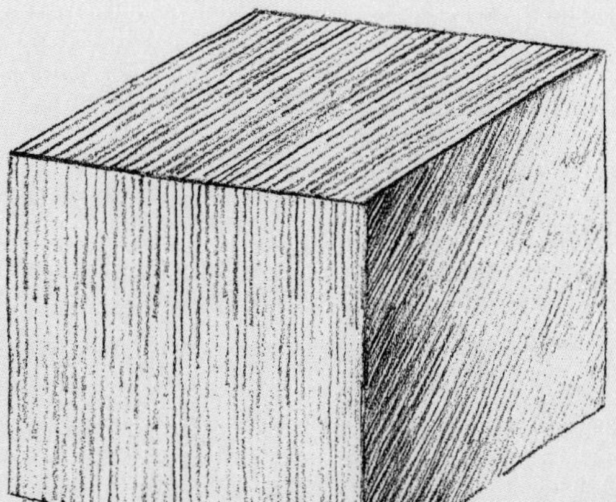

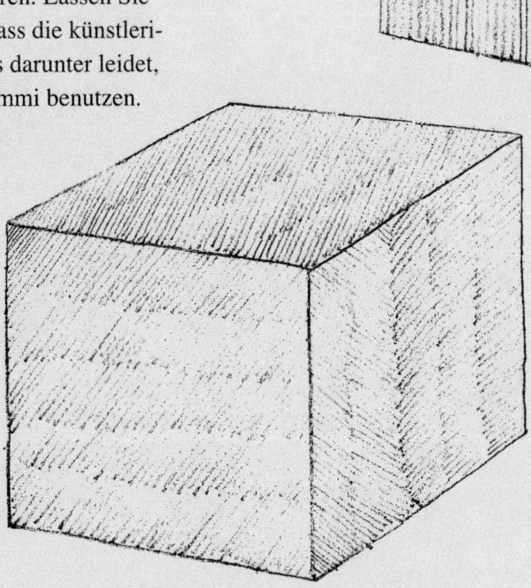

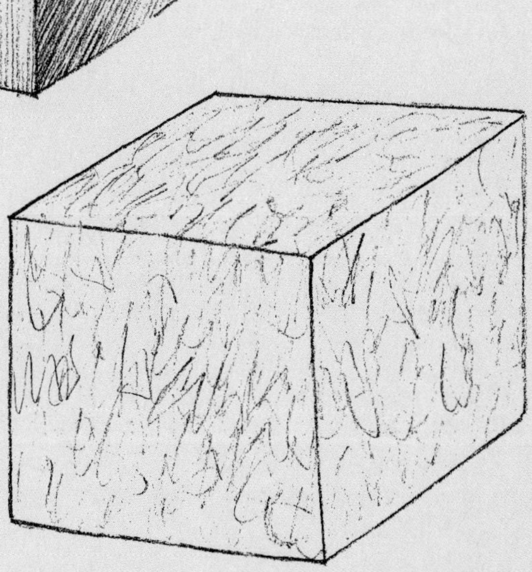

Bildlösungen

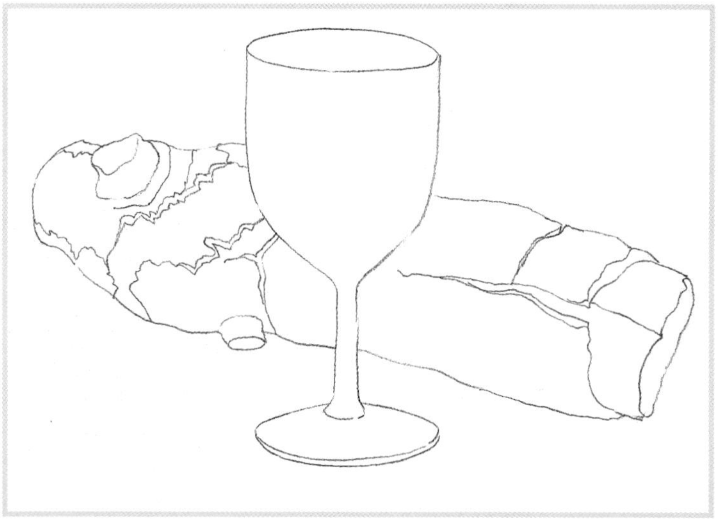

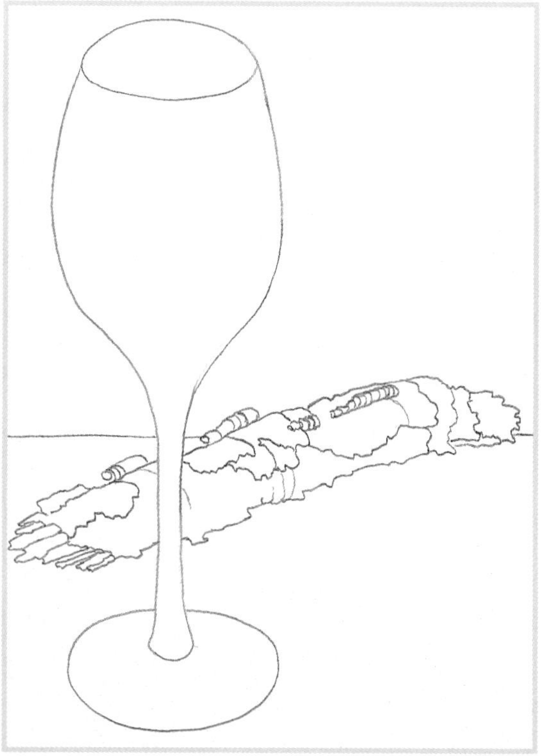

Bilder oben:
So vertraut die Umrisslinie erscheint, wenn Sie darüber nachdenken, was sie denn eigentlich wiedergibt, werden Sie vermutlich recht unsicher werden: Sie zeichnen eine Linie dorthin, wo ein Objekt, oder ein hervorragender Teil davon, aufhört, wo also eine Fläche zu Ende ist. Dort ist natürlich keine (dunkle) Linie. Trotzdem wird die Kontur völlig selbstverständlich als „realistische" Zeichentechnik angewendet. Streng genommen – und darauf sollten Sie sich hier einlassen – darf sie nur die Begrenzung von Flächen und Objekten, beziehungsweise (wie bei den Gläsern) die Grenze deren Sichtbarkeit bezeichnen. Lichtreflexe auf den Gläsern oder Hell-Dunkel-Grenzen auf den Holzstückchen sind mit Umrisslinien nicht abbildbar.

Bilder unten:
Die Schraffur ist nach der Kontur die wohl am meisten verbreitete Art zu zeichnen, jedenfalls wenn es um „reine" Grundtechniken geht. Sie lässt sich sehr leicht malererisch verdichten und ermöglicht dementsprechend alle gestalterischen Ziele, die Hell-Dunkel-Modulationen erfordern (also: die Wiedergabe der tatsächlichen Dunkelstufen, die Herausarbeitung von Plastizität und Tiefe sowie die Rhythmisierung der Bildfläche). Die beiden abgebildeten Zeichnungen verdeutlichen die Plastizität der Objekte. Die Abbildung unten links bezieht das Umfeld als Hinter- und Untergrund mit ein.

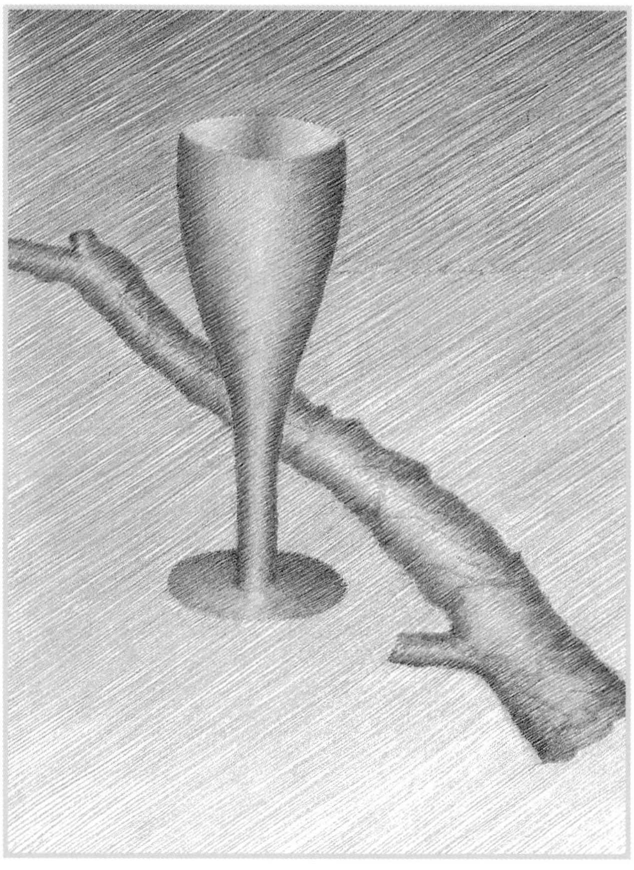

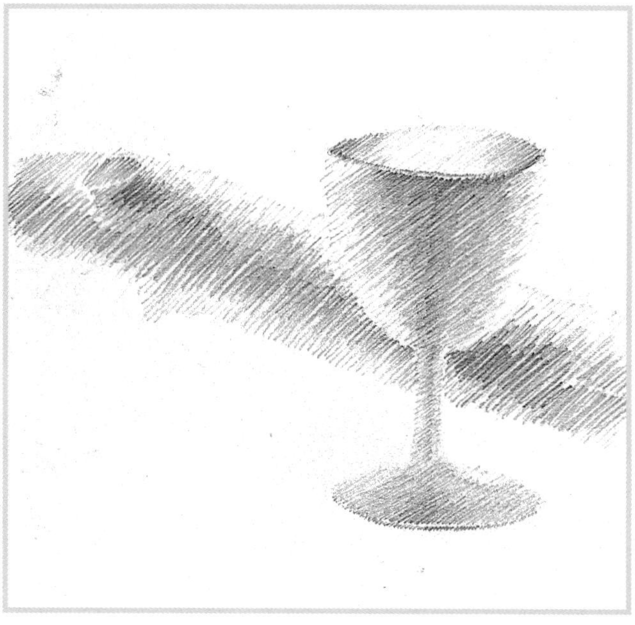

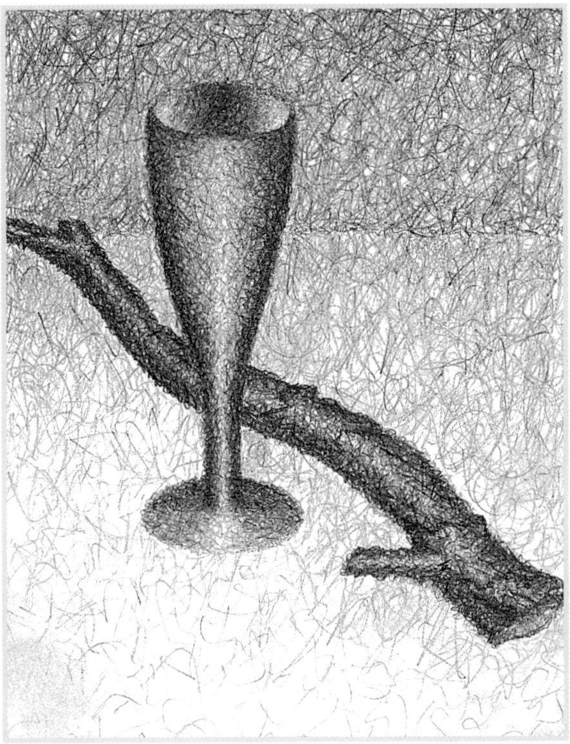

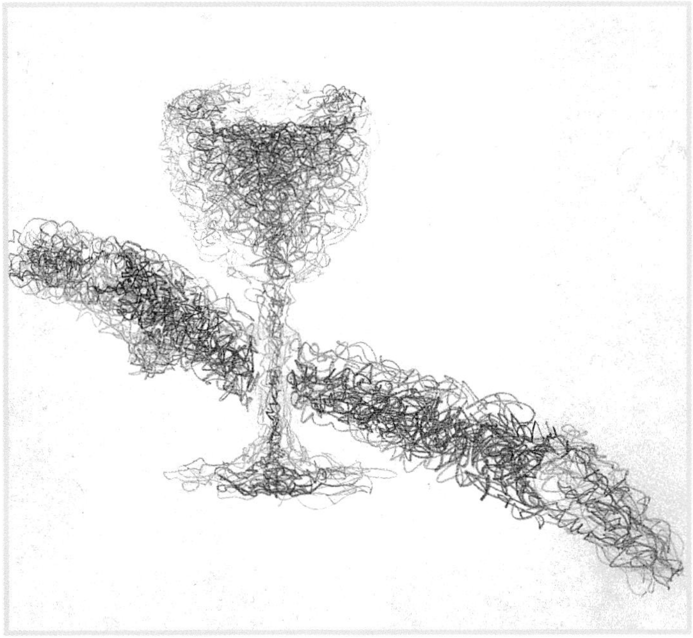

Bilder oben:
Bei der Wahl einer freien Lineatur wurden meist verspielte, krakelige und verwobene Strichführungen gewählt. Deshalb ähneln sich die Bilder auch oft, und es entsteht der Eindruck, als wenn es nur eine freie Lineatur gäbe. Tatsächlich ist diese häufig gewählte Form nur eine relativ „natürliche" Art der Linienführung. Auch sie ermöglicht Hell-Dunkel-Modulationen. Die Objekte verlieren aber, noch mehr als das bei der Schraffur der Fall war, ihre Deutlichkeit, ihre Begrenzungen. Das wird natürlich bei der Zeich-nung deutlicher, die den Untergrund mit einbezieht (obwohl dort sehr intensiv gerade daran gearbeitet wurde, dass die Form erhalten bleibt). Die freie Lineatur „kann" aufgrund ihrer Eigenschaften und Wirkungen die Form nicht angemessen klären, ihre Stärke ist das Malerische, individuell Gestische und das Atmosphärische einer Gestaltung.
Bilder unten:
Eine Zeichnung, die durchgängig mit dem Formstrich gestaltet ist, verlangt eine sehr eindeutige – aber nicht unbedingt einfache – Linienführung. Der Formstrich setzt relativ viel Verständnis für perspektivisch-räumliche Zusammenhänge und deren zeichnerische Umsetzung voraus. Er lässt aber, so konsequent und logisch er auch sein mag, eine Reihe von Varianten zu. Eine der abgebildeten Zeichnungen gestaltet die Plastizität ausschließlich mit einem gleichmäßig geführten Strich, während die andere durch eine entsprechende Verdichtung und Verstärkung der Linien zum Betrachter hin die Plastizität und Räumlichkeit zusätzlich steigert.

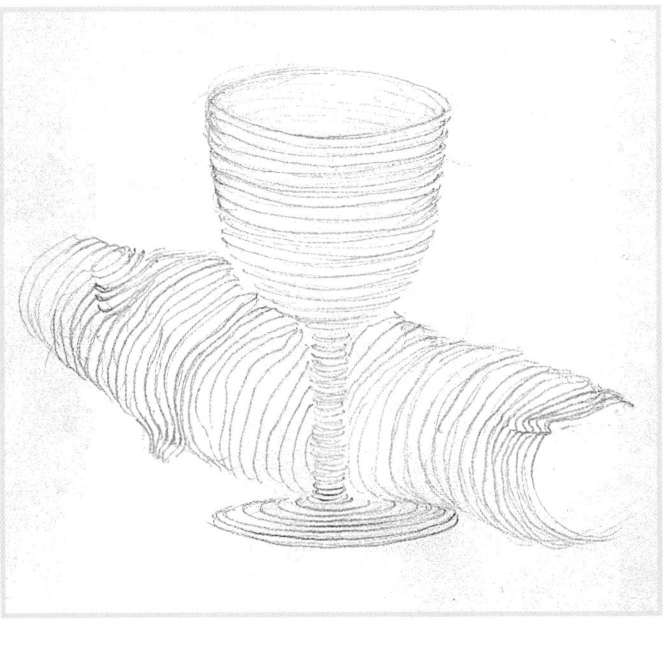

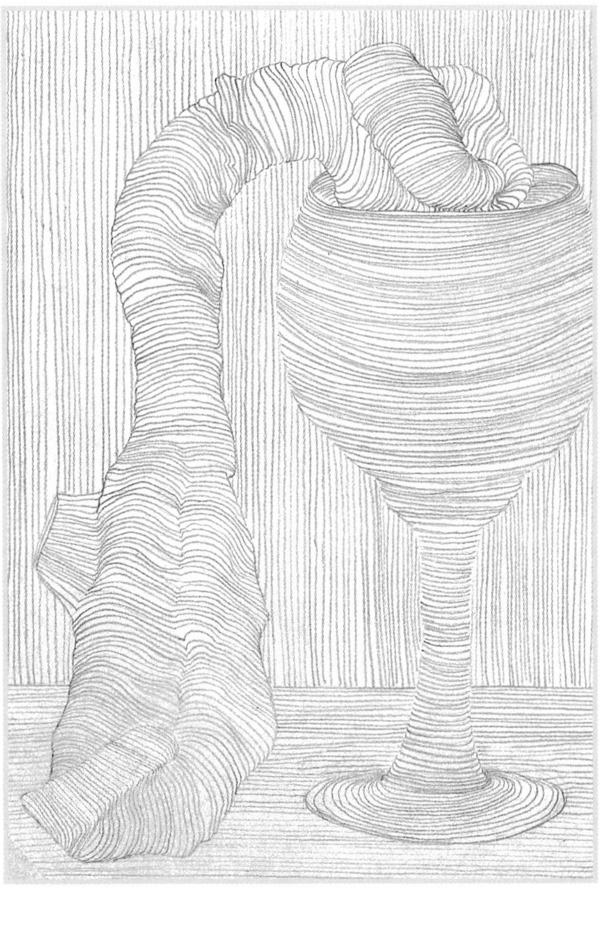

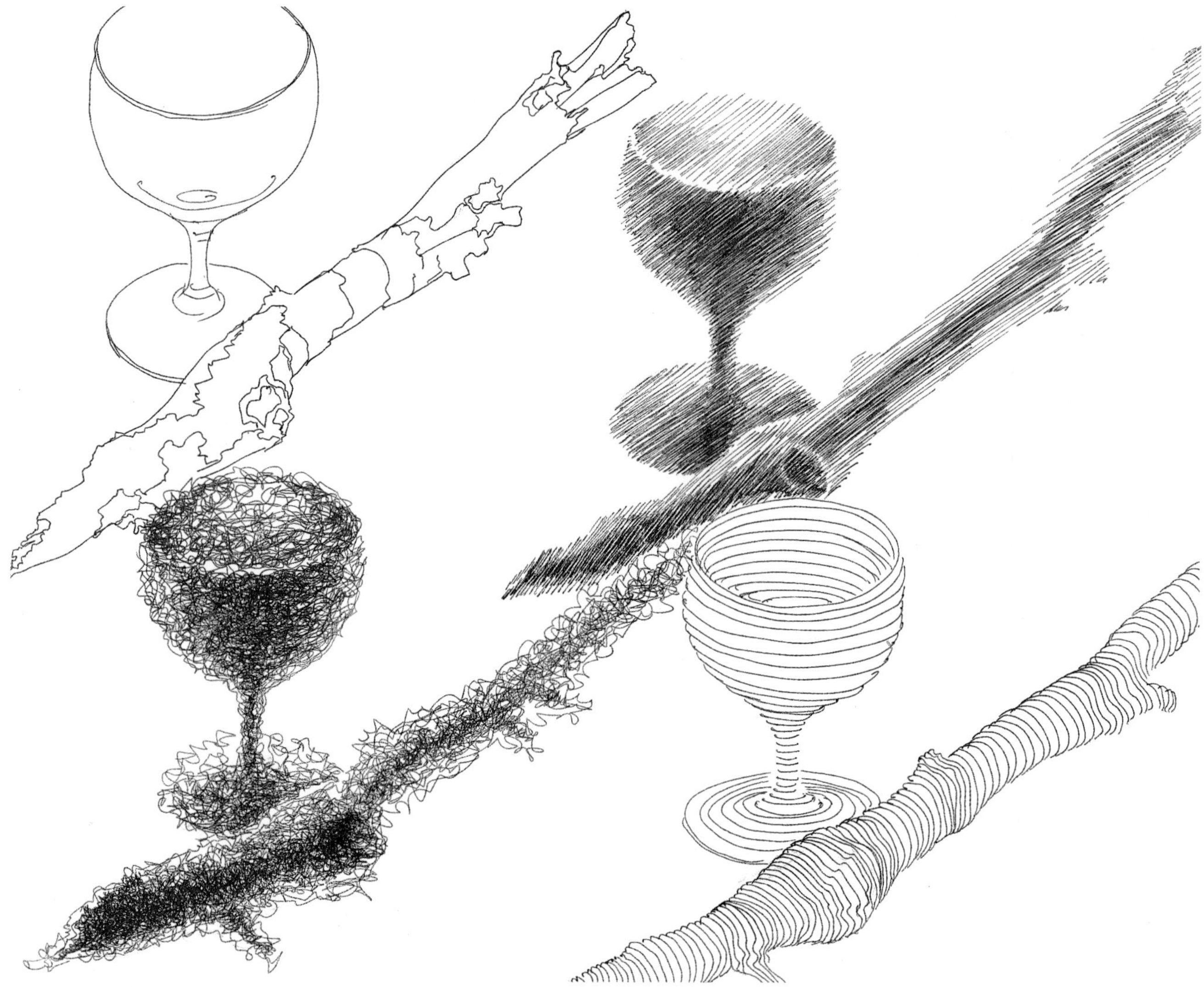

Tusche und Füllhalter, 39,5x50 cm.
Sie werden lernen, dass man mit Linien eine Fülle unterschiedlichster Dinge ausdrücken kann, hier ging es aber ausschließlich um die Darstellung der grafischen Grundtechniken. In diesem Zusammenhang ist der klarste, am wenigsten zu beeinflussende und ungekünstelte Strich der, der den Sachverhalt am besten verdeutlicht. Die mit der Feder gezogene Linie erfüllt diese Bedingungen am ehesten, sie ist aber auch am schwersten auszuführen. Eine Federzeichnung erfordert viel Übung, sie ist praktisch nicht korrigierbar.
Die Abbildung zeigt dann auch die Kontur, die Schraffur, die freie Lineatur und den Formstrich sehr anschaulich. Auch die Möglichkeiten und Grenzen der Techniken sind gut ablesbar. Zwei problematische Stellen will ich nicht unerwähnt lassen: bei der Kontur gibt es ein paar Linien im Kelch und im Stiel des Glases, die eindeutig keine Umrisslinien sind, sondern Spiegelungen oder dergleichen. Streng genommen gehören die also nicht dorthin. Die Formstriche, die die Rückseite des Glases beschreiben sollen, lassen sich teilweise nicht zu nachvollziehbaren Ellipsen ergänzen, vor allem die unteren krümmen sich zu stark.

Die Möglichkeiten und Grenzen der unterschiedlichen Techniken

Bei der Bearbeitung des Stilllebens in den unterschiedlichen zeichnerischen Grundtechniken haben Sie sicherlich festgestellt, dass nicht alle Objekte in allen ihren Eigenschaften gleichermaßen gut darstellbar waren. Die Möglichkeiten und Grenzen der Techniken unterscheiden sich zum Teil ganz erheblich voneinander. Bei allem Vorbehalt habe ich sie in einer Tabelle zusammengestellt. Dabei bedeutet ++, dass die Technik diese Eigenschaft besonders gut vermitteln kann, + bedeutet, dass sie es gut kann, -- bedeutet, dass sie es nicht und – , dass sie es recht schlecht kann. Wie in solchen Tabellen üblich bedeutet o , dass die Technik es weder gut, noch schlecht zeigen kann.

Jede Technik hat ihre besonderen Stärken – aber auch Schwächen! Die beiden Zeichnungen eines Schwamms veranschaulichen diese Tatsache. Die Kontur kann die blasig-poröse Oberfläche des Schwamms sehr gut verdeutlichen, nicht aber dessen Plastizität. Gerade die – und eine Art malerisches Hell-Dunkel – lassen sich aber recht gut mit der Schraffur verdeutlichen. Die Vertiefungen in der Oberfläche des Schwamms sind dagegen viel zu klein, als dass sie sich in dieser Technik abbilden ließen.

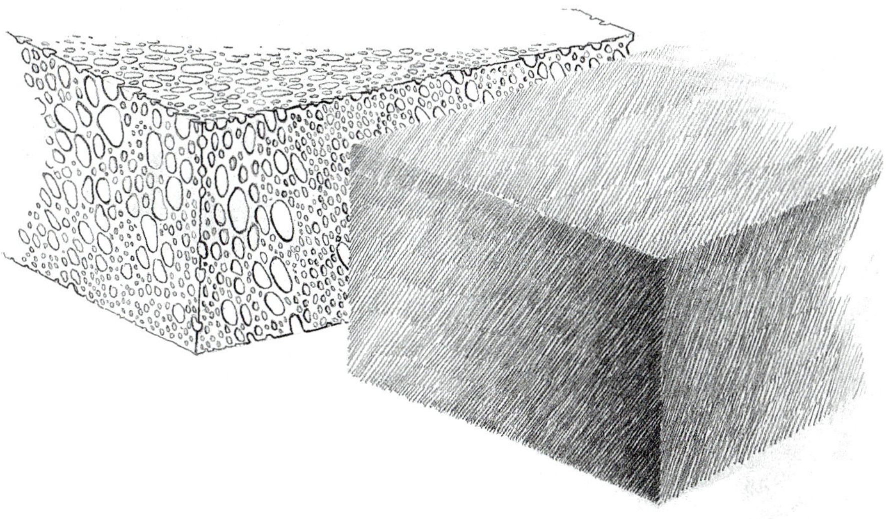

Zeichnerische Technik	Klärung der Form	Klärung der Plastizität	Klärung des Hell-Dunkels	Klärung der Oberflächenbeschaffenheit	persönliche Einschätzung (Vorliebe)[5]
Kontur	++	--	--	+[1]	
Schraffur	o	+[2]	++	--	
freie Lineatur	–[3]	+[2]	++	--	
Formstrich	+[4]	++	–	–	

Fußnoten:
1: Nur wenn Binnenkonturen existieren, gewellte Oberflächen beispielsweise können nicht verdeutlicht werden.
2: Durch Hell-Dunkel-Gestaltung im Sinne von Tiefengliederung durch Intensität.
3: Die freie Lineatur ist per Definition noch weniger an die Zwänge der Gegenständlichkeit gebunden als die Schraffur.
4: Die eigentliche Form der Objekte ergibt sich erst sekundär dort, wo unterschiedliche Richtungen zusammenstoßen.
5: An welcher Stelle in dieser Rubrik die "+" und "–" Zeichen stehen, können Sie nur selbst entscheiden.

Der emotionale Aspekt in der Zeichnung

Sie haben bereits gelernt, dass schon die Anordnung der Bildobjekte Gefühle und Stimmungen im Betrachter auslösen kann. Dass Vergleichbares für die Auswahl und Zusammenstellung der Farben im Bild gilt, werden Sie ohne weiteres akzeptieren. Dass aber auch der Strich, die Art und Weise, wie er auf das Papier gesetzt ist, Gefühle und Stimmungen des Zeichners verdeutlichen und auch beim Betrachter hervorrufen kann, bedarf der Erläuterung und Überzeugung. Denken Sie einmal an einen handgeschriebenen Brief. Wenn Sie den Absender kennen, erkennen Sie wahrscheinlich zuerst dessen charakteristische Schrift wieder. Bekommen Sie von ihm häufiger Briefe, kann es sein, dass Sie aus dem Schriftbild noch mehr herauslesen: seine Befindlichkeit nämlich. Wie kräftig beim Schreiben aufgedrückt wurde, wie schwungvoll die Buchstaben gesetzt wurden, ob die Tendenz am Ende der Zeile eher ansteigend oder abfallend ist, ob die Schrift fließend oder abgehackt erscheint und so weiter. Bewusst oder unbewusst erfahren Sie mehr über den Absender, als er Ihnen vielleicht mitteilen wollte. Genau damit begründet sich die Forderung „handgeschriebener" Bewerbungen oder Lebensläufe.

Natürlich ist das bei einem gezeichneten Bild ganz ähnlich. Ohne einem furchtbaren Herumpsychologisieren das Wort reden zu wollen, lässt sich feststellen, dass Bilder auch immer ein Spiegel der Befindlichkeit, der Gefühle und Stimmungen des Zeichners sind.

Bild unten links:
Gerhard Weber: Porträt.1997, Pastell (holzgefasste Stifte) auf Ingres-Papier, 35x31 cm.
Die verspielte, heitere Lineatur dieser kleinen Pastellskizze entspricht dem Motiv. Wäre in diesem Fall die Schraffur konsequent durchgezogen worden, hätte das dem Bild eine unangebrachte Strenge gegeben. So aber unterstützt der Farbauftrag (die Form) den Gesichtsausdruck des Kindes (den Inhalt).
Bild unten rechts:
Marlies Finke: Akt. 1997, Pastell und Gouache auf Ingres-Papier, 64x48 cm.
Die Art des Farbauftrags drückt – gleichgültig ob es sich wie in diesem Beispiel hauptsächlich um Linien, um Pinselspuren oder um andere Werkzeugspuren handelt – bereits unabhängig von der Farbe eine bestimmte Emotionalität aus. Der Kontrast der weich schwingenden Lineaturen, die die Form des Körpers beschreiben, zu den derben Schraffuren im Umfeld klärt sehr überzeugend die Sinnlichkeit des wie hingegossen erscheinenden Körpers und die Kühle und Sprödigkeit des Umfeldes.

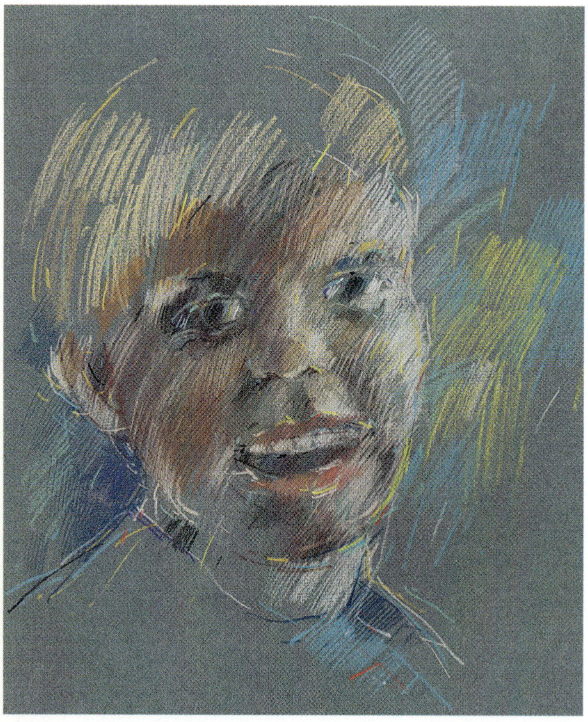

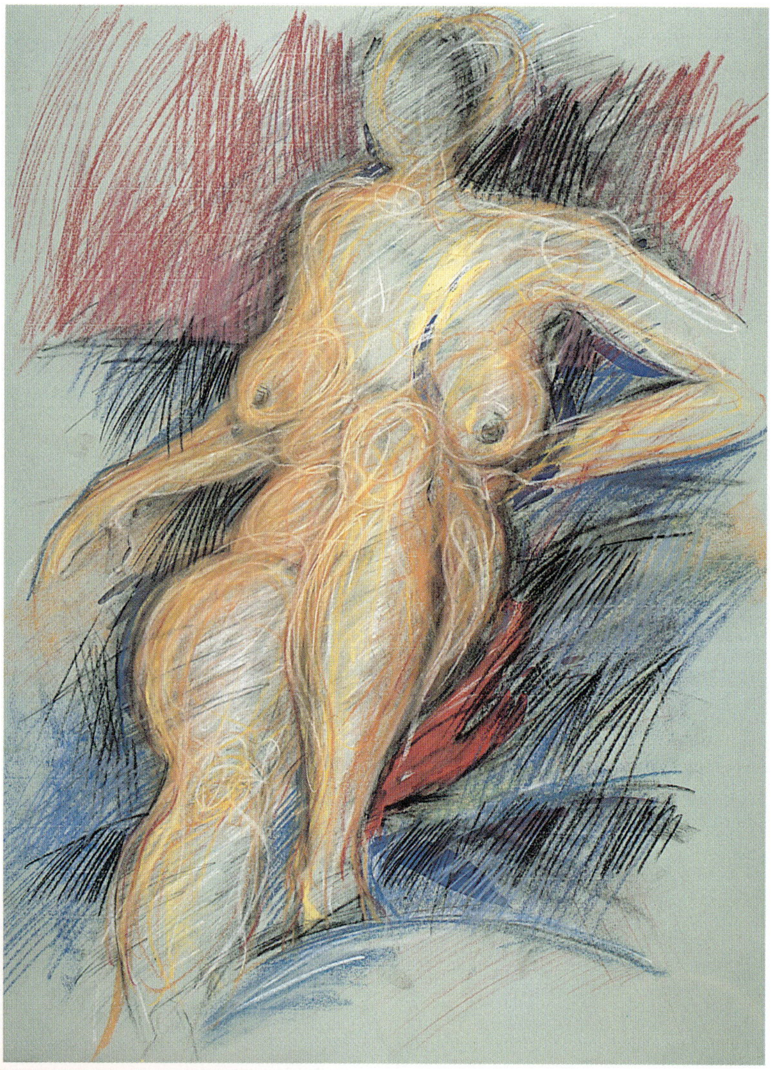

AUFGABE:
Der Ausdruck von Emotionen im Bild

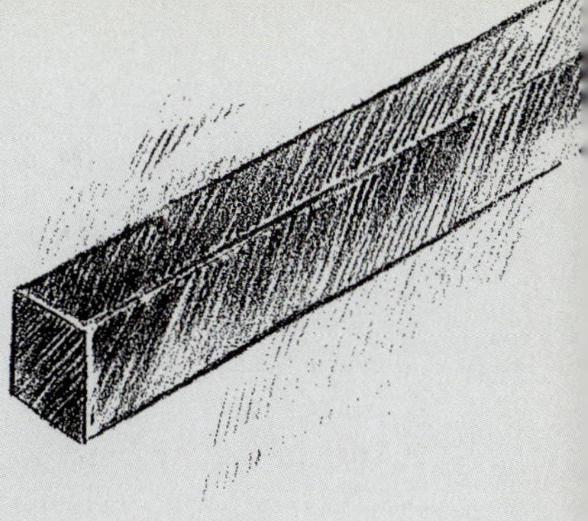

Um den Ausdruck von Gefühlen im Bild geht es bei der nächsten Aufgabe. Ohne die Ausdrucksmöglichkeiten der Farben und natürlich ohne die beschriebenen erzählten Geschichten, ohne jeden gegenständlichen Hinweis sollten Sie versuchen, nur durch den Charakter der Linien zwei sehr unterschiedliche Emotionen zum Ausdruck zu bringen: in einem Bild soll der Betrachter Ihre „Freude", im anderen Ihre „Wut" oder Ihren „Zorn" herausspüren. Zeichnen Sie also Linien, Linienbündel und Verdichtungen, zeichnen Sie schwungvoll, zackig, abgehackt, zerrissen, rundlich, eckig, gerade, krumm, zart und deftig. Zeichnen Sie die Linien so, dass Sie Ihrem Gefühl von Freude oder Wut entsprechen, oder Ihrer Vorstellung davon.

Zeichnen Sie mit schwarzer (zum Beispiel „Pitt"-) Kreide oder weichem Grafitstift auf weißem Zeichenpapier, das nicht kleiner als DIN A2 sein sollte. Es ist sinnvoll, das Papier wenigstens an den Ecken mit Kreppband auf dem Tisch oder der Arbeitsplatte festzukleben, damit es nicht hin- und herrutschen kann.

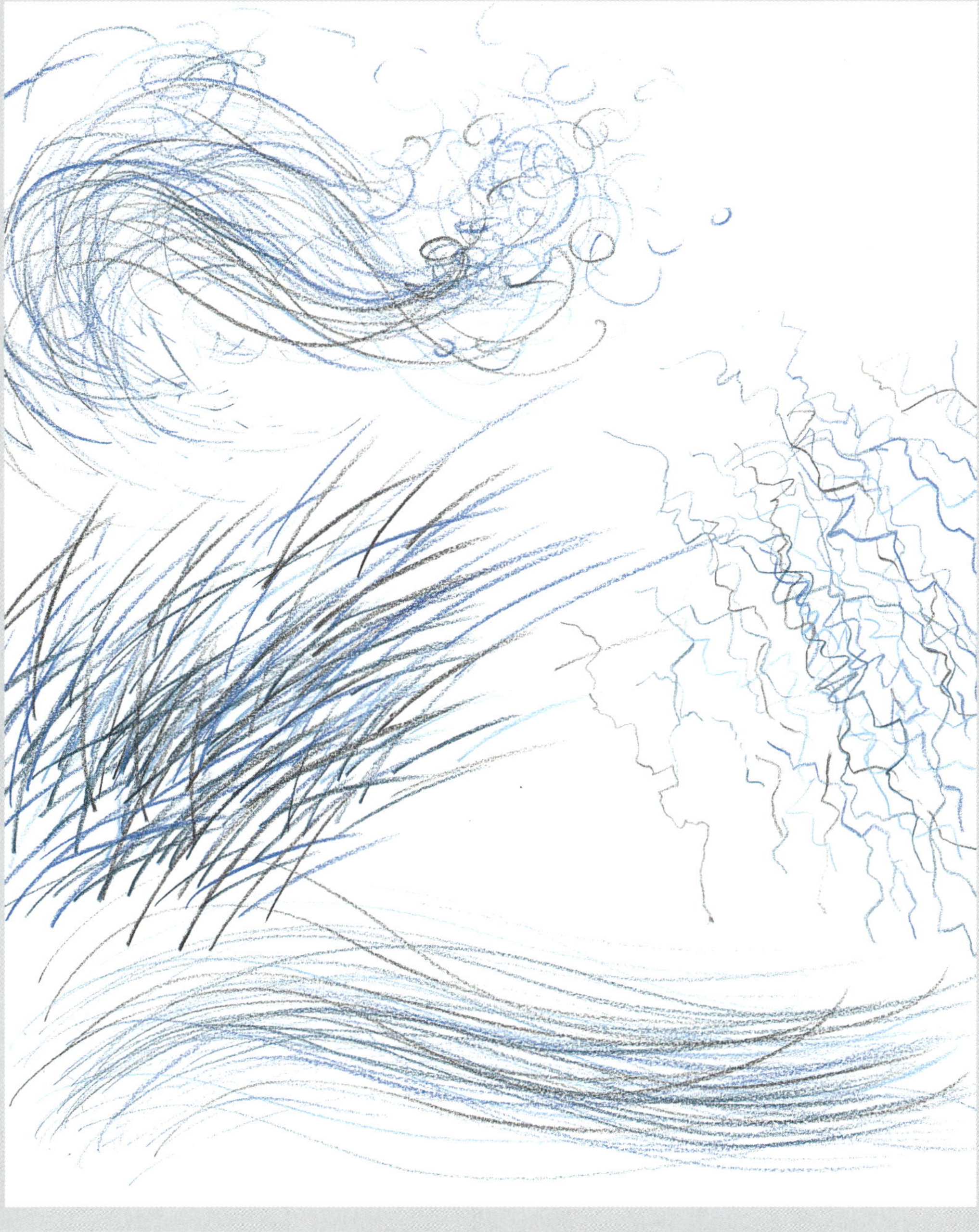

Wenn Sie derartige Farbspuren betrachten, sollten Sie sich nicht nur nach deren unmittelbarer Wirkung fragen, sondern auch danach, wie die sich beim Zeichnen angefühlt haben mögen. Das mag befremdlich klingen, aber wenn Sie gleich etwas Ähnliches tun werden, werden Sie merken, dass Sie nicht nur eine Zeichnung gestalten, sondern auch durch Ihr eigenes Handeln beeinflusst werden: die Striche, die Sie auf das Papier setzen, wirken durch die Art der Handhabung auf Sie zurück. Ich bin ziemlich sicher, dass sich irgendwann ein entsprechendes Gefühl bei Ihnen einstellen wird, wenn Sie lang genug beispielsweise heftige, laute, abgehackte Linien zeichnen.

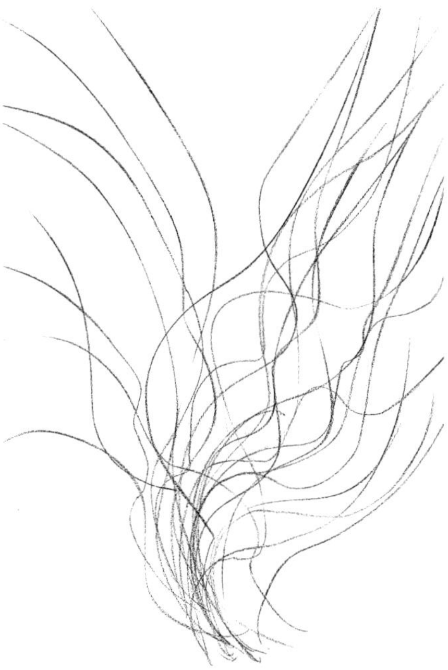

Sie werden es möglicherweise als leicht befremdlich erlebt haben, so einfach auf Abruf Freude oder Wut auszudrücken. Schließlich haben Sie diese Gefühle vermutlich nicht gehabt. Hier stellt sich ganz konkret die Frage, ob man Dinge ausdrücken kann, die man nicht fühlt. Ich glaube nicht, dass sich darauf eine so ganz einfache Antwort finden lässt, da sich zwei wesentliche Betrachtungsebenen nicht gegeneinander aufrechnen lassen: da ist einerseits die Frage nach der gestalterischen Kompetenz (muss ein Künstler nicht auch in der Lage sein, vorgestellte Gefühle so auszudrücken, dass sie im Bild wiedererlebt werden können?) und andererseits die nach der Lauterkeit, vielleicht sogar nach der Moral des Künstlers (sollte er überhaupt in der Lage sein, – überspitzt gesagt – jede beliebige Emotion so ins Bild zu bringen, als hätte er sie erlebt?).

Bildlösungen

Versuchen Sie sich, bevor Sie weiterlesen, ein Urteil zu bilden. Welche Bilder drücken Freude, welche Wut oder Zorn aus? Nun versuchen Sie Kriterien zu finden, nach denen sich die Blätter zuordnen lassen. Freude wird meist durch rundliche, verspielte und zarte Linien, Wut durch gerade, abgebrochene, zackige und kraftvollere Linien verdeutlicht. Bei einem der hier gezeigten Blätter ist der „wütende" Strich so kraftvoll geraten, dass das Papier zerrissen ist. Als irritierend empfinde ich allerdings die Tatsache, dass in fast allen Zeichnungen die negativen Emotionen (also Wut oder Zorn) kraftvoller gestaltet sind als die positiven. Auch beschränkt sich die „Freude" meist auf eine kleinere Bildfläche, geht also ganz selten über den Bildrand hinaus. Zu der gestellten Frage hier noch die Auflösung: die Abbildungen der linken Reihe sollten Freude, die Abbildungen der rechten Reihe Wut oder Zorn ausdrücken.

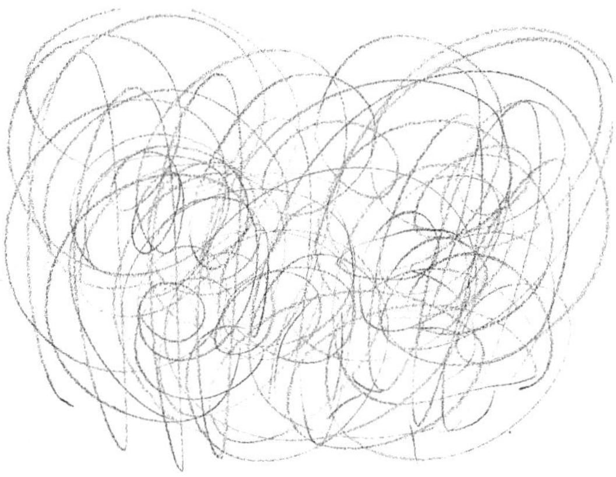

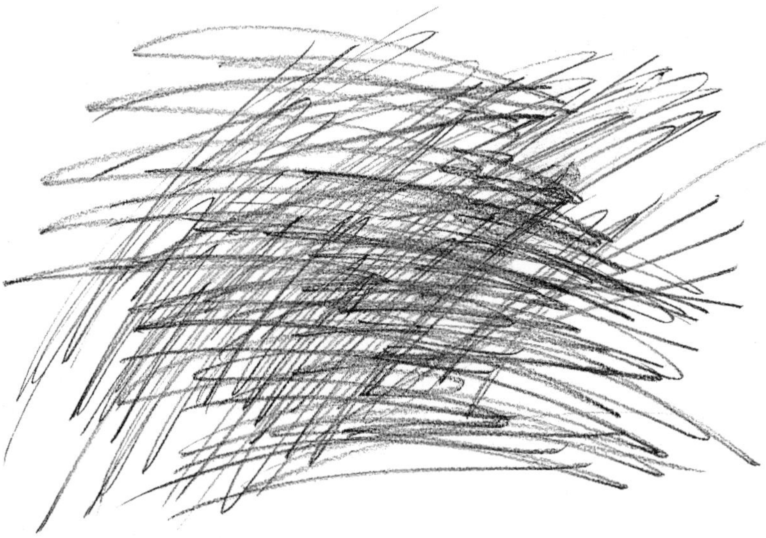

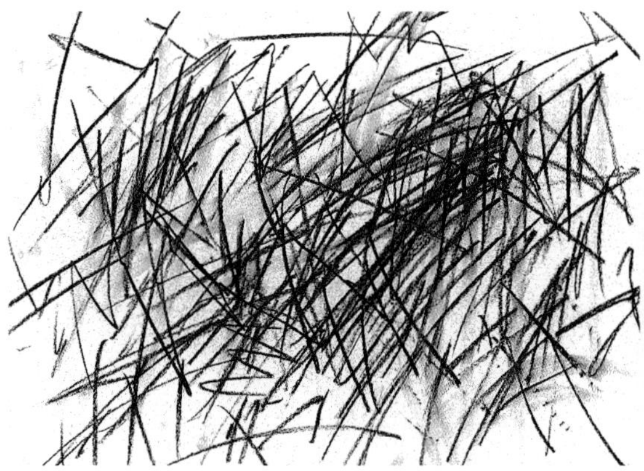

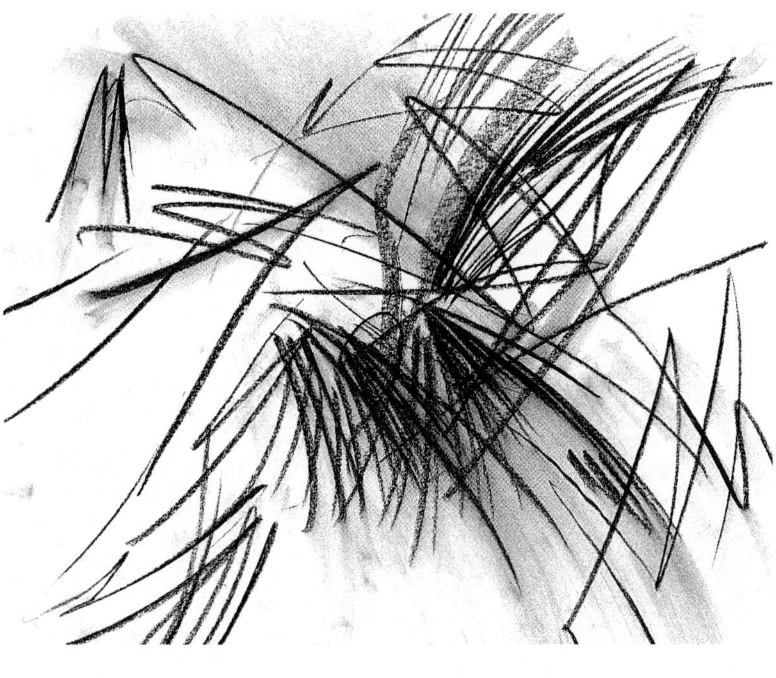

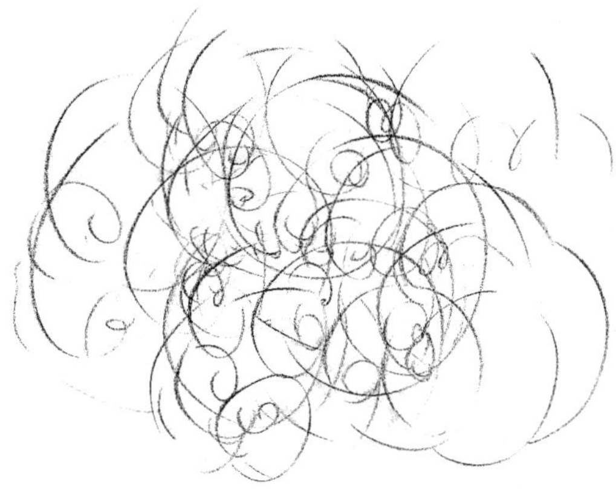

Die Bedeutung des Duktus für den Bildausdruck

Sie haben gesehen, dass der Charakter der Linien, die Stärke, mit der der Stift aufgedrückt wurde, die Dichte der Lineaturen und ihre Anordnung auf der Zeichenfläche die Bildwirkung beeinflussten.

Den Charakter gezeichneter Linien bezeichnet man auch als „Duktus". Er ist ein Teil künstlerischer Formgebung, der sich gezielt einsetzen lässt – und der gezielt eingesetzt werden sollte. Er hat zwei Aufgaben: einerseits charakterisiert er Ihre persönliche „Handschrift" und andererseits drückt er – gewollt oder ungewollt – Ihre jeweilige emotionale Situation aus. In Kenntnis der Möglichkeiten, den Ausdruck von Linien zu beeinflussen, sind Sie so in der Lage, trotz und gegen ihre Befindlichkeit andere Gefühle zu vermitteln, oder natürlich Ihre tatsächlichen Gefühle noch deutlicher darzustellen. Auch bei einer derart elementaren, scheinbar leicht zu handhabenden Sache wie dem Zeichnen von Linien spielt also die Frage nach den gestalterischen Zielen eine ganz erhebliche Rolle. Denn diese Ziele stehen – wie Sie wissen – unmittelbar im Zusammenhang mit den gestalterischen Verfahren. Das „Was" eines Bildes ist eng mit dem „Wie" des Vorgehens verknüpft – sie bedingen einander geradezu! Insofern wird die Notwendigkeit, ein möglichst umfangreiches Repertoire an zeichnerischen Ausdrucksformen zu entwickeln, bereits bei einer derart klar umrissenen, relativ harmlosen Aufgabe deutlich.

Die Bedeutung der Farbe für den Bildausdruck

Unter Farbe soll hier nur Schwarz und Weiß verstanden werden. An dem hier abgebildeten Beispiel, bei dem mit weißer Kreide auf schwarzem Papier gearbeitet wurde, sehen Sie, dass die „Botschaft" nicht mehr so eindeutig ist. Plötzlich erscheint das, was vorher, bei Schwarz auf Weiß, wie ein Auslöschen wirkte, wie eine Aufhellung, wie ein Lichterwerden. Sie sehen, dass es mit dem Finden der Regeln nicht immer so einfach geht. Manchmal müssen sie noch weiter differenziert werden, manchmal widersprechen sie sich sogar...

Aber das spricht natürlich keineswegs gegen den Versuch, sich Klarheit zu verschaffen, Wege zu erproben und tragfähige Regeln zu berücksichtigen. Aber es verlangt von Ihnen auch immer ein angemessenes Maß an Wachheit und Offenheit, im Zweifelsfall Ihre Regeln zu hinterfragen, von ihnen abzuweichen oder sie zu ergänzen.

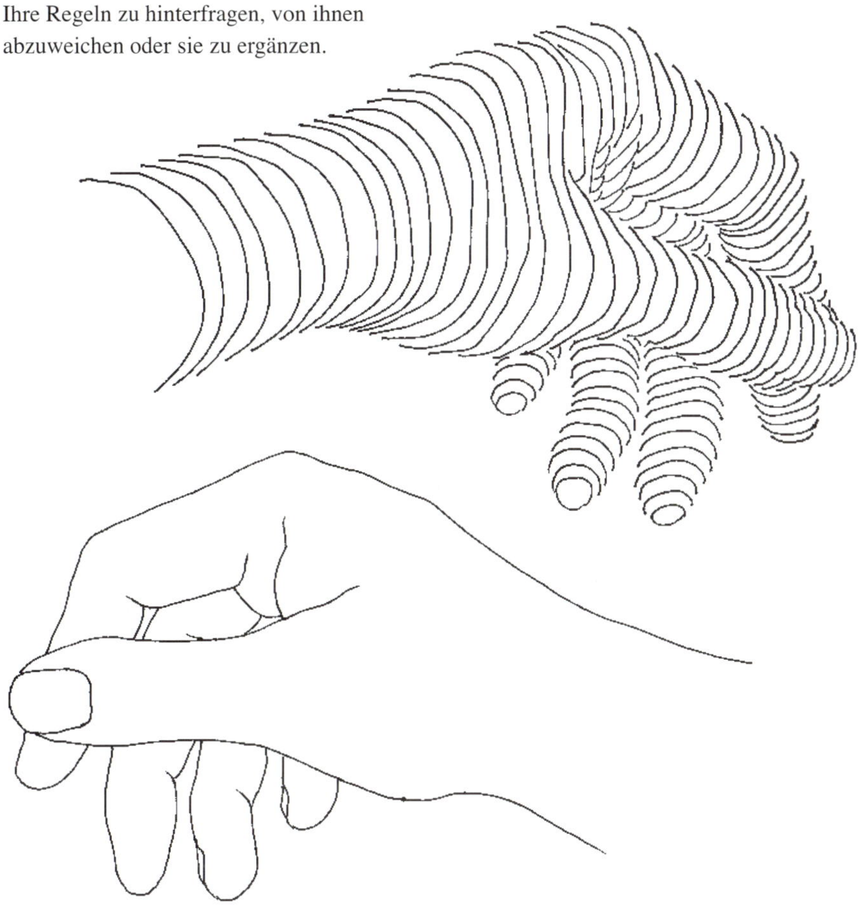

Bilder oben:
Im Gegensatz zu den ausdrucksvollen Zeichnungen auf den Vorseiten zeigen die Abbildungen oben einen völlig „emotionslosen" Strich. Der extrem wenig variable Strich des Fineliners und die Herangehensweisen der Kontur und des Formstrichs führen beinahe zwangsläufig zu Bildern, die weder die Emotionalität des Zeichners offenbaren, noch den Ausdruck, der den abgebildeten Objekten quasi innewohnt.

Bild unten:
Wenn sich nun die „Wut" mit weißer Kreide auf schwarzem Grund artikuliert, hellt sie auf, vertreibt das Dunkel, wirkt positiv. Auch wenn für den Betrachter des Bildes die Wut noch lange nicht zur Freude wird, überzeugt die Lösung mit dem schwarzen Zeichengrund längst nicht so wie diejenigen, die auf der linken Seite abgedruckt sind.

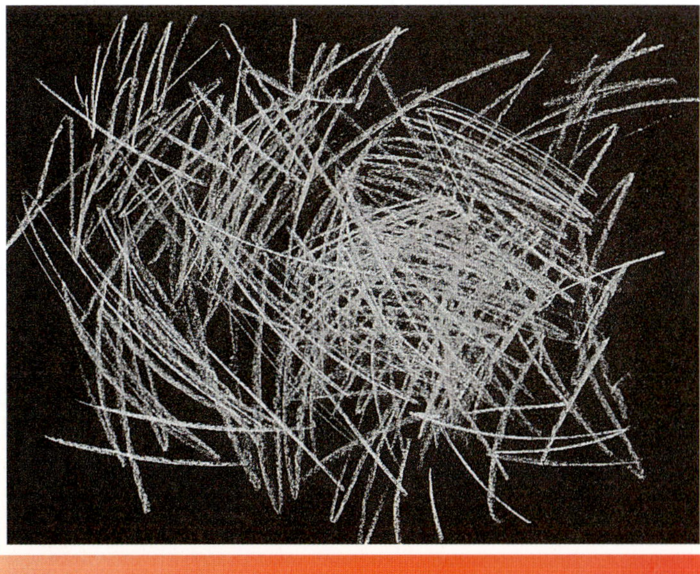

Zeichnen nach Musik

Viele Bilder kranken daran, dass sie zu gewollt, zu verkrampft und mit zu ängstlichem Blick auf das Ergebnis und den Erfolg entstanden sind. Großzügigkeit und Kraft vermisst man in ihnen ebenso, wie jedes spielerische Element. Und diese Dinge sind ohne Zweifel ganz wesentliche Bedingungen von Kunst und damit auch von künstlerischer Arbeit. Eine witzige Gestaltung beispielsweise hat viel mit kundigem, verständigem und klugem Tun gemein, das ist nämlich die ursprüngliche Bedeutung des Wortes, wogegen sich ernsthafte Beschäftigungen – wieder in der ursprünglichen Bedeutung des Begriffs – von Kampf und Eifer ableiten.

Um die Zwanghaftigkeit und Enge auszuschalten, sind viele Künstler (meist durch Alkoholgenuss) in rauschhafte Zustände geflüchtet. Das mag, wenn man nur unverkrampfter arbeiten möchte, sogar funktionieren. Es setzt aber voraus, dass man gestalterisch bereits vieles beherrscht. Dann kann man sich vielleicht tatsächlich über derartige Beschränkungen hinwegsetzen.

Eine Hilfe, um besser loslassen zu lernen, kann es durchaus sein, nach Musik zu arbeiten. Einerseits können Sie Ihren Gefühlen recht unmittelbar freien Lauf lassen, andererseits trainieren Sie Ihre Hand (in dieser Hinsicht unterscheidet sich der Zeichner nämlich nicht vom Musiker: damit die Finger wirklich das tun, was der Kopf möchte, bedarf es langen Übens – „Fingerübungen").

So unterschiedlich die nach Musik entstandenen Zeichnungen zunächst erscheinen, lassen sich bei genauerem Hinsehen doch Entsprechungen finden. Interessanterweise betreffen diese Ähnlichkeiten eher den Charakter der gezeichneten Linien als die Farbwahl.

Bilder links:
Ölkreide-Zeichnungen nach dem Divertimento Nr.1 D-Dur von W. A. Mozart. 1997, 50x70 cm. Die Arbeit von Giselheid Cornelsen (unten) zeigt im Grunde sehr ähnliche spielerische, rundliche und schwingende Lineaturen wie die von Jürgen Spira. Insofern gibt es deutliche Übereinstimmungen. Aber das muss nicht unbedingt so sein: schließlich wird die Wahrnehmung und gestalterische Interpretation von Musik von einer Fülle von Faktoren mit beeinflusst. So zum Beispiel von der Vorliebe für bestimmte Arten von Musik, der eigenen Stimmung zum Zeitpunkt des Hörens und Zeichnens, gestalterischen Vorlieben usw.

Bilder rechts:
Ölkreide-Zeichnungen nach dem Säbeltanz aus „Gayaneh" von A. I. Chatschaturjan. 1997, 50x70 cm und 70x50 cm.
Mit der gestalterischen Umsetzung deutlich anderer Musikstücke zeigen sich die Gemeinsamkeiten klarer. In der Gegenüberstellung machen die Bilder deutlich, dass hier ähnliche Empfindungen in ähnliche Formen und Farben übersetzt wurden. Der Strich erscheint gerade und stechend, fast hingeschlagen. Das Rot und Schwarz vermitteln dem Betrachter Assoziationen von Feuer und Gewalt. Bei Jürgen Spira (im oberen Bild) ergänzt ein metallisches Blau den martialischen „Säbeltanz". Um keine gestalterischen Interpretationen über den Verstand zu provozieren, wurde den Seminarteilnehmern natürlich der Titel des jeweiligen Musikstücks vorher nicht gesagt.

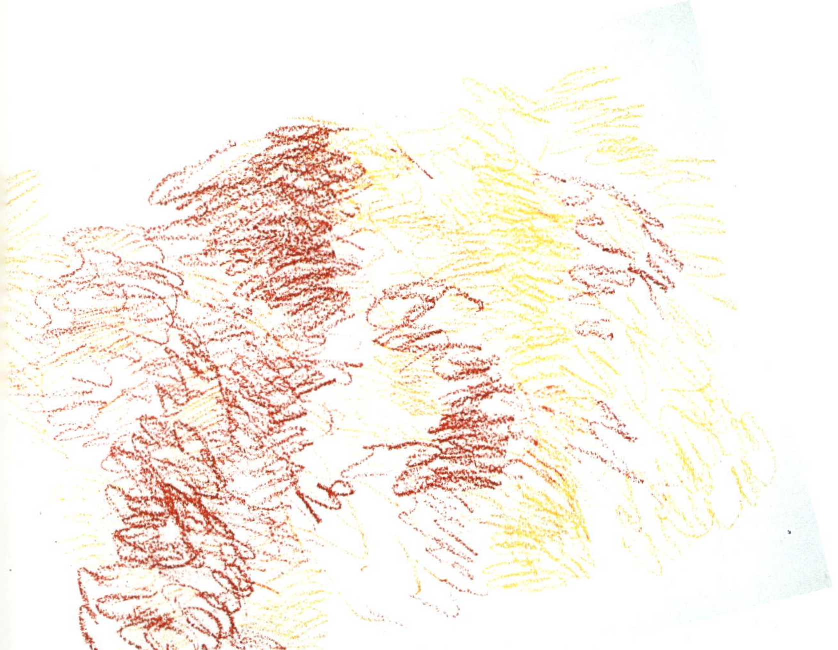

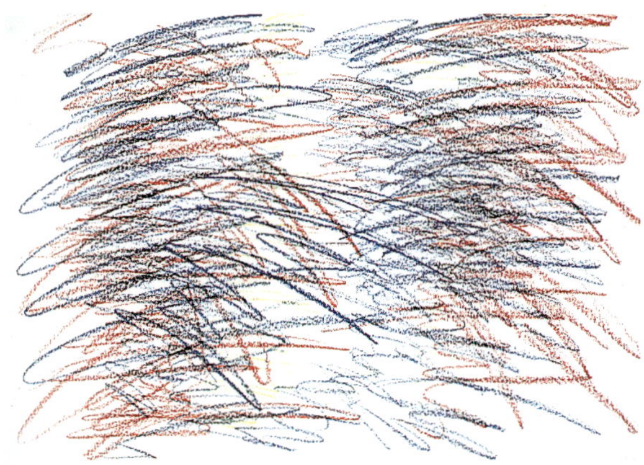

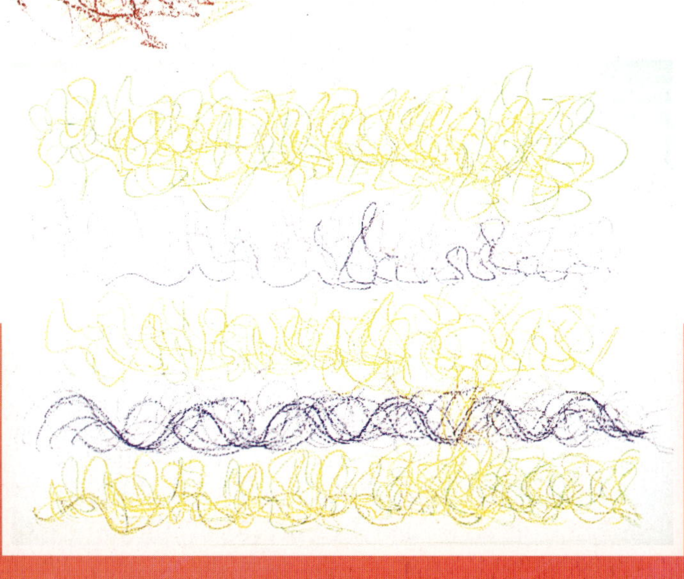

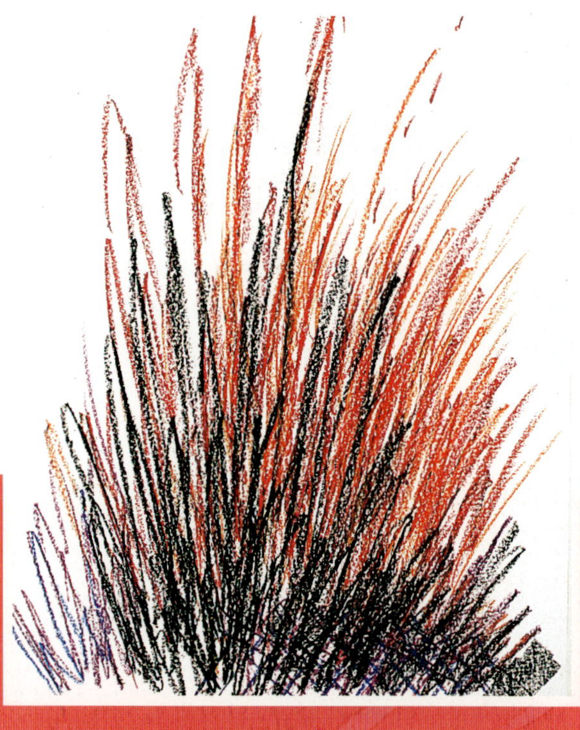

Der handwerklich-technische Aspekt bei der Zeichnung

Jede gestalterische Arbeit lässt sich – stark vereinfacht – auf drei Betrachtungsebenen beurteilen und auch planen: auf der Ebene der Technik, der Gestaltung und des Ausdrucks. Zwar folgt aus dieser Gliederung keine zwingend einzuhaltende Reihenfolge, dennoch macht es Sinn, dass – auch beim Zeichnen – zunächst einmal die technisch-handwerkliche Kompetenz entwickelt werden sollte. Insofern befinden sich in diesem Kapitel vor allem auch solche Aufgaben, die in erster Linie auf die Entwicklung einer technischen Kompetenz zielen.
Spätere Aufgaben sollen Ihnen dann auch bewusst machen, dass der künstlerische Wert einer Zeichnung außer der handwerklichen Qualität (und außer der gestalterischen Qualität, die im Wesentlichen im ersten Kapitel behandelt wurde) ganz erheblich auch von Dingen abhängt, die eindeutig ausdrucksbezogener Natur sind. Zweifellos sind aber auch expressive Bilder nicht bloß eine unmittelbare, sich quasi von selbst ergebende Folge von erlebten oder vorgestellten Gefühlen, sondern deren adäquate und kompetente gestalterische Umsetzung.

Die „Pflicht" vor der „Kür" erlernen

Die zeichnerischen Grundtechniken habe ich Ihnen bereits vorgestellt und Sie haben sie – hoffentlich – auch entsprechend der Aufgabe auf Seite 73 geübt.
Sie haben dabei erfahren, dass die Bilder recht überzeugend wirken, wenn die unterschiedlichen Techniken möglichst konsequent durchgehalten werden und dass die Verfahren nicht miteinander vermischt werden. Soweit die „Pflicht" – bei der Sie auch noch bei den nächsten Aufgaben bleiben sollten. Erst wenn Sie die Grundtechniken wirklich beherrschen, können Sie großzügiger damit umgehen.

Die Gestaltung der Tiefenillusion in der Schwarzweißzeichnung

Wenn auch die Zeichnung nicht in gleichem Maße wie die Malerei dazu in der Lage ist, die Tiefe im Bild zu veranschaulichen, gelten im Prinzip die gleichen Regeln dafür (siehe Seite 41).
Sie erinnern sich, dass die wichtigste Regel für die Gestaltung der Tiefenillusion im Bild die ist, dass Intensität nach vorn drängt. Intensität kann im Prinzip an alle Farben, also auch an Schwarz und Weiß (den so genannten „unbunten" Farben) gebunden sein.
Konsequent ausgeführt, drängt die Dunkelheit gleichermaßen in den Vordergrund wie die Helligkeit. Hell und Dunkel sind, wenn es um die Gestaltung der Bildtiefe geht, demnach unangebrachte Betrachtungsgrößen. „Intensität" drängt nach vorn.
Und Intensität ist nicht bloß eine Eigenschaft der Farbe an sich, sondern weitgehend von den Farben der Umgebung abhängig.
Voraussetzung für die Tiefengestaltung eines Bildes ist demnach die konsequente Gestaltung des gesamten Bildes:
Die Farbe, an die die Intensität gleichsam gebunden sein soll, darf als reiner Ton nur im Vordergrund erscheinen, andere Farben (im linken Bild beispielsweise das Weiß) dürfen nirgendwo ungebrochen auftauchen. Jedes Objekt muss nicht nur in sich plastisch, sondern auch im Verhältnis zur Bildtiefe entsprechend gestaltet werden.
Ein Gegenstand, der weiter hinten steht, muss weniger intensiv angelegt sein als einer, der sich weiter vorn befindet. Der Hintergrund sollte gleichmäßig angelegt werden (als wäre er eine Wand, die schließlich nicht auf den Betrachter zukommt), der Untergrund (das könnte ein Tisch sein), muss dagegen nach vorn hin an Intensität zunehmen.

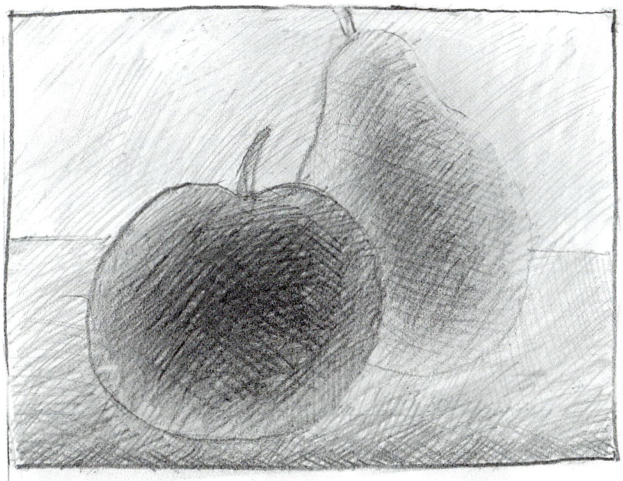

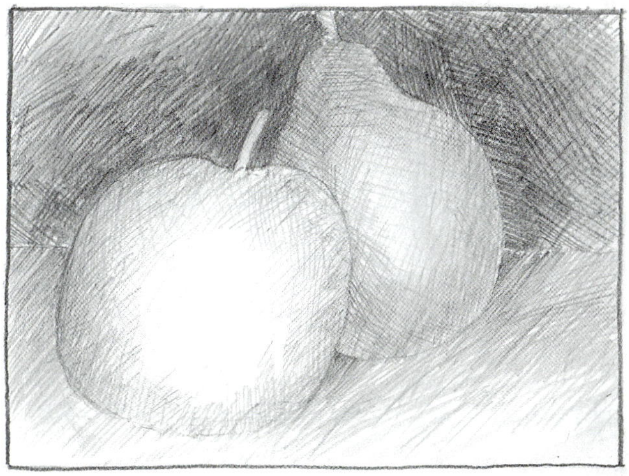

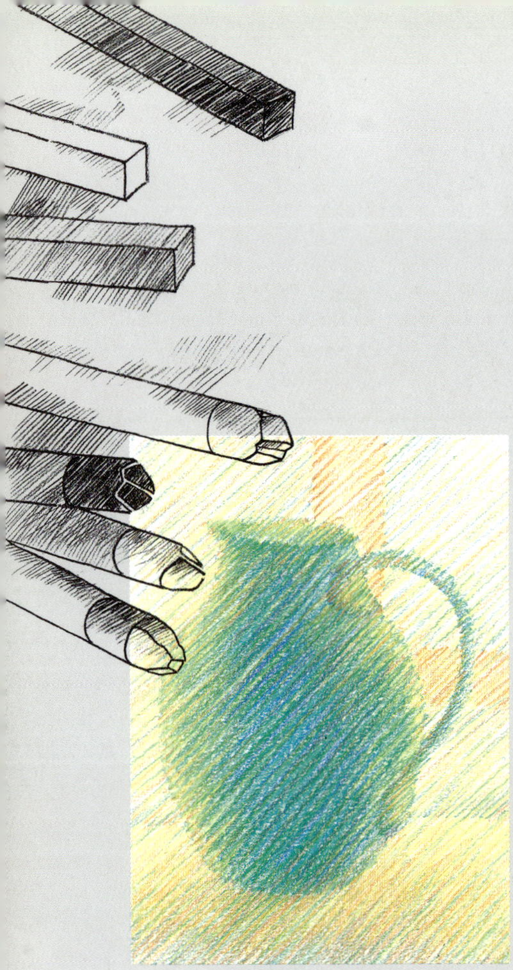

AUFGABE:
Ein Stillleben in Schraffur unter Berücksichtigung der Tiefenillusion im Bild

So lange Sie die unterschiedlichen zeichnerischen Techniken noch nicht wirklich beherrschen, sollten Sie bei den nun folgenden Aufgaben ausschließlich die jeweilige Technik anwenden.

Bitte bauen Sie sich nun wieder ein Stillleben auf – ein wenig Übung haben Sie ja nun schon darin. Für den Charakter des Motivs gibt es bei dieser Aufgabe keine weiteren Vorgaben. Es ist also egal, ob Sie es eher spannungsreich oder harmonisch konzipieren, oder ob Sie sich andere Gestaltungsziele setzen. Wichtig ist im Moment vor allem die Technik. Arbeiten Sie entweder mit den Kreiden, die ich Ihnen auf Seite 54 vorgestellt habe, also mit Weiß, Schwarz und Rötel, und dann sinnvollerweise auf bräunlichem oder grauem Papier, oder mit Ölkreiden oder auch anderen grafischen Materialien, dann am besten auf weißem Papier. Es sollten diesmal aber, im Gegensatz zu der ersten Übung in diesem Kapitel, großformatige Zeichnungen entstehen. Deswegen sind holzgefasste Stifte, dünne Federn oder Ähnliches als Werkzeug ungeeignet. Der Zeichengrund sollte für diese Aufgabe mindestens DIN A2 oder 50x70 cm groß sein. Außer dem größeren Format beinhalten die folgenden Aufgaben aber noch etwas: machen Sie durch die angemessene Verteilung der Farbintensität deutlich, dass das Stillleben – und damit das Bild – eine Tiefengliederung hat. Von hinten nach vorn muss die Intensität zunehmen und auch die Plastizität der einzelnen Objekte adäquat herausgearbeitet werden. Falls Sie mit farbigen Stiften oder Kreiden arbeiten wollen, müssen Sie unbedingt daran denken, was ich auf Seite 41 über die Bedeutung der „Farbe-an-sich" geschrieben habe. Aktive Farben (Orange, Rot, Gelb) drängen in den Vordergrund. Es macht also keinen Sinn, passive Farben (Violett, Blau) für die Objekte zu wählen, die ganz vorn stehen.

Manfred Castens: Das Haus der französischen Malerin. 1997, Tinte und Federhalter, 30x42 cm. Im Gegensatz zu der eher malerischen Wirkung der Schraffur des Kruges ist die Lineatur in dieser Federzeichnung naturgemäß sehr klar und bis auf wenige Ausnahmen auch präzise, fast mechanisch gesetzt. Dennoch wirkt das Ergebnis keinesfalls starr. Das reizvolle Spiel der Hell-Dunkel-Werte (sehr geschickt ist das Haus hell gegen den dunklen Himmel gesetzt), die weich schwingenden, dunklen Formen der Vegetation und die damit kontrastierende recht konsequente Richtung der Linien verdeutlichen die Möglichkeiten dieser Technik.

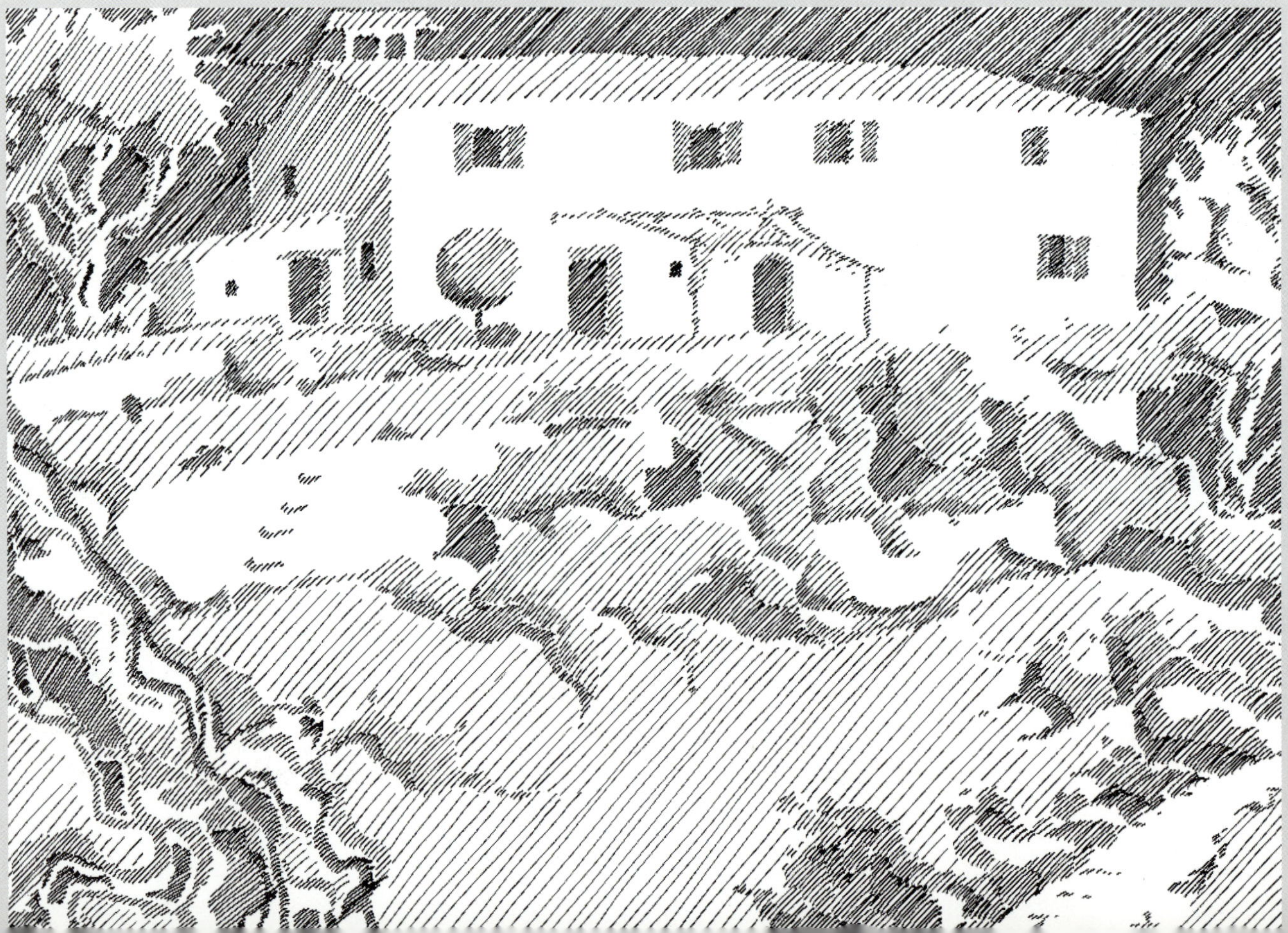

Edeltraud,Rehling-Buschan: Spielsachen. 1997, Farbstifte, 37x40,5 cm.
Die Schraffur ermöglicht in der eher kleinformatigen Farbstiftzeichnung (rechts) eine gleichermaßen „malerische“ Bildlösung wie in großformatigen Arbeiten mit Kreide. Trotz des scheinbar mechanischen Farbauftrags lassen sich damit weiche Übergänge und zarte Farbmodulationen realisieren.

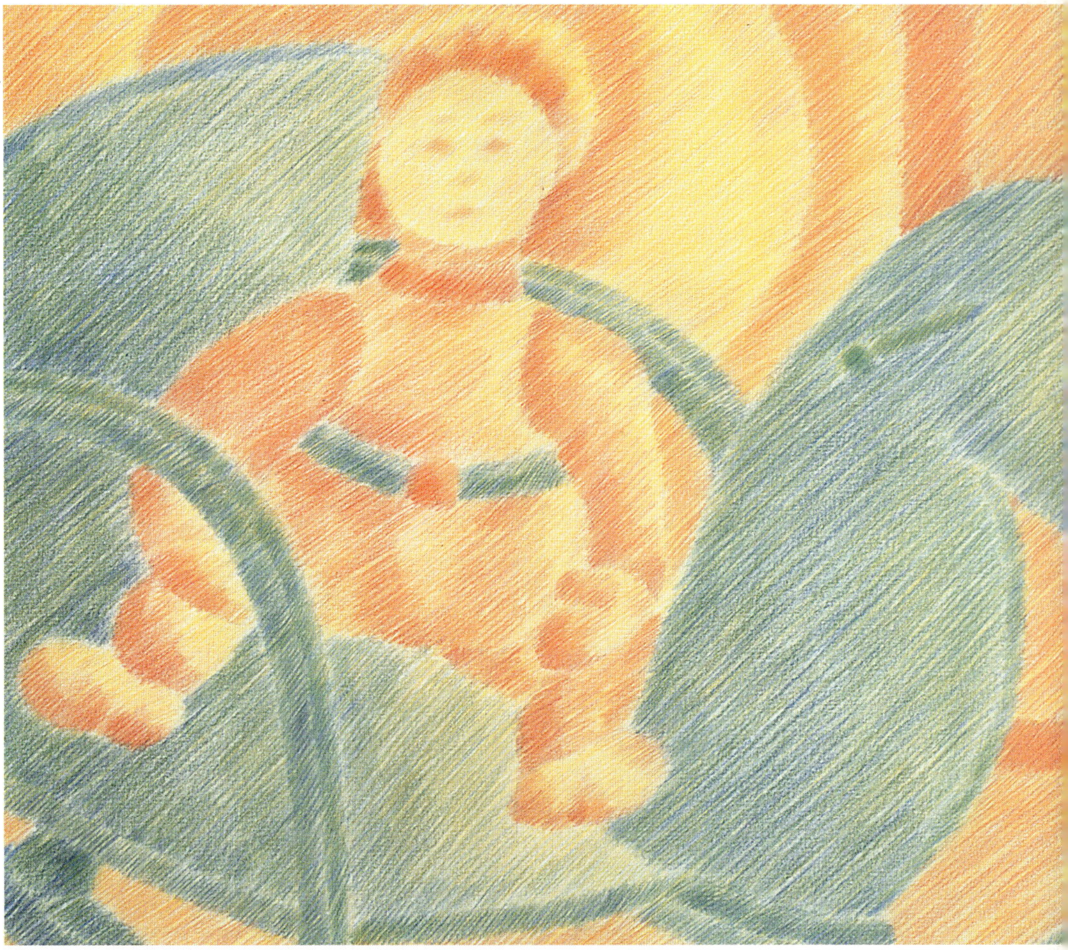

Uschi Buchberger: Puppen. 1997, Ölkreide, 42,5x57,5 cm.
Die Spuren der Ölkreiden sind weicher und unregelmäßiger als die der Farbstifte. Bei schraffierendem Farbauftrag eignen sie sich eher für größere Formate als für kleinere (dieses hier liegt an der unteren Grenze). Trotzdem spürt der Betrachter auch in diesem Bild eine konsequente Richtungsdynamik und vibrierende Farbigkeit.

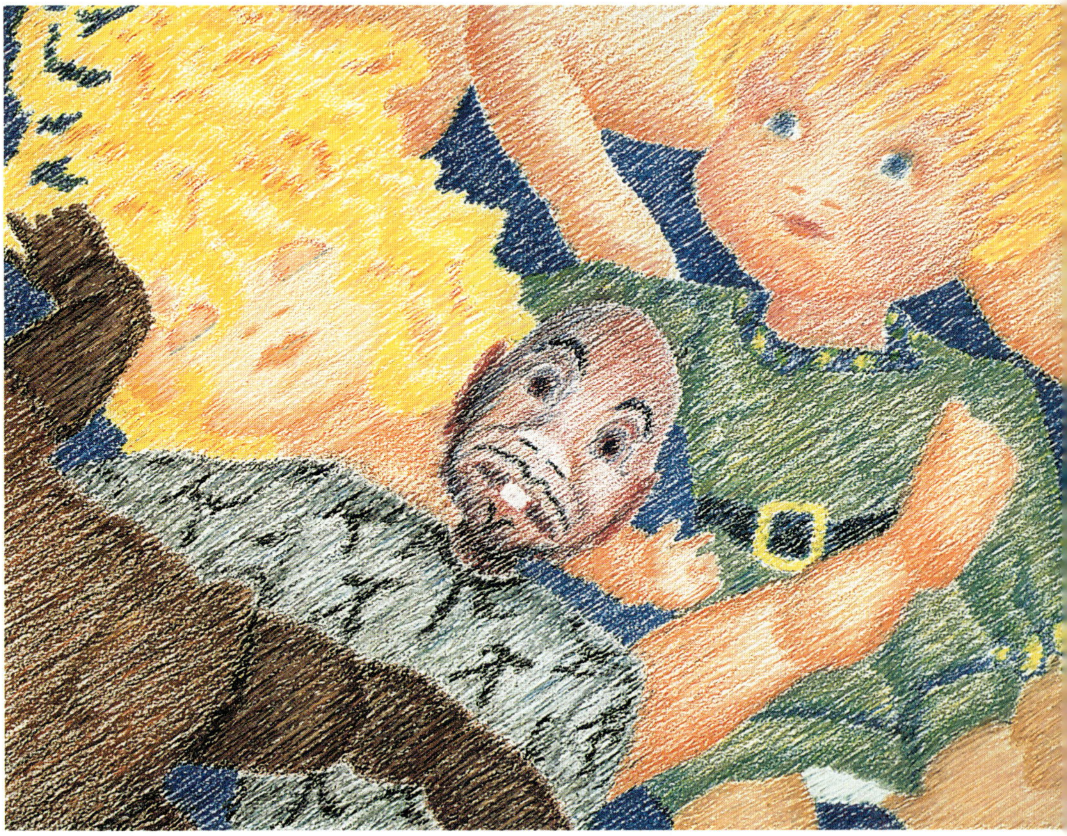

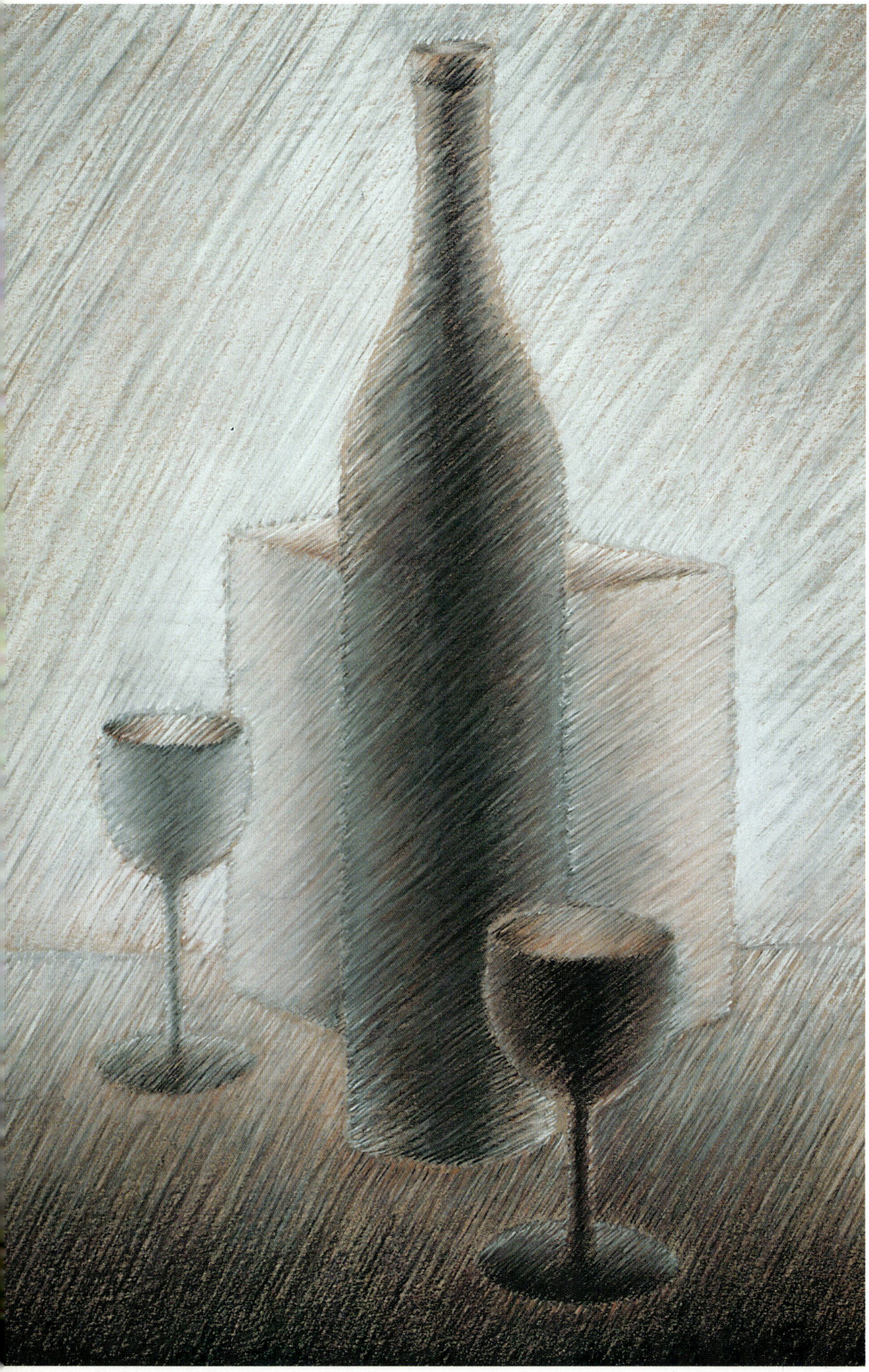

Ulrike Lampe: Stillleben. 1997, Kreide auf braunem Papier, 70x50 cm.
Die Schraffur eignet sich für starke Verdichtungen, die bei entsprechender Farbgebung durchaus auch Tiefe und Plastizität verdeutlichen können. Die Intensität der Farbe spielt dabei eine wesentliche Rolle. Unwesentlich dagegen ist, ob die Intensität einer hellen oder einer dunklen Farbe zugeordnet ist. Nur muss die Entscheidung darüber, welche Farbe Träger der Intensität sein soll, konsequent auf das ganze Bild Einfluss nehmen. In diesem Fall wurde die Intensität dem Schwarz zugeordnet. Deswegen steigert es sich Schritt für Schritt vom schmutzig hellgrauen Hintergrund (es darf kein reines Weiß sein, weil es sonst mit dem Schwarz im Vordergrund konkurrieren würde) über mittelgraue Töne im Bildmittelpunkt bis zum kraftvollen, reinen Schwarz im Vordergrund. Die rötliche Kreide hat bei dieser Aufgabe lediglich eine gestalterisch vermittelnde Funktion, sie dient der „malerischen" Verbindung der Objekte untereinander und der Objekte mit dem braunen Untergrund.

Bild Seite 87:
Ulrike Lampe: Stillleben. 1997, Kreide auf braunem Papier, 70x50 cm.
Das Gegenstück zu der Tiefengliederung von Hell nach Dunkel (auf Seite 86) zeigt, dass beide Möglichkeiten „funktionieren". Beide Bilder erzeugen beim Betrachter die Illusion von Tiefe. Auch die Plastizität der Gegenstände ist in den Bildern gleichermaßen nachvollziehbar, weil die Logik der nach vorn ansteigenden Intensität natürlich auch innerhalb der Einzelobjekte angewendet wurde: auch sie erscheinen durch Intensitätsverläufe unterschiedlich tief, also plastisch geformt. Dass dieser Eindruck dann allerdings auch vom Betrachter so gesehen wird, ist zweifellos eine Folge der überzeugenden handwerklichen Arbeit. Nur wenn, wie in diesem Fall, die Technik konsequent angewendet wird, entsteht der gewünschte Eindruck.

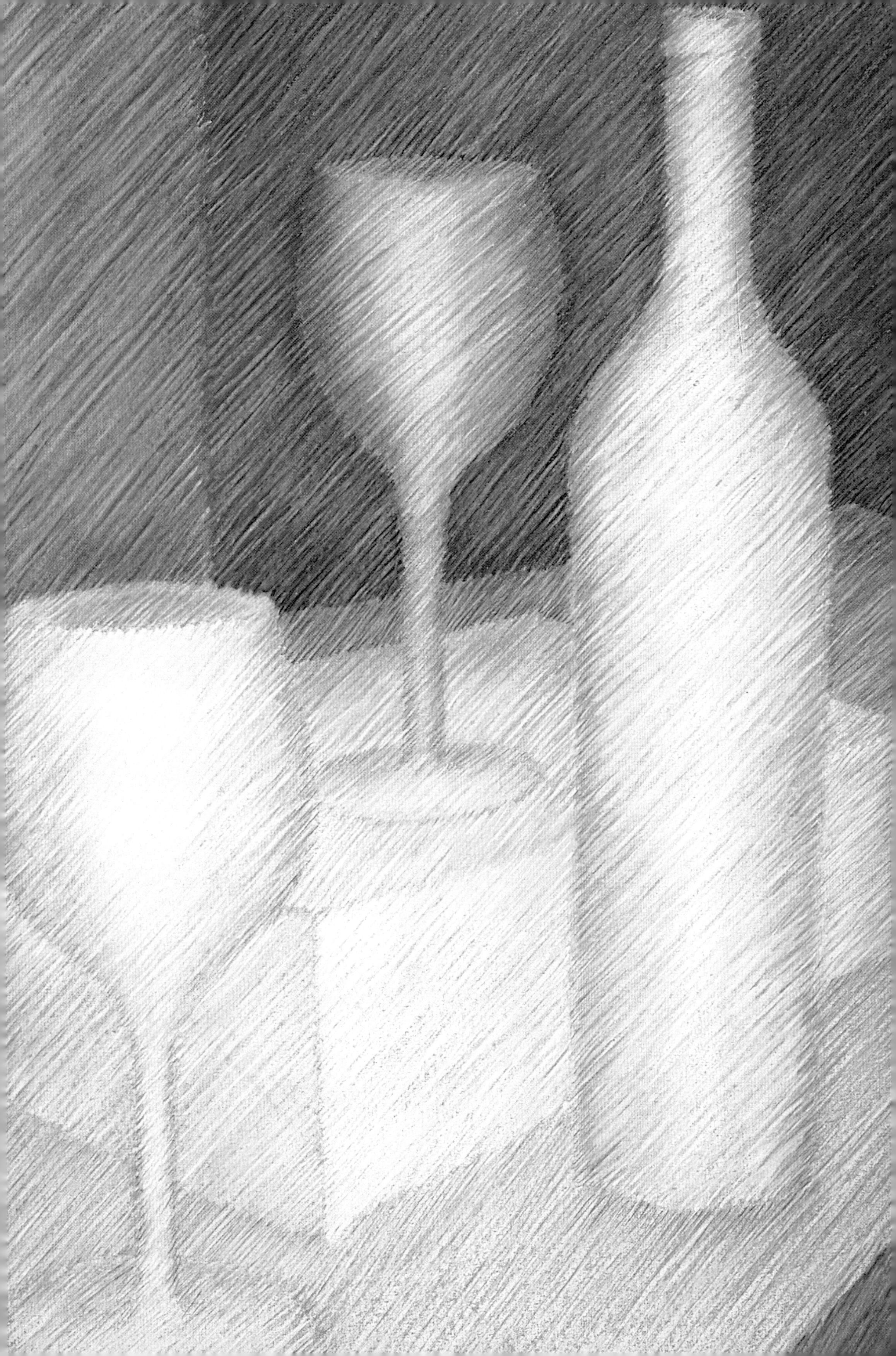

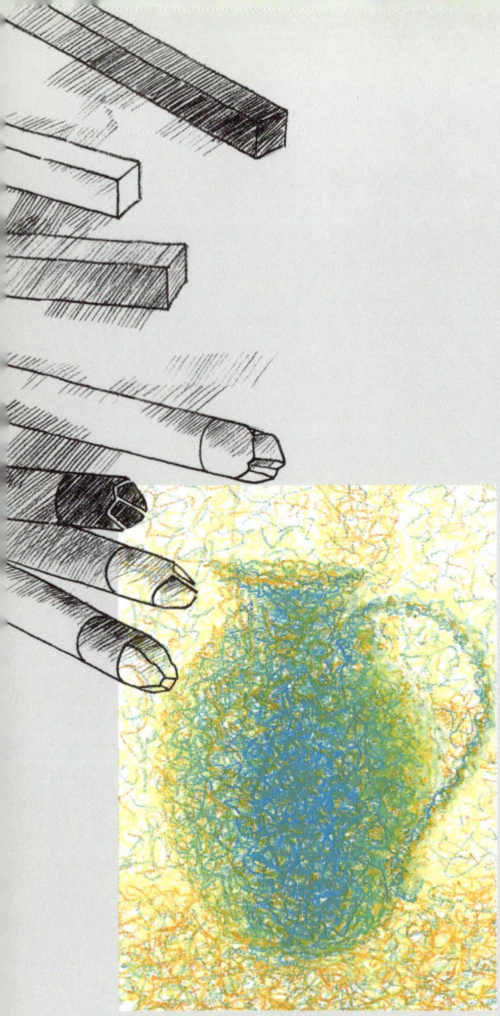

AUFGABE:
Ein Stillleben in freier Lineatur unter Berücksichtigung der Tiefenillusion im Bild

Für die folgende Aufgabe verwenden Sie – der Einfachheit halber (und weil Sie dadurch gute Vergleichsmöglichkeiten haben) – das gleiche Stillleben. Üben Sie nun noch einmal großformatig die „freie Lineatur“. Es gibt viele verschiedene „freie“ Lineaturen. Sie können für diese Übung selbstverständlich eine andere erfinden als die, die sie sich bereits erarbeitet haben. Probieren Sie am besten mehrere aus. Sie erweitern damit das Repertoire Ihrer gestalterischen Möglichkeiten. Bedenken Sie bei Ihren Planungen aber den Zusammenhang von Technik und Motiv (auf den ich im Anschluss an diese Übungen noch einmal zurückkommen werde). Sie wissen, dass jede Zeichentechnik ihre besonderen Eigenschaften, Vorzüge, Grenzen und vor allem auch ihren eigenen Ausdruck hat. Weiche verspielte Linien würden beispielsweise in deutlichem Gegensatz zum Charakter eines Motivs stehen, wenn dieses – nur um Beispiele zu nennen – aus Maschinenteilen, eckigen Bauformen oder dergleichen bestehen würde. Ansonsten gelten wieder die gleichen „Spielregeln“ wie bei der Aufgabe zuvor.

Bild unten:
Manfred Castens: Das Haus der französischen Malerin. 1997, Tinte und Federhalter, 30x42 cm. Eine heitere, frei schwingende, spielerische Linie ist die am häufigsten gewählte freie Lineatur. Diese Zeichnung zeigt sehr anschaulich, dass sich damit, auch mit einer schmalen, harten und unmodulierten Linie, überzeugend Verdichtungen und zarte Tonwerte, relativ harte Kanten und Übergänge realisieren lassen.

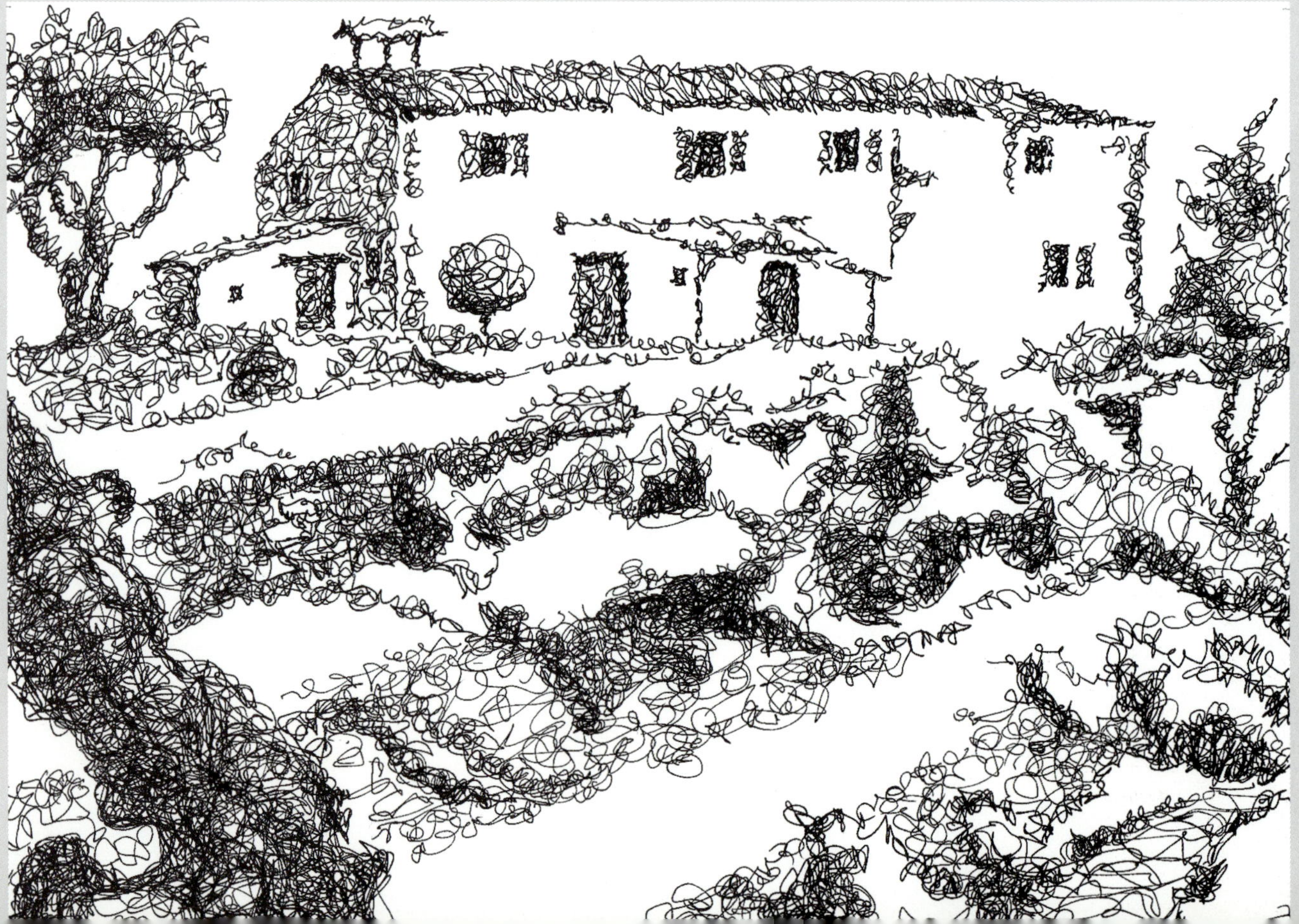

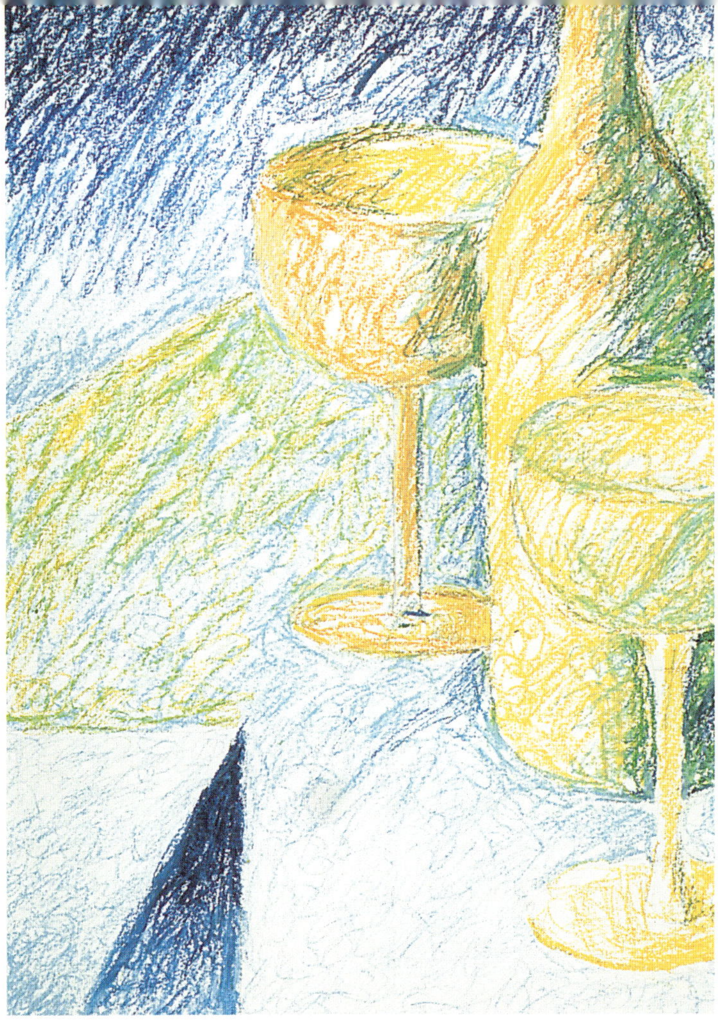

Rolf Ebeling: Stillleben. 1996, Ölkreide, 57x40 cm.
Die meisten „freien" Lineaturen wirken leicht, malerisch, luftig und verspielt. Dem Namen entsprechend sind das autonome Eigenschaften, die in der Regel keinem weiteren Zweck unterliegen. Freie Lineaturen setzen sich weitgehend über jede Einbindung in den Bildzusammenhang hinweg. Sie können sich im Einzelfall aber auch, wie dieses Bild zeigt, dem gestalterischen Ziel des Bildes unterordnen und die kompositorisch angelegte Dynamik durch ihre eigene Bewegungsrichtung verdeutlichen.

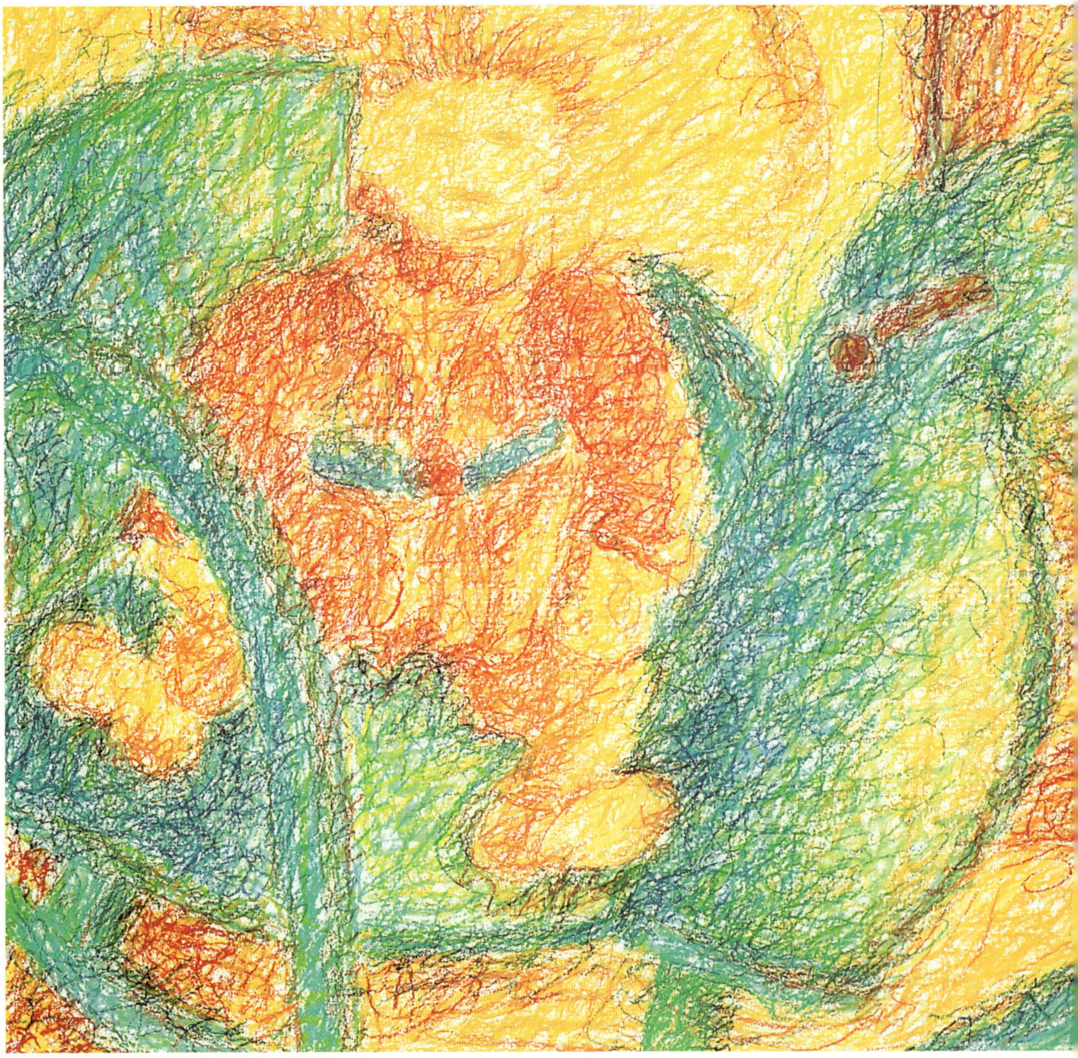

Edeltraud Rehling-Buschan: Spielzeug. 1997, Ölkreide, 50x52,5 cm.
Die mit Ölkreide gezeichnete freie Lineatur ist so stark verdichtet, dass das Bild eine recht ausgeprägt malerische Wirkung hat. Trotz der, gegenüber der Arbeit von Ellen Schlichting, kraftvolleren Farbwahl wirkt das Bild vergleichbar verwoben: die Dinge erscheinen ineinander verarbeitet und gleichermaßen auseinander herausgearbeitet. Die vitalen Farbkontraste betonen die heitere, den abgebildeten Gegenständen angemessene Bildstimmung.

Bild unten:
Ellen Schlichting: ohne Titel. 1997, Ölkreide auf braunem Papier, 70x50 cm.
Auf den ersten Blick wirkt die hier abgebildete Ölkreidezeichnung wie ein Pastell. Die zarten, ineinander verwobenen Lineaturen erzeugen einen für die freie Lineatur charakteristischen atmosphärisch duftigen Eindruck. Dadurch, dass der farbige Zeichengrund praktisch im ganzen Bild „durchblitzt", wird der harmonische Eindruck noch verstärkt.

Bild Seite 91:
Kathrin Kutz: Stillleben. 1997, Ölkreide, 70x50 cm
Wenn die Schwünge einer freien Lineatur – im Verhältnis zum Bildformat – relativ klein sind, werden auch hart begrenzte, kleinere oder stärker differenzierte Formen, wie in diesem Bild zu sehen, angemessen darstellbar. In jedem Fall bekommt ein Bild durch eine derartige (oder vergleichbare) Linienführung einen sehr malerischen Charakter. Durch die starke Verdichtung, die ausgeprägten Hell-Dunkel-Modulationen und die verhaltene, aber differenzierte Farbigkeit wird dieser Eindruck noch verstärkt. Flüchtig betrachtet, kann diese „Zeichnung" ohne weiteres für eine gemalte Arbeit gehalten werden.

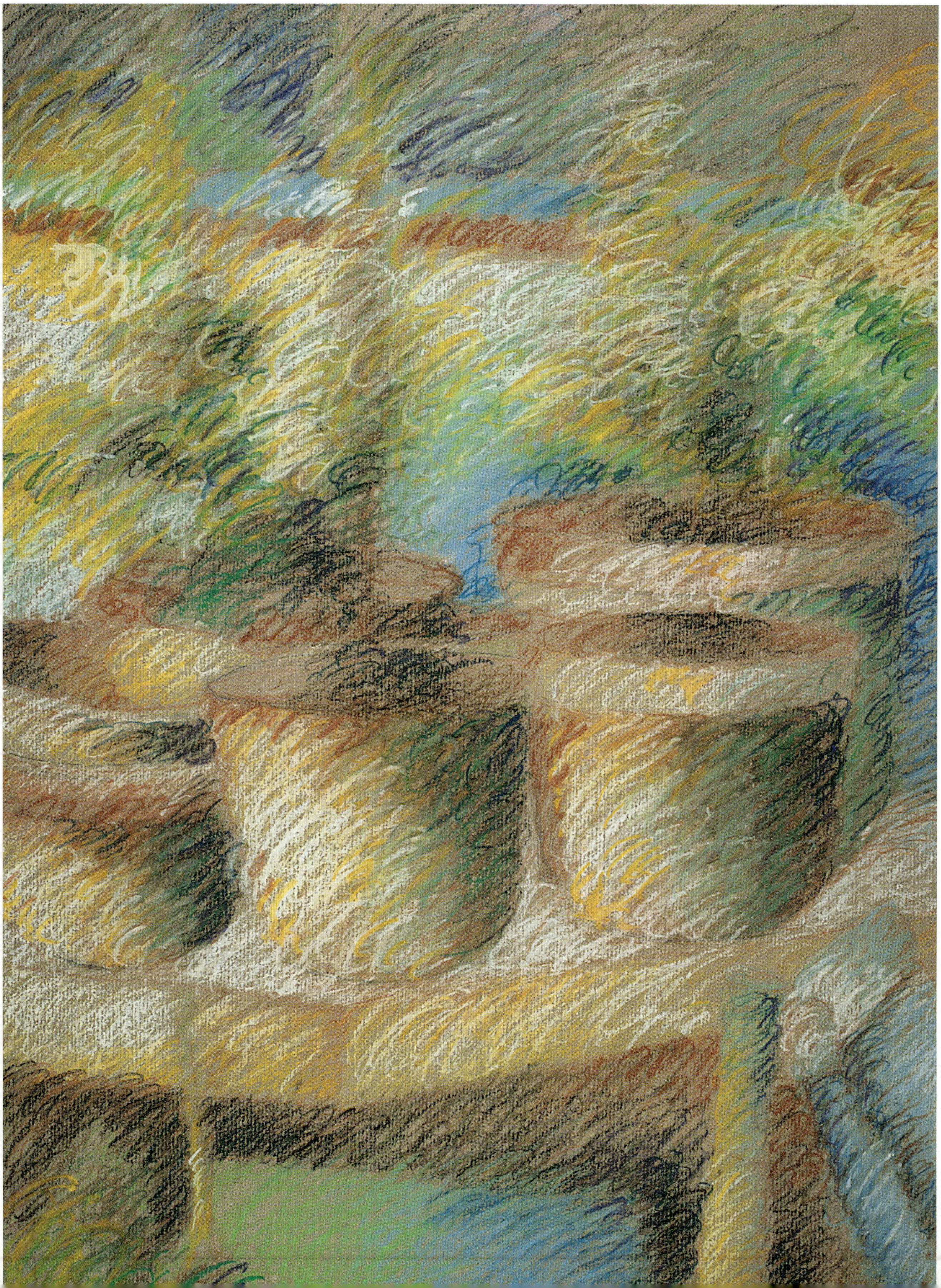

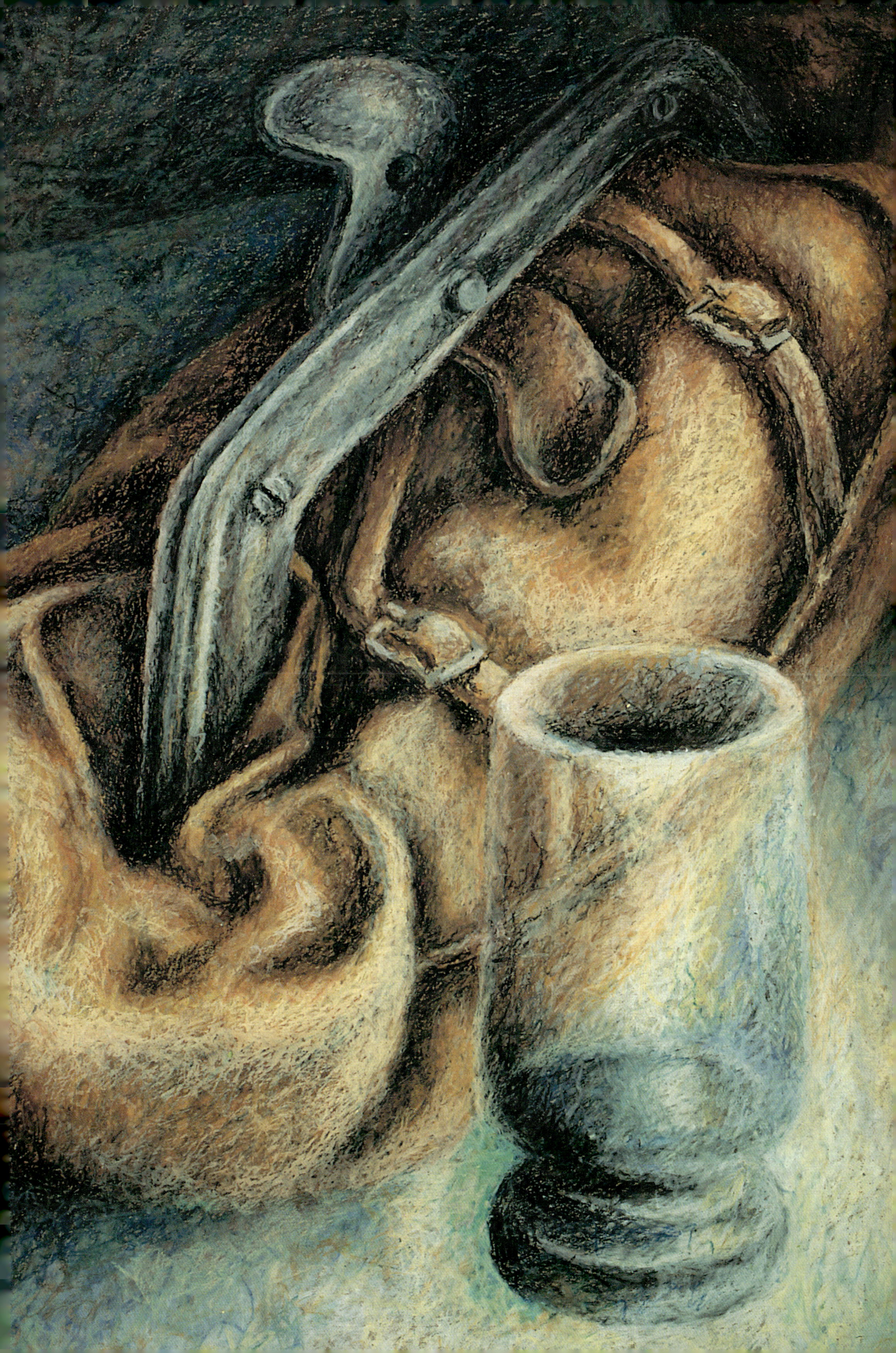

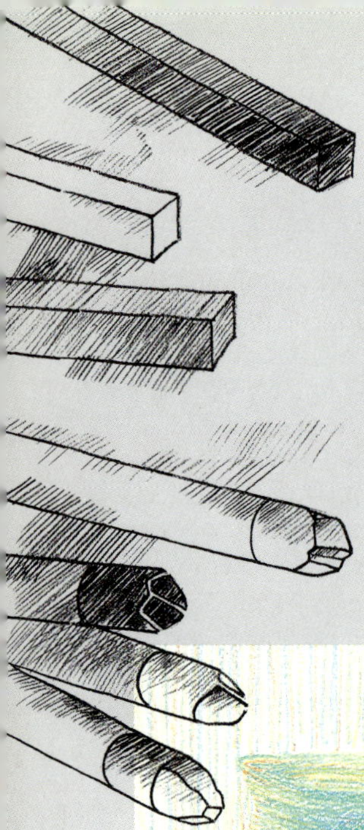

AUFGABE:
Ein Stillleben in Formstrich

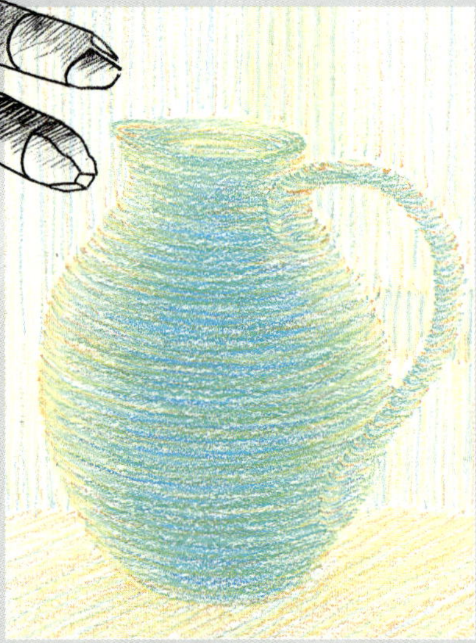

Gegenüber den Überschriften über den Aufgaben zuvor fehlt hier der Zusatz „unter Berücksichtigung der Tiefenillusion im Bild". Bei der Anwendung des Formstrichs bedarf es dieser Ergänzung nämlich nicht. Diese zeichnerische Technik, in einem Bild angewandt, „kann nicht anders", sie muss die Tiefe des Bildes und die Plastizität der Objekte veranschaulichen.
Zugegebenermaßen verlangt der Formstrich erheblich mehr Disziplin als die anderen Techniken und wirkt vom Ergebnis her auch nicht so sehr überzeugend. Auch kenne ich kein Bild eines bedeutenderen Künstlers, bei dem durchgehend damit gearbeitet wurde. Trotzdem sollten Sie sich auf diese Aufgabe einlassen! Erstens lernen Sie sehr viel über Räumlichkeit und Plastizität. Und das ist etwas, was durch die Gewöhnung an eine durch Fotografien und vor allem durch das Fernsehen vermittelte – zweidimensio-nale – Realität immer mehr verdrängt wird. Auch ist der Formstrich eine große Hilfe bei der Planung und Entwicklung von Bildern, in denen die Räumlichkeit eine größere Bedeutung hat. Indem Sie Ihre Skizzen im Formstrich anlegen, können Sie zum Beispiel ganz hervorragend prüfen, ob Ihre Zeichnung perspektivisch-plastisch „stimmt", ob die Augenhöhe in den verschiedenen Objekten variiert oder ob sich die Gegenstände überlagern.
Der Formstrich ist demnach, insbesondere wenn es um Räumlichkeit und Plastizität geht, eine sehr nützliche Technik. Nicht umsonst ist er beispielsweise in der Renaissance, einer Zeit, in der die Künstler der Tiefengliederung eines Bildes und der Plastizität der abgebildeten Objekte eine ganz erhebliche Bedeutung beigemessen haben, sehr oft verwendet worden. Am deutlichsten finden Sie die Relevanz dieser Technik im grafischen Werk Albrecht Dürers bestätigt. Aber auch bis in die Gegenwart hinein gibt es Beispiele dafür. Insbesondere unter den Vorzeichnungen und Entwürfen von Bildhauern finden Sie eine Fülle von Beispielen, in denen weitgehend mit dem Formstrich gearbeitet wurde.

Bild rechts:
Manfred Castens: Das Haus der französischen Malerin. 1997, Tinte und Federhalter, 30x42 cm. Neben den Schwierigkeiten, die sich aus der praktischen Handhabung ergeben, setzt der Formstrich das sichere Verständnis der plastischen Eigenschaften aller dargestellten Objekte voraus. Dazu müssen die Dinge obendrein noch so stark vereinfacht werden, dass sie überhaupt erst einmal als konkrete Formen begreifbar und damit darstellbar werden. Ob dann noch „gute" Bilder dabei herauskommen, darf bezweifelt werden. Dementsprechend ist diese Zeichnung sicherlich diejenige, die von den vier vergleichbaren Bildern am wenigsten überzeugt.

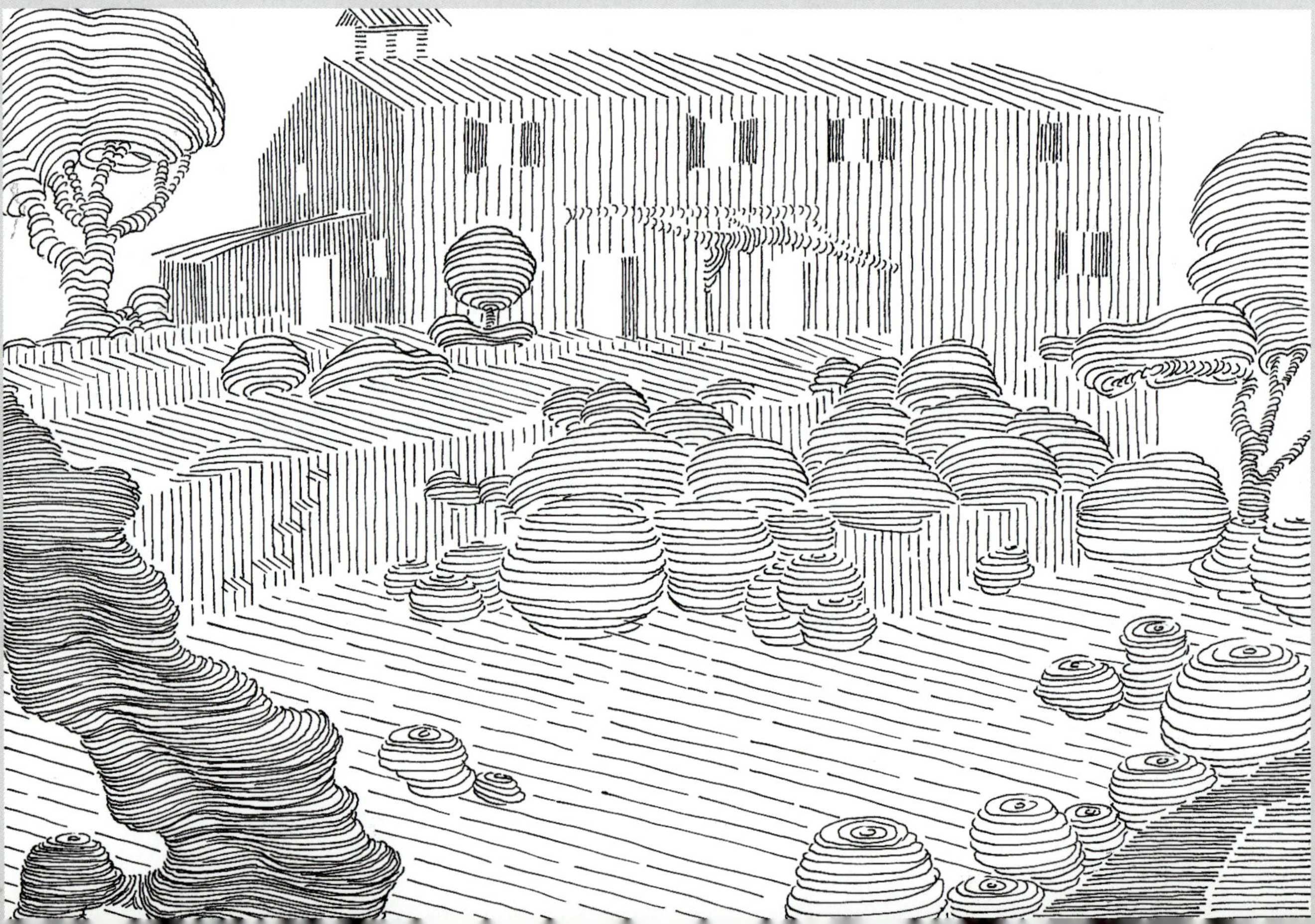

Bildlösungen

Bild unten:
Edeltraud Rehling-Buschan: Spielzeug. 1997, Farbstift, 37x40,5 cm. Das Motiv ist Ihnen bereits von den Seiten 85 und 91 in den anderen zeichnerischen Grundtechniken bekannt, deshalb wird der Unterschied in der Wirkung der jeweiligen Verfahren (siehe Tabelle Seite 77) an diesen Bildern sehr viel deutlicher. Die Puppe ist die einzige vollplastische Form im Spielzeug-Stillleben von Edeltraud Rehling-Buschan, wodurch die flächigen Objekte zurücktreten und die Puppe eine besondere Bedeutung bekommt. Durch den Formstrich sind alle Gegenstände in Form und Richtung sachlich geklärt. Trotzdem wirkt das Bild, nicht zuletzt durch seine kraftvoll heitere Farbigkeit, nicht steif oder gar wie eine technische Zeichnung.

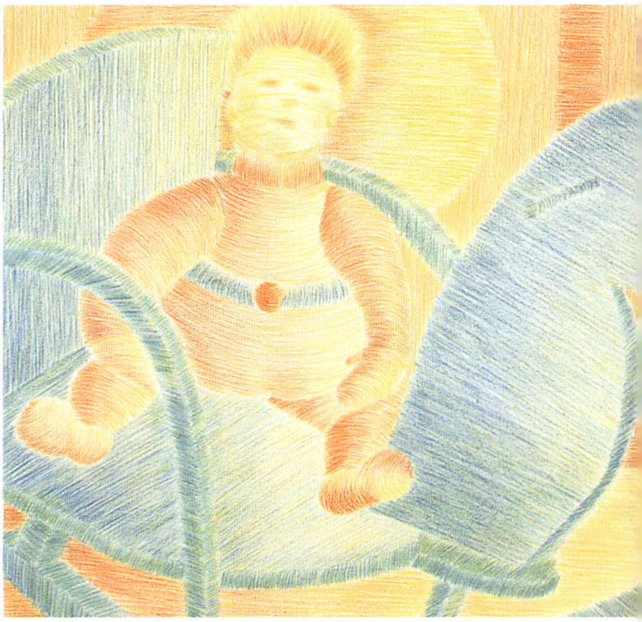

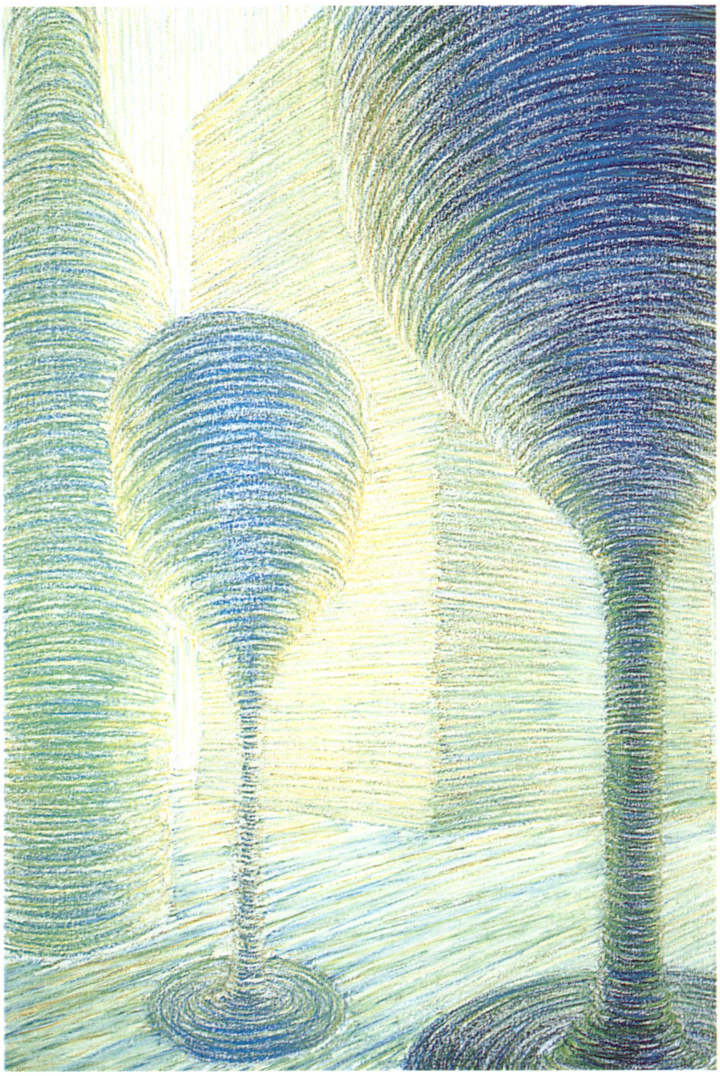

Bild oben links:
Ulrike Lampe: ohne Titel. 1997, Ölkreide, 70x50 cm.
Sie erinnern sich an die Aufgabe, die eine extreme perspektivische Sicht verlangte, an „Gulliver und das Riesen-Stillleben“. Hier ist nun noch ein derartiges Motiv. Mit dem Formstrich lässt sich die Plastizität und damit natürlich auch die perspektivischen Eigenschaften der Objekte sehr klar und überzeugend definieren – und überprüfen.

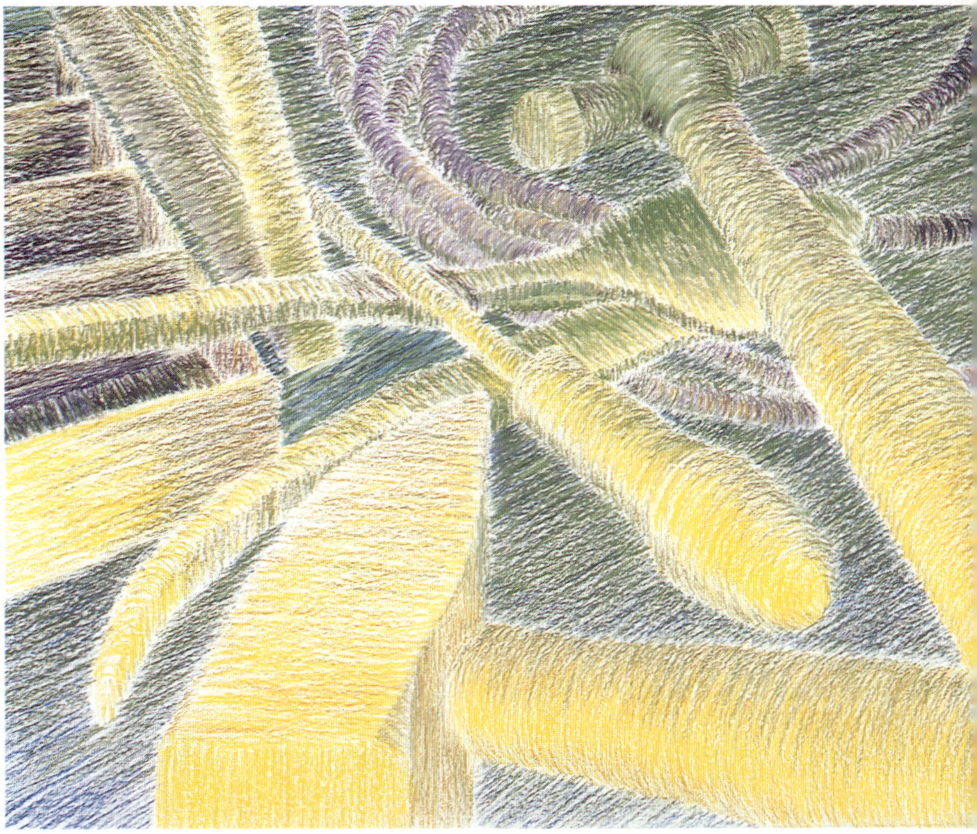

Bild rechts:
Karin Kuthe: Werkzeug. 1997, Ölkreide, 42,5x57,5 cm.
Wie die ersten Formstrich-Übungen und die Beurteilung der Ergebnisse gezeigt haben, ist diese Technik kaum in der Lage, einen malerischen Bildcharakter zu erzeugen. Trotzdem kann man sich diesem Ziel eine ganzes Stück weit annähern, wenn man die Lineatur stark verdichtet – wie alle hier gezeigten Bilder verdeutlichen. Auch in dieser Arbeit sehen Sie innerhalb der Farbfelder fließende Farb- und Tonwertmodulationen; weiche, „malerische“ Übergänge zwischen den Feldern schließen sich von der Technik her allerdings aus.

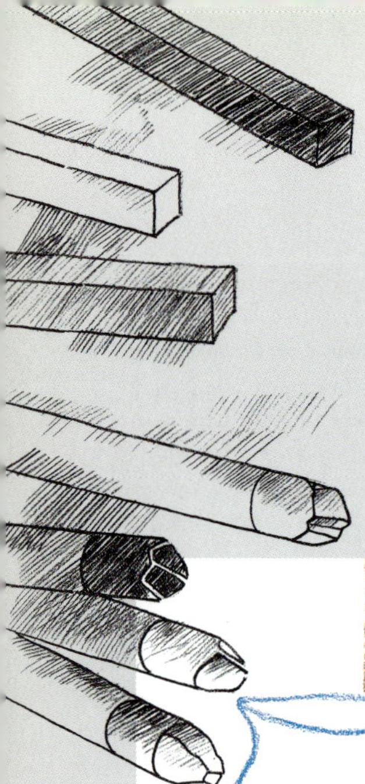

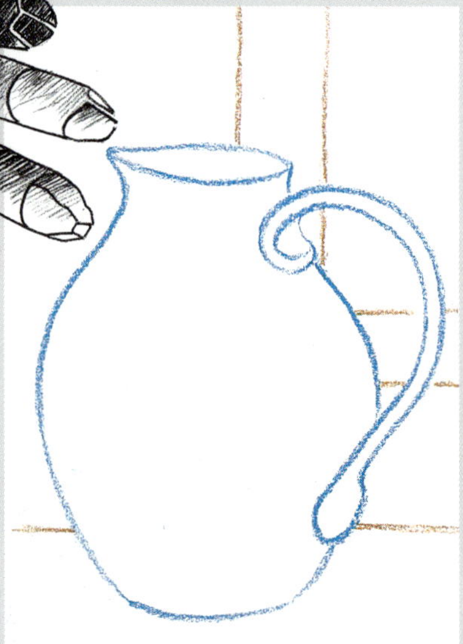

AUFGABE:
Ein Bild in Kontur

Nun hat sich die Überschrift noch einmal verändert: das anfängliche „... unter Berücksichtigung der Tiefenillusion im Bild“ wechselte zu „Ein Stillleben in Formstrich“, nun heißt es „Ein Bild in Kontur“. Tiefe lässt sich, wenn man ganz ehrlich ist, mit Konturen überhaupt nicht darstellen (ich gebe gerne zu, dass einige wenige, ganz bedeutende Bilder, die nur aus Konturen bestehen, beim Betrachter trotzdem das sinnliche Erlebnis von Körperhaftigkeit auslösen, aber eben: einige, ganz wenige, ganz furchtbar bedeutende...), insofern kann man diesen eingeklammerten Satzteil getrost vergessen. Wenn Sie sich nun ein letztes Mal mit Ihrem Stillleben auseinandersetzen, werden Sie feststellen, dass Ihr Bild nun etwas karg wirkt. Kontur bedeutet einerseits die Umrisslinie um ein Objekt herum, aber auch die Linie, die Kanten, Brüche, Absätze und so weiter innerhalb dieses Gegenstandes werden geklärt. (Sonst würde die Konturzeichnung eines Gesichts von vorn weder Nase, noch Augen oder Mund abbilden.) Besteht Ihr Stillleben allerdings aus Objekten, die vorwiegend glatte Oberflächen haben, gibt es nicht viel, das Sie zeichnen können. Ihr Bild kann also ein wenig karg wirken. Sie können sich also auch ein geeigneteres Motiv aussuchen. Lassen Sie sich ruhig darauf ein, auch wenn die Situation ein bisschen was vom A-capella-Gesang hat. Ganz ohne die Begleitung von Instrumenten zu singen, zeigt die Fehler und Schwächen des Gesangs sehr deutlich. Aber Sie wissen ja, dass es sich bei all dem, was Sie hier tun, um Übungen handelt. Und so wie der Sänger seine Stimme ausbilden muss – und immer wieder üben muss, sogar um das Erreichte zu bewahren –, sollten Sie nicht zu schnell auf das perfekte Ergebnis Wert legen (und schlimmstenfalls all das nicht tun, was Ihnen nicht auf Anhieb gelingt). Meine Erfahrung mit dem Lernfortschritt bei Kursteilnehmern ist, dass sie in der Regel etwa zwei bis drei (ganze) Tage intensiven Übens brauchen, um eine dieser Grundtechniken halbwegs überzeugend zu beherrschen.

Die Kontur bedarf differenzierterer Bildobjekte oder einer Fülle von Gegenständen. Der Krug sieht so, nur mit der Umrisslinie gestaltet, doch ein wenig armselig aus. Deswegen sollten Sie sich für diese Aufgabe auch ein anderes, ein passenderes Motiv wählen.

Bild unten:
Manfred Castens: Das Haus der französischen Malerin. 1997, Tinte und Federhalter, 30x42 cm. Je größer die Fülle der Objekte, je ausgeprägter die Größenunterschiede zwischen den Einzelformen und deren Formkontrasten, desto eher bietet sich die Kontur als gestalterisches Verfahren an. In diesem Bild ist es nicht zuletzt der Kontrast von gebauten, kantigen Formen und den gewundenen, rundlichen Umrissen der Vegetation, die neben der ausgeprägten zeichnerischen „Handschrift“ den Reiz dieser Arbeit ausmachen.

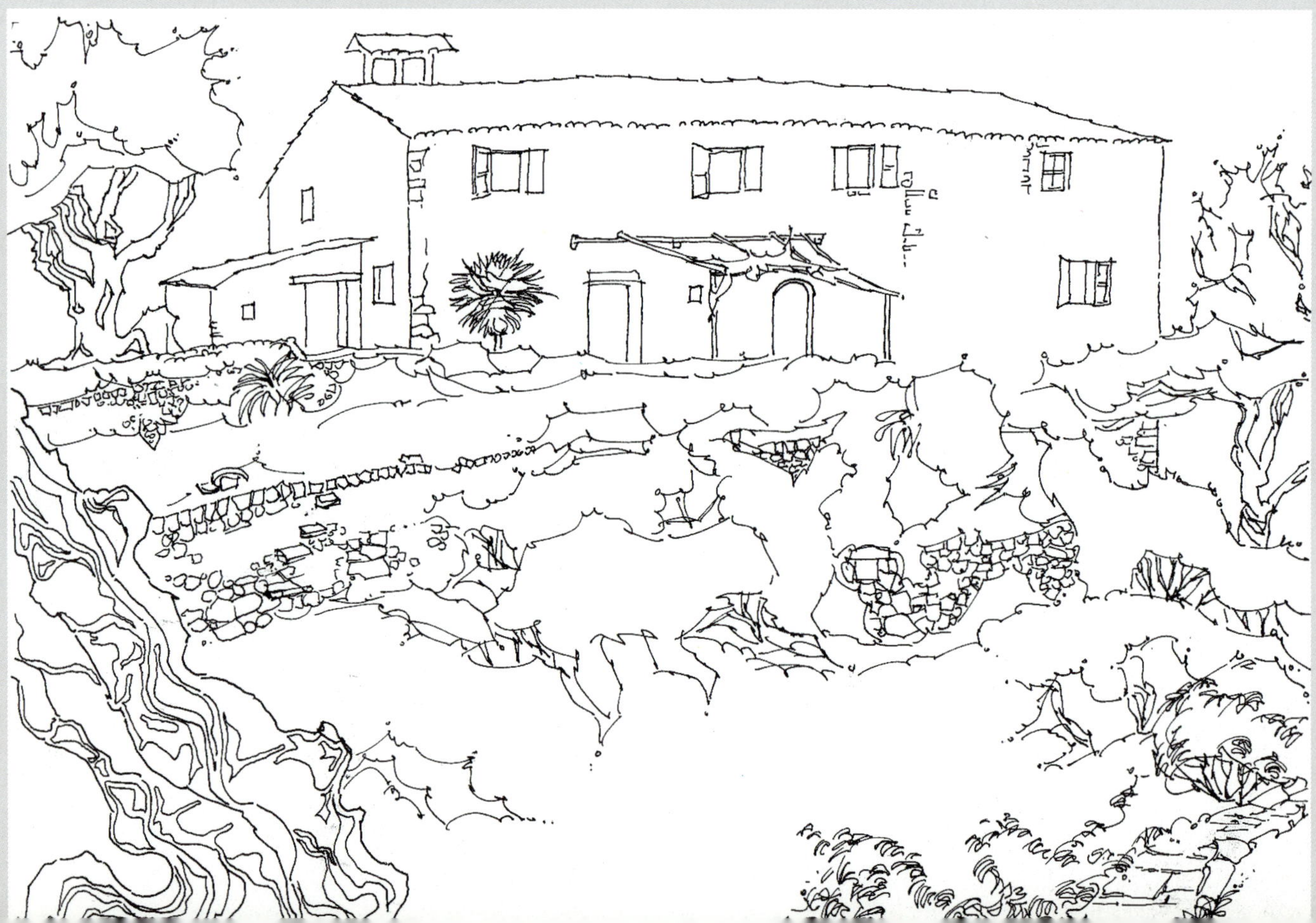

Edeltraud Rehling-Buschan: Spielzeug. 1997, Ölkreide, 48x52,5 cm.
Im Vergleich mit den Bildern in den anderen zeichnerischen Grundtechniken sieht die Puppe auf dem Schaukelpferd als Konturzeichnung dann doch etwas kümmerlich aus. Auch die Farbe vermag nichts heiter Verspieltes zu vermitteln. Die Linien wirken starr und begrenzend.
Mit Farbstiften wäre das Spielerische vielleicht eher gelungen als mit den schwieriger zu handhabenden Ölkreiden. In jedem Fall verlangt die Kontur ein hohes Maß an zeichnerischem Können.

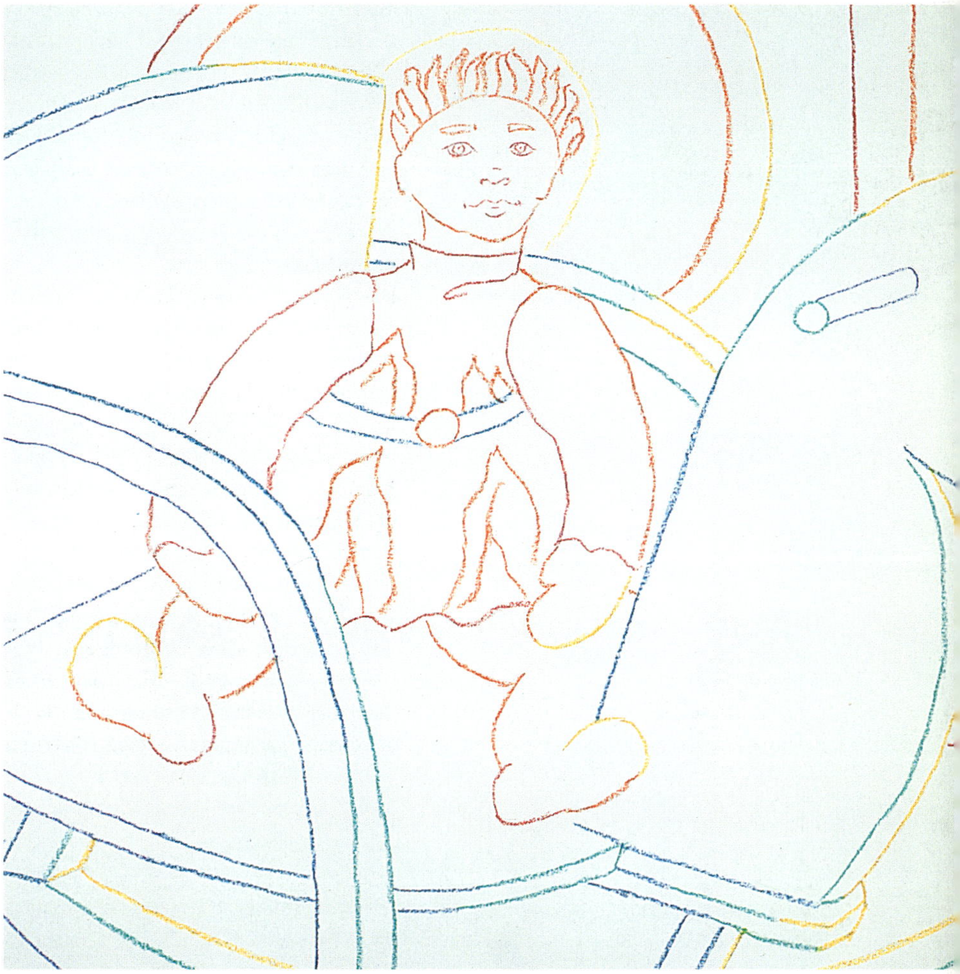

Bild unten:
Ingrid Schmitz: Auf Gomera. 1996, Ölkreide, 41x60 cm.
Ähnlich wie in der oberen Zeichnung hat Ingrid Schmitz das Bild dadurch interessanter gestalten wollen, dass sie die Farbe der Ölkreidestriche variiert und die Linien darüber hinaus zum Teil spielerisch wiederholt hat. Obwohl die Notwendigkeit dazu nicht in gleichem Maße besteht, da sich das Motiv dieser Zeichnung – mit seinen vielen Einzelformen (in der Vegetation) und der ausgeprägten Binnenkontur (vor allem im Mauerwerk) – sehr viel mehr für eine reine Umrisszeichnung eignet.

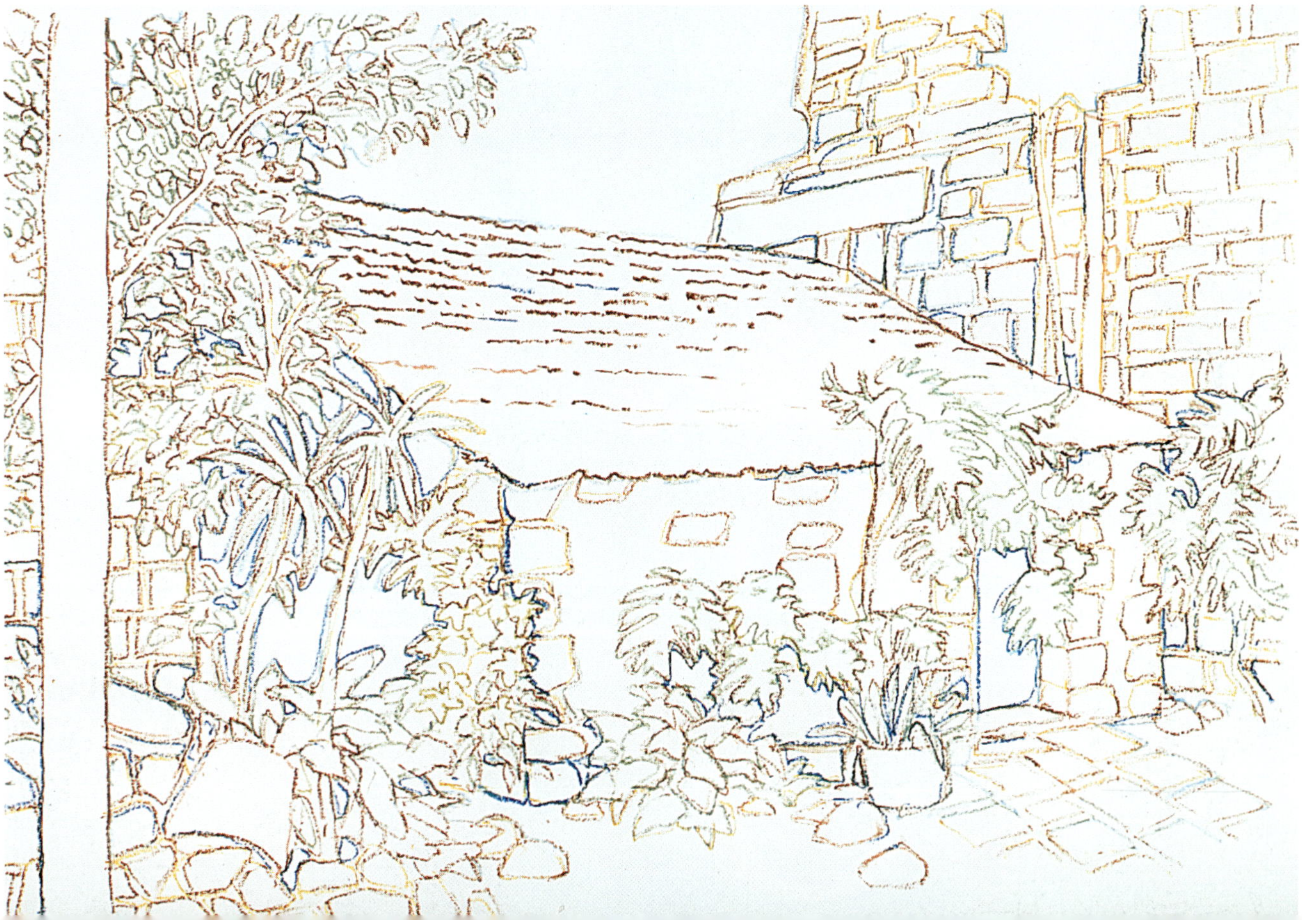

Das Repertoire erweitern

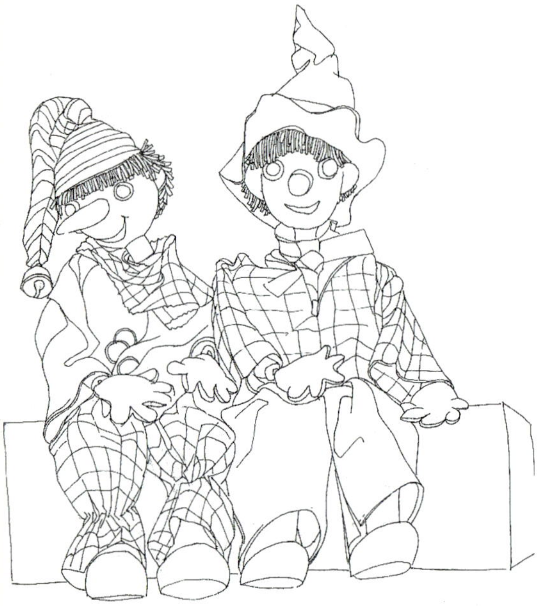

Helge Maria Wandel: Marionetten. 1997, Fineliner, 50x40 cm.

Helge Maria Wandel: Marionetten. 1997, Bleistifte, 40x50 cm.

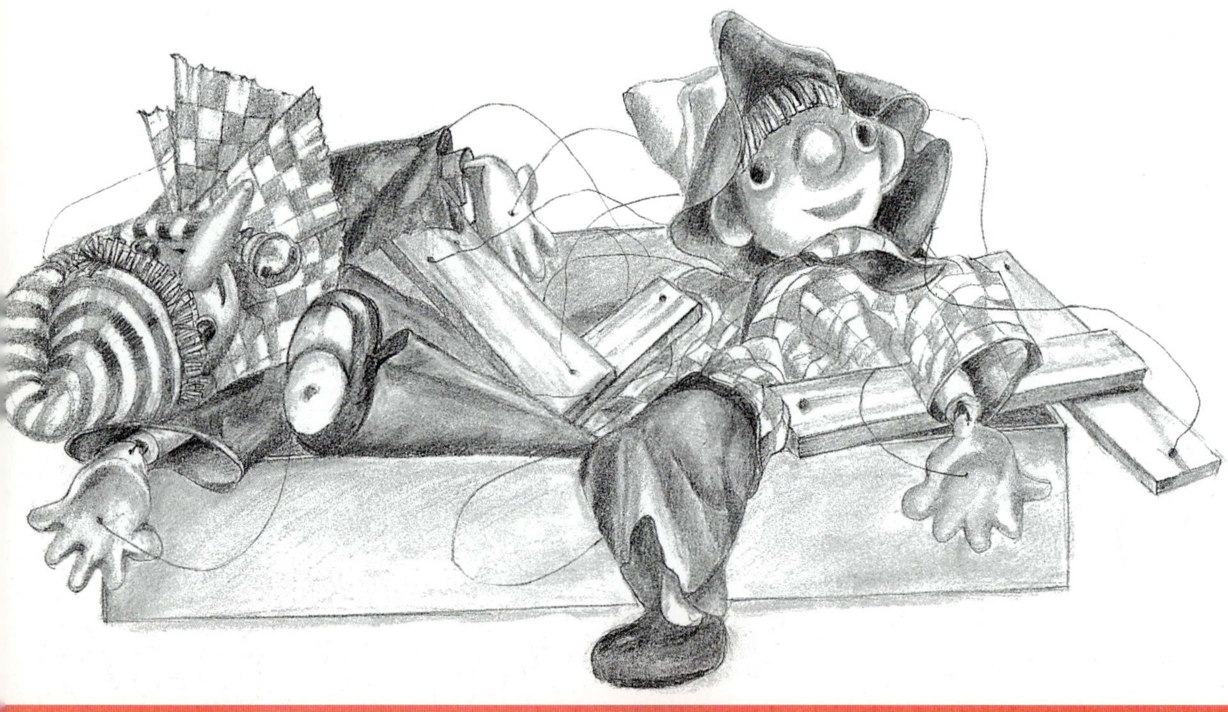

Jedes Motiv ist, wenigstens im Prinzip, ein gleichwertiger Malanlass. Aber nicht jedes sollte auf die gleiche Art und Weise bearbeitet werden. Allzu oft ist zu beobachten, dass es offenbar in erster Linie nur darum geht, aus jedem Motiv ein gefälliges Bild(chen) zu machen: ein nettes Stillleben, eine bezaubernde Landschaft, ein hübsches Gebäude, ...

Kunst ist mehr als oberflächliche Dekoration. Kunst ist Ausdruck, der den Dingen innewohnt und Ausdruck dessen, was Sie beim Anblick der Dinge empfinden. Kunst ist auch Gestaltung jenseits der bloß nachgemachten Realität. Jedes Motiv, jede Situation, jedes Gefühl ist anders, ist neu. Gestalterisch fordern sie dementsprechend auch jeweils eine völlig andere Herangehensweise. Dazu benötigen Sie ein möglichst umfangreiches Repertoire an gestalterischen Möglichkeiten. Die einengende Klischeevorstellung eines persönlichen Stils ist ein fatales Missverständnis! Auf jeden Fall, solange die Einengung Ausdruck von Nichts-anderes-Können ist. Erst wenn Sie die Fülle der gestalterischen Möglichkeiten kennen und sie halbwegs „im Griff" haben, sind Sie in der Lage, sich angemessen für eine bestimmte gestalterische Herangehensweise zu entscheiden.

So einleuchtend derartige Gedanken sind: nur dadurch, dass Sie sie gedacht haben, sind Sie noch nicht in der Lage, künstlerisch souveräner zu arbeiten. Auch wenn Sie sich auf neue Dinge einlassen oder neue, andere Herangehensweisen erproben, müssen Sie davon ausgehen, dass zuerst einmal „Murks" dabei herauskommt. Bitte probieren Sie aus, produzieren Sie „Murks", anders lernen Sie es nämlich nicht! (Auch nicht dadurch, dass Sie dieses Buch nur lesen. Sie müssen die Dinge praktisch nachvollziehen.)

Sie wissen inzwischen, welche Möglichkeiten, „Fähigkeiten" und andererseits Grenzen die unterschiedlichen zeichnerischen Grundtechniken haben.

Selbstverständlich haben auch die „reinen" Verfahren Spielräume. So lässt sich ein Strich natürlich malerisch variieren und verarbeiten oder bewegter, heftiger und ausdrucksstärker gestalten. Sie sollten aber (zunächst oder nebenher) die Grundtechniken erlernen. Der freie Umgang mit dem Material und den Techniken überzeugt nur dann, wenn er eine Überwindung der Grundverfahren darstellt, wenn Sie diese Dinge praktisch hinter sich gelassen haben. Es wirkt fast immer wenig überzeugend, wenn Sie das Nicht-Verstandene und Noch-nicht-Gekonnte nur umgehen. Großzügig können Sie erst dann sein, wenn Sie auch etwas zum Verschenken in der Tasche haben!

Wege von der Zeichnung zur Malerei

Der Übergang von grafischen zu malerischen Verfahren bedeutet eine veränderte gestalterische Akzentuierung. Sie werden in diesem Kapitel unterschiedliche Methoden kennen lernen, wie sich mit zeichnerischen Elementen malerische Bildwirkungen erzielen lassen.

Zeichnen und Malen – eine Definition

Die Klärung des Unterschieds zwischen zeichnerischen und malerischen Verfahren geschieht hier nicht im Interesse einer wertenden Gliederung. Also weder in dem Sinne, dass malerische Techniken als die künstlerisch bedeutsamere eingestuft werden als grafische, noch als Rechtfertigung einer methodischen Aufeinanderfolge (nach dem – unzutreffenden – Rezept: bevor man malen will, muss man zuerst zeichnen können). „Zeichnen heißt, Striche auf eine Fläche aufbringen", schreibt Walter Koschatzky in seinem Buch „Die Kunst der Zeichnung". Tatsächlich hat der Unterschied zwischen Zeichnen und Malen nichts mit der Frage danach zu tun, ob ein Bild einfarbig oder mehrfarbig ist. Der wesentliche Unterschied liegt darin, dass eine Grafik aus Linien und, als den kleinsten Einheiten von Linien, aus Punkten besteht. Malerei dagegen besteht aus Flächen und Flecken, den kleinsten Einheiten von Flächen. Da es breite Linien gibt, die bereits Flächen sind, und Punkte, die so groß sind, dass sie den Charakter von Flecken haben, ist die Frage jedoch nicht immer ganz einfach zu beantworten. Sie muss erweitert werden: es geht eher um die Wirkung der gestalterischen Elemente. Macht das Bild also eher einen malerischen oder einen grafischen Eindruck?

Übergangstechniken: Verwischen, Verwaschen, Verdichten

Verfahren, mit denen Techniken und Materialien, die im Grunde zeichnerischer Natur sind, malerischen Charakter bekommen, nenne ich „Übergangstechniken". Sie ermöglichen den Übergang von zeichnerischen zu malerischen Wirkungen. Es gibt drei Verfahren: Das Verwischen, das Verwaschen und das Verdichten. Allen ist gemein, dass die Zeichnung entweder aufgelöst wird, oder dass durch starke Verdichtung der Eindruck entsteht, als hätte sie sich in eine Fläche verwandelt.

Unter Verwischen kann sich jeder etwas vorstellen. Jeder hat schon einmal eine Bleistift- oder Farbstiftzeichnung verwischt, um ihr einen eher malerischen Charakter zu geben. Das Verwaschen erfordert bereits mehr Kenntnisse und das geeignete Material: noch feuchte wasserfeste oder wasserlösliche Tusche wird mit Wasser verdünnt oder gelöst und in die Fläche gezogen. Die Verdichtung, also eine enge, dichte oder auch übereinander gelagerte Lineatur, wird am einfachsten in der Schraffur oder freien Lineatur realisiert. Sie ist im Prinzip mit allen grafischen Materialien machbar, also mit Tusche und Feder, mit Bleistift, Farbstift, Pastellkreide, Ölkreide usw.

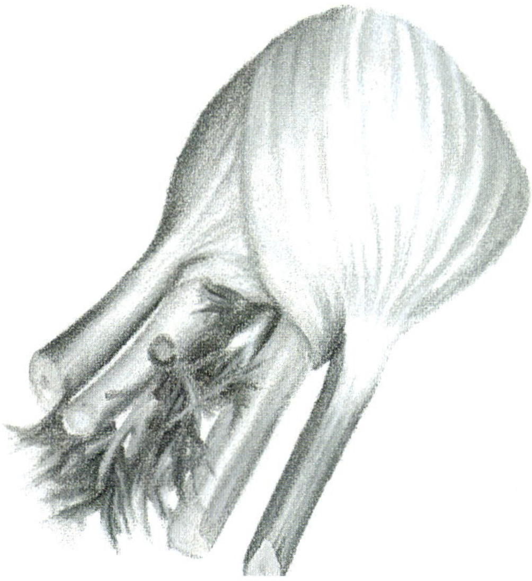

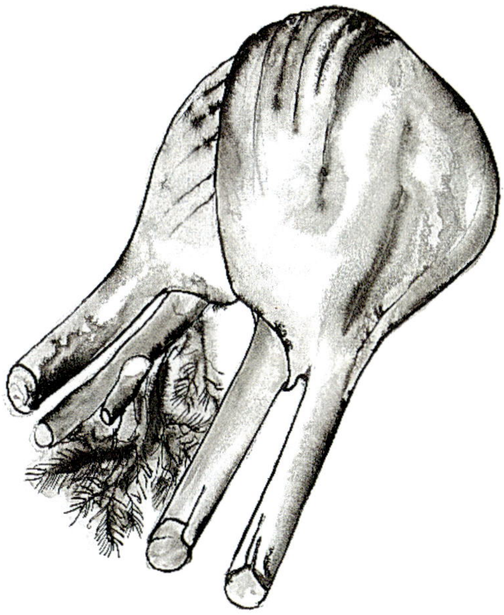

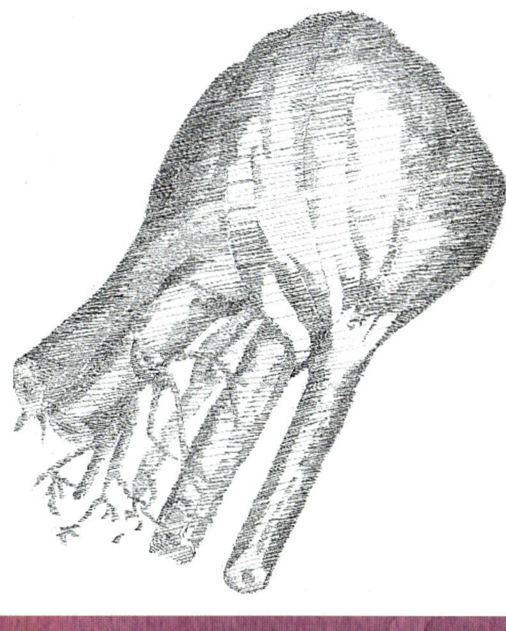

Bilder von oben nach unten:
Bleistift-, Kohle-, Kreide- oder Pastellkreidespuren lassen sich leicht verwischen. Harte Linien werden dadurch malerisch weich, und verdichtete Linien schließen sich zu Flächen.

Beim Verwaschen der Tusche entstehen mehr oder minder gleichmäßige, flächige Verläufe.

Durch Verdichtung vor allem als Schraffur oder freie Lineatur lassen sich malerische, flächige Wirkungen erzielen.

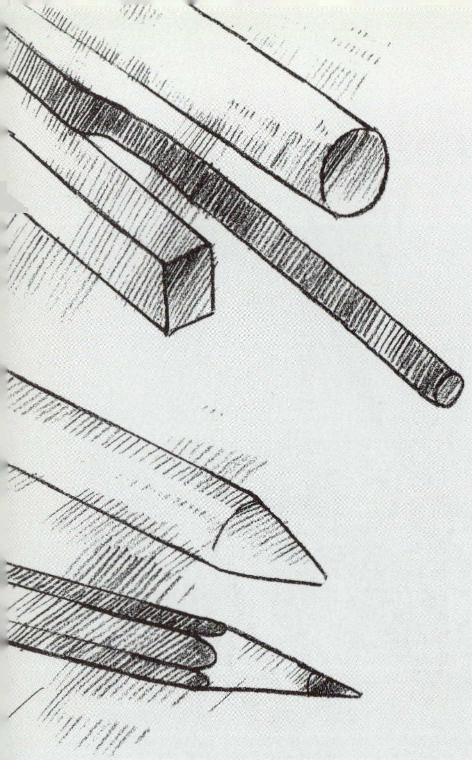

AUFGABE:
Gezeichnetes Verwischen

Diese Technik ist so einfach und verbreitet, dass sie sich praktisch von selbst versteht und nicht weiter erklärt werden muss. Materialien, die sich leicht verwischen lassen, sind insbesondere Kohle, Kreide, Pastellkreide und Bleistift. Zum Verwischen verwendet man je nach Format, Material und gestalterischem Ziel Papierwischer (so genannte „Estompen"), Tücher oder am einfachsten die Finger.

Bei der folgenden Aufgabe geht es nun um die Anwendung dieser relativ einfachen Technik. Das Thema Ihres Bildes können Sie selbst wählen. Beachten Sie aber, dass die Objekte, die Sie abbilden, nicht allzu kleinteilig und differenziert sein dürfen: Verwischen setzt relativ glatte Oberflächen und geschlossene Formen voraus. Als Zeichenmaterial benutzen Sie das, von dem Sie wissen wollen, inwieweit es sich für diese Technik eignet (auf Seite 97 habe ich Ihnen einige geeignete Materialien vorgestellt). Sie können natürlich auch vergleichend die unterschiedlichen Stifte und Kreiden auf ihre Verwischbarkeit hin ausprobieren.

Die Glätte der Papieroberfläche ist für diese Übung sehr wichtig. Ist das Papier zu rau, brechen die verwischten Flächen auf, die Vertiefungen des Materials „blitzen" weiß durch. Ist die Oberfläche dagegen zu glatt, haftet die Farbe, vor allem die Naturkohle ganz schlecht – sie wird praktisch weggewischt und nicht verwischt.

Das Papierformat spielt keine besondere Rolle. Allerdings können Sie, wenn Sie zu kleinformatig arbeiten und dadurch die abgebildeten Objekte sehr winzig werden, vermutlich nicht mehr mit den Fingern verwischen. Sie wischen sonst über die Gegenstände hinweg. Für die kleinformatige Arbeit verwendet man Papierwischer.

Zunächst sollten sie ausprobieren, wie die Stifte und Kreiden auf den unterschiedlichen Zeichengründen verwischt werden können. Die Abbildungen zeigen das Verhalten von Grafitstift, Pitt-Kreide sowie harter und weicher Pastellkreide. Auf dem glatten Papier haften alle Kreiden schlecht, sie werden beim Verwischen nicht bloß gleichmäßig verteilt, sondern zum Teil weggewischt. Auf dem Ingres-Papier wirkt die Farbe erheblich intensiver. Es hat eine mittlere Körnung, die, auch weil das Papier nicht sehr fest ist und die Farbe leichter in die Vertiefungen des Papiers gerät, keine besonders starke Eigenwirkung hat. Auf dem Aquarellpapier (wie auch auf einigen sehr rauen Pastellpapieren) wirkt der Farbauftrag sehr unruhig. Nur die weiche Pastellkreide lässt sich so verwischen, dass damit die Fläche gleichmäßig gefüllt werden kann. Die Farbaufträge wirken insgesamt sehr viel streifiger als auf den anderen Papieren.

Von oben nach unten: Verwischungen auf glattem Papier, Ingres-Papier, Aquarellpapier

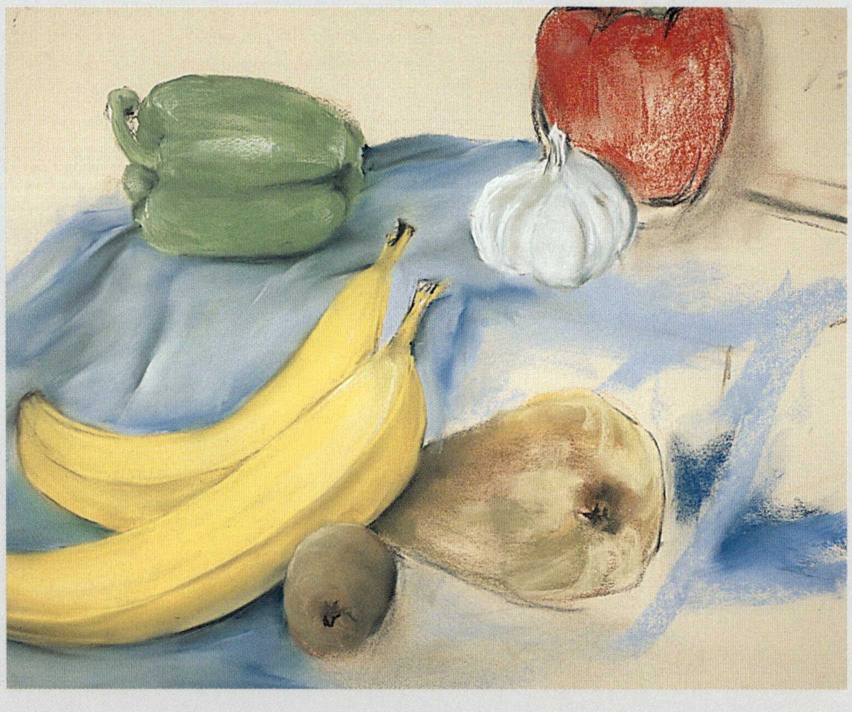

Gabriele Gasch: Maurisches Stadttor in Ronda. 1997, schwarze Pitt-Kreide, 62,5x49 cm.
In Bezug auf die Verteilung der Hell-Dunkel-Werte im Bild gibt es mindestens drei Konzeptionen. Erstens kann man sich an den tatsächlichen Tonwerten der Realität orientieren, zweitens lässt sich damit die Plastizität der abgebildeten Objekte und die räumliche Tiefe der Situation verdeutlichen; und drittens kann man dadurch die Bildfläche rhythmisieren. Die letztgenannte Möglichkeit hat Gabriele Gasch für ihre Kreidearbeit gewählt. Durch die konsequente Verminderung der Intensität in allen Bildteilen von links nach rechts entsteht ein rhythmisches Auf und Ab, eine im wesentlichen flächige Gliederung. Der Reiz des Bildes liegt allerdings darin, dass die starke Hell-Dunkel-Gliederung auch eine eigenartige, fast irritierende Plastizität der Einzelformen hervorruft. Aus dem Zusammenspiel beider Aspekte resultiert seine Wirkung

Bild unten:
Uschi Buchberger: Maschinenteil. 1997, Pastell auf Packpapier, 46x63 cm.
Der dichte, gleichmäßig verwischte Farbauftrag des Pastells ermöglicht weiche Farb- und Tonwertmodulationen sowie homogene Flächengestaltungen. Ein derartiges Bild noch als „Zeichnung“ klassifizieren zu wollen, macht keinen Sinn mehr. Deswegen wird Pastellkreide auch als ein Medium an der Schnittstelle zwischen Zeichnung und Malerei charakterisiert. Selbst bei einem derartigen Motiv – es handelt sich hierbei um die Teilansicht einer Lithopresse – wirkt die Bildlösung malerisch.

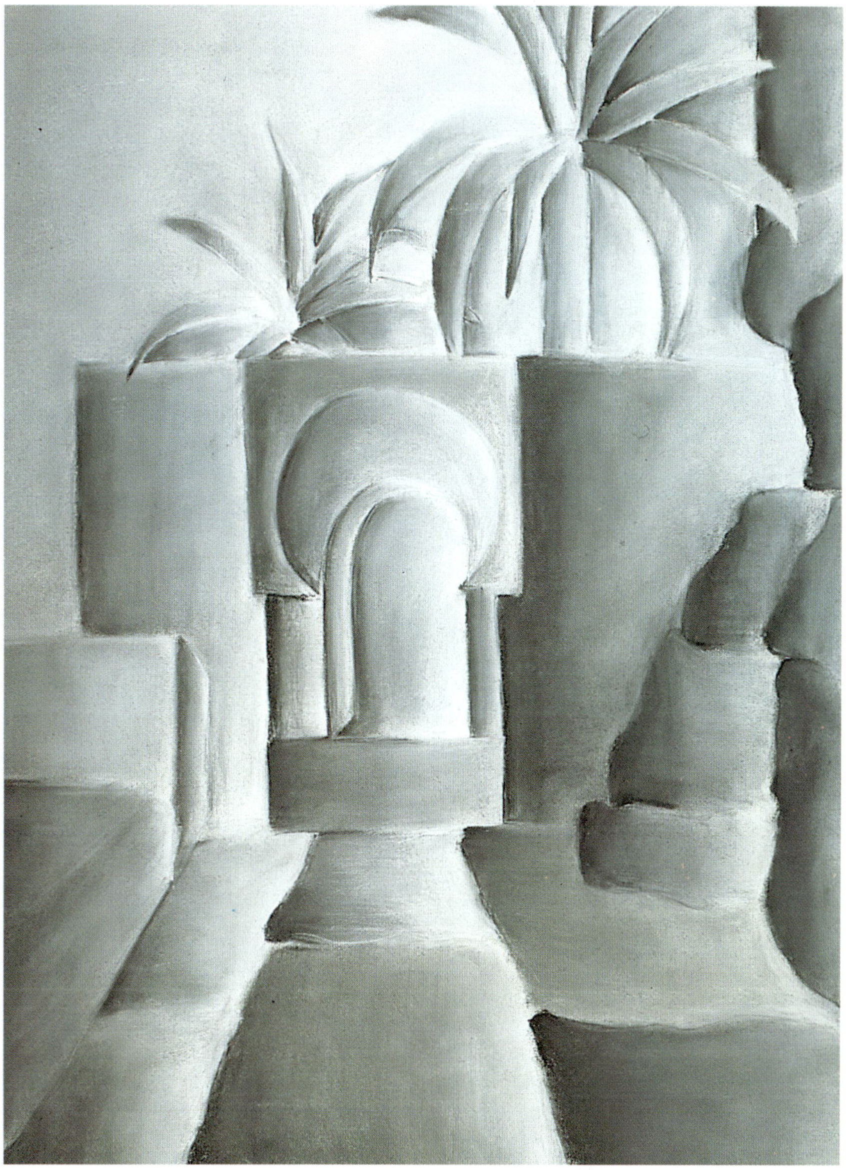

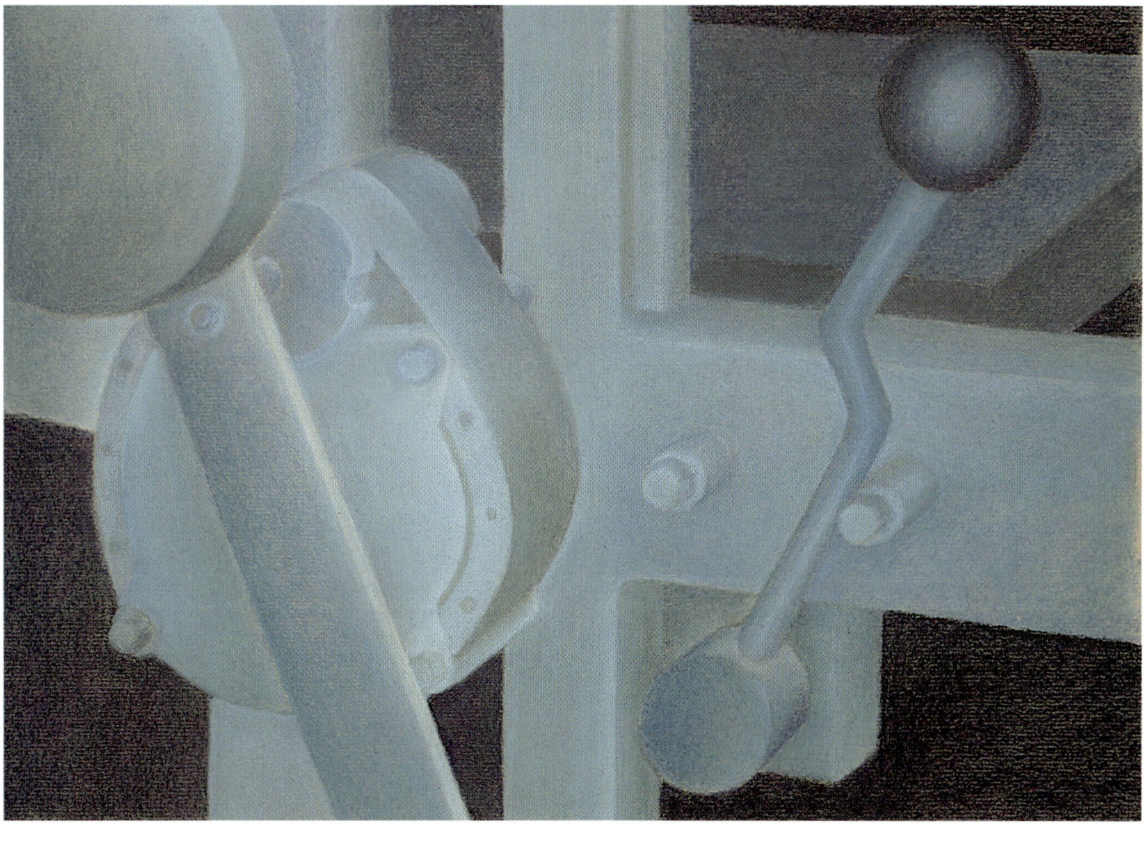

Bild rechts:
Helga Lagemann: Knie. 1997, Kohle auf Ingres-Papier, 63x49 cm.
Kohle lässt sich längst nicht so gut verwischen wie Kreiden oder Pastellkreiden. Oder um es treffender zu formulieren: Kohle lässt sich zu gut verwischen. Sie haftet nur sehr wenig am Untergrund und wird dadurch leicht weggewischt statt verwischt. Verwischungen schaffen im Idealfall gleichmäßige, weiche Übergänge und damit sanfte Hell-Dunkel-Modulationen, die wiederum einen plastisch-räumlichen Eindruck vermitteln.

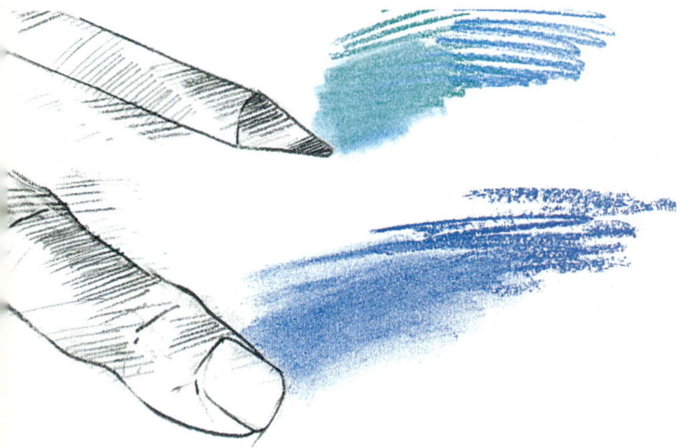

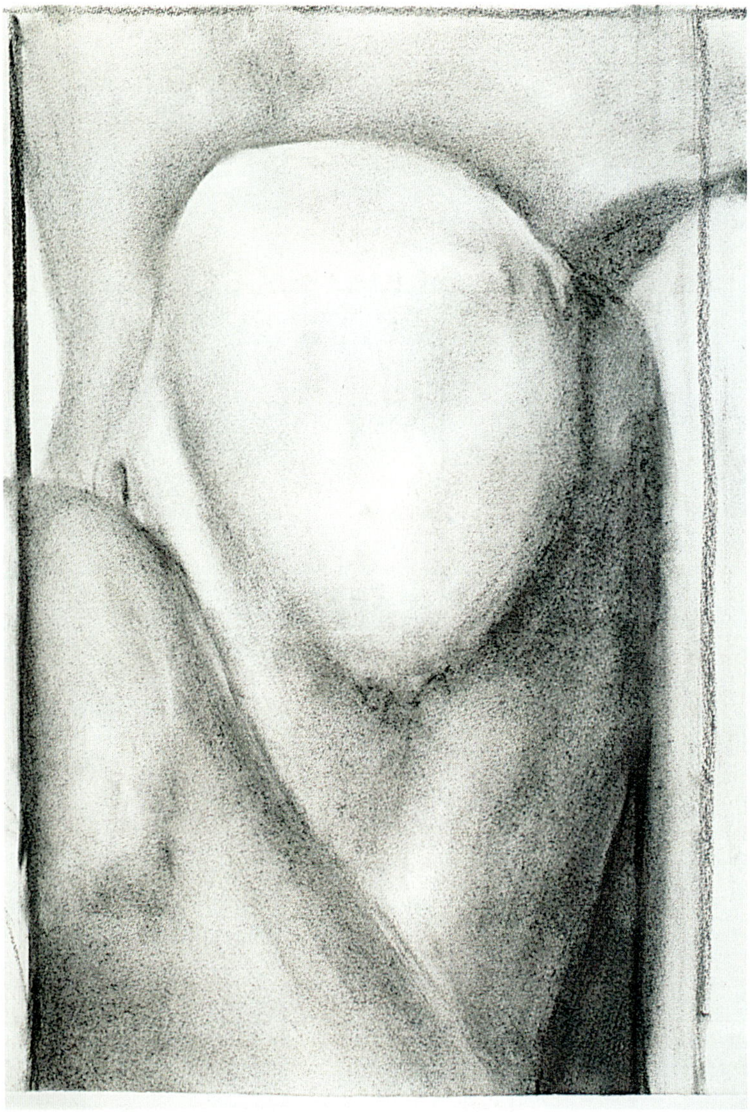

Die skizzenhafte Arbeit, unten, wurde mit holzgefassten Pastellstiften gezeichnet. Solche Stifte eignen sich besonders für kleine oder kleinteilige Abeiten. Weil dann vermutlich auch die Finger zum Verwischen zu dick sind, werden Papierwischer („Estompes") benutzt.

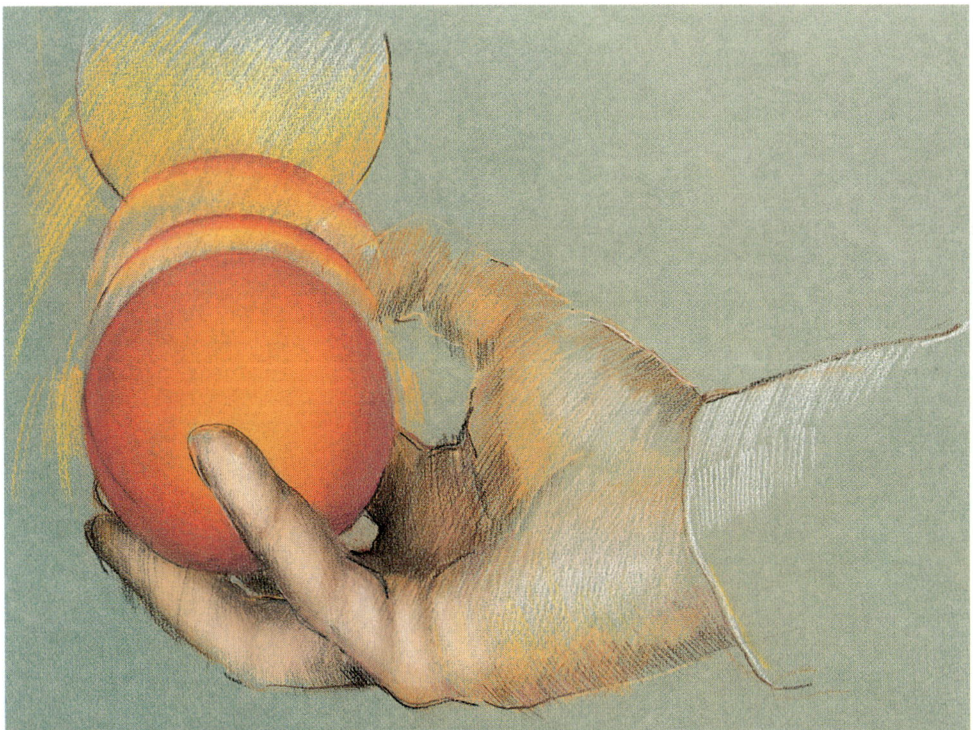

Bild Seite 101:
Helga Lagemann: ohne Titel. 1997, Reißkohle und graue Pastellkreide auf Ingres-Papier, 63x49 cm.
Neben der Möglichkeit, plastische und räumliche Dinge zu definieren, lassen sich durch Verwischungen manche Materialien und Oberflächen sehr gut gestalten. Die glänzende Lederjacke wirkt fast begreifbar naturalistisch, ihre Plastizität und Materialeigenschaft wirken in hohem Maße präsent.

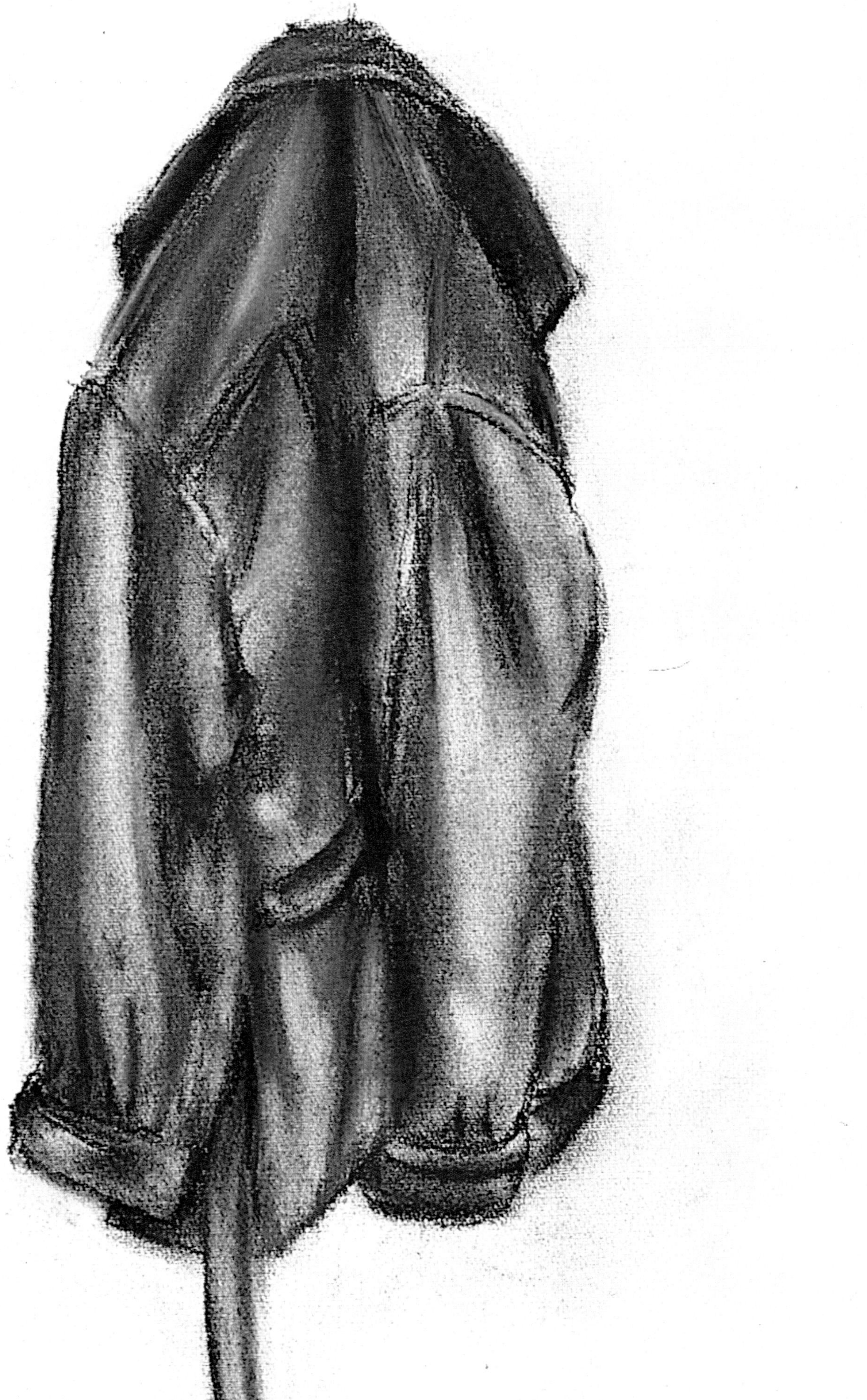

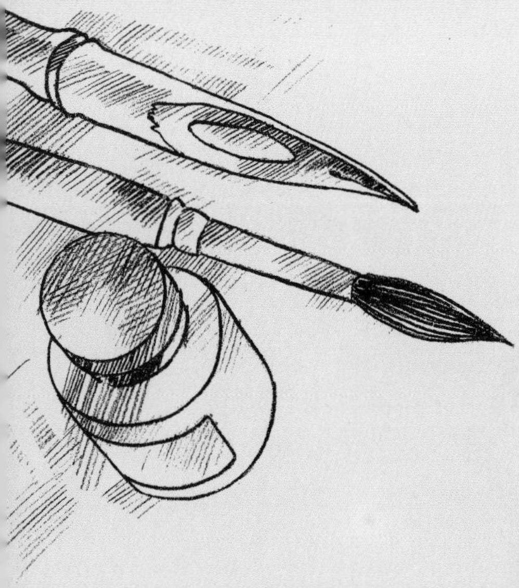

AUFGABE:
Gezeichnetes Verwaschen

Noch nicht aufgetrocknete wasserfeste oder wasserlösliche Tuschen lassen sich verwaschen. Der Kunstwissenschaftler spricht von „Lavieren“. Lavierungen sind in der Regel recht effektvoll und leicht zu erlernen. In beidem liegt eine gewisse Gefahr. Belanglose Federzeichnungen können auf diese Art „aufgepeppt“ werden. Damit wird das Bild nicht besser, es „wirkt“ nur auf den ersten Blick besser.
Bevor Sie sich an anspruchsvollere Motive machen, sollten Sie zuerst ausführlich die Möglichkeiten von Lavierungen erproben.

Vorübungen

Ich empfehle Ihnen für die folgenden Übungen festes, glattes Zeichenpapier, Federzeichenpapier oder möglichst glattes Aquarellpapier (auf rauem Papier „läuft“ die Feder nicht gut). Auf jedem Material verläuft die Farbe anders. Ist das Papier zu schlecht, dringt die Farbe in den Untergrund ein und kann praktisch nicht mehr verlaufen.

Für die Übungen kleben Sie das Papier mit Kreppband auf dem Tisch oder einer Platte fest. Wenn Sie später überzeugendere Ergebnisse erwarten, sollten Sie das Papier nass mit Leimklebeband aufspannen (siehe Seite 39). Nun erproben Sie die Möglichkeiten:
Zeichnen Sie beispielsweise Linien – am besten mit einer Rohrfeder und Tusche -, an denen Sie dann mit einem mehr oder minder nassen Pinsel entlangfahren. Benutzen Sie dazu billigere Pinsel, da die Tusche meist nicht wasserlöslich ist. Lassen Sie die Verläufe sich dann unbeeinflusst entwickeln, sie verlieren sonst an Reiz. An einer anderen Stelle feuchten Sie das Papier mit mehr oder weniger viel Wasser an und ziehen Sie Linien durch die feuchten und nassen Flächen oder setzen Sie Punkte hinein. Spritzen und kleckern Sie Tusche in diese Flächen und dann vielleicht auch wieder klares Wasser in die Tuschverläufe usw., probieren Sie alle Möglichkeiten aus, die Ihnen einfallen!

Verwaschene („lavierte“) Tuschelinien können sehr unterschiedliche Erscheinungsformen haben: sie können, wenn man mit dem wassergefüllten Pinsel mehrmals korrigierend in den Verlauf eingreift, relativ gleichmäßige Farbübergänge zeigen; unbeeinflusst entwickeln sie dagegen interessante, manchmal bizarre oder wilde, zerrissene oder weggeflossene Formen.

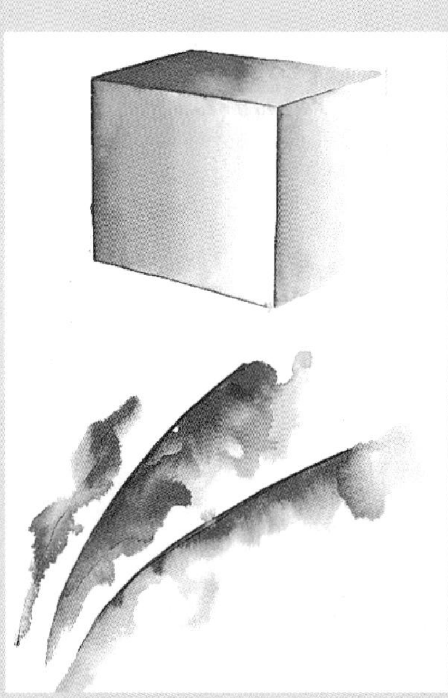

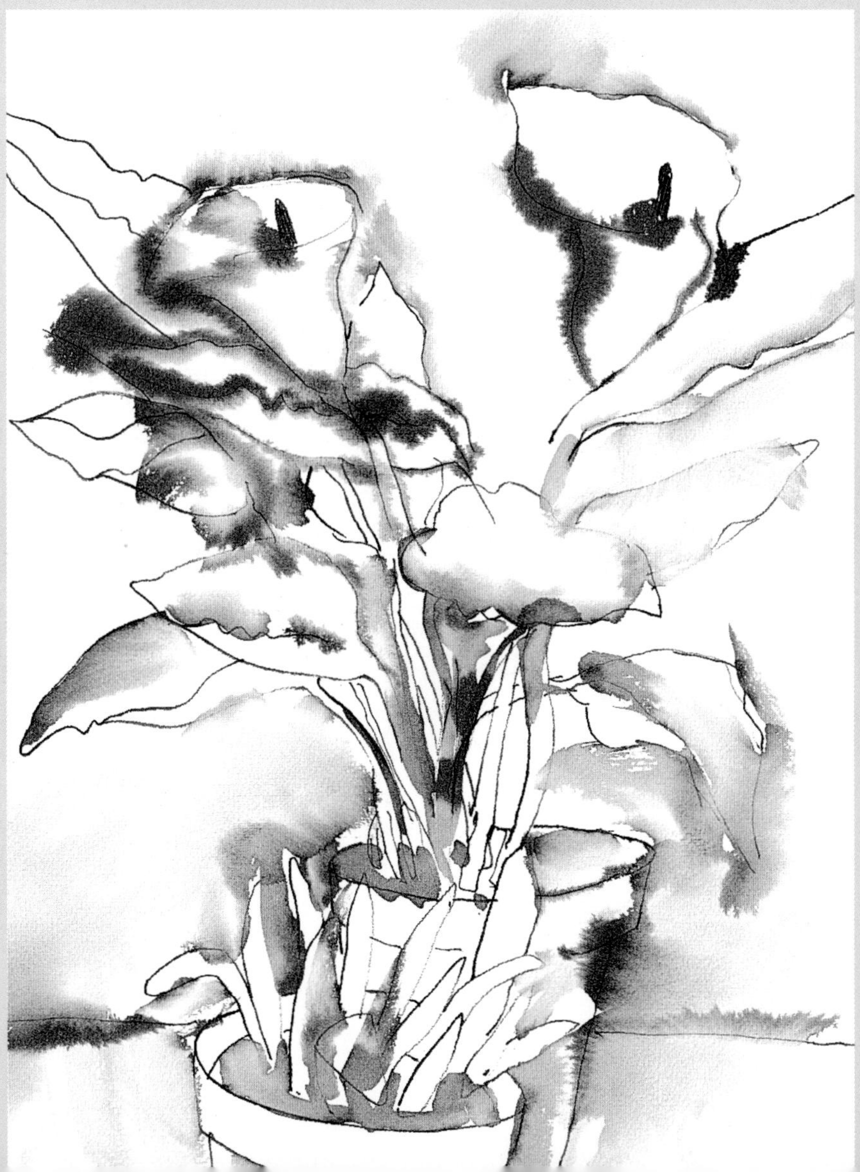

Der Reiz lavierter Federzeichnungen liegt ganz wesentlich in der Kontrastwirkung von nicht verwaschenen Linien und den unterschiedlichen Erscheinungsformen der Verläufe. Die Schwierigkeit besteht darin, das Fließen der Farben so zu beeinflussen, dass die Übergänge nicht leblos und flach erscheinen, trotzdem aber – in etwa – in die richtige Richtung, der gewünschten Intensität und der geplanten Form verlaufen. Aber auch diese Vorgänge sind, jedenfalls weitgehend, erlernbar.

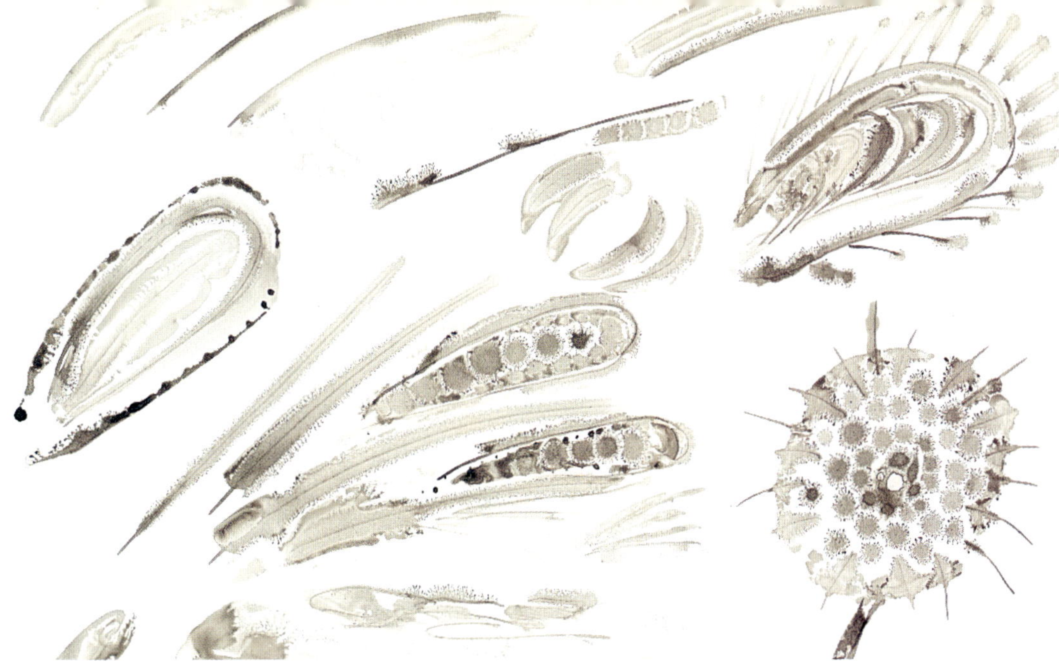

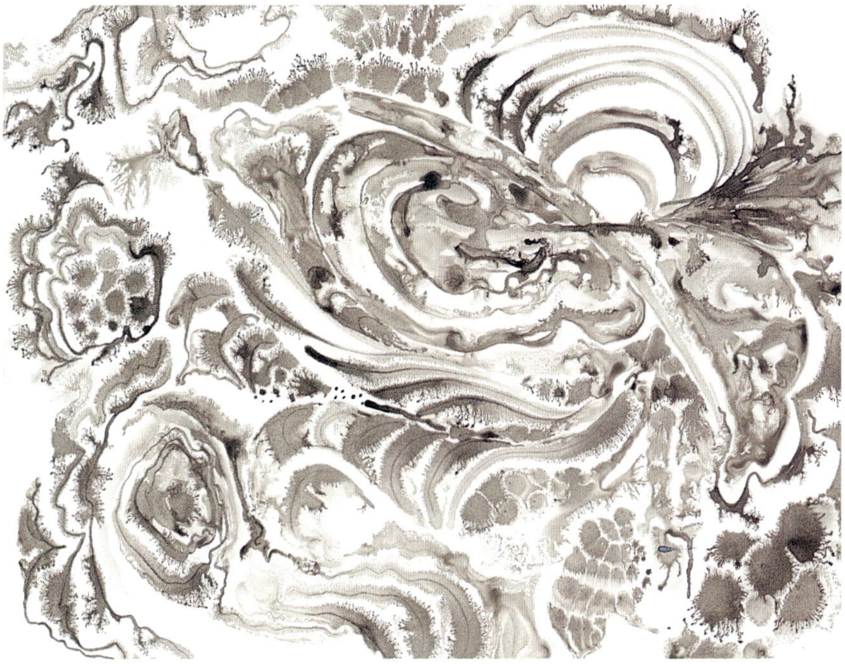

Bei den Vorübungen geht es ja in erster Linie um die Erprobung dessen, was entsteht. Stellen Sie Ihre gestalterischen Absichten, Ihre Vorstellungen von geplanten Bildern oder Bildelementen zurück. Lassen Sie sich vielmehr darauf ein, was passiert. Die Verläufe der Tusche (oder Tinte) sollten sich ungestört entwickeln. Mischen Sie sich nicht allzu sehr ein, die Ergebnisse werden sonst müde und ausdruckslos.
Probieren Sie unterschiedliche Papiere und Tuschen aus. Stark geleimte, glatte Papiere bedingen höchst interessante Verläufe, und auch mit unterschiedlichen Aquarellpapieren lohnt das Experimentieren. In Gegenden, in denen der Kalkgehalt des Leitungswassers sehr hoch ist, sollte vergleichsweise auch mit destilliertem Wasser gearbeitet werden – die Ergebnisse werden sich sehr deutlich voneinander unterscheiden.

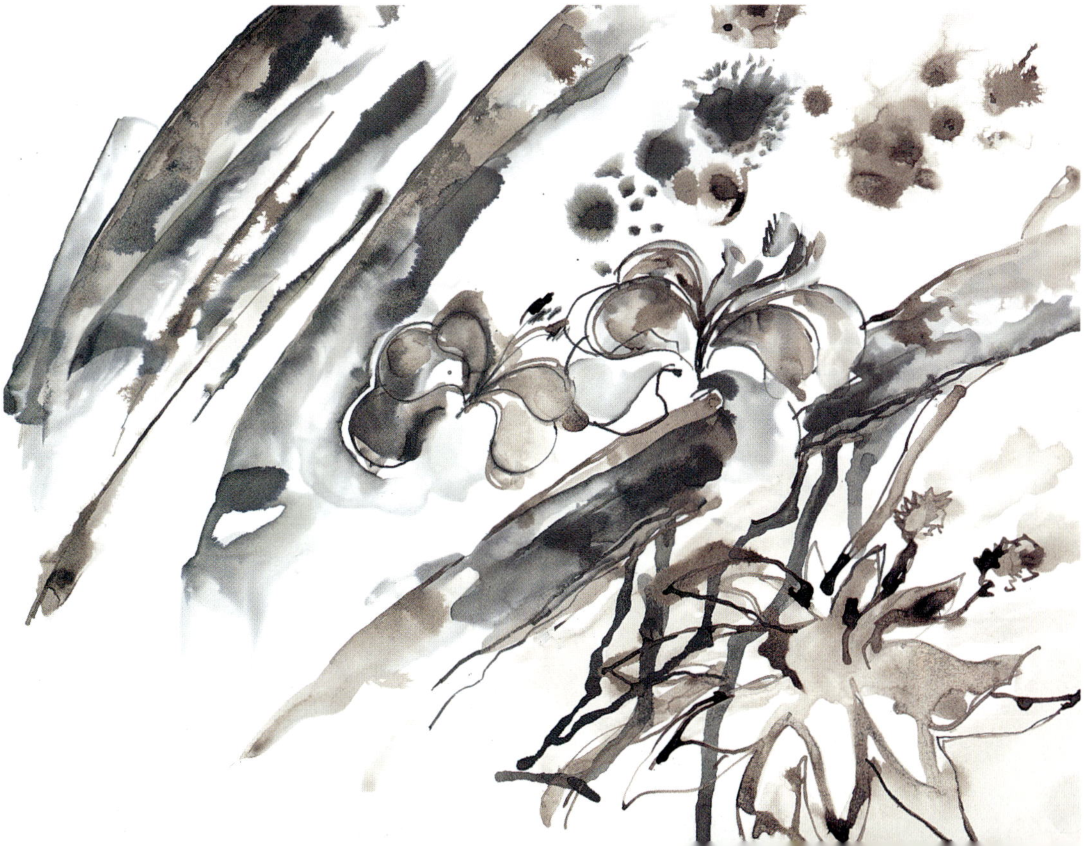

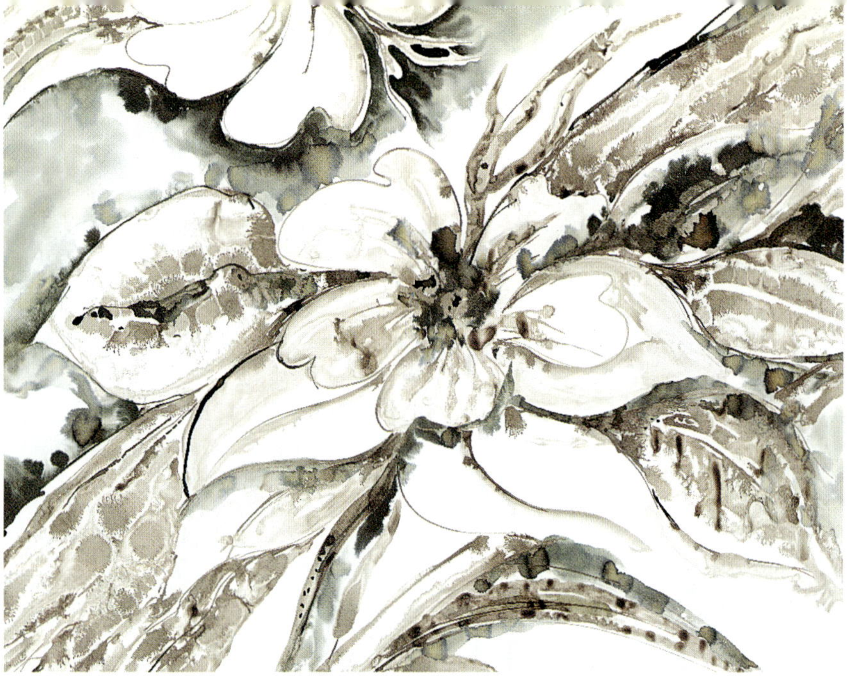

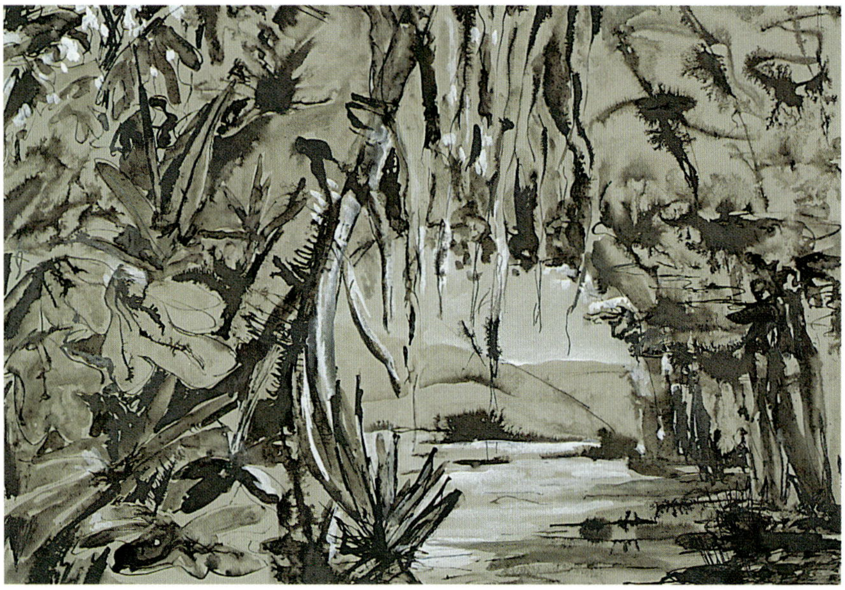

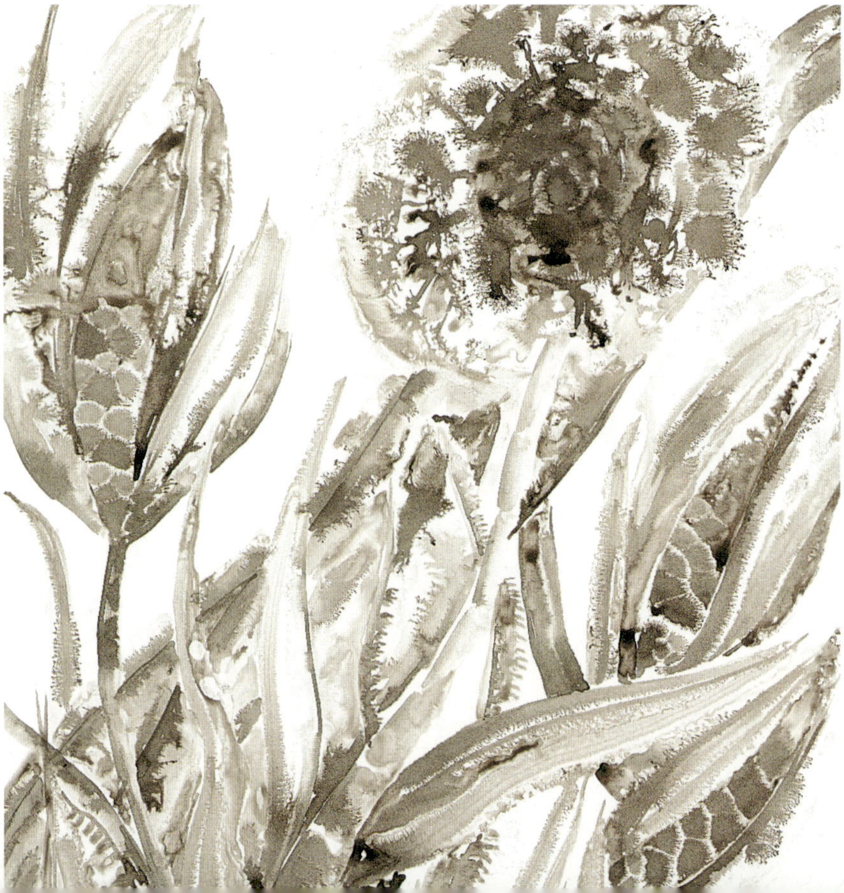

„Tropische Vegetation „

Das Bildthema „Tropische Vegetation" lässt zweifellos viele Dinge, die Sie beim Ausprobieren herausgefunden haben, als thematisch stimmige Objekte erscheinen: Blütenteile, Luftwurzeln, Samenkapseln, wild Wucherndes, Keimendes, sich Zersetzendes, ...
Machen Sie aber bitte keine „Bildchen" aus diesem Thema, sondern gehen Sie großzügig mit der Technik und den sich daraus entwickelnden Formen um. Versuchen Sie nicht zu sehr, Ihre vorgestellten Bilder durchzusetzen, bleiben Sie offen für Dinge, die sich aus der Technik heraus entwickeln. Beachten Sie, dass zügig gearbeitet werden muss, da die Tusche relativ schnell wasserfest auftrocknet.
Für das Material gelten ansonsten die Hinweise, wie Sie sie bei den Vorübungen auf Seite 102 finden.

Bildlösungen

Bilder von oben nach unten:
Karin Kuthe: Tropische Vegetation. 1996, Rohrfeder und Bister und schwarze Tinte, laviert, 40x50 cm.
Stärker als das Bild ganz unten lebt diese Zeichnung von der Hell-Dunkel-Gliederung der Bildelemente. Zur Verstärkung dieses Kontrastes wurde hier zusätzlich mit schwarzer Tinte gearbeitet, die beim Lavieren in reizvolle gelb-blau-violette Anteile zerfließt. Allerdings muss berücksichtigt werden, dass Tinte nicht sonderlich lichtbeständig ist.

Dr. Katharina Schack: Tropische Vegetation. 1993, Rohrfeder und Tusche und Deckweiß, laviert auf grauem Karton, 50x70 cm.
Die „tropische Vegetation" ist in diesem Bild sehr viel komplexer angelegt. Ein Blick in die Tiefe vermittelt das Gefühl, selbst Teil des Szenarios zu sein. Geschickt ist der mittlere Tonwert des grauen Papiers als Gegenstandsfarbe eingesetzt, deren Tiefen und Höhen durch Tusche und Deckweiß ergänzt werden. Die Effekte des Lavierens, sind hier allerdings erheblich sparsamer eingesetzt.

Karin Kuthe: Tropische Vegetation. 1996, Rohrfeder und Bister, laviert, 48,5x34,5 cm, Ausschnitt.
Diese Zeichnung zeigt sehr deutlich die Wirkung des Lavierens, das heißt die unmittelbare Ausschöpfung der technischen Möglichkeiten des freien Verlaufs der Tusche im Wasser. Die Effekte, die sich dabei ergeben, sind es dann auch, die – abgesehen davon, dass das Format gut gegliedert ist – den Reiz dieses Bildes ausmachen und wild wuchernde „tropische Vegetation" sinnlich nachvollziehbar machen

Ein Landschaftsmotiv

Eine „normale" Landschaftszeichnung kann natürlich nicht die Fülle der Effekte ausschöpfen wie das vorherige Thema. Trotzdem ermöglicht die Technik auch hier den Übergang von zeichnerischen zu malerischen Wirkungen. Als methodische Varianten können Sie auch bei dieser Aufgabe farbiges Papier und zusätzliche Farben – nicht nur Tusche oder Deckweiß – verwenden. Als Vorlage verwenden Sie der Einfachheit halber eine Fotografie, ein Kalenderblatt oder eine Buchabbildung. Natürlich können Sie auch direkt in der Landschaft arbeiten. Da es sich bei dieser Aufgabe aber in erster Linie um eine handwerklich-technische Übung handelt, reicht es aus, eine relativ beliebige Vorlage zu verwenden. Für das sinnvollerweise zu verwendende Material gelten ansonsten die Hinweise, wie Sie sie bei den Vorübungen auf Seite 102 finden.

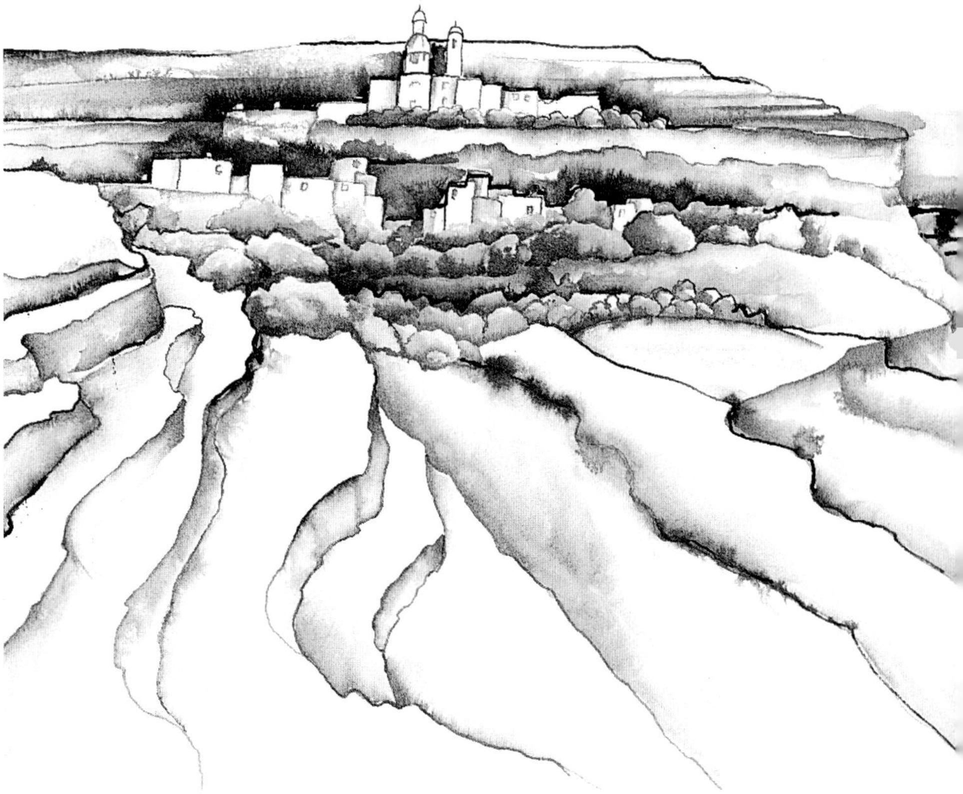

Bildlösungen

Bild oben:
Karin Kuthe: Auf Malta. 1997, Rohrfeder, Bister und schwarze Tusche, laviert, 30x40 cm.
Die obere Zeichnung umfasst praktisch das gesamte gestalterische Repertoire der lavierten Federzeichnung. Das sind: die klare, eindeutige Linie (mit allen ihren Variationsmöglichkeiten), die freien, schwer zu steuernden Lavierungen, die gleichmäßigen Farbverläufe sowie (bei Verwendung von rauerem Papier) aufgebrochene Linien und Flecken. Formal führen diese Möglichkeiten zu kraftvollen Hell-Dunkel-Kontrasten, weichen Übergängen und zu linearen und flächigen Wirkungen.

Bild unten:
Ulrike Lampe: Estellenchs. 1996, Rohrfeder und Tusche, laviert, 58,5x41 cm.
Ohne die Qualität der Bilder auf Seite 104 in Frage stellen zu wollen, muss bei der Bearbeitung eines Landschaftsmotivs berücksichtigt werden, dass es dabei nicht ausreicht, spielerische Effekte aneinanderzureihen.
Trotz des zusätzlichen Reizes der Verläufe gelten bei dieser Aufgabe die gleichen gestalterischen Ansprüche, wie an andere Bilder auch. Diese Zeichnung zeigt einen Blick in die Weite einer abfallenden Landschaft mit eng parzellierten Gärten, mit Baum- und Buschreihen, kantigen Gebäuden im Vordergrund und dem Meer in der Ferne. Zarte lasurartige Verwaschungen wechseln mit kräftigen Verläufen und völlig unbearbeitete Flächen kontrastieren mit kleinteiligen Strukturen.

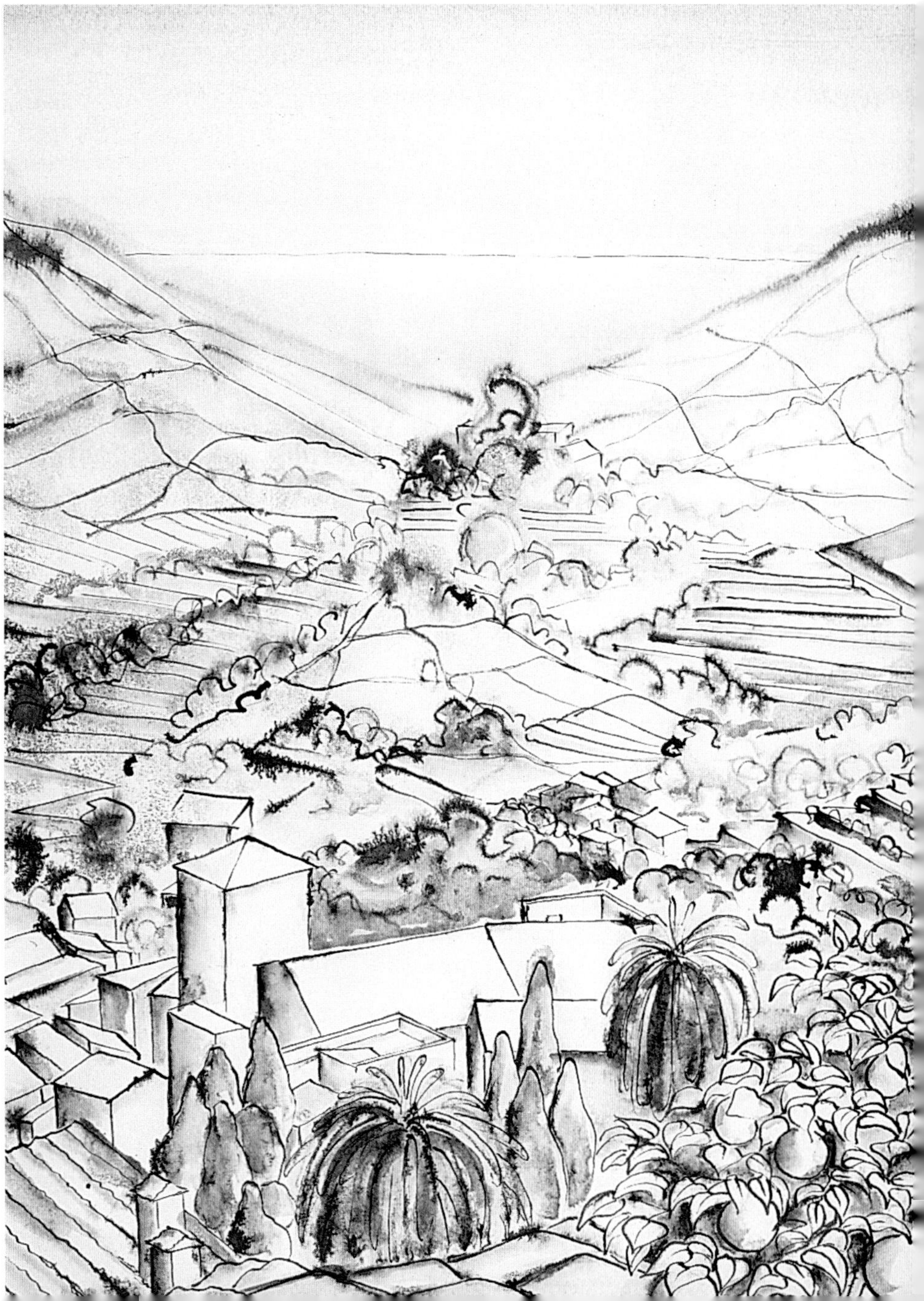

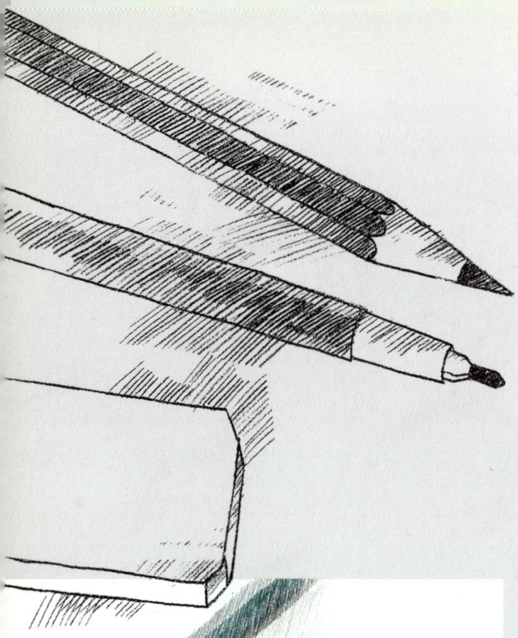

AUFGABE:
Gezeichnetes Verdichten

Je dichter die Strichlagen der eigentlich grafischen Materialien liegen, desto eher entsteht der Eindruck eines „malerischen" Bildes. Schraffuren und das, was ich als freie Lineaturen bezeichne, bieten sich dabei besonders an.

Bei dieser Aufgabe sind Sie bei der Motivwahl vollkommen frei. Allerdings sollte es nicht zu kleinteilig und differenziert sein, weil verdichtete Lineaturen ihrem Charakter entsprechend keine Details wiedergeben können. Ansonsten können Sie sich ein Stillleben aufbauen, eine Fotovorlage verwenden, sich in die Landschaft setzen, Sie können auf diese Art ein Porträt oder einen Akt zeichnen. Es gibt keinerlei thematische Begrenzungen. Wichtig ist, dass Sie die einmal gewählte Art des Farbauftrags (also zum Beispiel die Schraffur oder die freie Lineatur) konsequent durchhalten. Und das erfordert, vor allem bei größeren Formaten, schon ein hohes Maß an Arbeitsintensität. Sie können mit einem Bleistift, holzgefassten Farbstiften, mit allen möglichen Kreiden, mit Öl-, Wachs- oder Pastellkreiden arbeiten (obwohl vor allem die Pastellkreiden sehr leicht verwischen, und hier geht es ja nur um Verdichten, nicht um Verwischen). Dem Zeichenmaterial entsprechend wählen Sie sich das Papier aus. Dabei gilt, dass die Papieroberfläche um so glatter und härter sein sollte, je härter der Stift oder die Kreide ist. Auch das Papierformat richtet sich nach dem gewählten Zeichenmaterial: je feiner der Strich, desto kleiner das Format.

Überfordern Sie sich nicht durch Farbstiftzeichnungen im Format DIN A1. Aber auch eine Wachskreidearbeit im A4-Format ist nicht stimmig (es sei denn, Sie spitzen die Kreide immer wieder an – was aber auch nicht unbedingt Sinn macht).

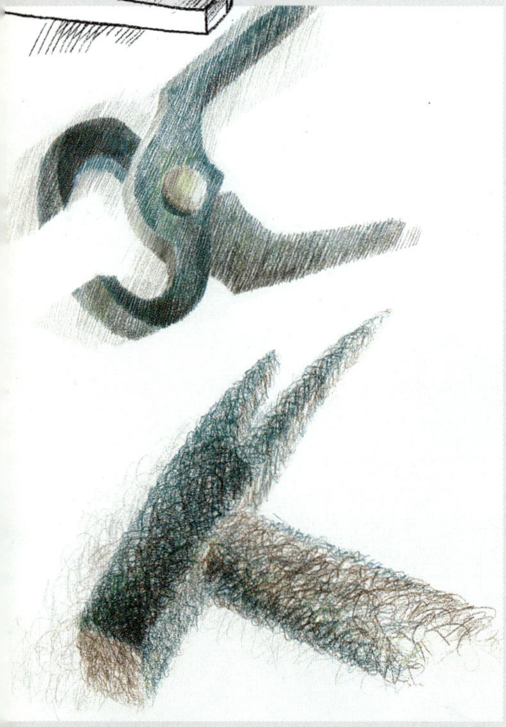

Vor allem die Schraffur und viele Arten der freien Lineatur eignen sich für die malerische Verdichtung. Allerdings besteht auch hier ein unmittelbarer Zusammenhang von Technik und Inhalt oder Thema. Für die Darstellung von klar begrenzten, konkreten Formen – wie hier das Werkzeug – ist die Schraffur zweifellos die geeignetere zeichnerische Technik. Eine rundlich schwingende, fließende Lineatur ist kaum geeignet, den Charakter solcher Gegenstände angemessen wiederzugeben.

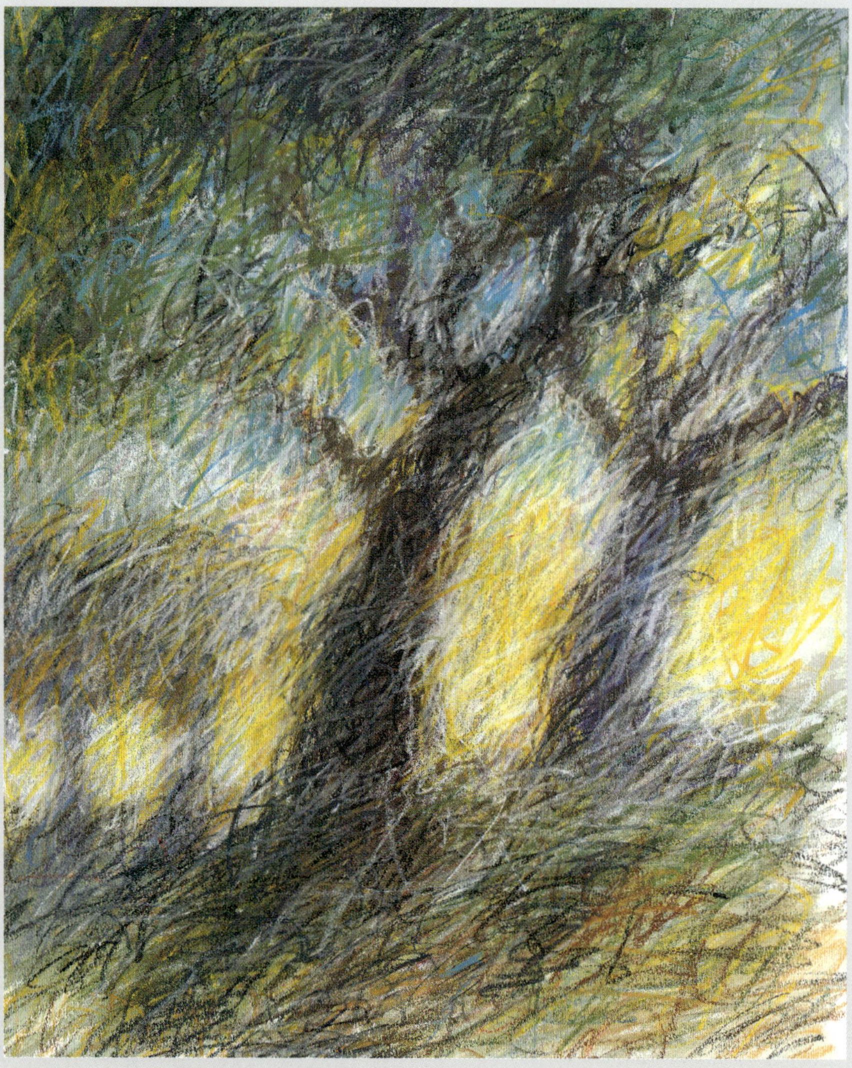

Ingrid Schmitz: Bäume im Gegenlicht. 1992, Ölkreiden, 50x40 cm.
Die freie Lineatur bietet sich vor allem für stimmungsvolle malerische Motive an. Für atmosphärische Landschaftsbilder oder sinnliche figürliche Darstellungen ist sie hervorragend geeignet. Zwar sind solche Themen auch als kleinformatige Farbstiftarbeiten vorstellbar, ihre emotionale Kraft kommt allerdings besser zum Ausdruck, wenn großformatig und dann mit Kreiden (Pastell-, Öl-, Wachskreiden oder Ähnlichem) statt mit holzgefassten Stiften gearbeitet wird.

Bildlösungen

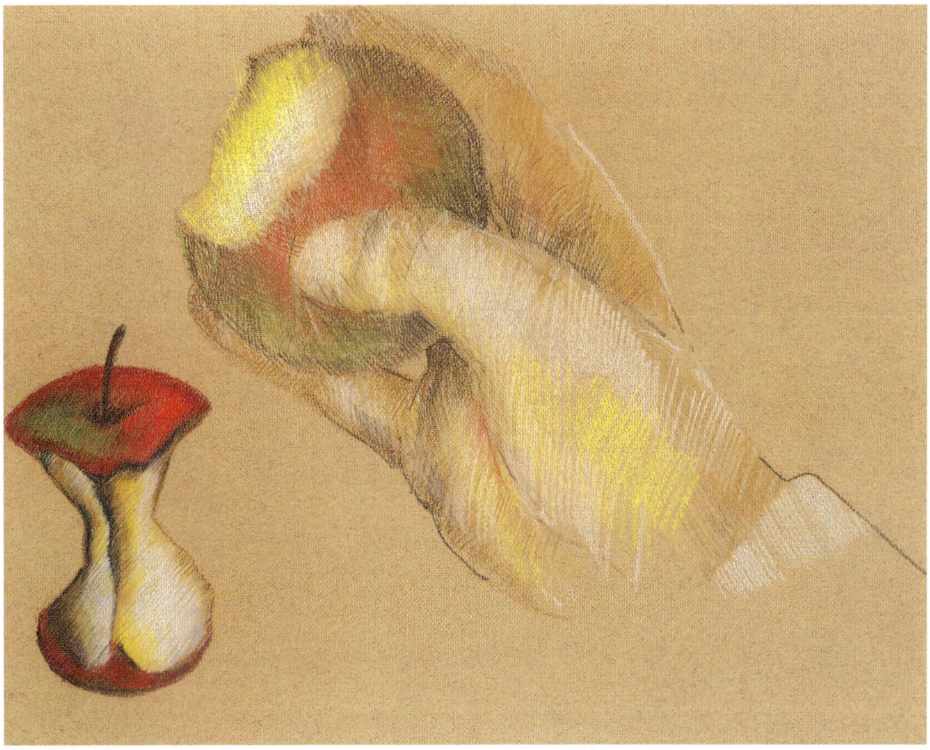

Verdichtete Lineaturen können sehr unterschiedliche Wirkungen haben: sie reichen von zarten, verspielten, geflochtenen und netzartigen „Geweben" bis zu dichten, kraftvollen, fast flächigen Farbaufträgen. Und wieder ist es das gestalterische Ziel des jeweiligen Bildes, das zur Entscheidung über den Charakter der Verdichtung prägt.
Angemessene Verfahren liegen demnach beiden Teilen dieses Bildes zugrunde, dem mit dichten, kräftig aufgetragenen Farbstift-Schraffuren des „wie gemalt" wirkenden Apfelrestes ebenso wie den fein vernetzten Pastellstift-Strichlagen der Hand mit Apfel.

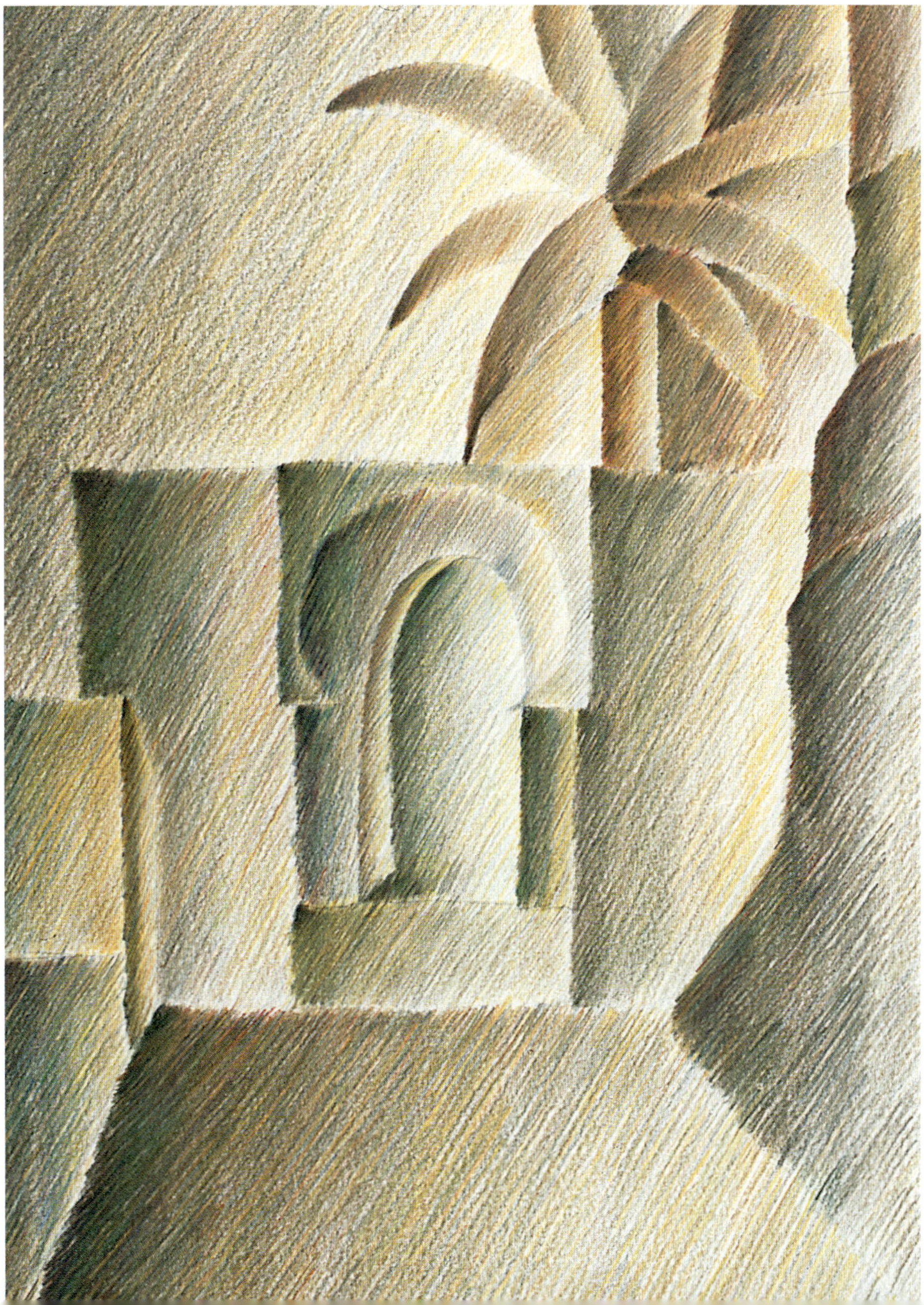

Gabriele Gasch: ohne Titel. 1997, Farbstift, 33x23 cm.
Die Verdichtung der Farbstiftschraffuren in diesem Bild macht deutlich, welches Potenzial dieses oft als „Kinderkram" abgetane Material tatsächlich hat. Die fast übergangslosen Farbverläufe und die nuancierten Farbmischungen zeigen, wie „malerisch" mit Farbstiften gearbeitet werden kann. Bei flüchtigem Hinsehen ist der Eindruck eines gemalten Farbauftrags nahezu perfekt.

Kirsten Hentschel: ohne Titel. 1996. Ölkreide, 70x50 cm
Auch die freie Lineatur eignet sich gut dazu, Linien so zu verdichten, dass eine malerische Wirkung entsteht. Natürlich bedeutet diese Art des Farbauftrags, dass die Formen weniger konkret und wiedererkennbar definiert werden, aber das ist in diesem Fall auch nicht das Ziel der Gestaltung. Im Gegenteil: ein „malerischer" Bildausdruck geht eigentlich immer mit einem Verlust an Konkretheit der Formen daher.

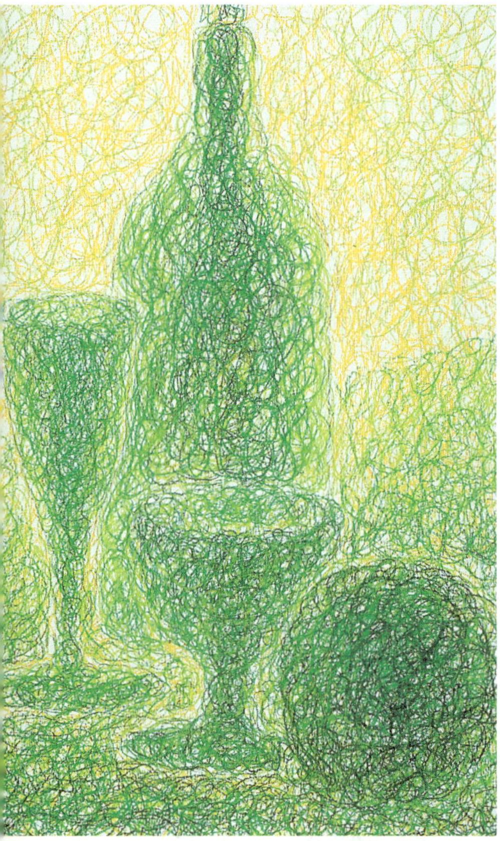

Bild rechts:
Karin Kuthe: ohne Titel. 1996, Ölkreide, 100x70 cm
Einerseits bewirkt die relativ dicht gesetzte Schraffur in diesem Bild (übrigens ein Nachtrag zur Bewältigung des großen Formats durch zwei winzige Objekte) eine Spannung, eine Bewegtheit innerhalb der Farbflächen, andererseits – durch die Konsequenz und Gleichmäßigkeit des Strichs – eine rhythmisch malerische Wirkung. Diesem spannungsreichen Gleichgewicht entspricht die Anordnung der Gegenstände und die verhaltene komplementäre Farbwahl.

Bild unten links:
Uschi Buchberger: Weg in Portugal. 1997, Farbstifte, 16x21,5 cm.
Erst bei genauem Hinsehen wird sichtbar, dass der Farbauftrag dieses Bildes ausschließlich aus Schraffuren besteht.

Bild unten rechts:
Ulrike Lampe: Blick aus dem Fenster. 1997, Farbstifte, 30x22,5 cm.
Die gleichmäßig und dicht gesetzte Schraffur ermöglicht malerische Farb- und Tonwertmodulationen.

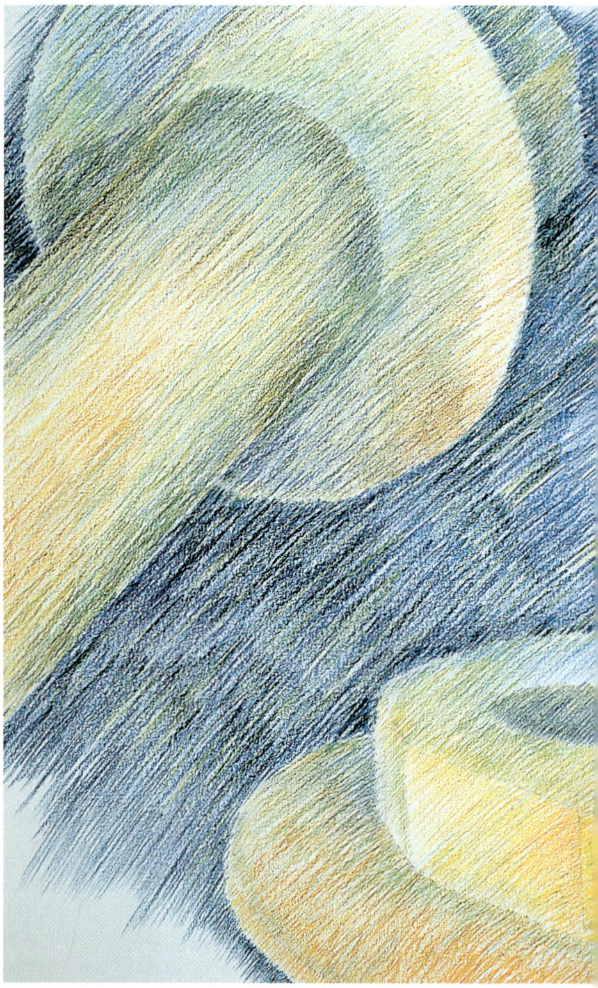

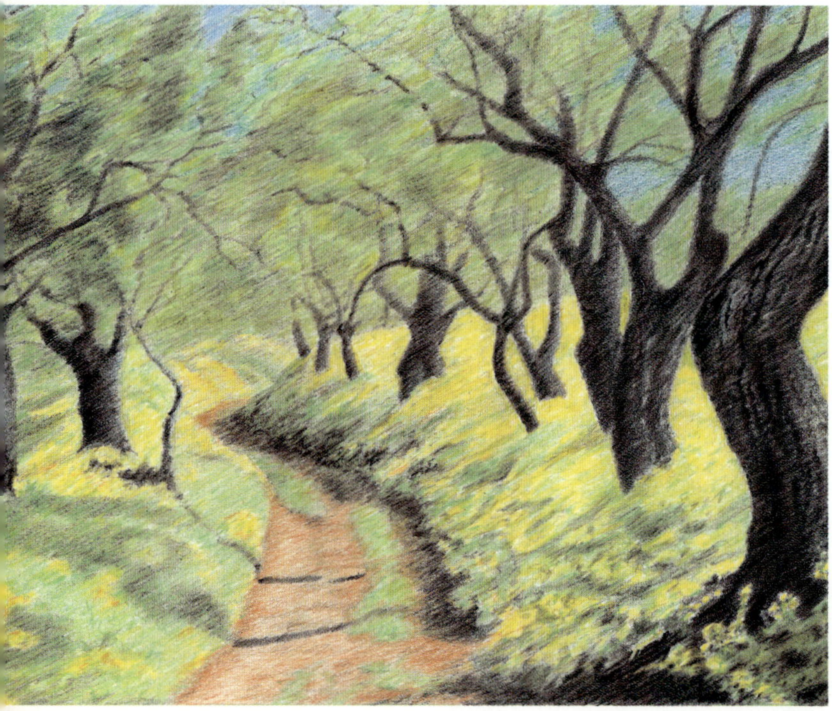

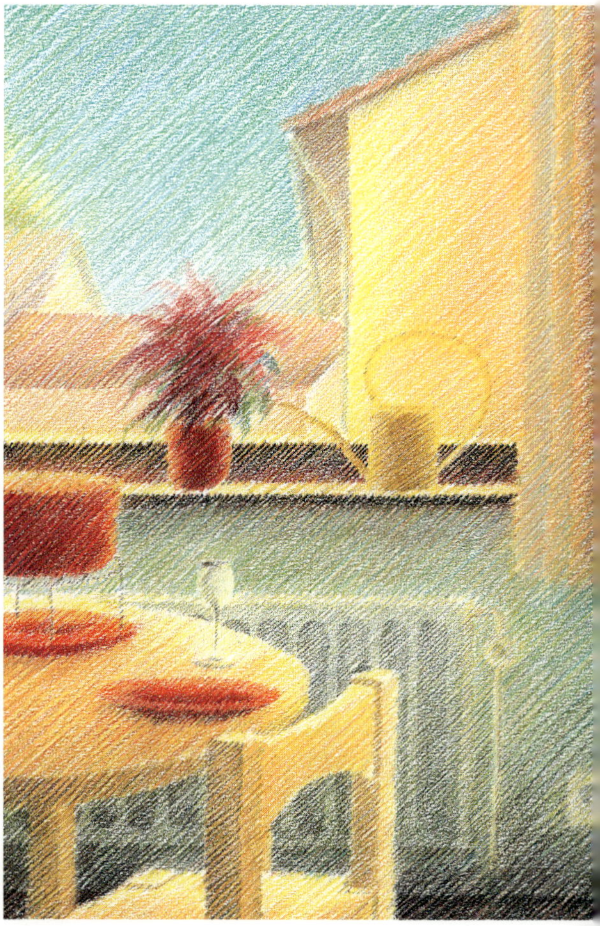

Kombinationstechniken

Um das terminologische Dickicht ein wenig zu lichten, verwende ich außer dem auf Seite 97 erklärten Begriff der „Übergangstechniken" einen weiteren, neuen Begriff: den der „Kombinationstechniken". Darunter verstehe ich Techniken, die andere Autoren auch noch den „Mischtechniken" (ab Seite 117) zuordnen. Um den Begriff aber nicht allzu sehr zu überfrachten, unterscheide ich zwischen diesen beiden. Danach sind Kombinationstechniken gestalterische Vorgehensweisen, die deutlich unterschiedliche Arten des Farbauftrags in einem Bild zusammenführen, aber lediglich ein Material verwenden. Mischtechniken dagegen kombinieren nicht nur unterschiedliche Verfahren, sondern auch unterschiedliche Materialien.
Die Kombination unterschiedlicher Arten des Farbauftrags ist aber um so überzeugender, je mehr sich diese Verfahren unterscheiden. Ein flächiger Farbauftrag über einer flächig angelegten ersten Schicht ist sicherlich nicht sonderlich wirkungsvoll. Obwohl auch dabei spannungsreiche Kontraste herausgearbeitet werden können: der erste Farbauftrag kann beispielsweise großzügig verlaufend erfolgen, der zweite dann mit klar definierten, harten Kanten darüber gelegt werden. (In Bezug auf die Aquarellmalerei entspricht das einem technisch beinahe zwingendem Verfahren. Ein gutes Beispiel dafür sehen Sie auf Seite 31).
Am deutlichsten und damit am spannungsreichsten sind die Ergebnisse dieser Technik aber immer dann, wenn die Extreme kombiniert werden. Wenn also die Zeichnung in ihrer reinsten Form mit der entsprechenden Malerei kombiniert wird.

Bild oben:
Der gestalterische „Dialog" zwischen Flächen und Linien lässt sich mit einem Gespräch zwischen zwei Menschen vergleichen. Der eine „redet" fast ausschließlich von der Farbe, ist begeistert davon, schwärmt, fabuliert. Die Form interessiert ihn kaum. Der andere „redet" nur von der Form. Erst beide zusammen entwickeln ein komplexes und vielschichtiges Bild.

Bild unten links:
Auch in diesem Beispiel konkretisiert der zweite Farbauftrag die Form, während der erste – wie oben – nass-an-nass gestaltet wird. Nass-an-nass deswegen, weil bei der Nass-in-Nass-Technik die Farbe allzu unkontrolliert wegfließt und in trockenem Zustand recht flau erscheint. Die Verläufe, die als zweite Schicht spielerisch die Form klären, variieren leicht in Form und Farbe.

Bild unten rechts:
Über einen planlos angelegten ersten Farbauftrag (nass-an-nass) ist hier eine zweite flächige Schicht aufgetragen worden. Dieser zweite Farbauftrag klärt die Form indirekt, indem weitgehend nur die Restflächen angelegt werden. Lediglich bei unklaren Formüberschneidungen sind die Objekte durch zusätzliche Verlaufkanten definiert.

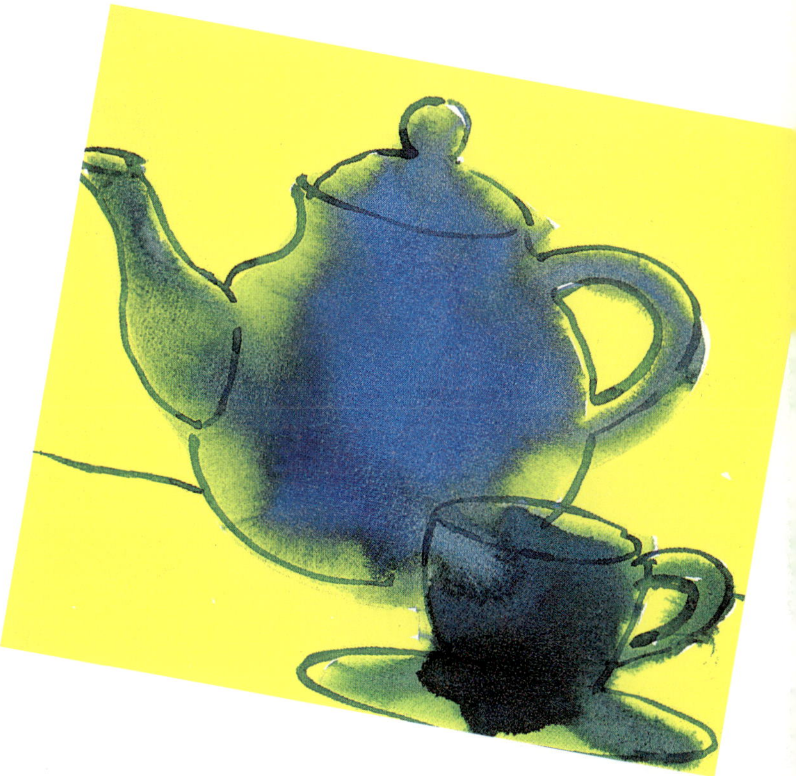

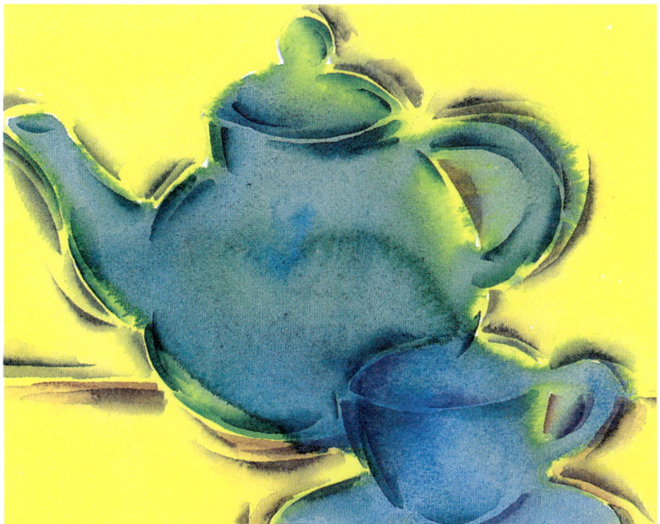

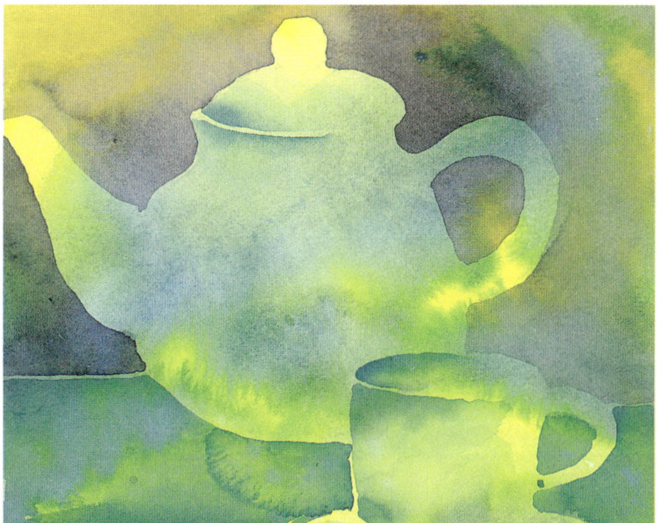

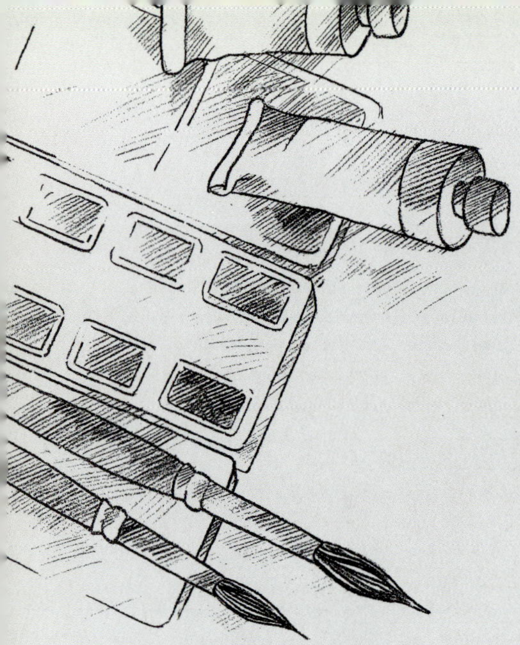

AUFGABE:
Flächige Verläufe und Linien

Bei dieser Aufgabe geht es um die Kombination eines stark verlaufenen, flächigen ersten Farbauftrags mit Linien, die mit dem Pinsel „hingeschrieben" werden sollen. Beide Schichten werden mit Aquarellfarben realisiert. Deckfarben oder stark verdünnte Gouachefarben wären auch möglich, sie wirken bei dieser formal klar definierten Aufgabe aber längst nicht so überzeugend wie gute Aquarellfarben. Wenn Sie schon hochwertige („Künstler"-) Aquarellfarben verwenden, dann sollten Sie auch auf einem angemessen guten Aquarellpapier arbeiten. Für diese Übung sollte die Oberfläche nicht allzu grob sein, weil sonst der Pinsel nicht so gut „läuft"; die Linien würden aufbrechen und nicht „flüssig" genug erscheinen. Entweder benutzen Sie einen Aquarellblock oder Sie kleben das Papier, wenn es denn gut genug ist, mit Kreppband auf den Tisch oder ein Brett. Schlechtere Papierqualitäten sollten nass aufgespannt werden (siehe Seite 39). Arbeiten Sie sinnvollerweise nicht mit kleineren Formaten als 30x40. Sie sollten lernen, großzügig zu arbeiten!

Entsprechendes gilt natürlich auch für die zu verwendenden Pinsel: wählen Sie nicht zu dünne Pinsel (nicht dünner als Nr. 12) in guter Qualität.

Beim großformatigen Aquarellieren werden natürlich auch größere Mengen Farbe benötigt. Und da die Farbe verlaufen soll, muss sie noch nass oder mindestens feucht sein. Das bedeutet einerseits, dass Sie sehr zügig arbeiten, aber auch, dass Sie ausreichend viel – verarbeitungsfähig verdünnte – Farbe vorbereiten müssen. Je nach Papierformatgröße brauchen Sie entsprechend große Mengen in den Vertiefungen des Aquarellkastendeckels oder der Palette.

Jelena Reinert: Kakopetria (auf Zypern). 1997, Aquarell, 47x65 cm
Zur Orientierung für diese Aufgabe sehen Sie hier eine Bildlösung mit einem anderen Motiv. Es zeigt sehr klar die formale Spannung von großzügig verlaufenen Farbflächen einerseits und spielerischen Lineaturen andererseits. Die Rollen der „Dialogpartner" sind klar definiert: der flächige, verlaufene Farbauftrag ist für die Definition der Farbe „zuständig", die Linien klären die Formen.

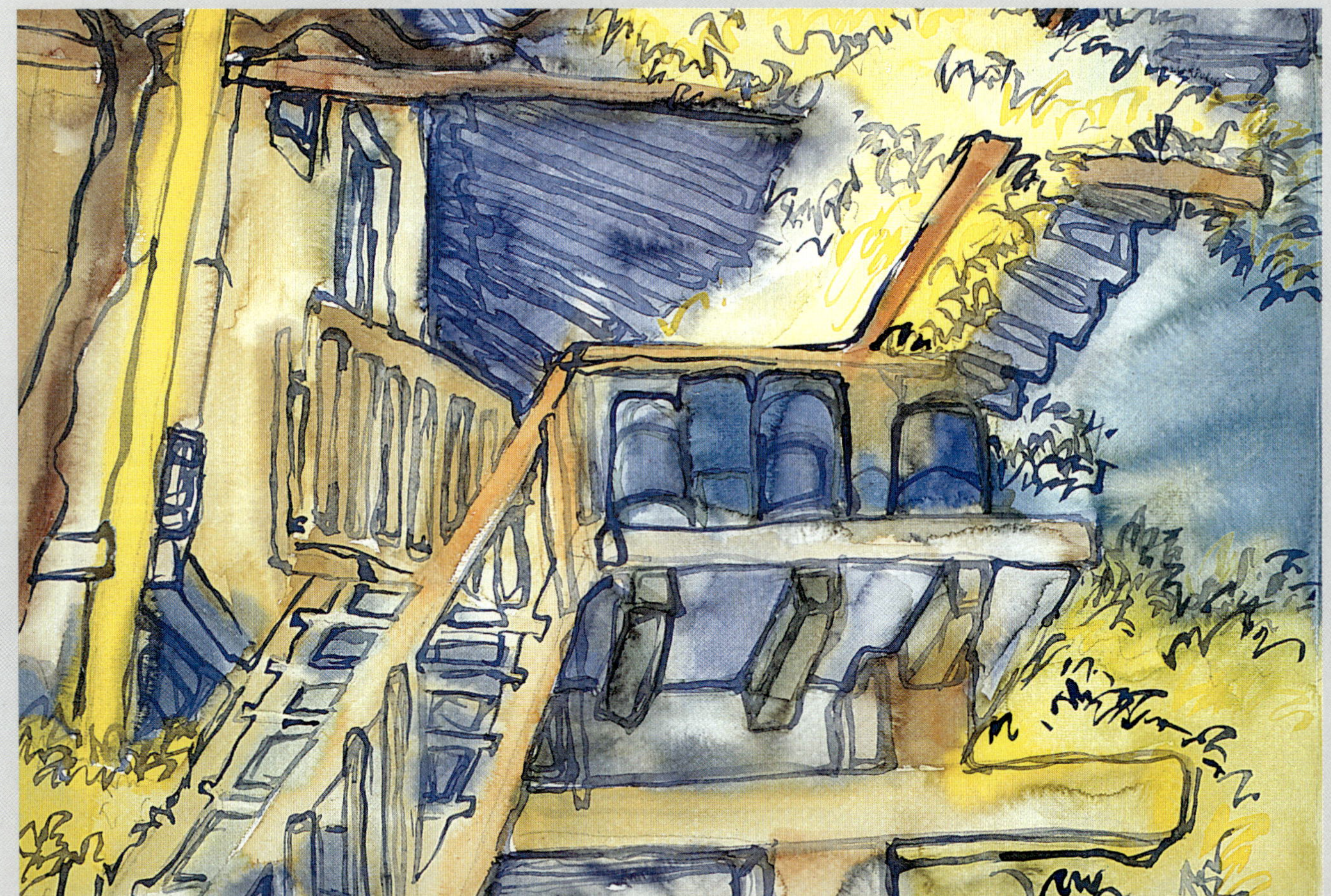

Bild rechts:
Dieter Behrends: ohne Titel. 1996, Aquarell, 34x49 cm.
Auch wenn die Lineatur ein wenig zu zart ausgefallen ist, ist dieses Aquarell eine höchst reizvolle Lösung der Aufgabe. Erstens überzeugen die Verläufe zwischen den Flächen; zwischen großzügigem Ausufern der Form und fast spielerischen Annäherungen zeigt der erste Farbauftrag ein hohes Maß an Souveränität im Umgang mit der Farbe. Zweitens klären die Linien wie selbstverständlich die Formen. Der formale Kontrast von beiden Bildebenen ist überzeugend umgesetzt.

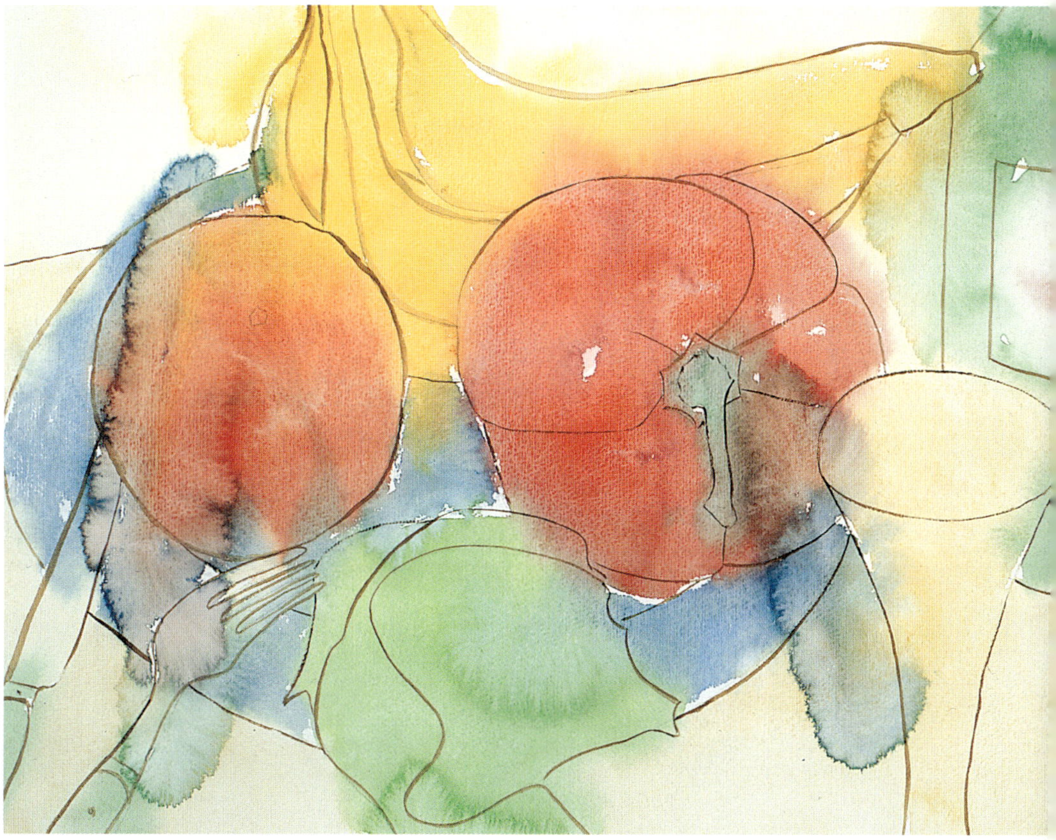

Bild unten:
Gertrud Neumann: Am Fenster. 1997, Aquarell, 36,5x54 cm.
Wenn die klärenden Konturen auch ein wenig zu unflexibel fast immer unmittelbar auf die Objektgrenzen gesetzt und damit die aquarelltypischen Verläufe oft überdeckt sind, ist dieses Aquarell trotzdem eine interessante Lösung der gestellten Aufgabe. Auch in diesem Beispiel entsteht eine formal reizvolle Spannung aus „weichen“ Verläufen und klaren Linien.

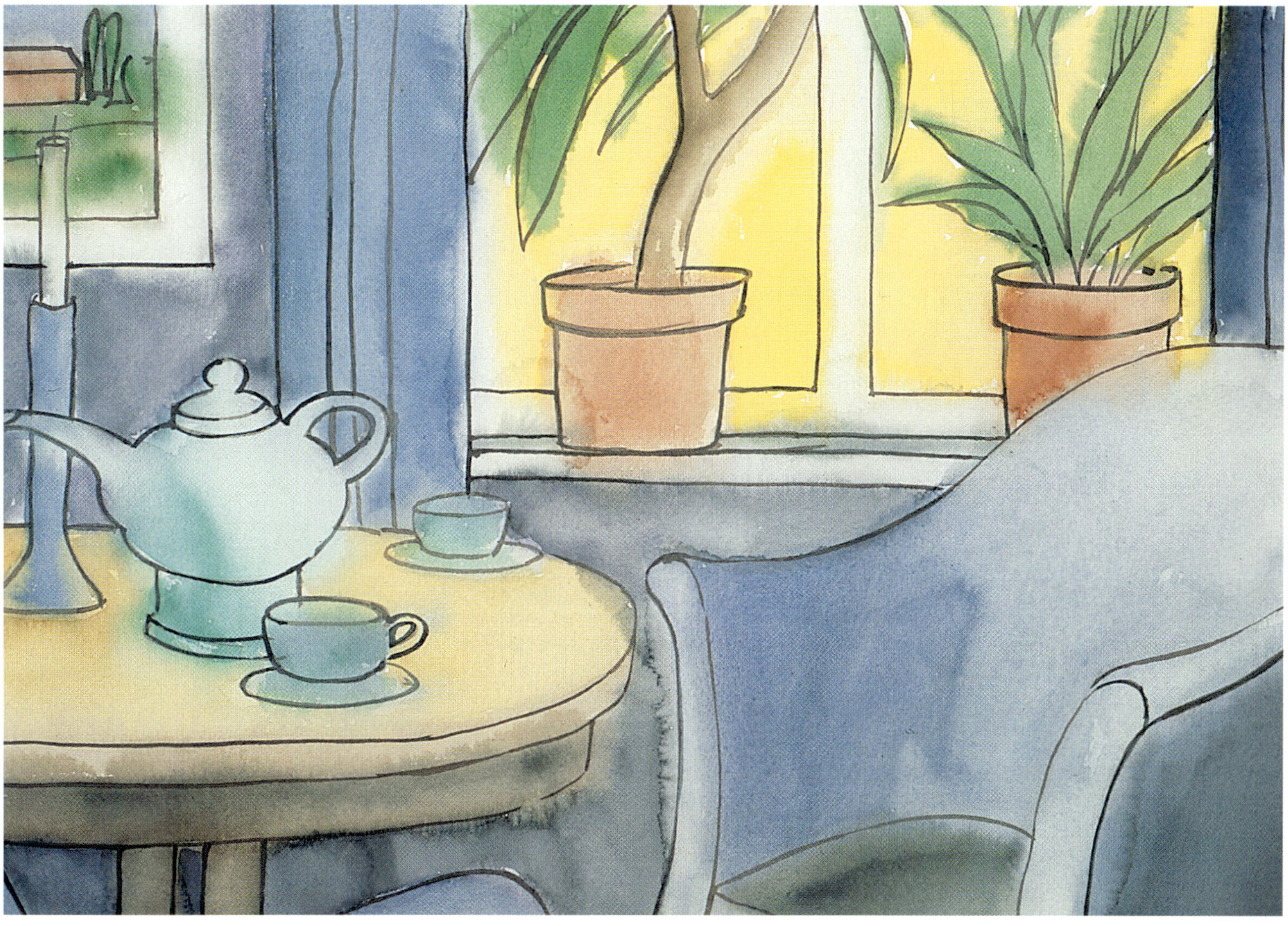

Ulrike Lampe: Blick aus dem Fenster. 1997, Aquarell, 45,5x63,5 cm.
Die sorgfältige Lineatur und die extrem stark verlaufenen Flächen stehen sich in diesem Bild dermaßen fremd gegenüber, dass es gestalterisch auseinanderzubrechen droht. Der heftige formale Kontrast in diesem Bild vermittelt die Widersprüchlichkeit der Situation – der recht einfallslosen Architektur stehen die sinnlichen Erfahrungen und Erlebnisse des Malens gegenüber. Letztere bilden sich in den bewegten Verläufen und den kraftvollen Farben ab, die Baulichkeit durch die allzu akkuraten Linien.

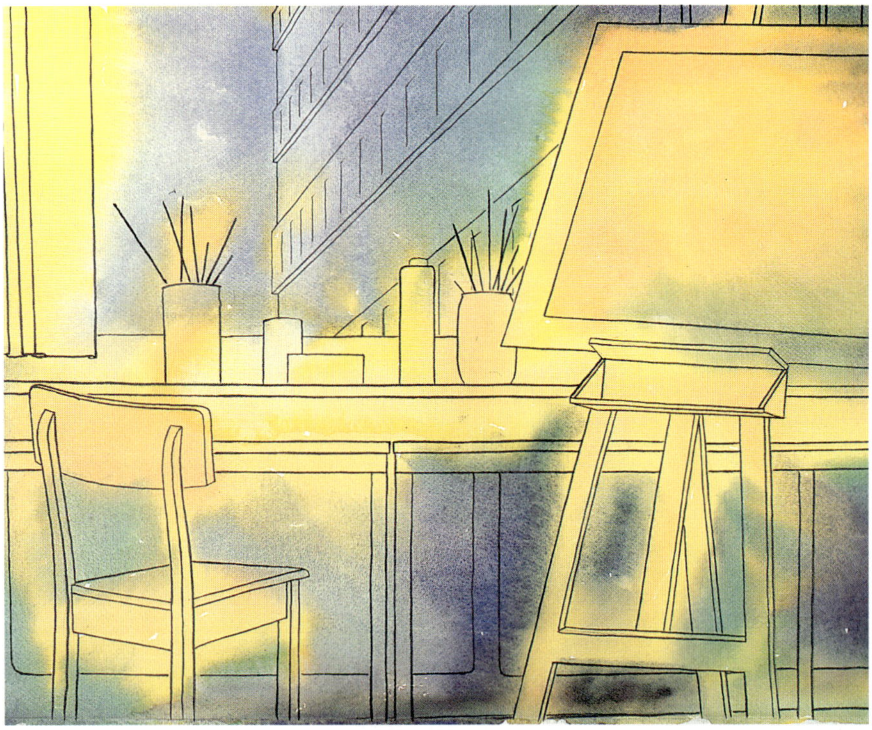

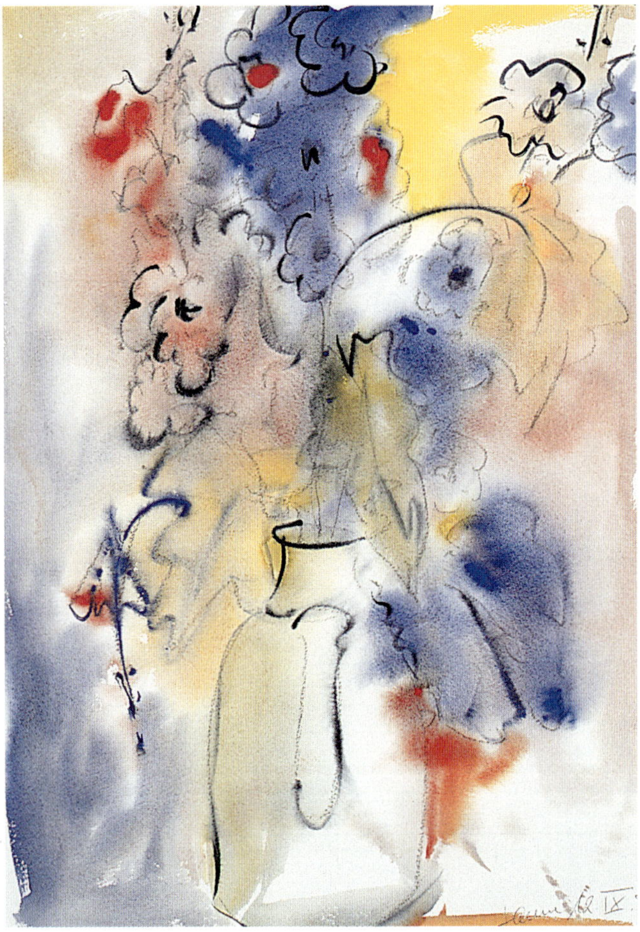

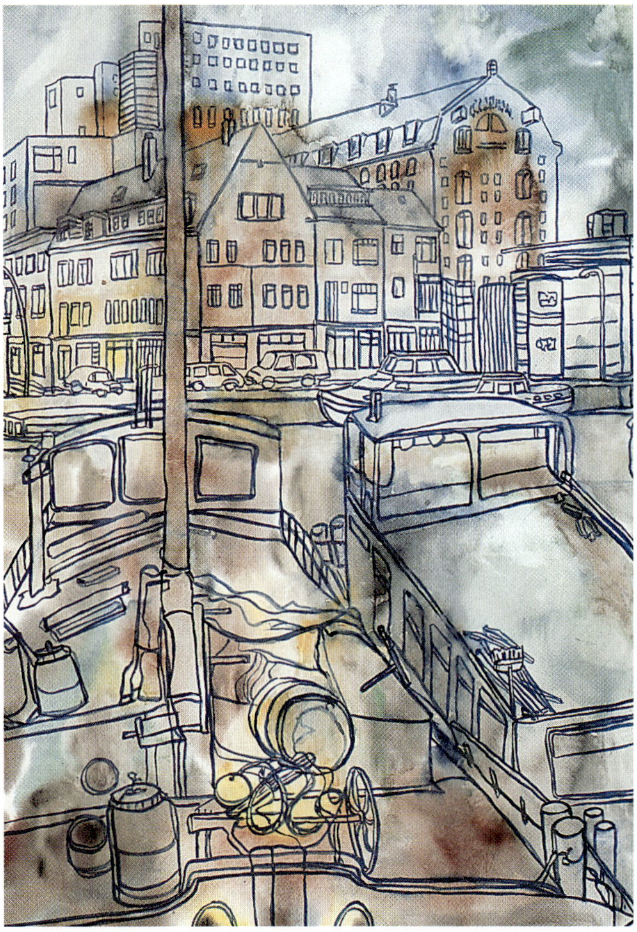

Janne Battermann: ohne Titel. 1992, Aquarell, 63x38 cm.
Dieses Bild ist eine sehr freie Umsetzung der Aufgabe. Die Spannung zwischen den Elementen – verlaufende Farbflächen und klärende Linien– ist an mehreren Stellen abgemildert, die Linien in die noch feuchte Farbe der ersten Schicht gesetzt.

Bild rechts:
Karin Hölz: Groningen. 1997, Aquarell, 70x50 cm.
Zum Abschluss der Ergebnissammlung zu dieser Aufgabe noch einmal ein anderes Motiv: eine Situation an einer der vielen Kanäle in Groningen. Die Arbeit wirkt durch die vergleichbar stärkere Betonung der Linien ein wenig illustrativ. Insofern stellt sie einen Gegenpol zu dem Aquarell von Dieter Behrends auf Seite 111. Dort ist der malerische Bildanteil betont, hier der grafische. Aber auch dieses Aquarell ist damit keine kolorierte Zeichnung, es lebt vielmehr durchaus von der Spannung zwischen malerischen und zeichnerischen Elementen.

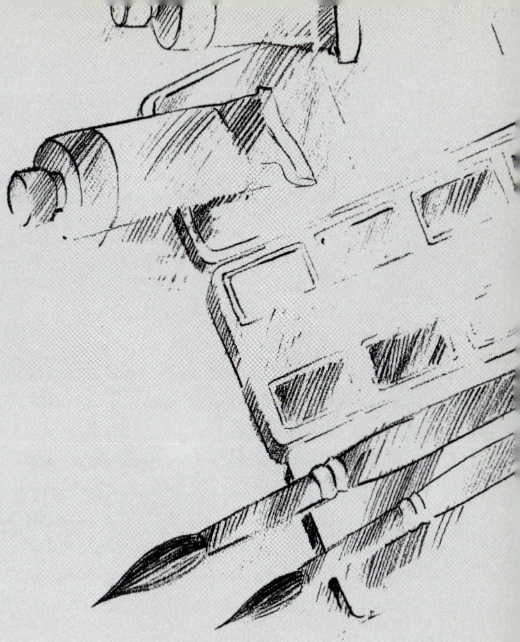

AUFGABE:
Verlaufene Flächen und Verlaufkanten

Wie Sie bereits gesehen haben, gibt es eine Fülle von Kombinationstechniken. An dieser Stelle sollten Sie noch eine erproben, die derjenigen aus der Aufgabe von Seite 110 recht ähnlich erscheint. Das Bildthema ist diesmal eine großformatige und formatfüllende Blüte. Der erste Farbauftrag entspricht dabei genau dem des Stilllebens. Sie üben die großzügigen Verläufe zwischen den Flächen also ein zweites Mal. Aus meinen Seminaren weiß ich: es fällt nicht leicht, so zügig zu arbeiten, dass zwischen den Farbflächen auch wirklich überall Verläufe entstehen. Die entscheidende Voraussetzung war und ist die Vorbereitung ausreichender Mengen der gewünschten Farben.
Der zweite Farbauftrag besteht diesmal allerdings nicht aus Linien, sondern aus mehr oder minder großen Verlaufkanten, mit denen die Formen spielerisch konkretisiert werden. Die zweite „Schicht" sollte dabei nicht den Reiz – oder deutlicher gesagt: die reizvollen Stellen – der ersten überdecken. Die Flächen werden ja auch nur annähernd verdeutlicht, wie in dem Bild rechts zu sehen. Und da die Verlaufkanten die Formen nicht nur von innen her konkretisieren, sondern auch von außen, vergrößert sich der gestalterische Spielraum erheblich. Der Materialbedarf entspricht dem von Seite 110.

Eine weitere Kombinationstechnik, bei der von großzügigen Verläufen im ersten Farbauftrag ausgegangen wird, ist hier zu sehen. Die Formen werden in diesem Aquarell allerdings nicht durch Linien definiert, sondern durch spielerisch gesetzte Verlaufkanten. Dabei sind die Kanten so gestaltet, dass die Verläufe von der Kontur weg immer wässriger und damit farbloser werden, sich also praktisch in die Fläche hinein auflösen.

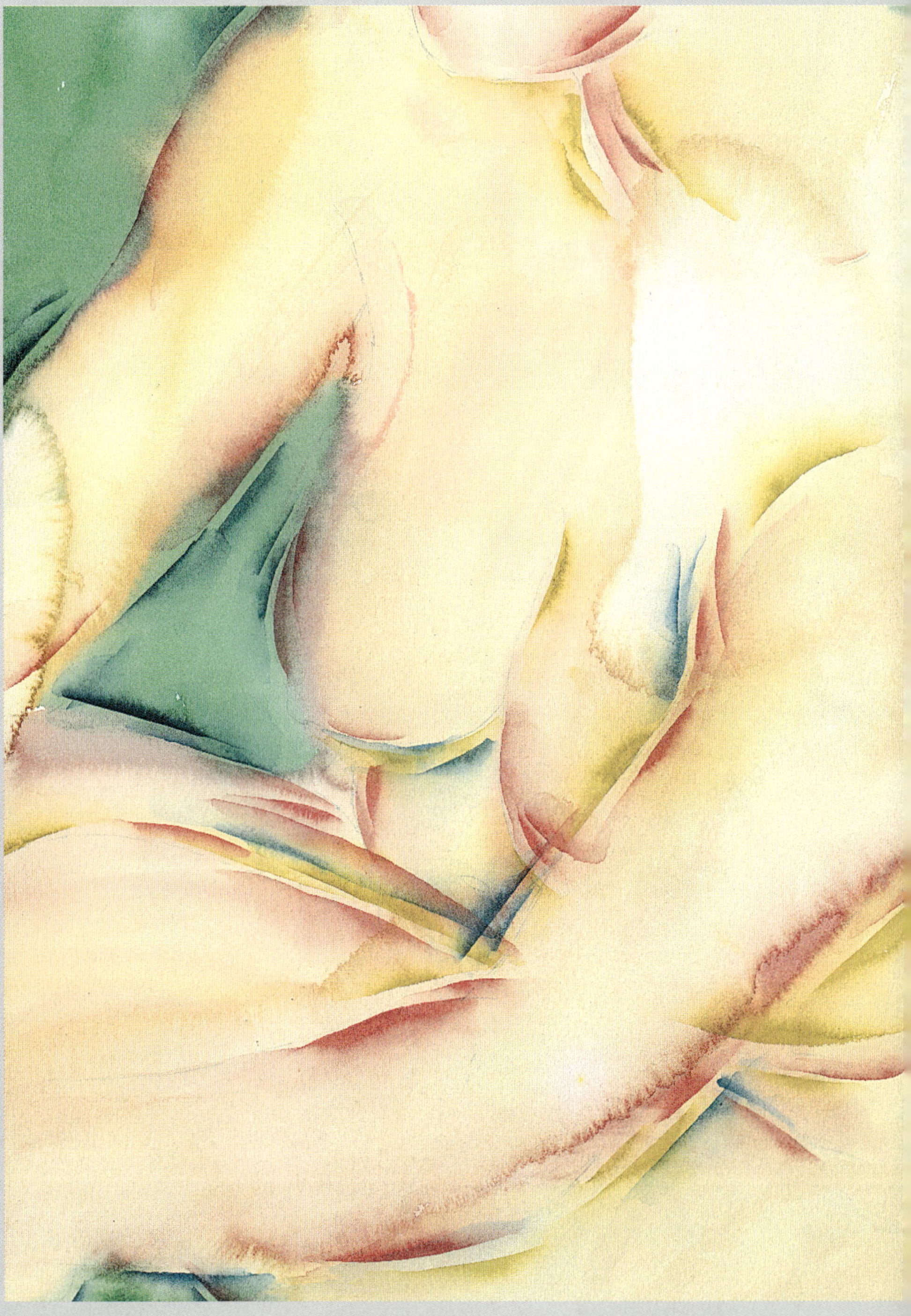

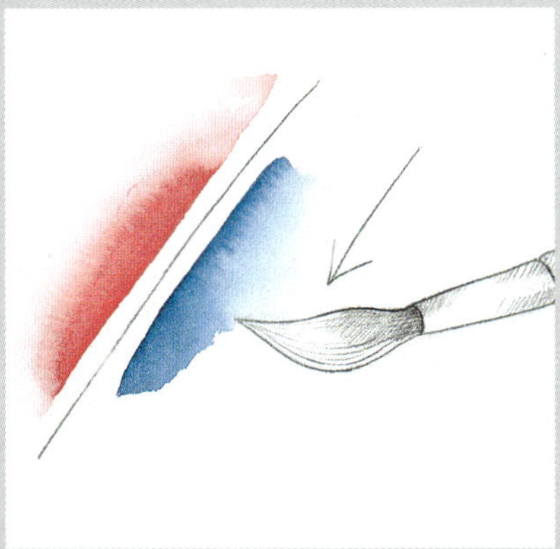

Die Verläufe werden hergestellt, indem zunächst ein länglicher Farbfleck (mehr oder minder breit, meist aber mit dem „Bauch" des Pinsels) in die Nähe der Kontur gesetzt wird – ohne allerdings die reizvollen Verläufe zu überdecken. Dann spülen Sie den Pinsel aus (oder nehmen einen zweiten) und ziehen den nicht allzu nassen Pinsel am äußeren Rand des Farbflecks entlang. Die Farbe sollte dadurch in die entstandene feuchte Fläche fließen und einen Farbübergang bilden.

Bildlösungen

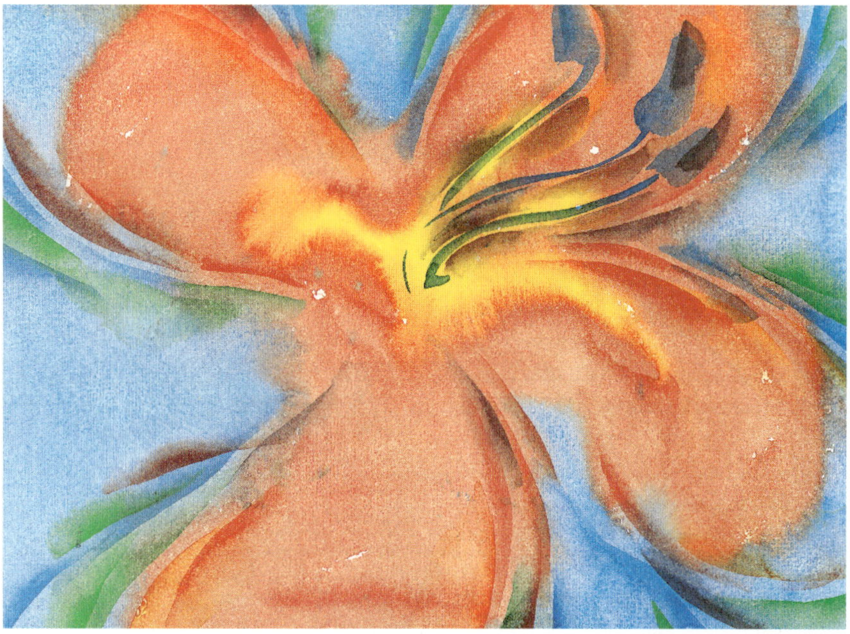

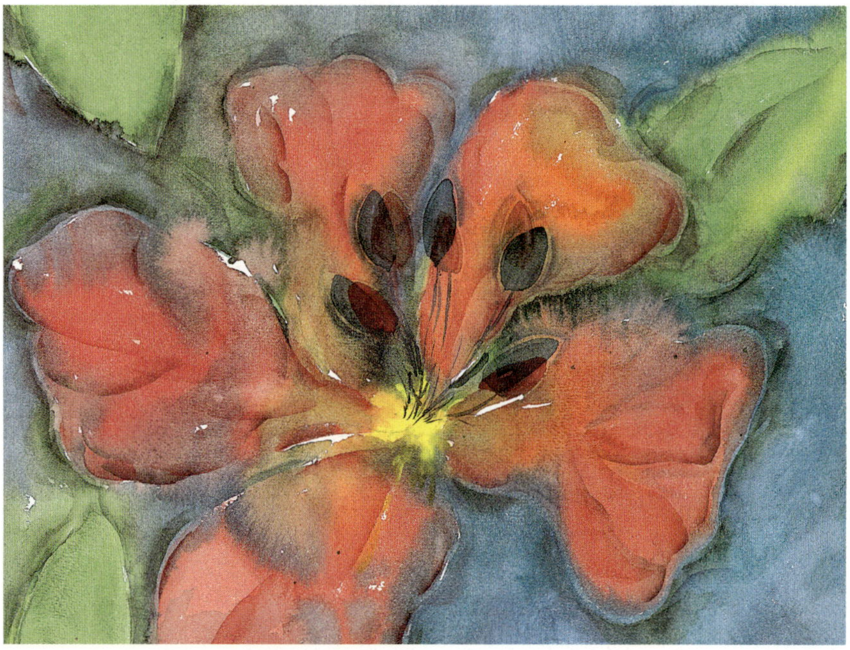

Bild oben rechts:
Gerhard Weber: Blüte. 1997, Aquarell, 30x40 cm.
Ohne allzu bemüht die botanischen Eigenschaften einer bestimmten Blüte zu verdeutlichen, lebt dieses Bild von seinen technischen und gestalterisch-formalen Reizen. Die großzügigen Verläufe des ersten Farbauftrags bilden einen formalen Kontrast zu den (einseitig) harten Kanten des zweiten Auftrags. Ähnlich den Ergebnissen der vorangegangenen Aufgabe entsteht so ein gestalterischer Dialog.

Bild rechts:
Gertraud Heitkämper: Blüte. 1997, Aquarell, 36x48 cm.
Die Tatsache, dass sich einige Verlaufkanten ein wenig unmotiviert mitten in den Farbflächen befinden, anstatt die Objektgrenzen zu definieren, ändert nichts daran, dass auch dieses Bild seine Wirkung aus dem formalen Kontrast von fließenden Nass-an-Nass-Verläufen und den spielerisch gesetzten, einseitig harten Verlaufkanten schöpft.

Bild unten:
Ute Dingel: Blüte. 1995, Aquarell, 40x58 cm.
Weit mehr als an der Darstellung einer Blüte, orientiert sich dieses Aquarell an der Wirkung der ausdrucksstarken Farben, der Farbkontraste und dem formalen Prinzip des gestalterischen Dialogs.

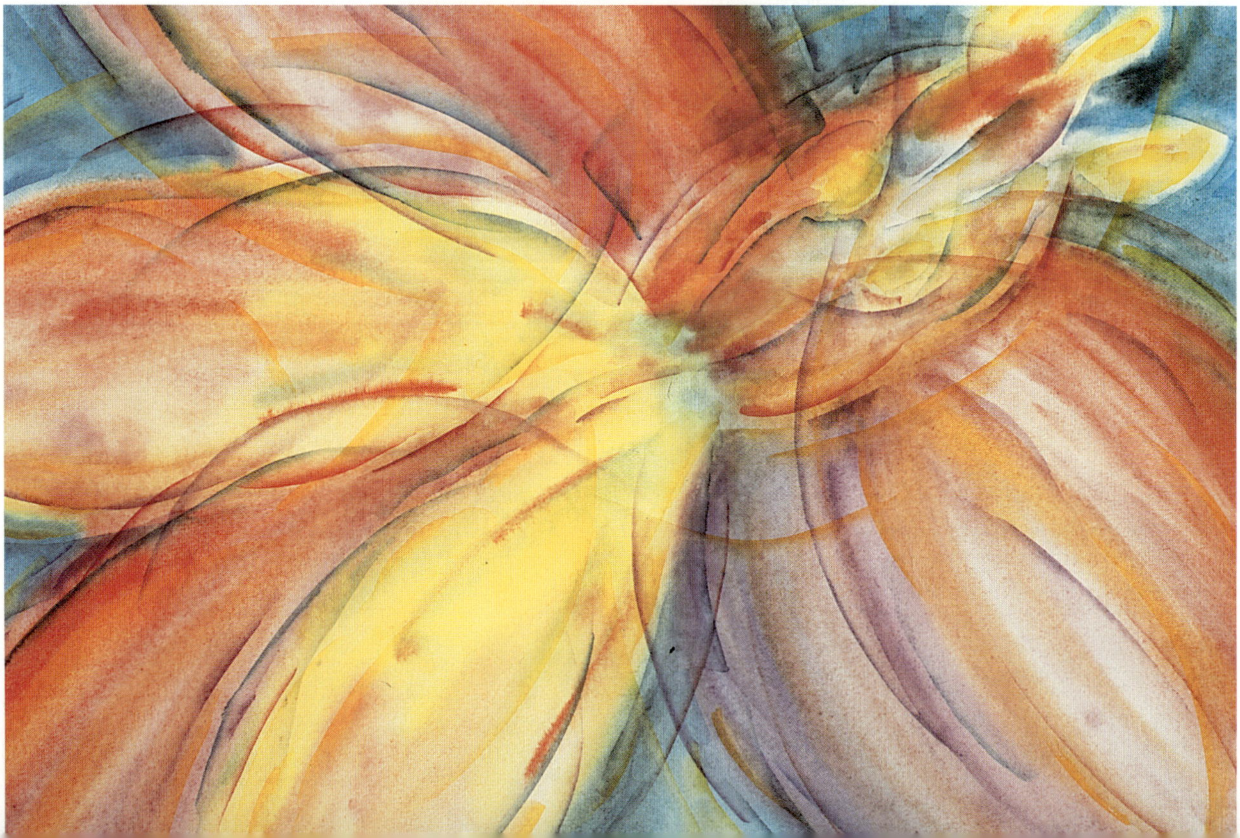

Karin Kuthe: Blüte. 1997, Aquarell, 45,5x63 cm. Die fließend bewegten Verlaufkanten in diesem Bild lassen eine wirkliche Blüte nur noch assoziativ erahnen. Weit mehr als die Auseinandersetzung mit plastischen Formen steht hier das Spiel von gestalterischen Elementen wie Rhythmus, Verlauf, Lasur und Kontrast im Vordergrund.

Bild unten:
Gertrud Neumann: Blüte. 1997, Aquarell, 36,5x54 cm.
Auch wenn dieses Ergebnis ein wenig zu sehr an der Aufgabenstellung „klebt", macht es doch die gestalterische Wirkung der gestellten Aufgabe deutlich: die materialtypischen Verläufe, die Lasuren, die harten Kanten und die weichen Farbmodulationen. Aus dem Wechselspiel dieser Dinge entwickelt sich das, was ich an anderer Stelle bereits als den Reiz eines Dialogs herausgestellt habe.

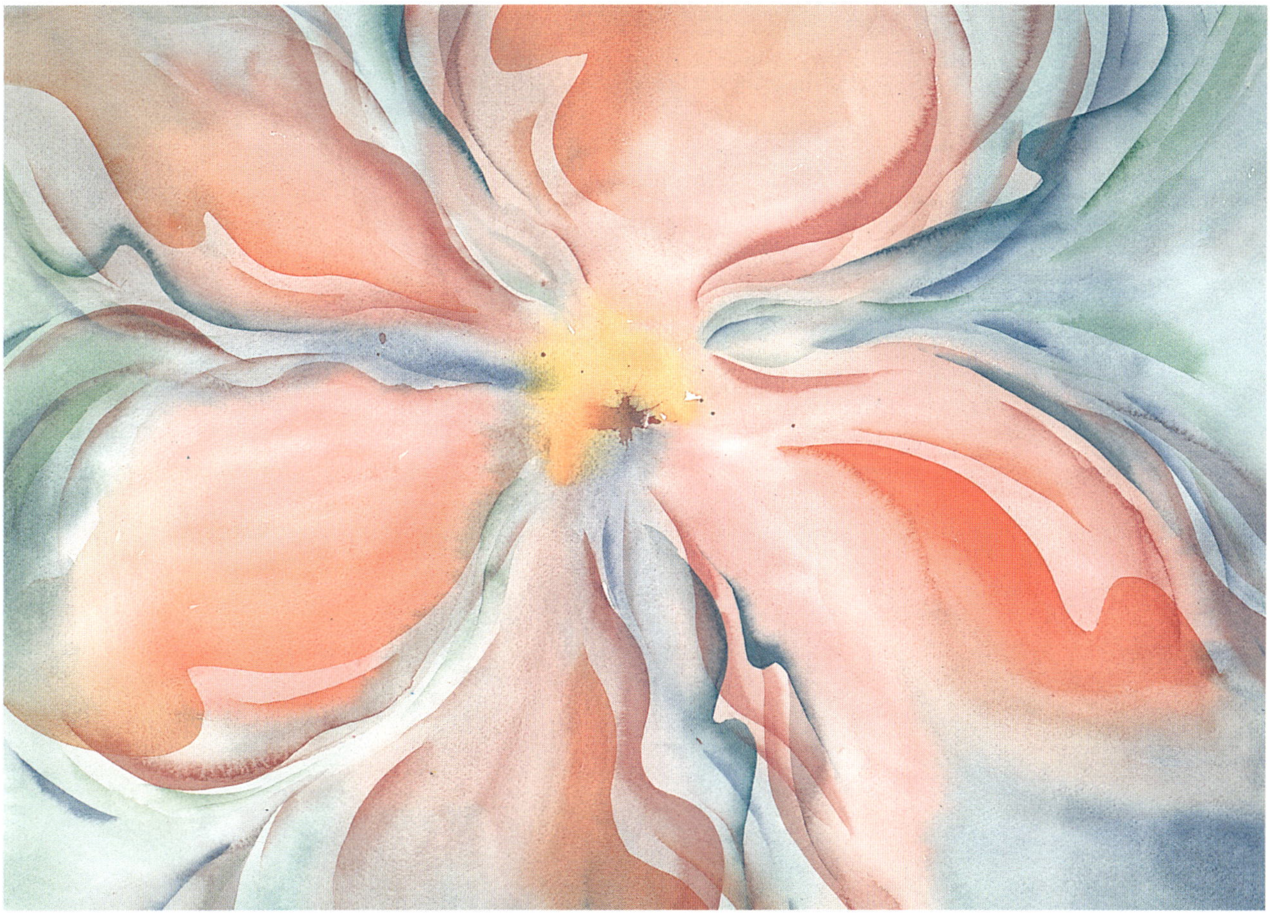

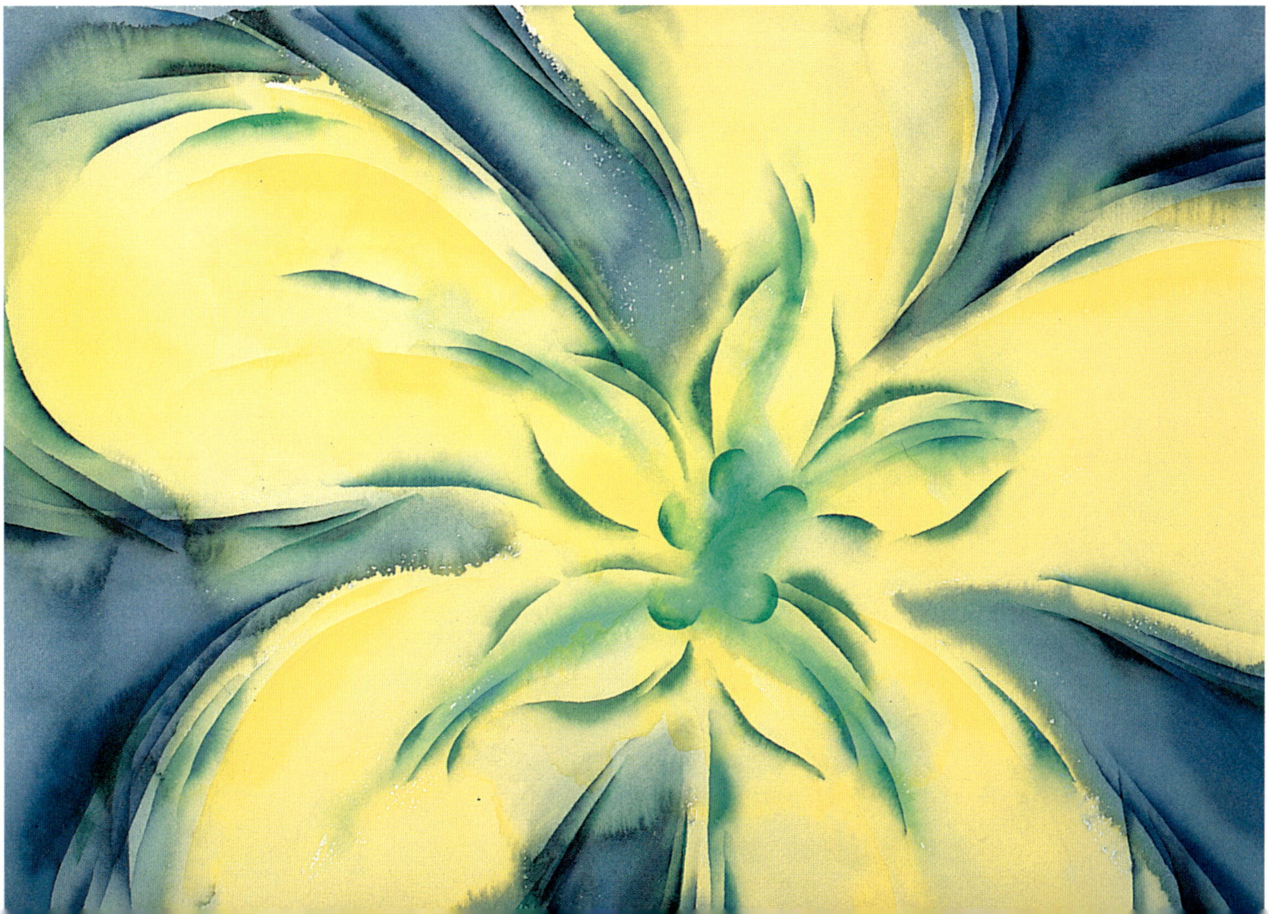

Ellen Schlichting: Rhododendronblüte. 1996, Aquarell, 67,5x46,5 cm.
Dass sich der Sinn einer derartigen „Aufgabe" nicht wie manche Schulaufgaben nur auf diese selbst beschränkt, sondern vielmehr zu höchst reizvollen Bildern führen kann, zeigt dieses Aquarell. Dabei sind die gestalterischen Spielregeln, genau wie bei den anderen Bildern auf diesen Seiten, durchaus ernst genommen. Ihre Anwendung erfolgte allerdings weniger vordergründig, die geforderte Gestaltungstechnik ist viel stärker zurückgenommen als in den anderen Beispielen.

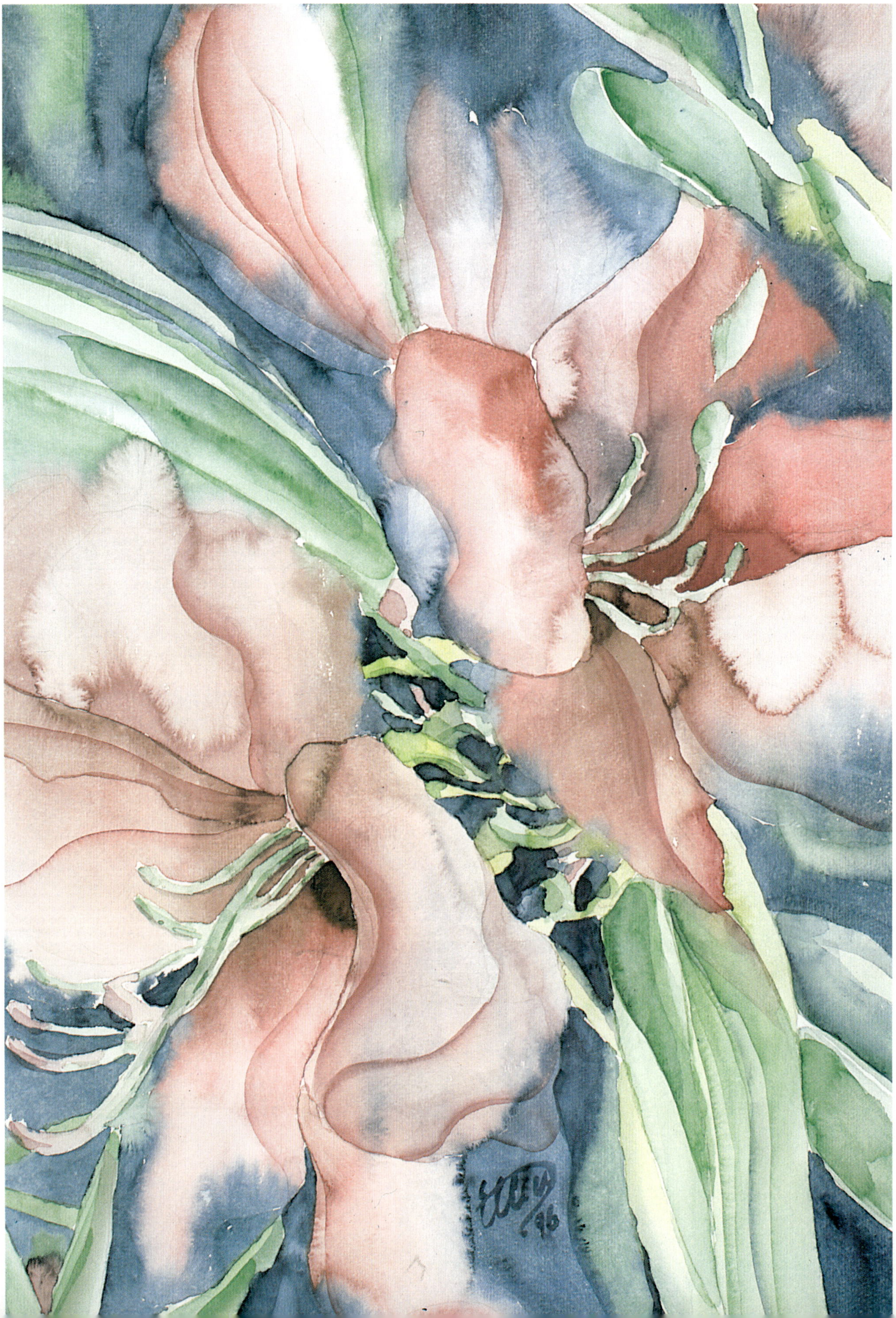

Mischtechniken

Um von Mischtechniken zu reden, reicht es nicht aus, dass in einem Bild unterschiedliche Farbensysteme verwendet wurden; die Eigenschaften der Materialien sollten im fertigen Bild deutlich erhalten bleiben. Im Mittelalter hat man beispielsweise Temperauntermalungen für Ölbilder verwendet, weil Tempera als Untergrund relativ schnell auftrocknet und man mit der nächsten Farbschicht nicht allzu lange warten musste.
In diesem Zusammenhang macht es natürlich keinen Sinn, von Mischtechnik zu sprechen. Ebensowenig spreche ich von Mischtechniken, wenn die Ergebnisse von Materialkombinationen bloß formale Spielereien sind und sich als bedeutungslos herausstellen, wenn es darum geht, unterschiedliche Malanlässe, also zum Beispiel eine menschliche Figur, ein Stillleben, eine Landschaft oder etwas Ähnliches zu gestalten. Mit den jeweiligen Verfahren sollten sich (fast) alle relevanten Motive und Themen angemessen bearbeiten lassen.
Der Begriff „Technik“ sollte auf wenige, für ein Gesamtbild tragfähige Vorgehensweisen begrenzt werden. Die inflationäre Verwendung des Begriffs verwässert nämlich die Aussagekraft einmal festgelegter Bezeichnungen.
Die im folgenden Abschnitt dargestellten Beispiele für Mischtechniken haben keinen Anspruch auf Vollständigkeit. Es sind exemplarisch nur solche Verfahren ausgewählt, die neben den unterschiedlichen Materialkombinationen eine formale Spannung aus Linie und Fläche aufweisen.
Die stärksten Spannungen ergeben sich bei Materialien, die sich extrem andersartig verhalten. Fette und wässrige Substanzen beispielsweise stoßen sich ab. Wenn man sie im Bild zusammenbringt, ergeben sich interessante Effekte und Möglichkeiten. Bei Mischtechniken kommen die formalen Spannungen – wie ich sie für die Kombinationstechniken beschrieben habe – noch hinzu. Ein recht bekanntes Beispiel in dieser Hinsicht ist die Kombination von Wachskreiden und Aquarellfarbe. Wachskreide ist ein wasserabstoßendes Material, mit dem sich recht gut zeichnerisch arbeiten lässt. Aquarell fordert dagegen einen flächigen Farbauftrag. Wird die Wachskreide zuerst aufgetragen, perlt die Aquarellfarbe an diesen Stellen ab.
Die Kombination von Flächen – meist als Aquarell angelegt – und Linien ist relativ oft zu sehen. Die Linie – mit Fineliner, Kugelschreiber, Filzstift, Feder, Farbstift oder Kreide über die (meist) getrocknete Farbschicht gezeichnet – ist allerdings eine nicht ganz unproblematische Angelegenheit. In den meisten Fällen wird die Linie nur benutzt, um dürftige Aquarelle mit ebenso dürftigen Linien ein wenig „aufzupeppen“. Derartige Rettungsaktionen fruchten in der Regel kaum, sie wirken meist eher etwas peinlich. Ein kaputtes Auto kann zwar nett angemalt werden, fahren wird es dagegen noch lange nicht wieder.
Linie und Fläche stellen als gestalterische Herangehensweisen Gegenpole dar. Jede verlangt ihre formale Eigenständigkeit. Diese Spannung ist dann besonders stark, wenn sich beide in einen Dialog begeben. Die Fläche hat ihre eigene Aussage, beispielsweise schwerpunktmäßig die Farbe, und die Linie hat ihre Aussage, etwa die klar beschriebene Form. Beide haben etwas zu „sagen“, keine „äfft“ die andere nach.

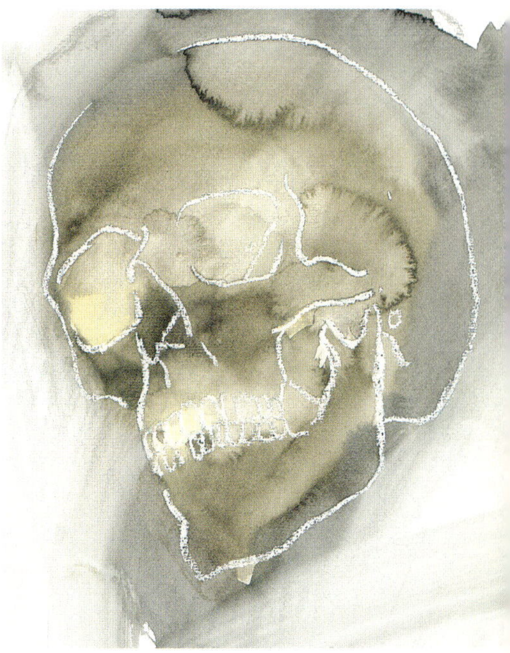

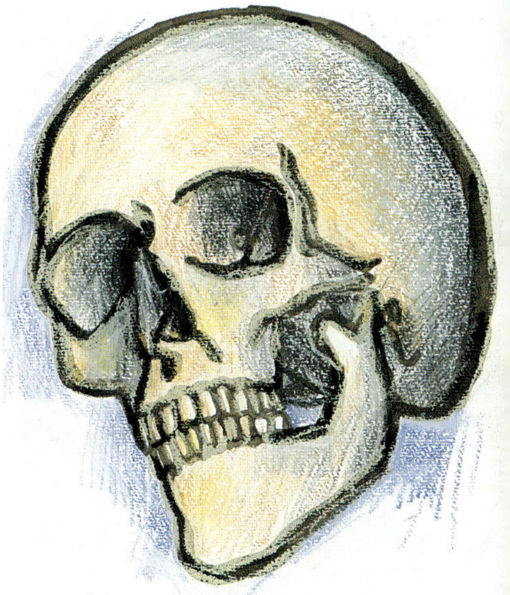

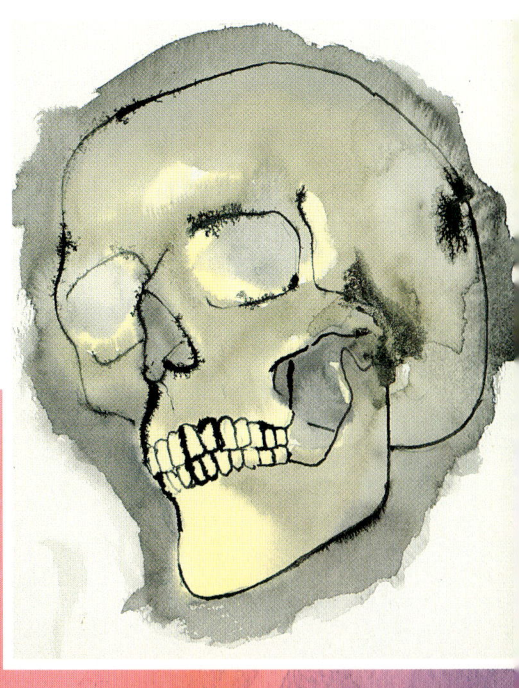

Drei exemplarische Beispiele für Mischtechniken: ganz oben ein Aquarell über Wachskreide, in der Mitte Ölkreide über Tusche und unten wurde mit der Rohrfeder in die feuchte Aquarellfarbe gezeichnet.

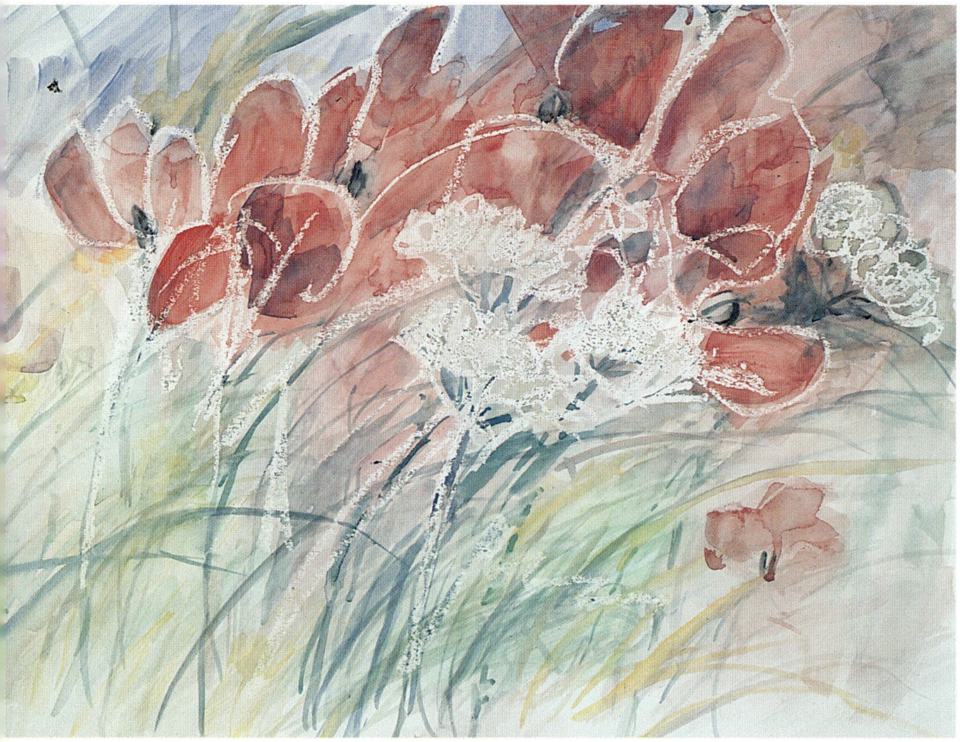

Es gibt zwei Vorgehensweisen bei der Kombination von Flächen und Linien: Sie können die Linien zuerst zeichnen (sinnvollerweise mit einem wasserfesten Material) und dann die Farbe darüberlegen, oder zuerst die Flächen anlegen und dann die Linien zeichnen. Für das erste Verfahren werden oft Wachskreide oder wasserfeste Tusche für die linearen Bildteile und Aquarellfarben für die Flächen verwendet. Beim zweiten spielen die zu verwendenden Farbensysteme keine vergleichbar entscheidende Rolle, weil die linearen Bildteile zügiger aufgetragen werden, die darunter liegenden Flächen dadurch kaum auflösen und die Linien meist ohnehin deckend angelegt werden.

Bild oben:
Renate Meyer: Blumenwiese. 1995, Aquarell über Wachskreide, 42x59,5 cm.
Die skizzenhafte, leicht „hingeschriebene" Arbeit ist ein anschauliches Beispiel für die erste Vorgehensweise. Zunächst wurden die Konturen der Blüten mit weißer Wachskreide gezeichnet und dann die Aquarellfarbe großzügig, teilweise verlaufend darüber gelegt. Die wässrige Farbe perlt am Wachs ab und lässt die Konturen wegen des glatten Untergrundes vergleichsweise klar und geschlossen, ausgespart erscheinen.

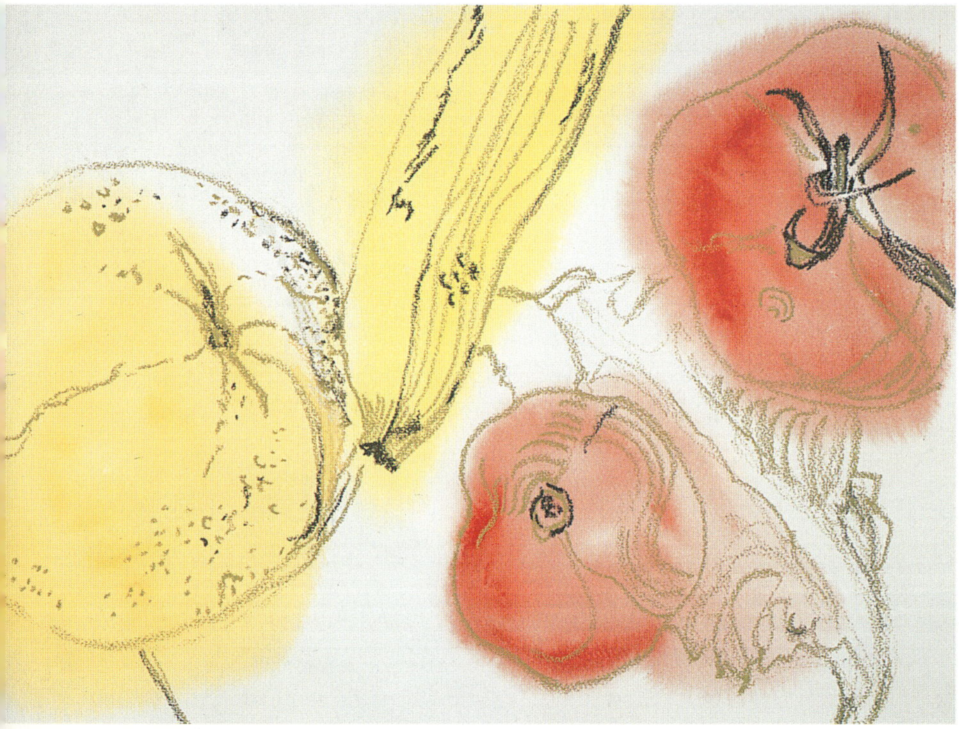

Bild links:
Manfred Castens: Früchte. 1994, Ölkreide über Aquarell, 37x55 cm.
In diesem Bild wurde die Farbe auf das feuchte Papier aufgetragen. Für dieses Vorgehen die oft in diesem Zusammenhang gebrauchte Bezeichnung „Nass-in-Nass" zu verwenden, würde einen falschen Weg weisen. Wenn überhaupt, müsste es „Nass-in-Feucht" heißen, denn wenn das Papier tatsächlich nass wäre, würde die Farbe fast völlig wegschwimmen. Nachdem das Papier durchgetrocknet war, wurden die unklaren Formen durch Ölkreide-Linien deutlich definiert.

Von der Wirkung her erscheinen beide Teile der rechten Farbskizze so, als wären die Konturen ausgespart. Tatsächlich sind sie aber zum einen (links) zuerst mit weißer Wachskreide und zum anderen (rechts) mit einer Maskierflüssigkeit gezeichnet. Beim flächigen, über die Farbfelder hinausgehenden Übermalen perlt die Aquarell-, stark verdünnte Gouache- oder Deckfarbe von diesen Linien ab. Der Maskierfilm wird nach dem Trocknen der Farbe abgerieben und es entstehen klare, ausgespart wirkende Kanten. Die Wachskreidekonturen dagegen bleiben mit der zum Teil haften gebliebenen Farbe lebendiger stehen und wirken dadurch „handschriftlicher".

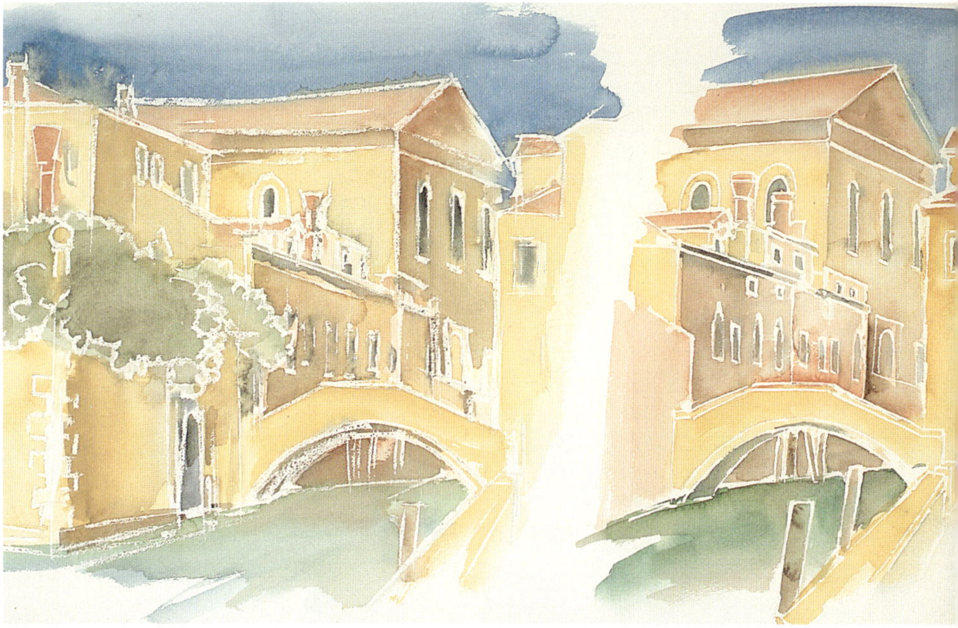

Bild unten:
Gerhard Weber: Später Abend. 1997, Aquarell über Wachskreide, 36,5x54 cm.
Bei diesem Bild wurden zunächst das Licht und die hellen Fenstereinfassungen mit weißen und gelben Wachskreiden angelegt und dann die Aquarellfarbe in mehreren Schichten aufgetragen.

Ein Abend- oder Nachtbild, jedenfalls ein Motiv mit dunklen Farben eignet sich für diese Technik besonders gut, weil ihre Wirkung um so stärker wird, je deutlicher die Tonwertedifferenz zwischen den Wachs- und den Aquarellfarben ist.

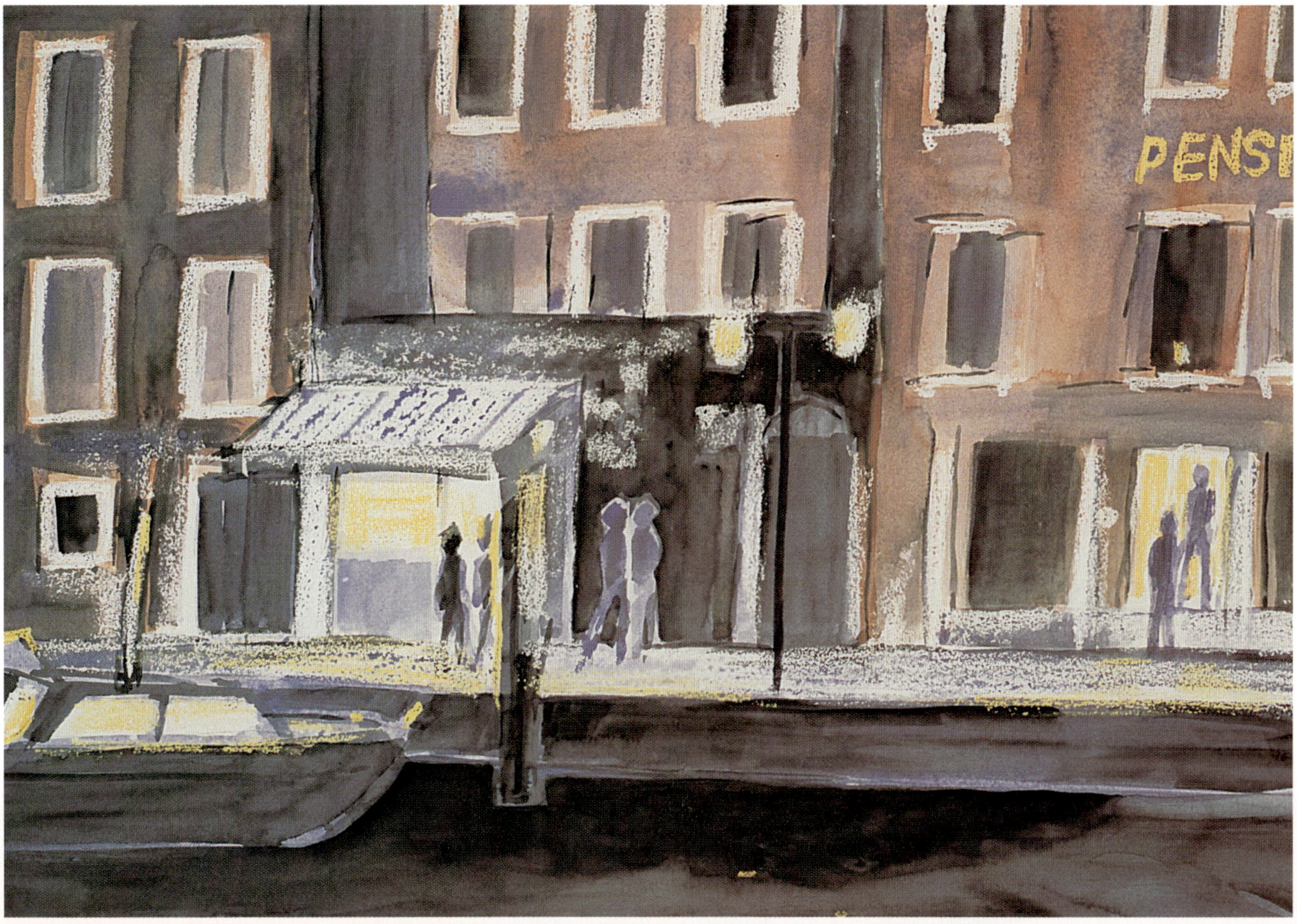

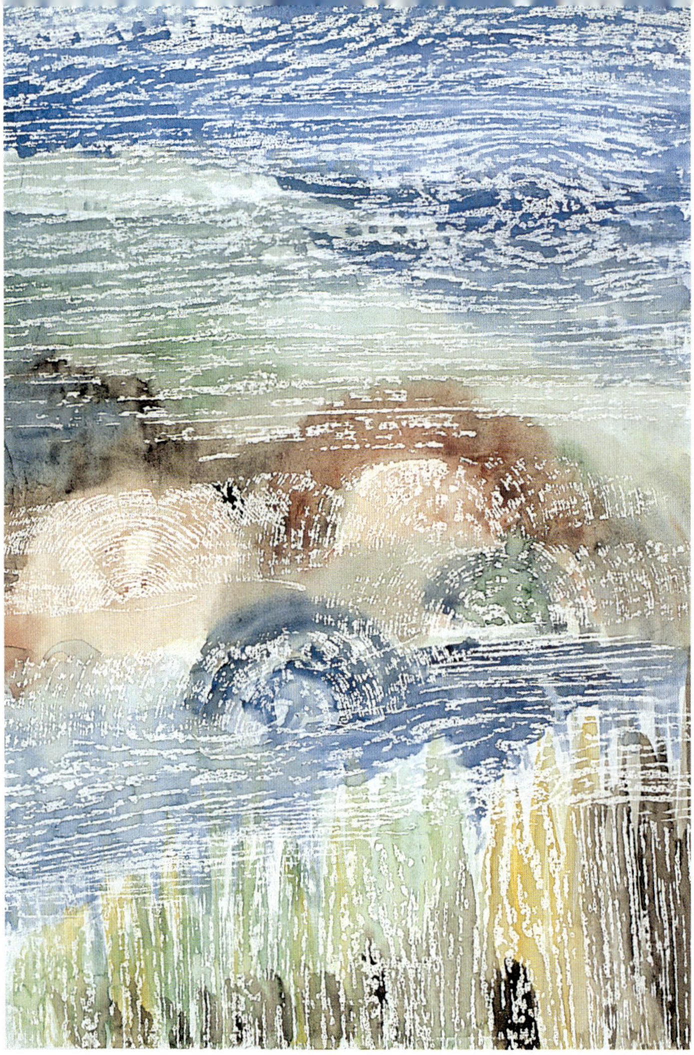

Gisela Smidt: ohne Titel. 1994, Aquarell über Wachskreide, 57,5x40,5 cm.
Oft sind gerade die (scheinbar) unaufwändigen, schlichten und wenig anspruchsvollen Bilder die souveräneren Arbeiten. „Genial" möchte man fast eine derart gleichermaßen überzeugende wie einfache Lösung bezeichnen. Die Malerin hat nichts weiter getan, als Holzteile mit Wachskreide durchzureiben (man muss dazu relativ dünnes Papier verwenden, mit Aquarellpapier ist so etwas nicht möglich) und dann nass-an-nass Aquarellfarben darüberzulegen. Die Bildwirkung resultiert einerseits aus dem formalen Kontrast zwischen der linearen Frottage (so bezeichnet man das Ergebnis des Durchreibens) und den Farbverläufen. Andererseits spielt es mit der Fantasie des Betrachters, indem es ihn lockt, darin eine Landschaft zu erkennen, obwohl er noch deutlich das Ausgangsmaterial sieht.

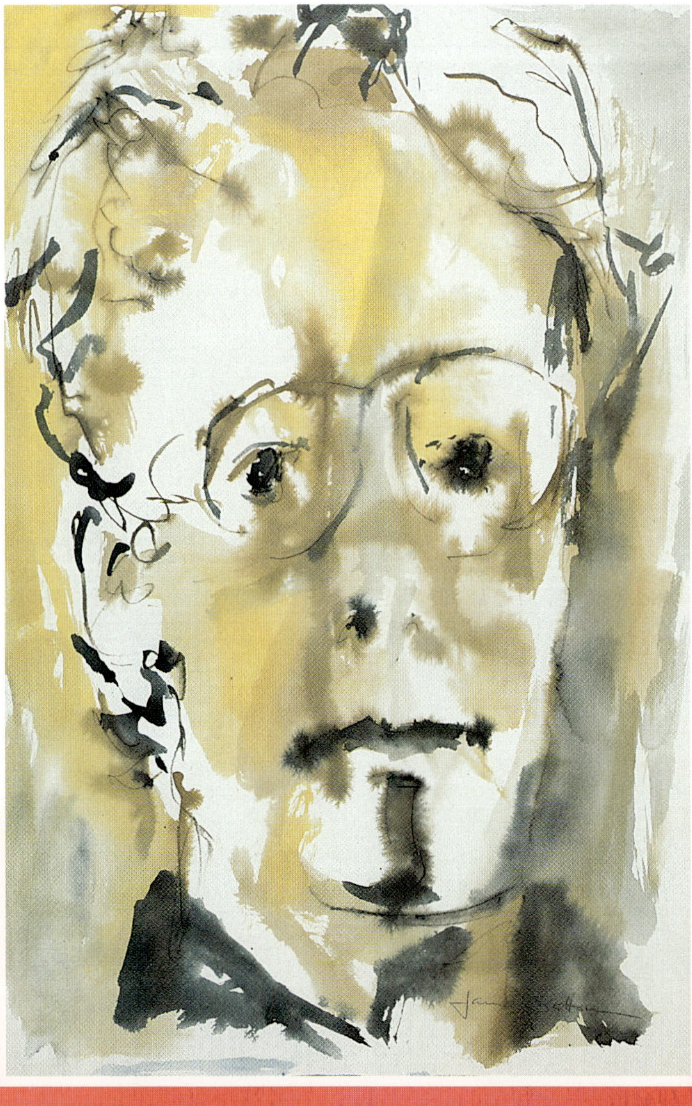

Janne Battermann: ohne Titel. 1996, Tusche über Aquarell, 48x36 cm.
Bei diesem Bild wurden zunächst die größeren Farbflächen angelegt und dann mit der Tusche in die zum Teil noch feuchte Farbe hineingezeichnet. Dazu wurde eine Rohrfeder verwendet. Derartige Verläufe sind, das wissen Sie von den Übungen, bei denen Sie Rohrfederstriche laviert haben, nur sehr schwer präzise steuerbar. Wenn die Verläufe der Tuschelinien, die konkreten Linien und die Farben beziehungsweise die Farbverläufe dann allerdings „stimmen", ergeben sich sehr reizvolle Ergebnisse.

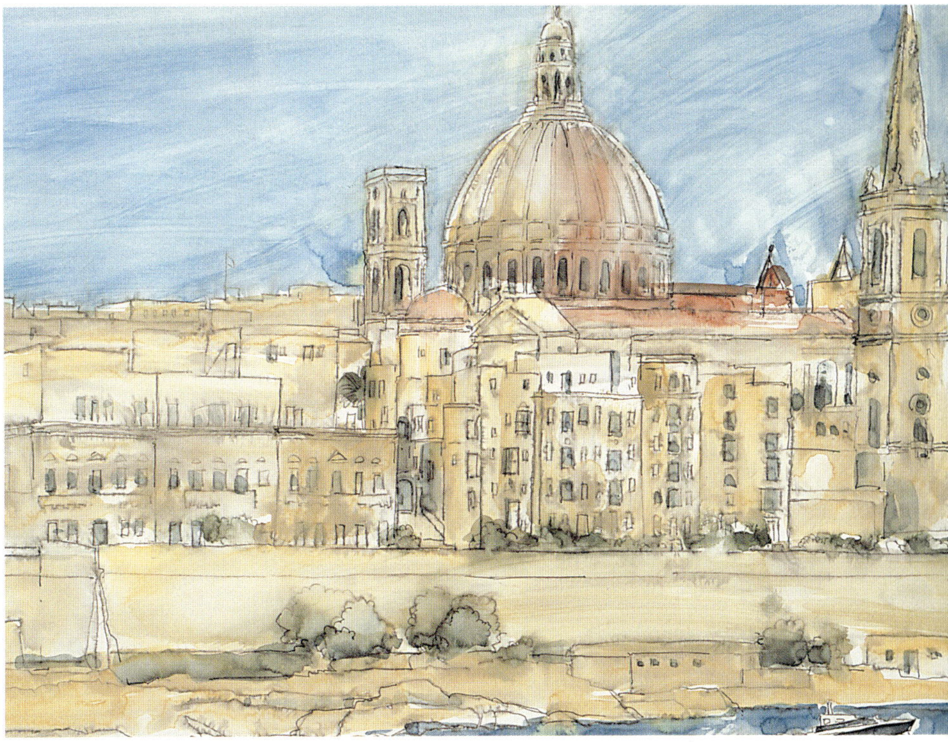

Ingrid Schmitz: Valetta. 1996, Aquarell über Tinte, 35x49,5 cm.
In diesem Fall wurden die Konturen fast ausschließlich vor dem Auftrag der Aquarellfarbe fertig gestellt. Die Tinte, die hier mit einem Fineliner aufgetragen wurde, ist wasserlöslich und haftet nur wenig auf dem stark geleimten Zeichenpapier. Dementsprechend lösen sich die Linien mit eigenartigen Verläufen stark auf. Auch die Aquarellfarbe verhält sich auf dem Zeichenpapier völlig ungewöhnlich. Gleichmäßige Farbflächen und gesteuerte Modulationen sind völlig unmöglich.

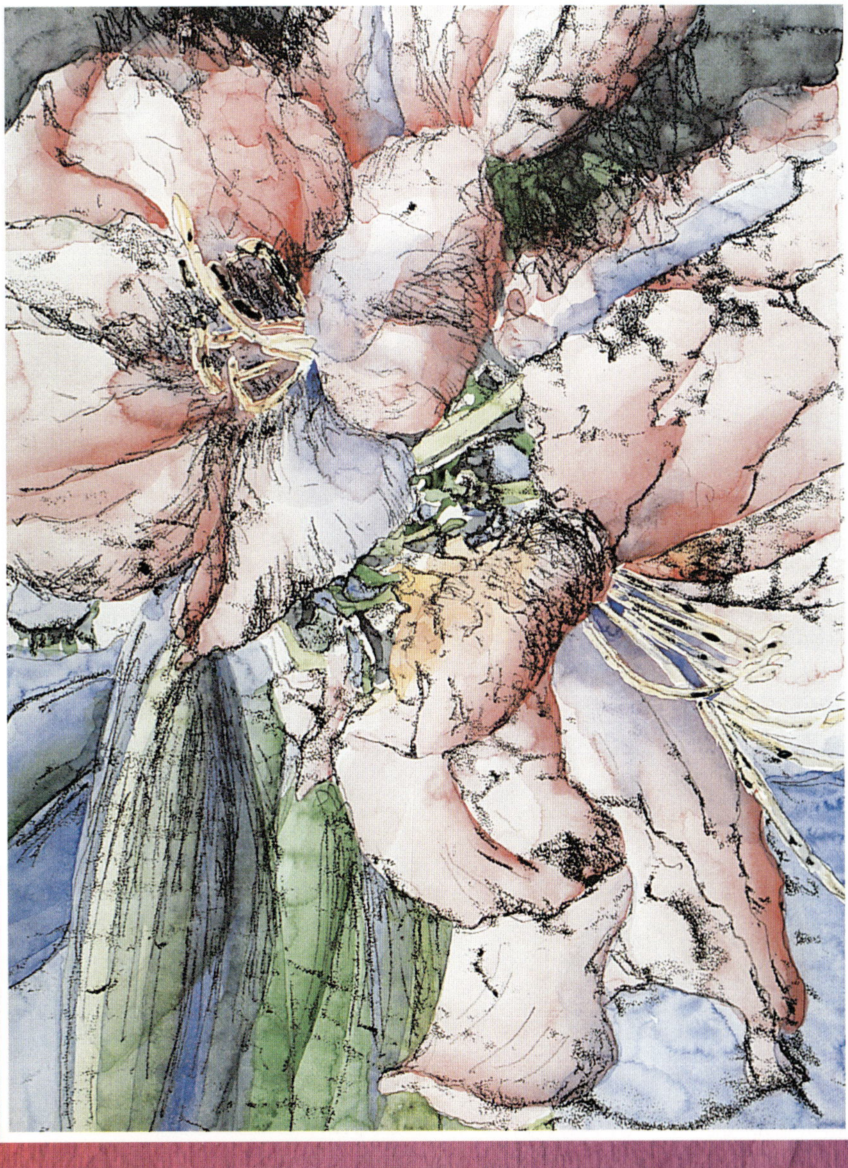

Ellen Schlichting: Blüten. 1996, Monotypie über Aquarell, 40x29 cm.
Bei diesem Beispiel liegen die Linien über dem Aquarell. Sie sind als Monotypie hergestellt. Falls Sie das recht einfache Druckverfahren nicht kennen, hier eine kurze Beschreibung: Zunächst zeichnen Sie auf der Rückseite des Papiers die Linien vor, die nachher auf der Vorderseite entstehen sollen. Dazu kleben Sie das Blatt mit der Bildseite zum Glas an eine Fensterscheibe und „pausen“ die Linien durch. Dann legen sie das Material, auf das Sie die Monotypie aufbringen wollen, mit der Bildseite nach unten auf eine dünn mit Druckfarbe eingewalzte Platte und wiederholen die Vorzeichnung mit einem Stift. Auf der Unterseite – also der Bildseite – „druckt“ nun nicht nur die Linie, sondern auch (je nachdem wie stark Sie aufdrücken und wie dick Sie die Platte eingewalzt haben) ein Teil des Umfeldes der Linie, was ihr mehr Fülle und einen weicheren Charakter gibt.

Jelena Reinert: Weiße Blüte. 1996, Aquarell und Tinte, 35,5x26 cm.
Bei diesem Bild wurde im Wechsel mit dem Fineliner und dem Pinsel gearbeitet, darum steht die Tinte manchmal unverlaufen über der Farbe, an einigen Stellen ist sie gerade eben angelöst und an anderen fast völlig verlaufen. Der Prozess der Bildentstehung gestaltet sich in einem solchen Fall als jeweiliges Reagieren auf das, was schrittweise getan wurde. Ein kompletter Vorentwurf und damit eine konkrete Vorstellung davon, wie das Ergebnis aussehen wird, sind dabei natürlich recht unrealistisch.

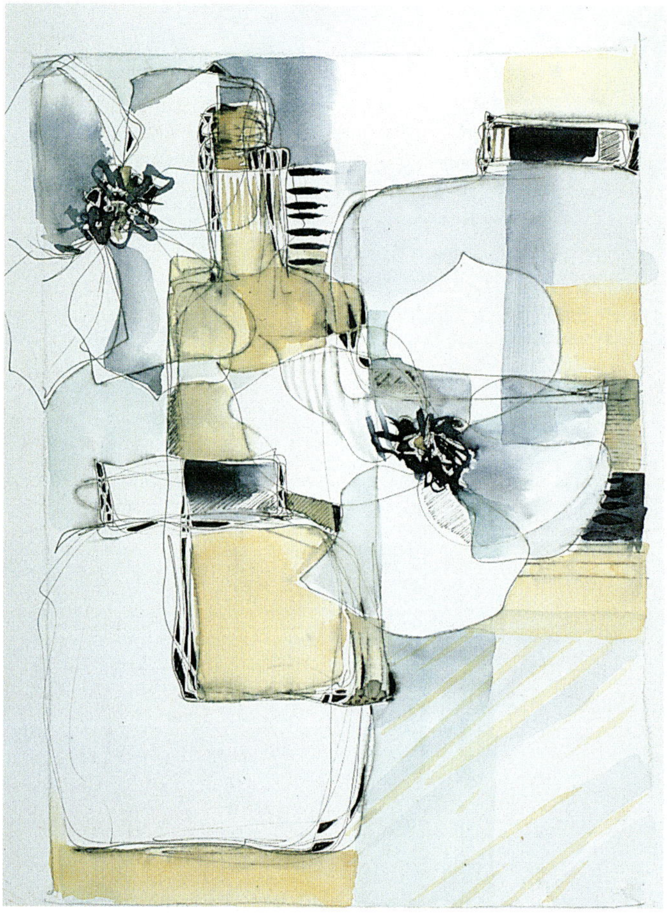

Bild unten:
Janne Battermann: Ohne Titel. 1997, Mischtechnik, 36x47,5 cm.
In noch stärkerem Maße als in der oberen Arbeit ist dieses Bild ein Ergebnis prozesshaften Handelns. Das sparsam eingesetzte Weiß beispielsweise war von der Planung her völlig unbeabsichtigt. Dementsprechend sind auch die verwendeten Materialien (Aquarell- und Gouachefarben, Ölkreiden) nicht in einer vorher festgelegten Reihenfolge eingesetzt worden, sondern als jeweilige Reaktion auf das, was bis dahin im Bild „passiert“ ist.

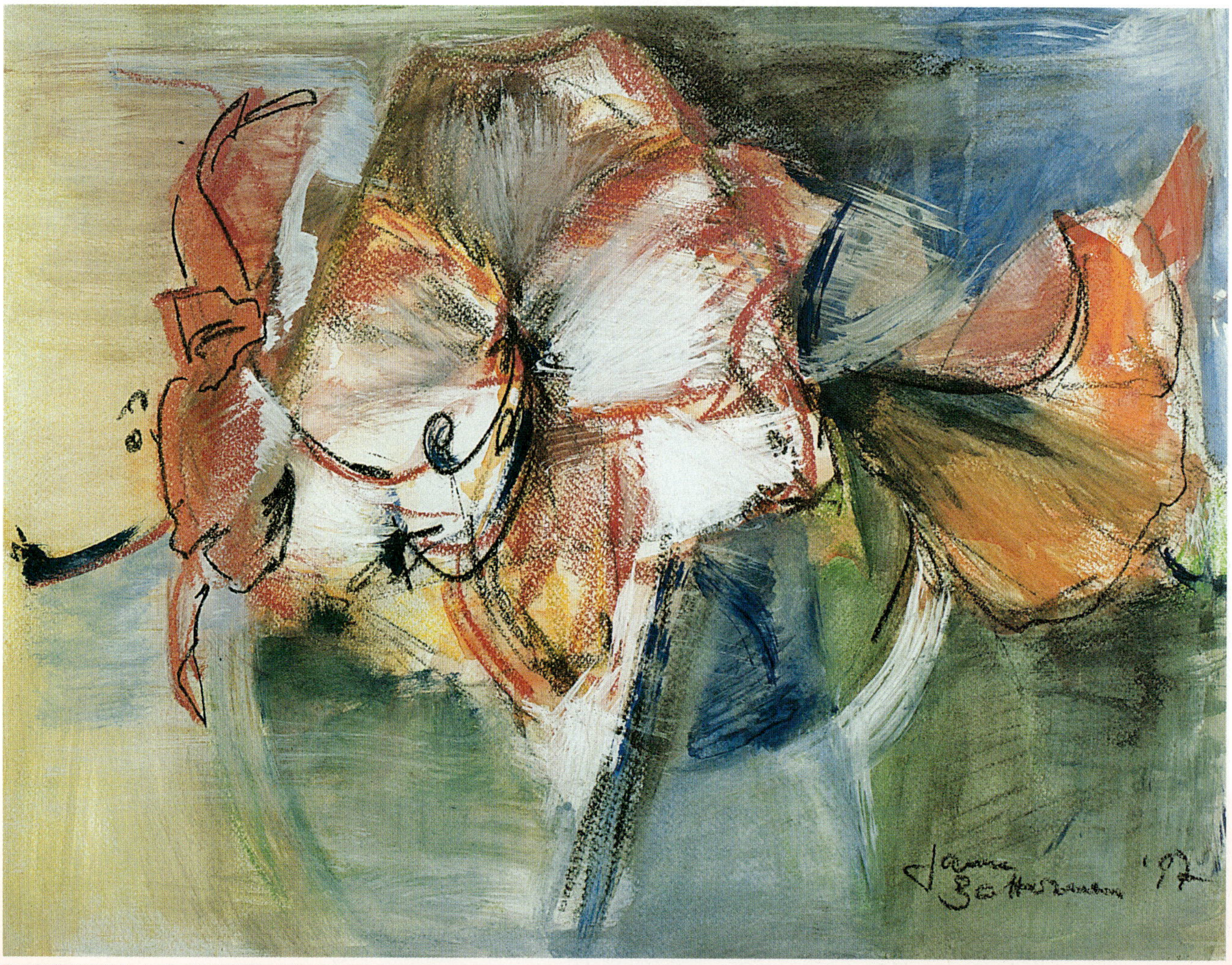

Jelena Reinert: Ohne Titel. 1993, Mischtechnik, 45,5x34 cm.
Am deutlichsten wird der Begriff „Mischtechnik" durch dieses Bild veranschaulicht. Die Vielzahl der verwendeten Materialien (Wachs- und Ölkreiden, Bleistift und Aquarellfarben) und die Fülle der formalen „Ereignisse" lassen spürbar werden, welches gestalterische Potenzial in der Kombination unterschiedlicher Farben und Stifte liegt. Der Reiz dieses Bildes liegt aber vor allem auch darin, dass die Materialien in ihren jeweiligen Möglichkeiten ernst genommen und dementsprechend angemessen verwendet wurden.

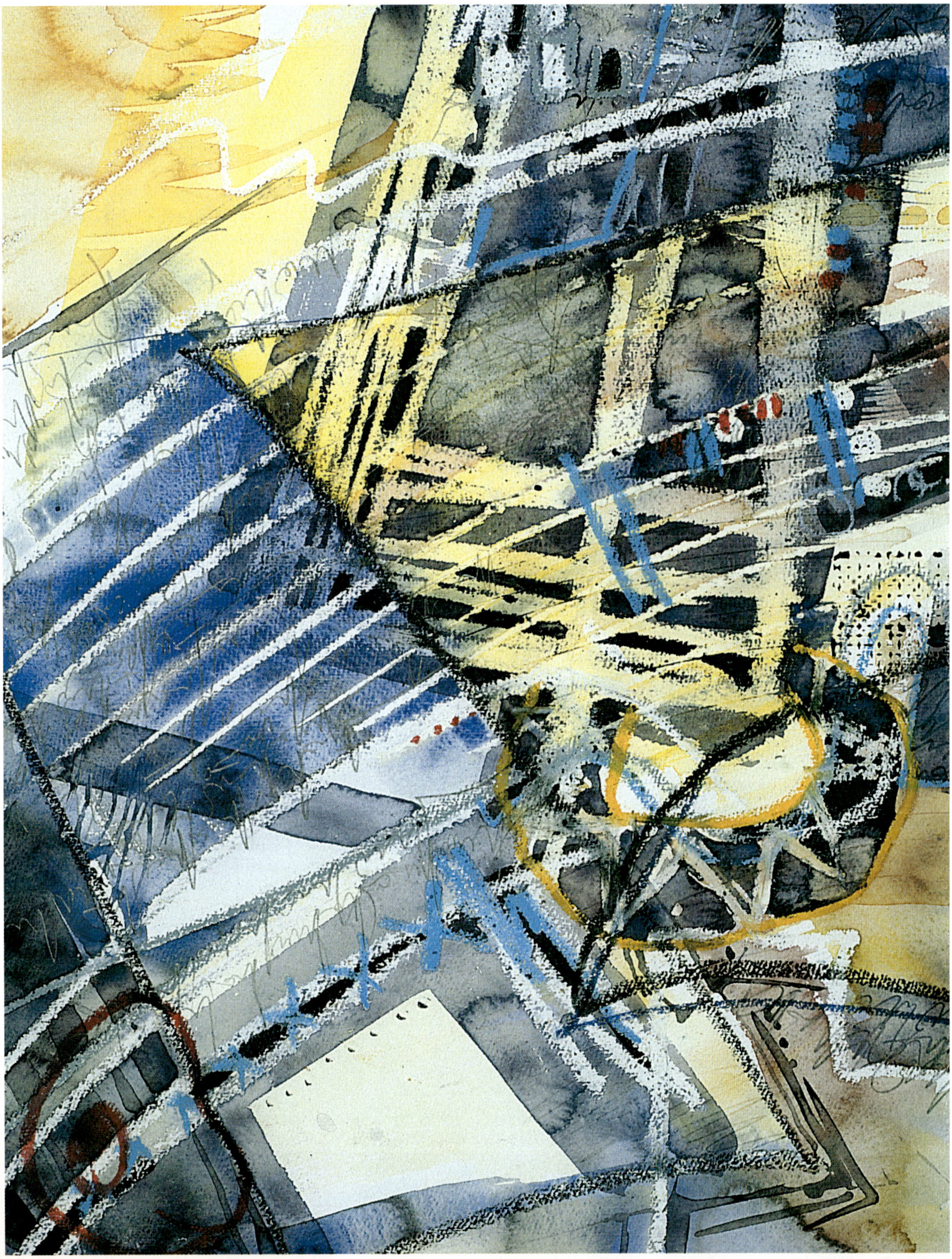

Zeichengeräte und -materialien und ihre Verwendung im Bild

Die folgende Darstellung der unterschiedlichen Materialien orientiert sich am Charakter ihrer Verwendung. Von dünn bis zu breit zeichnenden Stiften, die zunehmend malerischen Charakter haben, über Geräte und Materialien, die den Übergang von grafischen zu malerischen Verfahren darstellen, und schließlich bis hin zu solchen, die malerische Verfahren im eigentlichen Sinne ermöglichen.

Kugelschreiber, Fineliner und Filzstifte

Den geringsten gestalterischen Spielraum bieten Kugelschreiber, Fineliner und Filzstifte. Der relativ charakterlose Strich dieser Geräte lässt sich kaum durch mehr oder weniger kräftigen Druck noch durch unterschiedliche Schrägstellung beeinflussen. Die Fülle der Neuentwicklungen – insbesondere im Hinblick auf Filzstifte – ist nahezu unübersehbar. Für die künstlerische Arbeit sollten Sie folgende Eigenschaften hinterfragen bzw. überprüfen:

- die Breite und Beständigkeit der Spitze,
- die Frage, ob die Stifte wasserlöslich oder wasserfest sind, und womit sie im zweiten Fall gelöst, also beispielsweise auch vermalt werden können,
- die Lichtechtheit der Farben.

(Filzstifte verblassen sehr schnell. Wollen Sie mit irgendwelchen Filzstiften ernsthaft gestalterisch arbeiten, sollten Sie unbedingt eigene Proben herstellen.)

Zum Skizzieren, als Ersatz für die schwer handhabbare Stahlzeichenfeder, vor allem auch für schnelle Arbeiten unterwegs, sind die hier zusammengefassten Stifte sicherlich geeignet. Ich rate allerdings davon ab, damit in technischer Hinsicht mehr erreichen zu wollen, als diese Geräte im Allgemeinen hergeben. So sind beispielsweise inzwischen Filzstifte auf dem Markt, die eine pinselartige Verwendung ermöglichen. Den charakteristischen Strich eines Pinsels erzielen Sie damit aber trotzdem nicht, und – wie gesagt – die Lichtechtheit dieser Stifte lässt zu wünschen übrig.

Die Tinte der Filzstifte kann durch das Papier durchschlagen. Und weil auch der Farbauftrag auf normalem Zeichenpapier oft sehr unregelmäßig wirkt, hat die Industrie spezielle Papiere entwickelt, bei denen beides nicht passiert. Sie werden unter Bezeichnungen wie „Layout Papiere“ oder „Markerpapiere“ angeboten.

Dieses Material hat auch eine glatte und feste Oberfläche, die bei der Arbeit mit Finelinern oder Tintenfeinschreibern besonders wichtig ist, da diese Geräte eine Strichstärke von weniger als einem halben Millimeter haben.

Gestalterische Bedeutung haben Fineliner entweder, wenn es um Zeichnungen geht, die wie eine Federzeichnung aussehen sollen (der Strich ist sehr hart und verschmiert praktisch nie – immer noch im Gegensatz

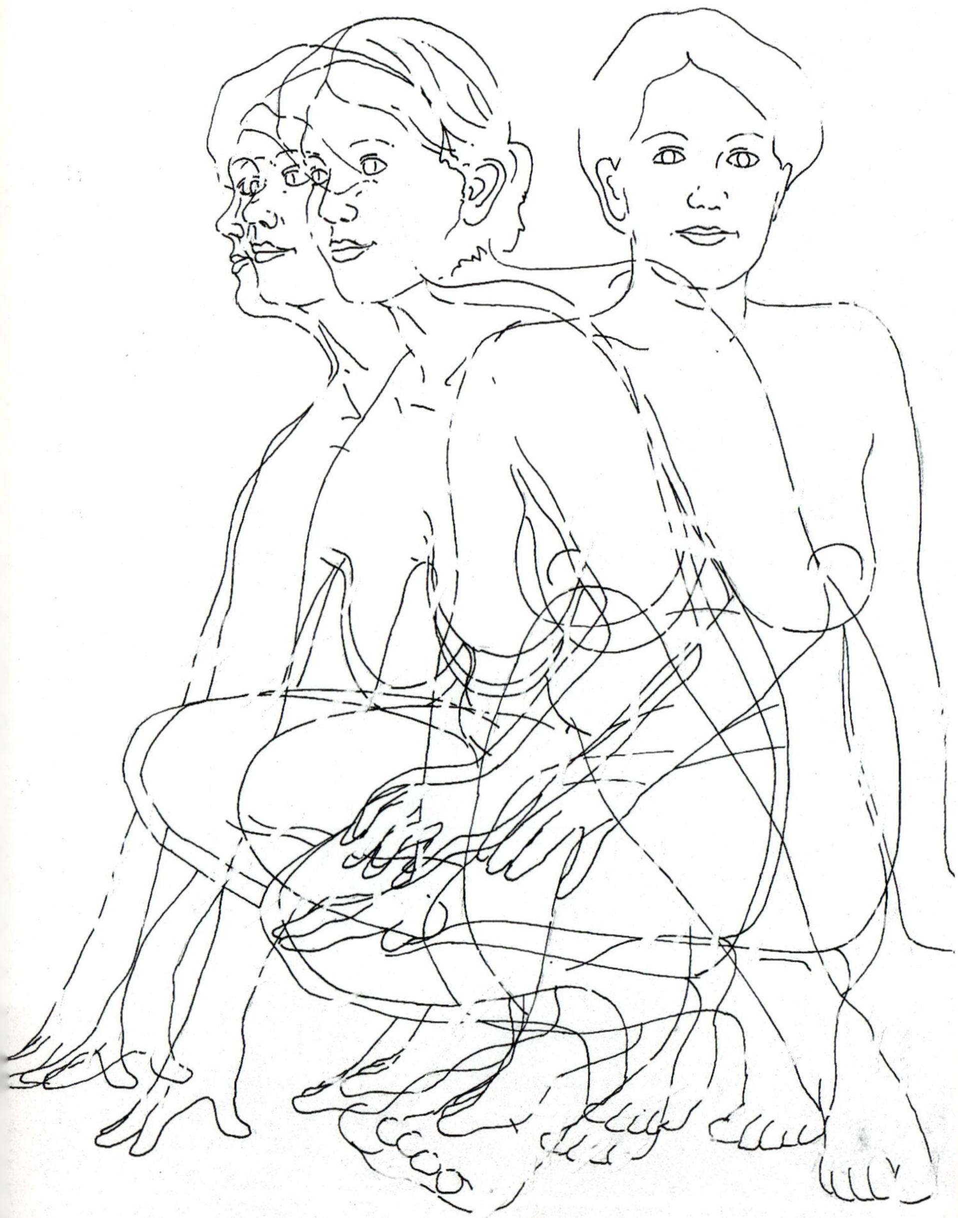

Die Farbspuren eines Fineliners sind so schwach und an sich ausdruckslos, dass es oft nicht ausreicht, lediglich eine Kontur zu zeichnen – es sei denn, das Motiv besteht aus einer Fülle von Objekten oder solchen mit sehr differenzierten Teilformen oder Oberflächen. Hier haben die Haltungsveränderungen des Modells dazu geführt, dass die Idee der Vervielfältigung der Umrisslinien entstand. Die Verdichtung und Überschneidung der Linien, die sich dadurch ergab, machte die Zeichnung gestalterisch reizvoller.

Tinte und Tusche

Auch wenn die Begriffe zum Teil recht wahllos verwendet werden, sollte man wissen, dass Tinte und Tusche keine austauschbaren Bezeichnungen sind. Tinten sind Farbstofflösungen, und Tuschen sind feinste Aufschlämmungen von Pigmenten. Beide können entweder wasserlöslich oder wasserfest sein. Die meisten Künstlertuschen trocknen wasserfest auf. Die Frage danach, ob die Farbe wasserfest auftrocknet oder wasserlöslich bleibt, ist vor allem für das Lavieren und die Kombination mit anderen Materialien, also bei Mischtechniken von Bedeutung. Im Gegensatz zu Kohle, Kreiden und Pastell müssen Tinten und Tuschen mit einem Zeichengerät auf das Papier gebracht werden. Dazu benutzt man vor allem die Stahlfeder, den Füllhalter (oder ähnliche Geräte), die Rohrfeder oder den Pinsel.

Zeichenfeder

Die Stahlfeder erzeugt einen sehr harten und klaren Strich. Ihre Verwendung ist nicht ganz einfach. Um mit ihr angemessen umzugehen, bedarf es ihrer souveränen Handhabung. Stahlfedern sind in der Regel sehr spitz. Das Papier, auf dem man mit ihnen arbeitet, sollte dementsprechend glatt und sehr fest sein. Empfehlenswerte Zeichengründe sind daher vor allem ausgesprochene Federzeichenpapiere und -blocks.

Füllhalter

Füllhalter haben in der Regel leichtlaufendere Federn. Da viele Geräte bereits austauschbare Füllsysteme besitzen, wird die Unterscheidung von Patronenfüllern und Füllfederhaltern, die noch vor wenigen Jahren üblich war, zunehmend irrelevant. Tinten und Tuschen trocknen auch in geschlossenen Füllhaltern ein, deshalb sind die meisten Patronen mit wasserlöslicher Tusche gefüllt. Ob Sie sich einen einfachen Füllfederhalter oder ein speziell für die künstlerische Arbeit entwickeltes Gerät anschaffen, ist eher eine Frage des persönlichen Geschmacks. Entscheidend für Ihre Wahl sollte vor allem der Charakter der Feder sein (zum Beispiel: spitz, rund, flach, schräg). Ansonsten sind sie ähnlich einsetzbar wie die oben erwähnten Kugelschreiber, Fineliner und Filzstifte. Ihr Strich hat aber zweifellos mehr Charakter.

Rohrfeder

Als Schreib- und Zeicheninstrument ist die Rohrfeder seit der Antike bekannt. Heute werden im Wesentlichen völlig unproblematisch zu verwendende und sehr haltbare Rohrfedern aus Bambus angeboten. Sie lassen sich aber auch aus Schilfrohr oder Zierbambus aus dem Garten schneiden. Wenn Sie nicht allzu große Erwartungen an die Menge der Tintenaufnahme und die Gleichmäßigkeit des Tintenflusses haben, können Sie dieses Zeichengerät selbst herstellen. Im Gegensatz zur Stahlfeder lässt sie erheblich großzügigere und kraftvollere Striche zu. Vor allem muss die Zugrichtung nicht sonderlich ernst genommen werden. In Situationen, in denen sich die Stahlfeder spreizen und die Tinte verspritzen würde, „läuft" die Rohrfeder unproblematisch weiter. Der Strich nimmt, entsprechend der verbliebenen Tintenmenge, in Stärke und Intensität ab. Das Erscheinungsbild einer Rohrfederzeichnung ist also deutlich lebendiger als das von Bildern, die mit Stahlfeder oder Füllhalter hergestellt wurden.

Wolf Wrisch: Aktstudien. 1964, Rohrfeder, unten links: 27,5x19,5 cm, unten: 32x11,5 cm.

Die Rohrfeder ermöglicht – vor allem im Vergleich mit der Stahlfeder – eine sehr großzügige und flüssige Linienführung. Da der Strich darüber hinaus in der Breite und der Intensität variiert, wirken die Zeichnungen damit lebendiger und ausdrucksstärker als die mit weniger flexiblen Werkzeugspuren.

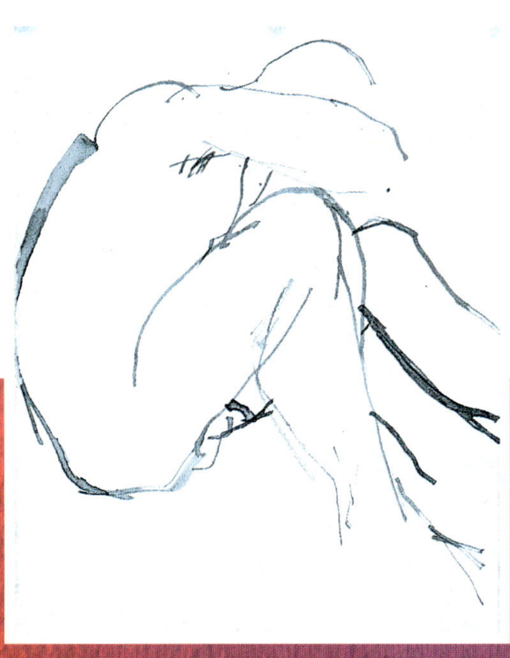

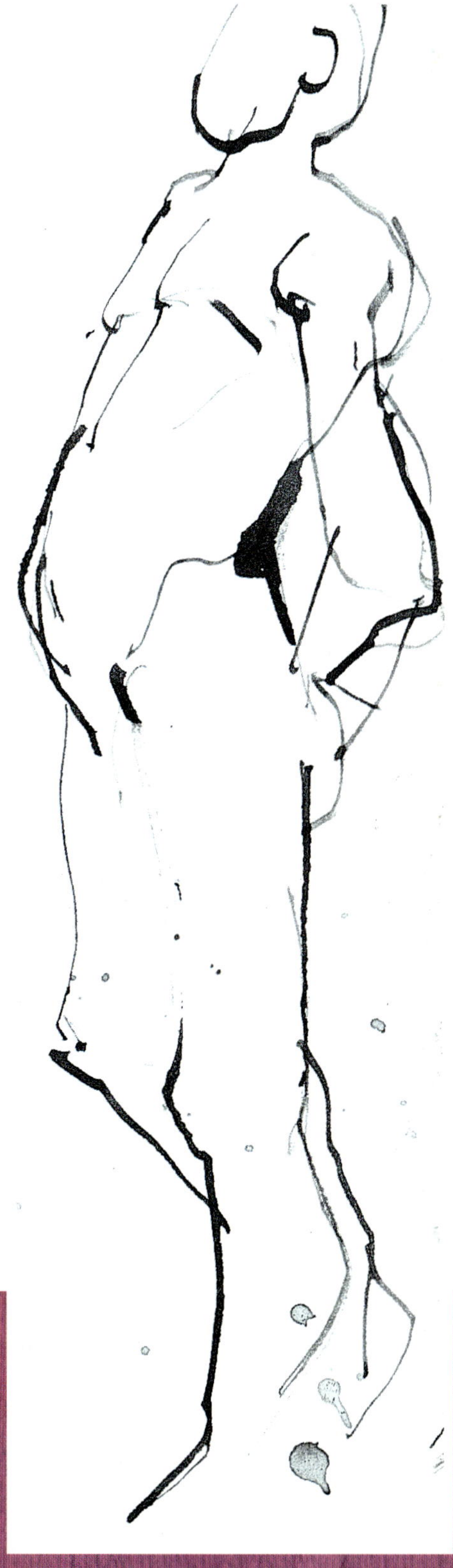

Pinsel

Wenn hier – im Zusammenhang mit grafischen Verfahren – über Pinselzeichnungen gesprochen wird, ist vor allem der Rundpinsel als Werkzeug gemeint. Er wird in vielen Varianten hergestellt. Dennoch ist die Anschaffung von wenigen, wirklich guten Pinseln sinnvoller, als eine Fülle von schlechten, falschen und überflüssigen Pinseln zu kaufen.
Wobei Sie für die wasserfest auftrocknende (!) Tusche nicht gerade Ihren besten Rotmarderhaarpinsel benutzen sollten. Wegen der geringen Wasseraufnahme und der zu schnellen -abgabe halte ich zwar nicht allzuviel von Synthetikhaarpinseln, hier aber sind sie durchaus angebracht. Alternativ empfehle ich die so genannten Mixed-Pinsel (auf die ich ausführlicher auf Seite 180 eingehe). Verwenden Sie keine zu dünnen Pinsel. Für alle in diesem Buch gezeigten Aufgaben brauchen Sie keinen Pinsel der dünner ist als die Nummer 12! Dünne Pinsel verführen zu pingeligem Arbeiten. Da ich gute Pinsel empfehle, haben die auch eine ordentliche Spitze. Im Bedarfsfall können Sie also auch damit kleine Flecken setzen oder dünne Linien ziehen. Sie verfügen zudem aber auch über reichlich Farbe und können dementsprechend großzügig und auch sehr viel länger arbeiten.
Denken Sie daran, dass Pinsel grundsätzlich ab und zu gut ausgewaschen werden müssen. Wenn Sie aber mit wasserfest auftrocknender Tusche arbeiten, muss das so bald wie möglich nach dem Gebrauch erfolgen. Waschen Sie die Pinsel mit Pinsel- oder Kernseife oder mit einem Haarshampoo vor allem am Haaransatz an der Zarge solange, bis der Schaum weiß bleibt.

Zeichengründe und Verdünnungsmittel

Für die Arbeit mit Tuschen oder Tinten, gleichgültig ob sie mit Feder, Fineliner oder Ähnlichem übertragen werden, eignen sich alle glatten, festen Papiere. Sie sollten unbedingt radier- und schabefest sein, damit man radieren und mit einer scharfen Klinge fehlerhafte Stellen entfernen kann.
Für die Pinselzeichnung muss der Grund natürlich keine derart glatte und homogene Oberfläche haben. Er muss aber, wenn mit viel Farbe oder viel verdünnter Farbe gearbeitet wird (genau wie bei der lavierten Federzeichnung), so kräftig sein, dass er sich nicht verzieht, oder nass aufgespannt werden. Glattere Aquarellpapiere erfüllen diese Forderungen recht gut.
Wenn mit stark verdünnter Tusche oder Tinte gearbeitet wird, sollte zunächst das Verlaufverhalten der Farbe mit dem normalen Leitungswasser und dann (insbesondere in Gegenden mit sehr hohem Kalkgehalt im Leitungswasser) auch mit destilliertem Wasser erprobt werden.

Bild unten links:
Marlies Finke: Akt. 1997, Aquarell, 67,5x47 cm. Trotz der breit gesetzten Fläche ist diese Arbeit durchaus noch als Pinselzeichnung anzusehen. Bis auf eine Stelle (unten rechts) sind alle Farbfelder aus breit gesetzten Pinselstrichen gebildet, die ihren Charakter – als Strich – beibehalten. In der Gegenüberstellung wird die Unterschiedlichkeit der Möglichkeiten des Pinselstrichs zwar bereits deutlich, das gesamte Repertoire ist aber natürlich sehr viel umfangreicher. Schauen Sie sich daraufhin auch einmal Beispiele asiatischer Tuschezeichnungen an, dort werden Sie eine Fülle reizvoller Anwendungsmöglichkeiten entdecken.

Bild unten rechts:
Die mit einem Pinsel erzeugten Linien sind zweifellos schmiegsamer und variabler als die der bisher genannten Werkzeuge wie Fineliner, Filzstifte, Kugelschreiber und aller Federn. Ihre Ausdrucksmöglichkeiten sind dementsprechend groß, sie reichen von der strengen Definition der Form bis zur dynamischen Expression.

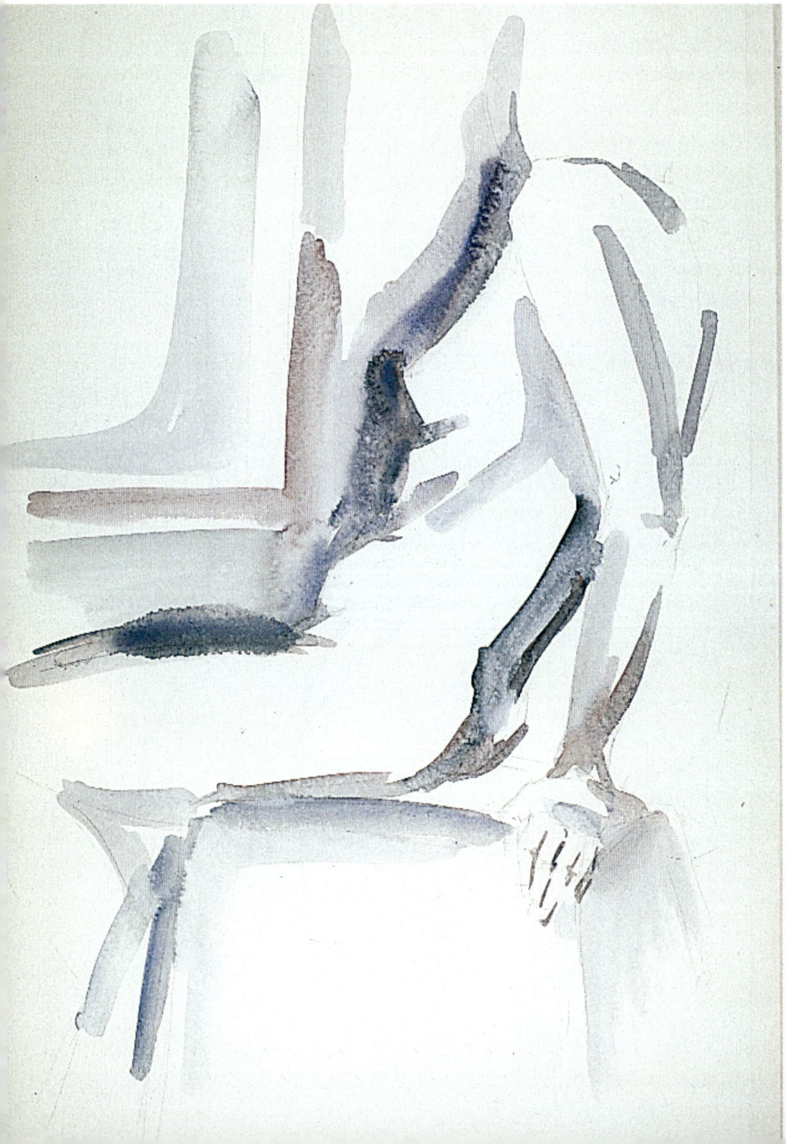

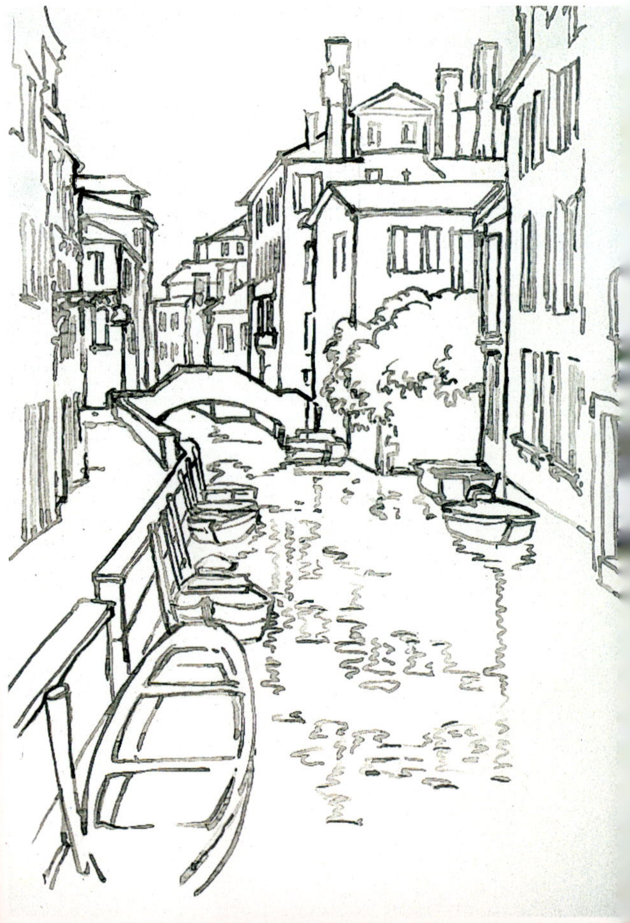

Stifte und Kreiden – eine terminologische Klärung

„Stift“ ist die Bezeichnung für einen „länglichen (zugespitzten) Gegenstand“, so steht es jedenfalls im Herkunftswörterbuch. Damit sind alle holzgefassten Stifte – eben „Stifte“, aber zum Beispiel auch der vorn spitz zulaufende Vollminenstift.
Das Wort Kreide wird fast immer unkorrekt verwendet. Kreide ist genaugenommen kohlensaurer Kalk – und der ist lediglich Bestandteil der weißen Kreide.
Die Industrie neigt aber inzwischen dazu, alles Stiftartige, nicht spitz Zulaufende, was nicht holzgefasst ist, als Kreide zu bezeichnen. So gibt es Pastellkreiden, Ölkreiden, Wachskreiden, ...

Bleistifte

Weshalb ich das am meisten verbreitete Zeichengerät, den Bleistift, nicht an erster Stelle beschrieben habe, liegt daran, dass er auch einen recht malerischen Charakter haben kann. Er ermöglicht gleichermaßen lineare Härte wie malerische Weichheit.

In Holz gefasst

Bleistifte enthalten kein Blei und haben im Prinzip auch nie welches enthalten.
Seit dem 16. Jahrhundert waren Stifte aus Naturgrafit in Gebrauch. Da hochwertige Naturvorkommen aber selten und die Stifte dementsprechend teuer waren, forschte man nach Methoden, mit qualitativ schlechterem und vor allem auch mit weniger Grafit Zeichenstifte herzustellen.
Jacques Louis Conté entdeckte gegen Ende des 18. Jahrhunderts das Verfahren, nach dem im Prinzip Bleistifte bis zum heutigen Tag gefertigt werden. Gemahlener Grafit und Ton werden seit dieser Zeit gemischt, zu Minen geformt und gebrannt. Das Mischverhältnis von Ton und Grafit bestimmt den jeweiligen Härtegrad der Bleistiftminen. Der eigentliche Stift besteht meist aus Zedernholz, in das die Minen eingeklebt werden.

Minenhalter

Neben den traditionellen Bleistiften gibt es Minenhalter oder Fallminenhalter, wie sie – in Abgrenzung zu den Druckbleistiften – richtig heißen. Sie haben den Vorteil, dass die Minen leicht austauschbar sind und vor allem, dass sie, trotz kürzer werdender Mine, immer gut in der Hand liegen. Bleistifte, die nur noch wenige Zentimeter lang sind, sollten nicht mehr verwendet werden, weil sie einfach kaum noch angemessen geführt werden können. Inzwischen gibt es – wieder – sehr nützliche „Stifthalter“, mit denen man die zu kurz gewordenen Stifte auf eine handhabbare Größe verlängern kann.
Zeichenstifte oder -minen werden in unterschiedlichen Härtegraden angeboten. Die mit ansteigender Ziffer zunehmend härter bis extrem hart werdenden Stifte von H, 2H bis 7H oder 9H (je nach Hersteller) sind für die künstlerische Arbeit nur von geringer Bedeutung. Mittlere Härten sind F, HB und B. Mit 2B bis 8B werden die weichen bis extrem weichen Stifte bezeichnet. Die Aussagekraft dieser Angaben ist jedoch leider nicht allzu hoch, da die angegebenen Härtegrade der verschiedenen Hersteller nicht immer übereinstimmen. Manche Firmen benutzen auch völlig andere Härteangaben. Die meisten Hersteller produzieren inzwischen auch Vollminenstifte, die vor allem für großformatiges Arbeiten sehr gut geeignet sind.

Bild unten links:
Anneliese Tholen: Akt. 1997, Bleistift, 42x49 cm.
Bild unten rechts:
Siegbert Koch: ohne Titel, 1997, Bleistift, 58x42 cm.
Der unglaublich weiten Verbreitung des Bleistifts entspricht die Fülle seiner Anwendungsmöglichkeiten. Die hier gezeigten Arbeiten können nur einen winzigen Ausschnitt daraus zeigen: die fließende, sich gleichsam an die Form herantastende Umrisslinie in der Aktzeichnung Anneliese Tholens; die verwobene, sich spielerisch verdichtende freie Lineatur in der Zeichnung von Siegbert Koch; die großzügig, eindeutig und kraftvoll gesetzte Kontur in der Skizze von Marlies Finke auf Seite 128 und schließlich die zur Fläche verdichtete Linie in der Zeichnung von Helga Lagemann (ebenfalls auf Seite 128).

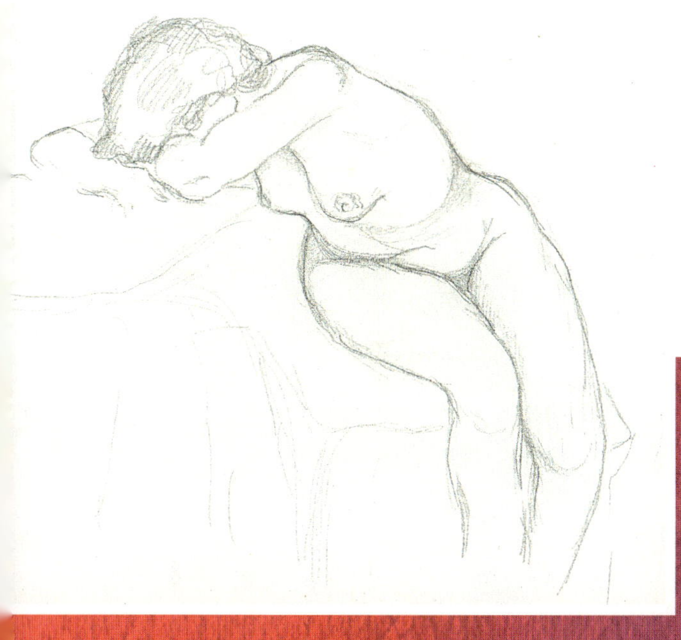

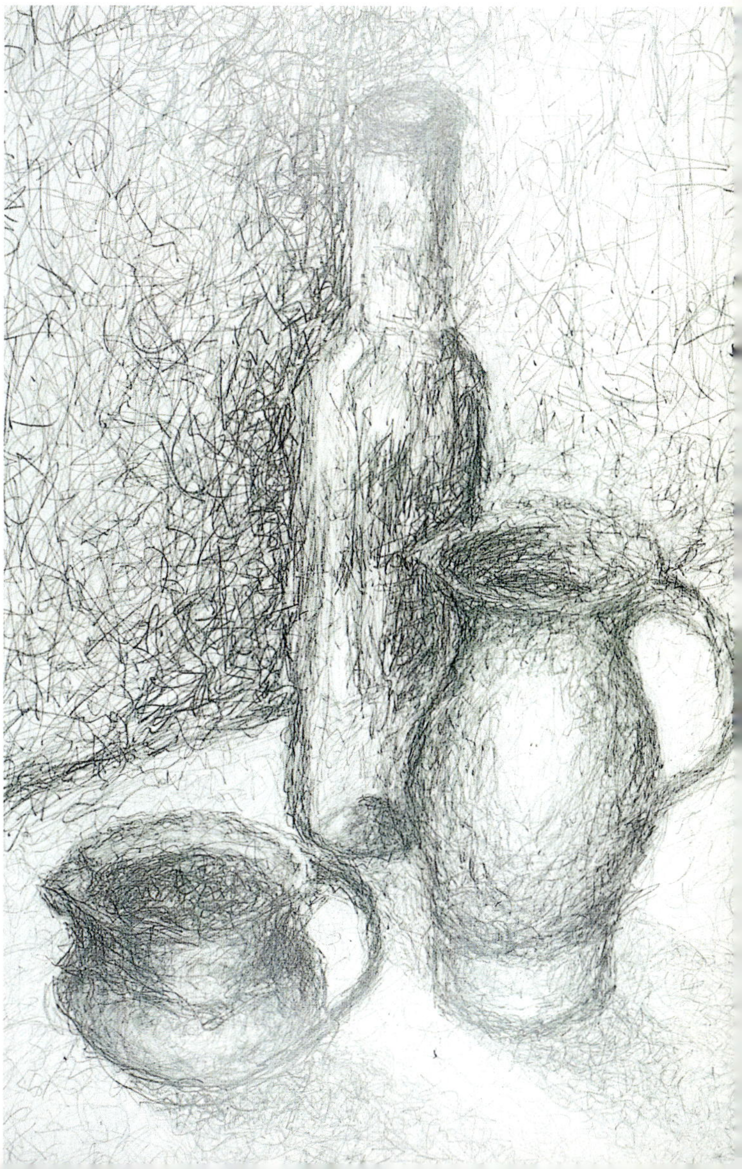

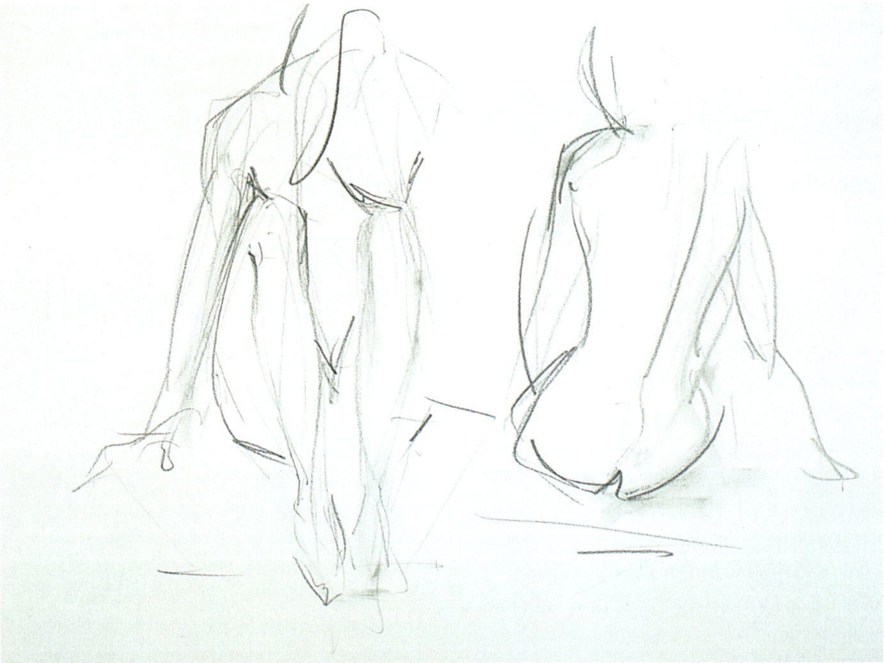

*Marlies Finke: Akt, 1997,
Bleistift, Ausschnitt: etwa 23x35 cm*

*Helga Lagemann: ohne Titel. 1997,
Bleistift, 38,5x51 cm.
Hier wird überzeugend deutlich, dass mit dem Bleistift durchaus auch großflächig und malerisch gearbeitet werden kann und anspruchsvolle gestalterische Arbeiten herstellbar sind. Nicht das aufwändige Material ist erforderlich oder sogar voraussetzend, um gute Ergebnisse zu erzielen, sondern eine gute konzeptionelle Planung (die sich hier unter anderem sehr deutlich in der Komposition zeigt) und die Bereitschaft, intensiv an dem Bild zu arbeiten.*

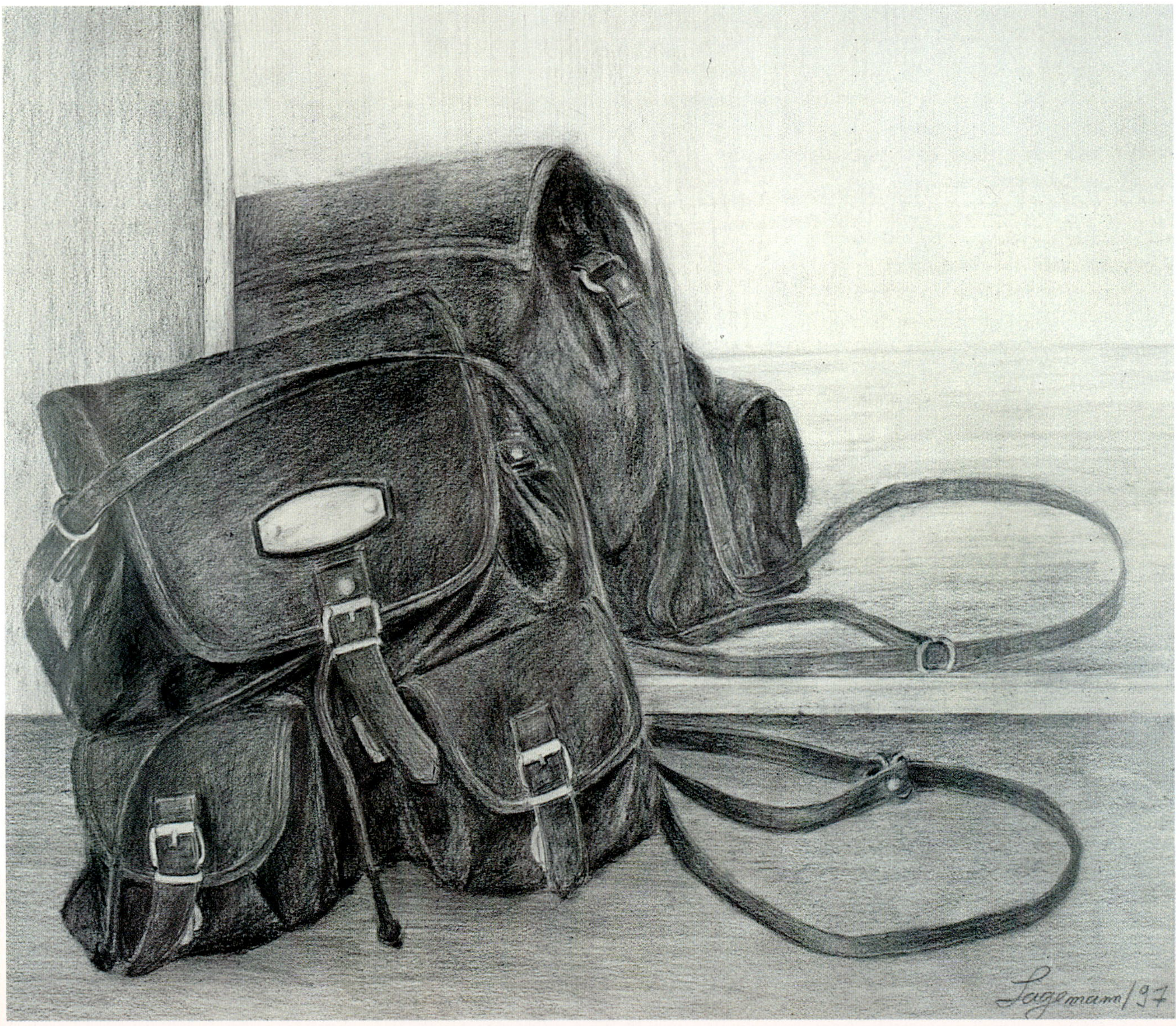

Farbstifte

Insbesondere bei Anfängern genießen „Buntstifte", so werden Farbstifte meist bezeichnet, kein sonderlich hohes Ansehen. Zwar gibt es einige bedeutende Künstler, die mit ihnen arbeiten, aber gerade Einsteiger wollen sich gern mit scheinbar professionellerem Material schmücken (selbst gemischte Acrylfarben sind zur Zeit unheimlich „trendy"). Buntstifte dagegen gelten als Kinderkram. Vielleicht liegt es daran, dass man mit ihnen unmittelbar anfangen kann zu arbeiten, dass keine besonderen Vorarbeiten, kein Atelier, kein teurer Malgrund usw. erforderlich sind und dass die Stifte an sich nicht besonders viel hermachen. Aber schadet das?
Farbstifte sind praktisch so etwas wie holzgefasste Öl- oder Wachskreiden. Allerdings sind sie in der Regel erheblich härter. Sie sind (ursprünglich) also nicht wasserlöslich. Gute Stifte sollten wischfest und trotzdem gut und gleichmäßig abstreichbar sein. Selbst hochwertige Produkte sind relativ preiswert. Allerdings nur, wenn Sie nicht gleich mit einem vollen Sortiment einsteigen wollen. Bevor Sie nicht wissen, dass Sie langfristig damit arbeiten wollen, sollten Sie sich keinesfalls die ganze Farbpalette eines Herstellers (in der Regel 100 bis 120 Farbtöne) anschaffen. Sie werden nämlich schon bald feststellen, dass sich die Stifte, sogar relativ unabhängig von Ihrer Motivwahl, unterschiedlich schnell verbrauchen. Hellere Töne, vor allem Gelbtöne, sind bereits in kürzester Zeit verbraucht, andere Stifte kaum benutzt. Auch haben Sie vermutlich bestimmte thematische Vorlieben, und auch das bedeutet, dass Sie einen bestimmten Teil des Gesamtsortiments sehr viel häufiger benutzen als den Rest. Bei den sehr umfangreichen Kästen werden Sie manche Stifte nie anrühren.
Kaufen Sie sich also ein nicht allzu umfangreiches Grundsortiment, 24 oder 36 Stifte, und dann nach und nach, Ihrem Bedarf und Ihren Vorlieben entsprechend, Einzelstifte hinzu. Dabei entscheiden Sie sich aber bitte nicht für die billigsten Stifte, die sie bekommen können. Gegen Billigangebote sprechen vor allem die geringe Lichtechtheit der Farben, der ungleichmäßige Farbabrieb und die geringe Pigmentierung.
Farbstifte sind „semiopak", also halbdurchsichtig. Aus dieser Eigenschaft heraus ergeben sich eine Fülle von gestalterischen Möglichkeiten, die aber auch genutzt werden wollen! So wenig reizvoll wie das Auftragen ungemischter Tubenfarben ist das Ausfüllen vorgegebener Flächen mit jeweils einem Stift. Schlimmstenfalls wird die Fläche auch noch, bevor man sie ausfüllt, eingerahmt. Gerade die Farbmischungen, die Überlagerungen und Durchdringungen der Farben sind es, die der Farbstiftarbeit erheblichen gestalterischen Reiz geben.

Gerhard Weber:
Canale Grande. 1996, Farbstifte, 29,5x42 cm
Diese Zeichnung vermittelt einen Eindruck der gesamten Variationsbreite der Farbstifte von linearen über linear verdichteten bis hin zu flächig verdichteten Strichen und Strichlagen.

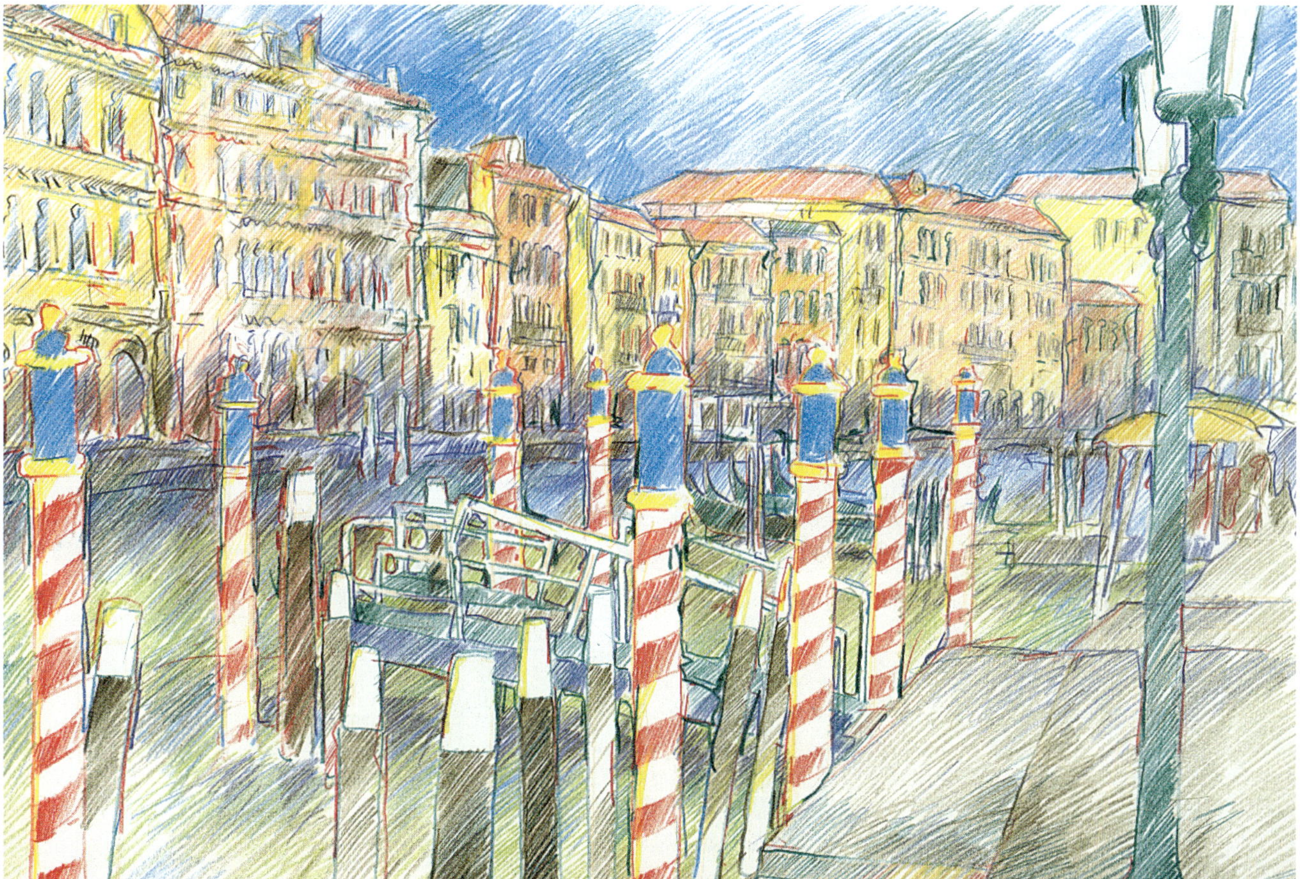

Wasservermalbare Farbstifte

Ich bin kein Freund von Produkten, die dies und das und – schlimmstenfalls – auch noch jenes können. Insofern müsste ich auch wasservermalbare Stifte ablehnen. Nun mag es aber Situationen geben, in denen gewichtige Gründe dafür sprechen, mit diesen Stiften zu arbeiten. So möchte man beispielsweise auf Reisen nicht allzuviel Material mitnehmen und trotzdem zeichnen und malen, oder man hat noch keine allzu großen Erwartungen an die eigenen künstlerischen Fähigkeiten und möchte sich noch nicht komplette Zeichen- und Malausstattungen anschaffen.
Wenn man gezielt mit diesen Stiften umgeht, können jedenfalls durchaus interessante Ergebnisse dabei herauskommen. Man sollte allerdings ein paar Dinge beachten:

1. Erproben Sie die Farbveränderungen - durch Vermalen-, bevor Sie das im Bild tun! Die Farben ändern ihren Charakter nämlich ganz erheblich.
2. Arbeiten Sie nicht zu lange an der Zeichnung, bevor Sie sie anlösen. Schließlich verändern sich nicht nur die Farbtöne, sondern auch die Körnigkeit des Farbabriebs und der grafische Reiz der Zeichnung. Ihr Bild verändert seinen Charakter vollkommen.
3. Wenn nicht auch zeichnerische Elemente in Ihrem Bild eine Rolle spielen, macht es absolut keinen Sinn, mit Stiften zu arbeiten. Und da die besonderen Eigenschaften dieser Stifte zeichnerische und malerische Möglichkeiten sind, sollten Sie Bildlösungen anstreben, die beides miteinander verbinden.

Zeichengründe, Radierer und Spitzer

Gegenüber den Federzeichenpapieren sollten die Untergründe für Blei- oder Farbstiftarbeiten etwas rauer und „griffiger“, aber dennoch sehr fest sein. Die Striche sollten keinesfalls eindrücken. Die Größe des Zeichengrundes hängt von Ihren gestalterischen Zielen ab. Im Prinzip gilt aber folgende Regel:
je weicher die Stifte, desto gröber die Körnung der Papieroberfläche, und je gröber die Oberflächenstruktur, desto größer das Format.
Für die Arbeit mit Blei- und Farbstiften brauchen Sie einen Plastikradierer, für Farbstifte am besten einen Vinylradierer und vielleicht auch noch einen Stiftradierer für feinere Arbeiten. Und Sie brauchen einen guten Anspitzer. Der beste ist ein sehr scharfes Messer. Das erfordert zwar Übung im Umgang damit, aber Sie vergeuden beim Spitzen am wenigsten Farbsubstanz und können die Spitze so formen, wie Sie sie später brauchen. Der Handanspitzer, meist als Dose, ist am weitesten verbreitet. Die wenigsten Besitzer dieses Gerätes denken daran, dass die Messer recht schnell stumpf werden. Sie müssen immer mal wieder ausgewechselt werden! Schließlich gibt es noch Spitzmaschinen. Die sind zwar teuer in der Anschaffung, aber völlig unproblematisch im Gebrauch.

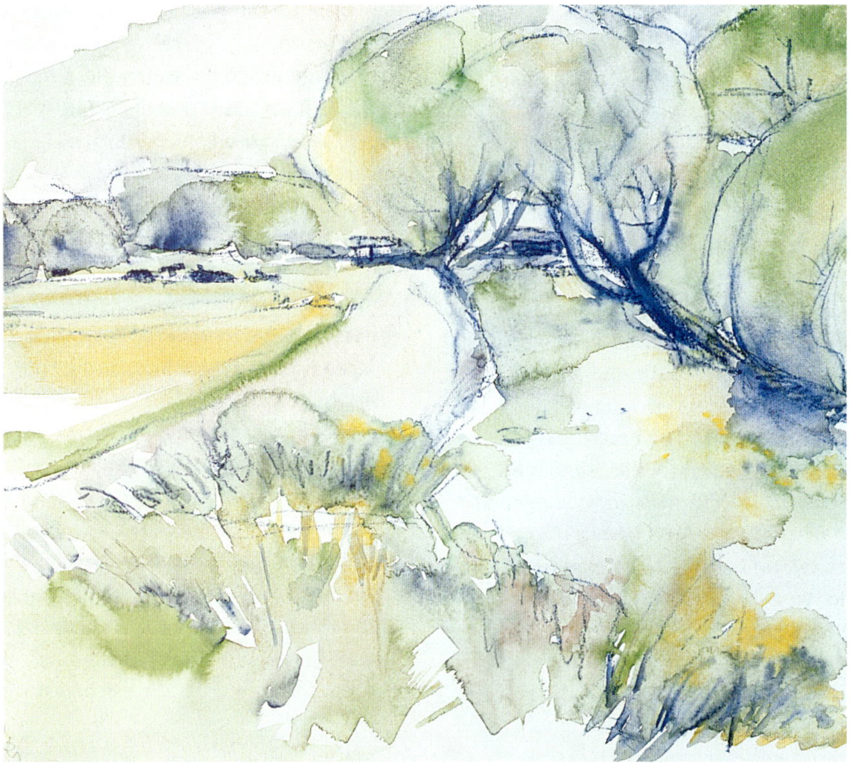

Bild oben:
Renate Meyer: ohne Titel. 1997, Farbstifte laviert, 35,5x44,5 cm.
Eine weitere sinnvolle Verwendungssituation der Stifte ergibt sich unterwegs. Wenn man nicht allzu viel Material mitnehmen möchte und außer „klassischen“ Farbstiftarbeiten auch Bilder mit farbigen Verläufen herstellen möchte, lässt sich das dann relativ unaufwändig mit etwas Wasser und einem Pinsel bewerkstelligen. Dabei ist allerdings darauf zu achten, dass sich einige Farben durch das Verwaschen deutlich in ihrem Ton verändern.

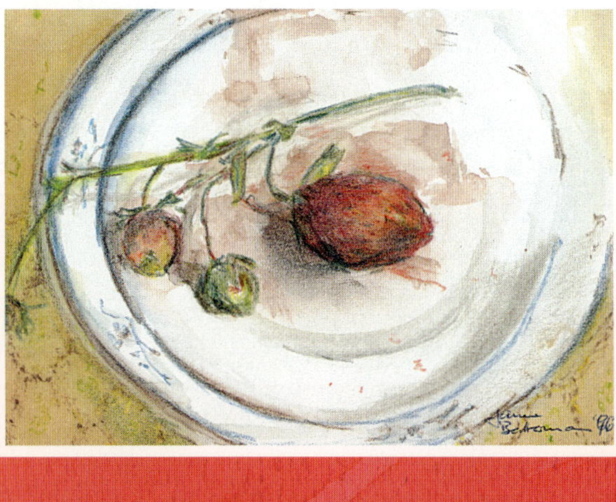

Bild unten:
Janne Battermann: ohne Titel. 1996, Farbstifte laviert, 10,5x14,7 cm.
Wasservermalbare Farbstifte haben im Wesentlichen zwei Funktionen. Wie diese bemalte Postkarte verdeutlicht, stellen sie das ideale Material für ein kleines Format dar. Die Möglichkeit, feinste Linien zu setzen, fehlerhafte Striche und bei gutem Papier sogar lavierte Stellen wegzuradieren, um dann schließlich die Linien vorsichtig zu vermalen, machen sie auch für den Ungeübten zu einem gut handhabbaren Material.

Kohle

Neben der natürlichen Zeichenkohle (meist aus Weiden-, Linden oder Birkenholz) gibt es Reiß- oder Presskohlestifte. Die nachteiligen Eigenschaften des Naturmaterials, wie vor allem das Brechen und Splittern der Stäbe und die Inhomogenität des Materials, sind in diesen Stiften verschwunden. Es gibt sie – je nach Hersteller – in 3 bis 5 Härtegraden. Außer in Form von kräftigen Stiften wird Presskohle meist auch in holzgefasster Form und als Mine hergestellt. Beide eignen sich sehr gut für kleinformatige Arbeiten. Kohle ist sicherlich das älteste Zeichenmaterial. Da sie leicht wegzuwischen ist oder mit dem Knetgummi entfernt werden kann, ist sie vor allem bei der Entwurfsarbeit und der Vorzeichnung nach wie vor von großer Bedeutung.

Kreiden allgemein

Ohne auf die Fülle der unterschiedlichen Kreidearten eingehen zu können, muss der wesentliche Unterschied zwischen fettfreien und fetthaltigen Kreiden erwähnt werden. Die fettfreien Stifte, die als Pressstifte, als Minen und holzgefasste Künstlerstifte angeboten werden, lassen sich recht leicht verwischen und meist auch nass vermalen. Sie müssen unbedingt fixiert werden. Die fetthaltigen Kreiden sind geschmeidiger. Durch öl- oder wachshaltige Bindemittel haften sie fester auf dem Zeichengrund. Sie verschmieren aber eher, als dass sie verwischbar sind.
Die traditionell als Kreiden bezeichneten Stifte sind weiß, rot- bis brauntonig, grautonig und schwarz. Die Kombination der unterschiedlichen Kreiden, etwa in der Art, die man mit „trois crayons“ (also mit „drei Kreiden“, Weiß, Schwarz und Rötel) bezeichnet, hat noch heute ihren Reiz, obwohl allgemein

- Weißkreide vor allem auf (dunklen) Tonpapieren für besonders ausgeprägt plastisch-räumliche Darstellungen Verwendung findet (wobei die weiße Kreide recht selten ausschließlich benutzt wird),
- Rötel im Wesentlichen für Porträts und Körperstudien bevorzugt wird und
- Schwarzkreide den größten Anwendungsspielraum hat.

Pastellkreide

So sachlich und überzeugend manche Bezeichnungen klingen, leider besagen sie wenig. So ist es keinesfalls gesetzlich geregelt, was als Kreide und was als Pastell bezeichnet werden darf. Viele Begriffe und Bezeichnungen sind eher traditionelle Übernahmen, als dass aus ihnen bestimmte Inhaltsstoffe, Zusammensetzungen oder sogar Eigenschaften abgeleitet werden können. Die klassische Pastellkreide besteht in jedem Fall aus einem extrem hohen Anteil an Pigmenten und einem Minimum an wasserlöslichen Bindemitteln. Aus diesem geringen Bindemittelanteil resultiert der typische Charakter eines Pastells, seine reizvolle Samtigkeit.
Pastellkreiden ermöglichen im Prinzip gleichermaßen ein weiches, verwischendes Malen wie auch einen zeichnerischen Farbauftrag. Dementsprechend werden Pastelle auch mit der Bezeichnung „Pastellmalerei“ aber auch „Pastellzeichnung“ charakterisiert. Die Wirkung mancher Pastelle entspricht also der eines Gemäldes, anderer eher der einer linienbetonten Zeichnung. Für die unterschiedlichen Gestaltungsinteressen wurden sogar unterschiedliche Kreiden entwickelt.

Marlies Finke: ohne Titel. 1997, Kohle, 42x59 cm.
Zeichenkohle wird vor allem dann verwendet, wenn es um großzügiges Arbeiten geht oder wenn ein schwieriges Motiv verlangt, sich mehr oder minder an eine Klärung heranzutasten. Deswegen wird Kohle ganz oft für Aktzeichnungen verwendet. Dieses Bild verdeutlicht mit souveräner Strichführung und sichtbar zügig angelegten, flächigen Dunkelheiten sehr gut die Möglichkeiten des Materials.

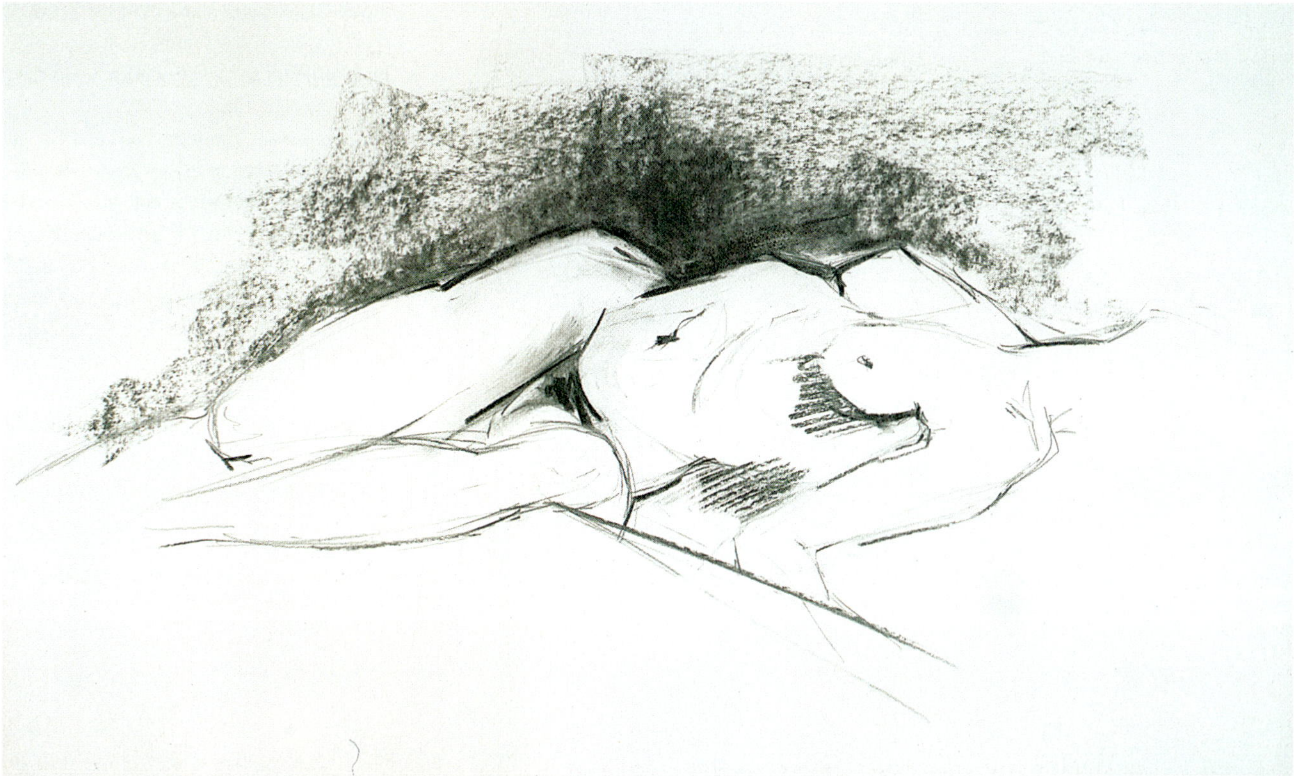

Siegbert Koch: Baumwolle. 1997, Pastellkreide auf schwarzem Karton, 58x42 cm, Ausschnitt Kohle, Kreiden und Pastellkreiden sind hervorragend geeignet, mit relativ geringem Aufwand bestimmte Materialeigenschaften zu verdeutlichen. Auf Seite 101 war es das glänzende Leder einer Jacke, hier ist es die wattige Frucht der Baumwolle, die damit gut nachvollziehbar charakterisiert wird.

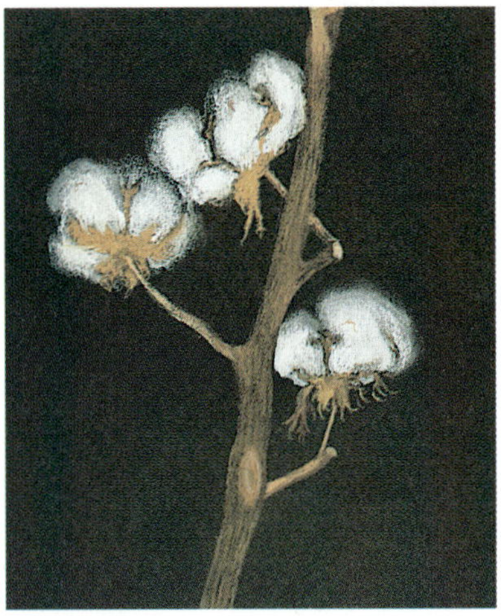

Renate Meyer: ohne Titel. 1993, Pastellkreiden auf farbigem Papier, 42x60 cm. Mit Pastellkreiden sind gleichermaßen lineare Zeichnungen wie flächig verarbeitete malerische Gestaltungen möglich. Dieses Bild entspricht dem Charakter einer Pastell-Zeichnung. Dennoch bezieht es seine Wirkung nur zum Teil aus den reizvollen, locker hingeschriebenen Lineaturen. Der Reiz der Darstellung liegt vor allem in der Spannung zwischen den zeichnerischen Verdichtungen, die die Plastizität des unbekleideten Körpers herausarbeiten, und den genannten spielerischen Linien, die die Stoffe von Hemd, Decke und Kissen charakterisieren.

„Weiche“ Pastellkreiden sind in der Regel rund. Sie brechen relativ leicht und werden meist auch so, nämlich als Bruchstück, verwendet. Sie färben sehr stark und müssen, um nicht zu verschmutzen, immer wieder an denselben Platz gelegt werden.
Pastellkreiden lassen sich praktisch nicht mischen. Man kann sie zwar übereinander wischen, allerdings mit der Gefahr, dass die obenliegende Farbe dann doch wieder abfällt, weil sie keine Haftung am (unbedingt!) rauen Papier hat. Aus diesem Grund braucht man eine relativ große Anzahl an Kreiden. Ein Sortiment von 60 bis 80 Stiften müssen Sie sich schon anschaffen, wenn Sie sich damit ernsthafter auseinander setzen wollen.
Pastelle können oder sollten praktisch nicht fixiert werden, die samtige Weichheit würde darunter leiden, sie würden ihren Charakter verlieren. Versierte Pastellmaler sollen übrigens ihre Bilder durch das Papier von hinten fixieren. Mir ist das noch nie so geglückt, dass die Pigmente zwar ausreichend befestigt waren, aber das Fixativ nicht bis auf die Oberfläche durchgeschlagen ist.
„Harte“ Pastellkreiden sind in sich fester und haften besser auf dem Untergrund. Sie erkennen diese Stifte, die deutlich mehr Bindemittel als die weichen Kreiden enthalten, daran, dass sie meist einen quadratischen Querschnitt haben. Damit sie die oben genannten Eigenschaften haben, werden den wasserlöslichen Bindemitteln Öle oder Wachse zugesetzt. Die gleichen Inhaltsstoffe, die allerdings noch härter eingestellt sind, enthalten die Minen der holzgefassten Pastellstifte, die für kleinere Formate und unterwegs sicherlich recht nützlich sind.

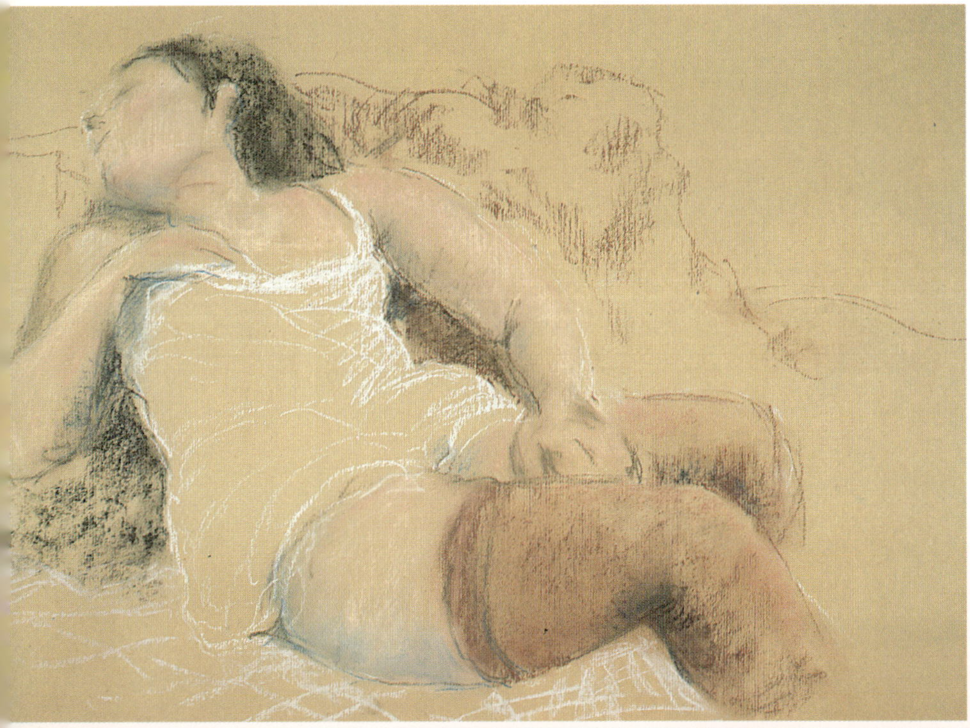

Pastellpapiere, Radierer und Fixative

Wegen der geringen Haftung der Kreiden auf dem Untergrund und der Problematik des Fixierens sollten Sie geeignete Papiere verwenden. Der „sicherste“ Untergrund ist zweifellos das Velourspapier. Oft sind so genannte Ingres-Papiere, die in sehr interessanten Farben angeboten werden, obwohl sie keine speziellen Pastellpapiere sind, eine sehr gute Wahl. Auch die raue Seite mancher Packpapiere ist ein reizvoller und preiswerter Zeichengrund für alle Kreiden, Pastellkreiden, Kohle und so weiter. Gleichgültig, welche Papiersorte Sie wählen, verwenden Sie keine allzu kleinen Bogen. Bereits die Form der Kreiden verlangt nach einem großzügigeren Strich und damit nach einem größeren Papierformat. Genau wie bei der Kohle werden zum Radieren Knetgummis verwendet. Sie werden immer dort sinnvoll eingesetzt, wenn „trockene“ oder „staubige“ Partikel abgetupft werden sollen, nicht wenn Farbe durch kräftiges Reiben entfernt werden soll. Nach dem Abtupfen knetet man die farbige Stelle in den Gummi hinein, bis er wieder vollkommen sauber erscheint. Falls Sie – zum Beispiel weil Sie die Bilder transportieren müssen – Ihre Pastelle trotz aller Bedenken fixieren wollen oder müssen, tun Sie es bitte erstens sehr sparsam. So befremdlich wie es klingt: üben Sie das Fixieren! Zweitens sollten Sie den besten, reinsten, klarsten speziellen Pastell-Fixierer verwenden, den Sie bekommen können. Zwar geistert immer wieder das Gerücht durch Pastellkurse, dass man viel Geld sparen kann, wenn man statt des teuren Fixativs Haarspray verwendet; lassen Sie aber lieber die Finger davon (jedenfalls wenn es um das Fixieren von Pastellen geht, für Kohleskizzen mag es durchaus ausreichend sein). Abgesehen von der zweifelhaften Duftnote, die Ihr Bild dann hat, ist Haarspray weder klar noch rein und verändert die Farben zweifellos noch viel stärker als alle anderen Fixierer. Der Sprühnebel eines Fixierers sollte übrigens möglichst fein und gleichmäßig sein – und so auch auf das Bild aufgebracht werden. Manche (zwar umweltfreundlicheren) Pump-Sprays erfüllen diese Bedingung leider nicht.

Die Veränderung einiger Blautöne soll beispielhaft die Problematik des Fixierens von Pastellkreide verdeutlichen. Die Farbflächen wurden jeweils im unteren Bereich abgedeckt und dann fixiert. Das Ultramarinblau (links) ist stark verdunkelt, das helle Blau (rechts) beinahe völlig weggesackt.
Solche Farbveränderungen treten – mehr oder minder stark – bei allen Farbtönen und den Produkten aller Hersteller auf. Sie müssen Sie ausprobieren, um sie zu kennen und um zu wissen, worauf Sie sich einlassen, wenn Sie Ihre Bilder (derartig stark) fixieren wollen.

Helga Lagemann: ohne Titel. 1997, Pastell auf blauem Pastellpapier, 64x50 cm.
Der gestalterische Spielraum der Pastellkreide ermöglicht gleichermaßen zeichnerische wie malerische Lösungen. Insofern ist es völlig legitim, auch im Hinblick auf das hier gezeigte Bild, von Pastellmalerei zu reden. Pastellkreide ist das ideale – und tatsächlich auch das klassische – Material für Übergangstechniken.
Diese Arbeit bezieht ihre Wirkung aus der Spannung von weichen, rundlichen Formen und Übergängen im oberen Bildteil und geraden und hart begrenzten Farbfeldern im unteren Drittel. Da auch die Farbwahl diesen Kontrast unterstreicht (kalte Farbtöne im oberen, wärmere im unteren Teil), entsteht ohne aufwändige landschaftliche „Staffage“ eine überzeugende Bildwirkung.

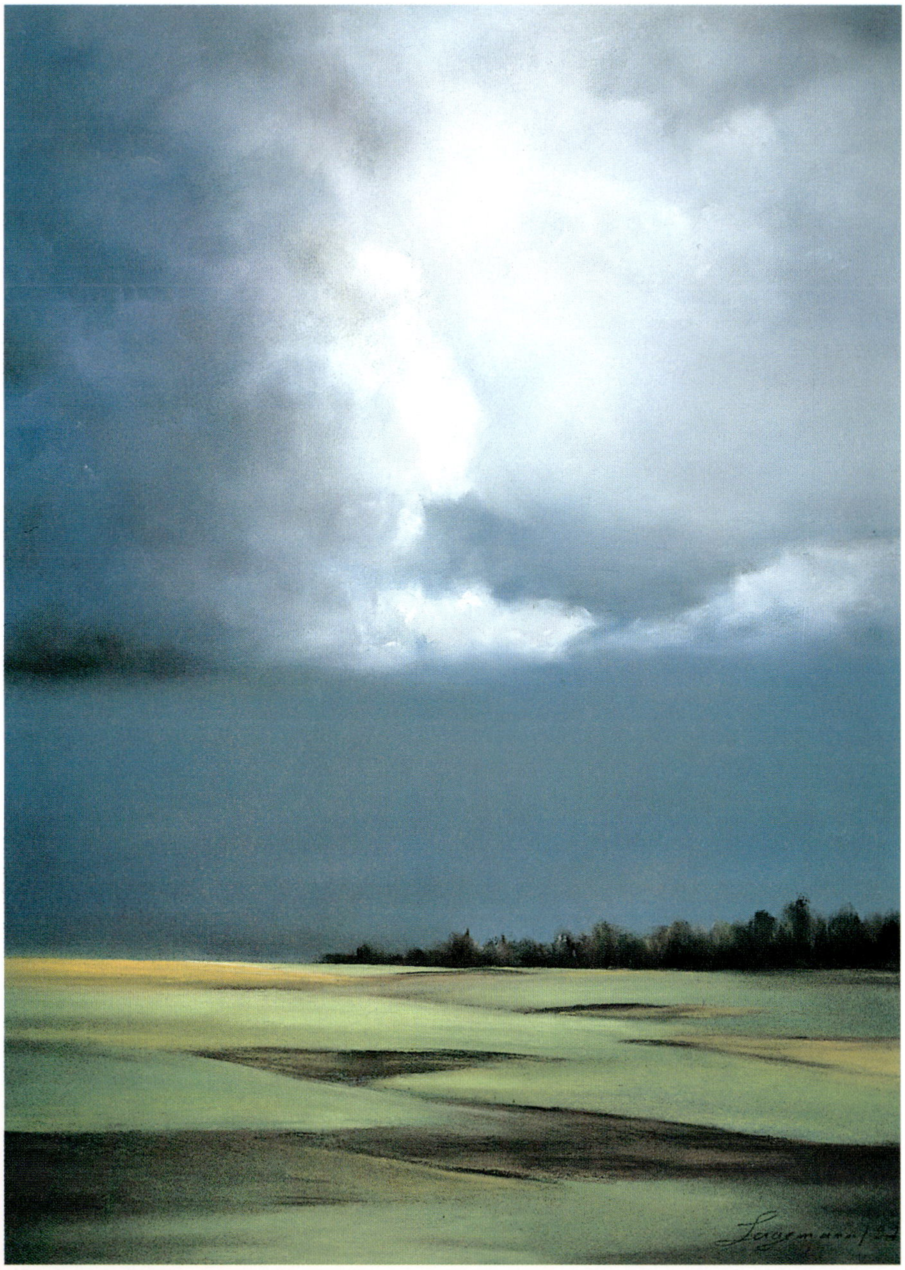

Öl- und Wachskreiden

Weit mehr ölige Anteile als die harten Pastellkreiden enthalten die Bindemittel der „Ölpastellkreiden“. Sie haften aufgrund der Bindemittelzusammensetzung zum Beispiel auch auf glattem Papier und wirken sehr kraftvoll farbig. Einerseits stehen Linien der Ölkreide klar und prägnant auf dem Zeichengrund, aneinander- oder ineinandergesetzt können sie aber auch leicht verschmieren. Erfahrungsgemäß brauchen Anfänger eine ganze Weile, bis sie mit diesen Stiften umgehen können.
Wachskreide ist als Zeichenmaterial für Kinder weit verbreitet. Die kräftigen, allerdings meist nicht sehr umfangreichen Farbsortimente werden inzwischen auch von Künstlern verwendet. Interessant ist die Verwendung dieser Stifte vor allem in Kombination mit anderen Materialien, also bei Mischtechniken.
Anwendungsmöglichkeiten in diesem Zusammenhang haben Sie auf den Seiten 117–123 gesehen.

Abschließend noch ein paar praktische Hinweise für die Arbeit mit Öl- oder Wachskreiden:

- Bei höheren Temperaturen ist die Arbeit mit Öl- und Wachskreiden problematisch, die Stifte werden nämlich weich.
- Korrekturen sind beschränkt möglich, indem Sie die Farbe mit einem Messer abkratzen. Allerdings dringen einige Farbtöne dermaßen stark in den Zeichengrund ein, dass das Material praktisch durchgefärbt ist.
- Öl- und Wachskreiden haften auf sehr vielen Untergründen. Ich empfehle außer praktisch allen Papiersorten vor allem auch die – kräftig farbigen – Tonpapiere zum Arbeiten.
- Öl- und Wachskreiden fordern, aufgrund des gröberen Farbabriebs, größere Formate (wenn Sie kleinformatig arbeiten, sollten Sie stattdessen holzgefasste Farbstifte verwenden, im Prinzip ist – bis auf den Maßstab – die Wirkung des Materials und der Umgang damit durchaus vergleichbar).

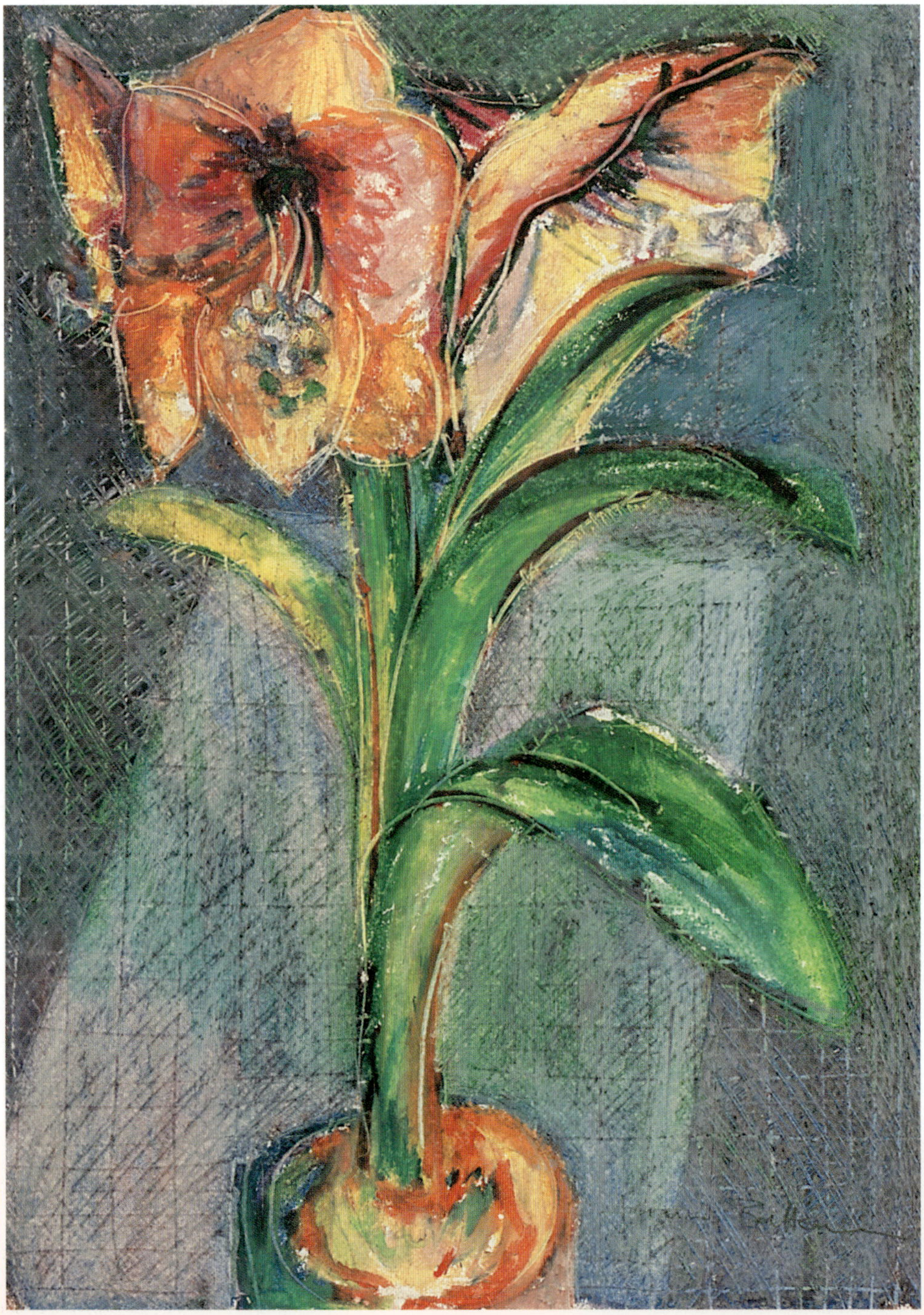

Janne Battermann: Amaryllis. 1997, Ölkreide, 32,5x24 cm.
Aus der Amaryllis-Serie von Janne Battermann haben Sie bereits drei Bilder auf Seite 32 gesehen. Hier nun noch ein viertes: wobei diesmal nicht so sehr der Blickwinkel, aus dem heraus das Bild gemalt wurde, oder kompositorische Erwägungen im Vordergrund stehen, sondern das Material und dessen Verwendung. Die Ölkreide wird mit allen ihren gestalterischen Möglichkeiten souverän eingesetzt: von flächigen und linearen Farbaufträgen bis hin zu Überdeckungen und Kratzspuren (wodurch die darunterliegende Farbe, beziehungsweise das davon durchgefärbte Papier sichtbar wird).

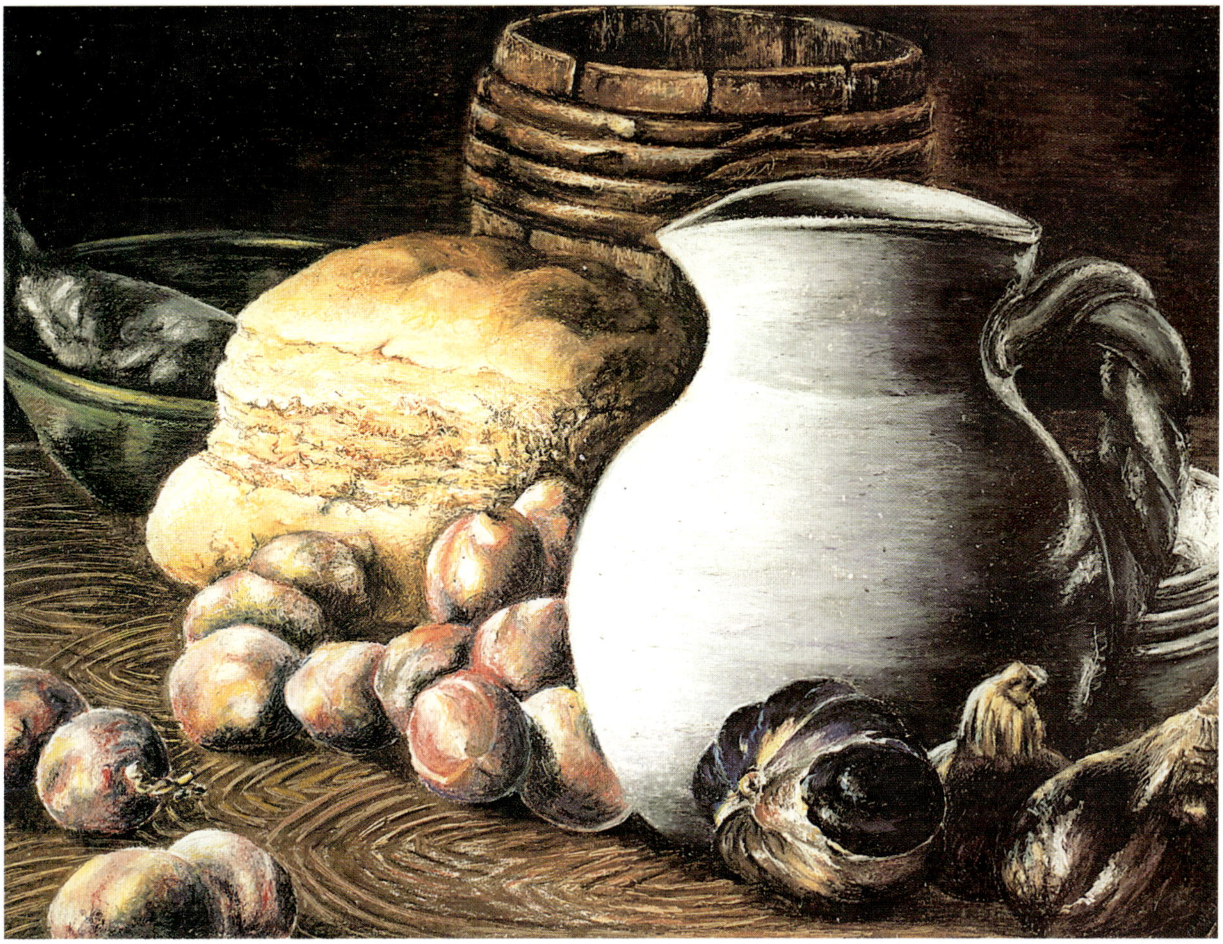

Kathrin Kutz: Stillleben. 1997, Ölkreide, 42x56,5cm.
Der Farbauftrag mit Ölkreide lässt sich derart verdichten, dass sie ihren Charakter als Zeichenmaterial völlig aufgibt. Nicht nur auf den ersten Blick wirkt dieses Bild so, als wäre es gemalt. Dieser Eindruck ist nicht nur auf die Dichte des Farbauftrags zurückzuführen, sondern vor allem auch auf die stark ausgeprägten Hell-Dunkel-Modulationen. Auch die gut nachvollziehbare Definition der Oberfläche geht weit über das hinaus, was allgemein von einer Kreide erwartet wird.

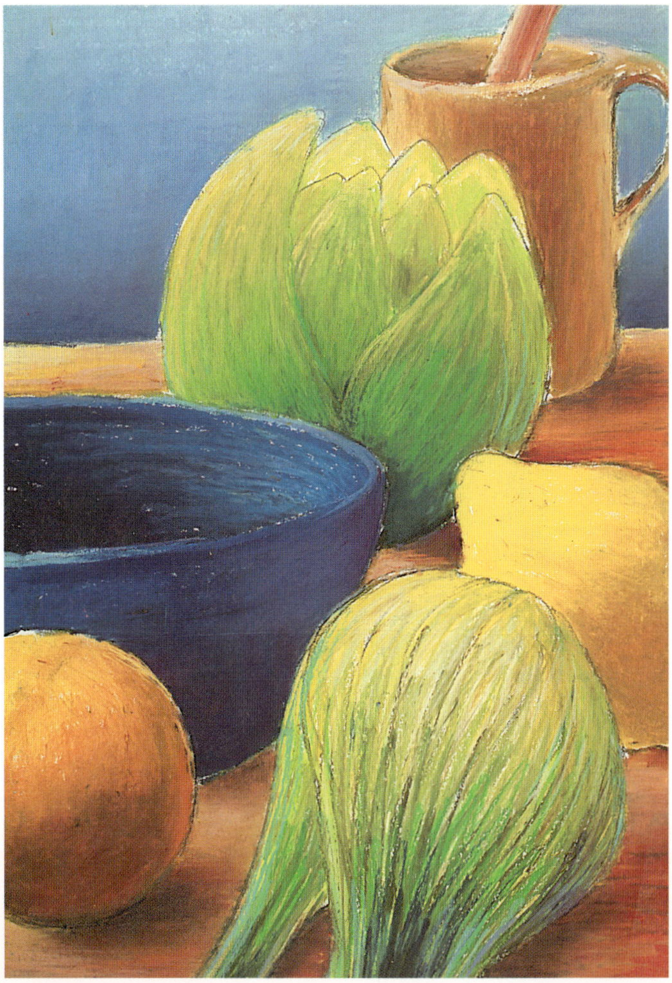

Ulrike Lampe: ohne Titel. 1996, Ölkreide, 42x29,5 cm
Auch wenn das Bild eigentlich nur ein Farbentwurf für eine Gouache werden sollte, zeigt es ebenso wie das oben abgebildete, dass Ölkreiden auch sehr gut flächig verarbeitet werden können. Dazu werden die Kreidestriche sehr dicht aneinander gesetzt und – falls dann noch (unerwünschte) Linien sichtbar sind – anschließend verwischt. Dort wo die Linien aus gestalterischen Gründen erhalten bleiben sollen, bleiben sie einfach unbearbeitet stehen.

Zeichengründe allgemein

Wenn Sie eine gestalterische Absicht formuliert haben und beispielsweise wissen, dass Ihre Idee am besten mit einer klar gegliederten, handwerklich-technisch einwandfreien Federzeichnung realisiert werden kann, beantwortet sich die Frage nach dem Zeichengrund, nach dem Papier „von selbst“: Sie brauchen ein festes, glattes, sicherlich sogar radier-, schabe- und klebebandfestes, wahrscheinlich reinweißes, oberflächengeleimtes Papier. Es besteht ein eindeutiger Zusammenhang von gestalterischer Absicht, Farbensystem und Zeichen- (oder Mal-) Grund.

Der Untergrund eines Bildes ist tatsächlich nicht nur Träger der Farbe, er kann durchaus bedeutende Funktionen in Bezug auf die Bildwirkung übernehmen. Erstens durch seine Oberflächenstruktur, die sich – außer ihrer Erscheinung an sich – unmittelbar auf den Charakter der aufgetragenen Farbe auswirkt; zweitens durch seine Farbe, die vor allem zwei grundsätzliche Aufgaben übernehmen kann: Sie kann als Gegenstandsfarbe Objekte im Bild definieren oder als Ausdrucksträger das gesamte Bild in seiner Wirkung beeinflussen.

Wenn außer den praktischen Notwendigkeiten, die ein Papier als Zeichengrund zu erfüllen hat, zudem noch Oberfläche und Farbe eine derart bedeutsame gestalterische Rolle spielen, muss ihnen mehr Aufmerksamkeit geschenkt werden, als das allgemein getan wird. Verwenden Sie neben den klassischen Papieren wie den Zeichenpapieren, den auch farbig interessanten Ingres-Papieren, den speziellen Pastell- und den Aquarellpapieren, auch diverse nicht so naheliegende Untergründe: Tapetenreste, Packpapier, Kartonage. Zugegebenermaßen entsprechen diese Materialien nicht den Anforderungen nach Altersbeständigkeit und chemischer Neutralität in Bezug auf die aufgetragenen Farben, nur sollten Sie sich fragen, ob Sie bereits so viel Wert auf die Unsterblichkeit legen.

Oberflächenstruktur

Es gibt gestalterische Herangehensweisen, die nur auf bestimmten Papieroberflächen möglich sind. Das bei der Aquarellmalerei verbreitete „Granulieren“ beispielsweise ist überhaupt nur auf einem extrem rauen Papier möglich. Erfolgt der zeichnerische Farbauftrag auf solchem Papier, erzielt man ähnliche Wirkungen. Die Linien verlieren dabei allerdings ihre Flüssigkeit und Spannung, was aber durchaus nicht unbedingt gegen diese Technik spricht.

Raue Untergründe können vor allem dann besonders reizvoll wirken, wenn sie selbst farbig sind oder eingefärbt wurden (wobei die Einfärbung nicht vollflächig erfolgen muss). Optische Mischungen der Farbe des Untergrunds und der – eben nicht flächig deckend – darüberliegenden Linien entwickeln völlig eigene gestalterische Wirkungen. Falls Ihnen das Angebot an strukturierten Oberflächen nicht ausreicht, können Sie sich Ihre Zeichen- und Malgründe selbst herstellen. Mit Acryl-Strukturpasten lassen sich beliebige plastische, reliefartige und strukturierte Bildelemente herausarbeiten.

Bild unten links:
Ihren Ursprung haben die stark strukturierten Oberflächen von Zeichen- und Malgründen weitgehend darin, dass sie den weniger gut haftenden Farben besseren Halt geben und die Verarbeitung von solchen Materialien erleichtern sollten, die nur schwer gleichmäßig auftragbar waren. Inzwischen ist ein ursprünglich unbeabsichtigter Nebeneffekt, nämlich die gestalterische Wirkung der sich abbilden-den Strukturen, zum wesentlichen Aspekt der Herstellung entsprechender Produkte geworden.

Bild unten rechts:
Helga Neuber: Packpapiertasche. 1992, Pastell auf Zeichenpapier und aufgeklebtem Packpapier, 61x43 cm.
Der hintersinnige Gedanke, der dieser Arbeit zugrunde liegt, ist der, dass die Packpapiertüte dadurch nahezu naturalistisch erscheint, weil sie tatsächlich auf geknittertem, aufgeklebtem Packpapier gemalt wurde.

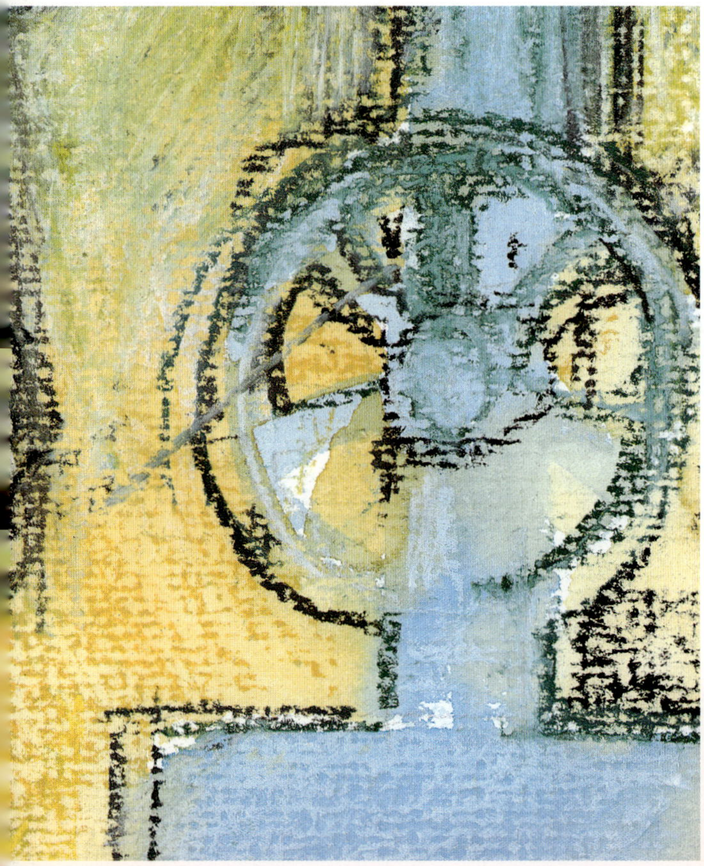

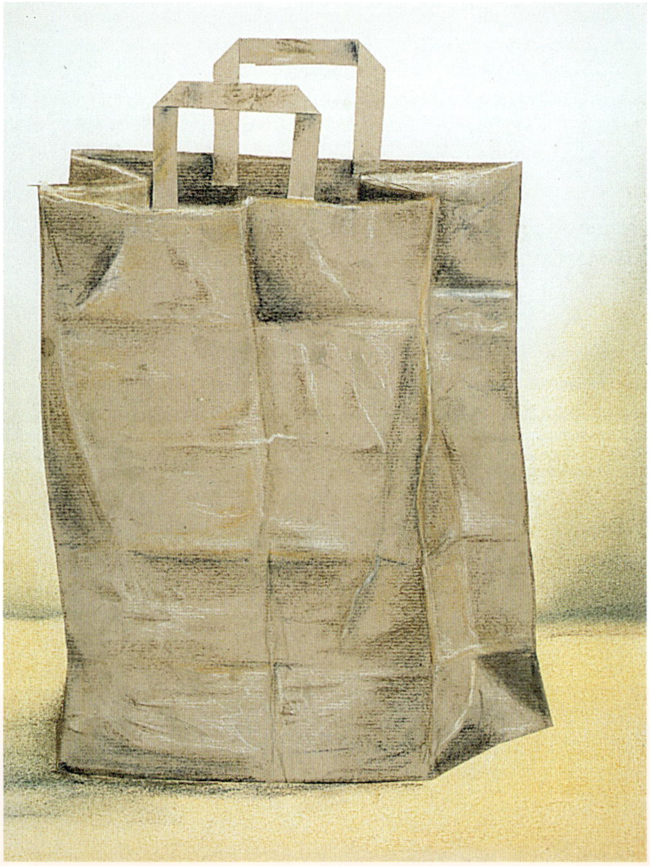

Das Spiel mit dem Material

Zweifellos können sich auch reizvolle Effekte dadurch ergeben, dass die Oberfläche des Zeichengrundes in irgendeiner Form behandelt wird, dass sie – wie gesagt – strukturiert oder aber auch beklebt wird. Es besteht allerdings die Gefahr, dass man sich verzettelt, dass man die Grenze zwischen „ernsthafter" gestalterischer Arbeit und rein dekorativem Bastelkram aus dem Auge verliert. Erwarten Sie deswegen nicht zu viel von diesen Dingen. Betrachten Sie so etwas als ein Spiel mit dem Material, und setzen Sie die Wirkungen dann ein, wenn Sie überzeugt sind, dass Sie damit Ihrer gestalterischen Absicht näherkommen.

Farbe

Die Verwendung farbiger Mal- und Zeichengründe hat eine lange Geschichte. Bereits bei Albrecht Dürer sehen Sie den ganz bewussten Einsatz solcher Materialien. Später, vor allem im Barock, waren sie ein fester, nicht wegzudenkender Bestandteil der bildnerischen Arbeit. Um zu klären, welchen Sinn die Verwendung farbiger Untergründe für die eigene Arbeit hat, müssen zunächst die unterschiedlichen Funktionen der farbigen Gründe im Bild beschrieben werden: erstens kann ein farbiger Zeichen- oder Malgrund eine verbindende, harmonisierende Funktion haben; zweitens kann er eine durchgängige „Stimmung" schaffen; drittens kann er die Bildfarben durch Kontrastwirkungen steigern, und schließlich kann er im Prinzip all diese Funktionen auch in Bezug auf begrenzte Bildteile leisten.

Der farbige Grund als Gegenstandsfarbe

Eine der Funktionen farbiger Zeichen- und Malgründe ist die farbliche Charakterisierung von Gegenständen im Bild. Die weitgehend ausgesparte Objektfläche wird durch den an dieser Stelle sichtbaren, farbigen Grund definiert.

Bilder von oben nach unten:

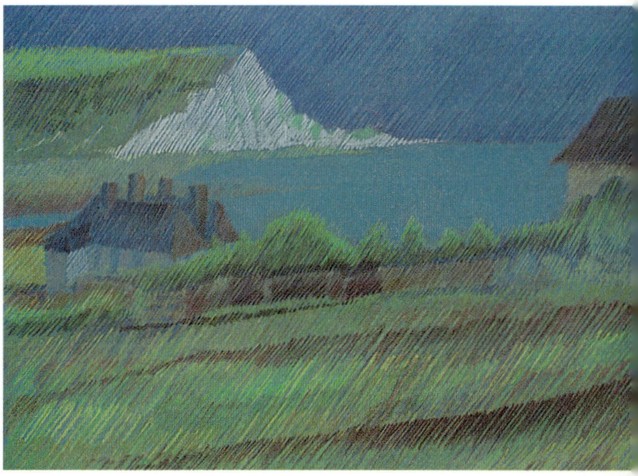

Ulrike Lampe: Landschaft. 1997, Farbstifte, 25x35 cm.
Bei dieser Zeichnung ersetzt der Farbton des Grundes eine Gegenstandsfarbe. Dazu wurde der „gemeinte" Bereich (hier: das Meer) nur so sparsam farbig angelegt, dass er einerseits nicht doch durch die Farbstift-Farbe definiert wird, aber andererseits nicht wie eine unbearbeitete oder noch nicht bearbeitete Fläche wirkt.

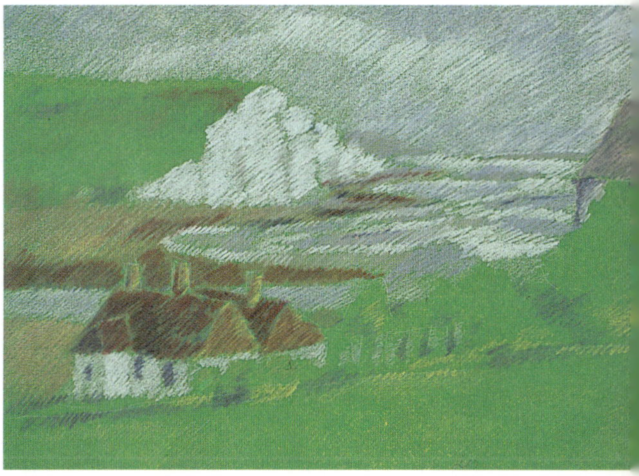

Jürgen Spira: Landschaft. 1997, Farbstifte, 25x35 cm
In diesem Bild steht das Grün des Papiertons als Gegenstandsfarbe für die Vegetation im Vorder- und Hintergrund.

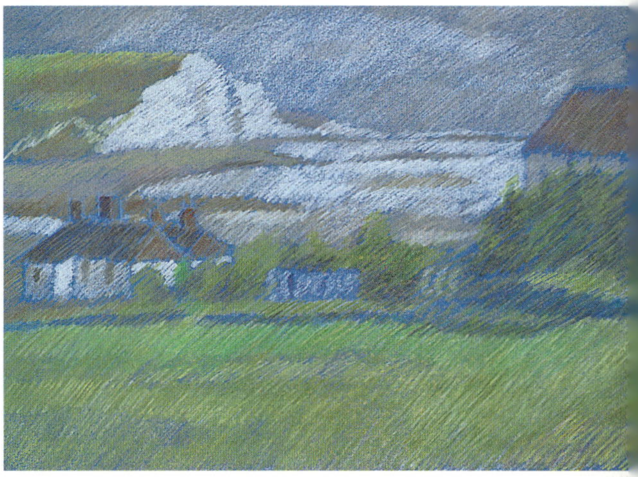

Jürgen Spira: Landschaft. 1997, Farbstifte, 25x35 cm
Diese Zeichnung entstand auf blauem Tonpapier. Dadurch, dass der Farbton des Grundes an den „Konturen" der Objekte stehengelassen wurde und zum Teil auch durch die lockeren Schraffuren durchscheint, bestimmt er die gesamte Bildatmosphäre. Die dadurch entstandene, kühle Stimmung wird nur durch die warmen Grüntöne vor allem im Vordergrund gemildert.

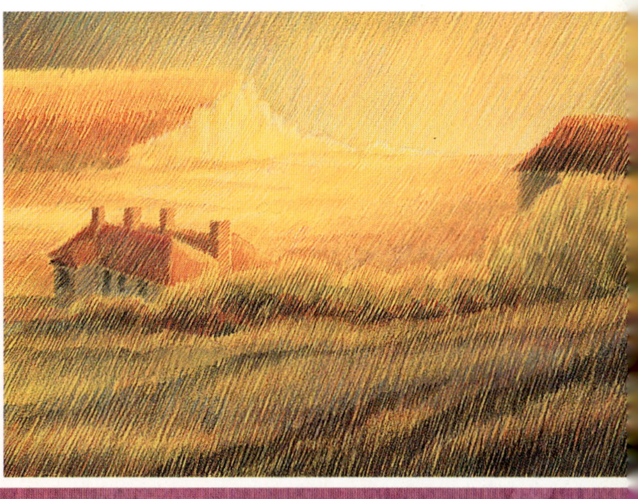

Ulrike Lampe: Landschaft. 1997, Farbstifte, 25x35 cm.
Obwohl praktisch keine Gegenstandsfläche unbearbeitet ist, „blitzt" die Farbe des Kartons überall durch. Der kräftig farbige, kadmiumgelbe Zeichengrund beeinflusst alle „Lokal-" oder „Gegenstandsfarben" und vermittelt dadurch eine eigenartige Stimmung.

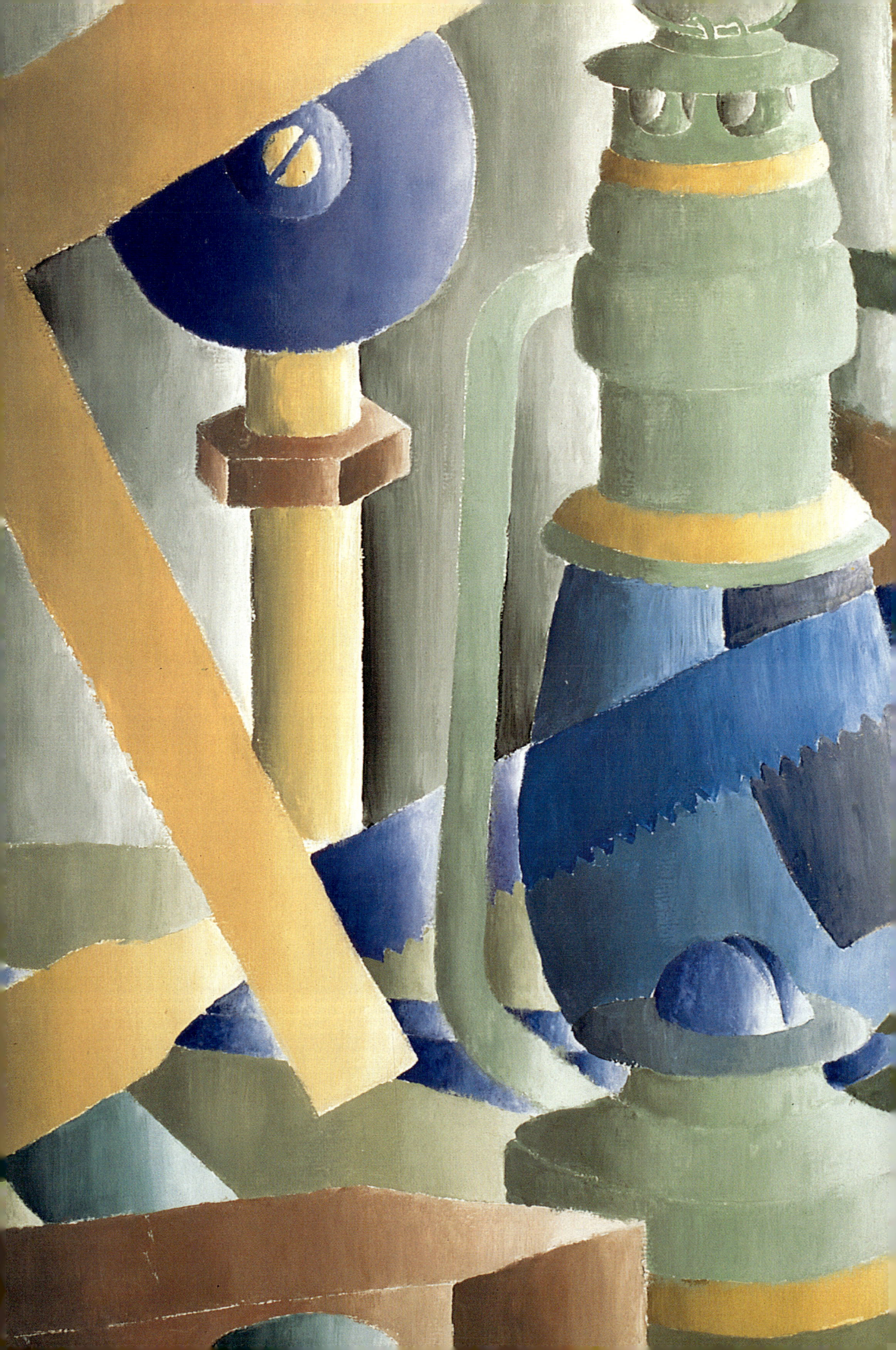

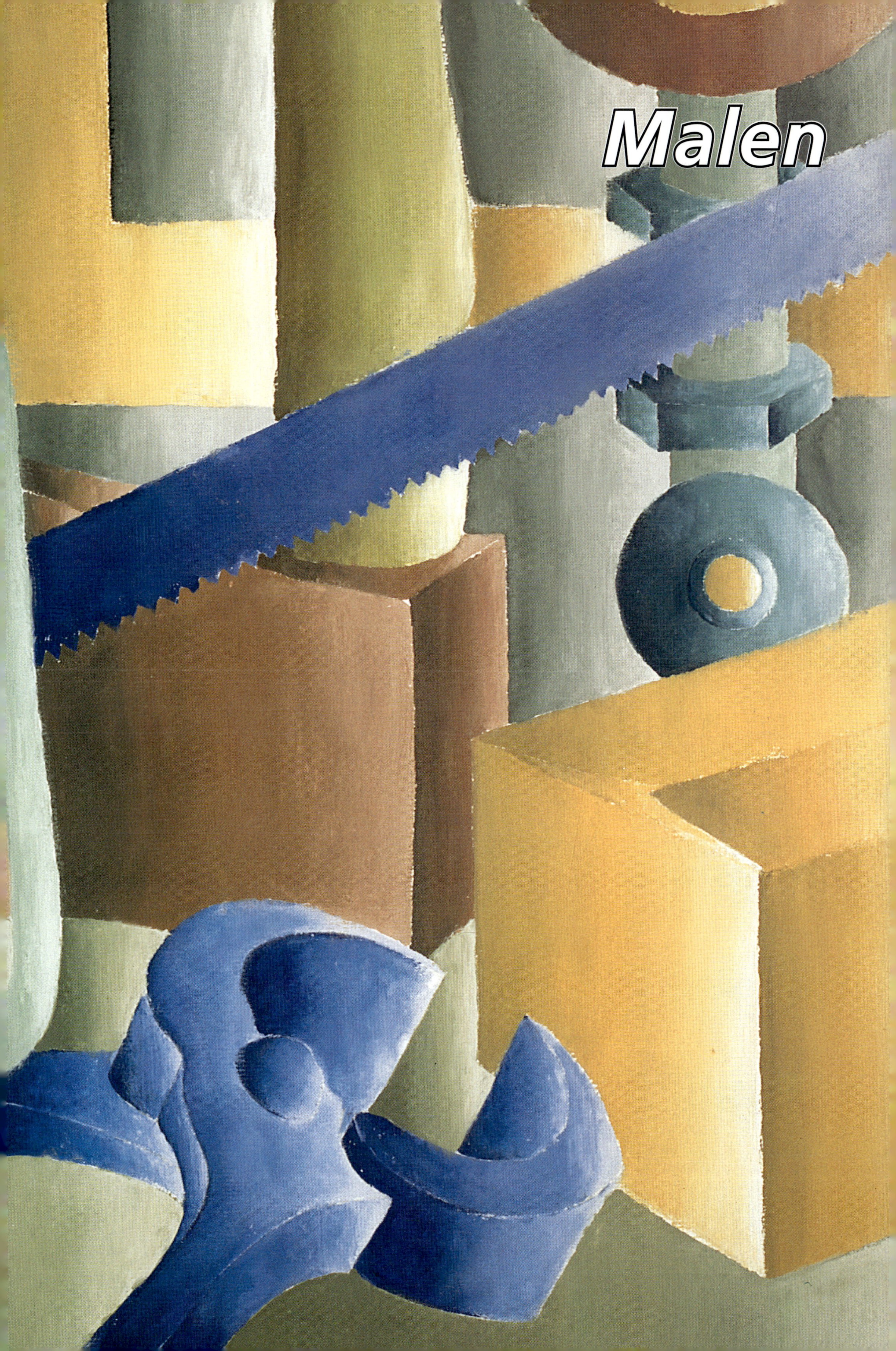

Malen

Techniken der Malerei

Unter einer gestalterischen Technik versteht man im Wesentlichen die Art und Weise des Farbauftrags. Insofern gibt es keine „Ölfarbentechnik“ und keine „Aquarelltechnik“, es gibt vielmehr unterschiedliche Arten, die Farben aufzutragen.

Zweifellos unterscheidet sich der praktische Malvorgang bei einem Ölbild ganz erheblich von dem eines Aquarells, aber das betrifft den handwerklichen Aspekt der Arbeit; mit der gestalterischen Technik hat das nichts zu tun! Eine Nass-in-Nass-Technik sieht zwar vom Ergebnis her in den unterschiedlichen Farbensystemen anders aus, aber man kann den begrifflich so bezeichneten Sachverhalt eindeutig erfassen und ihn als Arbeitsanleitung nachvollziehen. Gestaltungstechniken sind demnach immer mit konkreten Handlungsanweisungen verbunden: der lasierende oder deckende, der verlaufende oder pastose Farbauftrag verlangen eine jeweils genau beschriebene Art und Weise des Umgangs mit Pinsel und Farbe.

Die „Handschrift“ des Farbauftrags

Farbe, Form und Farbauftrag sind die wesentlichen Elemente der Bildgestaltung. Um bildnerische Vorhaben angemessen realisieren zu können, sollte das Repertoire der eigenen gestalterischen Möglichkeiten in allen diesen Bereichen sehr umfangreich sein. Leider ist (auch) der Farbauftrag oft eher ein Ausdruck dessen, was man halbwegs beherrscht, als das Ergebnis einer bewusst getroffenen Auswahl.

Die Farbe kann ansatzlos und gleichmäßig flächig vermalt sein. Der Gegenpol dazu ist die sichtbare Pinselspur. So wie der erste Farbauftrag weder den Entstehungsprozess noch die emotionale Befindlichkeit des Malenden verrät, zielt der zweite gerade auf die Verdeutlichung dieser Dinge. Daher finden Sie diese Technik vor allem bei Künstlern, die das Prozesshafte der Bildentstehung zeigen wollen und denen es um besonders ausdrucksstarke Bilder geht. Ob Sie das beabsichtigen oder nicht, in jedem Fall wird Ihr Farbauftrag etwas Typisches haben, das mit Ihrer Art, den Pinsel zu führen, zu tun hat. Jeder hat seine Art des Farbauftrags, seine für ihn typische „Handschrift“.

Der aus der Grafik übernommene Pinselstrich

Wenn von der Handschriftlichkeit des Farbauftrags die Rede ist, folgt daraus, dass dabei mit Linien gearbeitet wird. Aber das scheint zu der auf Seite 97 getroffenen Unterscheidung von Zeichnen und Malen im Widerspruch zu stehen, nach der Linien das Charakteristikum einer Zeichnung sind. Sie wissen aber bereits auch, dass durch Verdichtung der Lineaturen eine malerische Wirkung entsteht.

Analog zu den beschriebenen Funktionen der zeichnerischen Grundtechniken können die unterschiedlichen Arten des Farbauftrags mehr oder weniger gut

- Objekte (Gegenstände, Menschen, Landschaften) so genau wie möglich beschreiben,
- sie stärker, überzeugender und ausdrucksvoller verdeutlichen,
- eigene Vorstellungen und Gefühle (auch in Bezug auf die abgebildeten Objekte) vermitteln,
- weitgehend unabhängig von den abgebildeten Objekten die Bildfläche gestalten.

Da demnach auch jede Maltechnik, den zeichnerischen Grundtechniken vergleichbar, ihre besonderen Möglichkeiten und Grenzen hat, ist es auch hier von erheblicher Bedeutung und nur im Hinblick auf Ihr Gestaltungsziel zu entscheiden, welche Pinselspur Sie wählen. Die Voraussetzung ist allerdings, dass Sie sie beherrschen; dazu dienen die nächsten Übungen.

Ein Pinselstrich ist zunächst einmal eine Linie und hat dementsprechend etwas mit der Zeichnung zu tun. Wie Sie auf den Seiten 97 und 106–108 gesehen haben, wird erst in der Verdichtung Malerei daraus. Insofern spricht auch nichts dagegen, solche Arten des Farbauftrags zu erproben, die von zeichnerischen Grundtechniken abgeleitet sind.

Von links nach rechts sehen Sie: eine in die Fläche hinein wiederholte Kontur, die Schraffur, den Formstrich sowie eine weitere Version einer von der Kontur abgeleiteten Lineatur, hier allerdings mit deckendem, pastosem Farbauftrag (wobei sich die Linie durch die Verwendung eines flachen Borstenpinsels bereits dem Fleck annähert).

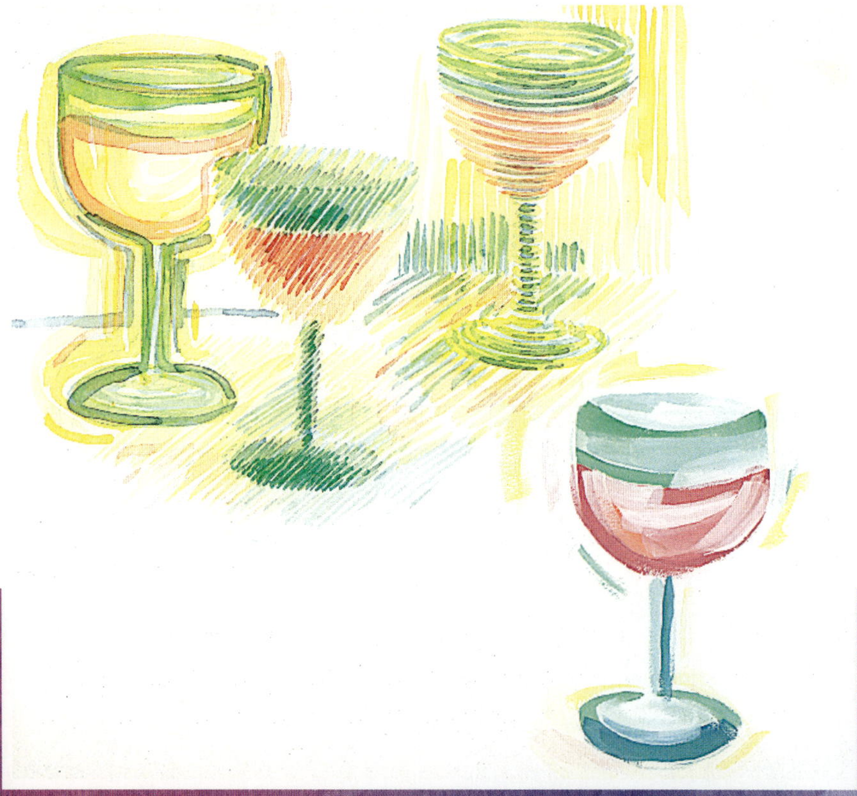

AUFGABE:
Sechs kleine Stillleben als Aquarell

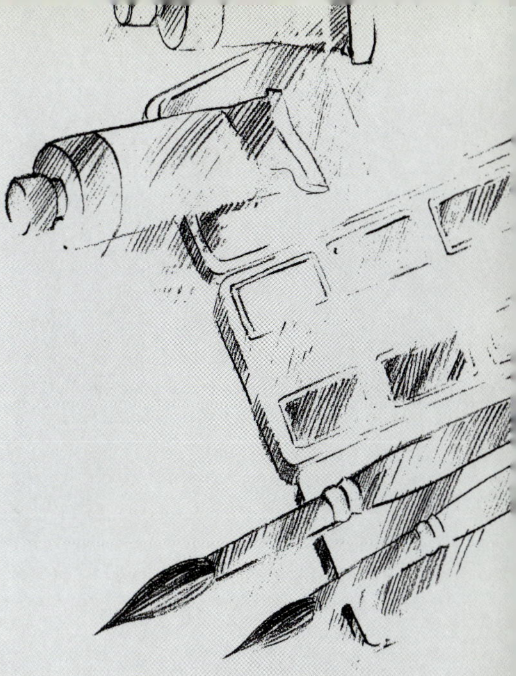

Malen hat nichts mit „Anstreichen" zu tun. Viele bedeutende Gemälde leben nicht zuletzt von der Art des Farbauftrags (nicht erst seit Vincent van Gogh!). Das Bindeglied zwischen dieser Einsicht und der Möglichkeit, sie umzusetzen, ist die Fähigkeit, das dann auch tun zu können. Und das Können setzt zuerst das Probieren und dann das Üben voraus. Beginnen Sie also mit dem Probieren.

Es geht bei dieser Aufgabe um den aus der Grafik übernommenen Pinselstrich. Es geht um Flecken und Linien (nicht um Gestupfe, Kleckse oder Spritzer). Ich versuche, meinen Seminarteilnehmern den Unterschied zwischen diesen Dingen durch die angemessene Verwendung des Pinsels zu vermitteln: alle Handhabungen damit sind zulässig, möglich, sinnvoll ..., bei denen der Pinsel die Farbe leicht abgibt. Er soll nicht gequält, gespreizt, zerfranst, gegen den Strich geführt oder aufgestoßen werden. Das mag sich zwar alles etwas spießig und altbacken anhören, aber zunächst sollten Sie lernen, wie man richtig mit dem Werkzeug umgeht.

Sie sollten ein Übungsblatt mit skizzenhaften Bildern in den grafischen Grundtechniken füllen, das sind: Schraffur, freie Lineatur, Formstrich und Kontur. Und da die freie Lineatur eigentlich des Plural bedarf, erfinden Sie außer der, die Sie zu der Übung auf Seite 75 und 88 entwickelt haben, noch ein paar weitere. Malen Sie sechs kleine Stillleben: in Schraffur, drei unterschiedlichen freien Lineaturen, in Formstrich und einer wiederholten, immer wieder von der Kontur abgeleiteten Lineatur.

Benutzen Sie für diese Aufgabe am besten Aquarellfarbe. Die sichtbare Pinselspur ist dann mit Aquarellfarbe erheblich leichter zu bewerkstelligen als mit deckender Farbe, da der lasierende Strich den darunter liegenden sichtbar lässt. Sie müssen lediglich darauf achten, dass die erste Schicht bereits trocken ist, wenn Sie zum zweiten Mal darüber gehen. Malen Sie die sechs Bilder auf einen großen Bogen, dann sehen Sie sie auch später zum Vergleich nebeneinander. Das Format sollte nicht kleiner als etwa 50x70 cm sein. Wenn Sie die einzelnen Techniken öfter ausprobieren wollen, um dann die sechs besten Bilder zusammenzustellen, können Sie natürlich auch auf Einzelblättern arbeiten. Die sollten dann aber nicht kleiner als DIN A4 sein, sonst wird der Strich im Verhältnis zum Bildformat zu grob.

Das Motiv braucht für diese Übung nicht besonders anspruchsvoll zu sein. Wenn Sie die Zeit sparen wollen und in der Lage sind, ohne konkrete Vorlage ein solches Motiv zu entwickeln, dann genügt das auch. Aber wenn Sie noch nicht so sicher sind, ein brauchbares Motiv aus der Vorstellung zu entwickeln, sollten Sie den „üblichen" Weg beschreiten: aufbauen der Objekte, skizzieren, Skizze auswählen, Entwurf herstellen und auf das Aquarellpapier übertragen. Sie brauchen also Aquarellfarben, -papier (das am besten wieder nass aufgespannt werden sollte) und nicht zu dünne Aquarellpinsel.

Ellen Schlichting: Übungsblatt 1996, Aquarell, 70x50 cm.
Zur Orientierung für diese Aufgabe sehen Sie hier ein Übungsblatt, das ein anderes Motiv in sechs verschiedenen „Handschriften" zeigt. So wurde die Blüte zuerst in Schraffur angelegt, dann in einer spielerischen, „freien" Lineatur, weiter wurde eine breite, fleckhafte Lineatur angewandt, dann folgt der Formstrich, dann wieder eine fleckhafte Lineatur, wieder von der Kontur abgeleitet, und schließlich folgt eine mehrfach wiederholte Umrißlinie.

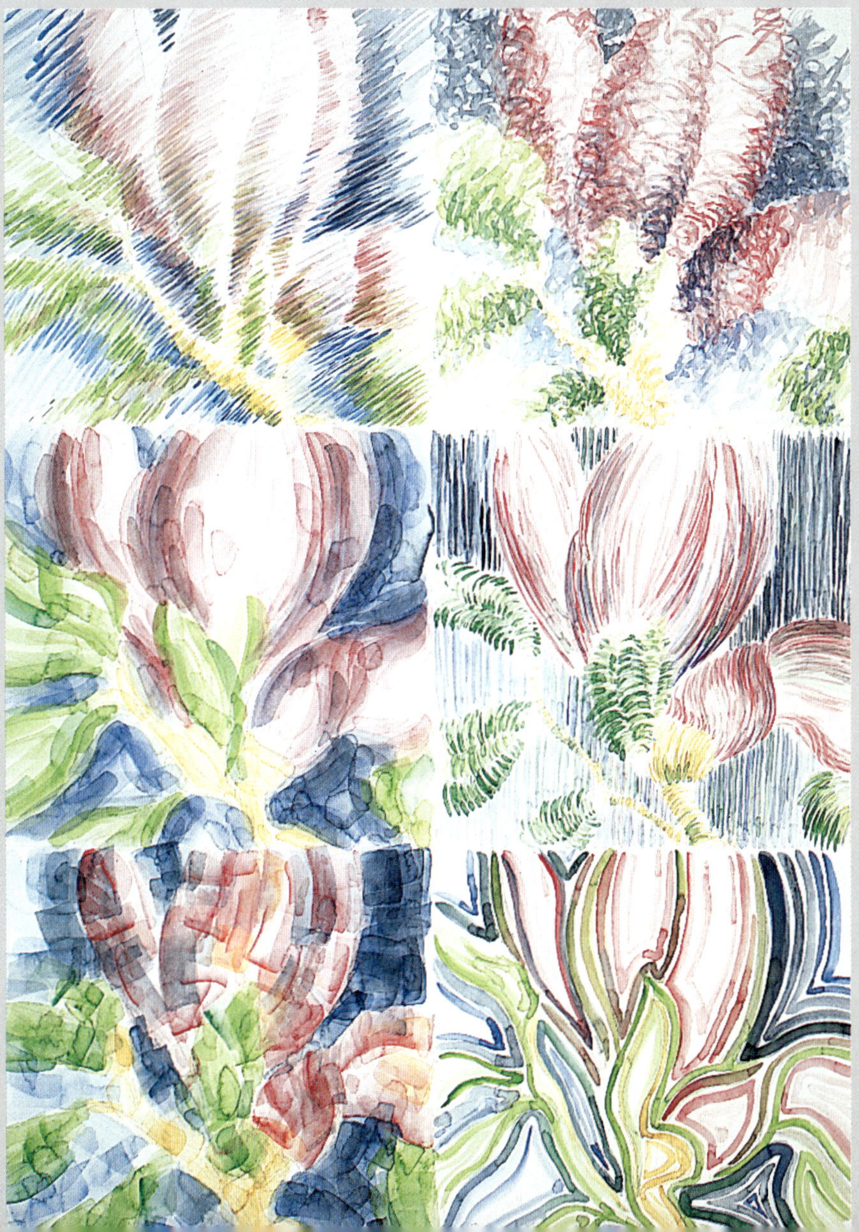

Bildlösungen

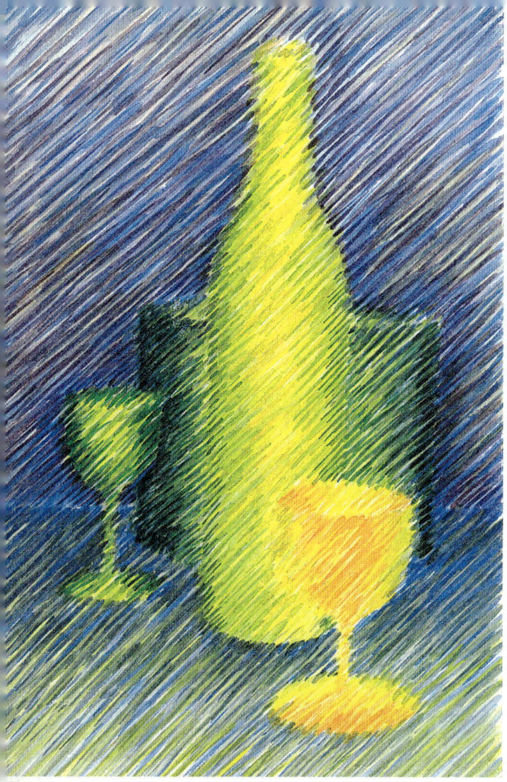

Bilder oben:
Die Schraffur ist wahrscheinlich die am einfachsten umzusetzende zeichnerische Technik. Die Gegenüberstellung der Möglichkeiten und Grenzen der unterschiedlichen Herangehensweisen auf Seite 77 hat gezeigt, dass sie in besonderem Maße geeignet ist, malerische Hell-Dunkel-Modulationen zu realisieren. Die linke Abbildung zeigt eine sehr konsequente Schraffur. Das Bild wirkt deswegen zwar etwas starr, zeigt aber das Prinzip sehr deutlich (und um mehr sollte es im Augenblick noch nicht gehen). Allerdings war das Ziel der Aufgabe, nämlich dass ein Aquarell dabei herauskommen sollte, kein Selbstzweck. Die Farbe sollte sich lasierend überlagern. Und dafür ist sie dann doch an einigen Stellen zu dicht geraten. Bei dem rechten Beispiel „purzelt“ die Schraffur in den verschiedenen Gegenstandsbereichen ein wenig hin und her. Zu Übungszwecken hätte sie überzeugender sein dürfen.

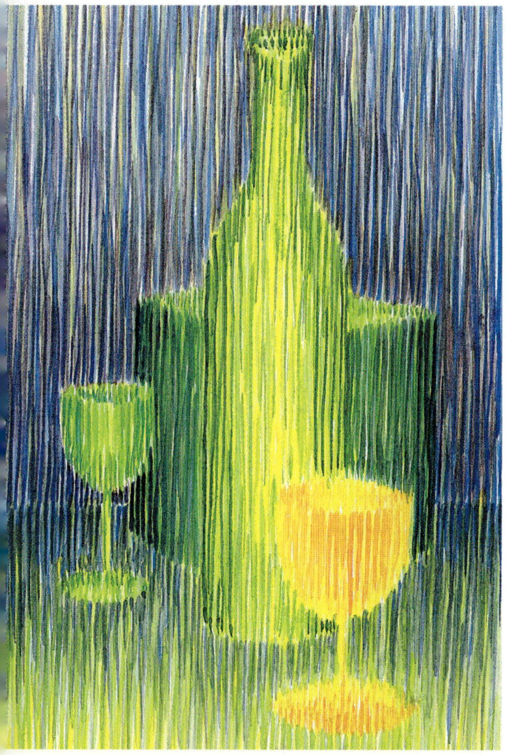

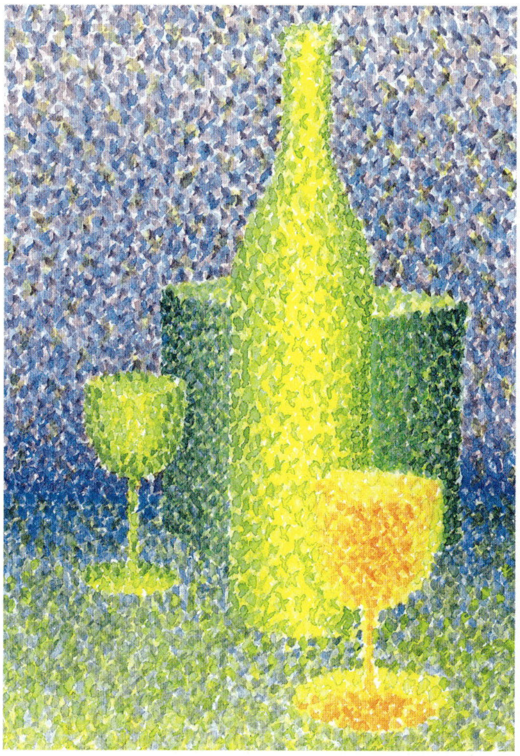

Bild Mitte links:
Diese Abbildung steht bewusst zwischen Schraffur und der freien Lineatur. Man könnte die Auffassung vertreten, dass es sich dabei bloß um eine etwas anderslaufende Schraffur handelt. Ich würde diese Art Lineatur trotzdem nicht so bezeichnen. Die Schraffur ist, wie Sie sich erinnern, eine Stift- oder Pinselspur der völlig unverkrampft schwingenden zeichnenden Hand. Die senkrechten Linienführungen erfordern viel mehr Aufwand; was man dem Bild durchaus auch ansieht.

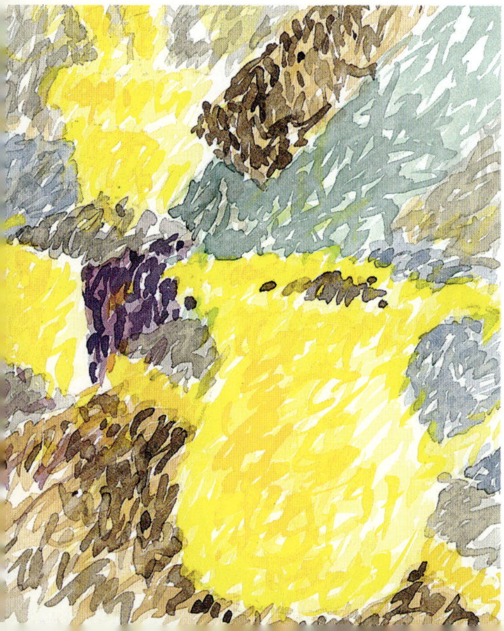

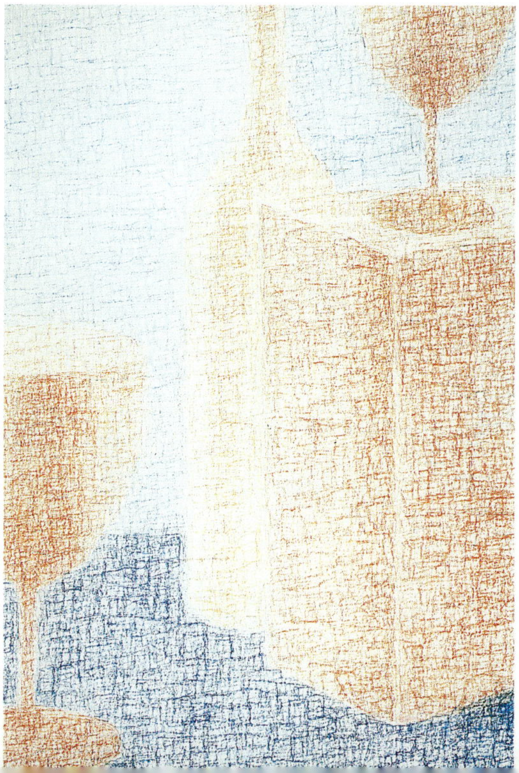

Bilder Mitte rechts und unten:
Freie Lineaturen sind lineare „Erfindungen“. Hier sehen Sie von links nach rechts kleine kreuzförmige, frei hin- und herschwingende und fast regelmäßig abwinkelnde „eckige“ Lineaturen (das letzte Beispiel stammt von Waltraut Gosoge).

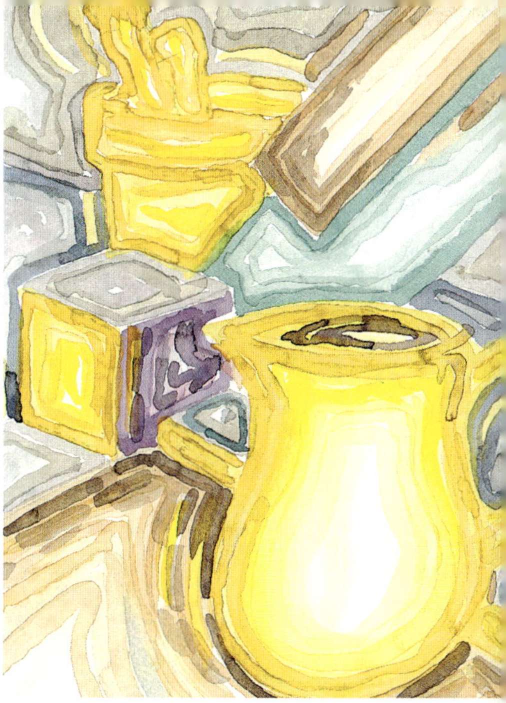

Bilder oben und unten links:
Der Formstrich hat, wie Sie wissen, kein besonderes malerisches Potenzial. Da bei den farbigen Arbeiten (im Gegensatz zu den Feder- und Bleistiftzeichnungen weiter vorn) die Tonwerte und die Farbe innerhalb der Strichlagen moduliert werden können, wirken die hier gezeigten Bildlösungen aber längst nicht so starr wie die weiter vorn abgebildeten Zeichnungen.
Bilder rechts:
Die Lineatur, die sich an der Kontur orientiert, bekommt zunächst einen unbeabsichtigt ornamentalen Charakter. Nach einigem Üben wird sie freier und auch wenn der Strich, wie bei dem Bildbeispiel unten rechts, praktisch bereits zum Fleck wurde, zeigen die Lösungen durchaus tragfähige gestalterische Möglichkeiten.

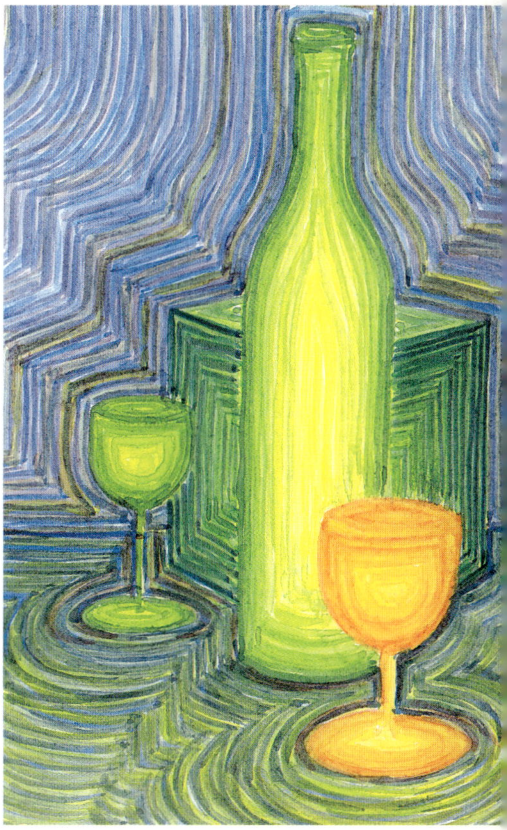

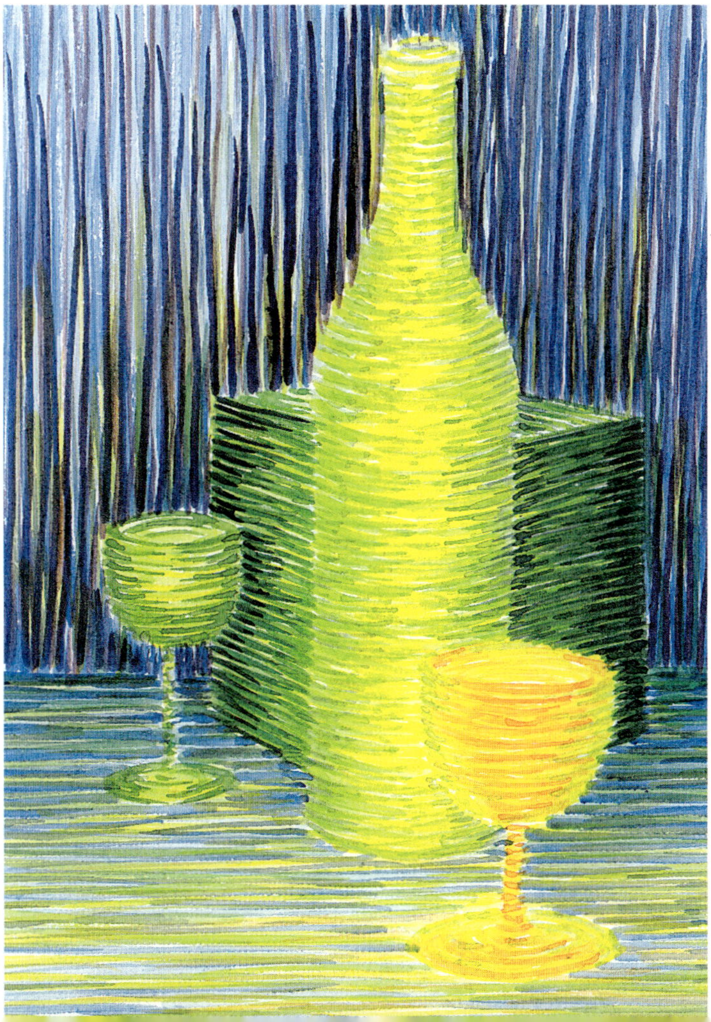

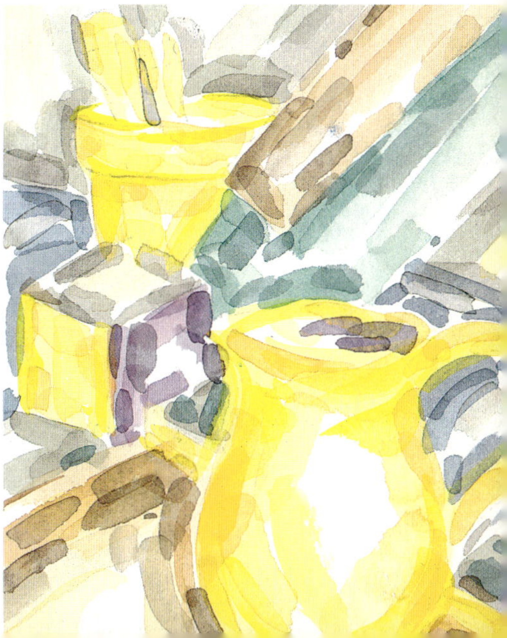

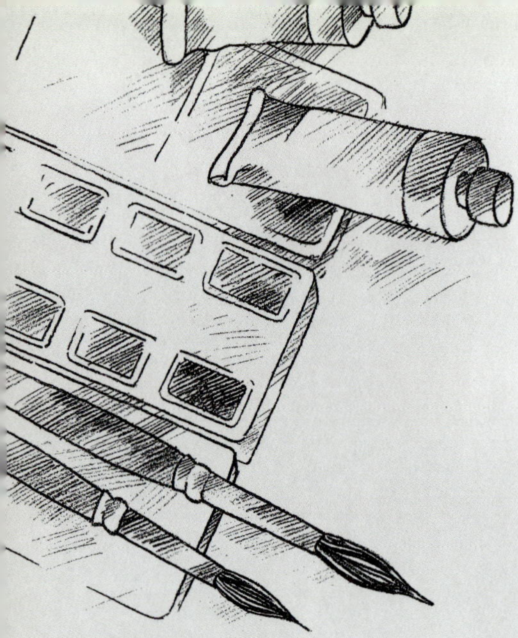

AUFGABE:
Ein Selbstporträt als Namensbild

Nachdem ich das Wort „Handschrift" schon so oft im übertragenen Sinne verwendet habe, geht es in dieser und in der nächsten Übung nun tatsächlich darum. Eigentlich kann man die Handschrift durchaus als eine Art von freier Lineatur bezeichnen. Sie hat den Vorteil, dass wir sie ja schon „können", sie muss nur noch statt mit dem Kugelschreiber oder dem Füllfederhalter mit dem Pinsel geübt werden. Zweifellos kann es nicht das höchste Ziel sein, Bilder mit geschriebenem Farbauftrag gestalten zu wollen, aber es ist eine hervorragende Übung. Sie müssen sich nämlich noch mehr als bei anderen aus der Grafik übernommenen Arten des Farbauftrags von dem Zwang lösen, Flächen auszufüllen und stattdessen die Farbe großzügig auftragen. Darüber hinaus üben Sie den „richtigen" Umgang mit dem Pinsel. Und hierzu ein Tipp: halten Sie bei dieser Aufgabe den Pinsel nicht allzu großzügig fast am Stielende. Pinsel sollten dort gehalten werden, wo ihr Schwerpunkt ist. Probieren Sie es aus, balancieren Sie Ihre Pinsel aus. Der Schwerpunkt liegt in der Regel dicht hinter der Metallzarge. Da sollten Sie Ihn auch halten, weil Sie ihn führen wollen.

Sie sollen nun also ein Selbstporträt malen. Sie können dazu einen Spiegel verwenden, oder sich einfach so malen, wie Sie glauben, dass Sie aussehen. So ganz wichtig ist die Erkennbarkeit des Gesichtes nicht. Schreiben Sie immer wieder Ihren Namen, und benutzen Sie dazu „Ihre" (Lieblings-)Farben. Achten Sie darauf, dass der erste Farbauftrag wirklich trocken ist und sich die Farbe lasierend verdichtet. Beginnen Sie mit hellen, stark verdünnten Farben. Legen Sie zunächst die großen Formen an und erst viel später die Details, soweit sie – mit Ihrem Namen geschrieben – überhaupt machbar sind.

Sie können für diese Übung einen Aquarellblock (zum Beispiel 36x48 cm groß) verwenden. Ansonsten spannen Sie wieder einen Bogen Aquarellpapier auf. Bei einer halbwegs ordentlichen Qualität reicht es bei diesem Format vollkommen, wenn Sie ihn mit Kreppband befestigen. Als Pinsel benutzen Sie einen Rundpinsel, nicht unter Nr. 12, mit einer guten Spitze.

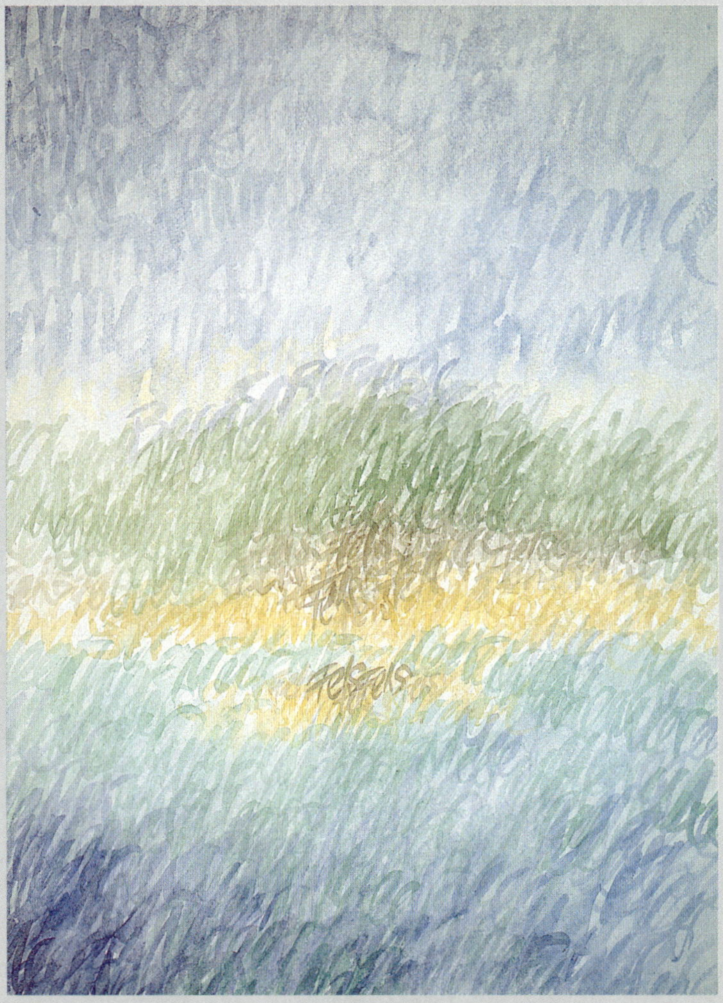

Wolf Wrisch: Himmel, Meer und Insel. 1986, Aquarell, 75x56 cm.
Dieses Aquarell ist in meinem Buch „Aquarellmalerei – Von der Realität zum Bild" abgebildet. Insofern war es fast allen Seminarteilnehmern bekannt, und wurde deshalb als Orientierungshilfe für diese und die nächste Aufgabe benutzt.

Bildlösungen

Die Beschränkung des Farbauftrags auf den eigenen Namenszug hat zweierlei zum Ziel: erstens soll dadurch verhindert werden, dass eine Art „Anstreichen“ wie selbstverständlich als allgemeingültiger Farbauftrag angesehen wird, und zweitens soll dadurch eine „freie Lineatur“ (denn handschriftliche Wiederholungen stellen durchaus eine Spielart der freien Lineatur dar) erprobt werden.

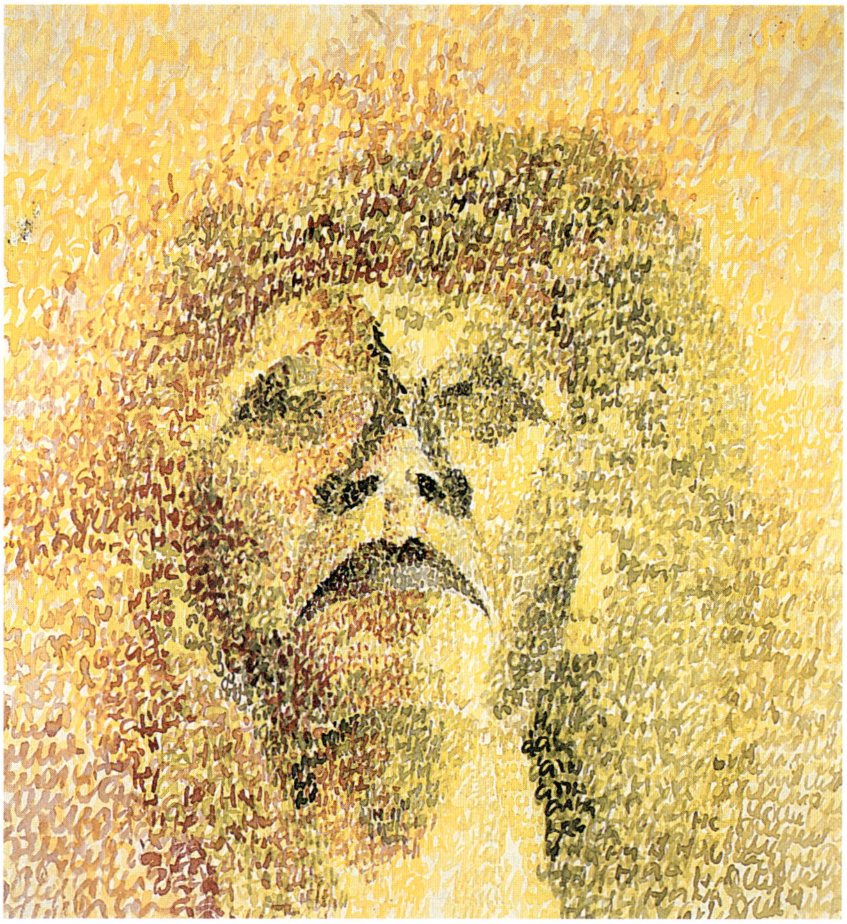

Inge Dethlefs: Selbstporträt. 1997, Aquarell, 48x36 cm.
Das Bild wird diesem Anspruch nicht gerecht. Die Lineatur ist nicht wirklich frei. Der Form entsprechend ändert sie jeweils die Richtung.

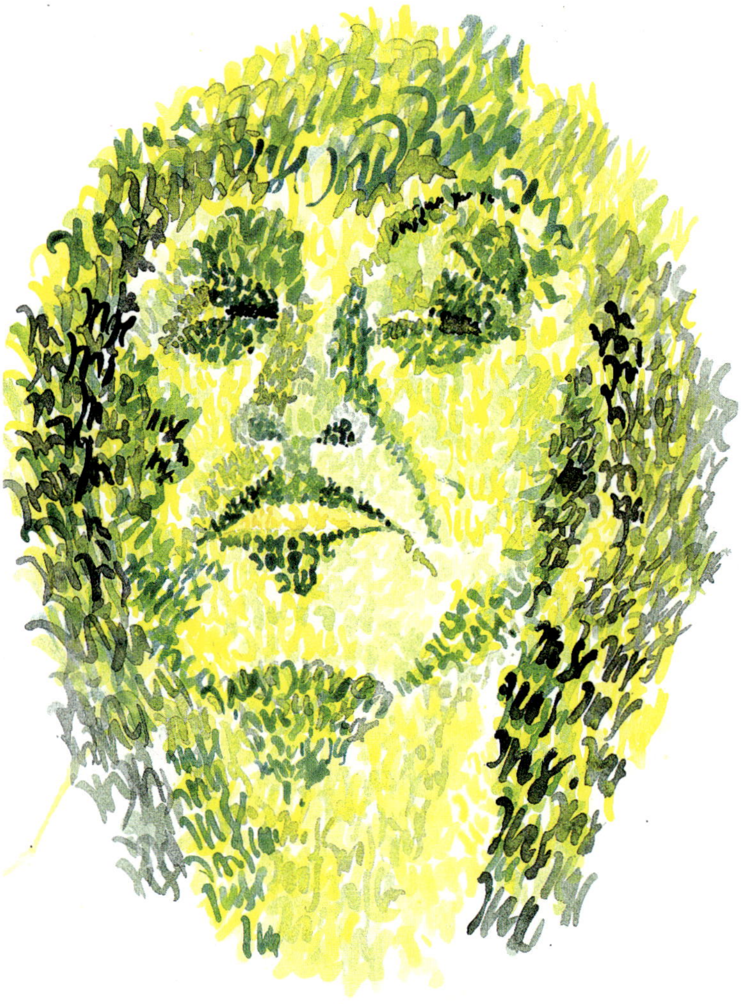

Inge Dethlefs: Selbstporträt. 1997, Aquarell, 47x47 cm.
Die zweite Lösung überzeugt weit mehr. Sie wirkt malerisch – auch im klassischen Sinn – und kann durchaus Bildanspruch erheben. Die Plastizität des Kopfes und die charakteristischen Gesichtszüge wurden weitgehend durch Verdichtungen der Namenszüge herausgearbeitet und nur selten durch deren Richtungsänderungen. Da auch die Restflächen konsequent in die Gestaltung einbezogen wurden, wirkt der Farbauftrag verbindend, das Bild rhythmisierend. Im Idealfall, und das ist in diesem Bild durchaus nachvollziehbar, werden die Namenszüge schließlich bedeutungslos, sie werden nicht mehr wahrgenommen, und erfüllen schließlich „nur“ noch die Funktion einer freien Lineatur – was der Sinn der Aufgabe war.

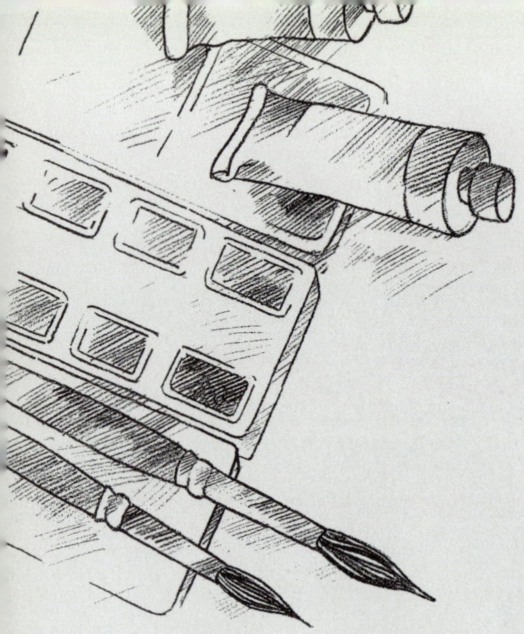

AUFGABE:
Eine Landschaft in Handschrift

Bei dieser Aufgabe geht es um ganz ähnliche Ziele wie bei der letzten. Nur soll Ihnen das Thema und dessen gestalterische Umsetzung verdeutlichen, dass auch mit diesen gestalterischen Spielregeln durchaus „normale", ja sogar reizvolle Bilder entstehen können.
Da sich die Aufgabenstellung nicht großartig geändert hat, bleiben die meisten Regeln gültig. Wählen Sie sich diesmal aber eine Landschaftsfotografie als Bildvorlage. Sie sollten natürlich auch etwas anderes schreiben als Ihren Namen. Treffen Sie Ihre eigene Wahl! In meinem Landschaftsbild auf Seite 144 habe ich für das Meer „Meer" benutzt, für den Himmel „Himmel" und so weiter. Die Teilnehmerin einer meiner Malreisen an die Algarve hat das ganze Bild mit dem Wort „Algarve" gestaltet, und eine andere Seminarteilnehmerin hat Ihres mit „Hilfe", „Hilfe", „Hilfe", ... angelegt.
In Bezug auf das Material und das Format bleibt alles beim Alten.

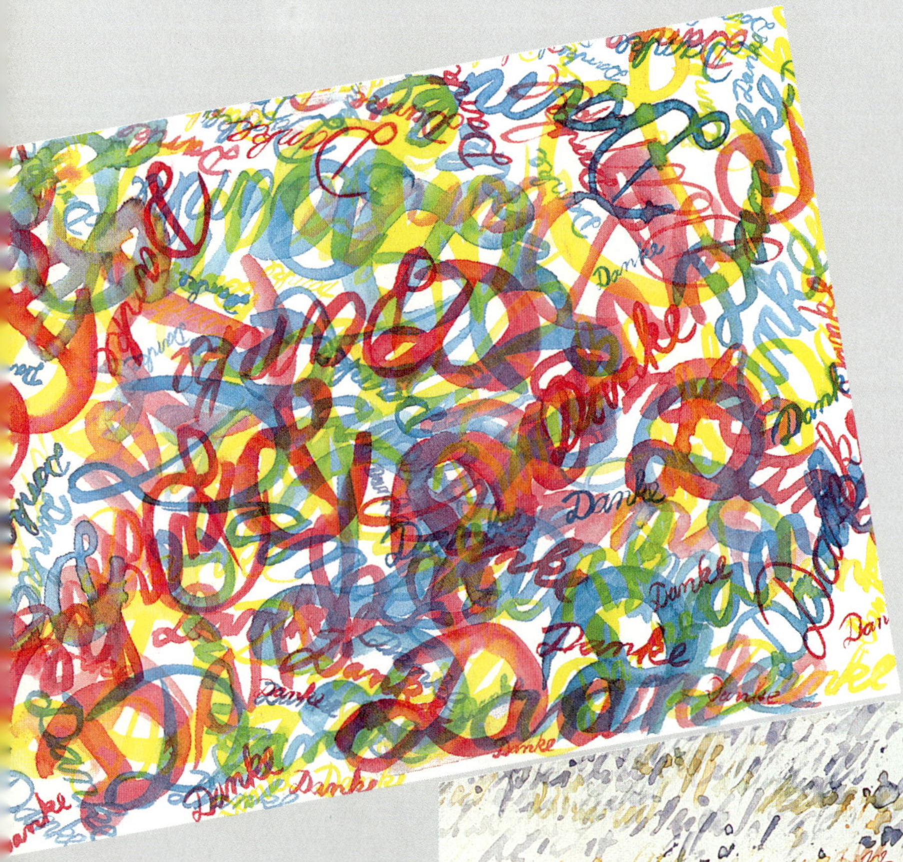

Bild unten:
Helga Neuber: „Frühling". 1991, Aquarell mit Pinsel und Rohrfeder, 42x29,5 cm.
Ich habe auch hier bewusst kein Landschaftsmotiv als Orientierung abgebildet. Das Gestaltungsprinzip haben Sie sich bereits durch Ihr „Selbstporträt" erarbeitet. Blättern Sie also nicht zur Landschaftsvorlage zurück – durch nachgemachte Bilder, noch schlimmer: durch Abmalen lernen Sie nicht allzu viel! Hier sehen Sie als Anregung „nur" ungegenständliche Gestaltungen. Helga Neuber verwendete hier einen Gedichttext. Mit Wiederholungen, Auflösungen, Andeutungen und Konkretisierungen spielt sie gleichermaßen mit bildnerischen Mitteln wie mit dem Text. Beide Blätter zeigen deutlich, dass auch das Material selbst bereits eine Fülle von gestalterischen Möglichkeiten bietet: die Farben, Verläufe, Rhythmisierungen, Akzentuierungen und so weiter, die vielen Malern des 20. Jahrhunderts für ihre künstlerische Arbeit vollkommen ausreichten.

Bild oben:
Zur (Finger-)Übung ist es natürlich vollkommen gleichgültig, mit welchem Ziel Sie die Schriftspuren zu Papier bringen. Wenn dann daraus ein Geschenkpapier, eine Postkarte oder ein Gedichtbild wird, mindert das sicherlich nicht den Lerneffekt.

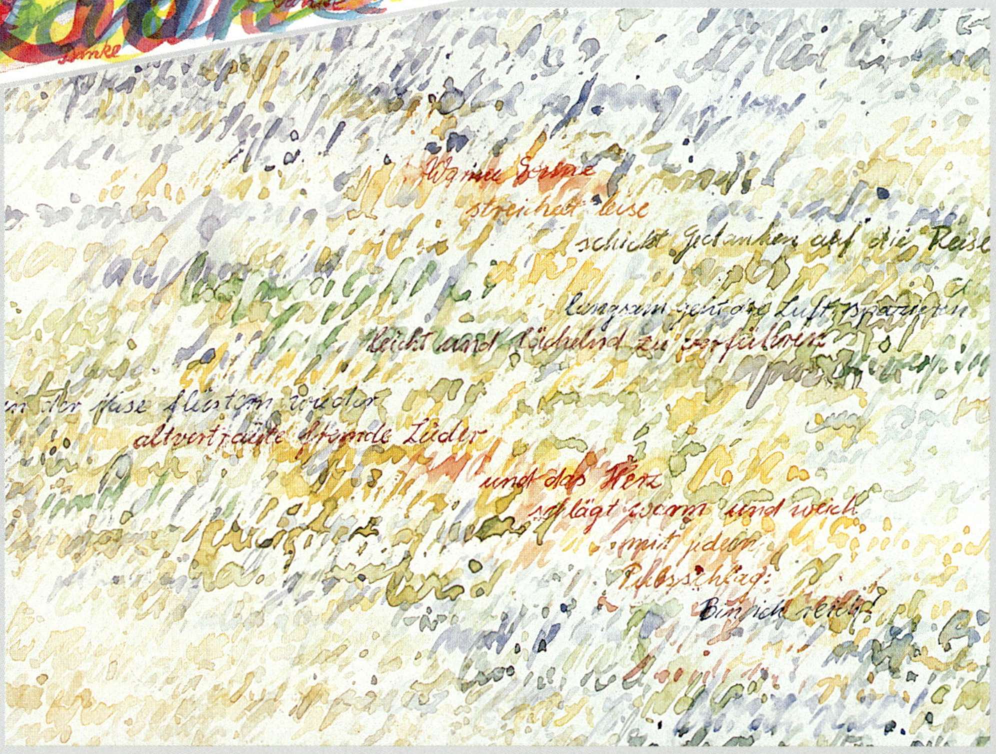

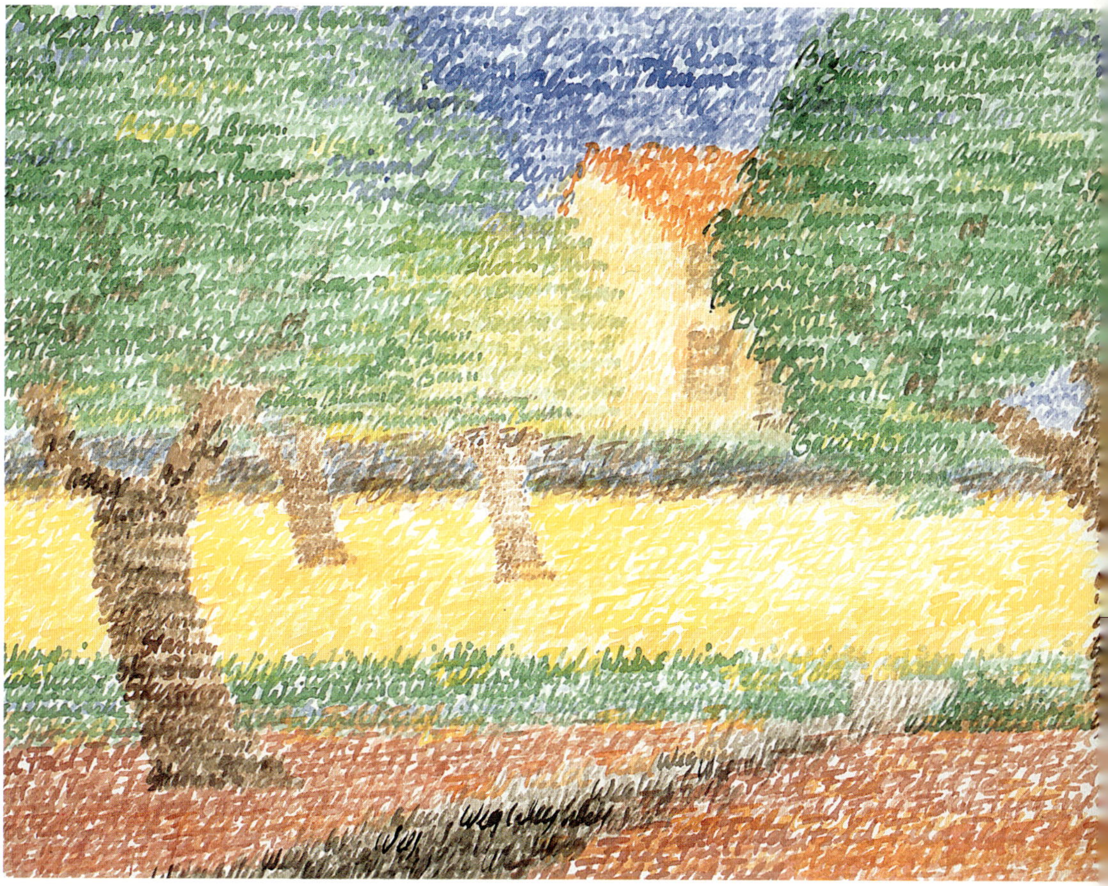

*Kirsten Hentschel: Landschaft. 1997, Aquarell, 51x70 cm.
Es mag banal klingen: das Schreiben mit dem Pinsel übt die Handschrift. Handschrift bedeutet hier außer Schreiben auch das sichere, großzügige Setzen von Kringeln, Schwüngen, Linien ..., das geübt werden sollte.
Dass bei einer solchen Aufgabe (obwohl sie zunächst einmal wie eine unangenehme Schularbeit erscheint) interessante Bilder entstehen, zeigen die Beispiele auf dieser Seite, deren rhythmischer, fast flirrender Farbauftrag sich jedenfalls positiv von vielen belanglos „angestrichenen" Aquarellen abhebt.*

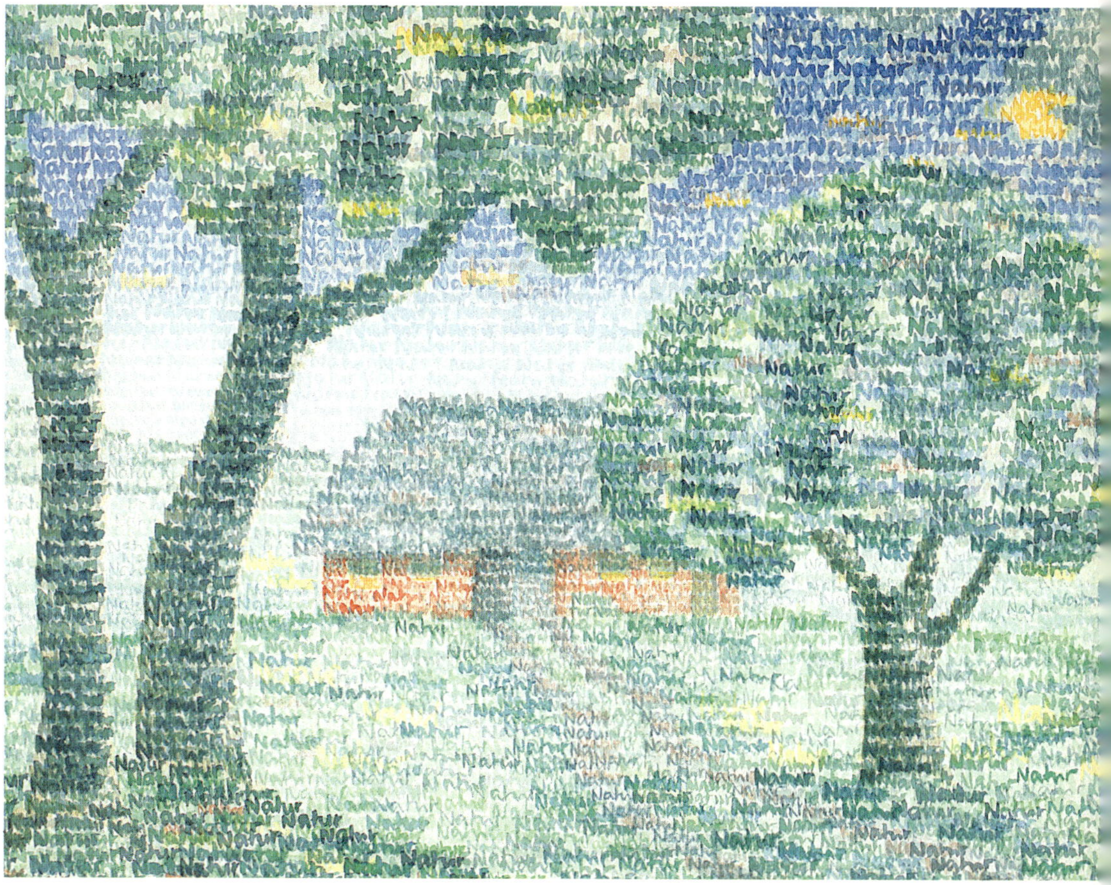

*Uschi Buchberger: Landschaft. 1997, Aquarell, 47x68,5 cm.
Als eine Art freier Lineatur muss die Schrift natürlich keinen inhaltlichen Bezug zu den dargestellten Dingen haben. Das Spiel damit kann aber einen zusätzlichen Reiz haben. Uschi Buchberger hat immer wieder das Wort „Natur" wiederholt, Kirsten Hentschel hat die Objekte einzeln bezeichnet. Obwohl die Schrift in beiden Bildern sehr konsequent und gleichmäßig eingesetzt wurde, wirkt das untere Beispiel – eben dadurch, dass immer nur das gleiche Wort verwendet wurde – noch stärker vom Rhythmus des Schreibens geprägt.*

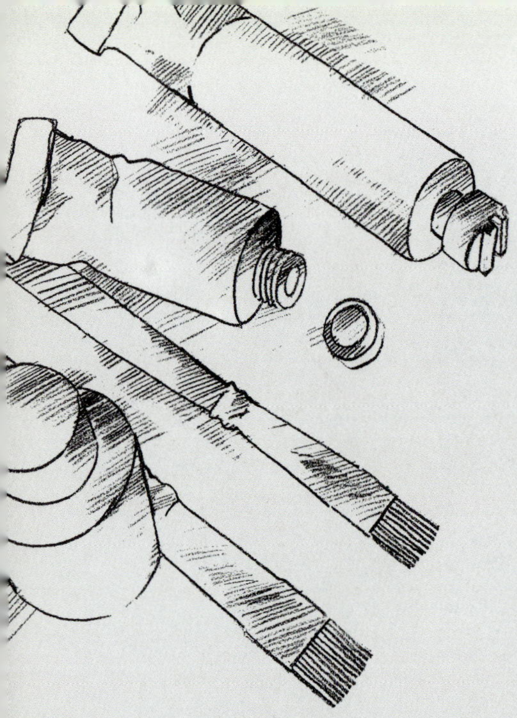

AUFGABE:
Ein Stillleben mit sichtbarem Pinselstrich als Gouache

Bei dieser Aufgabe gibt es gegenüber der letzten ein paar Änderungen: Zunächst wählen Sie wieder ein Stillleben als Bildmotiv. Das Farbensystem, mit dem Sie diesmal arbeiten, sollte eines sein, mit dem sinnvollerweise deckend und pastos gearbeitet werden kann.

Wählen Sie am besten Gouache-, wenn Sie wollen auch Ölfarbe – mit der die sichtbare Pinselspur zwar ausgesprochen gut „geht", die aber technisch mehr Aufwand erfordert – oder Acrylfarbe – mit der Sie dann wegen der extrem kurzen Trockenzeit aber kaum nass-in-nass arbeiten können.

Auf jeden Fall brauchen Sie feste Pinsel, um die dickflüssige Farbe aufzutragen. Die Pinsel sollten – je nach Format des Malgrundes und der persönlichen Bereitschaft zur Großzügigkeit – die Stärke 12 bis 18 haben (wobei 12 eher dem Format 36x48 cm entspricht und 18 dem Format 50x70 cm).

Der Pinsel hinterlässt Spuren, die so breit wie der Pinsel sind. Versuchen Sie nicht, diese charakteristische Größe zu verändern. Setzen Sie den Fleck oder die Linie so, wie sie unmittelbar entsteht, nur so nehmen Sie Ihr Werkzeug ernst und erzeugen ausdrucksvolle Spuren. Außerdem müssen Sie, gleichgültig, für welches Farbensystem Sie sich entscheiden, die Farbe dauernd verändern, da sich sonst die Striche oder Flecken nicht voneinander abheben.

Bei dieser Aufgabe brauchen Sie sich nicht mehr sklavisch an die Vorgaben der aus der Grafik abgeleiteten Techniken zu halten. Wichtig ist vor allem, dass ein kraftvoller, vitaler Duktus sichtbar wird. Dieser Zielvorgabe sollte dann natürlich auch die Farbwahl entsprechen. Der Farbauftrag und die Farbstimmung des Bildes sollten sich ergänzen, eine Einheit darstellen. Dementsprechend kommen für dieses Bild laute und eindeutige Farben infrage (also eine koloristische Farbstimmung).

Das Stilllebenthema ist eine Vorgabe, die für sich genommen keine hohe Bedeutung hat. Sie können demnach einen bereits entwickelten Bildentwurf verwenden, eine Fotovorlage benutzen oder eine vorgestellte Situation umsetzen. Wenn Sie aber genügend Zeit dafür haben, bauen Sie sich wieder ein Motiv auf. Sie bekommen durch diese Wiederholungen eine erheblich größere Sicherheit für Bildentwürfe ganz allgemein.

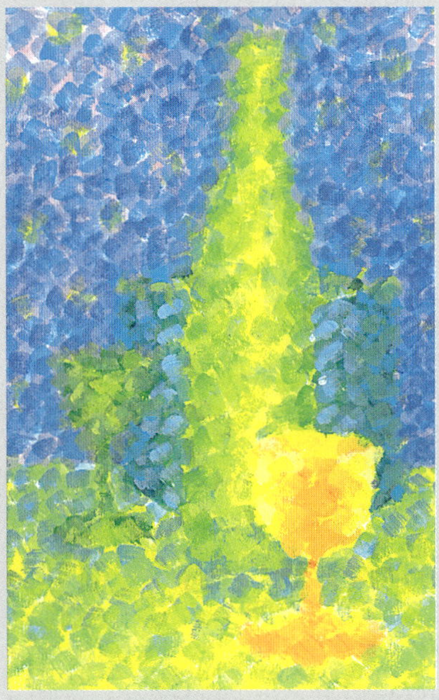

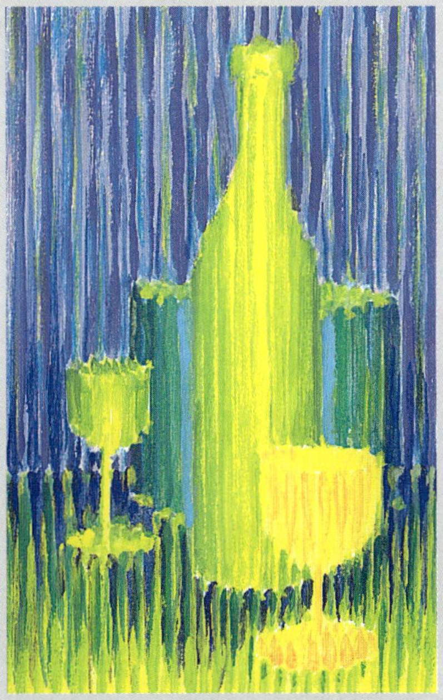

Die beiden oberen Farbskizzen zeigen – in Anlehnung an die Aquarelle auf den Seiten 142/143 – vergleichbare Lösungen mit deckenden Farben. Die Striche und Flecken sind im Gegensatz zu den dort abgebildeten Arbeiten naturgemäß gröber und zeigen differenziertere Farbmischungen, während die Mischungen dort dem Material entsprechend in weit größerem Maße durch Lasuren entstanden.

Karin Hölz. Stillleben. 1993, Aquarell, 64x50 cm. Für diese Aufgabe habe ich als Orientierung für Sie einmal kein Vor-Bild gewählt, sondern eines, das, auch wenn es im Übrigen nicht schlecht ist, einen „Fehler" enthält. In dem hier abgebildeten Aquarell sind die Farbfelder, statt sich aus den („sichtbaren") Pinselstrichen zu bilden, zuerst einmal flächig angelegt und dann überarbeitet worden. Die Pinselspuren sollten aber vielmehr die Flächen bilden, als sie zu dekorieren.

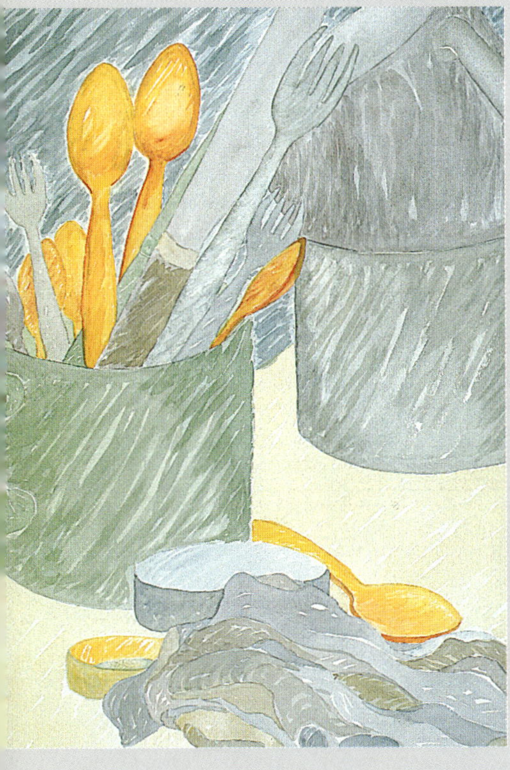

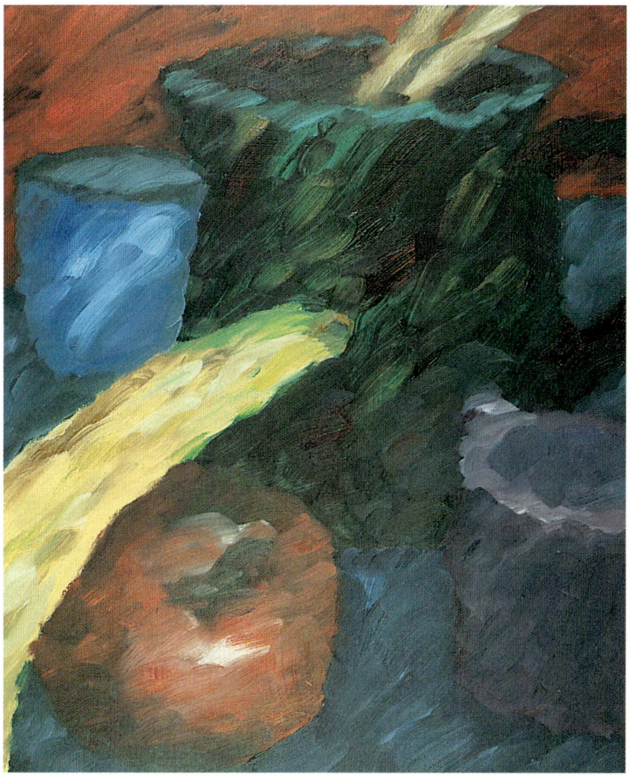

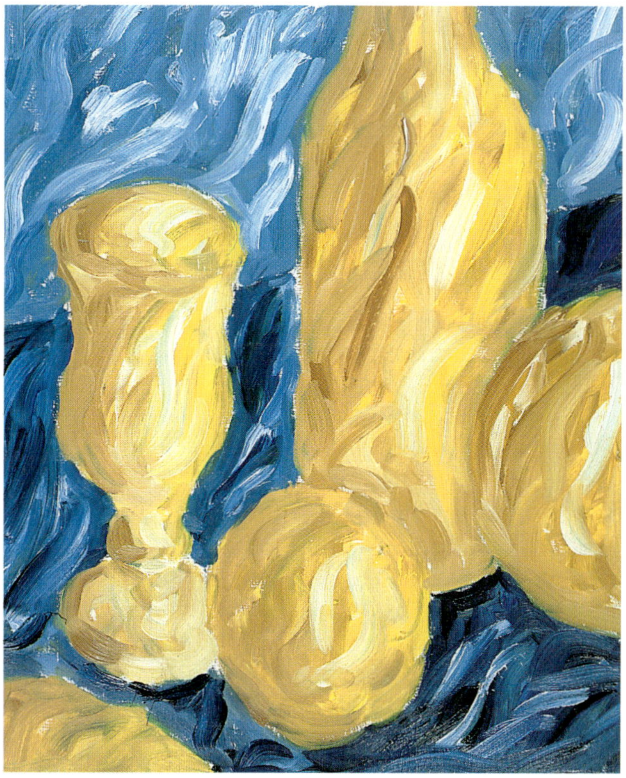

Bildlösungen

Alle Abbildungen auf dieser Seite zeigen Stillleben mit mehr oder weniger sichtbaren Werkzeugspuren (deswegen „Werkzeug"-Spuren und nicht Pinselspuren, weil Farbe auch mit anderen Werkzeugen aufgetragen werden kann: mit den Fingern zum Beispiel oder mit einem Spachtel, wie im Bild von Svenja Warnke).
Bild oben links:
Bärbel Politsch: Stillleben. 1995, Öl auf Spanplatte, 60x50 cm.
Bild oben rechts:
Wilma Hornburg: Stillleben. 1995, Öl auf Sperrholz, 60x50 cm.
Die Konsistenz der Ölfarbe ermöglicht in beiden Bildern nicht nur einen zügigen Farbauftrag, sie verführt praktisch zu einem großzügigen „Strich", zum pastosen Farbauftrag.
Bild unten links:
Svenja Warnke: Stillleben. 1997, Gouache, 70x50 cm.
Auch die Gouache lässt einen pastosen Farbauftrag zu (obwohl die Festigkeit der Farbe längst nicht so hoch ist wie die der Ölfarbe. Schlimmstenfalls kann sie, wenn sie zu dick aufgetragen ist, sogar absplittern). Bei diesem Bildbeispiel wurde die Farbe mit einem Spachtel aufgetragen.
Bild unten rechts:
Günter Engelke: Stillleben. 1996, Gouache, 67x47 cm.
Zweifellos stellt auch ein fleckhafter Farbauftrag eine Lösung der Aufgabe dar. Mit einem schmalen Flachpinsel ist in diesem Bild die Farbe punktförmig dicht aneinander, zum Teil übereinander aufgetragen worden.

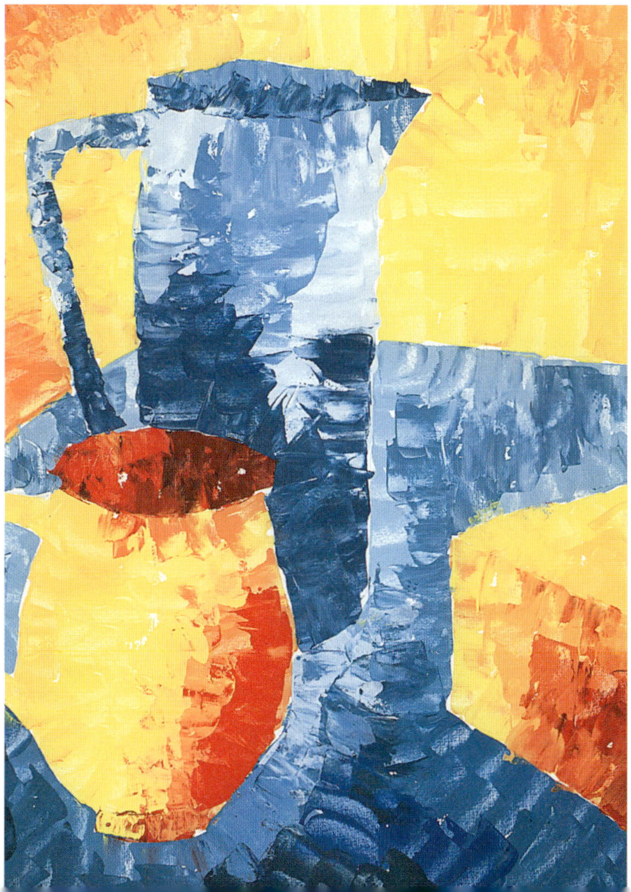

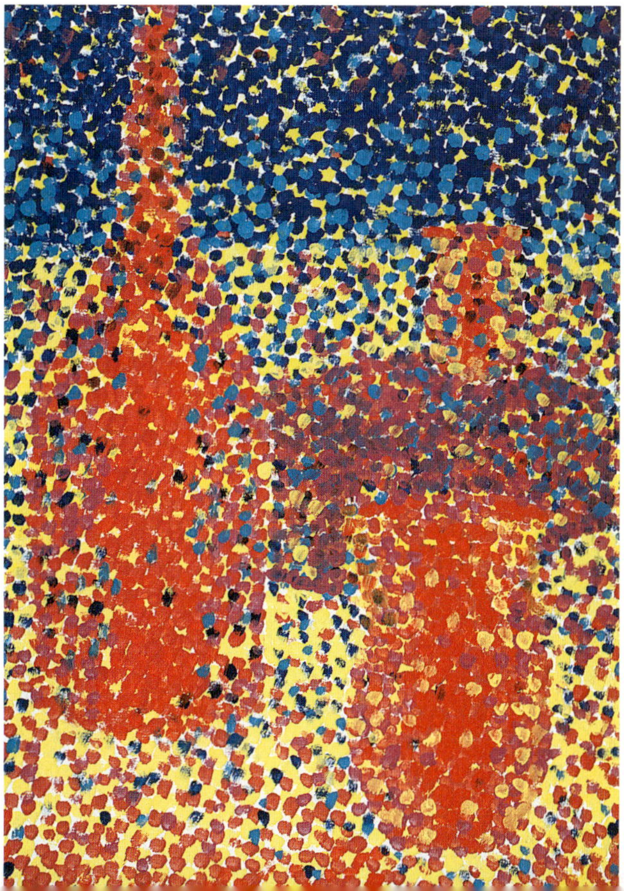

Der flächig verarbeitete Farbauftrag

Der Farbauftrag kann eine sichtbare Werkzeugspur, ein gleichmäßig verarbeiteter Auftrag mit ansatzlosen Farbmodulationen wie auch alles zwischen diesen beiden Polen sein. Entscheidend ist, welches gestalterische Ziel Sie haben. Auch wenn der sichtbare Farbauftrag an sich ausdrucksstärker und dynamischer ist, sollten Sie den gleichmäßig verarbeiteten Farbauftrag beherrschen, da es schließlich auch dementsprechende Gestaltungsabsichten gibt.

Obwohl es unseren Seherfahrungen widerspricht, werden bei dieser Art des Farbauftrags manchmal die Farbfelder jeweils lediglich unmoduliert mit einem Farbton „angestrichen“. Dann wirkt das Ergebnis natürlich sehr vordergründig und plakativ. Hier soll nun aber die Farbe innerhalb jedes einzelnen Feldes moduliert werden, sie soll „im Verlauf“ aufgetragen werden. Dabei lassen sich zwei grundsätzlich unterschiedliche Gestaltungsziele verfolgen:

1. Der Intensitätsverlauf zur Rhythmisierung des Bildes

Wenn sich beispielsweise die höchste Intensität innerhalb aller Farbfelder (also auch der Zwischenräume und Restflächen) jeweils links befindet, die Farbe also nach rechts hin schwächer wird, entsteht eine Art Rhythmus. Der gleichgerichtete Intensitätsverlauf vereinheitlicht das Bild und lenkt von der Gegenständlichkeit ab.

2. Der Intensitätsverlauf zur Verdeutlichung der Plastizität der Objekte

Die Modulation einer Farbe kann allerdings auch das Gegenteil bewirken; nämlich die Betonung und Verdeutlichung der Plastizität der Objekte. Sie wissen bereits, daß die Intensität der Farben zunimmt, je weiter vorn sich die Dinge im Bild befinden. Gleichermaßen verändert sie sich innerhalb der Gegenstände, wenn diese nicht nur flach und parallel zur Bildebene sind. Farbverläufe werden sinnvollerweise von Dunkel nach Hell angelegt, das heißt, dass Sie zum Beispiel bei einem zylindrischen Objekt in der Mitte beginnen und dann nach rechts die Farbe abschwächen, um dann wieder in der Mitte zu beginnen und die Farbe nach links verlaufen zu lassen. Die Schwierigkeit liegt dabei darin, dass die Farbe – je nach Farbensystem unterschiedlich – dann zum Teil bereits angetrocknet ist.

Auch wenn bei der folgenden Aufgabe mit einem deckenden, pastos zu verarbeitenden Farbensystem gemalt werden sollte, sind hier auch Farbenverläufe in Aquarellfarben abgebildet. Schließlich ist auch der Begriff von daher abgeleitet: „Verläufe“ finden ja buchstäblich nur beim Aquarell statt. Mit der – wenig verdünnten – Guachefarbe lassen sich durch gleichmäßiges Streichen quer zum Farbverlauf sehr überzeugende Übergänge herstellen.

Bilder von oben nach unten:
Der gleichmäßig verarbeitete Pinselstrich ist mit Aquarellfarbe recht schwer zu realisieren, es wird eine ganze Weile des Übens beanspruchen, bis Sie einen vergleichbar gleichmäßigen Farbauftrag hinkriegen. Hier sehen Sie links die plastisch gestalteten Objekte, rechts ist der Farbauftrag rhythmisiert.

Mit der sehr viel schmiegsameren Ölfarbe führt die gleiche Aufgabe zu überzeugenderen und sehr viel leichter herstellbaren Ergebnissen.

Egal mit welchem Farbensystem Sie arbeiten – die Pinselführung erfolgt bei einer Farbmodulation immer quer zur Richtung der Veränderung. Wenn Sie den Pinsel mit dem Verlauf führen, wird der Verlauf immer gezackt und ungleichmäßig.

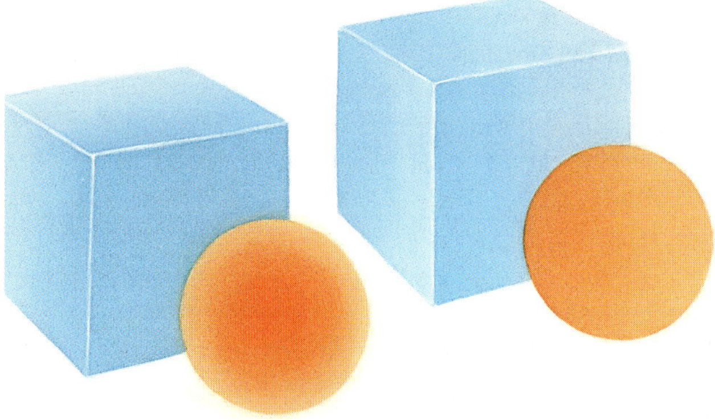

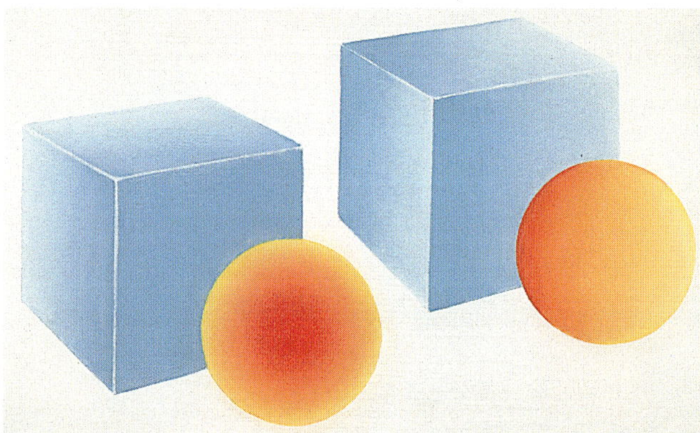

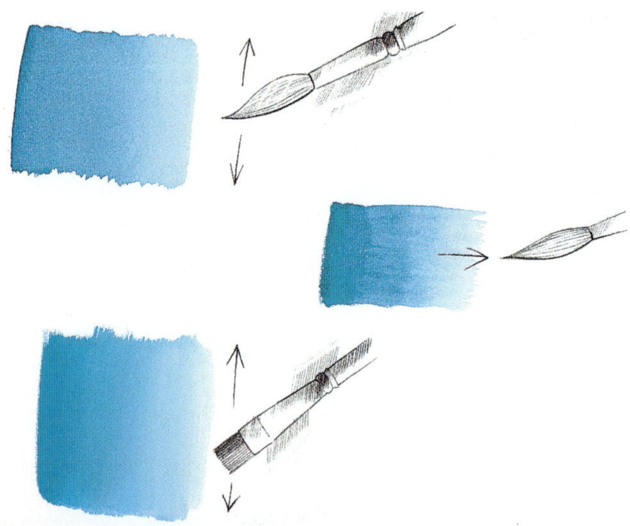

AUFGABE:
Ein Stillleben mit flächig verarbeitetem Farbauftrag als Gouache

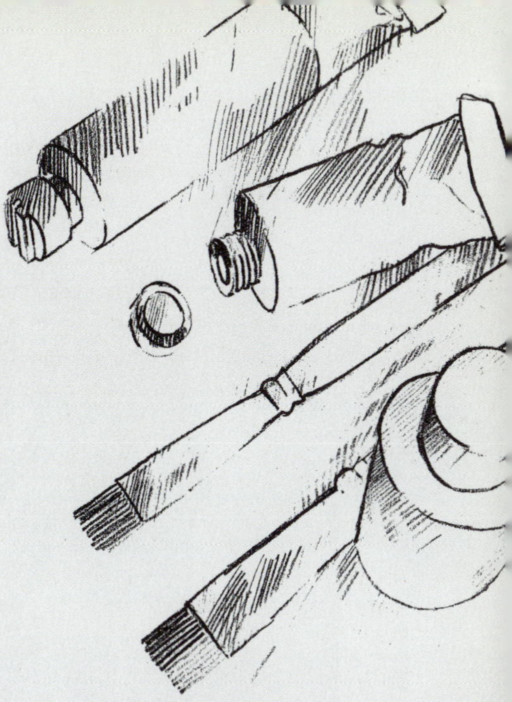

In dieser Aufgabe geht es wieder in erster Linie um die Art des Farbauftrags. Gegenüber den letzten Übungen ist hier nun eine Vorgehensweise gefordert, die exakt den Gegenpol zu den dort verlangten „sichtbaren Pinselspuren" darstellt. Die Farben und deren Modulationen innerhalb der Farbfelder sollen so gleichmäßig aufgetragen werden, dass nichts darauf schließen lässt, wie und womit das passiert ist. Die Übergänge sollen so gut verarbeitet sein, dass sie auch mit der Sprühpistole aufgetragen sein könnten.

Wählen Sie den gleichen oder einen ähnlichen Bildentwurf und das gleiche Material wie bei der letzten Aufgabe. Verwenden Sie aber andere Farbtöne. Das Bild wird in Bezug auf seinen Farbauftrag zweifellos sehr ruhig und verhalten wirken und diesen Charakter sollte dann auch die Farbkonzeption unterstützen.

Nun entscheiden Sie sich, ob das Bild eher flächig erscheinen soll, ob es also durch gleichmäßige Farbverläufe von links nach rechts (für Rechtshänder) oder von rechts nach links (für Linkshänder) rhythmisiert sein soll, oder ob Sie die Plastizität der Objekte und die Tiefe im Bild durch dementsprechende Intensitätsveränderungen herausarbeiten wollen.

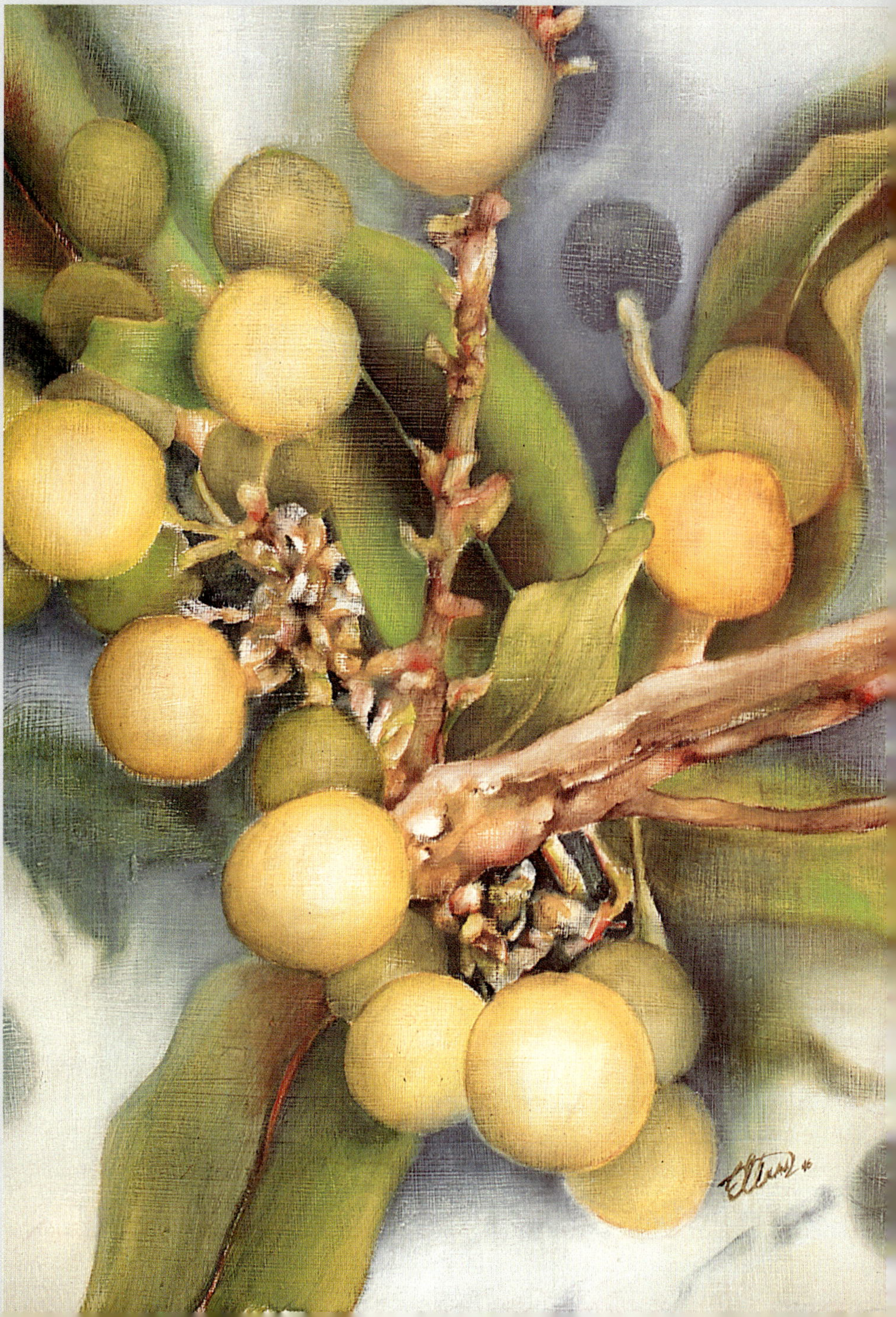

Ellen Schlichting: Tropische Früchte. 1996, Öl auf grundiertem Papier, 63x47 cm. Zur Orientierung für diese Aufgabe sehen Sie hier ein Ölbild, das ein anderes Motiv darstellt. Mit sorgfältig verarbeitetem Pinselstrich sind vor allem die Früchte plastisch herausgearbeitet. Trotz der Ruhe des Farbauftrags wirkt das Bild durch die Farbwahl, die Hell-Dunkel-Gestaltung und die Komposition sehr lebendig.

Bildlösungen

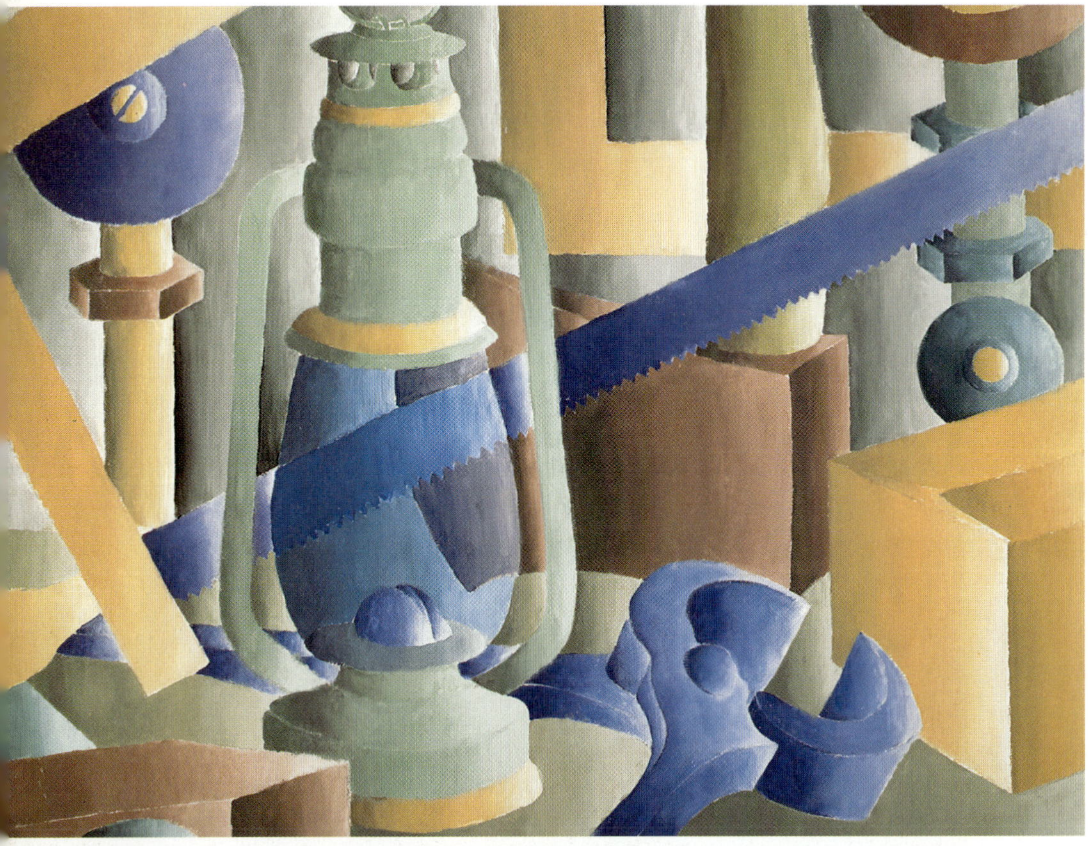

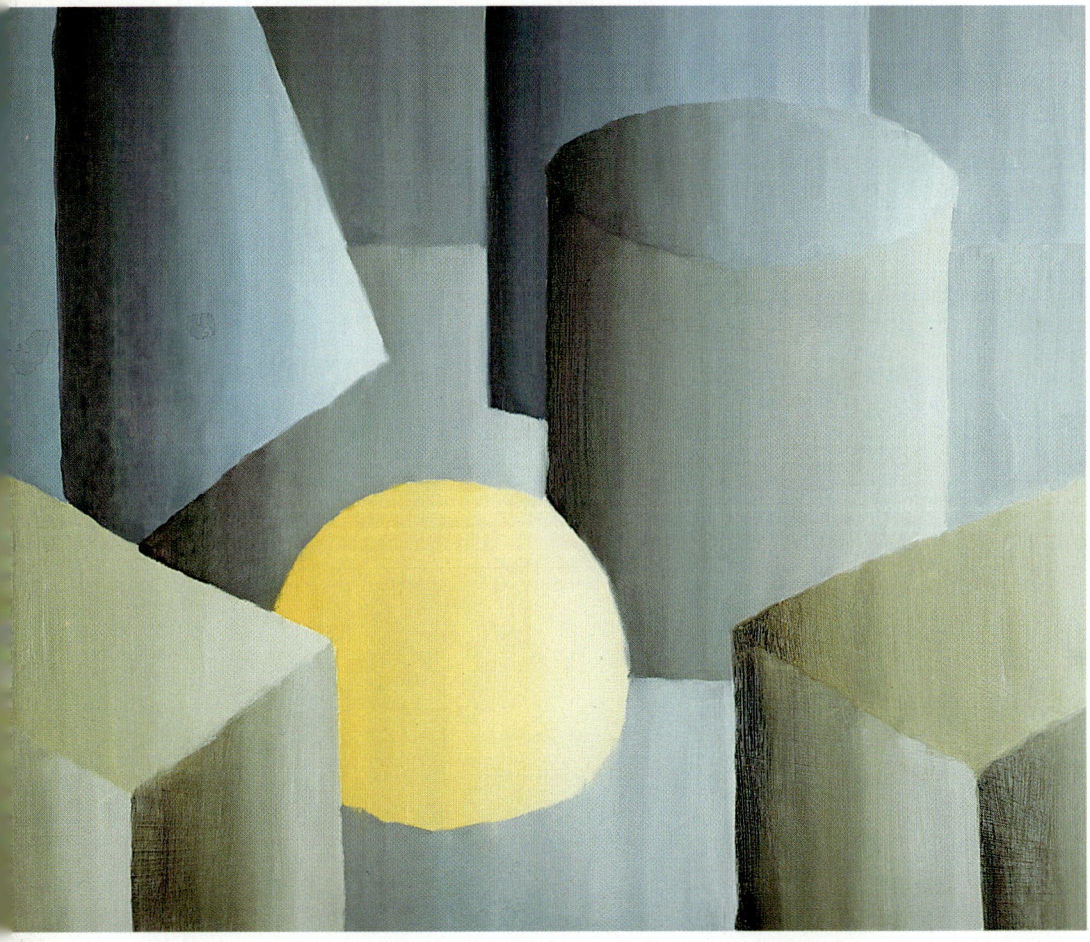

Bild links:
Ulrike Lampe: Arbeitsgeräte. 1997, Gouache, 48x67,5 cm.
Obwohl die Farbübergänge an manchen Stellen nicht ganz „perfekt" gleichmäßig sind (was mit Gouachefarben auch sehr viel schwerer ist als beispielsweise mit Ölfarben), ist das Bild doch ein sehr überzeugendes Beispiel für die Wirkung des Farbauftrags ohne sichtbaren Pinselstrich. Das Abschwellen der Farben in den einzelnen Feldern von links nach rechts, die kompositorisch gleichgewichtige Farbverteilung und die damit verbundene Warm-Kalt-Gliederung des Bildes vermitteln eine reizvolle Rhythmisierung und – trotz der harten Einzelformen – eine fast spielerische Gesamtwirkung des Bildes.

Bild unten links:
Wilma Hornburg: Stillleben. 1995, Öl auf grundiertem Papier, 48x59 cm.
Zwar ist der Farbauftrag in diesem Bild noch etwas streifig ausgefallen – bitte bedenken Sie, dass alle gezeigten Bilder Übungen sind. Trotzdem ist die gestellte Aufgabe weitgehend erfüllt: Die Farbe nimmt in allen Objektflächen und in den Zwischenräumen und Restflächen von links nach rechts ab. Die damit verbundene Rhythmisierung des Bildes erzeugt eine eigenartige, unwirkliche Bildstimmung, die durch die reizvolle Farbwahl noch unterstrichen wird.

Bild auf Seite 153:
Roswitha Keppler: Stillleben. 1997, Öl auf Leinwand, 60x45 cm.
Die wesentlichen Aspekte der Aufgabe, die diesem Bild zu Grunde liegt, waren: einerseits der flächig verarbeitete Farbauftrag (was ganz hervorragend gelungen ist und mit Ölfarben am ehesten realisiert werden kann) und andererseits die Verdeutlichung von räumlicher Tiefe. Sie erinnern sich daran, dass Tiefe und – was hier natürlich erheb-lich wichtiger ist – Plastizität vor allem durch Intensität verdeutlicht werden kann. Trotz der eher überflüssigen „Lichter" drängen die Dunkelheiten nach vorn und vermitteln den Eindruck vollplastischer Formen.

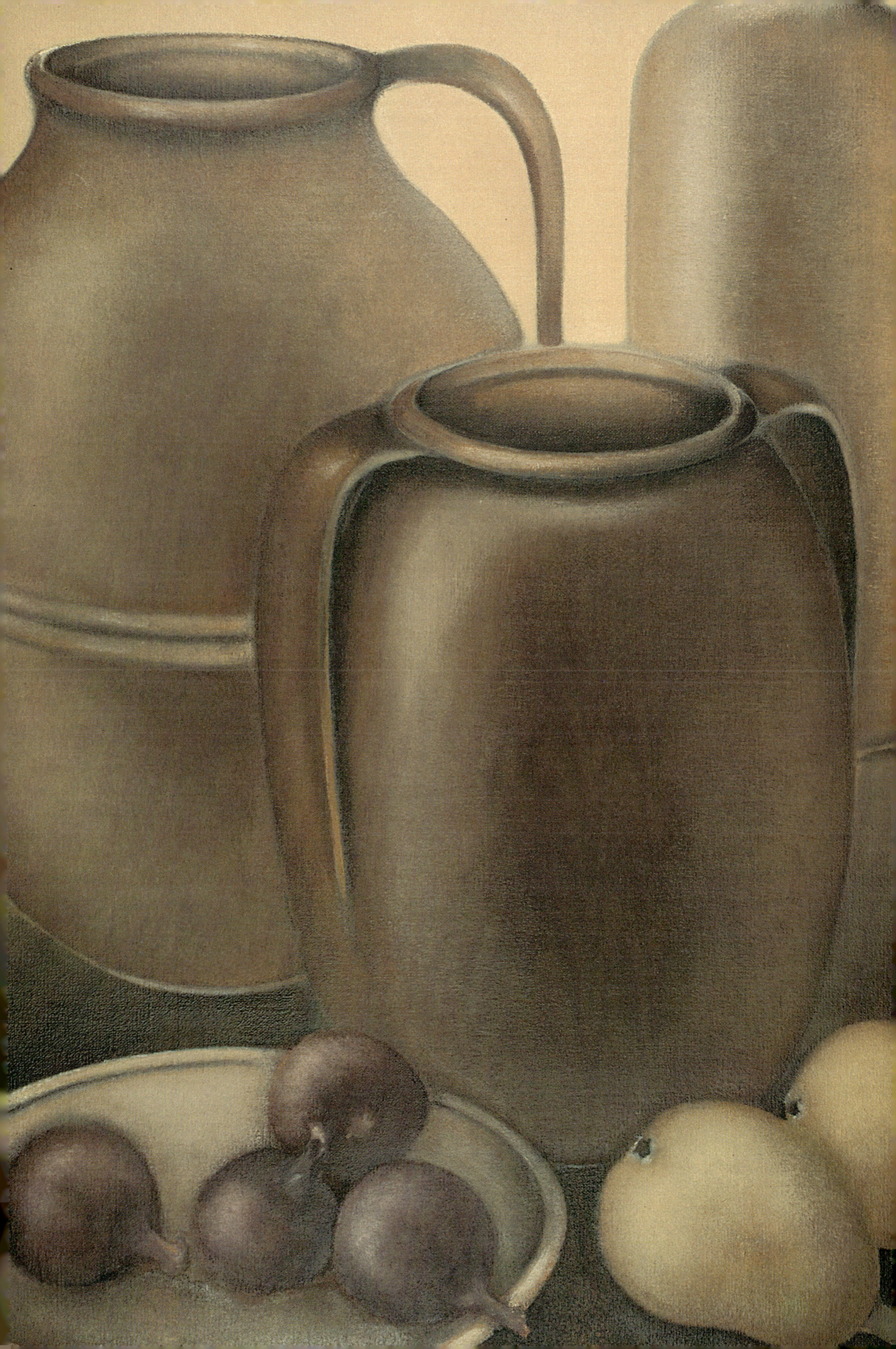

Bild unten:
Ellen Schlichting: Stillleben. 1996, Öl auf grundiertem Papier, 65x46 cm
Bei diesem Bildbeispiel für die Verwendung der sichtbaren Pinselspur ist es nicht so sehr der unmittelbar erkennbare Fleck oder Strich, der die Bildwirkung ausmacht, vielmehr sieht man beinahe die Spur der einzelnen Pinselborsten, die eine zarte, streifige Schraffur erzeugt haben.
Bild auf der rechten Seite:
Uschi Buchberger: ohne Titel. 1997, Öl auf Malkarton, 60x50cm.

Die sorgfältig ausgeführte Arbeit rechts zeigt – beinahe lehrbuchhaft – die Möglichkeiten aber auch die Probleme der Gestaltung von Plastizität und Tiefe durch Farbintensität. So perfekt wie diese Tiefengliederung zunächst erscheint, offenbaren sich schließlich doch ein paar Probleme und Mehrdeutigkeiten. So drängt zum Beispiel der Bleistift zu stark nach vorn – der Hell-Dunkel-Kontrast ist dort zu hoch; der Stein des Ringes müsste eigentlich, da er die gleiche Farbe wie der Hintergrund hat, nach hinten wegsacken – wegen der verhalten hellen Farbe in seinem Umfeld drängt er aber eher nach vorn und das kleine Kästchen scheint zu schweben – der mittlere Grauton erscheint sehr weit weg.
Dass die meisten Betrachter die Objekte gutwillig an die jeweils richtige Stelle „hineininterpretieren", ist also nur bedingt ein Verdienst der Farbgebung, stattdessen ist es eine Eigenschaft unserer Wahrnehmung, die solche kleinen Fehler freundlicherweise berichtigt.

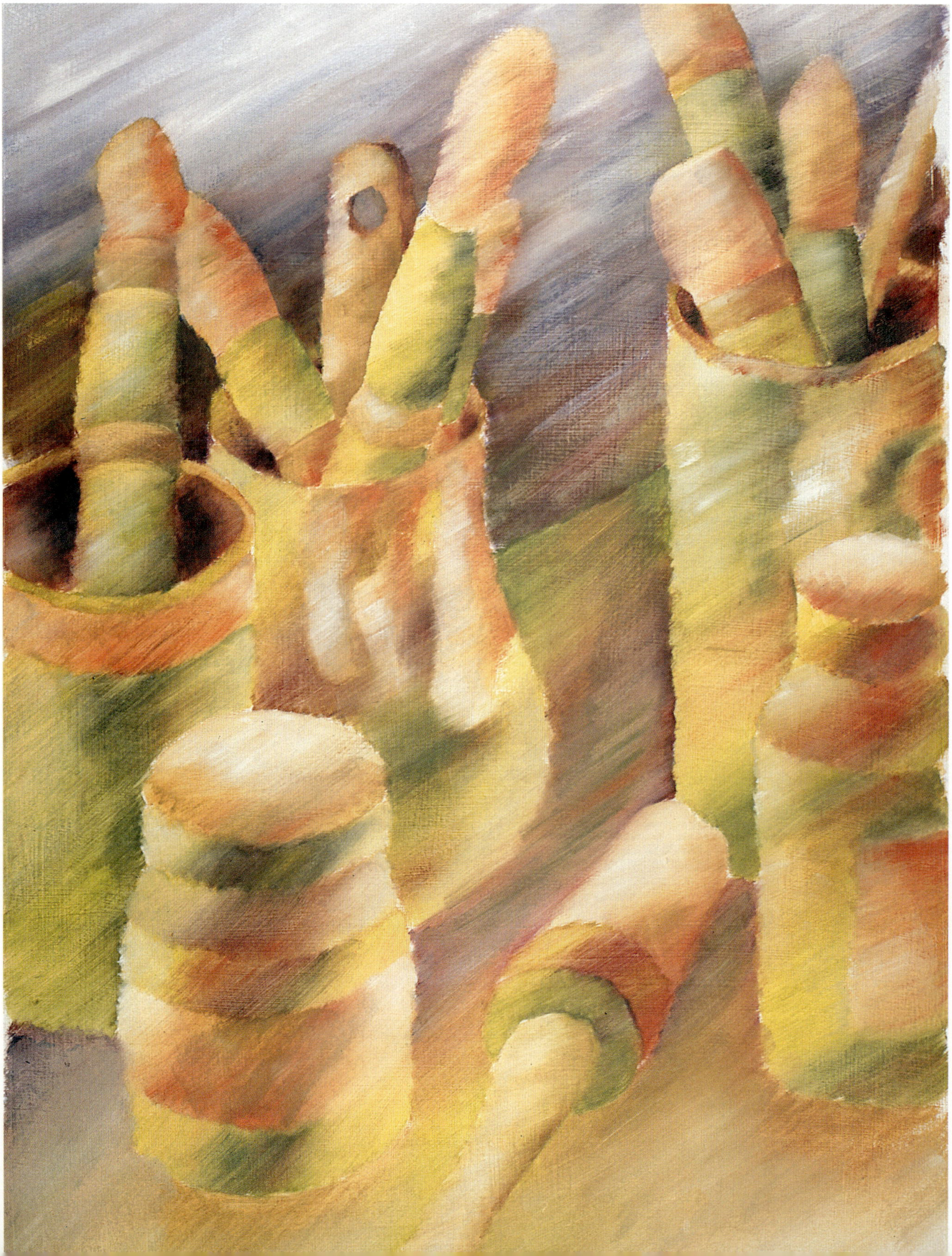

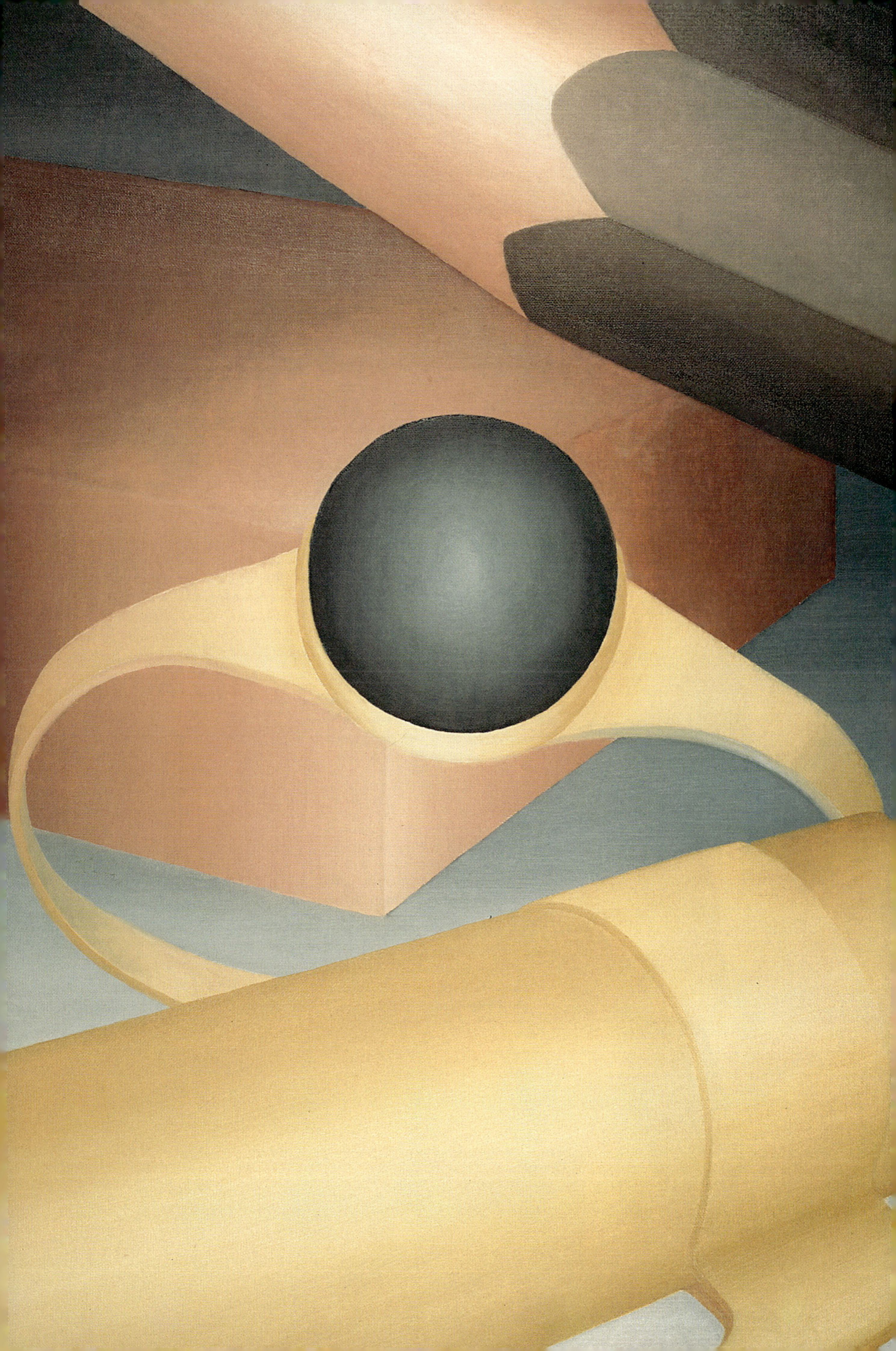

Deckender und lasierender Farbauftrag

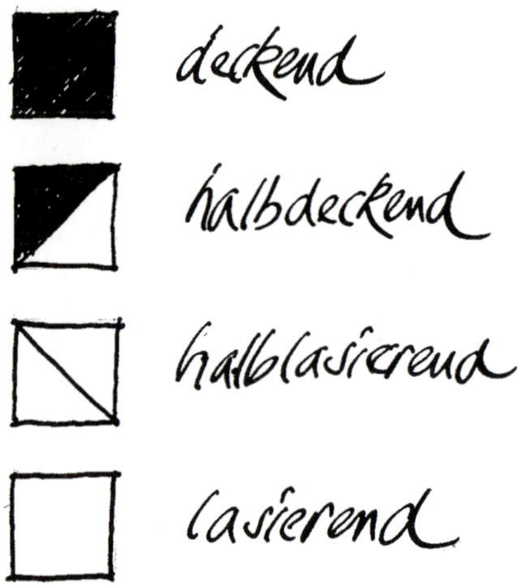

Diese Zeichen hat ein namhafter Hersteller von Künstlerfarben entwickelt und verwendet sie für alle seine Farbensysteme.

Der Unterschied zwischen einem deckenden Farbauftrag und einer Lasur bedarf keiner komplizierten Erklärung. Beide Extreme sind eher theoretische Konstrukte; so kann es eine hundertprozentige Lasur nicht geben und viele der „deckenden" Farben überdecken den Untergrund nicht vollkommen. Die meisten Farben liegen mit ihren Lasureigenschaften irgendwo dazwischen.

Technische und gestalterische Aspekte

Die Unterscheidung zwischen lasierenden und deckenden Farbaufträgen hat nur bedingt etwas mit dem Farbensystem zu tun. Ob der Malgrund oder eine Farbschicht durch einen darüberliegenden Farbauftrag durchwirken oder nicht, hängt von mehreren Faktoren ab:

1. Die Pigmente selbst sind unterschiedlich durchsichtig.
2. Die Pigmente sind unterschiedlich grob.
3. Die Transparenz der Bindemittel ist unterschiedlich.
4. Farbzusätze, wie zum Beispiel Füllstoffe, erhöhen die Deckkraft.

Grundsätzlich eignen sich bestimmte Farbensysteme mehr für einen eher lasierenden oder einen mehr oder weniger deckenden Farbauftrag; und selbst wenn man beispielsweise mit Aquarellfarben auch deckend arbeiten könnte, macht das keinen Sinn – schließlich ist das Farbensystem gerade seiner Lasurwirkung wegen entwickelt worden.

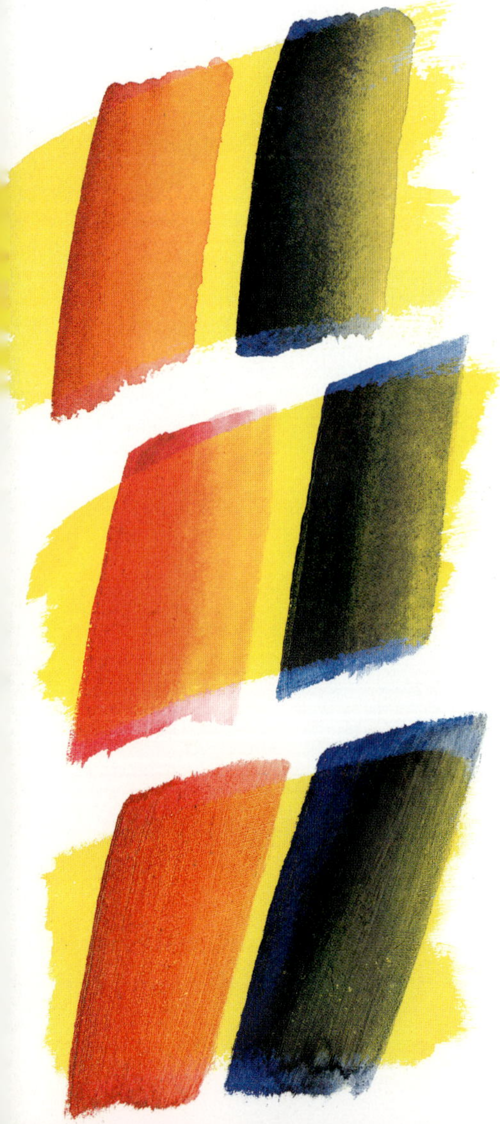

Die Lasureigenschaften von Farben sind in ganz hohem Maße von den jeweils verwendeten Pigmenten abhängig, das Farbensystem spielt dabei eine geringere Rolle als der Laie glaubt. In diesen drei Beispielen wurden die gleichen Farben übereinander gelegt: Ultramarin und Krapplack über Kadmiumgelb. Die Lasureigenschaften sind – trotz der unterschiedlichen Farbensysteme (oben Aquarell-, in der Mitte Acryl- und unten Ölfarben) – doch recht ähnlich. Ob eine Farbe eher deckend oder eher lasierend wirkt, ist demnach ganz wesentlich von der Art des Farbauftrags abhängig.

Deckend, halb deckend, halb lasierend, lasierend: ein Klassifizierungsmodell

Um keine unliebsamen Überraschungen beim Umgang mit den unterschiedlichen Farben zu erleben, sollten Sie die Lasureigenschaften aller Ihrer Farben kennen. Wie wollen Sie sonst mit einer Farbe zum Beispiel deckend arbeiten, wenn diese aufgrund ihrer Materialeigenschaften dazu auch in dicksten Schichten nicht in der Lage ist, oder wie soll eine Farbschicht lasierend wirken, wenn die Farbe per se hoch deckend ist?

Damit diese Eigenschaften nicht im Einzelnen individuell ausprobiert werden müssen, haben die Farbenhersteller ihre Produkte entsprechend klassifiziert. Allgemein wird zwischen vier verschiedenen „Stufen" der Lasurfähigkeit unterschieden: deckend, halb deckend, halb lasierend und lasierend.

Überdeckung als Gestaltungsprinzip

Außer einem, von vornherein geplanten Bild mit deckendem, halb deckendem, ... Farbauftrag, gibt es Malereien, die offensichtlich nachträglich übermalt, teilweise abgedeckt wurden. Sie verweisen auf ein nicht ungewöhnliches Gestaltungsprinzip: das der Überdeckung, der Übermalung, der gestalterischen Reduktion. Dabei wird entsprechendes Bildmaterial mehr oder minder deckend überarbeitet. Das können eigens zu diesem Zweck produzierte Malereien sein, alte, vielleicht sogar misslungene Bilder. In Kursen kann man die weiterzuentwickelnden Bilder untereinander austauschen, und schließlich kann man Kunstdrucke, Illustriertenbilder, Kalenderblätter und dergleichen verwenden.

AUFGABE:
Übermalung eines Kalenderblattes

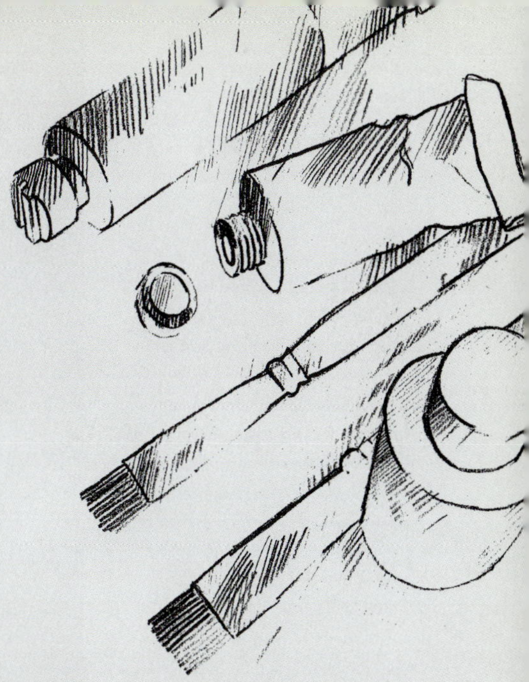

Bei dieser Aufgabe geht es um die unterschiedlichen Konzepte von Übermalungen. Bevor Sie mit der praktischen Arbeit beginnen, sollten Sie eine Idee entwickeln, in welche Richtung sich das zu bearbeitende Material verändern soll. Sie müssen entscheiden,

- wie viel des ursprünglichen Bildes erhalten bleibt,
- ob die Übermalung lasierend, halb lasierend, ... oder deckend erfolgen soll,
- inwieweit das ursprüngliche Bildthema erhalten bleibt,
- ob Sie die vorgegebene Bildfläche beibehalten oder ob Sie sie verkleinern oder erweitern.

Konkret heißt das: Sie wählen am besten ein großes Kalenderblatt und spannen es nass auf (gegebenenfalls auf ein größeres Blatt Aquarellpapier, falls Sie das vorgegebene Format erweitern wollen). Nachdem Sie Ihre Bildidee entwickelt haben, übermalen Sie die jeweiligen Flächen entsprechend mit Gouache- oder Acrylfarben. Da beide mit Wasser verdünnt werden, perlen vor allem stark verdünnte Lasuren anfangs manchmal ab. Die Papieroberfläche sollte deswegen mit Ochsengalle oder Onetz (eingedickte Ochsengalle) entfettet werden. Für Acrylfarben gibt es von einigen Herstellern auch noch unterschiedliche Pasten oder Medien, mit denen die Haftfähigkeit verbessert wird. Die kann dann auch bei der Arbeit mit Gouachefarben zum Problem werden, denn deren Haftung ist im getrockneten Zustand nicht sehr hoch. Die trockene Gouachefarbe kann, wenn man das Bild stark biegt, rollt oder gar knittert, abspringen. Insofern ist bei dieser Aufgabe – wenn Sie höhere Ansprüche an die Haltbarkeit des Ergebnisses stellen – die Acrylfarbe das geeignetere Material. Zu Übungszwecken reicht die Gouachefarbe aber vollkommen! Ob Sie mit weichen Rundpinseln oder festen Flachpinseln arbeiten, ist im Prinzip gleichgültig. Da die Übermalung aber natürlich in ihrem Charakter von der Art des verwendeten Pinsels deutlich beeinflusst wird, hat die Entscheidung für die eine oder andere Sorte durchaus etwas mit Ihrem gestalterischen Ziel zu tun.

Die Menschwerdung des Affen – als Übermalung kein Problem! Dazu wurde in diesem Beispiel ein Kalenderblatt unterschiedlich „dicht" überarbeitet. Die Farbaufträge reichen von zarten Lasuren bis zu voll deckenden Übermalungen. Das Bildergebnis stellt eine weniger formale als eine thematische Veränderung dar. Das Ausgangsmotiv hätte aber auch so bearbeitet werden können, dass dessen Bedeutung, Inhalt oder Thema völlig belanglos und nur bestimmte formale Elemente (Farben, Formen, Hell-Dunkel, Richtungen, Strukturen und so weiter) in die Veränderung einbezogen worden wären. Und zwischen einer solchen, rein gestalterisch-formalen und der hier gezeigten thematisch-ausdrucksbezogenen Lösung, gibt es eine Fülle gleichermaßen legitimer Konzeptionen. Sie müssen sich demnach nicht so oder so entscheiden, sollten sich aber durchaus über die jeweiligen Anteile formaler und inhaltsbezogener Veränderungen im Rahmen Ihrer Planung bewusst sein.

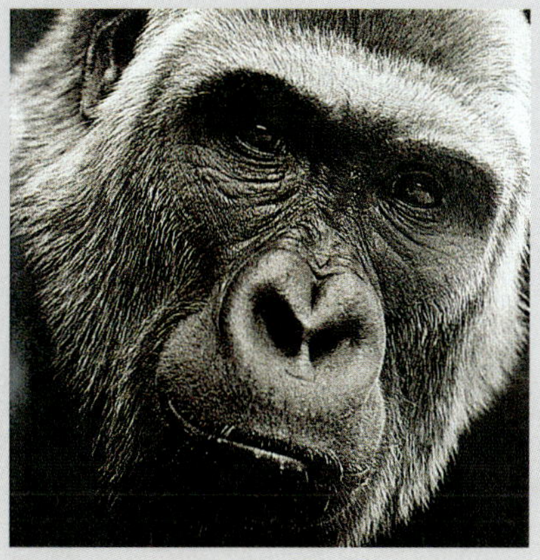

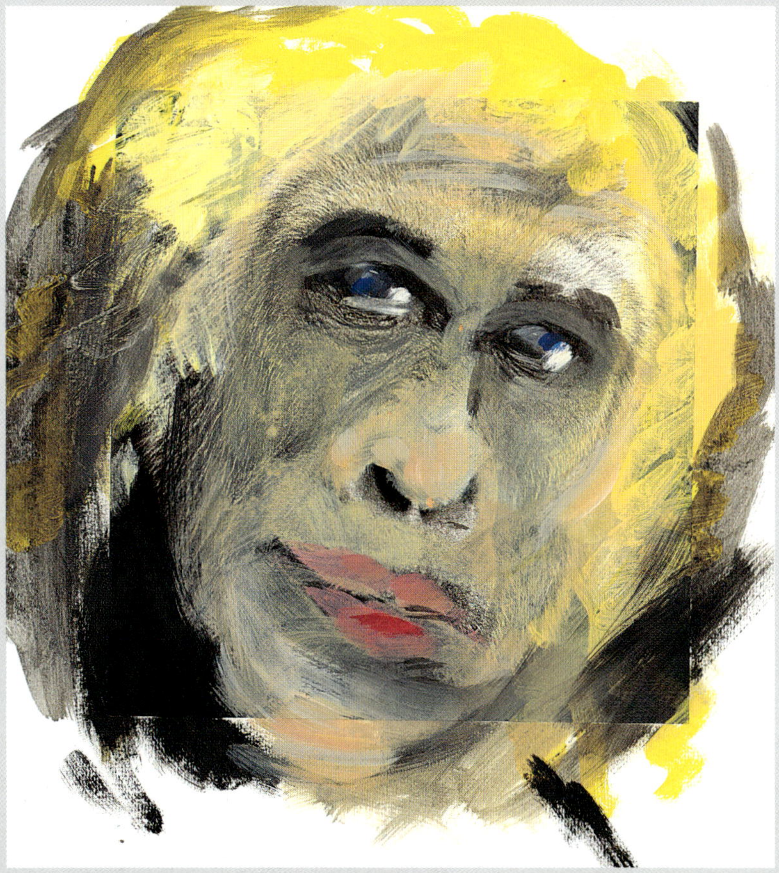

Bildlösungen

Eine interessante Reihe von Übermalungen hat sich, in dieser Form ungeplant, in einem Seminar ergeben. Ohne dass darauf Einfluss genommen wurde und trotz eines viel breiteren thematischen Angebots an Kalenderblättern bearbeiteten einige der Teilnehmer ausschließlich maritime Motive. Die unterschiedlichen Lösungen machen bereits einen großen Teil der gestalterischen Lösungen deutlich.

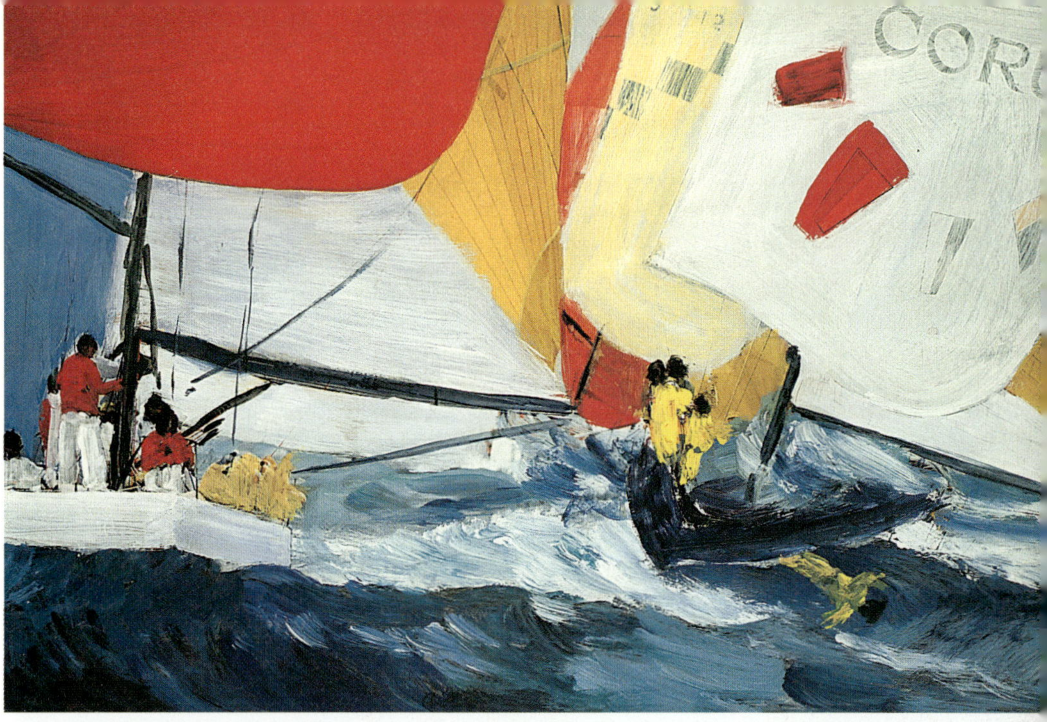

Bilder von oben nach unten:
Christa Maria Roth: Übermalung. 1994, Gouache über Kalenderdruck, 33,5x50 cm.
Noch recht nah an der Ausgangsrealität überzeugt die Arbeit durch kraftvoll heitere Farbigkeit, die so nicht im Ausgangsmaterial enthalten war.

Edeltraud Geiger: Übermalung. 1994, Gouache über Kalenderdruck, 33,5x50 cm.
In diesem Bild ist die Realität stärker als in der Übermalung von Christa Maria Roth zurückgedrängt. Vor allem die überzeugende Hell-Dunkel-Gestaltung und die Farbwahl (unter Ausgrenzung des i-pünktchenhaften Skippers) geben dem Bild fast symbolische Kraft.

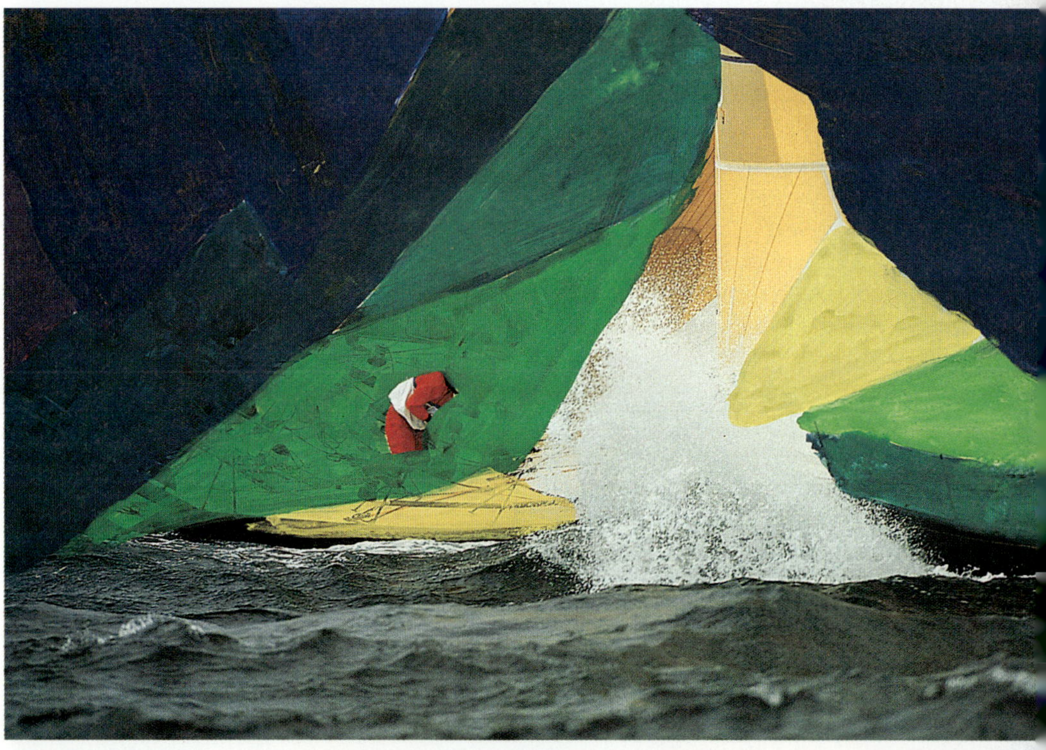

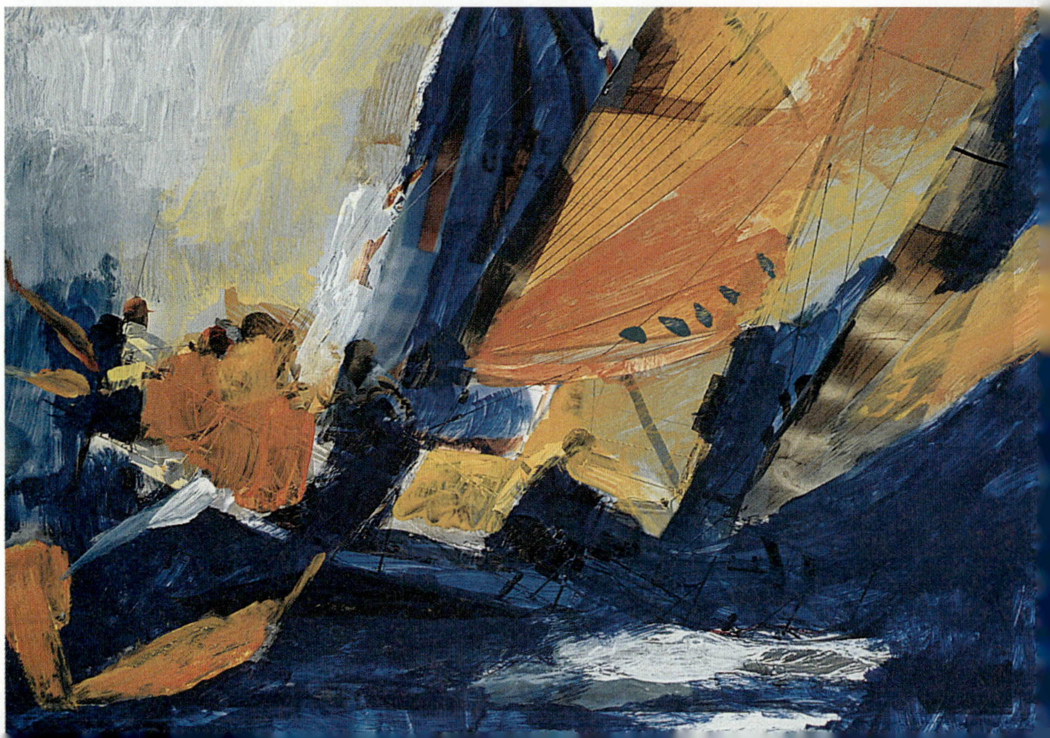

Viera Walsch: Übermalung. 1994, Gouache über Kalenderdruck, 33,5x50 cm.
Trotz zum Teil nur lasierend übermalter Bildpartien zeigt diese Arbeit eine noch stärkere Auflösung in vitale, spielerisch variierte Farbfelder. Der Komplementärkontrast, den die Farben miteinander bilden, unterstreicht die Dynamik der Gestaltung, die keinerlei inhaltliche Verweise auf die vorgegebene Realität nötig hat.

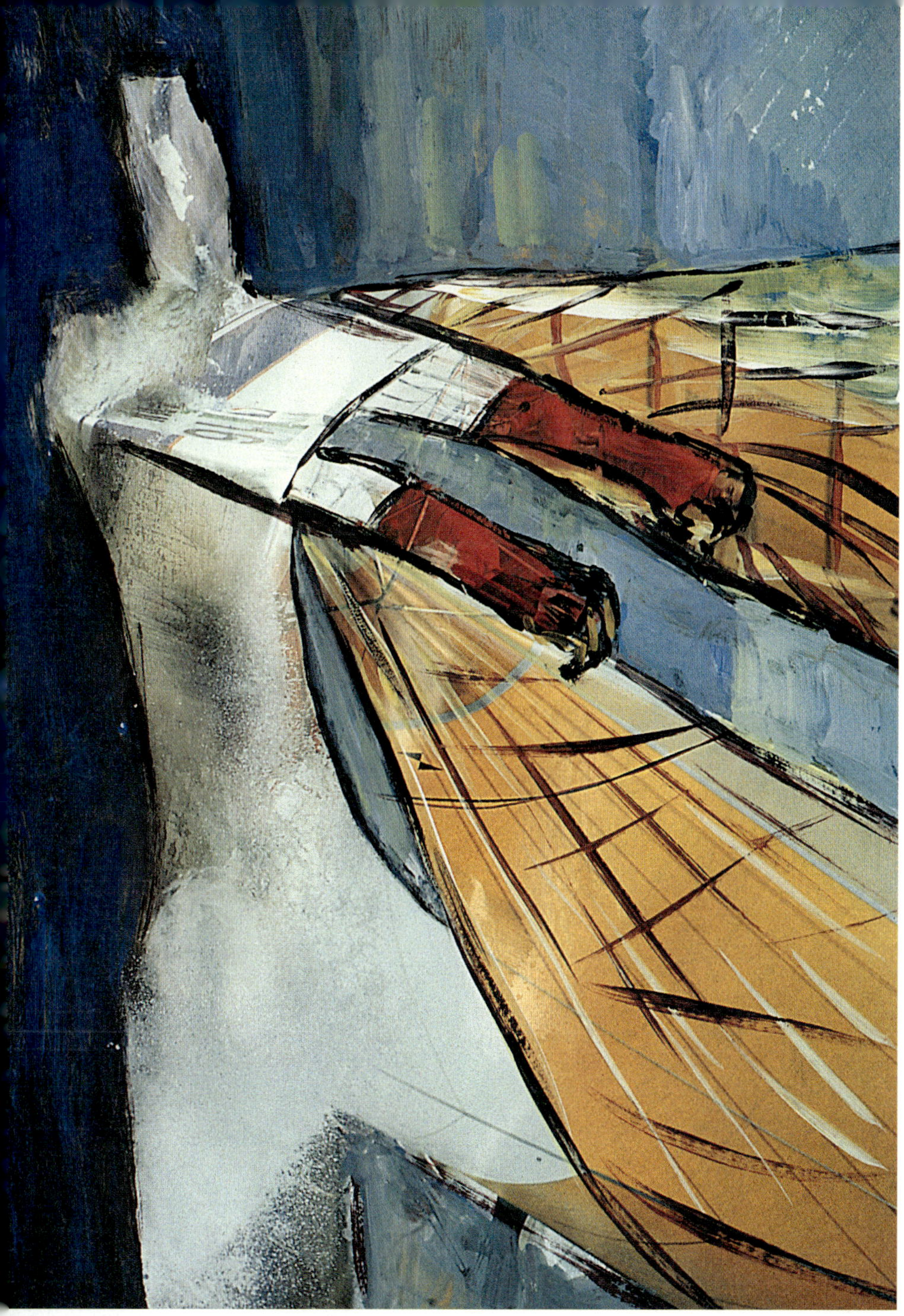

Gesa Goldammer: Übermalung. 1994, Gouache über Kalenderdruck, 68x48 cm. Das gleiche Ausgangsmaterial wie das der Bildbeispiele auf Seite 158 hat hier zu einer völligen Umgestaltung, zu etwas ganz Neuem geführt. Im gedrehten Kalenderblatt wurden die Segel der Schiffe zu einem Fischernetz uminterpretiert, eine Figur hinzugefügt. So entstand eine beeindruckende, fast archaisch anmutende Gestaltung. In jedem Fall ist das Bild ein überzeugendes Beispiel bildnerischer Vorstellungskraft.

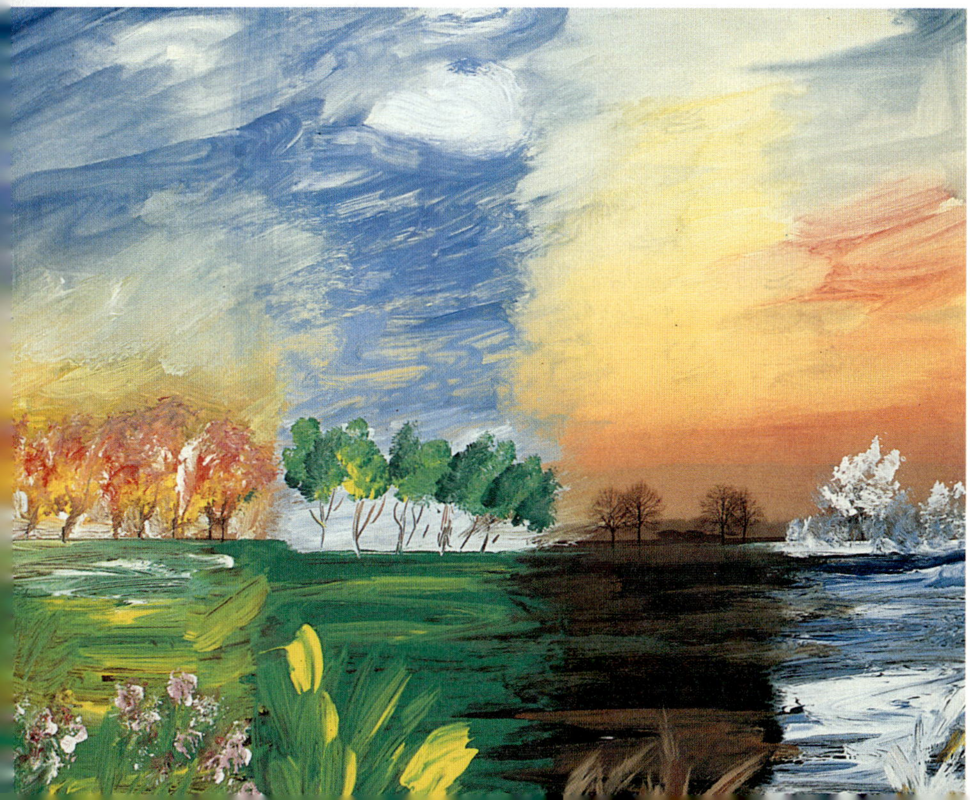

Helga Prehn: Übermalung. 1997, Gouache über Kalenderdruck, 30x40 cm. Eine originelle Bildidee wurde auch hier entwickelt. Durch zum Teil nur lasierende Übermalungen entwickelte sich ein recht banales Landschaftsfoto in eine Schilderung der vier Jahreszeiten.

Farbtheorien und Farbkonzeptionen

Johannes Itten, auf dessen Farbenlehre ich in diesem Kapitel ausführlich eingehen werde, hat einmal geschrieben: „Lehren und Theorien sind gut für schwache Stunden. In den starken Stunden lösen sich die Probleme aus der Intuition, wie aus sich selbst." Tun wir einmal so, als wäre es nun gerade eine schwache Stunde, und beschäftigen wir uns eine Weile mit den nötigen Farbtheorien. Es gibt in diesem Zusammenhang unter anderem physikalische, chemische, physiologische und psychologische Fragestellungen. Das meiste davon mag zwar auch recht interessant sein, es muss aber der Frage nach dem Sinn für die praktische künstlerische Arbeit standhalten.
Sie benötigen zum Beispiel Informationen über die unterschiedlichen Farbensysteme (also über Aquarell-, Öl-, Acrylfarben usw.). Sie sollten aber auch wissen, welche Farbtöne Sie sich anschaffen sollten. Damit Sie mich aber auch richtig verstehen, wenn ich über Farbanwendungen, über Farbkonzeptionen und -wirkungen spreche, sollten Sie unbedingt ein paar Begriffe kennen und die all dem zu Grunde liegende Theorie, – soweit sie eben nützlich ist.
Die folgenden terminologischen Klärungen (insbesondere bei den Begriffen „Tonwerte, Sättigung und Intensität") beziehe ich immer nur auf die ästhetischen Qualitäten, auf die Wirkung der Farben im Bild. Sie sind nicht mit der chemo-physikalischen Begrifflichkeit zu verwechseln und dementsprechend auch nicht etwa mithilfe von farbmetrischen Instrumenten bestimmbar.

Unterscheidungsmerkmale von Farben

Der Farbton

Als Farbton wird im Allgemeinen das bezeichnet, was in der Umgangssprache „Farbe" genannt wird, also Gelb, Orange, Rot, Violett und so weiter.

Primärfarben

Als Primär- oder Grundfarben bezeichnet man die Farben Gelb, Rot und Blau. Sie lassen sich nicht durch Mischung mit anderen Farben erzielen.

Sekundärfarben

Mischungen aus den Primärfarben nennt man Sekundärfarben. Es sind Orange, Violett und Grün.

Komplementärfarben

Komplementärfarben sind die Farbtöne, die durch Mischung ein neutrales Grau ergeben, sie stehen sich auf dem Farbkreis in etwa gegenüber. Sie werden auch als Ergänzungs- oder Ausgleichsfarben bezeichnet, weil das Auge sie – zum Ausgleich – von selbst bildet. Wenn Sie beispielsweise einen roten Farbfleck anstarren und dann auf eine Fläche blicken, sehen Sie ein grünes so genanntes „Nachbild". Grün und Rot stehen sich auf dem Farbkreis gegenüber.

Reine Farben

Als reine Farben werden neben den Grund- oder Primärfarben auch alle Mischungen aus zwei im Farbkreis nebeneinander liegenden Farben bezeichnet. Damit sind alle Farben des Farbkreises reine Farben. Unreine Farben (man bezeichnet sie als „gebrochen"), entstehen erst durch Zumischung von unbunten Farben oder durch solche Mischungen innerhalb des Farbkreises, die über ein Drittel des Kreises hinausgehen.

Unbunte Farben

Man unterscheidet zwischen bunten und unbunten Farben. Obwohl die Bezeichnungen etwas eigenartig klingen, sind sie recht nützlich. Unbunte Farben sind Weiß, Schwarz und alle Grautöne.
Grautöne entstehen zum Beispiel durch Mischung von Schwarz und Weiß, in diesem Falle kann man von unbunten Farbtönen reden. Grau entsteht aber auch durch die Mischung der Primärfarben Gelb, Rot und Blau und durch Mischung der Komplementärfarben. In diesen Fällen „pendeln" die Mischfarben aber praktisch immer um den wirklich neutralen Grauton, es sind eher „farbige Grautöne" als unbunte Farben.

Tonwerte

Der Tonwert einer Farbe gibt, unabhängig von seiner Sättigung, seine Helligkeit an. Er wird durch Vergleich mit einer Grauskala bestimmt (deshalb spricht man auch von seiner „Dunkelstufe"), was natürlich eher ein theoretisches Verfahren ist, als dass es in der praktischen Arbeit wirklich Verwendung findet. Wie Sie von der Aufgabe mit dem monochromen Bild (auf Seite 39) schon wissen, reicht es für die künstlerische Arbeit meist aus, bei der Betrachtung der Farbe die Augen leicht zusammenzukneifen, wodurch sich die Dunkelstufen schon recht verlässlich beurteilen lassen.
Der Tonwertebereich der unterschiedlichen Farben ist nicht gleich groß. So besteht zum Beispiel Gelb nur aus recht hellen Tonwerten. Wenn Sie den jeweils intensivsten Aufstrich Ihrer Farbe mit einer Grauskala vergleichen, ermitteln Sie den höchsten Tonwert und damit auch deren Tonwertumfang.

Sättigung

Die Sättigung einer Farbe hängt von der Menge der Farbmittel (Farbstoffe oder Pigmente) und der Reinheit der Farbe ab. Um den Sättigungsgrad einer Farbe zu verringern, vermindert man die Farbmittelmenge zum Beispiel durch Verdünnen, Hinzufügen von Füllstoffen und so weiter. Auch das Hinzufügen von anderen Farben vermindert die Sättigung einer Farbe. Farbtöne, denen Weiß zugesetzt wird, werden nicht etwa kraftvoller, sondern im Gegenteil: sie verblassen und verlieren an Kraft!

Intensität

Intensität bedeutet „Heftigkeit, Stärke, Eindringlichkeit", auch ein Nach-vorn-drängen im Bild entspricht dem Begriff. Daraus leitet sich bereits ab, dass die Intensität einer Farbe keine exakt festzulegende Größe ist, sie ist vielmehr nur immer relativ zu werten. Die Intensität einer Farbe geht über deren Sättigung hinaus. Beim Zusammenspiel ihrer Bedingungen, nämlich Menge der Farbmittel, Reinheit und Tonwert der Farbe, und der Dynamik der Farbe als solche, fließen subjektive Faktoren (ähnlich wie bei der Bestimmung von warmen und kalten Farben) ein. Zwar gelten die warmen Farben Orange, Rot und Gelb als dynamisch und Blau als passiv, aber auch diese Eigenschaft kann durch Hintergrunds- oder Nachbarfarben stark beeinflusst werden. So kann ein gesättigter Gelbton eine geringere Intensität als beispielsweise ein dunkler Braunton haben – der ja im Prinzip durch die Beimengung von Schwarz gebrochenes Gelb ist.

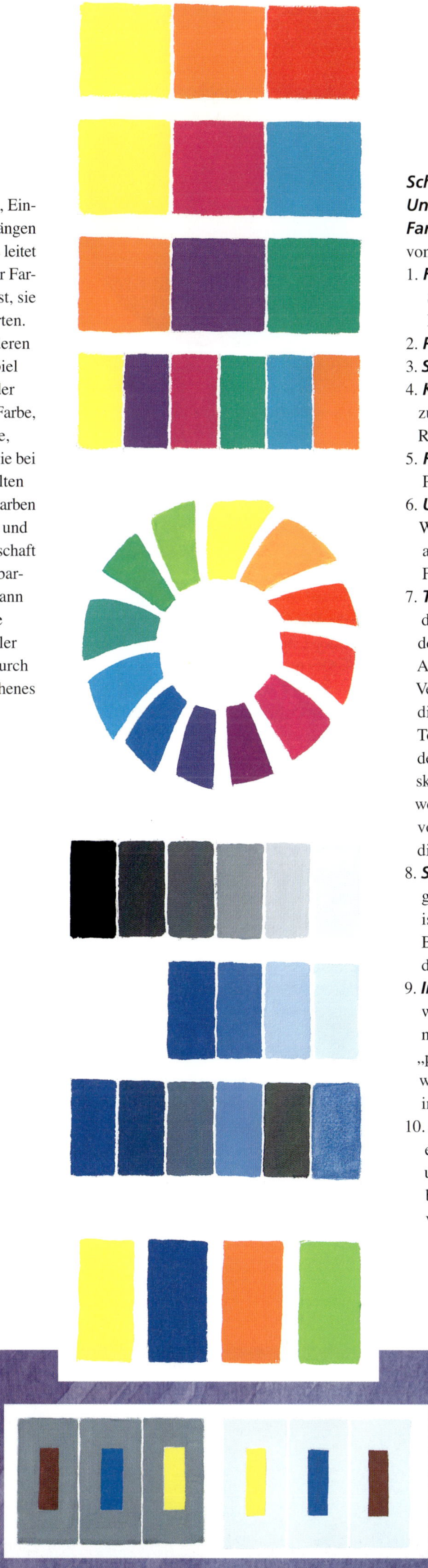

Schematische Darstellung der Unterscheidungsmerkmale von Farben

von oben nach unten:

1. ***Farbton***, hier Gelb, Orange und Scharlachrot (entsprechend der Bezeichnung der Herstellerfirma)
2. ***Primärfarben:*** Gelb, Rot und Blau
3. ***Sekundärfarben:*** Orange, Violett, Grün
4. ***Komplementärfarben:*** hier die Paare zusammengefasst: Gelb und Violett, Rot und Grün, Blau und Orange
5. ***Reine Farben:*** sie bilden aus den Primärfarben ermischt den Farbkreis
6. ***Unbunte Farben:*** alle Grautöne sowie Weiß und Schwarz. Entsprechend abgetönt aneinandergereiht ergeben die unbunten Farben die „Grauwerteskala"
7. ***Tonwerte:*** hier ist der höchste Tonwert des Ultramarins in etwa einem Grauwert der Skala darüber zugeordnet (auf diese Art wird sein Tonwert bestimmt: durch Vergleich mit einer Grauwerteskala). Auch die durch Weißbeimischung verringerten Tonwerte der blauen Farbe entsprechen den darüber befindlichen der Grauwerteskala. Da Blau nicht den gleichen Dunkelwert wie Schwarz hat, ist die Tonwerteskala von Ultramarin entsprechend kürzer als die von Schwarz.
8. ***Sättigung:*** links befindet sich die reine, gesättigte Farbe. Von links nach rechts ist die Sättigung verringert durch die Beimischung von Schwarz, Grau, Weiß, der Komplementärfarbe und Wasser.
9. ***Intensität:*** das eigentlich „aktive" Gelb wirkt wegen des geringeren Tonwertes nicht so drängend und laut wie das „passive" Blau. Bei ähnlicher Graustufe wirkt die aktivere Farbe (Orange) deutlich intensiver als das Grün.
10. ***Intensität:*** im dunklen Umfeld entwickelt das Gelb eine hohe Intensität und drängt nach vorn. Vor dem Hellgrau bleibt es ruhig. Die dunklen Farben verhalten sich exakt umgekehrt.

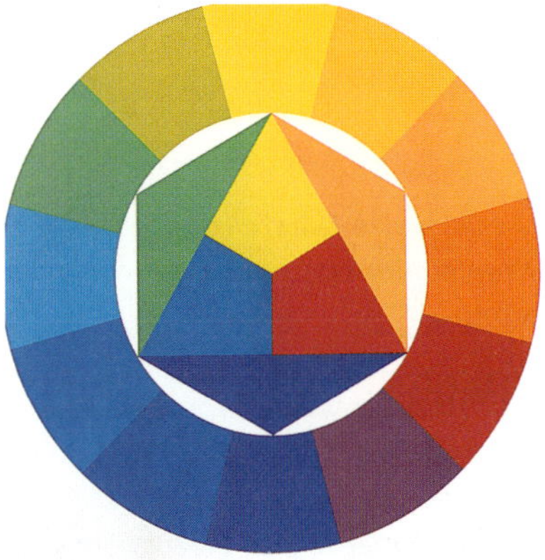

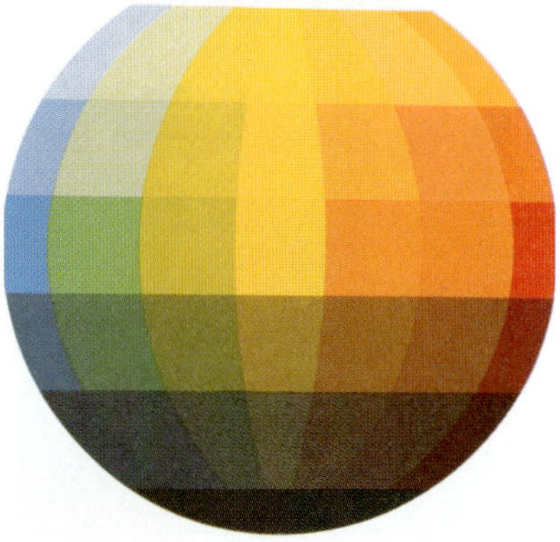

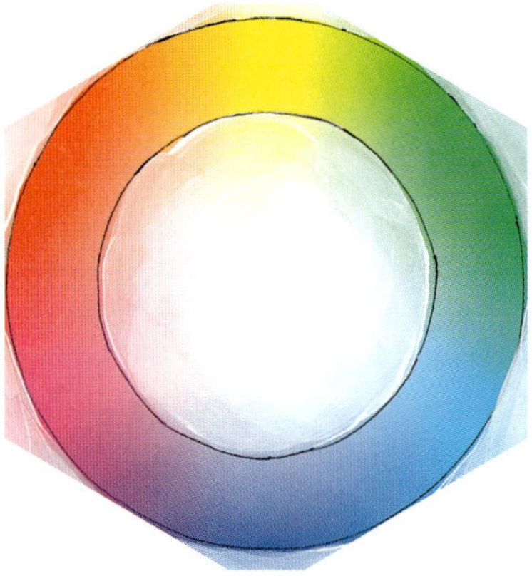

Farbkreismodelle

Um zu wissen, durch welche Mischungen welche Farben herstellbar sind, ist die Kenntnis von Farbkreismodellen durchaus sinnvoll – sie sind nützliche Konstrukte. Mehr aber nicht. Hundertprozentig „stimmen“ sie allerdings nicht. Es gibt eine Reihe verschiedener Konstruktionsprinzipien, die nicht exakt miteinander vereinbar sind. Die zwei am weitesten verbreiteten Farbkreise unterscheiden sich in den ihnen zu Grunde liegenden Organisationsprinzipien. Der eine basiert auf einer Gleichschrittigkeit, der andere darauf, dass sich die Koplementärfarben exakt gegenüberstehen. Für das erste Prinzip steht der Farbkreis, wie er im Druckgewerbe Verwendung findet, für das zweite zum Beispiel der hier abgebildete Farbkreis von Johannes Itten.
Beide Farbkreise sind nur Modelle, sie sind Hilfen zum allgemeinen Verständnis. Ob die Dinge dann in der Praxis, also mit dem von Ihnen benutzten Farbensystem und mit den von Ihnen ausgewählten Farbtönen so „funktionieren“, wie sie es theoretisch sollten, ist eine ganz andere Frage. Die Farbtöne, die in den Druckereien verwendet werden, sind schließlich unter ganz anderen Gesichtspunkten entwickelt worden als die Künstlerfarben, die im Grunde die Fortsetzung einer koloristischen Tradition bedeuten. Die Druckfarbe Gelb ist genau das „richtige“ Gelb, das Rot das „richtige“ Rot, und auch das Blau ist das Blau, das genau die Mischeigenschaften hat, die benötigt werden. Deswegen haben diese Farben auch andere Bezeichnungen : Yellow (Gelb), Magenta (Rot) und Cyan (Blau). In den jeweiligen Mischungen entsprechen die Ergebnisse dem, was man z.B. vom Farbkreis her erwarten konnte.
Alle Farbkreismodelle sind darüber hinaus auf die reinen Farben beschränkt: es werden praktisch immer nur die Farben miteinander gemischt, die sich auch nebeneinander befinden. Zwar wissen wir, dass irgendwo in der Mitte auch vergraute Mischtöne existieren müssen, gezeigt werden sie in den Kreismodellen aber nicht.
Bereits am Anfang des 19. Jahrhunderts entwickelte der romantische Maler Phillip Otto Runge ein dreidimensionales Farbmodell, das – zumindestens theoretisch – alle bunten und unbunten Farben umfasst. Dabei befinden sich die reinen, bunten Farben auf dem „Äquator“. Von dort aus in Richtung Nordpol sind die Farbtöne mit zunehmenden Mengen Weiß gemischt, es entstehen so genannte „Helltrübungen“, also Abstufungen nach Weiß. In Richtung „Südpol“ befinden sich die Abstufungen nach Schwarz, die so genannten „Dunkeltrübungen“. Sie müssen sich den Farbglobus allerdings auch unbedingt räumlich vorstellen, denn wesentliche Funktionen erfüllt er in seinem Inneren:

- zwischen dem „Nord-“ und „Südpol“ befindet sich eine Graustufenskala,
- innerhalb des „Äquators“ befinden sich die (bei den beiden Farbkreisen fehlenden) gebrochenen Farben,
- bei einer Verbindung von jeder äußeren Farbfläche durch die Kugelmitte findet man auf der gegenüberliegenden Seite die Komplementärfarbe. Wobei Sie übrigens feststellen, dass auch die Weiß- oder Schwarzausmischung in die Logik der „Ergänzung“ (Komplementärfarbe heißt Ergänzungsfarbe) einbezogen wird.

Abbildungen von links nach rechts:

Der Farbkreis nach Johannes Itten
Johannes Itten hat seinen Farbkreis so entwickelt, dass die gegenüberliegenden Farben tatsächlich komplementär sind, das heißt, dass sie miteinander gemischt ein völlig neutrales Grau ergeben. Daraus folgt allerdings, dass der Farbkreis nicht gleichschrittig ist, dass also die Veränderung von einem Kreissegment zum nächsten nicht gleich groß ist (die Veränderungen in der unteren Kreishälfte sind deutlich größer als in der oberen).

Eine Ansicht der Farbenkugel nach Phillip Otto Runge

Eine Adaption des Farbsechsecks von Harald Küppers
Die meisten Ordnungssysteme – egal ob es sich um Sterne, Sechsecke oder Ähnliches handelt – lassen sich ohne extreme Verzerrungen zum Vergleich in Farbkreise übertragen. Aufschlussreich ist bei solchen Gegenüberstellungen, dass in einer Reihe anderer Systeme ganz offenbar mehr Wert auf eine Gleichschrittigkeit gelegt wird, als es Itten getan hat. In diesen Modellen vergrößert sich der Bereich zwischen Rot und Blau, womit sich die Anzahl der Segmente erhöht und die „Schritte“ im Vergleich zum Ittenschen Farbkreis dort kleiner werden.

Farbkonzeptionen

In der Praxis nutzen dem Künstler Farbkreise und -globen meist dazu, sicherer und schneller „gesehene“ oder vorgestellte Farben zu identifizieren und sie dann zu ermischen. Man kann davon allerdings auch einfache Farbkonzeptionen ableiten: beispielsweise die Verwendung so genannter „verwandter“ Farben, also Farbtöne, die im Farbkreis beziehungsweise auf dem Farbglobus benachbart sind.
Sie können auch nach einem vorgegebenen Prinzip entscheiden, bestimmte Farben zu wählen und andere auszuschließen. Um zur Verdeutlichung Gegensatzpaare zu nennen: Sie können entscheiden, ob Sie möglichst viele oder möglichst wenige Farben wählen, oder ob Sie eher reine oder eher gebrochene Farben wählen. Viele, reine Farben entsprechen dem koloristischen Gestaltungsprinzip (das Sie auf Seite 43 kennen gelernt haben). Wenige, gebrochene Farben entsprechen dem valeuristischen Prinzip (siehe Seite 41). Aber warum entscheiden Sie sich so oder so? In den eben genannten Fällen war es ein Teil der Aufgabe. Normalerweise sollten Sie aber einen gestalterischen Grund dafür nennen können. Sie müssten sagen können, welche Funktion die Farbe in Ihrem Bild haben soll, welches Ihre Farbkonzeption – für dieses besondere Bild – ist.
Grundsätzlich kann man zwischen zwei unterschiedlichen Funktionen von Farbe im Bild unterscheiden: Die eine weist der Farbe einen Eigenwert zu, die andere einen Darstellungswert. Unter Eigenwert versteht man alle Aspekte und Wirkungen, die ohne Rücksicht auf die dargestellten Objekte Geltung besitzen (also alle formalen, symbolischen – und soweit es nicht die Objekte selbst „meint“ – ausdrucksbezogenen Eigenschaften der Farbe). Unter Darstellungswert sind alle Eigenschaften zu verstehen, die auf die genaue Klärung der Eigenschaften der Objekte zielen (also alle Verweise auf deren tatsächliche Farbigkeit, die Stofflichkeit, die Körperhaftigkeit und so weiter).
Da es noch eine Reihe anderer Gliederungen gibt, habe ich unter den Gesichtspunkten der Verständlichkeit und Handhabbarkeit ein eigenes Modell entwickelt, an der sich meine Seminarteilnehmer orientieren.

Danach können Farben

- Objekte in ihrer Farbigkeit, so wie sie objektiv messbar ist oder wie sie dem Betrachter erscheint, wiedergeben,
- Eigenschaften und Wirkungen durch Übersteigerung verdeutlichen,
- die Eigenschaften und Wirkungen der Objekte so verändern, dass Sie Ausdruck eigener Vorstellungen und Gefühle werden,
- sich frei entwickeln. Sie sind in keiner Hinsicht an die Objekte gebunden und folgen damit ausschließlich dem gestalterischen Wollen des Künstlers.

So wie die hier gezeigten Abbildungen können Entwürfe aussehen, mit denen Sie sich an eine angemessene Farbkonzeption heranarbeiten. Dazu werden Schwarzweißkopien benutzt, um unterschiedliche Varianten zu erproben. Wenn Sie sich auf dieses Vorgehen einlassen, werden Sie feststellen, wie festgelegt Ihre Farbpalette bereits ist. Meiner Erfahrung nach werden von zehn Farbentwürfen sechs bis acht sehr ähnlich sein. Es fällt leichter, wenn man zuerst eine konzeptionelle Idee entwickelt und dann die dementsprechenden Farben auswählt.

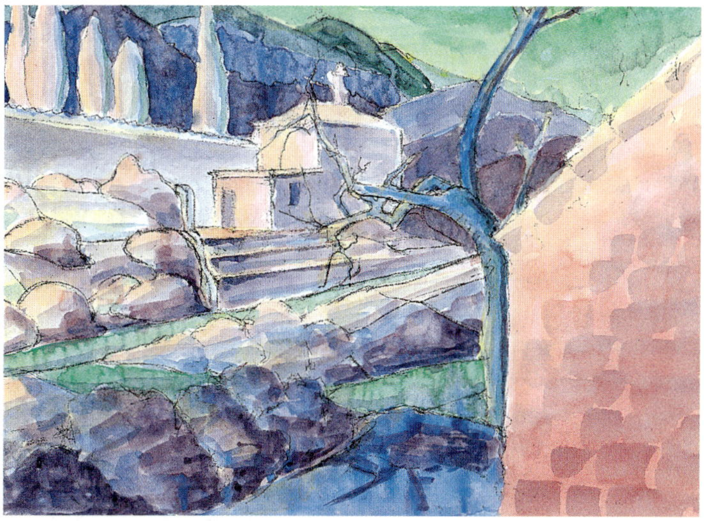

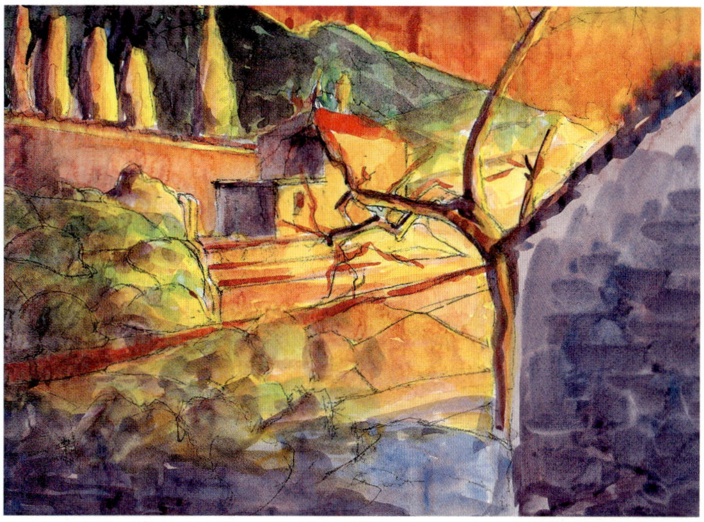

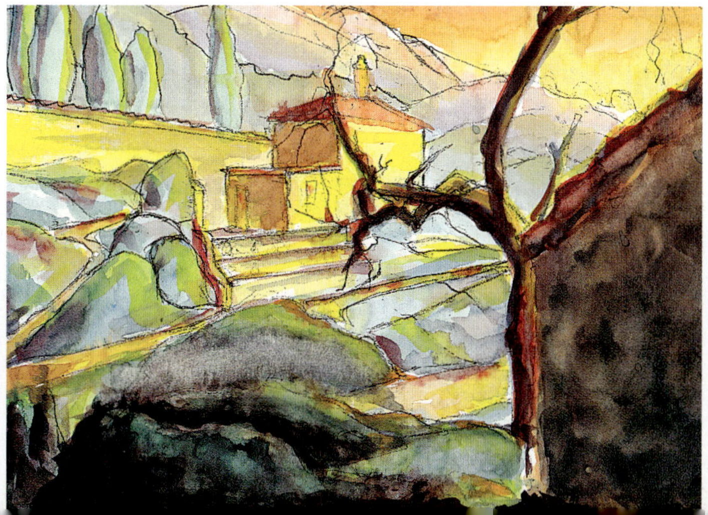

Die Farbkontraste nach Johannes Itten

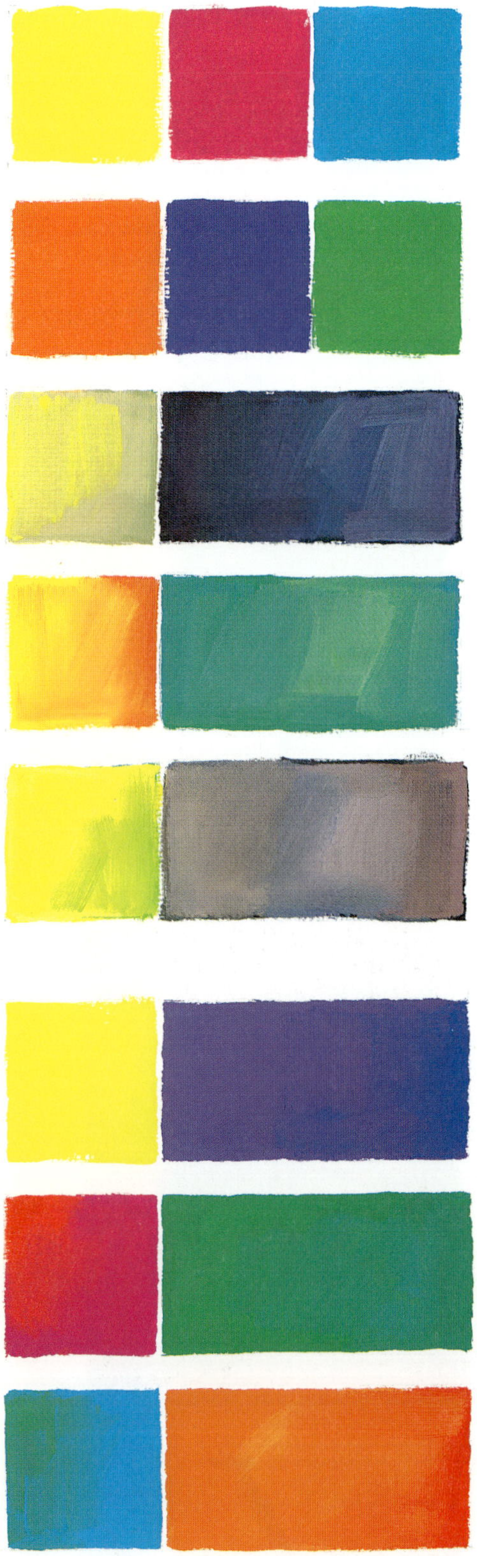

Schematische Darstellung der hier verwendeten Farbkontraste nach Johannes Itten

1. Farbe-an-sich-Kontrast mit den Primärfarben
2. Farbe-an-sich-Kontrast mit den Sekundärfarben
3. Hell-Dunkel-Kontrast
4. Warm-Kalt-Kontrast
5. Komplementärkontrast mit den Farben Gelb und Violett
6. Komplementärkontrast mit den Farben Rot und Grün
7. Komplementärkontrast mit den Farben Blau und Orange
8. Qualitätskontrast

Um einen Zugang zu weitgehend objektivierbaren Konzepten zu finden, bietet sich die Farbenlehre von Johannes Itten an, dessen Farbkreis Sie bereits auf Seite 162 kennen gelernt haben. Er selbst betrachtet seine Farbenlehre als eine Art Hilfsmittel, das keinen Anspruch auf Ausschließlichkeit und Allgemeingültigkeit haben sollte. Das wesentliche Ziel seiner farbtheoretischen Untersuchungen und Überlegungen war immer ein pädagogisches. Konkret erwartete er – wie es der Untertitel vermittelt –, den Lernenden aus seiner subjektiven Befangenheit und aus seiner begrenzten Sicht zu befreien. Mehr soll und will auch dieses Kapitel nicht. Meiner Erfahrung nach entwickeln Menschen, die ein oder zwei Malkurse besucht haben, also ganz am Anfang ihres Lernweges stehen, sehr bald schon feste Muster. Sie legen sich bereits sehr früh fest und malen dann im Prinzip immer mit ähnlichen Farben.
Wassily Kandinsky hat den Satz formuliert „Gegensätze und Widersprüche – das ist unsere Harmonie", oder anders ausgedrückt: die Harmonie des Künstlers ist der Kontrast. Ausgehend von dieser zentralen Bedeutung gestalterischer Kontraste für die künstlerische Arbeit, entwickelte Johannes Itten seine Theorie der Farbkontraste, die ich Ihnen im Folgenden vorstellen möchte. Fairerweise muss ich allerdings einschränkend erwähnen, dass ich diese Dinge nicht nur wiedergebe, sondern bereits persönliche Wertungen und eigene Lehrerfahrungen einfließen lasse. Itten unterscheidet sieben Farbkontraste. Diejenigen, die meines Erachtens

Abbildungen auf Seite 165 oben:
Die Realisierung des Farbe-an-sich-Kontrastes im Bild erfordert ein halbwegs ausgewogenes Verhältnis der jeweils drei Farben, die auf dem Farbkreis am weitesten voneinander entfernt sind. Die erste Abbildung zeigt die Primärfarben Gelb, Rot und Blau. Gegenüber den entsprechenden Farben auf den Randstreifen, die sich an den Farbtönen Yellow, Magenta und Cyan orientieren, entsprechen die hier gewählten Farben denen des Ittenschen Farbkreises.

für die unmittelbar praktische Arbeit von Bedeutung sind, erscheinen auf dieser Seite schematisch als Randleiste abgebildet. Danach sehen Sie – wieder nur für diese Kontraste – Farbskizzen, die bereits bildhafte Umsetzungen der jeweiligen Kontraste zeigen, und ab Seite 170 folgen Abbildungen bei denen einige dieser Farbkontraste in komplexere Aufgabenstellungen eingeflossen sind.

Der Farbe-an-sich-Kontrast

Der Farbe-an-sich-Kontrast setzt die Verwendung von drei Farben voraus, die sich am weitesten voneinander entfernt auf dem Farbkreis befinden. Am deutlichsten kommt er in der Kombination von reinem Gelb, reinem Rot und reinem Blau zum Ausdruck. Dabei sollten die Farben in etwa gleichen Mengen im Bild verwendet werden. Wobei es nicht so sehr um gemessene Mengen, sondern um Wirkungen geht. Wenn Sie also das Gefühl haben, daß die drei Farben im Bild gleichgewichtig wirken, ist die Lösung stimmig.
Mit den (Primär-)Farben gestaltete Bilder wirken heiter, spielerisch, laut, kraftvoll, positiv, ... Die Wirkung verändert sich, wenn andere Farben verwendet werden. Im Prinzip lässt sich der Farbe-an-sich-Kontrast mit allen (reinen) Farben realisieren solange die Abstände zwischen den Farben gleich groß bleiben.

Der zweite Farbe-an-sich-Kontrast

ergibt sich aus der Verwendung der Sekundärfarben Orange, Violett und Grün. Er wirkt, gegenüber der heiteren und klaren Stimmung des linken Farbkonzepts, eher verhalten, irritierend, befremdlich, melancholisch.

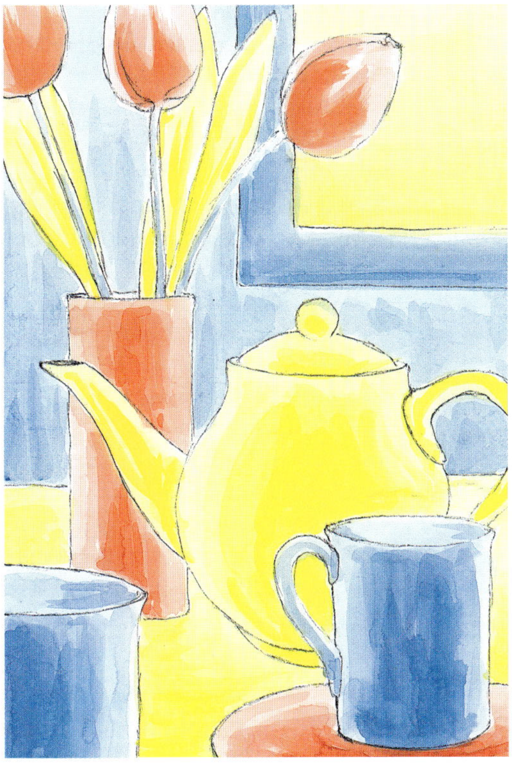

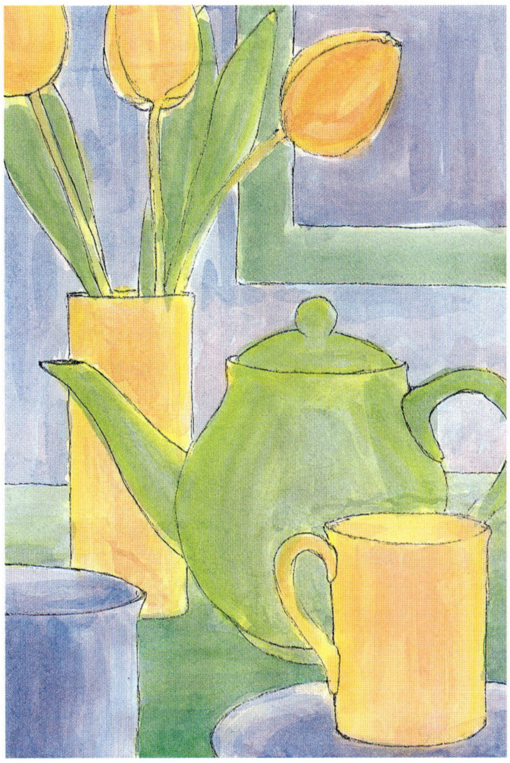

Der Hell-Dunkel-Kontrast

Der stärkste Hell-Dunkel-Kontrast wird von Schwarz und Weiß zum Ausdruck gebracht. Bei diesem – und bei allen nachfolgend beschriebenen Kontrasten – ist es erforderlich, die Anteile des Kontrastes (hier also helle und dunkle Farben) in unterschiedlichen Mengen einzubringen. Wobei die Version „viel dunkle" gegen „wenig helle Farbe" deutlich ausdrucksstärker ist, als ihre Umkehrung. Auch sollten nicht zu viele verschiedene Farben verwendet werden. Wenn Sie Bilder, die im Hell-Dunkel-Kontrast aufgebaut sind, betrachten, werden Sie feststellen, dass eine deutlich eingeschränkte Farbpalette verwendet worden ist. Bilder, die nach dem Prinzip des Hell-Dunkel-Kontrastes entwickelt sind, wurden zuerst von einigen Künstlern der Hochrenaissance gemalt , um dann vor allem im Barock zu einem weitverbreiteten Gestaltungskonzept zu werden. Sie verweisen auf die Möglichkeiten, mit – farbigen – Hell-Dunkel-Tönen Licht und Schatten zu gestalten, die Illusion von Plastizität und Räumlichkeit zu schaffen und vor allem aber auch Spannung und Atmosphäre zum Ausdruck zu bringen. Daher sollten sich die Farbfelder nicht allzu kleinteilig durchdringen, sonst entsteht eine Art Schachbretteffekt: der deutliche Hell-Dunkel-Kontrast erscheint in der Wirkung wie eine gerasterte Fläche, im Grunde: Grau.

Bild unten:
Ebenso wenig wie in den anderen Entwürfen geht es hier um plakative Anwendungen des Kontrastes. Zweifellos ist eine „richtige" Lösung auch die, die lediglich ein helles Objekt in einer dunklen Umgebung zeigt. Aber von einem derartig oberflächlichen Resultat lässt sich sicherlich keine hilfreiche Orientierung für die Farbzusammenstellungen anderer Bilder ableiten. Insofern ist die differenziertere Hell-Dunkel-Verteilung in diesem Bild sicherlich ein „besseres" Ergebnis.

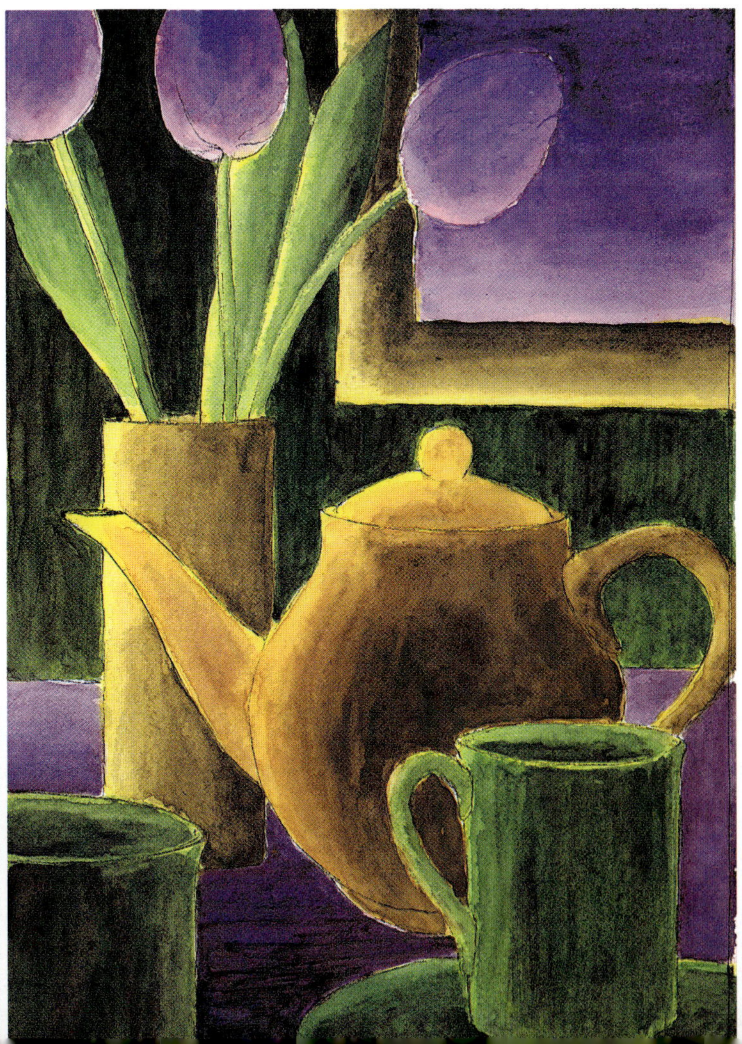

Der Kalt-Warm-Kontrast

Entgegen früherer Überzeugungen gibt es keine allgemein verbindliche Zuordnung aller Farben in kalte und warme Töne. Zwar gibt es vermutlich keine Zweifel daran, dass Orangerot die wärmste, Blaugrün die kälteste Farbe ist. Spätestens in den Grenzbereichen der Trennlinie zwischen kalten und warmen Farben, die den Farbkreis vertikal von Gelb nach Violett durchschneidet, gibt es Schwierigkeiten bei der Zuordnung. So werden beispielsweise gelbgrüne oder rotviolette Töne sehr unterschiedlich eingeschätzt. Begründungen für zum Teil auch recht extrem andere Beurteilungen ergeben sich aus:

- persönlichen Farbvorlieben (Lieblingsfarben werden als warm empfunden),
- Einflüssen der Mode (Modefarben werden zu etwas Vergleichbarem wie Lieblingsfarben),
- Beziehungen zu anderen im Blickfeld befindlichen Farben (beispielsweise ist Gelbgrün im Vergleich mit Blaugrün eine relativ warme Farbe, im Vergleich mit Gelborange eine kalte).

Obwohl es also keine allgemeingültigen Gesetze über psychologische oder ästhetische Wirkungen von Farben gibt, unterscheiden wir dennoch zwischen warmen und kalten Farben, arbeiten in Bildern mit deren – vermeintlichen – Wirkungen und sollten zumindest auch ihre Kontrastwirkung als gestalterisches Element einbeziehen.

Der Simultan-Kontrast

Der Simultan-Kontrast basiert im Prinzip auf einer physiologischen Komplementär-Kontrast- Wirkung. Das Auge bildet nämlich zu der Farbe, die es betrachtet, gleichzeitig (daher der Name: simultan) und selbsttätig die Komplementärfarbe. Die Wirkung ist um so stärker, je länger man die Farbe betrachtet und je kräftiger sie ist. Wenn das Umfeld der entsprechenden Farbe Grau ist, ist die Wirkung – nämlich eine Art Überflutung der neutralen Farbe durch die Komplementärfarbe – am deutlichsten zu beobachten. Ist die Nachbarfarbe eine andere reine Farbe, die allerdings nicht komplementär sein darf, entsteht eine gegenseitige Beeinflussung: „jede der beiden Farben versucht die andere in ihr Komplement zu drängen. Ihre Stabilität ist aufgelöst, und sie kommen in ein wechselvolles Vibrieren.“ So beschreibt Johannes Itten die Wirkung dieses Kontrastes.

Goethe meint sogar, dass der Simultan-Kontrast überhaupt erst die Farben zum ästhetischen Gebrauch „tauglich“ mache. Nur stellt sich die Frage, inwieweit damit konkret Farbkonzeptionen zu entwickeln sind. In der Praxis dürfte es kaum einen Maler (außer vielleicht denen, die sich für Op-Art und deren Wirkungen interessieren), und vor allem keinen Anfänger in diesem Bereich geben, der mit diesem Kontrast ein Bild konzipiert.

Der Komplementär-Kontrast

Komplementär sind Farben dann, wenn sie gemischt ein neutrales Grau ergeben. Andererseits können sie sich gegenseitig zu höchster Leuchtkraft steigern. Es gibt drei komplementäre Farbenpaare, die konzeptionell sinnvoll – genau wie bei den anderen Kontrasten (außer dem Farbe-an-sich-Kontrast) – in ungleichgewichtigen Mengen demnach sechs verschiedene Bildlösungen ermöglichen. Jedes dieser Farbenpaare hat seine besonderen Eigenschaften, die jeweils die Bildwirkung entsprechend beeinflussen. Das komplementäre Paar Gelb – Violett enthält den stärksten Hell-Dunkel-Kontrast der reinen Farben (weil Gelb die hellste und Violett die dunkelste Farbe des Farbkreises ist); Orange – Blau beinhaltet den Warm-Kalt-Kontrast, und Rot und Grün haben, bei aller Kontrastwirkung, den gleichen Tonwert.

Bilder unten:
Der Kalt-Warm-Kontrast beruht wesentlich auf subjektiven Empfindungen. Streng gesetzmäßige Zuordnungen gibt es nicht. Auch bei dieser Aufgabe sind – wie hier abgebildet – zwei unterschiedliche Lösungen möglich. Sie sehen links ein Bild mit wenig warmen Farben und viel kalten. Das rechte Beispiel zeigt dagegen deutlich mehr warme Farben und weniger kalte.

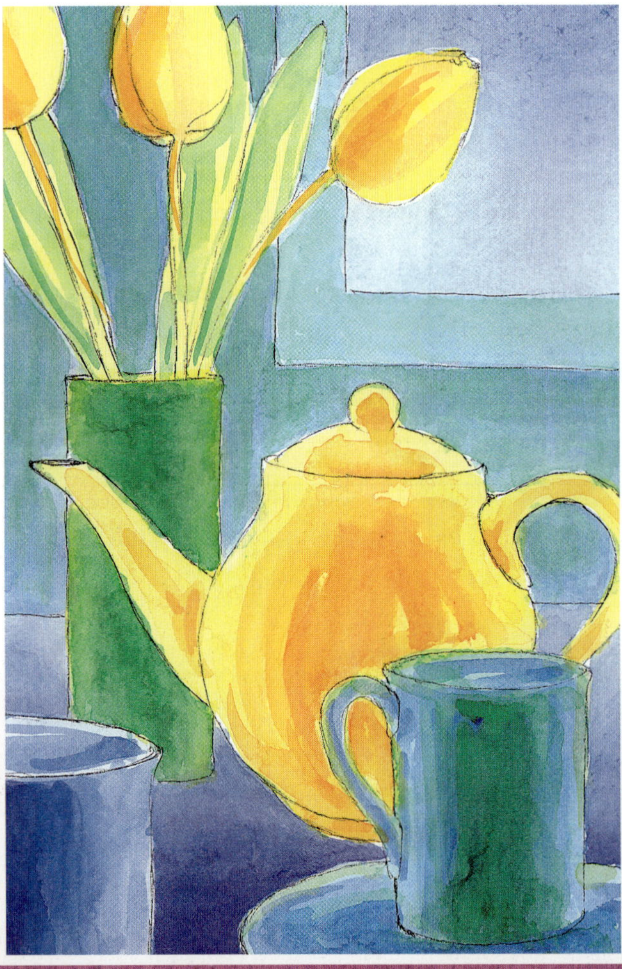

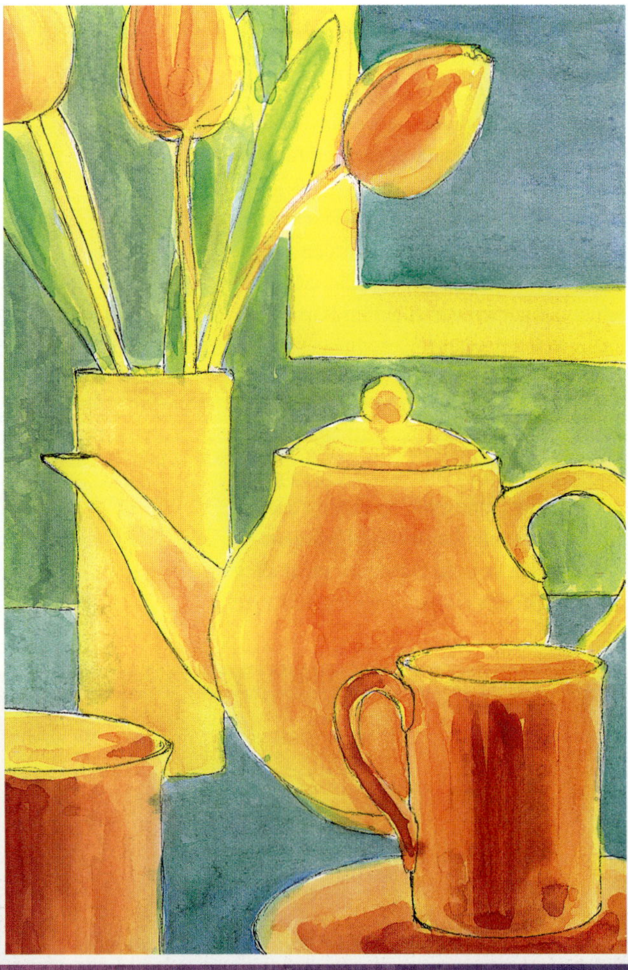

Allen Komplementärkontrasten ist eine kraftvolle Farbwirkung gemein. Insofern finden Sie auch viele Beispiele für die Verwendung dieser Kontrastwirkung in ausdrucksbezogenen, expressiven Bildern.

Der Qualitäts-Kontrast

Itten setzt den Begriff „Qualität" mit dem „Reinheits- oder Sättigungsgrad" einer Farbe gleich. Der Qualitäts-Kontrast ist demnach der Gegensatz von (wieder: viel/wenig) gesättigten, reinen und (wenig/viel) ungesättigten, schmuddeligen Farben. Farben können auf verschiedene Arten getrübt oder gebrochen werden. Im Wesentlichen durch Mischung mit Weiß, Schwarz, Grau und (tendenziell) komplementären Farben.

Der Quantitäts-Kontrast

Auch den Quantitäts-Kontrast habe ich nicht in die Reihe der arbeitspraktisch sinnvollen Farbkonzeptionen aufgenommen. Das mag verwundern, da es bei diesem Kontrast doch um Größenverhältnisse der Farbflächen zueinander geht: eine zweifellos interessante konzeptionelle Bedingung. Nur versteht Itten etwas völlig anderes darunter, nämlich nicht die tatsächlichen Größenverhältnisse, sondern die empfundenen Verhältnisse. Er bezieht sich dabei auf die Überlegungen Goethes, der davon ausgeht, dass die „Wirkintensitäten" der Farben sehr unterschiedlich sind. Gelb beispielsweise wäre dreimal so intensiv wie Violett. Um ein ausgewogenes, harmonisches Bild zu malen, müsste das Mengenverhältnis von Gelb und Violett dementsprechend 1:3 sein, die violetten Farbflächen also dreimal so groß sein wie die gelben. Für die anderen Farben gilt: die Wirkung von Orange zu Blau ist wie 2:1 und Grün zu Rot 1:1. Eine harmonische Bildwirkung mit allen (reinen) Farben müsste ein Mengenverhältnis von 3(Gelb): 4(Orange):6(Rot):9(Violett):8(Blau):6(Grün) haben.

Da Johannes Itten immer wieder von wahrgenommenen Wirkungen spricht, irritiert mich die Tatsache, dass ich in meinen Seminaren keine Bestätigung dieser Zahlenverhältnisse bekomme. Auch die Bildbeispiele anderer Autoren betreffen immer nur Quantitätskontraste, die von zunächst „gleichen" ungleichgewichtigen Verteilungen ausgehen. Also: viel von der einen Sorte und wenig von der anderen – ungeachtet der Tatsache, dass die im Kontrast geforderte Ungleichgewichtigkeit ja eigentlich die Wirkungen und nicht die Mengen der Farben betreffen müsste. Selbst Itten widerspricht sich insofern, als er beim Farbe-an-sich-Kontrast selbst die unterschiedlichen Wirkintensitäten außer Acht lässt.

Auch ohne die in diesem Zusammenhang offenen Fragen zu klären, machen deutlich unterschiedliche Farbquantitäten bei der Entwicklung von Farbkonzeptionen Sinn. Nur wenn man sich für diese – schlichtere – Version des Quantitäts-Kontrastes entschließt, kann man im Grunde darauf verzichten, ihn als Vorgabe für entsprechende Entwürfe zu wählen. Schließlich muss er sogar in allen anderen Kontrasten enthalten sein (außer im Farbe-an-sich-Kontrast).

Bilder unten links und Mitte:
Im Interesse überzeugender Bildwirkung sollten auch bei der gestalterischen Umsetzung des Komplementärkontrastes unterschiedliche Quantitäten innerhalb der jeweiligen Farbkontrastpaare Gelb-Violett, Rot-Grün, Blau-Orange berücksichtigt werden. Sinnvolle Lösungen wären demnach: viel Gelb – wenig Violett, oder umgekehrt: wenig Gelb – viel Violett; viel Rot – wenig Grün und so weiter.

Bild unten rechts:
Das letzte Beispiel für eine gestalterisch unmittelbar sinnvolle Farbkonzeption ist der Qualitätskontrast. In dieser Bildlösung stehen viele durchgängig gebrochene Farbflächen wenigen gegenüber, die linksseitig Verläufe in reine Farben hinein zeigen. Zwar erscheint die Farbskizze gleichermaßen als Beispiel für die Umsetzung des Hell-Dunkel-Kontrastes (das kommt daher, weil alle Farben ins Dunkle hinein gebrochen sind), das sagt aber nicht unbedingt etwas gegen die Qualität der Lösung: manche Farbkontraste beinhalten faktisch noch andere Kontraste. So ist der Komplementärkontrast Gelb – Violett praktisch gleichzeitig ein Hell-Dunkel-Kontrast. Bei der Gestaltung des Qualitätskon-trastes wäre eine Beschränkung der reinen Farben auf ein oder zwei Objekte möglicherweise die überzeugendere Lösung.

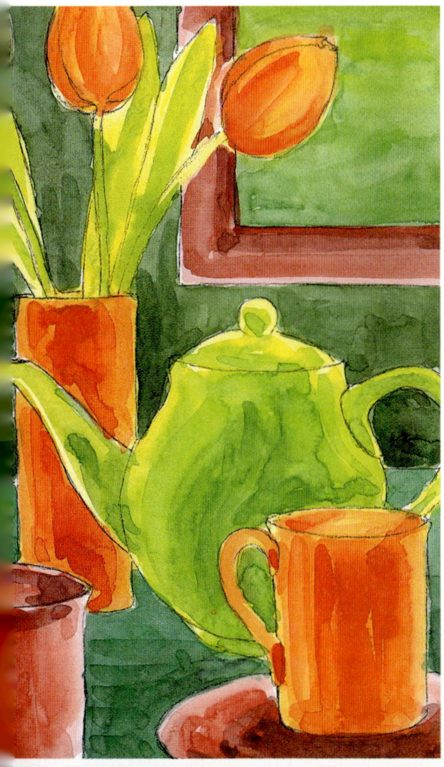

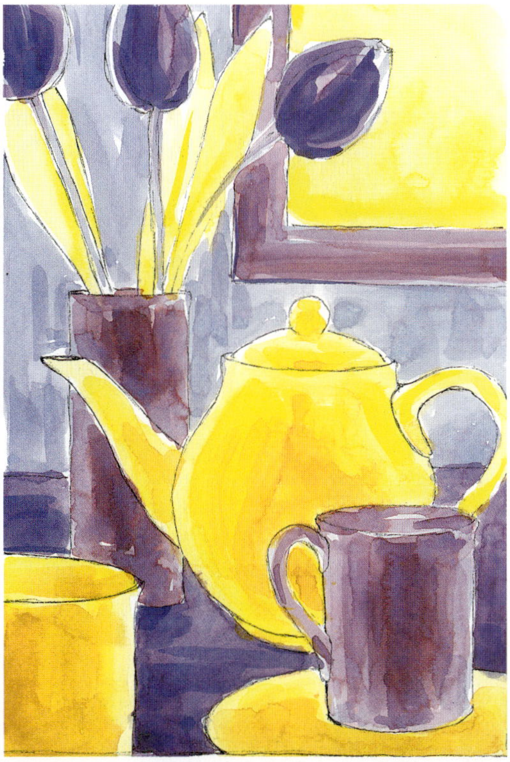

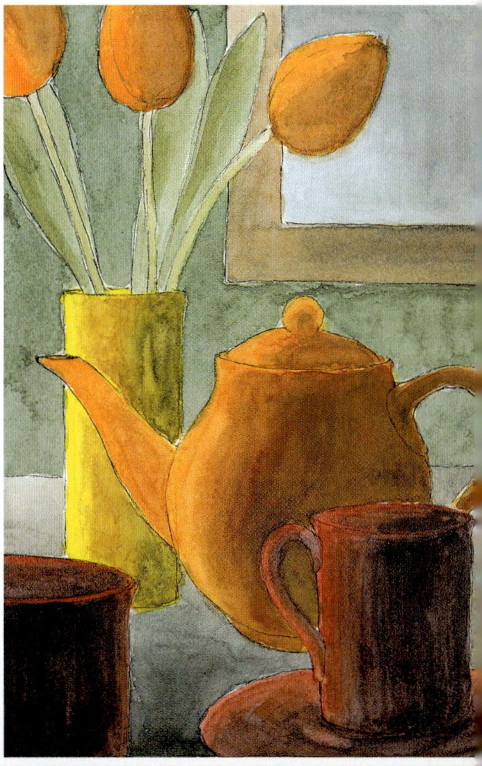

Die Kombination von Farbkonzeption und Farbauftrag

Auch wenn die bisherigen Aufgaben meist nur einen gestalterischen Aspekt in den Vordergrund stellten, wissen Sie, dass es beim Malen oder Zeichnen immer darauf ankommt, alle Ebenen der Bildgestaltung gleichermaßen zu berücksichtigen. Und Sie wissen, dass es dabei um Farbe, Form und Farbauftrag geht. Außerdem wissen Sie bereits, dass diese Dinge nicht nur für sich, nebeneinander existieren, sondern sich aufeinander beziehen, daß sie ein schlüssiges Ganzes ergeben müssen. Das kompetente Handeln in den Bereichen Farbe, Form und Farbauftrag muss, wie gesagt, sinnvoll aufeinander bezogen sein. „Sinnvoll" heißt in diesem Zusammenhang so, dass das, was man beispielsweise mit der Form realisiert hat, nicht durch die Farbe aufgehoben wird (Sie wissen, dass sich die „Form" gestalterisch nicht nur auf die Form als solche, auf die Gestalt und Größe der Objekte bezieht, sondern auch auf ihre Anordnung im Bild). Die gleiche Beziehung besteht zwischen der Farbe und dem Farbauftrag. Insofern bilden alle drei Bereiche eine Einheit, der eine bedingt den anderen.
Nachdem Sie sich im Rahmen der gestellten Aufgaben nun bereits recht intensiv mit der Form – und damit auch mit der Anordnung der Objekte auf der Bildfläche –, mit Farbe und Farbauftrag beschäftigt haben, geht es hier nun darum, die Farbkonzeption und den Farbauftrag in eine sinnvolle Beziehung zueinander zu bringen. Natürlich sollten Sie die Form auch in diesem Bild nicht vernachlässigen, der Schwerpunkt der folgenden Aufgabe liegt aber in der Kombination der beiden anderen Ebenen.

Bild oben:
Inge Dethlefs: Stillleben. 1997, Gouache und Dispersionsfarbe, 44x65 cm.
Bild unten:
Inge Dethlefs: Stillleben. 1997, Gouache und Dispersionsfarbe, 51,5x65 cm.

Die beiden Stillleben, die Sie hier abgebildet sehen, sind in Bezug auf die Form nahezu identisch, unterscheiden sich aber ganz erheblich in Farbe und Farbauftrag. In der oberen Abbildung wurden kühle, zurückhaltende Farben verwendet, alle wurden mit Weiß gebrochen und bis auf den Hintergrund und die Tischfläche wurden sie von links nach rechts verlaufend angelegt. Der Farbauftrag ist recht gleichmäßig, anscheinend emotionslos. Das Bild wirkt dementsprechend verhalten, fremd, erstarrt, die Objekte trotz ihrer Nähe isoliert.
Ganz anders die Farbwahl und der Farbauftrag im unteren Bild. Kraftvolle Spuren hinterlassend, wurde die Farbe mit den Fingern aufgetragen. Starke Hell-Dunkel-Kontraste und die komplementäre Wirkung von Gelb und Violett vermitteln zwar auch eine kalte Bildstimmung, die sich aber vollkommen anders „anfühlt": laut, heftig und fast aggressiv stehen die Formen in ihrem Umfeld. Und trotz ihrer formalen Anbindung durch die Wiederholung der Konturen nach innen und außen wirken sie eher gegeneinander, jede für sich abgegrenzt und konkurrierend, als miteinander verbunden.

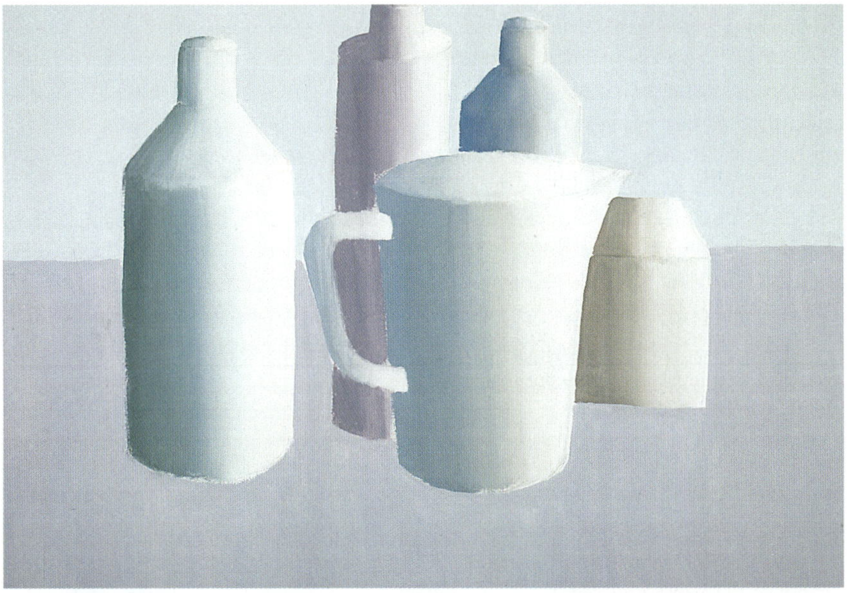

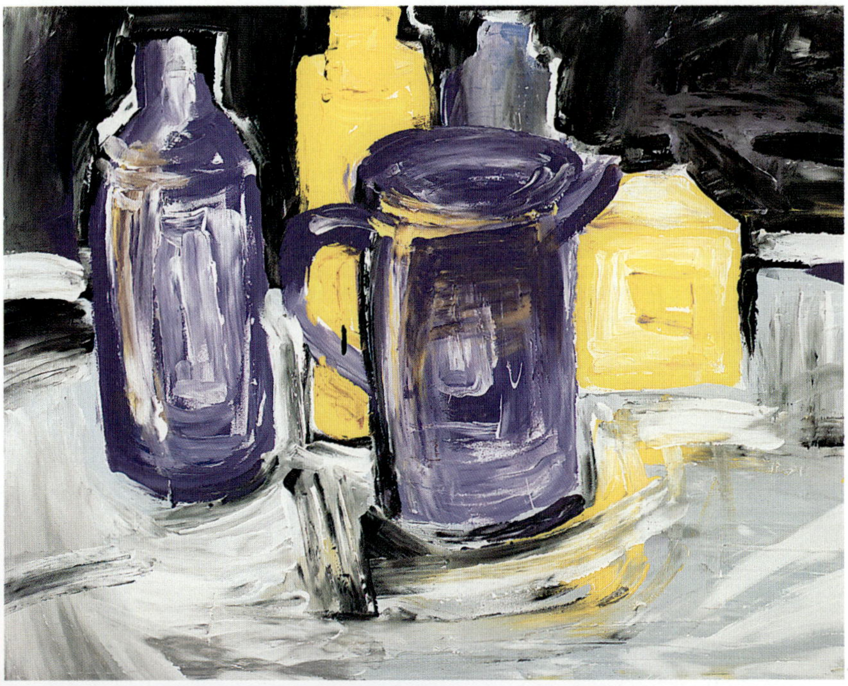

AUFGABE:
Vier Stillleben

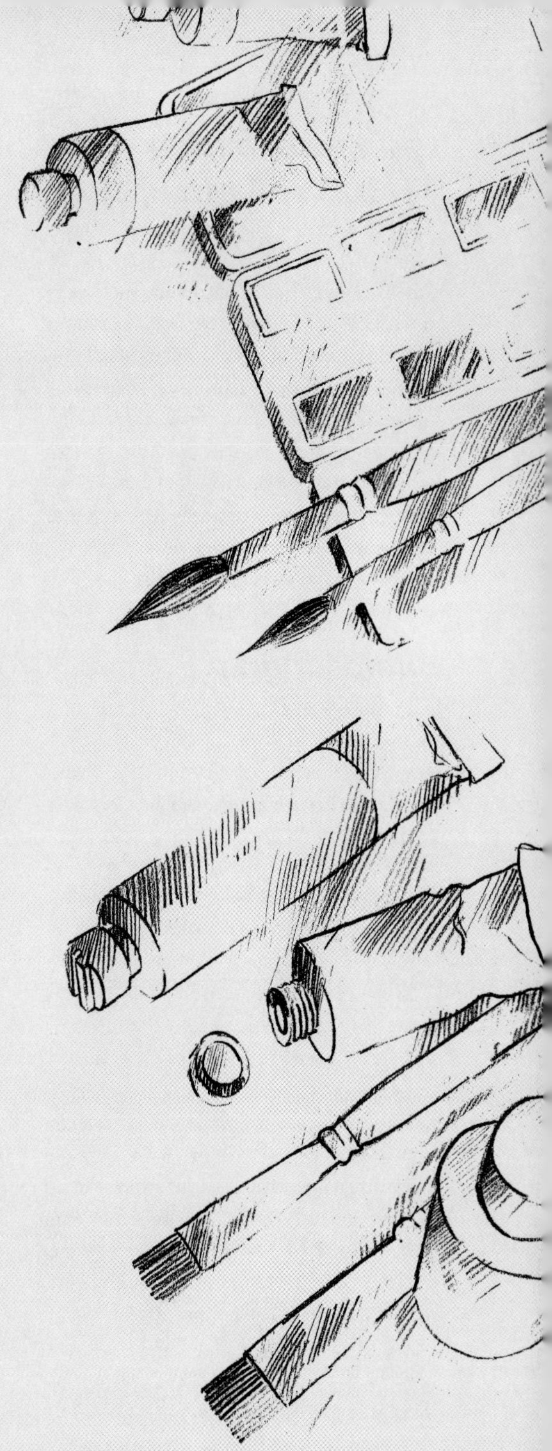

Die folgende Aufgabe besteht aus vier Teilen. Sie stellt so etwas wie die Zusammenfassung und Anwendung des bisher Gelernten dar. Allerdings mit einigen, im letzten Absatz beschriebenen Einschränkungen. Dabei geht es um die Realisierung eines Stilllebens (das Sie sich selbst aufbauen) durch unterschiedliche gestalterisch-praktische Herangehensweisen, das heißt, es sollen tatsächlich vier verschiedene Bilder dabei herauskommen.
Sie sollten das Bild mit:

1. lasierendem, flächig vermaltem Farbauftrag,
2. mit deckendem und flächig vermaltem Farbauftrag,
3. mit lasierendem Farbauftrag, mit sichtbarer Pinselspur, und schließlich
4. deckend, mit sichtbarer Pinselspur

gestalten.

Bei den Aufgaben mit dem flächig verarbeiteten Pinselstrich geht es natürlich nicht um plakative, ungestaltete Farbflächen. Legen Sie die Flächen jeweils im Verlauf an (rhythmisierend oder um die Plastizität zu betonen, Sie kennen das bereits von den Ausführungen auf Seite 150).
Auch die sichtbare Pinselspur haben Sie bereits geübt (die entsprechende Übung befindet sich auf Seite 148). Wählen Sie eine der in diesem Zusammenhang entwickelten Arten des Farbauftrags aus, oder erfinden Sie eine neue. Hier geht es aber nur bei der 3. Aufgabe um die lasierende Pinselspur, die, auch wenn sie dauernd mit der gleichen Farbe erfolgt, in der Übereinanderlagerung sichtbar bleibt. Bei deckenden Farbensystemen müssen Sie die Farbe immer wieder verändern, sonst ist die Pinsel-spur – eben nicht – sichtbar. Sie sollten das zunächst ein wenig üben: Setzen Sie die Farbe in dicken, pastosen Flecken oder Linien auf das Blatt, und verändern Sie dabei den Farbton dauernd.
Da Sie aber nicht nur die Art des Farbauftrags (flächig verarbeitet, beziehungsweise mit sichtbaren Pinselspuren) und ihren Charakter (lasierend oder deckend), sondern auch die Farbkonzeption verändern sollen, kombinieren Sie die jeweilige Aufgabe (1. bis 4.) mit einem der – nützlichen – Ittenschen Farbkontraste:
das sind der 1., der 2., 3., 4. und 6. Kontrast, wie auf der Randleiste auf Seite 164 aufgelistet).
Wegen der besseren Vergleichbarkeit der Ergebnisse sollten Sie jeweils dasselbe Motiv bearbeiten. Suchen Sie sich also wieder geeignete Motive aus, und bauen Sie die Gegenstände so auf, dass eine gelungene Bildkomposition möglich erscheint. Als Nächstes arbeiten Sie sich mit zwei bis drei Ideenskizzen an einen Entwurf heran. Wenn es Ihnen möglich ist, stellen Sie sich von dem Entwurf eine Reihe von Fotokopien her, die Sie später für die Farbentwürfe gut gebrauchen können.
Als Malgrund verwenden Sie für alle vier Aufgaben nass aufgespanntes Aquarellpapier in einem Format um 50x70 cm. Lediglich bei der ersten Aufgabe, in der es um den lasierenden, flächig vermalten Farbauftrag geht, können Sie auch einen kleineren Bogen wählen. Größere, gleichmäßige Farbverläufe fallen Anfängern vor allem beim Aquarellieren nicht leicht.
Bei den Aufgaben, die einen lasierenden Farbauftrag verlangen, sollten Sie Aquarellfarben verwenden und nicht allzu dünne, runde Haarpinsel (ab Nr. 12). Weitere und ausführlichere Informationen in Bezug auf das Material finden Sie gleich im Anschluss an diese Übungen ab Seite 178. Für die Aufgaben, die einen deckenden Farbauftrag fordern, können Sie mit Gouachefarben, aber auch mit Acryl- oder Ölfarben arbeiten. Die unterschiedlichen Techniken lassen sich nicht gleich gut mit den verschiedenen Farbensystemen realisieren. Wenn es um flächige Vermalungen geht, ist eine gute Ölfarbe allen anderen Materialien deutlich überlegen.
Da ein deckender Farbauftrag auch eine gewisse Dicke haben muss, also pastos erfolgen sollte, brauchen Sie für die entsprechenden Aufgaben kräftige Pinsel. Ich empfehle für die Gouache- und die Ölfarbe Schweineborstenpinsel, dem Format entsprechend Stärken um 14 bis 16. Für die Acrylfarbe verwenden Sie vergleichbare Pinsel, allerdings mit kräftigen Synthetikhaaren. Für eine Gouache und ein Acrylbild benötigen Sie keine besonders präparierten Malgründe. Wenn Sie dagegen mit Ölfarben arbeiten wollen, müssen Sie das Papier grundieren. In jedem Fall sollten Sie das Papier wieder nass aufspannen.

Lasierend, flächig vermalter Farbauftrag

Auf diesen beiden Seiten sehen Sie Ergebnisse der ersten Teilaufgabe. Der Farbauftrag sollte lasierend und flächig verarbeitet erfolgen. Das ist nicht so einfach gewesen, wie es sich anhört. Im Grunde muss man dafür nämlich bereits die Verlauftechnik beherrschen. Und obwohl das eine der Grundtechniken des Aquarells ist, beobachte ich immer wieder, dass an dieser Stelle deutlicher Übungsbedarf besteht.

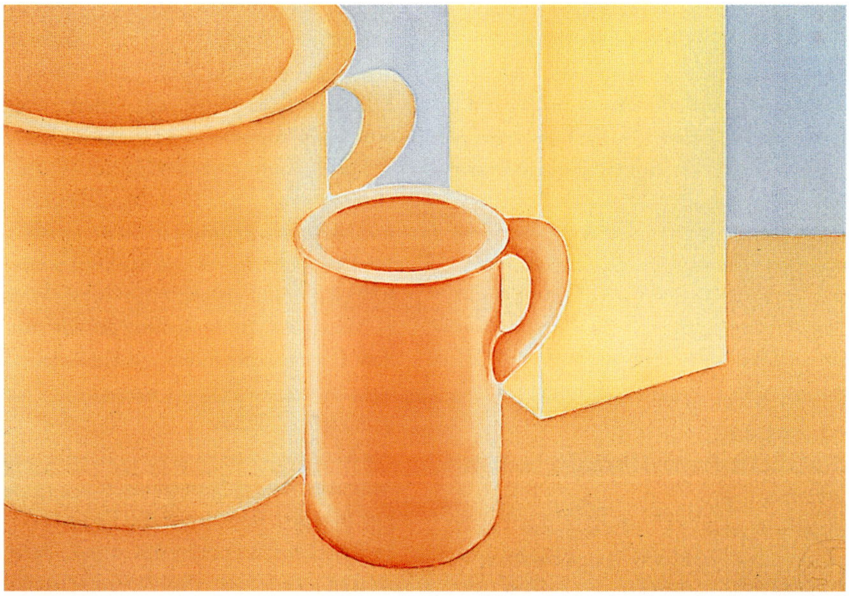

Bildlösungen

Roswitha Keppler: Stillleben. 1997, Aquarell, 20,5x45 cm.
Die Malerin des obigen Bildes hat sich vor dieser Übung noch nicht ernsthaft mit der Aquarellmalerei auseinander gesetzt. Insofern stellt das Bild mit seinen gleichmäßig angelegten Farbflächen und den fast übergangslosen Verläufen ein hervorragendes Ergebnis dar. Den Farbauftrag praktisch „auf Anhieb“ so überzeugend zu gestalten, gelingt allerdings den wenigsten Seminarteilnehmern. Weil aber dieser Teil der Aufgabe bereits sehr hohe Anforderungen stellte, hat Roswitha Keppler deren zweiten Teil aus dem Auge verloren: die Einbeziehung eines der Ittenschen Farbkontraste. Zwar ist der beabsichtigte Komplementär-Kontrast (hier von Blau und Orange) erahnbar, die Farben sind in ihrer Wirkung aber dermaßen schwach, dass von einer bildbestimmenden (Kontrast-) Wirkung im Grunde nichts wahrzunehmen ist.

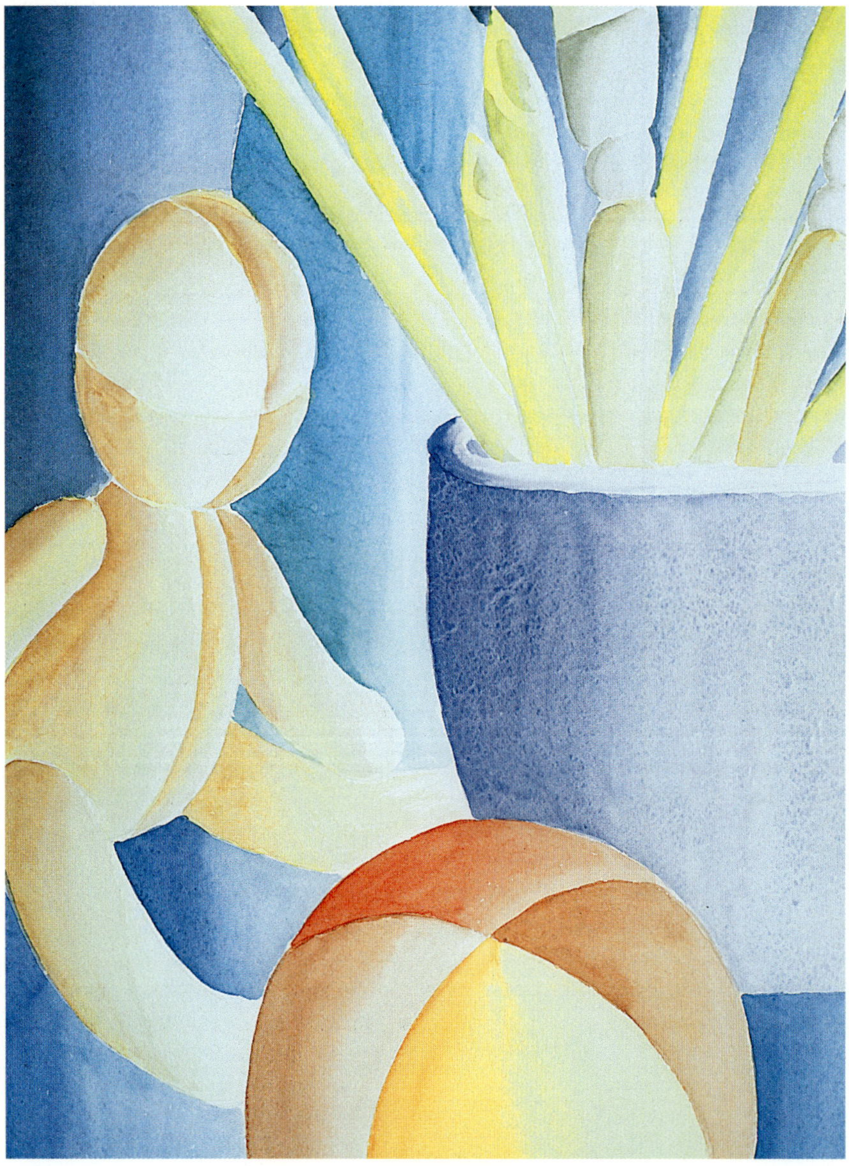

Bild rechts:
Birgit Fruhner: Stillleben. 1996, Aquarell, 68,5x48,5 cm.
Trotz des großen Bildformates sind die – rhythmisch angelegten – Verläufe sehr überzeugend gelungen. Der geplante Farbkontrast ergibt sich hier aus der Verwendung der Komplementärfarben Orange und Blau. Wobei die Farben nicht lediglich plakativ als ein Orange und ein Blau verwendet wurden, sondern von Gelb bis Rotorange auf der einen, und von Blauviolett bis Blaugrün auf der anderen Seite pendeln (was eine völlig legitime und angemessene Umsetzung des Farbkontrastes ist).

Bild Seite 171:
Ulrike Lampe: Stillleben. 1997, Aquarell, 45x32,5. Ein gleichmäßiger Farbverlauf ist als Aquarell relativ schwer zu realisieren. Daher „durften“ die Seminarteilnehmer bei dieser Aufgabe auch kleine Formate wählen (bei allen anderen Übungen wurde auf 50x70 cm großen Bogen gearbeitet). Das Aquarell Ulrike Lampes wurde im „Farbe-an-sich-Kontrast“ angelegt.

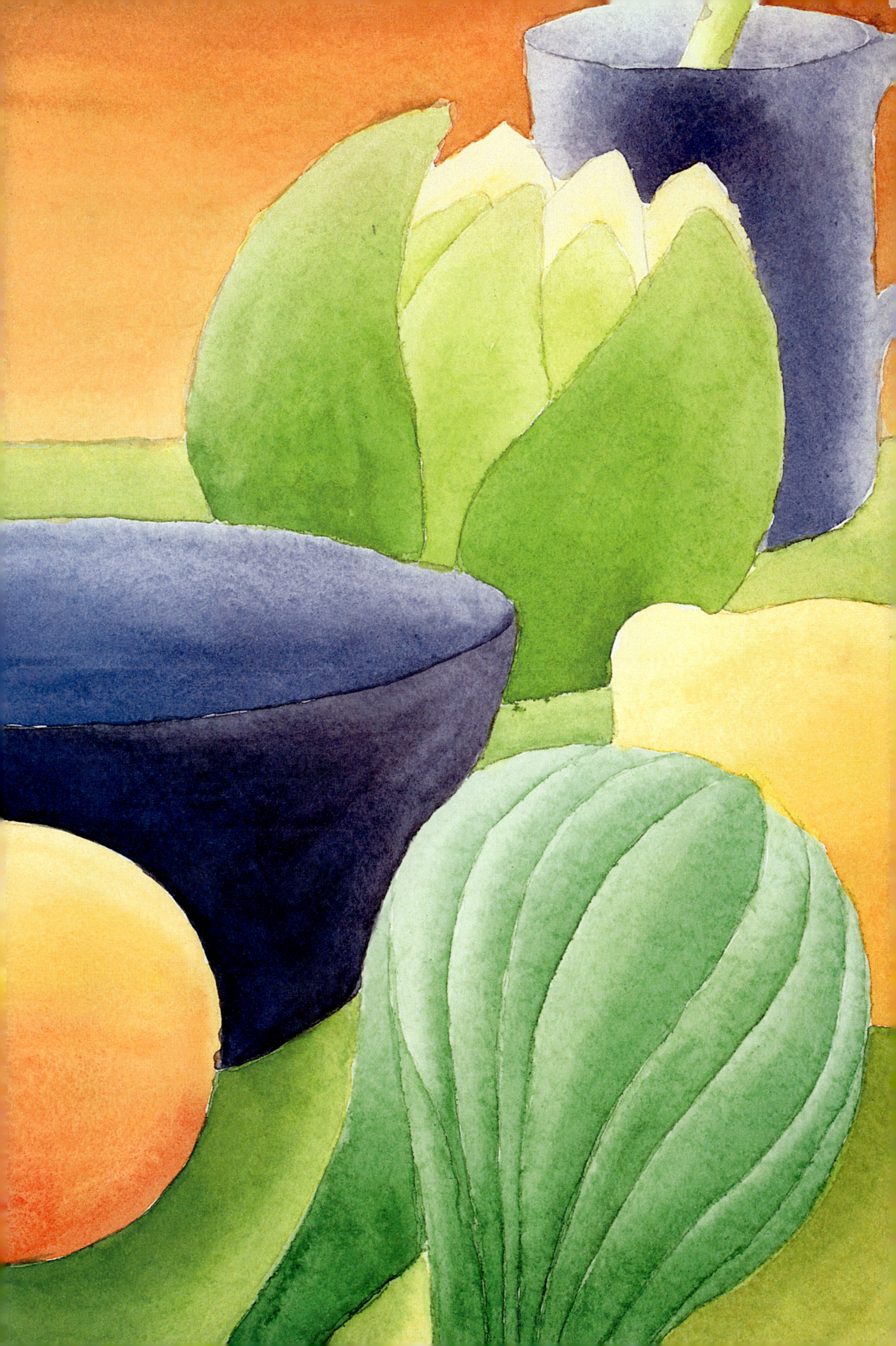

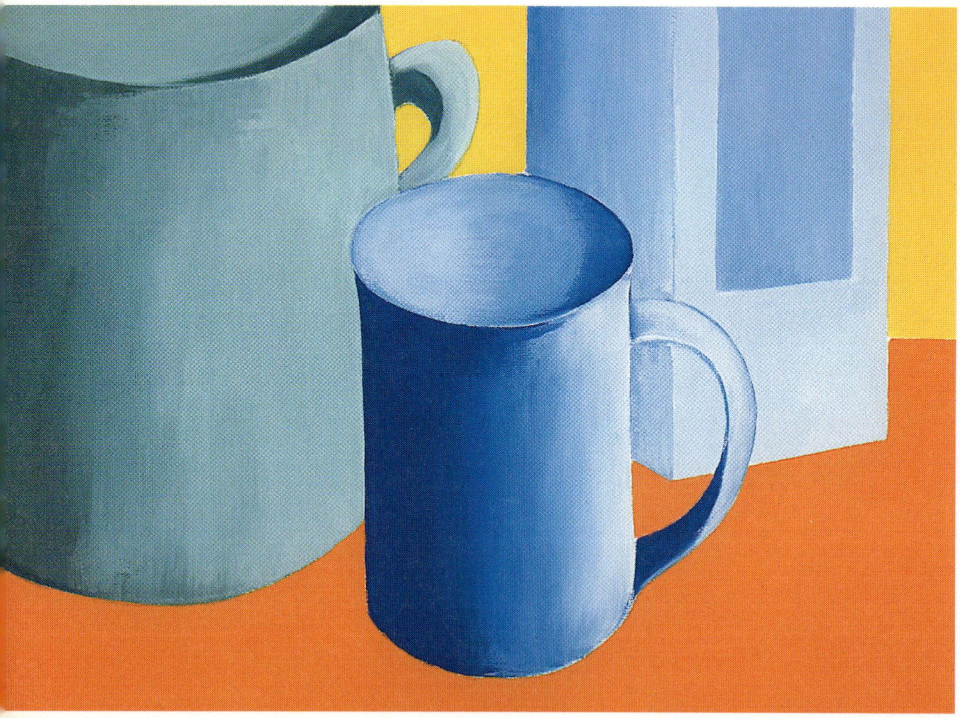

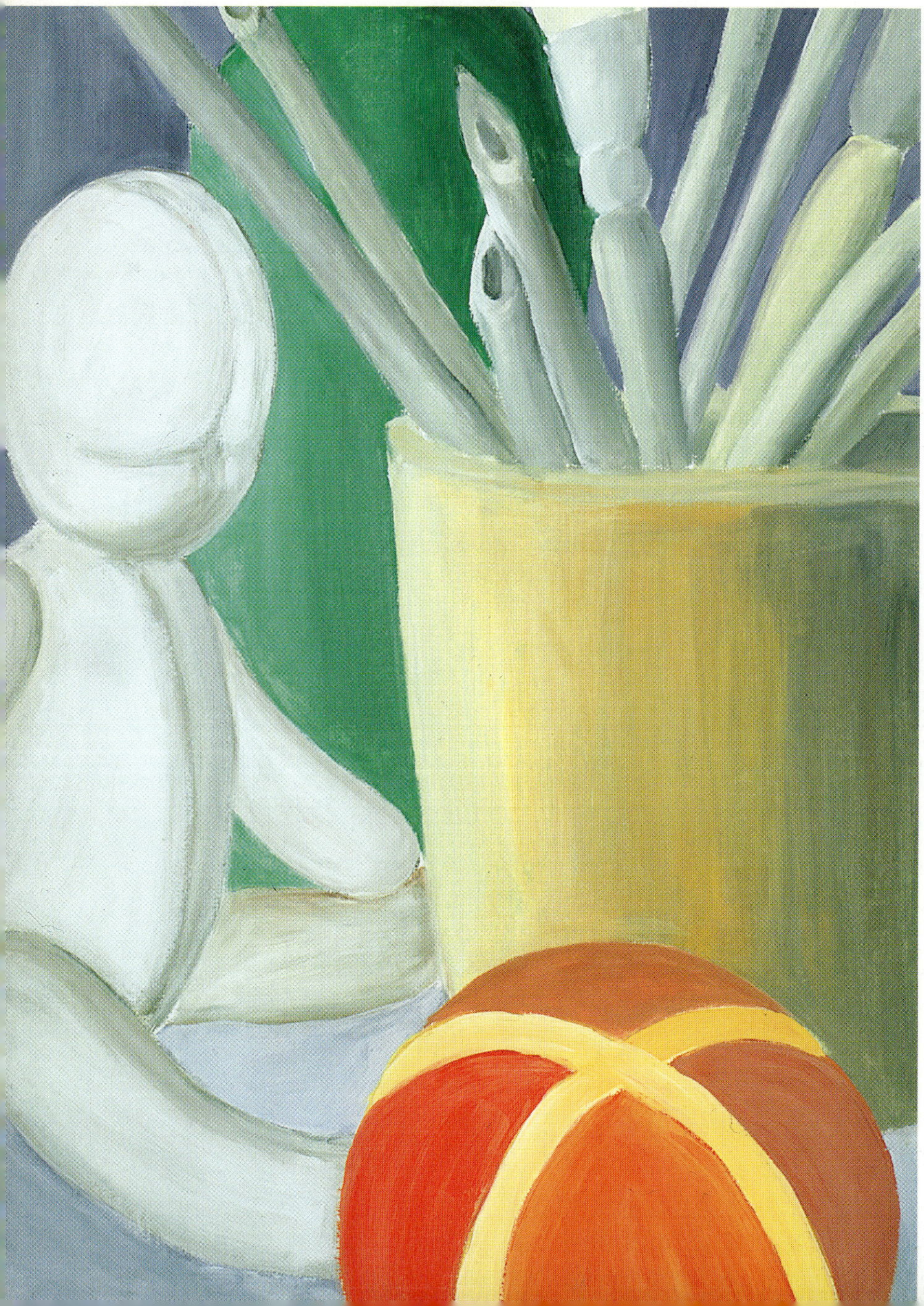

Deckend flächig vermalter Farbauftrag

Die Bewältigung des deckend , flächig verarbeiteten Farbauftrags (der in meinen Seminaren fast ausschließlich mit Gouachefarbe hergestellt wurde) fiel den meisten Teilnehmern leichter als der lasierende. Die Farbe lässt sich nämlich so lange streichen und glätten, bis wirklich überzeugende gleichmäßige Übergänge entstehen.

Bild links:
Roswitha Keppler: Stilleben. 1997, Gouache, 50x70 cm.
Die pastose Gouachefarbe ermöglicht – im Gegensatz zur wässrigen Aquarellfarbe- bereits nach kurzer Übungsphase einen recht überzeugenden Umgang damit. Das Bild ist im „Warm-Kalt-Kontrast“ angelegt.

Bild unten:
Birgit Fruhner: Stilleben. 1996, Aquarell, 68,5x48,5 cm.
Die hier gezeigte Gouache ist im Qualitätskontrast angelegt. Die reine Farbe des Balls befindet sich in einem deutlichen Spannungsverhältnis zu den gebrochenen Tönen der übrigen Objekte. Dadurch bekommt er eine besondere, eine herausragende Bedeutung.
Die Intensitätveränderungen innerhalb der Farbfelder sind von der praktischen Ausführung her gut realisiert. Allerdings sind sie nicht ganz konsequent: entweder rhythmisierend oder auf die Plastizität der Objekte hin angelegt. Da sie aber fast durchgängig entweder rechtsseitig (rhythmisieren) oder zusätzlich die Plastizität betonend gestaltet sind, wirkt das Bild dennoch gestalterisch schlüssig.

Bild Seite 173:
Ulrike Lampe: Stillleben. 1996, Gouache, 70x50 cm.
Dass ein flächig vermalter Farbauftrag nicht vordergründig oder plakativ aussehen muß, zeigt dieses Bild. Es ist im „Hell-Dunkel-Kontrast“ angelegt, wobei das „Licht“ unwirklich und geheimnisvoll von hinten zu kommen scheint, wo Hell und Dunkel ausdrucksvoll gegeneinander stoßen.

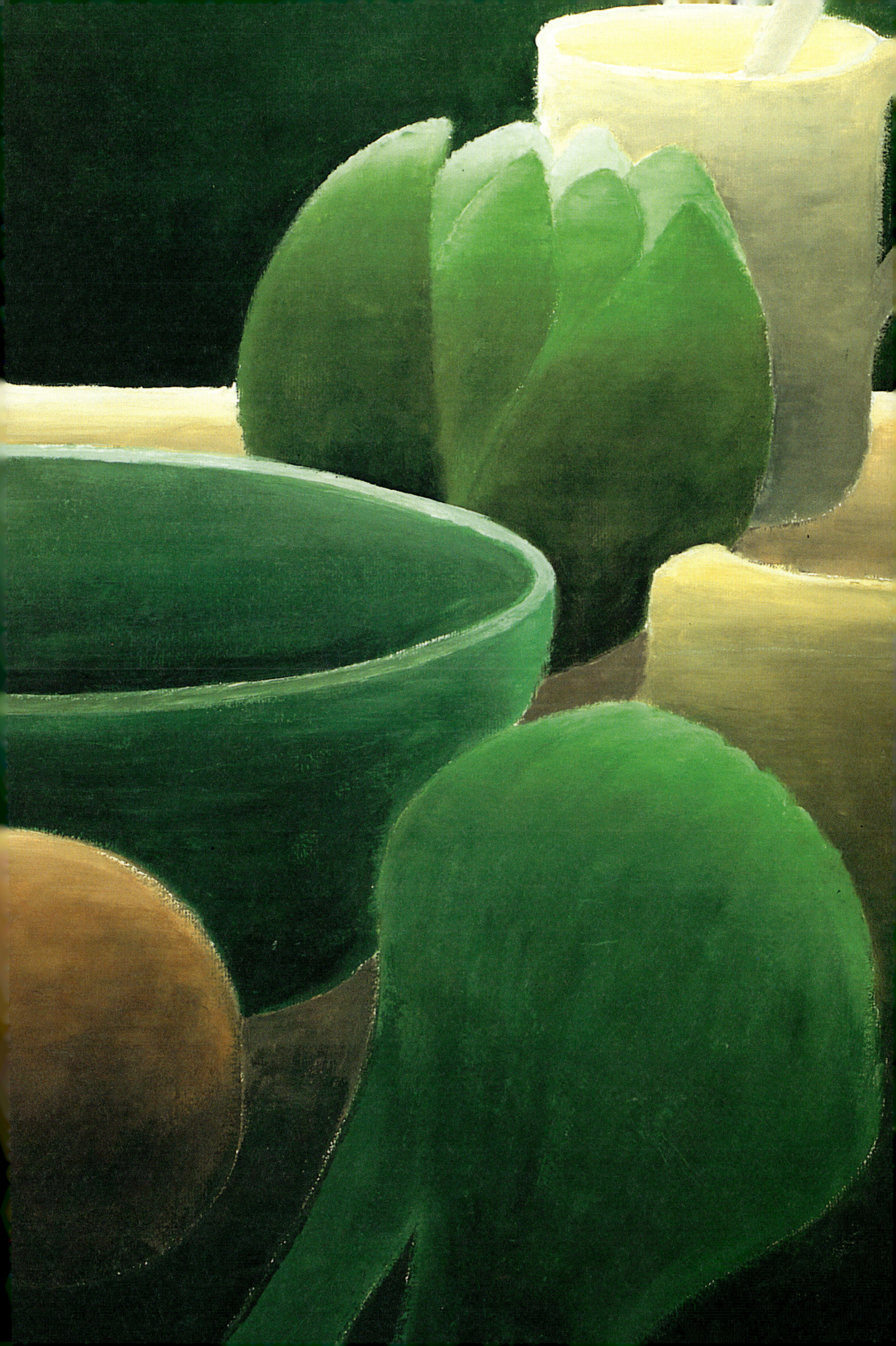

Lasierend mit sichtbarer Pinselspur

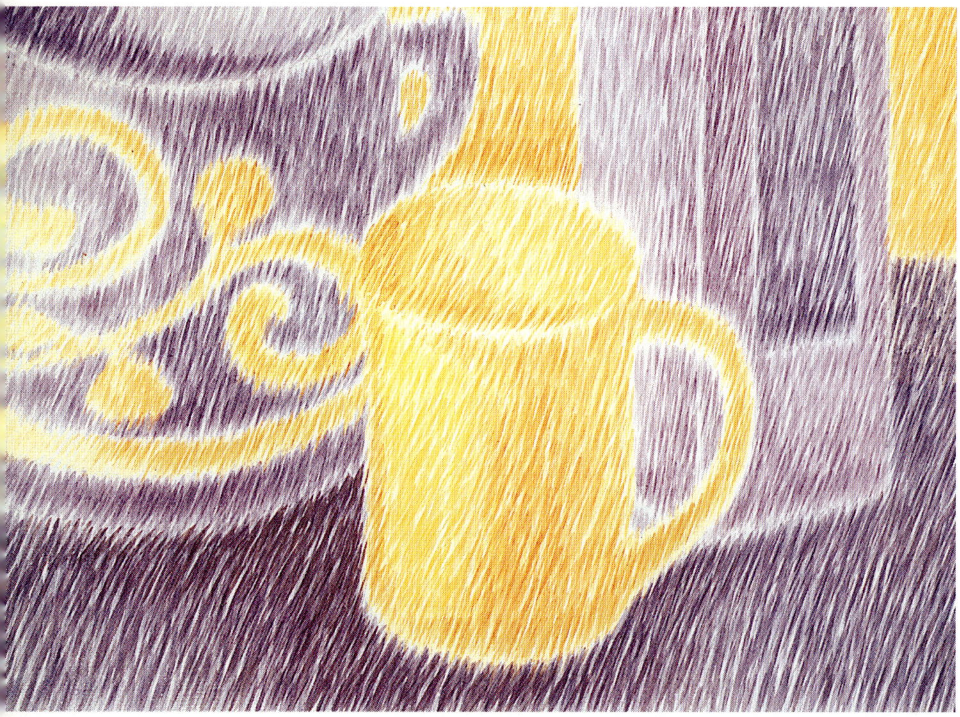

Durch eine Reihe von Vorübungen in diesem Buch haben Sie sich die handwerklich-praktischen Voraussetzungen für diese Aufgabe weitgehend erarbeitet. Da das Vorgehen im Grunde additiv ist, ist es möglich, den Prozess des Malens praktisch zu jedem Zeitpunkt zu unterbrechen, zu hinterfragen und weiterzuführen. Das Bild ist in jedem Stadium überprüfbar, leicht zu verändern. Paul Cézanne hat so an seinen Aquarellen gearbeitet. Teilweise über lange Zeiträume, über Jahre hinweg. Hat die Bilder immer wieder hervorgeholt, da und dort je nach kompositorischer Notwendigkeit die Farben ausbalanciert oder vertieft , hat die Formen verändert, hat Dinge ergänzt.

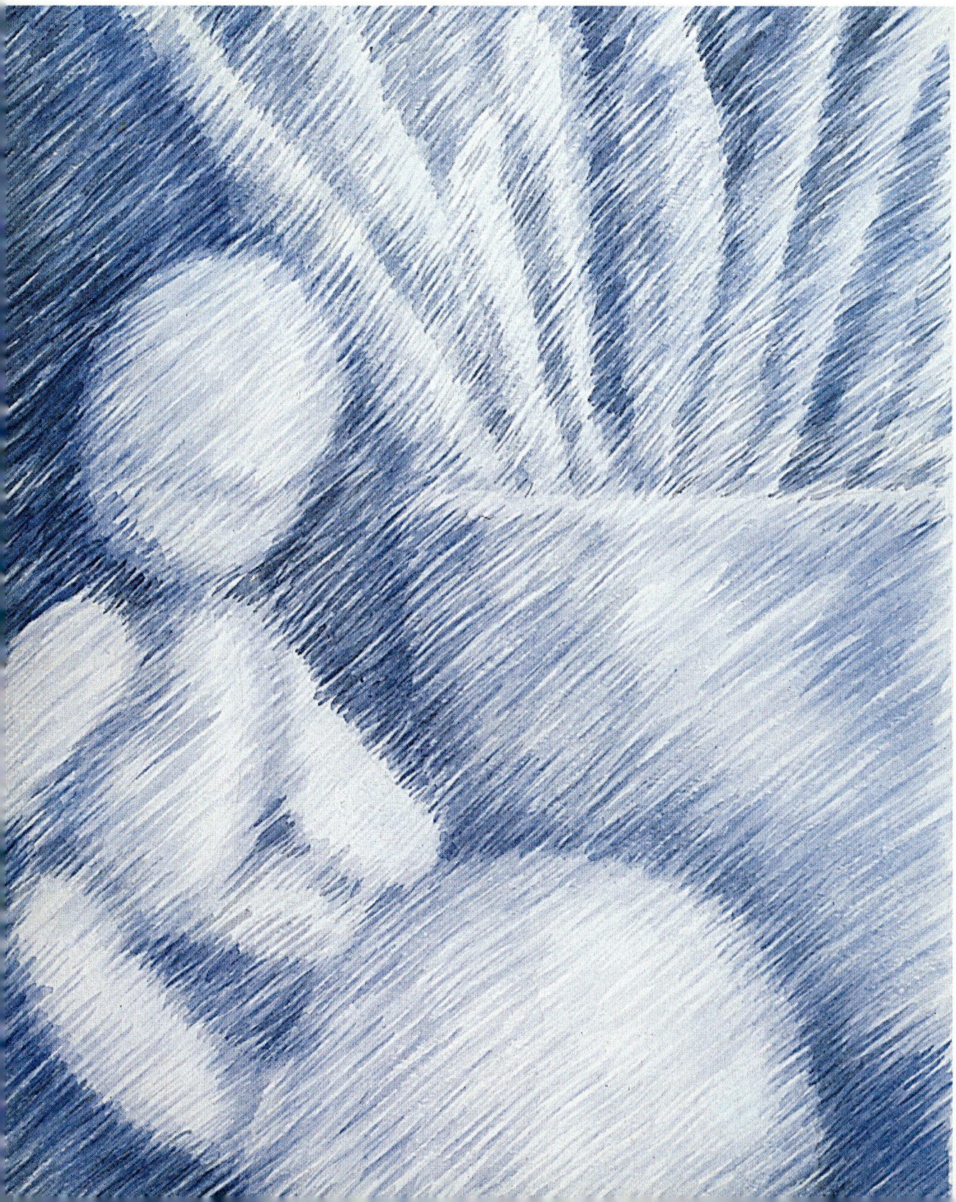

Bildlösungen

Bild oben:
Roswitha Keppler: Stillleben. 1997, Aquarell, 50x70 cm.
Als sichtbare Pinselspur wurde bei diesem Bild die Schraffur gewählt. Zwar ist sie hier noch etwas „dünn" gesetzt, die Felder sind ängstlich abgegrenzt und die Farbe zu wenig moduliert, trotzdem zeigt diese Arbeit bereits die Möglichkeiten und den Reiz dieser Vorgehensweise. Das Aquarell wurde im „Komplementärkontrast" angelegt.

Bild unten:
Birgit Fruhner: Stillleben. 1996, Aquarell, 68,5x48,5 cm.
Die sichtbare Pinselspur orientiert sich in diesem Aquarell an der Schraffur. Sie ist überzeugend ausgeführt und vermittelt daher eine durchaus als „malerisch" zu bezeichnende Bildstimmung. Birgit Fruhner hat für den zweiten Teil der Aufgabe den Hell-Dunkel-Kontrast gewählt. Das Ergebnis überzeugt in dieser Hinsicht nicht. Und zwar nicht weil dessen Umsetzung schlecht geplant oder ausgeführt wurde, sondern weil er mit einem lasierenden Farbauftrag praktisch kaum zu realisieren ist. Oft geschieht Lernen durch praktisches Handeln und die Reflexion des Erreichten. Das hier abgebildete Ergebnis zeigt recht deutlich, dass ein Farbauftrag – wenn er denn noch lasierend wirken soll – nicht so dunkel erscheint, dass ein überzeugender Kontrast zwischen Hell und Dunkel entsteht.

Ulrike Lampe: Stillleben. 1996, Aquarell, 70x50 cm.
Ein dicht und lasierend übereinander gesetzter Fleck ist die gewählte sichtbare Pinselspur in diesem Bild. Souverän sind die Objekte – ohne ängstliche weiße Schutzränder zwischen ihnen – durch Verdichtung des Farbauftrags herausgearbeitet und moduliert. Der Gefahr einer plakativen Bildwirkung entgeht dieses Bild dadurch, dass der („Qualitäts"-)Kontrast nicht lediglich an einer undifferenzierten Gegenüberstellung festgemacht ist. Vielmehr taucht auch die Farbe, die die Funktion der reinen Farbe übernimmt, mehrfach mehr oder minder gebrochen auf. Als leuchtend reine Farbe ist sie lediglich an einer Stelle, in der vorderen Frucht, links, ins Bild gesetzt.

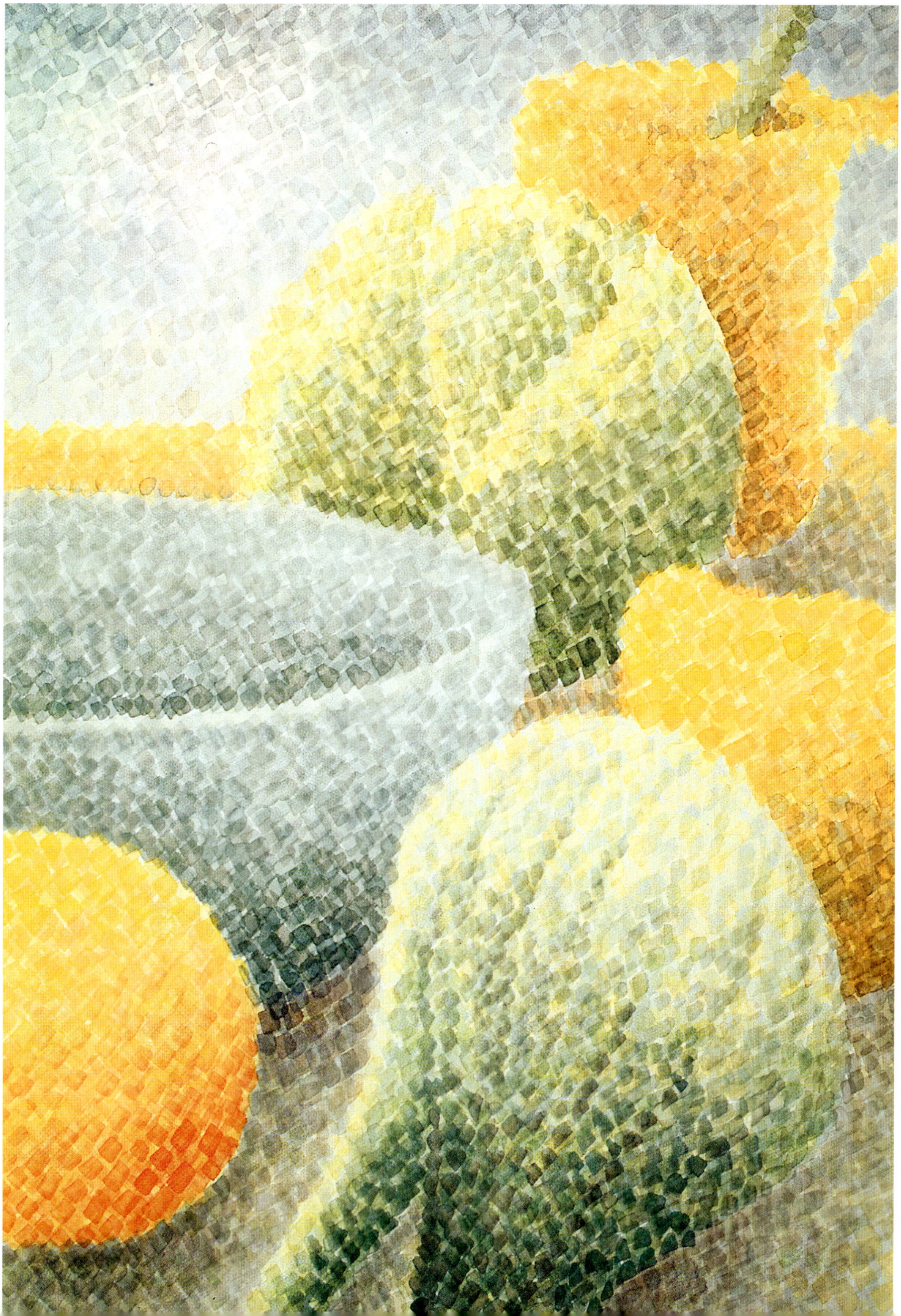

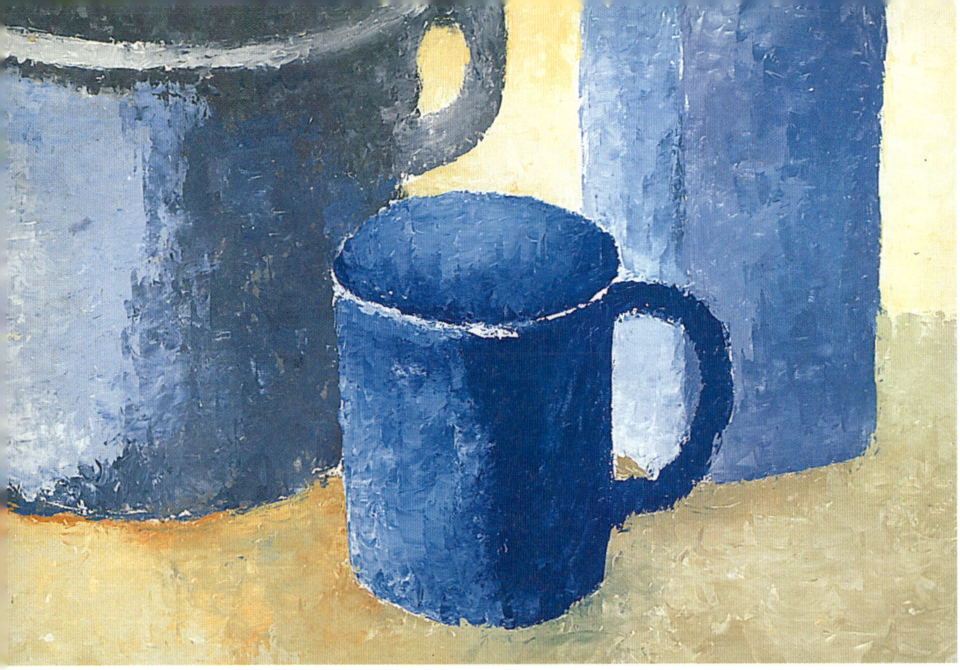

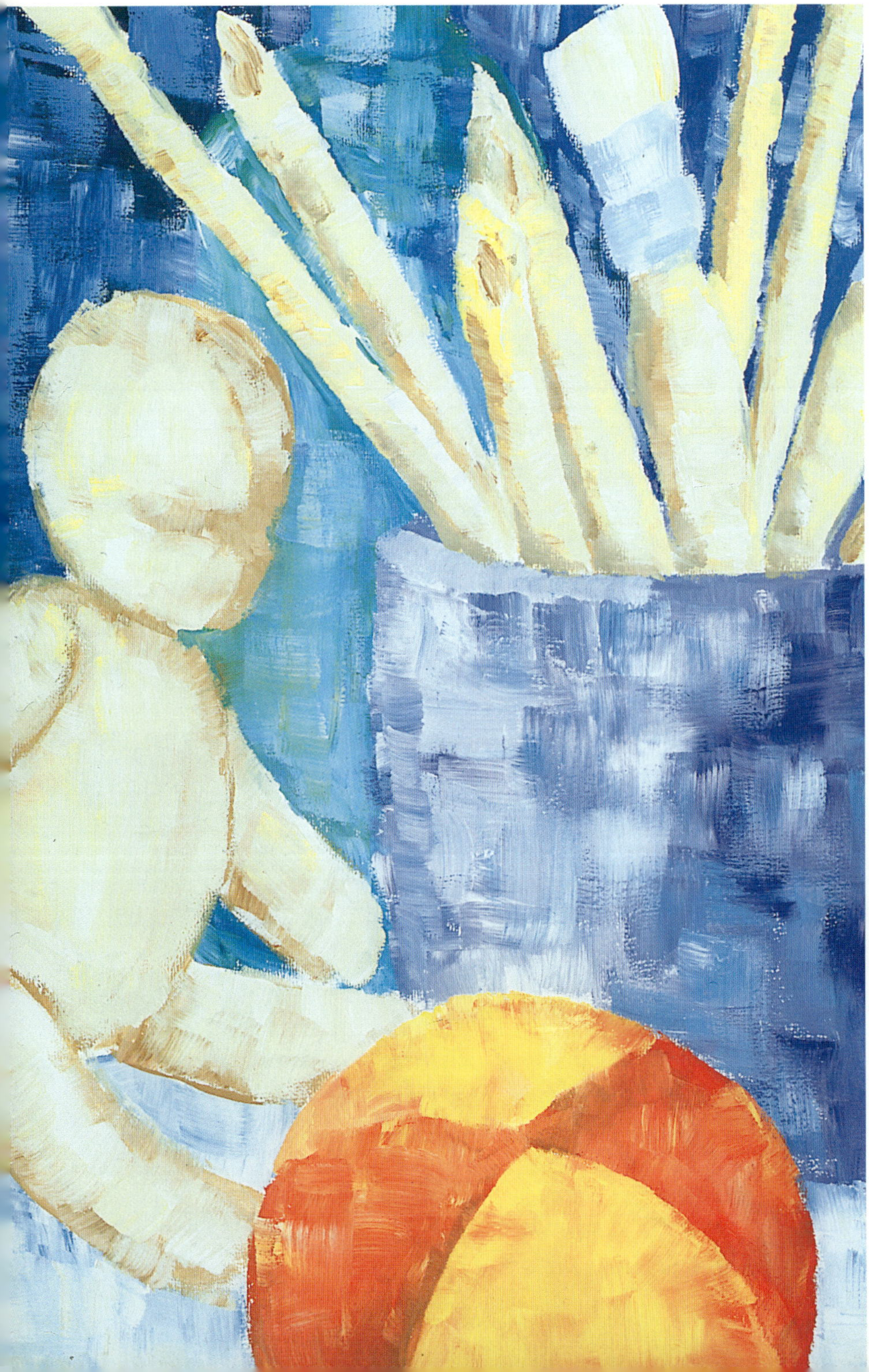

Deckend mit sichtbarer Pinselspur

Die deckende, sichtbare Pinselspur haben Sie wahrscheinlich, jedenfalls im Rahmen meiner Aufgabenstellungen, noch nicht ausreichend geübt. Aber auch wenn die Ergebnisse Ihrer Bemühungen noch nicht so ganz überzeugen, haben Sie inzwischen gelernt, dass das nur eine Frage des Übens ist. Machen Sie also weiter und sehen Sie sich zur Orientierung die Bilder auf diesen Seiten an. Auch hier sehen Sie ganz normale Kursergebnisse, deren Qualität Sie, bei entsprechendem Übungsaufwand, auch erreichen können.
Ich habe übrigens bei dieser Aufgabe gezögert, ob ich nicht von sichtbaren „Werkzeugspuren" anstatt von Pinselspuren reden sollte. Statt eines Pinsels können Sie, gerade bei solchen Bildlösungen, die ja durchaus etwas Emotionales haben, auch andere Werkzeuge nehmen: die Finger zum Beispiel, oder Spachtel, die, gerade wenn es um einen kraftvollen Duktus im Bild geht, sehr oft benutzt werden. Probieren Sie in jedem Fall auch diese Dinge. Wenn Sie mit dem Charakter der von Ihnen gewählten Pinselspur halbwegs zufrieden sind, versuchen Sie einmal eine ähnliche Lösung mit einem Spachtel. Allerdings sollten Sie, bevor Sie sich für eine neue Herangehensweise entscheiden, das immer ohne allzu große Erwartungen tun, aber dafür mit viel spielerischem Ehrgeiz, um alles herauszufinden, was der neue Weg oder das neue Material zu leisten vermag.

Bildlösungen

Bild oben:
Roswitha Keppler: Stillleben. 1997, Gouache, 50x70 cm.
Ähnlich wie in dem Bild von Ulrike Lampe auf der Vorseite wird hier der „Qualitätskontrast" für die Farbkonzeption gewählt. Roswitha Keppler verwendet die reine Farbe (hier: Blau) gleichermaßen auch in gebrochenen Tönen, was dem Bild eine eigenartige „dunstige" Atmosphäre gibt und der Tasse im Vordergrund eine besondere Bedeutung zuzuweisen scheint.

Bild unten:
Birgit Fruhner: Stillleben. 1996, Aquarell, 68,5x48,5 cm.
In diesem Bild ist die sichtbare Pinselspur mit dem Warm-Kalt-Kontrast kombiniert. Der Ball drängt, als einzige wirklich warme Bildpartie, nach vorn und hebt sich damit auch von der Bedeutung her von den anderen Objekten ab. Alle anderen Dinge oder Flächen sind kalt (oder indifferent) angelegt.

Ulrike Lampe: Stillleben. 1996, Gouache, 70x50 cm.
Im „Warm-Kalt-Kontrast" wurde das letzte Bild dieser Reihe angelegt. Auch hier ist die Spannung zwischen den Farben wieder nicht vordergründig „vorgezeigt", es wurde vielmehr mit Zwischentönen und Übergängen eine überzeugende eigenständige Bildlösung entwickelt. Der Strich orientiert sich an den Kanten der Objekte und ist nach innen und außen in die Flächen hinein entwickelt.

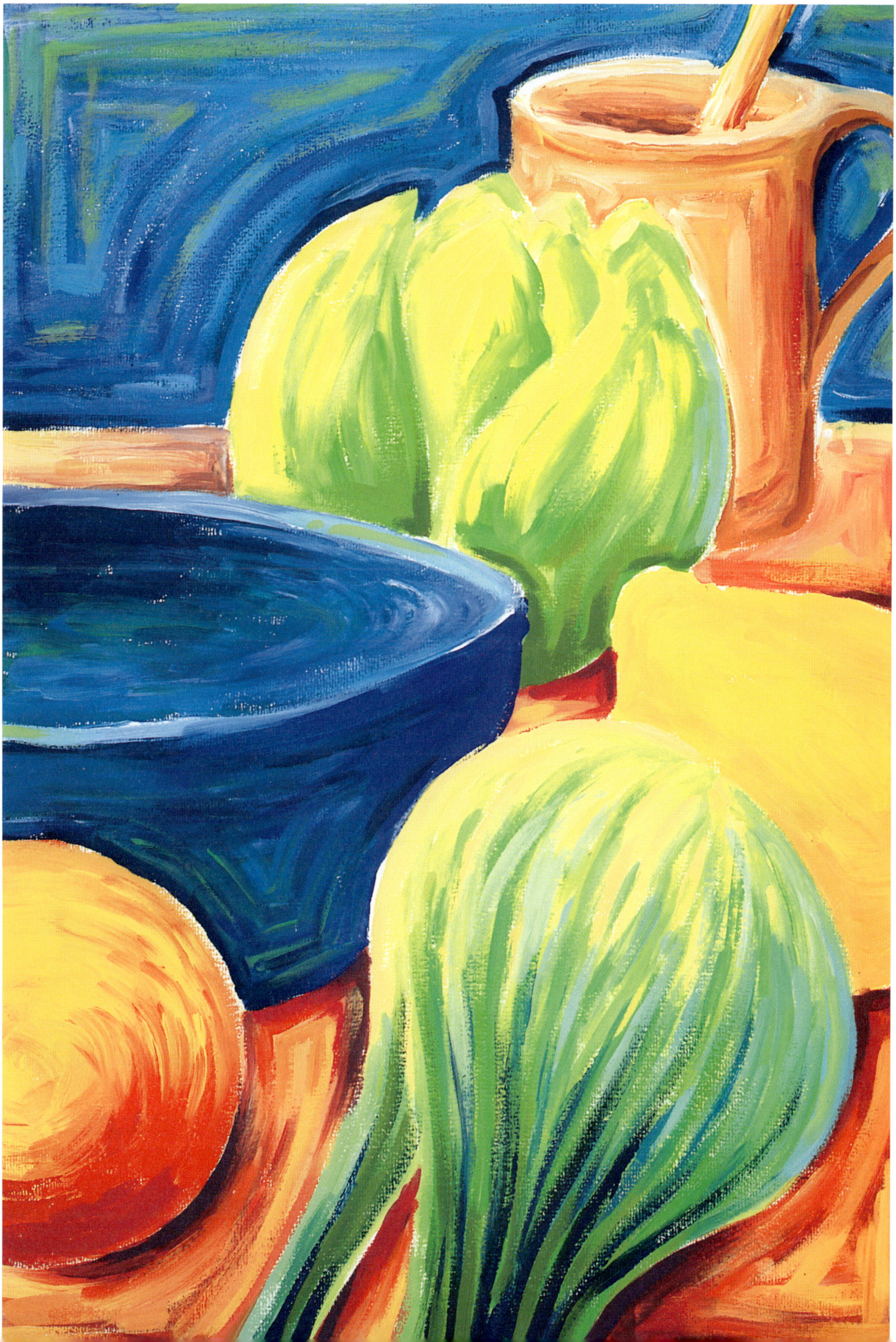

Malgeräte und -materialien und ihre Verwendung im Bild

Bevor ich die unterschiedlichen Geräte und Materialien im Einzelnen beschreibe, möchte ich die grundsätzlichen Gemeinsamkeiten und Unterschiede der Farbensysteme darstellen.

Farbensysteme – Gemeinsamkeiten und Unterschiede

Alle Farben ähneln sich in ihrer Zusammensetzung. Sie bestehen im Wesentlichen aus den Farbteilchen, man nennt sie Farbmittel, – das können unlösliche Pigmente oder lösliche Farbstoffe sein – und den Bindemitteln, die diese Farbteilchen auf der Malfläche festhalten (und einer ganzen Reihe von Zusatzstoffen, wie zum Beispiel Fließmittel, Füllstoffe, Konservierungsmittel, Seifen, Honig, Zucker und so weiter). Gäbe es die Bindemittel nicht, würde das Pigment, das Sie beispielsweise mit Wasser auf das Papier auftragen, zwar vielleicht zum Teil in das Papier eindringen, der Rest aber nicht haften.

Der Unterschied zwischen den Farbensystemen (als Farbensystem bezeichnet man Aquarellfarben oder Acrylfarben oder Ölfarben und so weiter) liegt natürlich in den unterschiedlichen Farbwirkungen, in technischer Hinsicht aber vor allem in der Verschiedenartigkeit der Bindemittel.
Meist werden die Farbensysteme sogar nach ihren Bindemitteln benannt: Zum Beispiel Öl-, Acryl und Wachsfarben, bei denen die Bindung der Pigmente eben durch Öle, Acrylatharze oder Wachse erfolgt.
Bei den „Wasserfarben" sagt die (nicht sehr hilfreiche) Bezeichnung dagegen aus, dass die Farben mit Wasser verdünnbar und vermalbar sind, das Wasser ist also nicht etwa das Bindmittel. Die wasserverdünnbaren und -vermalbaren Farbensysteme (außer den „Wasserfarben" trifft das auch auf Tempera-, Dispersions- und Acrylfarbe zu) unterscheiden sich so erheblich durch die unterschiedlichen Bindemittel und deren Eigenschaften, dass sie sicherlich keine einheitliche Gruppe darstellen. So bleibt Aquarell-, auch nach dem Trocknen, genau wie die Gouachefarbe, wasserlöslich. Temperafarben binden dagegen nach einer Weile wasserfest ab, und Acrylfarbe ist schon nach kürzester Zeit wasserfest.
Eine Gemeinsamkeit der Farbensysteme ist die Tatsache, dass für die unterschiedlichen Farben zum großen Teil die gleichen Pigmente verwendet werden. Aquarell- und Ölfarben – um Extreme zu nennen – enthalten oft die gleichen Farbmittel. Insofern stimmt es einfach nicht, dass Aquarellfarben immer lasierend sind, Ölfarben immer deckend. Es gibt nämlich Pigmente, die im Grunde völlig undurchsichtig sind und solche, die in ihrer Transparenz farbigem Glas ähneln. Auf Seite 156 habe ich bereits ein Klassifizierungssystem für die Lasureigenschaften von Farben vorgestellt. Wenn Sie diese Eigenschaften von Aquarell- und Ölfarben, die mit den gleichen Pigmenten hergestellt wurden, vergleichen, werden Sie feststellen, dass sie innerhalb der Farbensysteme ganz häufig genau gleich eingestuft sind.

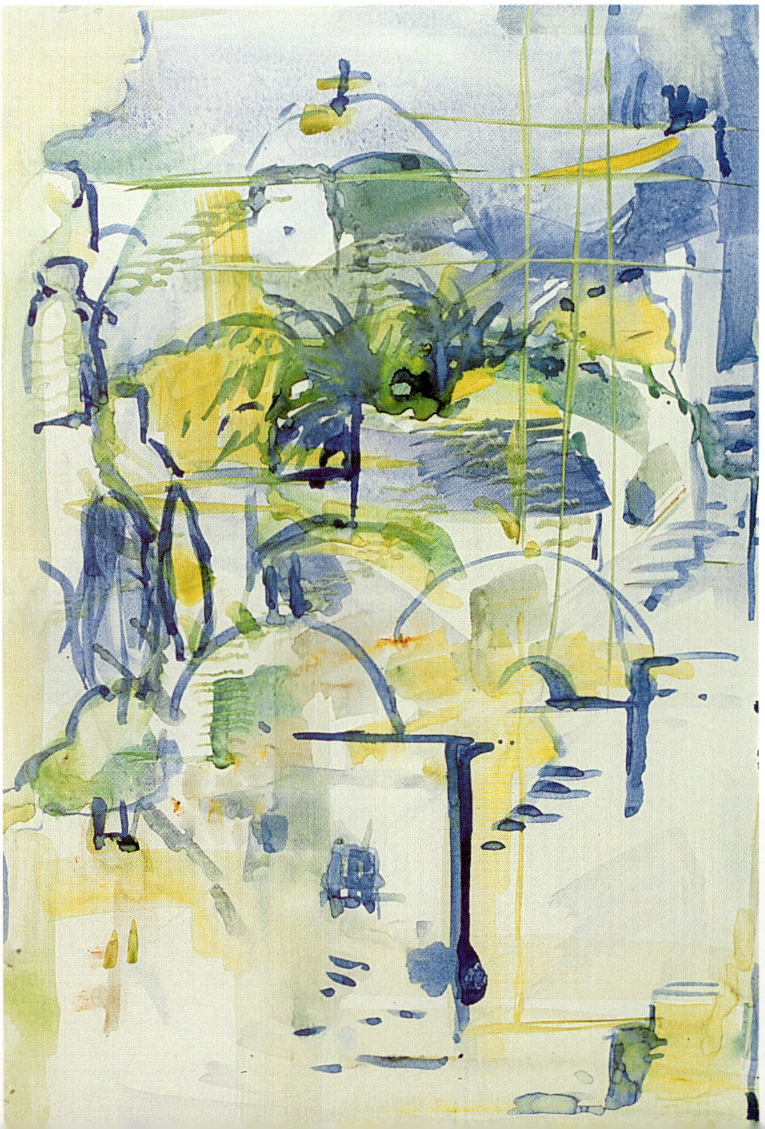

Renate Meyer: ohne Titel. 1996, Aquarell, 41x29 cm.
Auf zwei Farben und unvollständige Formandeutungen reduziert, vermittelt das Bild eher formal-gestalterische Qualitäten als eine Postkartenidylle. Zarte, die Form nur vage beschreibende Farbflächen bilden mit linearen Andeutungen ein reizvolles Spannungsverhältnis. Das relativ glatte Papier unterstreicht diesen Kontrast durch die Wirkungen, die sich aus seinen Materialeigenschaften ergeben: die Linien erscheinen durch die relativ starke Trockenkantenbildung klarer und härter, die Flächen zurückhaltend, zart, beeinflussbar.

Wasserfarben und Aquarellfarben

Wenn von Wasserfarbe gesprochen wird, sollten Sie sich darüber im Klaren sein, dass es sich dabei um einen Sammelbegriff handelt und die hier interessierende Aquarellfarbe insofern natürlich eine Wasserfarbe ist. Umgekehrt sind Wasserfarben nicht unbedingt Aquarellfarben. Ein Wasserfarbenkasten, den Sie zum Kauf angeboten bekommen, enthält mit ziemlicher Sicherheit keine Aquarell-, sondern in der Regel Deckfarben.
Die wesentliche Eigenschaft der Aquarellfarben ist ihre lasierende Wirkung. Die Pigmente der Aquarellfarben sind gegenüber denen der Deckfarben meist hochwertiger, sie sind sehr viel feiner zerrieben und die Bindemittel der Aquarellfarben sind reiner und klarer. Außerdem ermöglicht eine Vielzahl von Zusätzen die feinste Verteilung der Pigmente auf dem Papier. Füllstoffe sind im Gegensatz zu vielen anderen Wasserfarben keinesfalls enthalten. Dennoch macht die Farbe nur einen Teil der Wirkung eines Aquarells aus. Mindestens ebenso entscheidend dafür ist der Umgang mit der Farbe. Erst aus der Verbindung von Farbverwendung und Material folgt das, was als das „Typische" eines Farbensystems erachtet wird!
Walter Koschatzky schreibt in seinem Buch „Die Kunst des Aquarells", dass sich das Aquarell „lavierend in lasierenden Schichten aufbaut". Wobei ich zwar nicht ganz glücklich über den Begriff „lavieren" bin, der meiner Auffassung nach (besser: nur) für die Verwaschung einer Tuschezeichnung verwendet wird, aber es ist klar, dass der Autor damit die „Verlauftechnik" meint. Er trifft also drei grundsätzliche Aussagen: erstens ist Aquarellmalerei Lasurmalerei, zweitens bestehen Aquarelle aus mehreren Schichten und drittens werden diese Schichten im Verlauf angelegt.
Da die Möglichkeiten eines Farbensystems nur durch die ideale Verbindung von Material und dessen adäquater Anwendung auszuschöpfen sind, ist die Anschaffung des „richtigen" Materials sinnvoll.
Für die Aquarellmalerei braucht man nicht viel, aber – um die charakteristischen Wirkungen zu erreichen – gutes Material. Es wird vieles unter dem Namen Aquarellfarbe angeboten, ohne dass es streng genommen diese Bezeichnung verdient. Einigen dieser Farben sind billige Füllstoffe zugesetzt, die die Wirkung verändern, die Intensität herabsetzen, die Bilder milchig und kühl erscheinen lassen und die Lasurwirkung vermindern; andere enthalten aus Kostengründen minderwertige, grobe Pigmente. Relativ sicher, es tatsächlich mit Aquarellfarben zu tun zu haben, ist man bei Farben der „Künstler"-Qualität.
Verlassen Sie sich als Anfänger auf die Farbenzusammenstellung der Hersteller. Die Anschaffung eines Aquarellkastens mit 12 Farben reicht zunächst mit Sicherheit vollkommen aus. Schließlich ergeben sich schon rein rechnerisch 66 weitere Farben, wenn alle Farben paarweise miteinander gemischt werden. Wobei die Zahl der Mischfarben tatsächlich natürlich viel höher liegt. Praktisch sind die Möglichkeiten erheblich größer, weil sich bereits aus zwei Farben eine ganz erhebliche Anzahl von Mischtönen herstellen lässt – und mit dieser Zahl dürfen Sie die 66 multiplizieren.
Sparen Sie nicht an der falschen Stelle: halbe Näpfe sind kaum billiger und prozentual damit natürlich viel teurer. Außerdem lässt sich die Farbe nur sehr umständlich aus den kleinen Näpfen herausholen, was nicht nur mühsam ist, sondern worunter vor allem die Pinsel ganz erheblich leiden.
Kaufen Sie sich als Anfänger besser noch keine Tubenfarben. Sie sind weder schlechter noch teurer, nur verleitet die pastose Farbe zum deckenden Umgang, was nicht der Sinn der Aquarellmalerei ist. Wenn Sie später großformatig arbeiten wollen, sind Tubenfarben zweifellos eine sinnvolle Anschaffung. Sie werden dann auch eine Palette brauchen. Die meisten Paletten sind allerdings ungeeignet. Es gibt aber eine sehr gute, preiswerte Alternative, die sich ein befreundeter Seminarleiter, Ulrich Lassek, ausgedacht hat. Er arbeitet mit einer Glasplatte, mindestens 30x40 cm groß und von der Unterseite mit weißer Kunststoffolie beklebt (damit man die Farben vernünftig beurteilen kann).

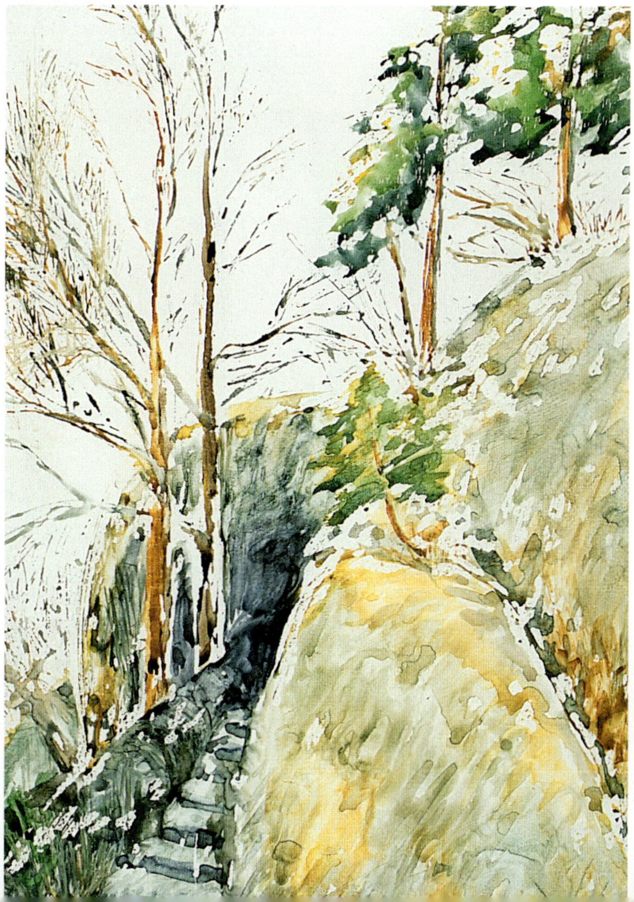

Helga Neuber: Landschaft 1993, Aquarell auf Chromoluxkarton, 42x30 cm. Das Fließverhalten von Aquarellfarben ist stärker als alle anderen Farbensysteme von den Eigenschaften des Malgrundes abhängig. Auf dem extrem glatten Druckkarton perlt die Farbe beinahe ab, sie zieht sich zusammen und bildet die für ungleichmäßiges Auftrocknen der Farbe typischen Trockenkanten.

Pinsel

An Aquarellpinsel gibt es sehr klare Anforderungen: erstens müssen die Haare im nassen Zustand eine perfekte, feine Spitze bilden, zweitens sollten die Haare so elastisch sein, dass sie sich auch dann wieder aufrichten, wenn mit dem „Bauch“ des Pinsels gemalt wurde und er nicht mehr so nass ist, und drittens muss das Haar eine hohe Aufnahmefähigkeit für wässrig verdünnte Farbe haben.

Das Pinselhaar, das diese Forderungen am besten erfüllt, stammt vom sibirischen Rotmarder. Die qualitative Abstufung geht von „Rotmarder“ über „echt Rotmarder“ bis hin zum „Kolinsky“-Rotmarder-Pinsel, der qualitativ den höchsten Ansprüchen genügt. Aber er ist auch der teuerste Pinsel.

Eine andere Haarsorte stammt vom Iltis. Sie hat zwar keine so hervorragende Elastizität wie das Rotmarderhaar, ergibt aber immer noch eine ausgezeichnete Pinselqualität. Als preiswerte Alternative zu den Haarpinseln bieten die Hersteller Synthetikfaserpinsel an, die zwar sehr elastisch sind und recht ordentliche Spitzen bilden, sie nehmen aber viel zu wenig Farbe auf und geben sie manchmal als Klecks zu schnell wieder an das Papier ab. So gelingt es kaum, größere Flächen damit gleichmäßig anzulegen. Empfehlenswerter sind so genannte Mixed-Pinsel, bei denen der Haarkörper aus einem Gemisch aus Natur- und Kunsthaar besteht. Sie haben bei guter Elastizität eine ausreichende Spitze und eine gute Farbaufnahme. Allerdings lässt sich gegenüber allen anderen Pinseln die Farbe recht schlecht ausspülen. Zwar kann man sich darauf einstellen, die Pinsel kräftiger als andere zu reinigen, aber etwas lästig ist es schon.

Kaufen Sie sich keinen dünnen Pinsel. Auch für kleinteilige Arbeiten brauchen Sie ihn nicht, denn ein guter Pinsel hat eine feine Spitze und einen großen Farbvorrat (der großzügiges Arbeiten ermöglicht). Meine Empfehlung: ein 12er Haar- und ein 22er Mixed-Pinsel.

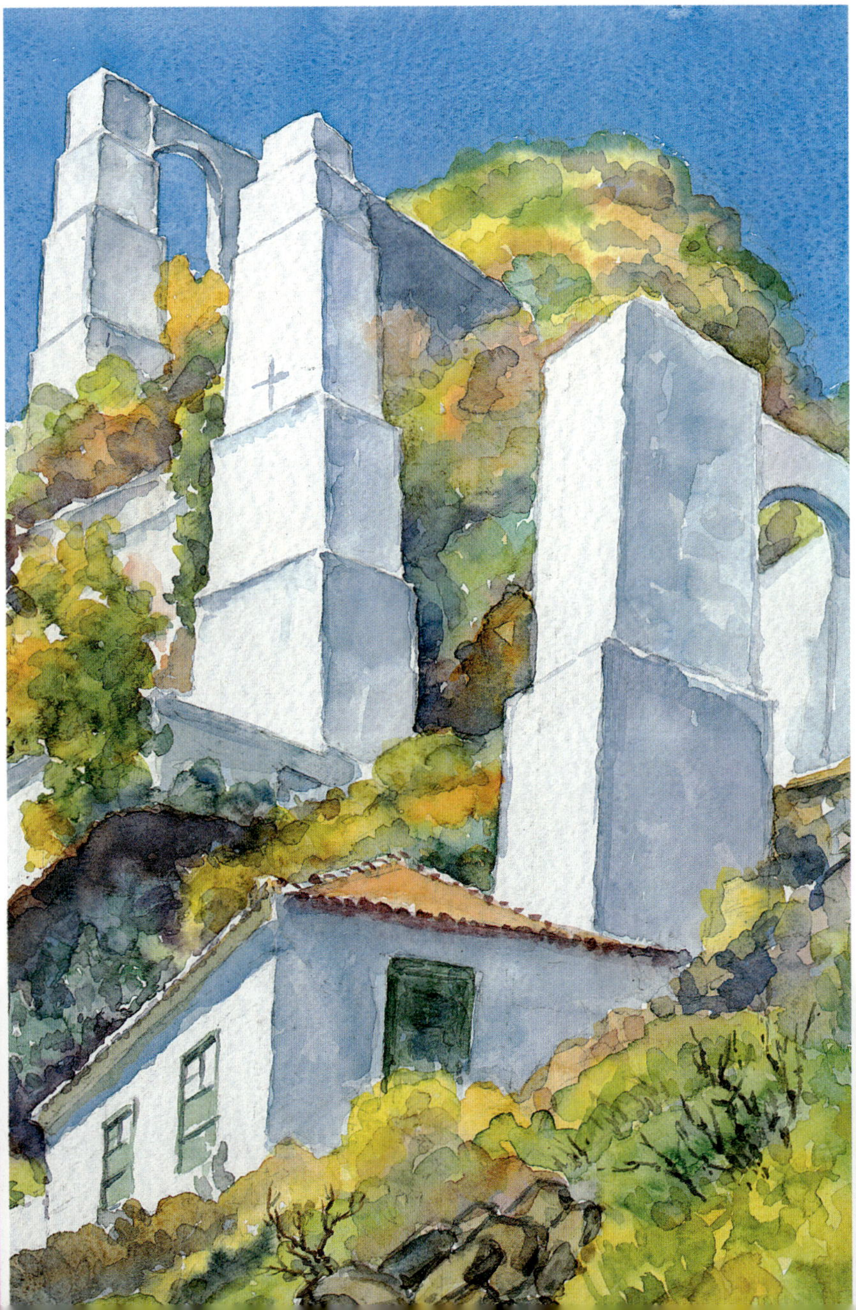

Papiere

Um die charakteristischen Eigenschaften der Aquarellfarben und ihre besonderen Wirkungen auch tatsächlich sichtbar zu machen, sind hochwertige Papiere erforderlich. Nicht nur, dass sie reinweiß sein sollten, sie müssen auch eine besondere Oberflächenbeschaffenheit haben, sogar ihre Zusammensetzung beeinflußt das entstehende Bild.

Experimente sollten Sie sich aber besser für die „Kür“ aufheben und sich zunächst gründlich mit der „Pflicht“ auseinandersetzen. Schaffen Sie sich also nach Möglichkeit „richtiges“ Aquarellpapier an. Wenn Sie auch hier wieder nicht allzu sehr sparen, dürften eigentlich keine Probleme auftauchen.

Aquarellpapiere sind – im Gegensatz zu guten Zeichenpapieren – nicht oberflächengeleimt. Sie sind dementsprechend beidseitig verwendbar. Vorder- und Rückseite haben lediglich meist eine andere Oberflächenstruktur. Diese Unterschiede sind produktionsbedingt, sie haben keinen Einfluss auf die Qualität.

Insofern ist es reine Geschmackssache, auf welcher Papierseite Sie arbeiten. Aquarellpapier sollte auch bei sehr nassem und ungleichmäßigem Farbauftrag nicht allzu wellig werden und glatt auftrocknen.

Dünnere Papiere, die ansonsten nicht unbedingt schlechter als dickere sein müssen, sollten nass aufgespannt werden. Die Dicke eines Papiers wird übrigens durch das Papiergewicht ausgewiesen. Im Allgemeinen liegt es zwischen 185 und 300 g/qm.

Kurt Froese: Wassermühlen auf La Palma. 1994, Aquarell, 48x36 cm.
Dieses Aquarell „lebt“ von Form- und Farbkontrasten. Die kantigen Gebäudeformen bilden mit der eher rundlichen Vegetation ein Spannungsverhältnis, und bei den Farben kontrastieren warme und kalte Töne. Diese Kontraste werden auch durch den Farbauftrag sehr überzeugend vermittelt: die eckigen und flächigen Formen sind gleichmäßig flächig, teilweise im Verlauf und die Sträucher und Bäume fleckhaft angelegt.

Außerdem soll die Aquarellfarbe nicht in das Papier einsacken, weil sonst keine Lasurwirkung möglich ist. Dementsprechend müssen Aquarellpapiere relativ gut geleimt sein. Die Farbe soll allerdings auch keinesfalls abperlen, sich zusammenziehen oder auf der Oberfläche auseinanderlaufen. Treten solche Erscheinungen auf, ist entweder das Papier generell völlig ungeeignet, oder es liegt ein Fabrikationsfehler vor.
Schließlich sollte die Papieroberfläche leicht gekörnt sein, da dadurch der gleichmäßige Farbauftrag erleichtert, wenn nicht sogar erst ermöglicht wird. Stellen Sie sich vor, Sie wollen mit einem Pinsel Sandkörnchen gleichmäßig auf einer Glasplatte verteilen. Das wird Ihnen kaum gelingen. Stellen Sie sich dann vor, dass die Oberfläche der Glasplatte gekörnt wäre – ich glaube, dass der Unterschied ganz leicht vorstellbar ist.
Ansonsten ist die Wahl des Papiers, vor allem hinsichtlich der Oberflächenstruktur, eine Frage persönlicher Vorlieben und schließlich der eigenen Erfahrung.
Erfreulicherweise bieten ein paar Hersteller und Händler Papiermuster an, die Ihnen die kostengünstige Möglichkeit geben, die Stärken und Schwächen der jeweiligen Sorten selbst auszuprobieren.
Neben den losen Aquarellbogen gibt es Aquarellpapier in Blockform. Dabei sind meist 10 oder 20 Blatt Papier vierseitig auf einem stabilen Karton verleimt. Das Aufziehen der Einzelbögen entfällt also (obwohl die Wirkung nur der entspricht, als wenn Sie das Papier mit Kreppband aufkleben würden; mit dem nassen Verfahren ist es nicht zu vergleichen).
Kaufen Sie nicht dauernd andere Papiere. Wenn Sie ein gutes, möglichst vielseitiges Material gefunden haben, sollten Sie dabei bleiben. Sonst ist jedes Bild immer wieder ein Herumprobieren. Ich empfehle ein raues Büttenpapier, auf dem im Grunde alle Techniken möglich sind. Auf Reisen sollten Sie Aquarellblocks mindestens in der Größe 36x48 cm mitnehmen. Im Atelier arbeitet man besser mit aufgespannten Einzelbogen.

Helga Neuber: Weg im Hasbruch. 1993, Aquarell, 49x34 cm.
Ganz anders als der kontrolliert gesetzte Farbauftrag im Bild von Kurt Froese wurde hier viel mit schwer beeinflussbaren Farbverläufen gearbeitet. Die Farben sind, mindestens im ersten Auftrag, sehr großzügig, praktisch nass-in-nass aufgetragen. Um dem Bild auch in diesem Zustand einen gestalterischen Spielraum zu geben, wurden Linien in den noch feuchten Malgrund hineingekratzt. Zum Teil ist die Farbe in diesen Vertiefungen zusammengelaufen, zum Teil wurde sie dadurch entfernt. Erst die zweite Farbschicht klärt das Motiv.

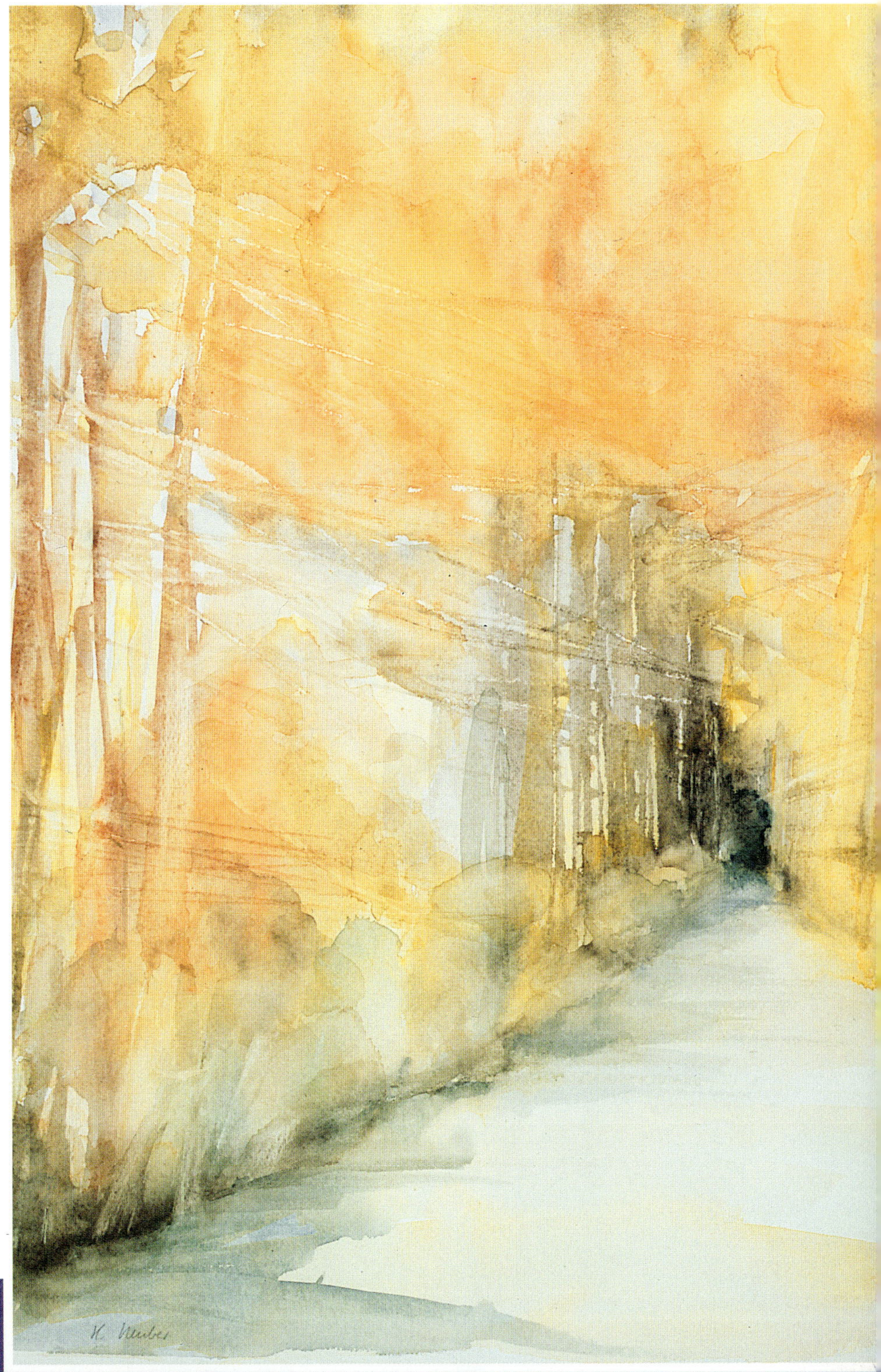

Deckfarben und Gouache

Gegenüber den Aquarellfarben unterscheiden sich die Deck- und Gouachefarben darin, dass sie mehr „Körper" haben. Bei der Deckfarbe sind die Pigmente nicht sehr fein verrieben, meist sind sie auch minderwertiger. Sie werden weder den koloristischen Ansprüchen gerecht, noch haben sie eine vergleichbare Farbintensität. Das führt dazu, dass größere Pigmentmengen verwendet werden müssen, die wiederum auch stärkere oder mehr Bindemittel verlangen. Die Folge davon sind Farbschlämme, die zu den deckenden Eigenschaften der Farbe führen. Der Unterschied von Aquarell- und Gouachefarbe liegt in der Weißzugabe (zum Beispiel Deckweiß, Titanweiß oder weiße Tonerde). Jedenfalls sind die Gouachefarben historisch so entstanden. Ihre Entwicklung verdanken sie vermutlich rein ästhetischen Erwägungen. Gouachefarben trocknen luftig und pastellig auf. Um diese Wirkung muss es den „Erfindern" der Gouachefarbe gegangen sein, anders ist der Weißzusatz kaum zu erklären, da er doch alle Farbtöne kalkig und kühl erscheinen lässt.

Die Wasserlöslichkeit des Materials hat allerdings zwei Seiten. Zum einen ist es natürlich angenehm, wenn die Farbe wasserlöslich bleibt, zum anderen sind Übermalungen sehr viel schwieriger zu bewerkstelligen, wenn der Untergrund dabei angelöst wird. Da Gouachefarben eher halbdeckend oder deckend verarbeitet werden sollten, kann man mit ihnen – im Gegensatz zu Aquarellfarben – auch von Dunkel nach Hell arbeiten.

Ein weiteres Problem beim Umgang mit allen Deck- und Gouachefarben ist die Tatsache, dass sie beim Trocknen heller werden, und zwar um so mehr, je mehr weiße Füllstoffe den Farben zugegeben wurden. Wenn aber in einem fertigen Bild Korrekturen vorgenommen werden sollen, müssen die Tonwertänderungen unbedingt berücksichtigt werden. Dazu gibt es zwei Hilfestellungen: erstens können Sie die Bildpartie, in der korrigiert werden soll, vorsichtig mit Wasser besprühen, dann können Sie die Farbe dem feuchten Ton entsprechend nachmischen; zweitens können Sie die Mischversuche auf kleine Papierschnipsel auftragen, mit dem Föhn trocknen und an die zu korrigierende Stelle halten, um sich so an die richtige Mischung heranzuarbeiten.

Papiere

Da als Verdünnungsmittel Wasser verwendet wird, ist es auch bei diesen Farbensystemen erforderlich, Einzelbogen aufzuspannen. In meinen Seminaren werden meist kräftig geleimte Aquarellpapiere, mindestens im Format 50x70 cm verwendet. Man kann aber auch viele andere feste Papiersorten verwenden und – entsprechend dem breiten gestalterischen Spielraum dieses Farbensystems – auf Pappen, Hartfaserplatten, Sperrholz oder Gewebe arbeiten.

Pinsel

Der Fülle von Möglichkeiten müssen die jeweiligen Pinsel entsprechen. Insofern sind für die Deck- und Gouachefarbenmalerei Haar- und Borstenpinsel als Rund- und als Flachpinsel gleichermaßen geeignet. In meinen Seminaren benutzen die Teilnehmer die Gouachefarbe meist weitgehend deckend und dickflüssig und verwenden dazu sinnvollerweise flache Borstenpinsel (je nach Bildformat in Pinselstärken zwischen 12 und 24).

Als Palette eignet sich auch hier die bei der Aquarellfarbe erwähnte Glasplatte.

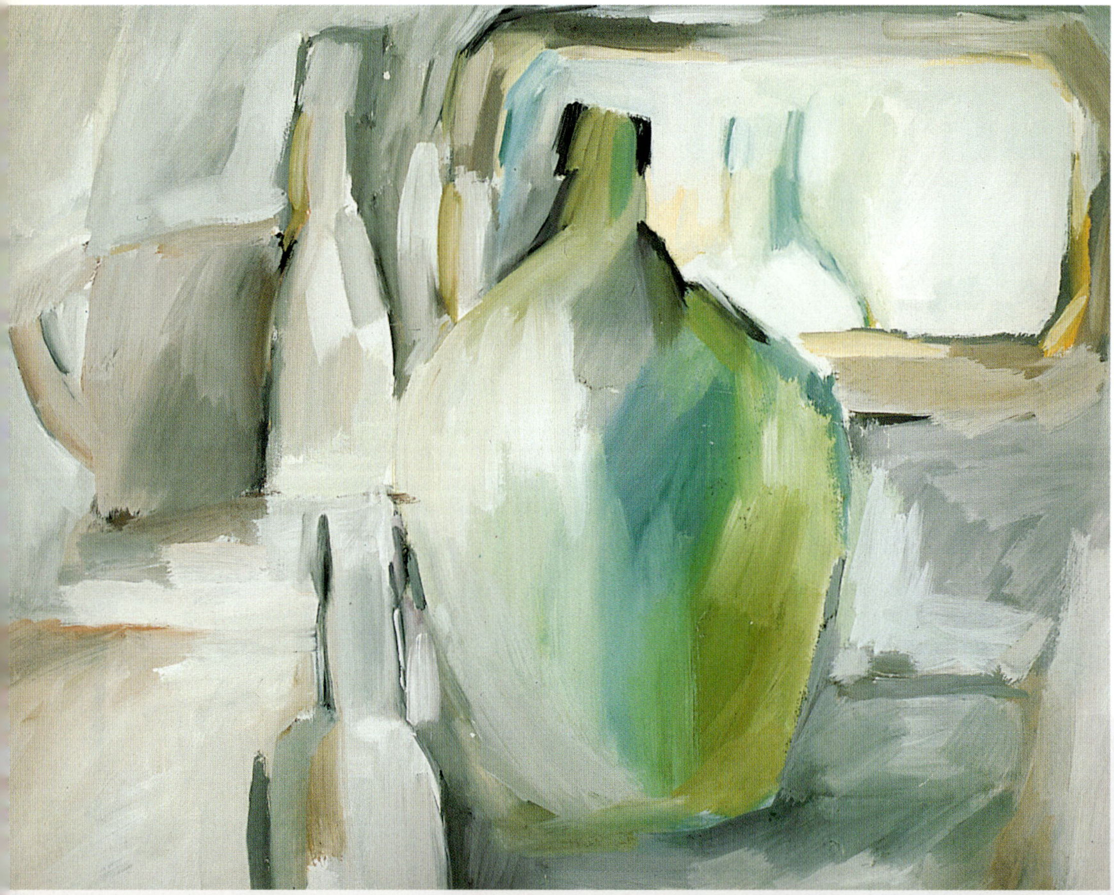

Wolf Wrisch: Stillleben. 1965, Gouache, 60x83,5 cm.
Das Bild bezieht seine Wirkung ganz wesentlich aus dem besonderen Charakter der Gouachefarben. Der kalkige, kühle Eindruck wird durch die Kontrastwirkung der im Wesentlichen stark in weißliche Töne gebrochenen Flächen mit einer relativen Farbverdichtung in der Bildmitte gesteigert.

Temperafarben

Die wenigsten Farben, die unter der Bezeichnung „Temperafarben“ angeboten werden, sind tatsächlich welche. Der Begriff ist eindeutig an das Wesen der Emulsion gebunden, das Bindemittel ist in jedem Fall ein Gemisch wässriger und nichtwässriger Anteile. Die sicherlich am meisten verbreitete Temperaemulsion ist das Ei. Es enthält bereits Fett und Wasser, kann noch sehr viel mehr Fett aufnehmen und ist ein guter Emulgator, also ein Mittel, das fette und wässrige Stoffe vermengen kann und diese Mischung halbwegs stabil hält.
Eine derartige Farbe hat natürlich keine sehr große Haltbarkeit. Aus diesem Grunde werden die meisten Temperafarben wahrscheinlich auch heute immer noch selbst hergestellt. (Was übrigens einen Teil der Faszination dieses Farbensystems ausmacht.)
Die Temperafarben stehen von ihrer Wirkung her zwischen den Gouache- und den Ölfarben. Also zwischen der luftigen, pastelligen Wirkung der ersten und der satten, aus der Tiefe leuchtenden Farbigkeit der zweiten. Tempera ist, wenn es um „altmeisterliche“ Techniken geht, unübertroffen. Sie wird in der Regel relativ dünn aufgetragen. Nur wenn der Anteil an fetten Bindemitteln höher ist, ist sie auch pastoser zu verarbeiten. Damit eignet sie sich ganz hervorragend für lasierende und lasurartige Farbaufträge. Die Oberfläche der Farbe trocknet relativ schnell, die Farbschicht darunter bleibt aber noch lange empfindlich. Dichtere Schichten brauchen Wochen und Monate bis sie völlig ausgehärtet sind.

Pinsel

Für die Schichtenmalerei, die dem Charakter dieses Farbensystems am meisten entspricht, sind vor allem gute Naturhaarpinsel angebracht; bei Farben mit höherem Ölanteil empfehle ich aber eher Synthetikhaarpinsel. Da alle Temperafarben nichtwässrige Bindemittelanteile enthalten, müssen die Pinsel übrigens nach Gebrauch nicht nur mit Wasser, sondern auch mit Seife ausgewaschen werden.

Untergründe

Als Untergründe sind Papier, Hartfaserplatten, Sperrholz und Leinwände geeignet. Allerdings müssen sie zunächst am einfachsten mit einem Dispersionsgrund (den gleichen, den man auch für Acryl- und Ölfarben verwenden kann) vorbereitet werden.

Ulrich Lassek: Bergdorf. 1997, Tempera auf Leinwand, 50x40 cm.
Das Bild Ulrich Lasseks ist mit der „klassischen“ Temperafarbe (bestehend aus Pigment, Eigelb und Leinöl-Firnis) gemalt. Bewusst nicht völlig durchgearbeitet, zeigt es eine lasierende Grundlage aus grüner Erde, eine ebenfalls lasierende Kolorierung mit einer Helioblau-Weiß-Mischung (vor allem im rechten Bildteil sehr gut zu sehen) sowie deckende Farbaufträge (insbesondere in der mittleren, vertikalen Bildpartie).

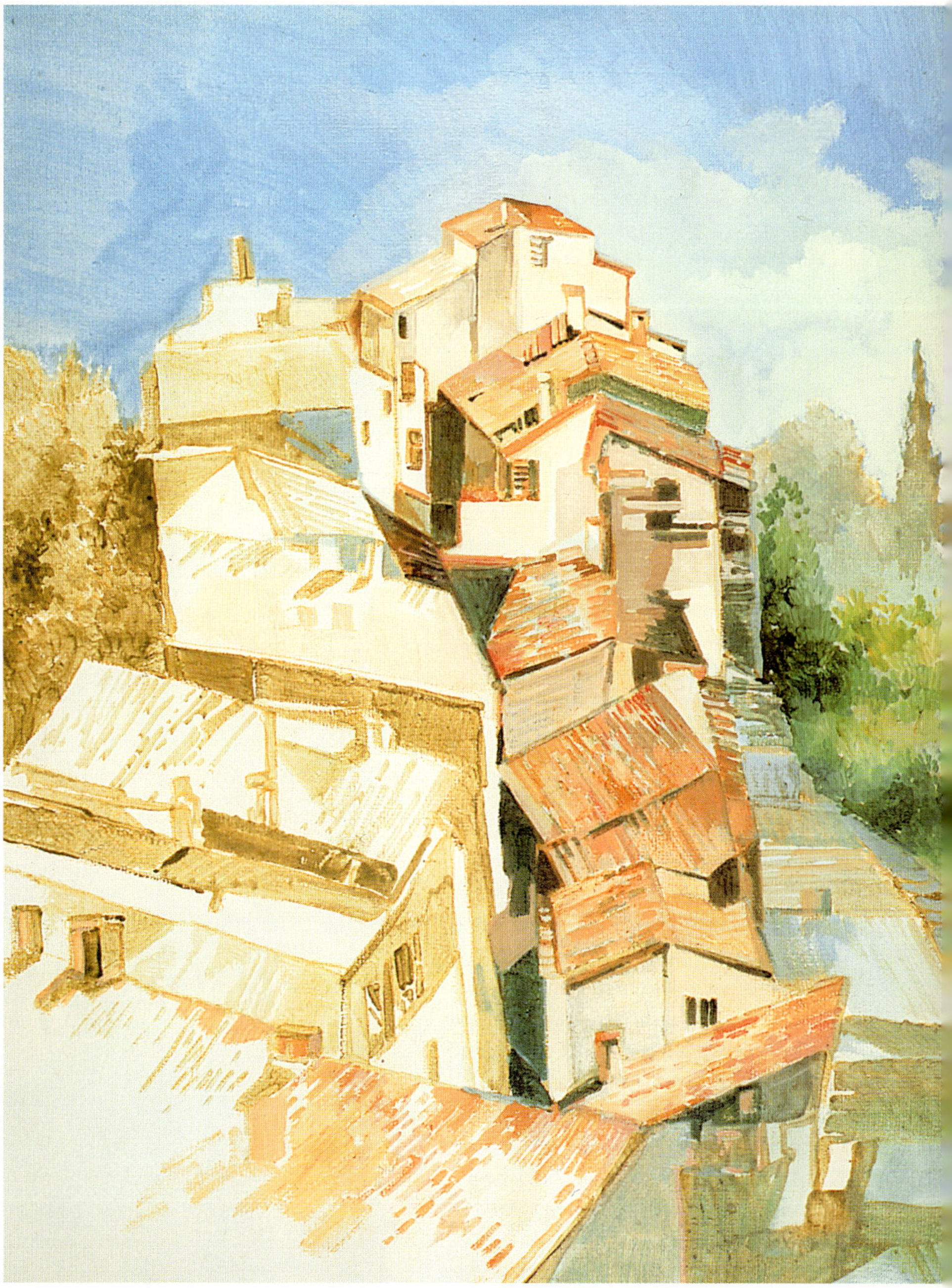

Acrylfarben

Die Acrylfarben tragen ihren Namen nach ihrem synthetischen Bindemittel, dem Acrylharz. Insofern entsprechen sie in ihrer Zusammensetzung im Prinzip den gebräuchlichen Dispersions-Wandfarben, enthalten aber natürlich hochwertigere Pigmente. Sie sind demnach zwar auch wasserverdünnbar, trocknen aber wasserfest auf. Im Gegensatz zu der langsam ablaufenden chemischen Trocknung bei den Ölfarben trocknen sie durch Verdunstung des in der Farbe enthaltenen Wassers, also einem physikalischen Trocknungsvorgang. Dadurch ergibt sich das rasche Aushärten der Farben. Im Prinzip verdunstet also das als Verdünnungsmittel hinzugefügte und in der Farbe enthaltene Wasser, wobei die verbleibenden Acrylharzpartikel unter Einschluss der Pigmente eine feste, elastische Masse ergeben.

Aufgrund dieser Materialeigenschaften ergeben sich eine ganze Reihe von Vorteilen (allerdings auch Nachteilen) des Farbensystems. Zunächst lässt sich uneingeschränkt feststellen, dass Acrylfarben problemlos zu verarbeiten sind, nicht zuletzt, weil als Verdünnungs- und Reinigungsmittel Wasser verwendet wird. Acrylfarben sind sehr vielseitig. Sie ermöglichen gleichermaßen dünnste Farbaufträge wie dickschichtige Malereien bis hin zu Spachtel- und Collagetechniken (in die feuchte Farbe gedrückte Materialien kleben dort dauerhaft fest). Außerdem kann mit Acrylfarben praktisch auf allen (fettfreien) Untergründen gemalt werden.

Positiv wird auch herausgestellt, dass die Farben schnell trocknen, zügig mit ihnen gearbeitet werden kann und gerade fertig gestellte Schichten – die ja nicht mehr löslich sind – problemlos übermalt werden können. Das klingt positiv, kann aber auch problematisch werden. Deswegen gilt in diesem Zusammenhang der viel zitierte Satz: „Acrylfarben haben den Vorteil, sehr schnell zu trocknen; aber sie haben auch einen Nachteil, nämlich sehr schnell zu trocknen". Die Farbe trocknet tatsächlich sehr schnell. Zwar gibt es Zusätze, die die Trocknung verlangsamen (so genannte Retarder oder Verzögerer). Aber so ganz viel nutzen sie auch nicht.

Und bei dem ansonsten propagierten Besprühen sämtlichen Materials (also: Bild, Pinsel, Palette) mit Wasser muss man Acht geben, dass die Farben nicht ineinander laufen. Ich rede bewusst von sämtlichem Material, das schnelles Trocknen betrifft: Pinsel, Palette – alles! Und eingetrocknete Acrylfarbe lässt sich nur mit entsprechenden Lösungsmitteln entfernen (mit speziellen Pinselreinigern oder Aceton).

Auch die Acrylfarben verändern sich beim Trocknen. Von dieser Tonwertveränderung sind nicht alle Farben gleichmäßig betroffen. Fast gegensätzlich zur Gouachefarbe, bei der die Farben mit einem relativ hohen Weißanteil beim Trocknen heller werden, werden bei der Acrylfarbe die Farbtöne, die Weiß enthalten, dunkler.

Renate Meyer: Blumenvase. 1996, Acryl, 41x29 cm.
Die extrem wässrig aufgetragene Acrylfarbe verdeutlicht, wie wenig Schubladendenken geeignet ist, wenn es darum geht, Farbensysteme einzuschätzen und zu bewerten. Auf den ersten Blick könnte man das Bild für ein Aquarell halten, obwohl bei genauerem Hinsehen deutliche Unterschiede vor allem im Verlaufverhalten der Farben festzustellen sind. Dennoch sind die Möglichkeiten aller Farbensysteme erheblich größer als allgemein angenommen, mindestens aber realisiert wird. Diese Acrylmalerei stellt jedenfalls ein ausgesprochen reizvolles Beispiel für eine Anwendungsmöglichkeit dar, der man recht selten begegnet.

Untergründe

Acrylfarbe haftet praktisch auf allen Untergründen. Auf jedem saugfähigen Material ohnehin, also auf Papier, Pappe, Hartfaserplatte, Sperrholz und Gewebe, praktisch auch ohne Vorbehandlung und auf nicht saugfähigen Gründen nach einer entsprechenden Behandlung; danach lassen sich beispielsweise auch Kunststoffe, Metalle und Glas bemalen. Eines müssen die Malgründe aber in jedem Fall sein: fettfrei. Deswegen sind auch Ölgrundierungen für die Acrylmalerei ungeeignet.

Lassen Sie sich dadurch nicht verwirren: die meisten grundierten Gewebe, die heute für die Ölmalerei angeboten werden, sind mit Kunstharz-Grundierungen beschichtet und dementsprechend für Öl- und Acrylfarben geeignet.Gewöhnlich werden Acrylfarben mit den gleichen Pinseln verarbeitet wie Ölfarben. Von den weichsten Haarpinseln bis zu den härtesten Borstenpinseln sind – bei den entsprechenden Malweisen – die unterschiedlichsten Sorten angebracht. Benutzen Sie aber dennoch keine hochwertigen Haarpinsel. Vor allem die Kunsthaarpinsel überstehen die erforderliche robuste Reinigung besser. Um nicht zu viel mit Lösungsmitteln arbeiten zu müssen, sollten die Pinsel auch immer wieder zwischendurch, während der Arbeit, gut ausgewaschen werden.

Da es auch keinen Sinn macht, Paletten mit Lösungsmitteln zu reinigen, sollten nur solche benutzt werden, von denen die Farbe leicht zu entfernen ist (also beispielsweise die für die Aquarellfarben empfohlene Glasplatte) oder welche, die nach Gebrauch weggeworfen werden können. Das sind beispielsweise weiße Papp-Partyteller oder so genannte Palettenblocks oder Abreißpaletten.

Karin Hölz: Schattenzeit. 1995, Acryl, 57x72 cm. Acrylfarben eignen sich vor allem auch für reliefartige, pastose Farbaufträge, weil man ihnen problemlos so genannte Struktur- oder Modellierpasten beifügen kann. Sogar collageartige Arbeiten und die Einbettung unterschiedlichster Materialien sind mit diesen Materialien möglich. Dabei trocknen auch dickere Schichten relativ schnell durch, sodass ein zügiges Arbeiten möglich ist. Bei diesem Bild wurde die Farbe in vielen Schichten mit dem Spachtel aufgetragen, wurde weggekratzt, dann mit anderen Farben überarbeitet und wieder zum Teil weggekratzt, um erneut überarbeitet zu werden. Die gering differenzierten Bergformen ermöglichen diese Art der großzügigen Auseinandersetzung mit Farbe und Farbauftrag. Dadurch sind die motivischen Aspekte zugunsten der gestalterischen Qualität des Bildes relativ unbedeutend geworden.

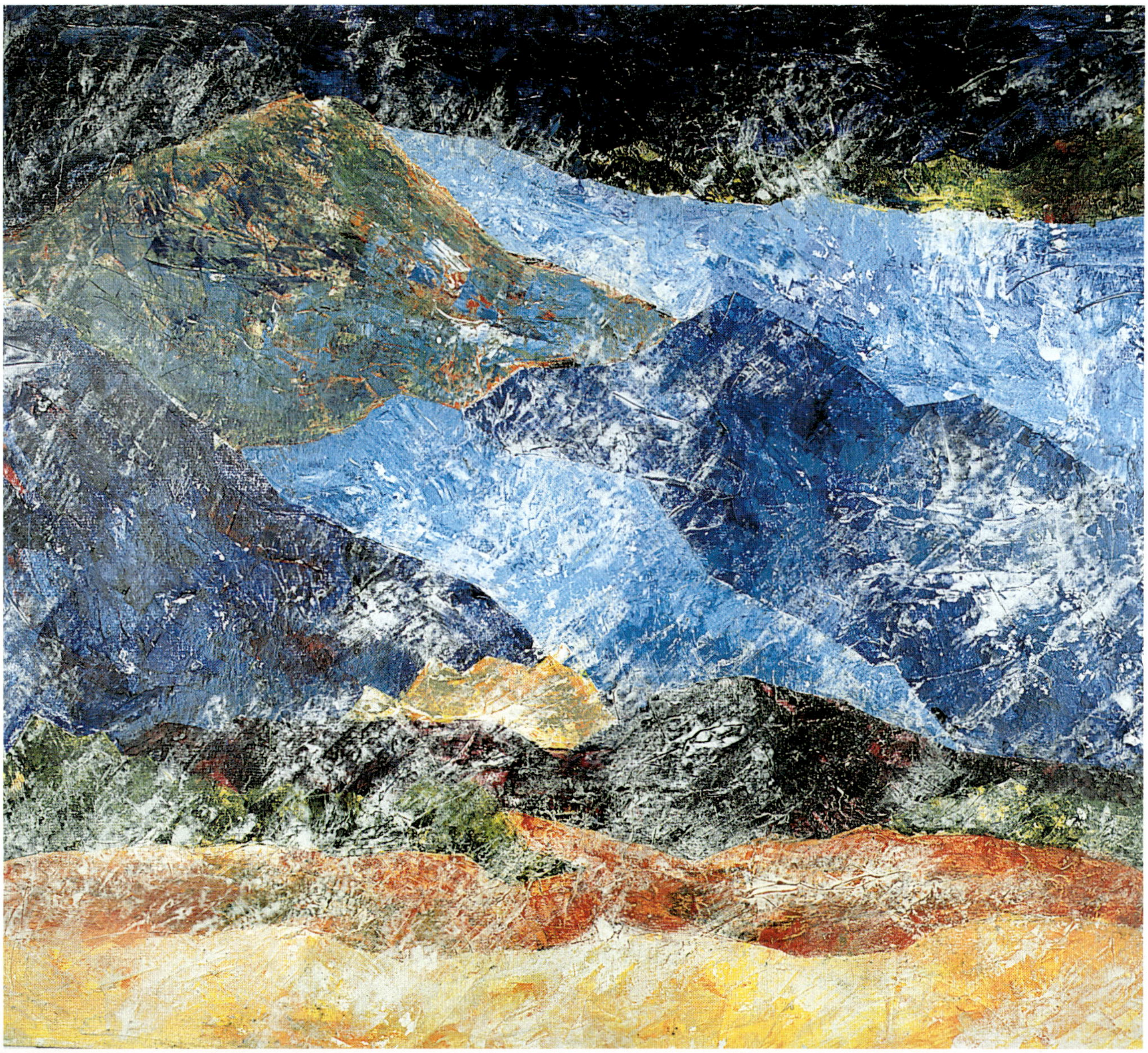

Gedanken zum Stellenwert der unterschiedlichen Farbensysteme

Die Einschätzung der unterschiedlichen Farbensysteme hat zuweilen einen merkwürdigen Charakter. Man könnte fast den Eindruck gewinnen, als würde es sich dabei um eine Art Glaubensstreit handeln. Das betrifft gegenwärtig vor allem die Acryl- und die Ölmalerei. Zwei extreme Positionen sind zu beobachten. Da sind diejenigen, die voller Bewunderung vor Ölmalereien stehen und ehrfürchtig feststellen: „Echt in Öl!" Die Vertreter dieser Glaubensrichtung sind unter den Laien verbreiteter als unter den Profis. Dort lässt sich zur Zeit eine Einschätzung beobachten, die der Ölmalerei bestenfalls einen Platz als belächelte Hobbytechnik zugesteht. Man malt nur noch mit „zeitgemäßen" Acrylfarben. Und auch dabei verwendet man meist keine Fertigprodukte. Die Farben werden aus der entsprechenden Emulsion und den Pigmenten selbst hergestellt. Und obwohl das ungefähr den Schwierigkeitsgrad von Kaffee kochen hat, und obwohl die dabei produzierten Farben eher schlechter sind als die der Künstlerfarben-Hersteller, stärkt die eigene Farbenproduktion das Selbstwertgefühl.

Doch zunächst eine kurze Einschätzung der anderen Farbensysteme: Die Aquarellfarbe hat ihre eigene „Nische". Wegen ihrer deutlichen formalen Eigenständigkeit konkurriert sie nicht mit anderen Farbensystemen. Zwar wird sie offiziell als Freizeitbeschäftigung diskreditiert, hat aber zweifellos die größte Verbreitung. Wegen des geringen Materialbedarfs, der geringen Anforderungen an einen Arbeits- (Atelier-) Platz, der unproblematisch zu transportierenden, zu lagernden und auszustellenden Malergebnisse und der interessanten, eigenständigen formalen Möglichkeiten gehört sie fraglos zu den Farbensystemen, die man sich sinnvollerweise erschließen sollte.

Deckfarben haben meines Erachtens eine ganz wesentliche Funktion, wenn es um Lernprozesse geht. Weder werden problematische Lösungs- oder Verdünnungsmittel gebraucht, noch entstehen ewig währende Produkte. Man kann auf preiswerten, nicht weiter zu behandelnden Gründen mit preiswerten Farben arbeiten. Darüber hinaus erfüllen die Farben dann doch nicht die – gewachsenen – Erwartungen. Die Gouache wird, mit ihrem pastelligem Charakter, für bestimmte Gestaltungsabsichten den einen oder anderen Interessenten finden.

Ähnliches gilt für die Temperamalerei. Sie kann sicherlich von der Breite der Anwendungsmöglichkeiten her nicht mit der Acryl- oder Ölfarbe konkurrieren, ihre Bedeutung in Bezug auf bestimmte – vor allem formale – Möglichkeiten behält sie.

Dass sich Acryl- und Ölfarben „eigentlich" gegenseitig ersetzen können ist zweifellos Unfug. Acrylfarben haben besonders dort eine Bedeutung, wo es um spontane Übermalungen geht, wo schnell Farbschichten übereinander aufgetragen werden, ohne dass auf Grundierungen und Untermalungen geachtet werden muss. Acrylfarben ermöglichen durch Zusätze von Modellier- und Texturpasten reliefartige Strukturen, das Einmischen von Füllstoffen (Sand oder Sägemehl zum Beispiel) und die Einbettung von Objekten und anderen Materialien. Und schließlich lassen sich Acrylfarben in zügig aufzubringenden Lasuren und in den unterschiedlichsten (auch technischen) Spritztechniken verwenden.

Das ändert nichts an der Bedeutung der Ölfarbe. Ihr Anwendungsspielraum ist mindestens ebenso groß wie der der Acrylmalerei, nur sind diese Bereiche eben nicht deckungsgleich. Die schnellen Trocknungszeiten der Acrylfarben, die sich auch durch den Zusatz von Verzögerern nur sehr begrenzt verlängern lassen, machen Nass-in-Nass-Techniken praktisch unmöglich. Auch das Malen in der Natur ist mit Acrylfarben deswegen kaum sinnvoll. Ölfarben bleiben dagegen viel länger „offen". Zwar existiert bei den Ölfarben das entgegengesetzte Problem, dass sie immer noch zu langsam trocknen, die trocknungsbeschleunigenden Zusätze erfüllen aber eher ihren Zweck als die verzögernden bei den Acrylfarben. Ölfarben ermöglichen zarteste lasurartige Farbaufträge ebenso wie pastose. Und obwohl es besondere Hilfsmittel gibt, die diese Eigenschaften offenbar erst ermöglichen sollen, sind beide Extreme durchaus mit hochwertigen Farben ohne jegliche Zusätze machbar.

Die besonderen Eigenschaften der Ölfarben sind heute genauso aktuell wie während der vergangenen gut 500 Jahre.

Der vermeintlich zeitgemäße Vorwurf, dass der Materialreiz einer Farbe irrelevant und als Orientierungsgröße veraltet, vielleicht sogar störend sei, ignoriert die Tatsache, dass schließlich jedes Farbensystem seine besonderen Reize hat. Natürlich ist zum Beispiel eine Art inneres Leuchten der (Öl-)Farbe, das in den Gemälden der alten Meister bewundernd geschätzt wird, etwas, was die Muße des Betrachters voraussetzt, und das wiederum erfordert eine dementsprechende Art der Auseinandersetzung mit Bildern. Aber ist eine derartige Materialeigenschaft damit bereits irrelevant?

Ölfarben

Das Bindemittel der Ölfarbe ist – der Name sagt es – Öl. Meist sind es verschiedene Öle, die den Pigmenten zugegeben werden, bis die Farbe die gewünschte Konsistenz hat. Die Öle „trocknen" langsamer als die Bindemittel der anderen Farbensysteme, da sie chemisch abbinden. Genau genommen ist dieser Vorgang ein Oxidationsprozess. Ölfarben werden, was das erforderliche Material und den Umgang damit angeht, oft weit überschätzt. Manche Malanleitungen lesen sich wie alchimistische Inszenarien. Dabei sind die Materialien heute derart ausgereift, dass unter Berücksichtigung weniger Regeln (und die muss man auch bei anderen Farbensystemen beherzigen) die Ölfarbenmalerei nichts an sich hat, was selbst einen Anfänger überfordert. Zur Grundausstattung gehört im Prinzip nicht mehr als bei anderen Systemen.

8 bis 12 Tuben Farbe, ein Verdünnungsmittel (oder ein „Malmittel"), ein Reinigungsmittel, ein grundierter Malgrund, ein paar Borstenpinsel (gegebenenfalls auch Haarpinsel, falls „spurlose" Glattheit gewünscht wird) und eine Palette.

Viele Farbenhersteller produzieren unterschiedliche Qualitäten. Für viele Zwecke reichen auch die so genannten „Studien"-Qualitäten vollkommen aus. Auch lassen sich die unterschiedlichen Qualitäten mischen.

Es gibt Empfehlungen, die unteren Schichten mit Studien- und die oberen mit Künstlerfarben zu malen, oder Farben unterschiedlicher Qualität zu kaufen: die kräftigen, reinen Farben in Künstlerfarben-Qualität und die unbunten und die Erdfarben in Studienqualität.
Auch muss beileibe nicht immer auf aufgespannten, hochwertigen Leinwänden gemalt werden. Auf festem, grundiertem Papier lässt sich hervorragend malen. Ich spanne dazu kräftiges Papier nass auf eine Sperrholzplatte und grundiere dann mit einem handelsüblichen Malgrund. Ohne spürbare qualitative Einbußen kann das aber auch eine gute Wandfarbe aus dem Baumarkt sein – aber wirklich: eine gute Wandfarbe; billige Materialien „saugen" die Intensität aus der Ölfarbe! Denken Sie aber auch daran, dass Sie mehrmals in dünnen Schichten grundieren, nie mit nur einem satten Farbauftrag.
Auch bedeutet die Arbeit mit Ölfarben heute nicht mehr, dass mit gesundheitsschädlichen Hilfsmitteln gearbeitet werden muss. Der Fachhandel bietet inzwischen eine ganze Reihe von Verdünnungs– und Reinigungsmitteln an, die keine giftigen Zusätze mehr enthalten.

Pinsel und Paletten

Die Qualität der Pinsel ist für die Ölmalerei von keiner besonderen Bedeutung.
Für den satten pastosen Farbauftrag werden (Schweine-)Borstenpinsel und für das dünnschichtige, also meist: lasierende Malen weiche Haarpinsel verwendet.
Auch Borstenpinsel gibt es als Rund-, Flach- oder Katzenzungenpinsel, wobei sich der Rundpinsel vor allem für Details und eher zeichnerisch-lineares Arbeiten eignet (dazu würde ich aber immer einen entsprechenden Haarpinsel vorziehen) und der Flachpinsel für fleckhaften und flächigen Farbauftrag.

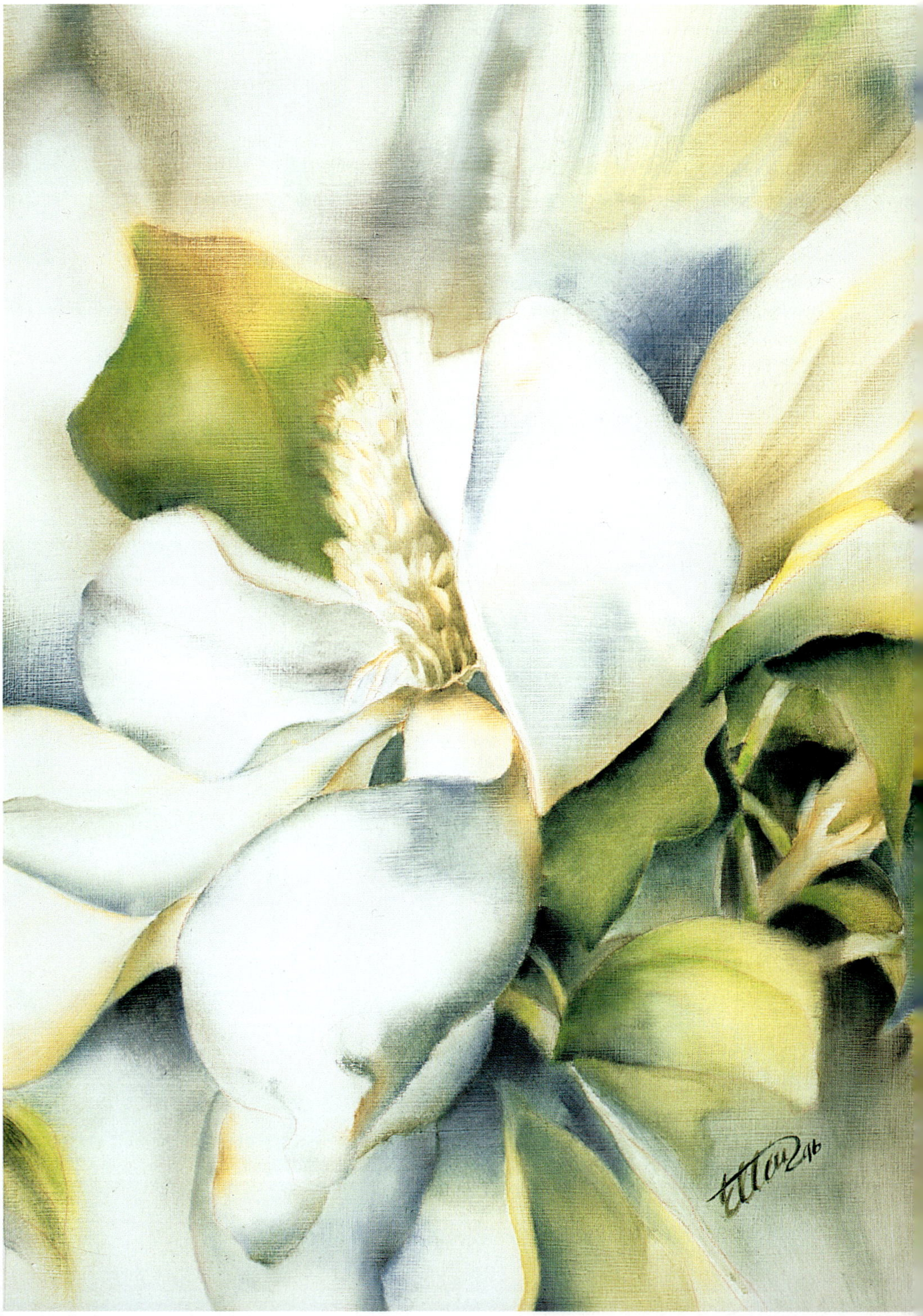

Ellen Schlichting: Magnolie. 1996, Öl auf Ölmalpapier, 65x45 cm.
Dieses Bild zeigt, dass das Klischee der fetten, glänzenden, dick aufgetragenen Ölmalerei nur eine sehr begrenzte Sicht der Dinge darstellt. Denn auch zarte Farben, Aussparungen und weiche Verläufe, die normalerweise als Attribute „typischer" Aquarelle gelten, sind durchaus auch mit Ölfarben zu realisieren.

Der Katzenzungenpinsel hat abgerundete Ecken und gleicht, wie der Name sagt, einer Zunge. Für meinen Geschmack ist sein Strich zu charakterlos, aber das hat etwas mit meiner Art zu malen zu tun. Ich kenne einige Künstler, die sogar recht gerne damit arbeiten.

Bessere Borstenpinsel sind „auf Schluss" gearbeitet. Dabei werden die von Natur aus leicht gekrümmten Schweineborsten in zwei gegeneinander laufenden Büscheln gebunden. Ein solcher Pinsel hält erheblich besser die Form und bewirkt eine gezieltere, genauere Werkspur beim Malen.

Bei billigen Pinseln werden die unterschiedlich gekrümmten Borsten mit Leim in eine verkaufsfördernde Form gebracht, aber bereits nach der ersten Benutzung spreizen sie sich in alle Richtungen.

Paletten für die Ölmalerei gibt es in unterschiedlichsten Formen, Größen und Materialien. Ich empfehle zwei Sorten: entweder eine Holzpalette mit Daumenloch, falls Sie wirklich mit der Palette in der Hand arbeiten oder – um sich das lästige Reinigen zu ersparen – einen Palettenblock, also Abreißpaletten.

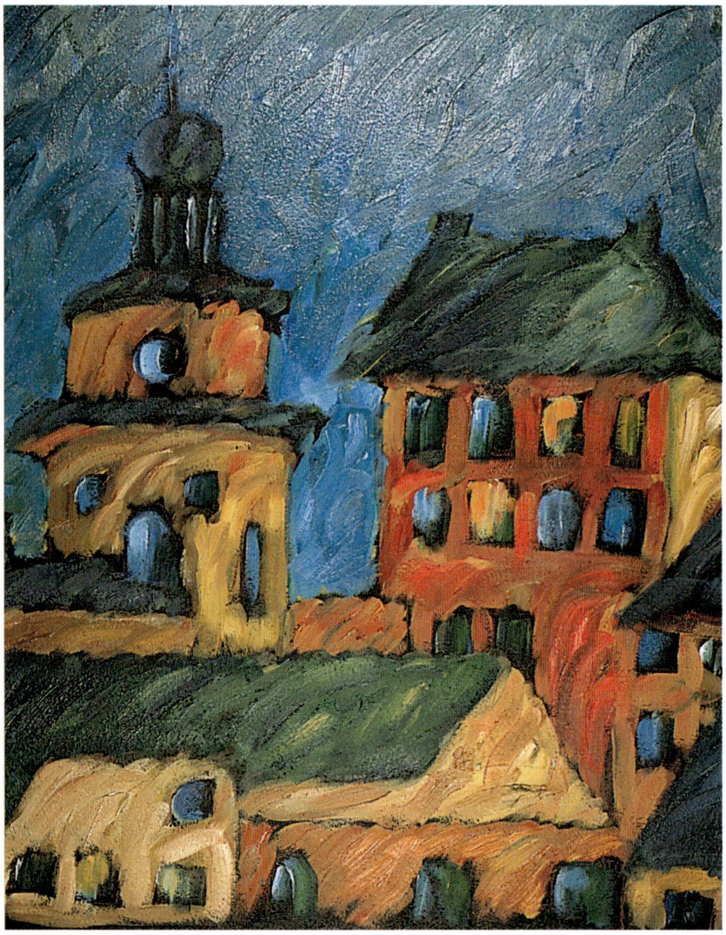

Bild oben:
Bärbel Politsch: Stadtansicht. 1997, Öl auf Spanplatte, 71x60 cm.
Trotz einer etwas problematischen Komposition (die Objekte verdichten sich zu sehr am unteren Bildrand, die offenbar willkürlich angeschnittenen Häuser irritieren eher, als dass sie zu einer kompositorischen Spannung beitragen) ist das Bild farblich und vom Farbauftrag her sehr reizvoll. Die kraftvoll auf den schwarz grundierten Malgrund gesetzten Pinselspuren vermitteln einen lebendigen Rhythmus, der die starren Gebäude förmlich vibrieren lässt.

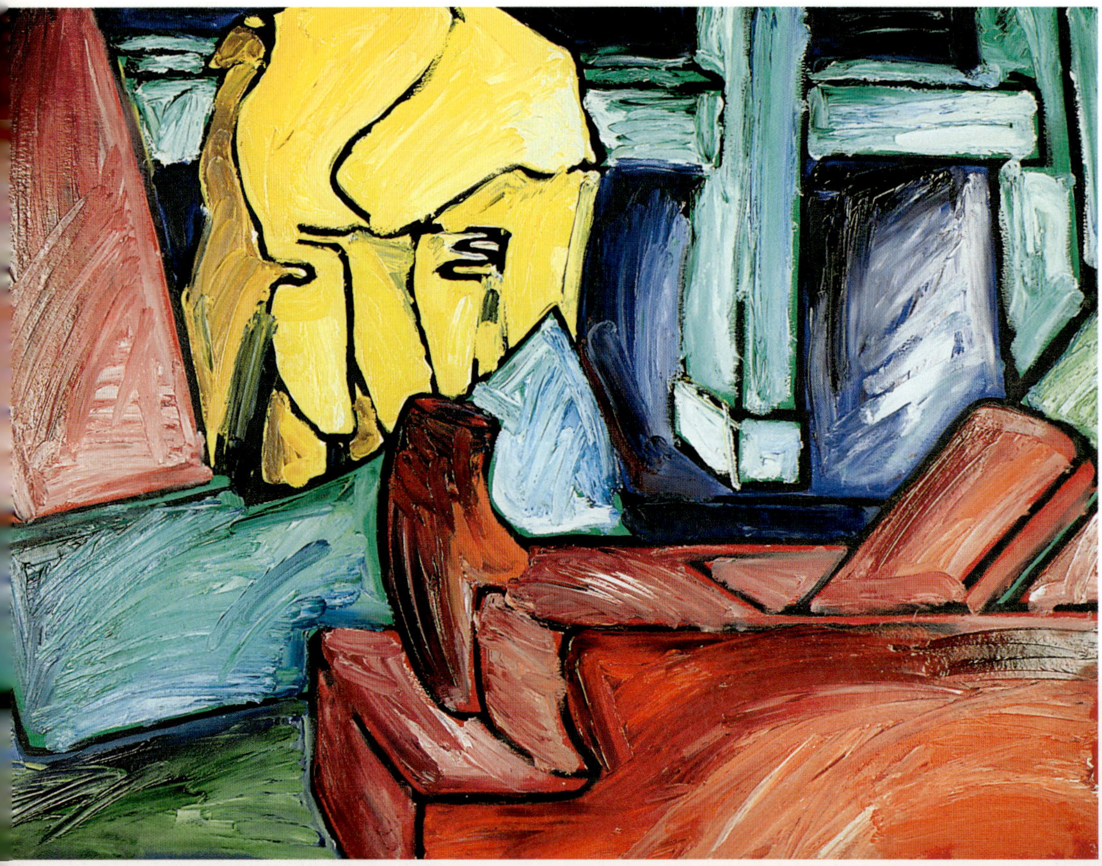

Wolf Wrisch: Arbeitsgeräte. 1997, Öl über Acryl auf Malkarton, 50x70 cm.
Der deutliche Duktus in diesem Bild ist nur im weitesten Sinne eine „Werkzeug"-Spur. Das Bild wurde nämlich – jedenfalls was den zweiten Farbauftrag, also die Ölfarbe anbelangt – ausschließlich mit den Fingern gemalt. Dem gestisch bewegten Farbauftrag entsprechend wurden dann auch die Farben kraftvoll koloristisch gewählt.

Allgemeine Empfehlungen

Farbanschaffungen für den Anfang

Mit einer geringen Anzahl an Farben zu arbeiten ist nicht nur aus Kostengründen sinnvoll. Die meisten Anfänger überfordern sich durch zu viele Farben. Um damit angemessen umgehen zu können, sollten Sie nämlich die Eigenschaften aller von Ihnen verwendeten Farben kennen: die Lasur- und die Mischeigenschaften ebenso wie deren Fließ- und das Trocknungsverhalten.

Sie wissen bereits, dass mit den Farben des Druckereigewerbes, mit Yellow, Magenta und Cyan (plus Schwarz) alle Farben weitgehend ermischbar sind. Sie wissen auch, dass Künstlerfarben eine andere Tradition haben, sich also nicht an diesen Farben orientieren. Trotzdem sollten Sie Ihre Basispalette daran ausrichten. Es hat eine lange Tradition, die Grundfarben jeweils doppelt zu besetzen. Das heißt, dass Sie schon sehr weit kommen, wenn Sie sich ein kälteres Gelb und ein wärmeres, ein kälteres Rot und so weiter anschaffen.

Im Prinzip würde diese Farbenzusammenstellung sogar schon ausreichen, wenn ihr ein möglichst neutraler Dunkelton – es müsste nicht unbedingt Schwarz sein – und bei deckenden Farbensystemen das Weiß hinzugefügt werden. Um sich aber die Arbeit zu erleichtern, halte ich die Ergänzung durch eine weitere Farbengruppe für sinnvoll, die ich als „Service“-Farben bezeichne (die Grün- und Brauntöne).

Da die Farbenbezeichnungen einiger Hersteller oft wenig mit denen anderer zu tun haben, gebe ich bei der folgenden Farbenempfehlung Tendenzen an; die in Klammern genannten Farben sind nur als Orientierung zu verstehen:

ein kaltes Gelb (Zitronengelb), ein warmes Gelb (Kadmiumgelb), ein warmes Rot (Kadmiumrot), ein kaltes Rot (Karmin- oder Krapprot), ein warmes Blau (Ultramarin oder Kobaltblau), ein kaltes Blau (Preußisch- oder Phthaloblau), ein kaltes Grün (Chromoxidgrün feurig), ein gelblicher Braunton (Lichter Ocker), ein rötlicher Braunton (Englischrot) und ein dunkler, neutraler Grauton (Umbra gebrannt oder Vandykbraun). Schwarz gehört nicht unbedingt, Weiß in jedem Fall – und zwar in größeren Mengen – bei allen deckenden Farbensytemen zu einem Basissortiment dazu.

Die Einrichtung einer Palette

Gewöhnen Sie es sich unbedingt an, dass die Farben auf Ihrer Palette immer einen festen Platz haben. Dabei gibt es unterschiedliche Ordnungsprinzipien.

Die Farben können beispielsweise so angelegt werden, dass die Reihung eine Art auf- und abschwellender Tonfolge darstellt, sie können auch von hell nach dunkel angeordnet werden, warme und kalte Farben könnten gruppiert werden und so weiter.

Halten Sie das Ordnungsprinzip unbedingt ein. Sie „finden“ die Farben dann gewohnheitsmäßig leichter, und Ihr Farbgefühl wird durch das Durcheinander nicht so sehr irritiert. Ganz wichtig ist das Einhalten einer festen Ordnung vor allem bei Kunststoffpaletten. Sie werden von manchen Pigmenten derart durchgefärbt, dass sie sich nicht mehr reinigen lassen.

Drücken Sie keine zu großen Farbmengen auf Ihre Palette. Mehrere kleine Farbkleckse lassen sich für unterschiedliche Farbmischungen besser verwenden und die Farbe verschmutzt nicht so schnell.

Selbst aufgespannte und -grundierte Malgründe

Das Prinzip des nassen Aufspannens von Einzelbogen (siehe Seite 39) ist Ihnen inzwischen sicher vertraut. Aufgespanntes Papier ist ein ausgezeichneter Malgrund für fast alle Malweisen und -materialien. Und es lässt sich für alle Farbensysteme außer Aquarell-, Deck- und Gouachefarben mit Acrylfarben völlig unproblematisch farbig grundieren. Haben Sie am besten immer ausreichend viele Malgründe parat. Schaffen Sie sich dazu Sperrholzplatten unterschiedlicher Größe an, ringsherum mindestens zwei bis drei Zentimeter größer als die Bogenware (für das Klebeband), die Sie üblicherweise verwenden. Und wenn die Zeit dann mal wieder zu knapp zum Malen ist, aber ausreicht, um ein paar Bogen Papier aufzuspannen und zu grundieren, sollten Sie das unbedingt tun. Dann können Sie spontan und ohne Vorarbeiten immer sofort mit der Arbeit beginnen ...

Konzeption zur Anordnung der Farben auf der Palette

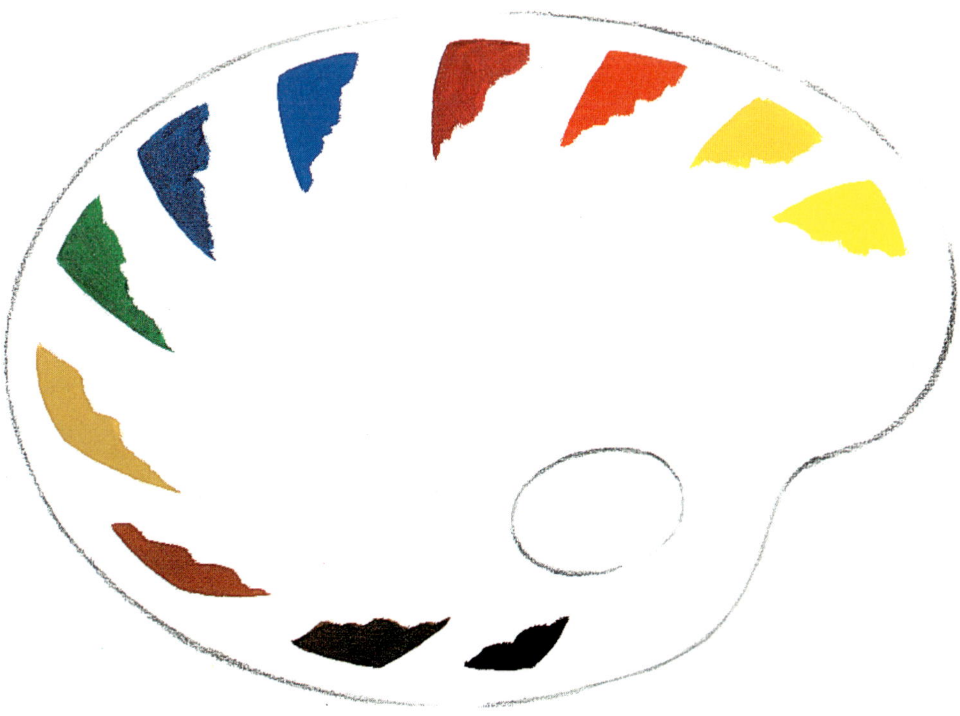

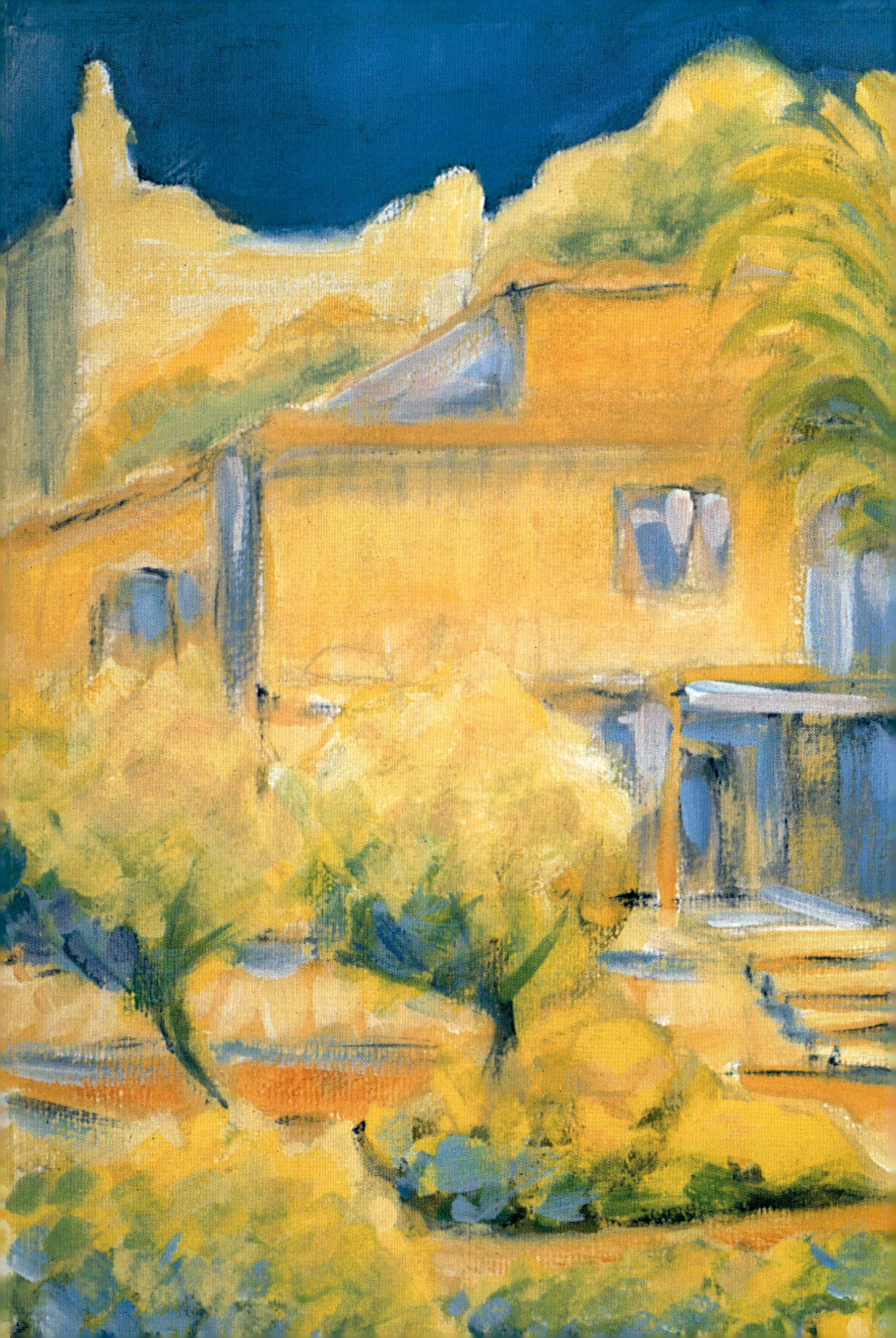

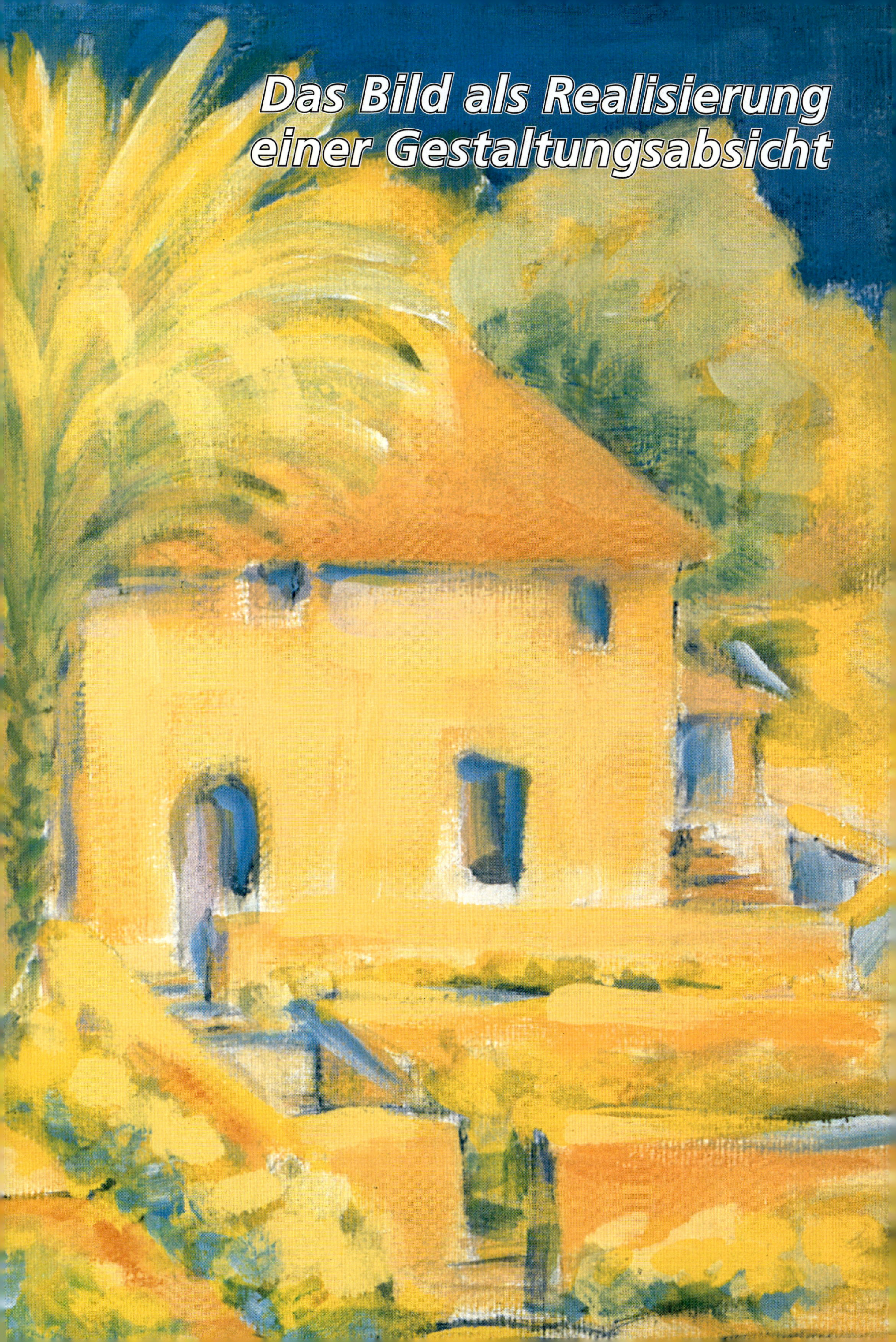
Das Bild als Realisierung
einer Gestaltungsabsicht

Realität und Bildrealität

Wenn ich bei den Aufgabenstellungen meist von der Realität ausgehe, soll das nicht heißen, dass das Spiel mit dem Material, in konkreter wie in formaler Hinsicht, künstlerisch belanglos ist. Im Gegenteil, das spielerische Moment, das ungeplante Umgehen mit Farbe, Form, Farbauftrag und Material, hat ohne jeden Zweifel seine Berechtigung im Bereich der Kunst. Für manche Menschen und in manchen Entwicklungsphasen ist diese Art Lernen manchmal sogar wichtiger als die Teilnahme an gezielten und überprüfbaren Lernprozessen. Lernen erfordert aber immer wieder ein Vergleichen und Überprüfen des probeweise Erreichten. Wenn dann aber kein Ziel vorgegeben ist, bleiben Zweifel und Unsicherheit an den Arbeitsergebnissen. (Wozu sonst gäbe es an allen Kunsthochschulen beispielsweise noch Akt- oder Porträtzeichenkurse, Veranstaltungen mit dem Titel „Zeichnen nach der Natur", „Sachzeichnen" und so weiter?)

Die eigene Gestaltungsabsicht

Die Wirkung jedes Bildes beruht auf dem Zusammenspiel technischer, gestalterischer und ausdrucksbezogener Aspekte. Ob diese Dinge jeweils so sind, weil sie so geplant wurden, oder ob sie eher als Folge eines spontanen oder sogar eines missglückten Prozesses entstanden, ist dabei unerheblich. Als Betrachter muss ich zunächst immer davon ausgehen, dass das Bild die Realisierung dessen ist, was der Künstler – bewusst oder unbewusst – wollte. Die zugegebenermaßen stark vereinfachte schematische Darstellung auf Seite 193 Mitte zeigt die unterschiedlichen Faktoren, die diesen Vorgang beeinflussen.
Auch dieses Schema geht von der Realität als Gestaltungsanlass aus. „Gefühle, Vorstellungen und Ideen", die beim Malen in die Bilder einfließen können, sind außer persönlichen Wünschen und Hoffnungen, Ängsten, Träumen, Erinnerungen, Fantasien, Erlebnissen, ... religiöse und weltanschauliche Werte. Auch Wünsche der Auftraggeber, Normen und Erwartungen des Kunstmarktes, prägende Einflüsse durch Lob und Tadel sollten nicht unterschätzt werden!
Die scheinbar grenzenlosen Möglichkeiten künstlerischen Ausdrucks sind schnell eingeengt, wenn jemand von seiner Kunst leben muss.
Doch zurück zur Praxis. Jede Zeichnung, jede Malerei ist – mehr oder minder nachvollziehbar – Übersetzung der Realität. Jede Bildersprache hat ihre eigene Grammatik. Keine ist „richtiger", „wahrer" oder mehr oder weniger „berechtigt" als eine andere. Probleme gibt es im Prinzip nur bei radikalen Veränderungen.
Erfindet ein Künstler eine neue „Sprache", verändert oder entwickelt also nicht nur eine alte weiter, kann er zuerst nicht verstanden werden. Aber das ist nicht unbedingt das Problem von Lernenden. Hier geht es weitgehend um das Erlernen der richtigen Grammatik. Ansonsten entsteht Kauderwelsch. Auch dann wird die gestalterische Absicht nicht klar, aber nicht weil die Bildersprache zu neu oder zu komplex ist, sondern weil so viele Fehler gemacht wurden, dass das Ganze nicht mehr „lesbar" ist.

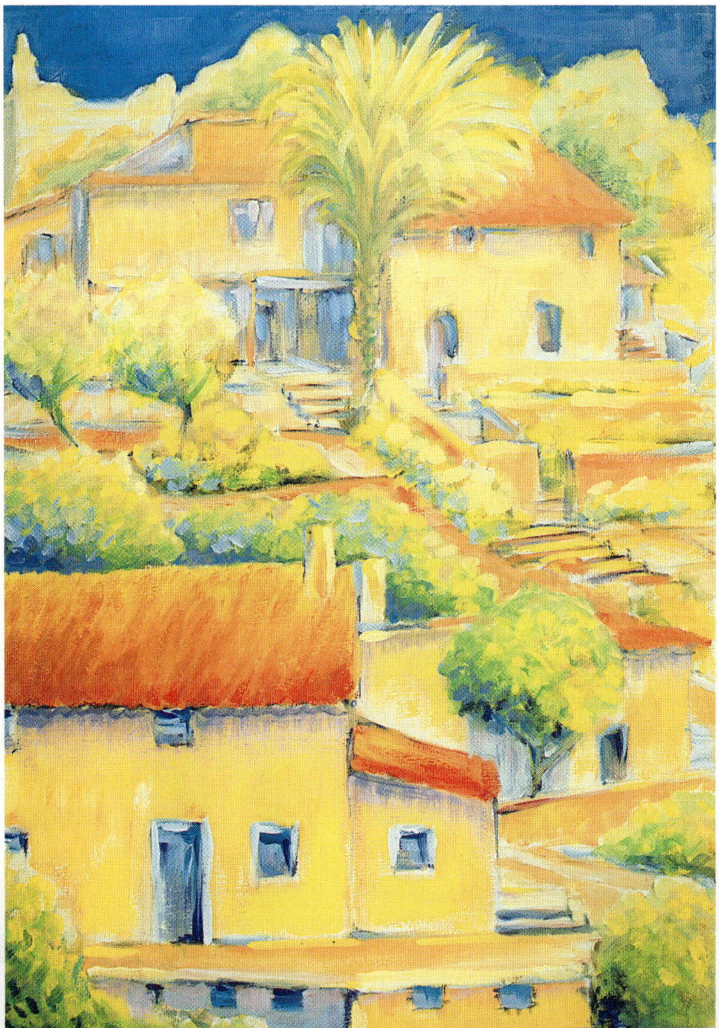

Ulrike Lampe: Galilea, warm und sonnig. 1997, Gouache, 70x50 cm.
Der komplexe Prozess, der von der Wahrnehmung einer Situation durch den Künstler bis zur „Verarbeitung" eines Bildes durch den Betrachter führt, ist alles andere als eine logisch-schlüssige Folge. Ausgehend von der Realität entwickelt der Künstler eine Bildidee (zum Beispiel, dass ein südliches Motiv auch sonnig und warm wirken sollte). Ob diese „Botschaft" dann auch in dieser Weise beim Betrachter „ankommt", hängt von vielen Faktoren ab; ganz wesentlich beispielsweise von der Kompetenz des Malers, aber natürlich auch von der Bereitschaft und Fähigkeit des Betrachters, sich mit dem Bild angemessen auseinander zu setzen.

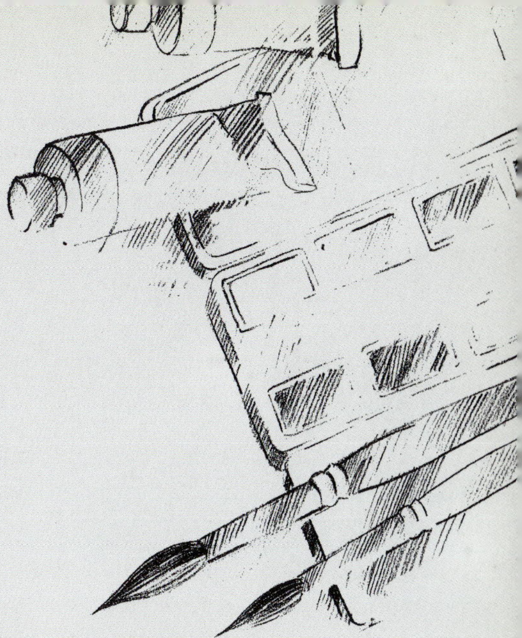

AUFGABE:
Malen nach Musik

Genau wie das Zeichnen, hat das Malen nach Musik eine befreiende Wirkung. Die Musik lenkt von allzu rigiden Fixierungen auf gelungene, fertige Bilder ab. Es erfordert und übt ein Loslassen- und Zulassenkönnen und das sind Fähigkeiten, die in gleichem Maße wie die planerische Kompetenz zur künstlerischen Arbeit dazugehören.
Es gibt Situationen, in denen Sie nicht wissen, was Sie malen wollen, in denen Sie gestalterisch auf der Stelle treten oder einfach verkrampft sind. Dann hören Sie sich ein möglichst ausdrucksstarkes Musikstück an und versuchen, Ihre Empfindungen in Farben und Formen zu übersetzen. Aber tun Sie es bitte nicht mit dem Kopf, sondern „mit dem Bauch".
Sie werden spüren, dass Sie die Melodie bestimmte Farben bevorzugen lässt. Farbbeziehungen entstehen, Farbverläufe bekommen neue Bedeutungen. Anfänger neigen dazu, Rhythmen ganz besonders wichtig zu nehmen. Sie benutzen die Finger wie Rhythmusinstrumente. Dadurch übersetzen sie weniger, als dass sie „mitmachen". Das alles spielt an dieser Stelle aber keine Rolle. Wichtig ist, dass Sie es überhaupt tun, dass Sie frei und spielerisch den durch die Musik erlebten Empfindungen Gestalt geben. So können Sie schließlich auch neue gestalterische Erfahrungen machen und neue Möglichkeiten entwickeln, die Sie nur durch Überlegen und Planen nicht gefunden hätten. Für diese Übung habe ich die „Rhapsodie in Blue" von George Gershwin ausgewählt.

Falls Sie dieses Musikstück besitzen, sollten Sie es auch verwenden. Falls nicht, wählen Sie einfach ein anderes, wie gesagt: möglichst ausdrucksstarkes Stück.
Kleben Sie einen großen Bogen Aquarellpapier mit Kreppband auf den Tisch, und benetzen Sie Ihre Aquarellnäpfchen bevor Sie beginnen (dann geben sie leichter und schneller größere Farbmengen ab), oder benutzen Sie Tubenfarben, mit denen bei größerem Bedarf zügiger gearbeitet werden kann. Verwenden Sie möglichst dicke Pinsel und lassen Sie sich von der Musik leiten.

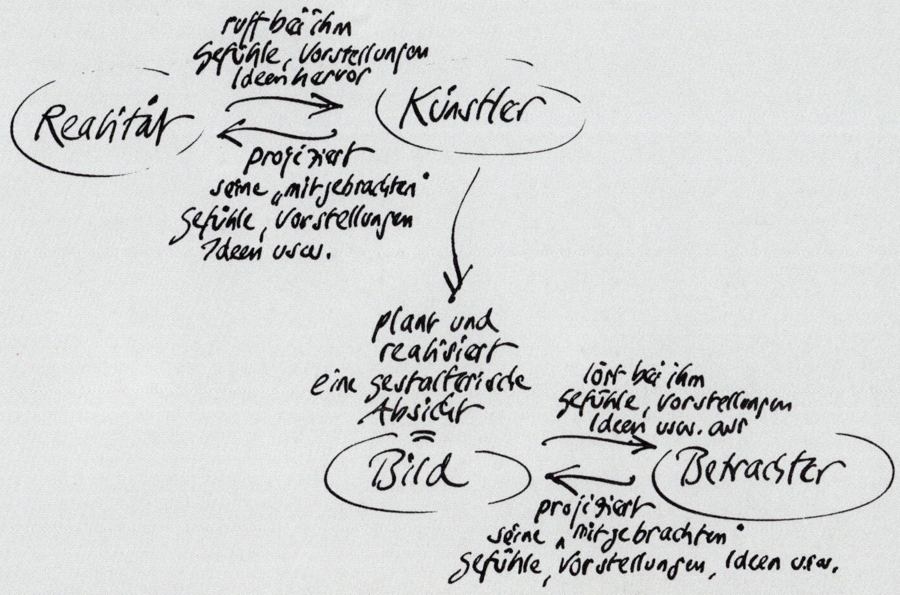

Bildlösungen

Karin Kuthe: Rhapsodie in Blue. 1996, Aquarell, 70x50 cm.
Das Bild ist sehr deutlich Ausdruck wirklichen Einlassens: der Rhythmus der Musik wurde aufgegriffen und recht unmittelbar, also ohne darüber hinausgehendes gestalterisches Wollen, in Pinselbewegungen – und schließlich deren Spuren – übersetzt. Die Farbkombination macht die Klangfarben, wenn auch stark reduziert, nachvollziehbar.

Bild ganz rechts:
Helga Storm: Rhapsodie in Blue. 1996, Aquarell, 70x50 cm.
In diesem Bild hat bereits eine Art Übersetzung stattgefunden: die wilden Bewegungsabläufe und der voranstürmende, treibende Rhythmus der Musik bilden sich in den stark bewegten Formen ab. Auch die Verschiedenartigkeit der Rhythmen und Klangfarben sind hier wiederzufinden.

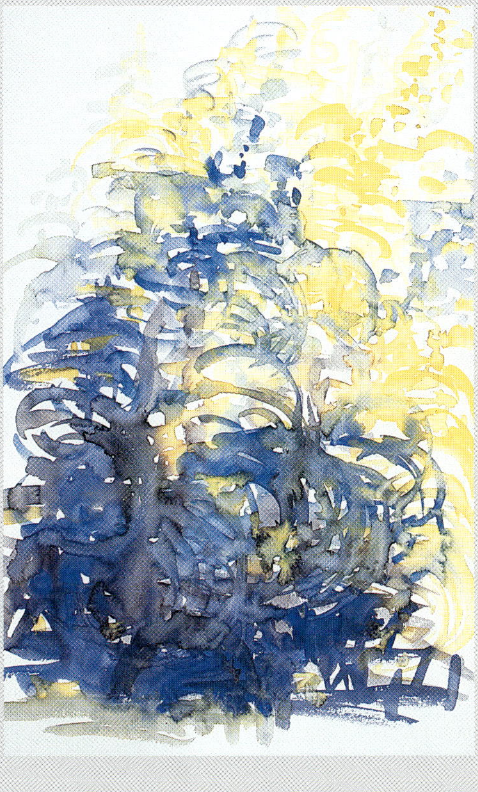

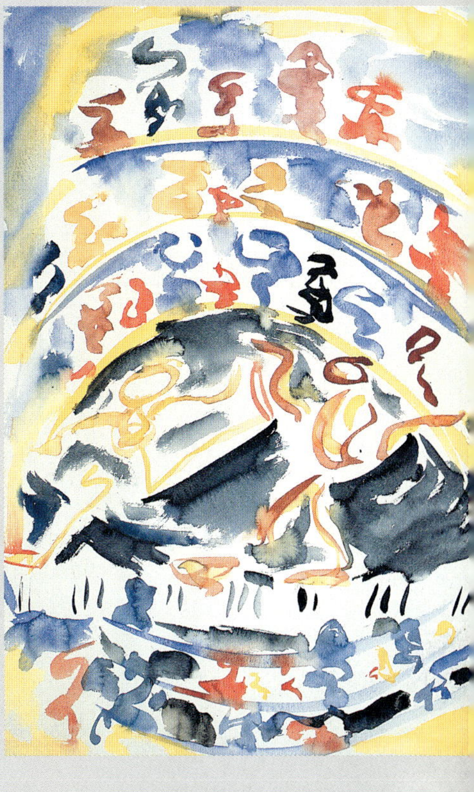

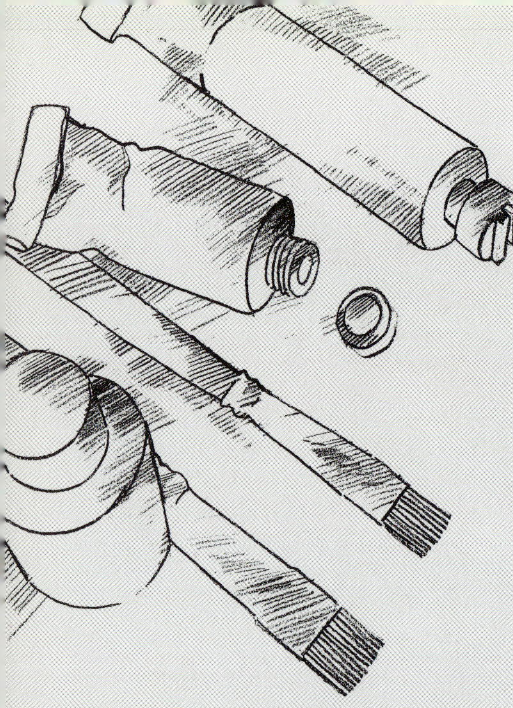

AUFGABE:
Malen mit anderen: ein „Gespräch" mit Farben und Formen

Wenn Sie mit anderen Menschen zusammen gestalterisch arbeiten, bildet sich oft eine Art Gruppenkonsens heraus: eine stille Verabredung, aus den unterschiedlichen Dingen etwas Gemeinsames zu entwickeln (oder eben die Unterschiedlichkeit in den eigenen Bildbereichen zu erhalten).
Bei dieser Aufgabe geht es darum, dass jeder Teilnehmer seine momentane Stimmungslage in Farben und Formen übersetzt. Dabei soll eine Art Gruppenbild entstehen. Und je nachdem, wie der Betreffende sich fühlt, wird er da, wo er den Gestaltungen der anderen begegnet, entsprechend darauf – gestalterisch – reagieren. Benutzen Sie möglichst große feste Bogen (zum Beispiel DIN A0). Da es schließlich auch Ausdruck der eigenen emotionalen Situation ist, sollte die Wahl des Materials jedem Teilnehmer selbst überlassen sein.
Kleben Sie den Bogen, damit er nicht wegrutscht, mit Kreppband auf dem Tisch fest.
Und beginnen Sie diesmal nach einer kurzen Zeit der Besinnung („Wie fühle ich mich nun eigentlich, und welche Formen, welche Farben und welches Material entsprechen diesem Gefühl am ehesten?")
Derartige Malereien, die Ihnen zunächst vielleicht nur wie Spielereien vorkommen, ermöglichen Erfahrungen, die Ihre weitere künstlerische Arbeit ganz erheblich beeinflussen könnten. Sie werden erleben, dass sich komplexere gestalterische Anliegen durch Farbe allein nur sehr bedingt vermitteln lassen.
Wenn Sie sich an den Abschnitt „Zeichnen nach Musik" (Seite 82) erinnern, verstehen Sie nun, weshalb ich dort dem Duktus des Farbauftrags so viel Bedeutung beigemessen habe. Er ist bei der Gestaltung eines Bildes mindestens so wichtig wie die Farbe. Das dritte Ausdruck schaffende Element ist die Form, und zwar in ihrer konkreten, wie in ihrer inhaltsbezogenen Bedeutung.

Bild unten links:
Inge Dethlefs: Akt. 1997, Dispersionsfarbe, 89x61 cm.
Bild unten rechts:
Inge Dethlefs: ohne Titel. 1997, Dispersionsfarbe, 95x67,5 cm.

Fast alle Bilder vermitteln – beabsichtigt oder unbeabsichtigt – eine emotionale „Botschaft". Obwohl die linke Abbildung natürlich einen weiblichen Akt darstellt, ist damit aber nur ein Aspekt beschrieben. Die kontrastierende Farbigkeit, der mit einem Spachtel hergestellte, rechtwinkligeckige Farbauftrag im Hintergrund und der sinnliche Farbauftrag (mit den Fingern) in der Figur vermitteln weit mehr eine emotionale Zielsetzung als die dargestellte Figur.
Das rechte Bild zeigt die gleiche kompositorische Gliederung, sehr ähnliche Farben und einen vergleichbaren Farbauftrag. Es verdeutlicht die Tatsache, dass ausdrucksbezogene Gestaltungsabsichten oft (mindestens?) ebenso überzeugend vermittelbar sind, ohne dass sie an Inhalte gebunden sein müssen.
Der Ausdruck von Gefühlen und Empfindungen ist auch in ungegenständlichen Bildern möglich.

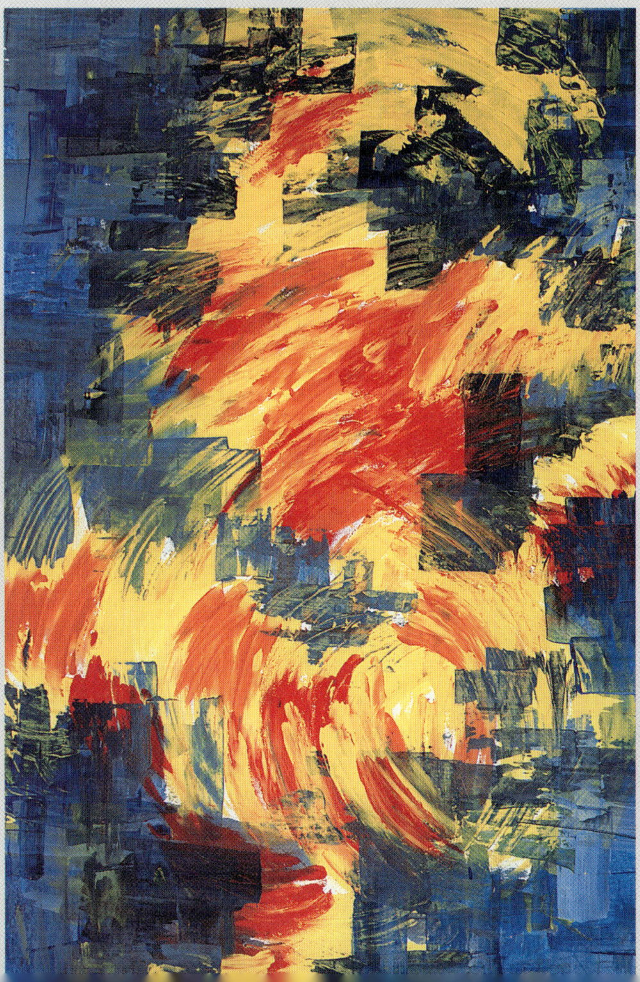

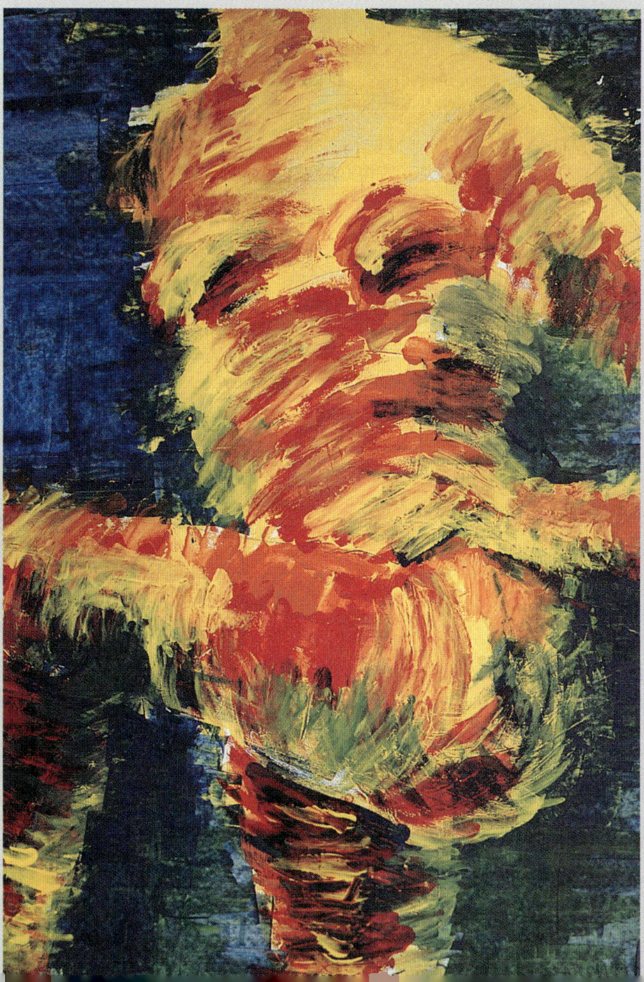

Bildlösungen

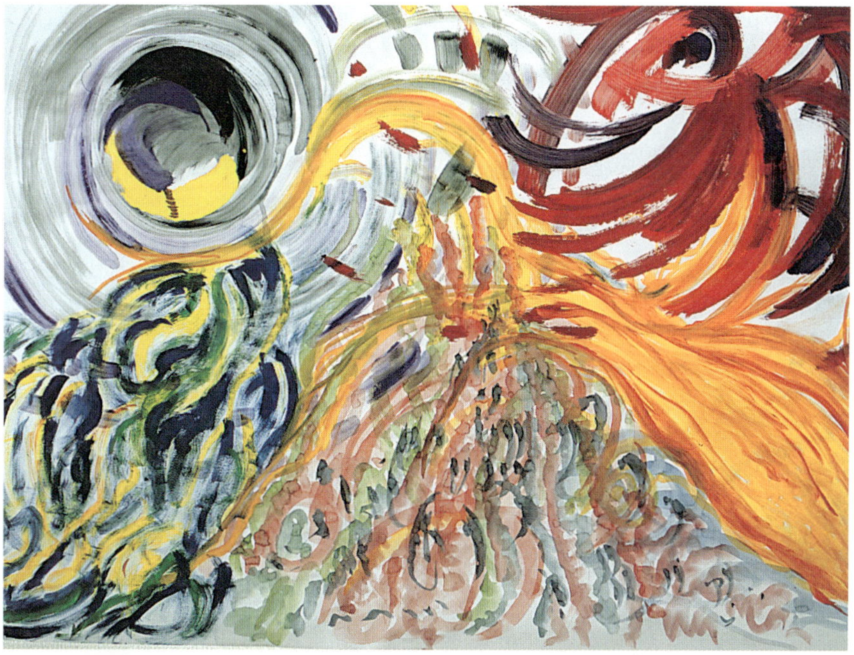

Die folgenden Bilder zeigen typische Ergebnisse des – wiederum typischen – Verhaltens innerhalb der Gruppen. Von oben nach unten zunehmend sehen Sie die unterschiedlich hohe Bereitschaft, die eigenen, ursprünglich gestalterisch formulierten Ideen aufzugeben.

Bild oben:
Gouache und Aquarell, 84x119 cm
Bei diesem Beispiel haben sich die Teilnehmer (in diesem Falle ausnahmsweise fünf, bei den anderen Bilder waren es jeweils vier) zwar in „ihrem" Bereich gestalterisch artikuliert, sind aber kaum aufeinander eingegangen. Lediglich die Teilnehmerin, die die orange-gelbe Form gemalt hat, ließ ihre „Botschaft" quer über das Papier züngeln.

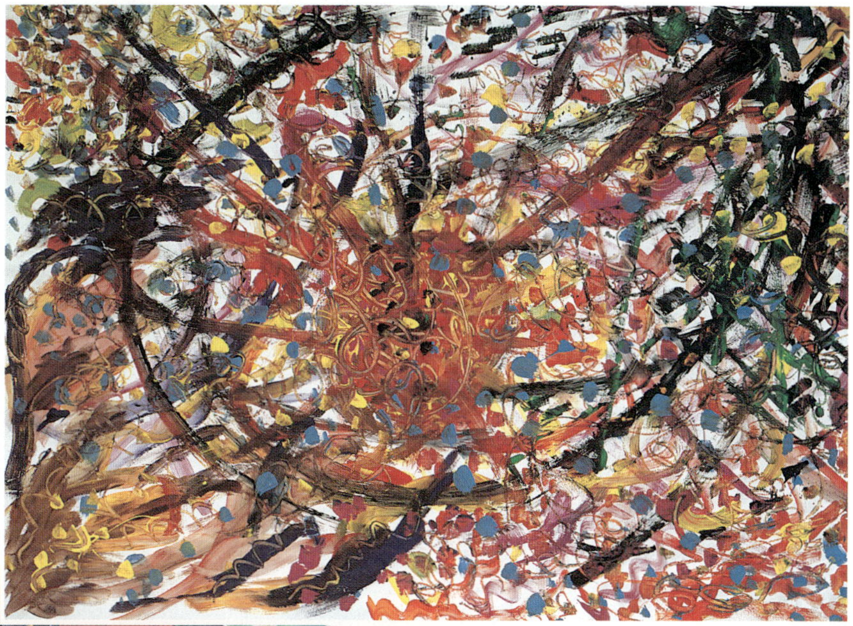

Bild Mitte:
Gouache und Ölkreiden, 84x119 cm
Noch stärker als im zweiten Beispiel sind die individuellen Beiträge in diesem Bild aufgegeben. Das, was man als Ausgangsgestaltungen erkennen kann, lässt allerdings auch den Schluss zu, dass es recht wenig war, was aufgegeben wurde. Mit diesem Bewusstsein haben sich die Teilnehmer sehr schnell auf ein gemeinsames Spiel mit Farben und Formen zurückgezogen – was im Prinzip nichts Schlechtes ist, aber eine vergebene Chance bedeutet.

Bild unten:
Gouache und Ölkreiden, 84x119 cm
Hier haben die Teilnehmer mit eigenständigen und durchaus noch sichtbaren Gestaltungen begonnen. Sie haben sich dann aber weitgehend einer gemeinsamen Bildidee untergeordnet. Das „Material" dieser gemeinsamen Arbeit besteht weitgehend aus Elementen der ursprünglichen Bildteile. Lediglich eine Ausgangsgestaltung „passte" nicht in das Gesamtbild (die recht kompakte blau-orangefarbene Fläche unten), sie wurde aufgegeben.

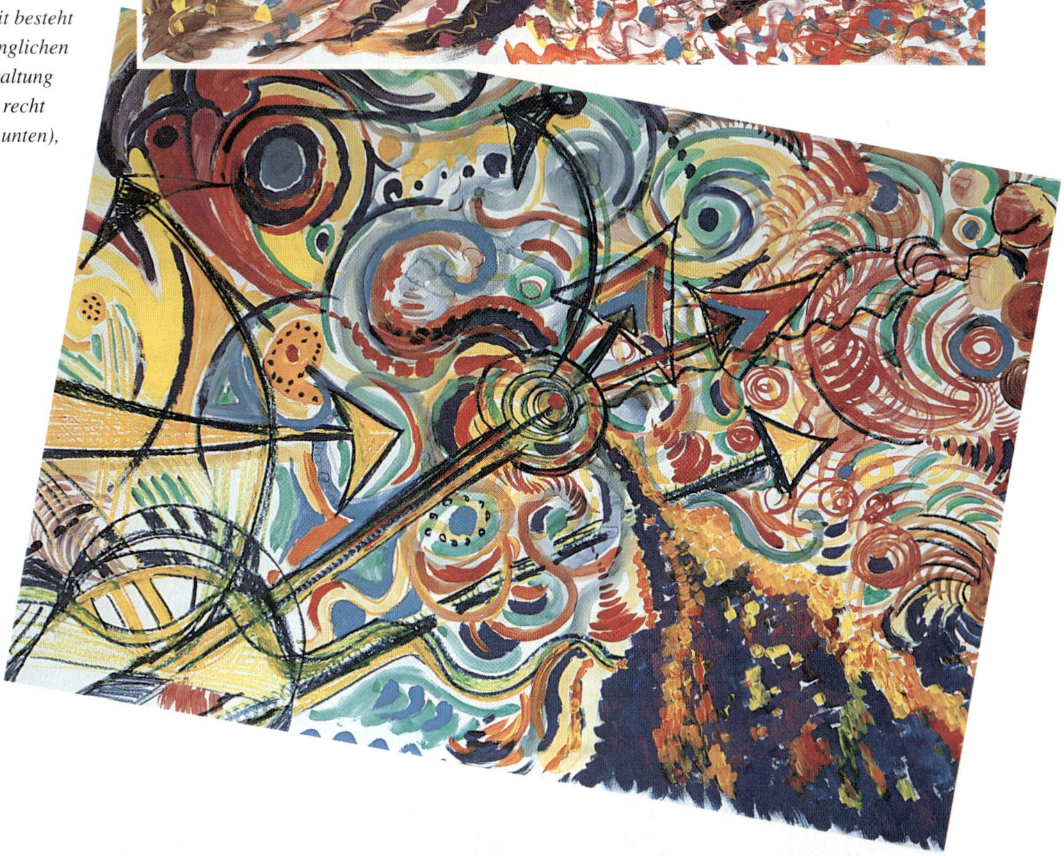

Abstraktion und Expression

Es gibt eine Fülle unterschiedlicher Gestaltungsweisen. Versuche zur Einordnung und Systematisierung haben zu Bezeichnungen geführt, die mehr oder minder verständlich diese Richtungen („Stile") beschreiben. Außer dem gestalterischen Spiel mit dem Material, mit ungegenständlichen Bildelementen oder solchen Bildern, die eher als Entdeckung oder Widerspiegelung psychischer Dispositionen gedacht sind, und auf die ich im Rahmen dieses Buches nicht eingehen will, gibt es im Prinzip nur zwei Wege weg von der naturalistischen Darstellungsweise: die Abstraktion und die Expression.

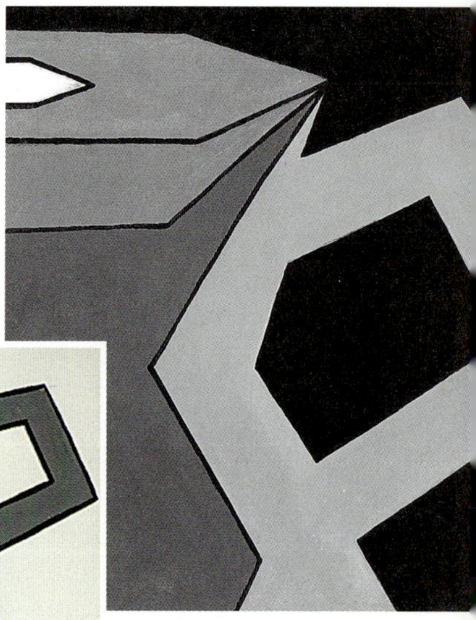

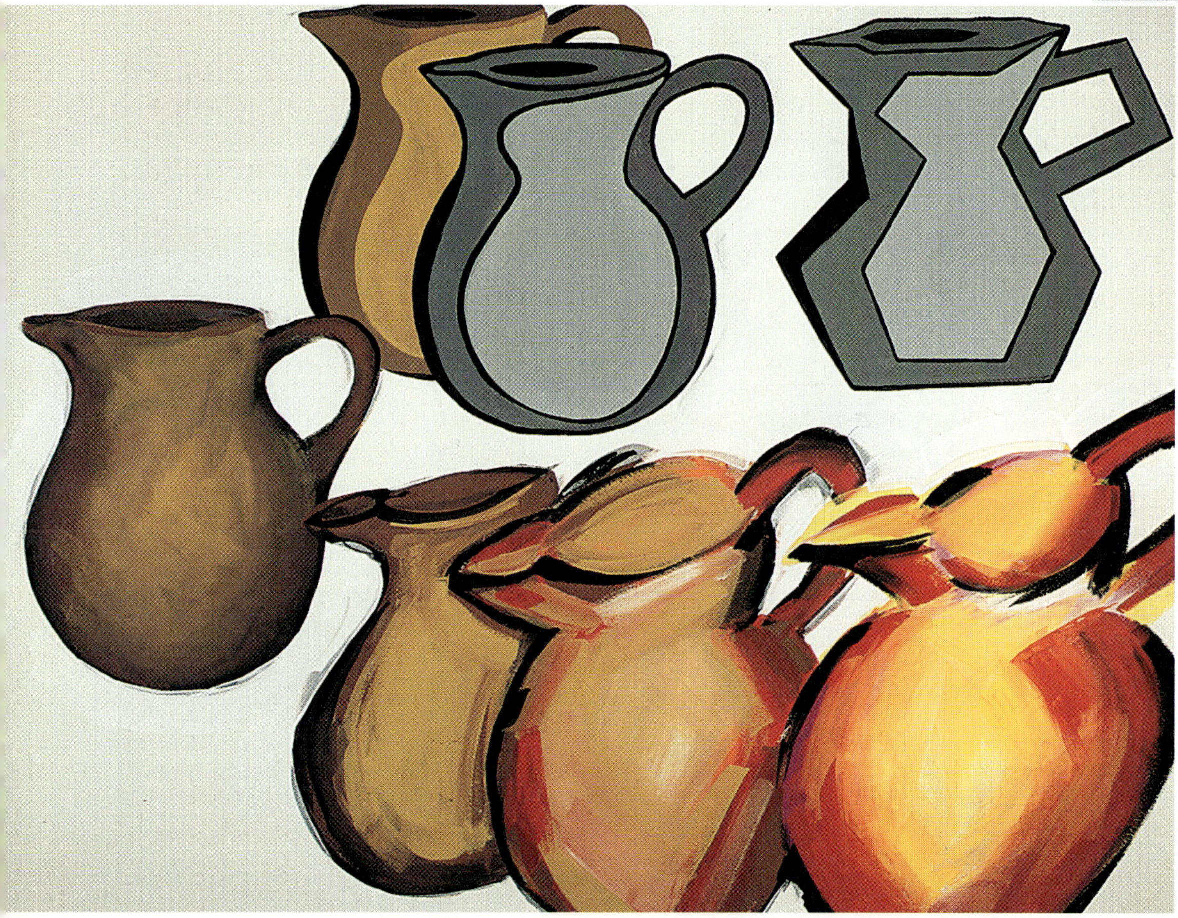

Ausgehend von dem halbwegs naturalistischen Krug zeigt das Bild Schritte in die Abstraktion und Expression. Die obere Reihe – und das herausgestellte Einzelbild – zeigen Veränderungen in einer Folge von Abstraktionsschritten. Die erste Veränderung reduziert die Farbverläufe auf drei in sich homogene Stufen im Sinne einer Tontrennung. Die Lokalfarbe, die zunächst beibehalten wurde, ist im zweiten Schritt in entsprechende Graustufen übersetzt worden. Zusätzlich sind die Farbfelder durch schwarze Konturen voneinander getrennt. Im nächsten Schritt fehlen die Rundungen des Gefäßes, sie sind durch gerade Begrenzungen ersetzt. Die letzte Veränderung (kleines Bild) stellt einen recht extremen Ausschnitt dar. Außerdem wurden die Tonwerte umgekehrt: aus Schwarz wurde Weiß, aus Hellgrau Dunkelgrau und aus Dunkelgrau Hellgrau.
In der unteren Reihe ist eine Folge von Bildern zu sehen, die sich im Sinne einer Ausdruckssteigerung zunehmend von der Realität entfernen. Wobei die Veränderungen hier aber mehr als Verstärkung bereits im ersten Schritt getroffener Entscheidungen zu verstehen sind und nicht als jeweils völlig neue Ansätze. Im Wesentlichen handelt es sich dabei um eine Steigerung der Farben – beziehungsweise deren Verselbstständigung weg von der Eigenschaft als Gegenstandsfarben –, der Formen und des Eigencharakters des Farbauftrags.

Ein Klärungsversuch

Als Abstraktion bezeichnet man einen Prozess und das Ergebnis eines Prozesses, nämlich ein abstraktes Bild. Dabei wird Realität abstrahiert, beziehungsweise von der Realität abstrahiert.
Das lateinische Wort „abstrahere" bedeutet abziehen, also etwas wegnehmen, von etwas absehen, auf etwas verzichten.
Wesentlich ist, dass ein abstraktes Bild ursprünglich immer etwas mit der Realität zu tun hat, es verwendet die Realität als Ausgangspunkt. Im Bild muss, wenn die Abstraktion sehr weit getrieben wurde, nichts mehr davon zu erkennen sein. Es könnte ohne weiteres wie ein ungegenständliches Bild aussehen. Obwohl ein ungegenständliches Bild etwas grundsätzlich anderes ist: es hatte nie einen gegenständlichen Anlass.
Die Expression hat etwas mit den lateinischen Wörtern „expressio", also Ausdruck, und „exprimere", also (her)ausdrücken, zu tun. Das Ergebnis der Expression bezeichnet man als ein expressives Bild (nicht als ein expressionistisches Bild. Der Begriff Expressionismus bezeichnet eine eng umrissene Kunstrichtung des frühen 20. Jahrhunderts).
Wie die Abstraktion geht die Expression von einer, wie auch immer gearteten Realität aus. Das kann eine reale Situation, aber auch ein Traum, es können Ängste und Wunschvorstellungen sein.
Wegen der Anschaulichkeit und zum besseren Verständnis dessen, was Abstraktion und Expression praktisch bedeuten und wie man konkret dahin gelangt, gehe ich in meinen Seminaren von einer Fotografie aus. Alle Teilnehmer erhalten, vor allem wieder wegen der besseren Vergleichbarkeit der Ergebnisse, die gleiche Vorlage. Sie wird schrittweise abstrahiert und dann expressiv umgestaltet.
Die Abstraktion lässt Arbeiten in reflektierten und geplanten Schritten zu, sie verlangt sie sogar. Dadurch wird bewusst, welche konkrete Eigenschaft der abgebildeten Objekte weggenommen wurde und welche gestalterischen Möglichkeiten sich dadurch eröffnen, beziehungsweise welche Dinge nicht mehr möglich sind.
Jede gestalterische Entscheidung stellt eine Art Kreuzung dar, an der bestimmte Dinge möglich, aber auch nicht mehr möglich werden. Wenn ich beispielsweise mit einem Abstraktionsschritt auf die Differenzierung innerhalb der jeweiligen Farbfelder verzichte, kann ich später nicht mehr die unterschiedlichen Farbwerte in diesen Feldern verstärken, abstufen usw.
Die Realisierung expressiver Bilder ist sehr viel schwerer, wenn man von fremdem Bildmaterial, zu dem ja wenigstens anfangs keinerlei gefühlsmäßige Beziehung besteht, ausgehen soll. In Seminaren von einer, für alle Teilnehmer gleichermaßen verbindlichen Bildvorlage auszugehen, ist zwar am Anfang sinnvoll, stellt sich allerdings bald als problematisch heraus. Schließlich kann die Vorlage nicht für alle die gleiche Auslöserfunktion haben. Zumal es dann noch die gleiche Vorlage für die beiden unterschiedlichen Gestaltungstendenzen ist. Naturgemäß hat man zu einem Bild, das sich gut für den Weg in die Abstraktion eignet, nicht automatisch eine emotionale Beziehung. Die Tatsache, dass ich hier trotzdem so verfahre, ist nur damit zu begründen, dass Ihnen durch die Gegenüberstellung die Abstraktion und Expression als Grundprinzipien der Malerei unmittelbar und nachvollziehbar deutlich werden.

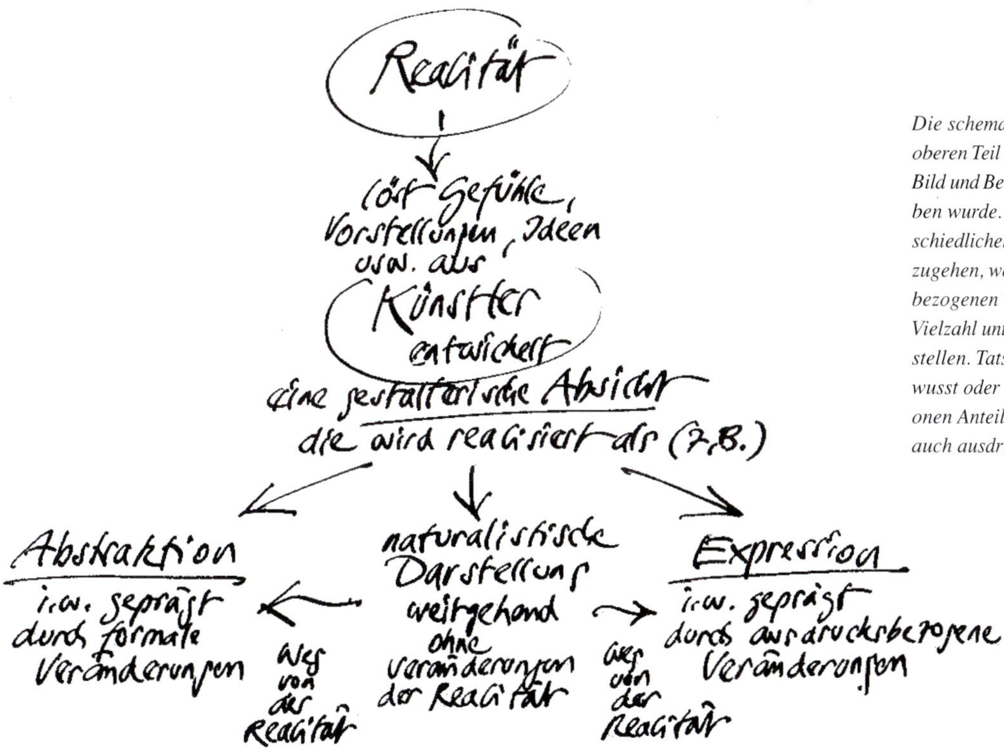

Die schematische Darstellung entspricht im oberen Teil dem Verhältnis von Realität, Künstler, Bild und Betrachter, wie es auf Seite 193 beschrieben wurde. Der untere Bereich zeigt die unterschiedlichen Möglichkeiten, mit der Realität umzugehen, wobei die formalen und die ausdrucksbezogenen Veränderungen die Endpunkte einer Vielzahl unterschiedlicher Vorgehensweisen darstellen. Tatsächlich enthalten die meisten – bewusst oder unbewusst entwickelten – Konzeptionen Anteile beider, also sowohl formaler als auch ausdrucksbezogener Veränderungen.

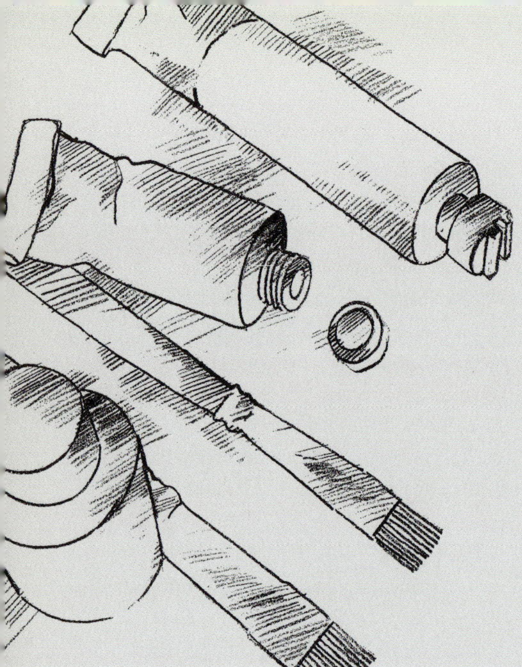

AUFGABE:
Abstraktion, eine Bilderreihe in Schritten

Die schrittweise Abstraktion eines Motivs hat, wie Sie gelesen und gesehen haben, viel mit Planung und Reflexion zu tun. Der nahe liegende Vergleich mit dem Verhalten eines Schachspielers ist vollkommen legitim. Die Spielregeln verlangen da wie dort, dass jeder Schritt gut überlegt werden muss. Kein Schritt sollte rückgängig gemacht werden.
Wenn Sie bereits in einem frühen Schritt die unterschiedlichen Farben aus Ihrem Bild herausgenommen haben, indem Sie sie zum Beispiel durch Grautöne oder die entsprechenden Dunkelstufen einer Farbe ersetzt haben, können Sie sie nicht einfach zu einem späteren Zeitpunkt wieder zurückholen.
Einige Abstraktionsmöglichkeiten kennen Sie wahrscheinlich, ein paar weitere haben Sie auf den letzten Seiten kennen gelernt.
Sie sollten nun eine Reihe von logisch aufeinander aufbauenden Abstraktionsschritten entwickeln und realisieren. Dazu sollten Sie von Ihrem Ausgangsmotiv eine Skizze herstellen, die Sie kopieren.
Nun erproben Sie die angedachten Schritte. Einer soll auf dem anderen aufbauen, einer folgt aus dem anderen. Schließlich entscheiden Sie sich für einen ersten Schritt (zum Beispiel dafür, die Plastizität und Räumlichkeit oder die Differenzierung der Farben innerhalb der Farbfelder wegzulassen) dann für den zweiten (beispielsweise die Formen zu vereinfachen oder den Ausschnitt zu verkleinern), und so weiter.
Aus meiner Seminarerfahrung weiß ich, dass bei einigen Teilnehmern an dieser Stelle Unmut entsteht; viele glauben, Kunst sei etwas Heiteres und Spontanes, und nun artet es in intellektuelle Plackerei aus. Und so stellte auch der deutsche Maler Max Liebermann fest, Malerei: „Das ist Dressur! Das ist Disziplin! Selbstzucht! Das ist preußisch."
Vergessen Sie dabei aber nicht, dass alle Planungsschritte, alle Ideen für die Weiterentwicklung der Bilderreihe ein ganz hohes Maß an spielerischer Fantasie erfordern. Sie brauchen nicht jeden Schritt ausführen, das würde vermutlich ein wenig langweilig werden. Lassen Sie aber nicht zu viele Stadien aus, sondern malen Sie ein weiteres Bild spätestens dann, wenn Sie sich drei Schritte überlegt haben. Von dem einen zum anderen Bild sollte keinesfalls eine Fülle von fast nicht mehr rekonstruierbaren Veränderungen vorgenommen worden sein.
Die Materialwahl bleibt Ihnen überlassen, obwohl ich einschränkend empfehlen möchte, auf Aquarellfarben zu verzichten. Die Farbe ist in ihrem Verhalten nicht ausreichend steuerbar und ihr Materialreiz überlagert allzu oft konkrete Planungen. Arbeiten Sie also mit Gouache-, Acryl- oder Ölfarben. Das Bildformat ist relativ uninteressant. Ich schlage Malgründe der Größe 40x50 bis 50x70 cm vor, auf denen sich bereits recht großzügig arbeiten lässt, die aber auch noch zu bewältigen sind (auch von den Materialkosten her!).

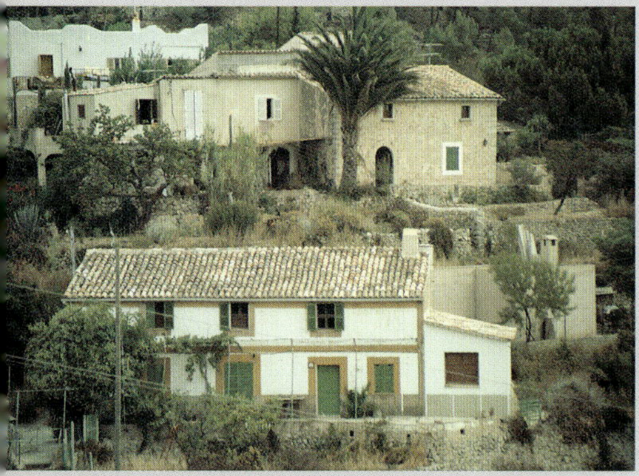

Auch wenn Ihnen das Motiv inzwischen vielleicht allzu abgedroschen erscheint, ist es doch höchst aufschlussreich, immer wieder mit ein und demselben Ausgangsmaterial zu arbeiten. Im Nachhinein werden Sie feststellen, dass Sie dadurch viel mehr gelernt haben, als wenn ich Ihnen dauernd neue Motive angeboten hätte.

Ebenso wie bei jedem anderen Bild auch, sollten Sie zuerst eine tragfähige Skizze, eine Vorzeichnung anfertigen, die Sie dann – als mehrfach hergestellte Fotokopie – für Farbentwürfe, zum Ausprobieren von Ausschnitten und Ähnlichem verwenden können.

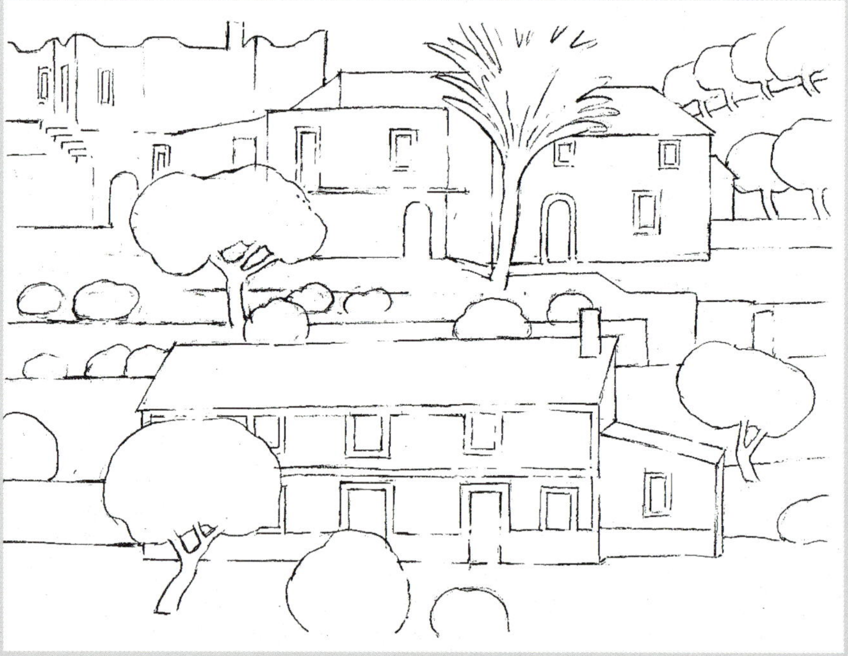

Bildlösungen

Bild oben:
Wolf Wrisch: Galilea. 1997,
Gouache, 50x70 cm.
Vielleicht erstaunt es Sie, hier ein völlig „normales" Bild als ersten Schritt einer Abstraktionsreihe zu sehen. Tatsächlich sind darin aber schon eine Fülle von Veränderungen vorgenommen worden, die allerdings so geläufig sind, dass sie nicht als Abstraktionen registriert werden (insofern sind die meisten „normalen" Bilder genau genommen bereits abstrakt). Die Formen sind vereinfacht, die Oberflächen „geglättet", die Strukturen zusammengezogen und die Farben im Sinne einer Tiefengliederung verändert.

Bild unten:
Wolf Wrisch: Galilea. 1997,
Gouache, 50x70 cm.
In diesem nächsten Schritt sind alle („bunten") Farben durch die entsprechenden Graustufen ersetzt. Da dieser Verzicht auf Farbe eine endgültige Eliminierung bedeutet (es würde schließlich keinen Sinn machen, sie an dieser Stelle abzuschaffen, um sie dann später wieder hervorzuzaubern), ist es fraglich, ob der Schritt an dieser Stelle nicht verfrüht ist. Da er aber nun einmal getan ist, stellt das Bild, so wie Sie es hier sehen, das verbliebene „Material" für weitere Schritte dar.

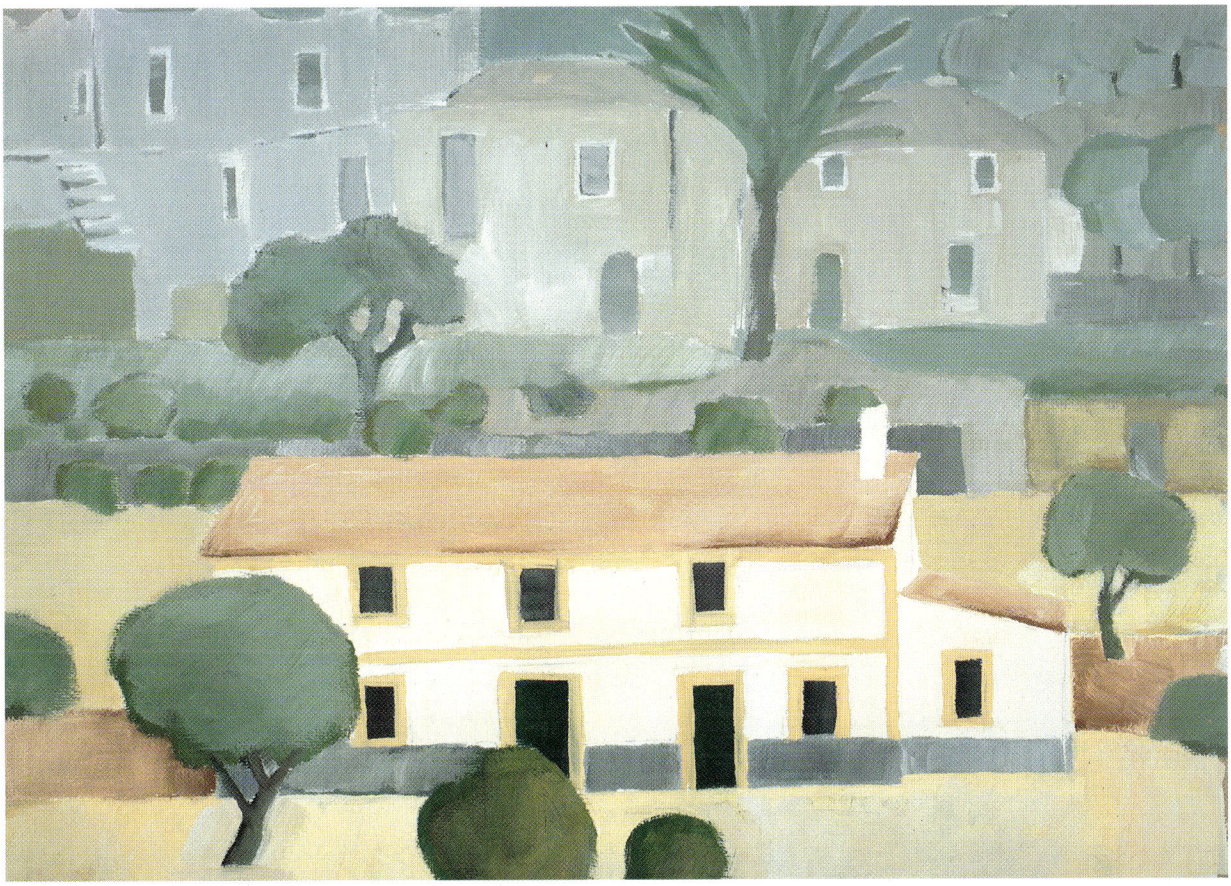

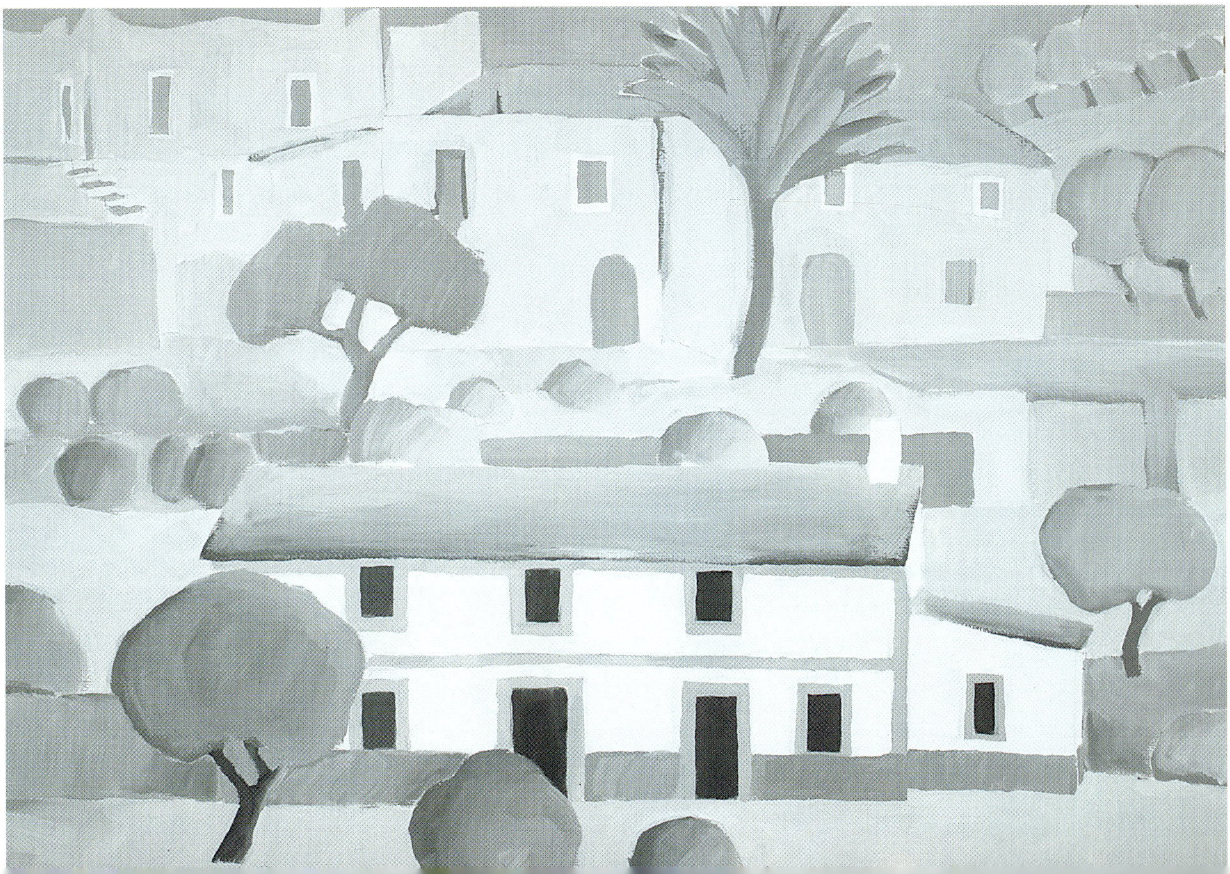

Bild unten links:
Wolf Wrisch: Galilea. 1997, Gouache, 70x50 cm. In diesem Bild ist nun ein Ausschnitt aus dem Gesamtzusammenhang gewählt. Dass die Verengung des Formates zu einer ganz erheblichen Abstraktion der erkennbaren Bildobjekte führen kann, haben Sie bereits auf den Seiten 28–31 gesehen. Gegenüber den dort gezeigten Bildern ist hier allerdings nichts Bedeutendes passiert, der Ausschnitt ist viel zu unentschlossen, zu halbherzig und zu banal. Deutlich mehr Wirkung geht davon aus, dass die Farbfelder in diesem Schritt gegeneinander durch schwarze Konturen abgegrenzt sind.

Bild unten rechts:
Wolf Wrisch: Galilea. 1997, Gouache, 70x50 cm. Da die Veränderungen im linken Bild gestalterisch so wenig bewirkt haben, da es nichts von seiner vordergründigen Gegenständlichkeit verloren hat und darüber hinaus weiterhin von einer langweiligen Axialität geprägt ist, wurde der gleiche Ausschnitt in dieser Lösung nun gedreht. Außerdem sind die Konturen, die nicht horizontal oder vertikal laufen, relativ stärker verlängert. Dadurch kontrastieren rechtwinklige Linien und Kreuzungen mit hervorgehobenen "fremden" Richtungen. Schließlich sind die Farbfelder, die noch im letzten Bild moduliert waren, hier völlig homogen.

Bild oben:
Der blaue Rahmen zeigt ungefähr den Ausschnitt, der dem Bild unten rechts zu Grunde liegt. Wenn der Malgrund deformiert wird (gefaltet, wie hier zu sehen, oder geknüllt, wie bei dem Bild von Seite 201) ergeben sich neue Abstraktionsmöglichkeiten. Denn auch materialbezogene Verfremdungen durch bestimmte Eigenschaften des Malgrundes, aber auch der Farben oder des Farbauftrags sind letztlich Schritte weg von der Realität, die durchaus als Abstraktionen gelten können.

Bild rechte Seite:
Wolf Wrisch: Galilea. 1997, Gouache, 70x50 cm

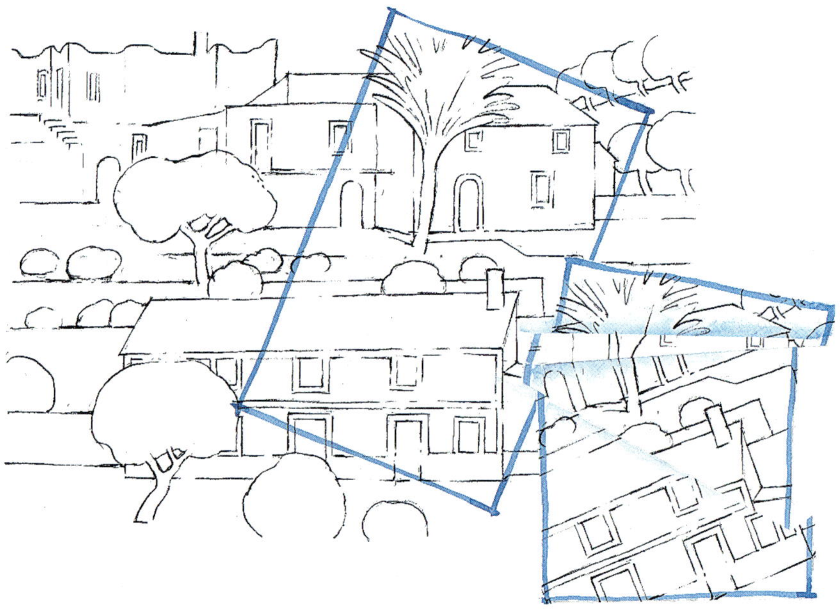

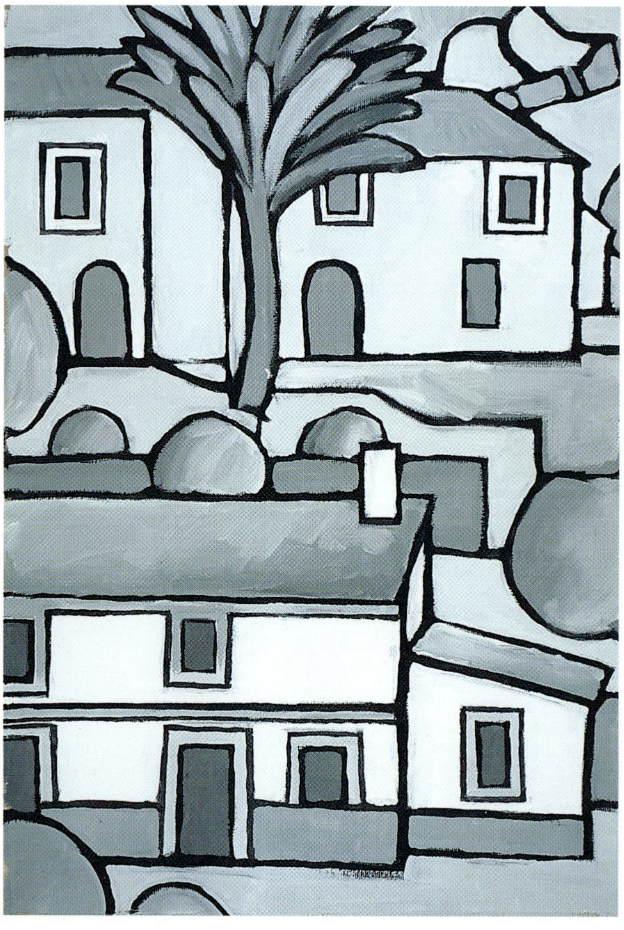

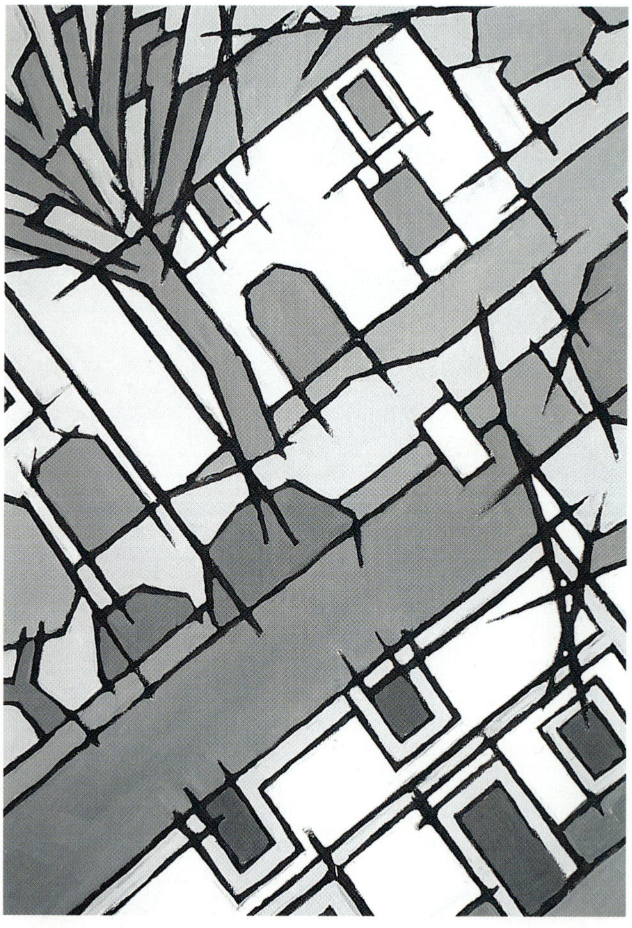

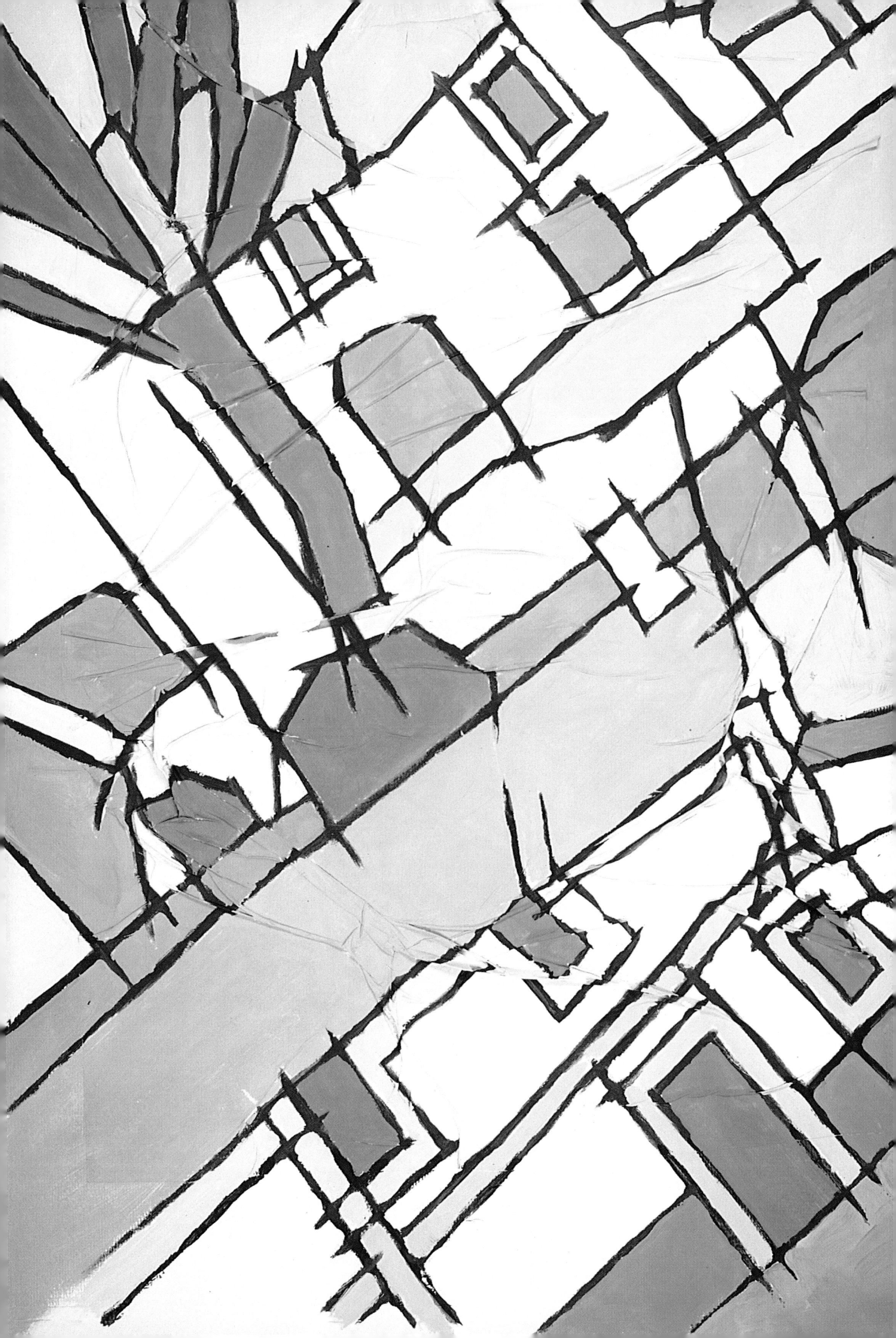

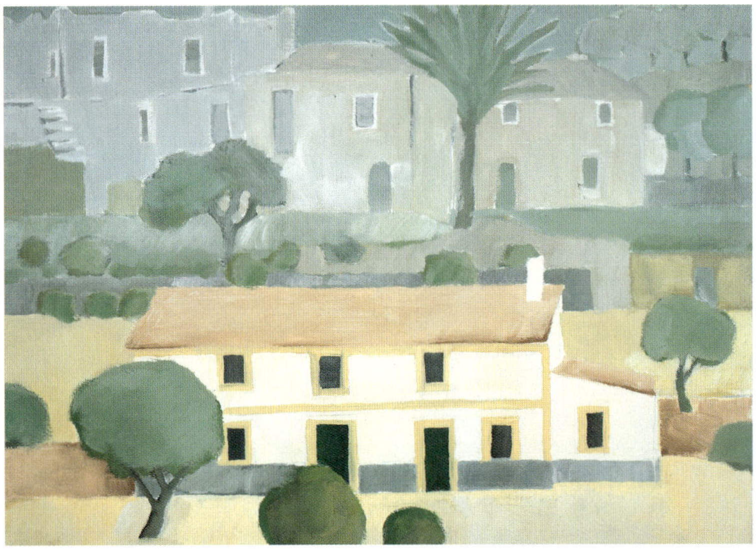

Zum Vergleich ist hier nun noch einmal das erste Bild der Reihe abgedruckt. Analog zu den anderen Gegenüberstellungen in diesem Buch gilt auch hier, dass beide gleichermaßen legitime gestalterische Lösungen sind. Keine ist „an sich“ besser oder schlechter.

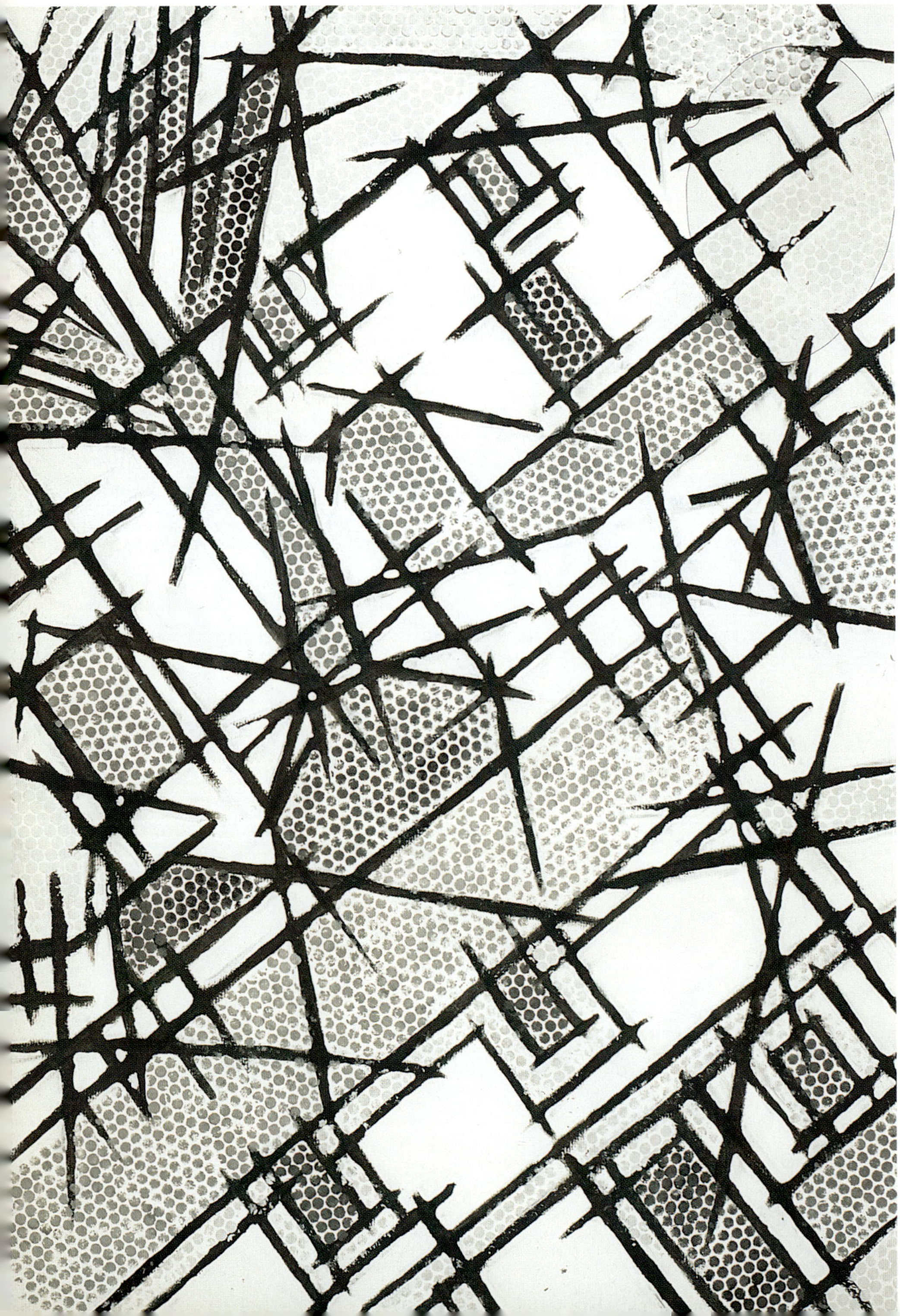

Wolf Wrisch: Galilea. 1997, Gouache, 70x50 cm.
Konzeptionell stellt dieses Bild keine Weiterentwicklung der auf Seite 201 gezeigten Arbeit dar.
Es ist vielmehr ein Ergebnis eines anderen Weges, der davor abzweigt. Die Abbildung auf Seite 200, unten rechts, zeigt den Ausgangspunkt. Gegenüber diesem Bild sind die Konturen hier nun noch weiter verlängert und die Farbflächen gerastert.
Mit diesem und dem Bild von der Seite 201 sind natürlich weder letzte mögliche Schritte der hier gezeigten Abstraktionsreihe erreicht, noch alle Wege ausgelotet. Bei jedem Schritt hätten andere Entscheidungen getroffen werden können (bei der Reduzierung der Farben auf Graustufen und der Wahl des Ausschnitts habe ich darauf hingewiesen), die dann zu völlig anderen Reihen geführt hätten.

AUFGABE:
Expression, Konzeptionen für schwer Planbares

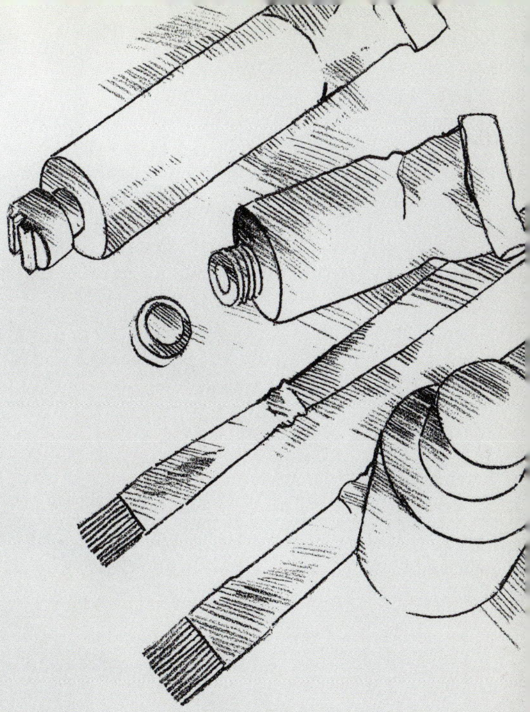

Obwohl meine Skepsis in Bezug auf die Verwendung der gleichen Bildvorlage für die Abstraktion und die Expression bereits angeklungen ist, sollten Sie sich, wegen der besseren Vergleichbarkeit der Ergebnisse, hier noch einmal darauf einlassen, ein letztes Mal mit dem Galilea-Motiv zu arbeiten.
Expressive Bilder, der Name sagt es, drücken „etwas" aus, und dieses Etwas ist meist eine Folge innerer Erregung, ist gefühlsbezogen, mindestens mit Emotionen verbunden. Wenn diese emotionale Bedingtheit nicht nur eine vorgestellte oder konzeptionelle Angelegenheit ist, sondern ein in der Situation erlebtes und ausgedrücktes Gefühl, wird Planung oder gar eine schrittweise Konzeption höchst zweifelhaft.
Andererseits stellt sich bei jedem Bild die Frage nach dessen angemessener Interpretation. Und zwar vor allem insofern, als gefragt werden muss, ob das Bild überhaupt in der beabsichtigten Richtung interpretierbar ist. Wenn der Künstler unreflektiert und ungeplant seinem Erleben unmittelbar Ausdruck gibt, wenn er sich nicht fragt, ob und wie das Auszudrückende überzeugender zu vermitteln ist, wird die Nachvollziehbarkeit seiner „Botschaft" fragwürdig. Das soll aber nicht als Plädoyer gegen spontane Gestaltungsakte missverstanden werden!
Es ist als Frage gemeint und sollte auch so verstanden werden. Als eine Frage übrigens, auf die man nur jeweils selbst und für sich eine Antwort findet.
Da es bei der Expression auch keine materialbezogenen Beschränkungen geben darf, können Sie bei dieser Aufgabe frei wählen, womit und worauf Sie arbeiten wollen. Natürlich können Sie von Bild zu Bild auch neue Entscheidungen treffen. Wählen Sie aber keine zu kleinen Formate. Und falls Sie eine Staffelei besitzen, sollten Sie spätestens bei dieser Aufgabe auch daran arbeiten. Sie haben dabei nämlich einen besseren Überblick und können sich ungehinderter bewegen und Ihre Bewegungen unmittelbarer im Bild umsetzen.

Bildlösungen

Wolf Wrisch: Galilea. 1997, Gouache, 70x50 cm.
Ausdrucksbezogene Bilder – denken Sie beispielsweise an die expressionistische Malerei – entstehen insbesondere durch die Intensivierung der Farben, eine Dynamisierung der Formen und Richtungen und einen ausgeprägteren Farbauftrag (es sei denn, die Ausdrucksbezogenheit zielt auf Aspekte wie Ruhe, Stille, Erstarrtheit oder dergleichen). Wenn es um Ausdruck geht, muss zunächst gefragt werden, was denn im Zusammenhang mit dem Motiv ausgedrückt werden soll.
In diesem Fall ging es nicht um so konkrete Dinge wie „südlich", „warm" oder „mediterran", sondern um die Darstellung einer kraftvolleren, lauteren und dynamischen Stimmung.

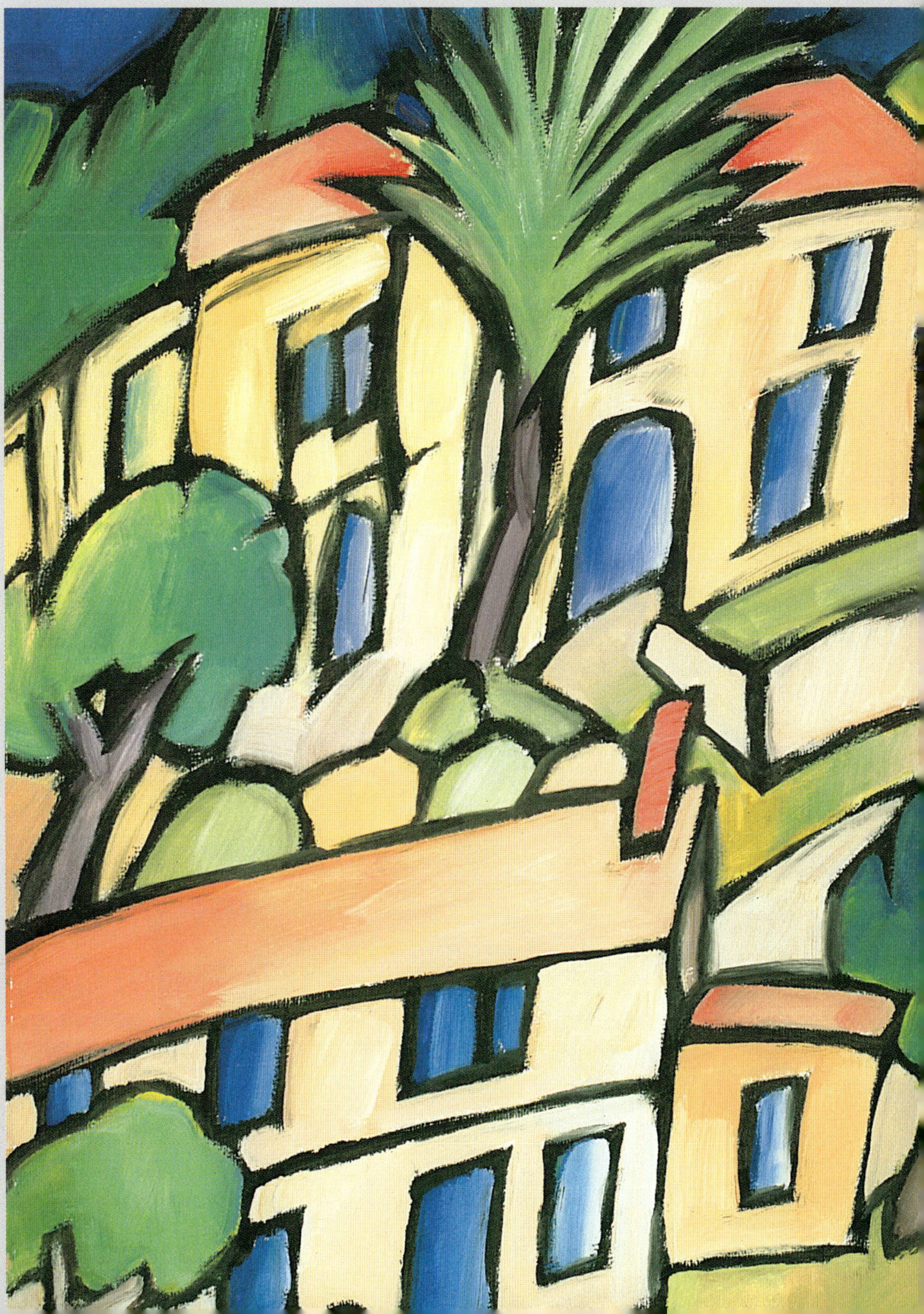

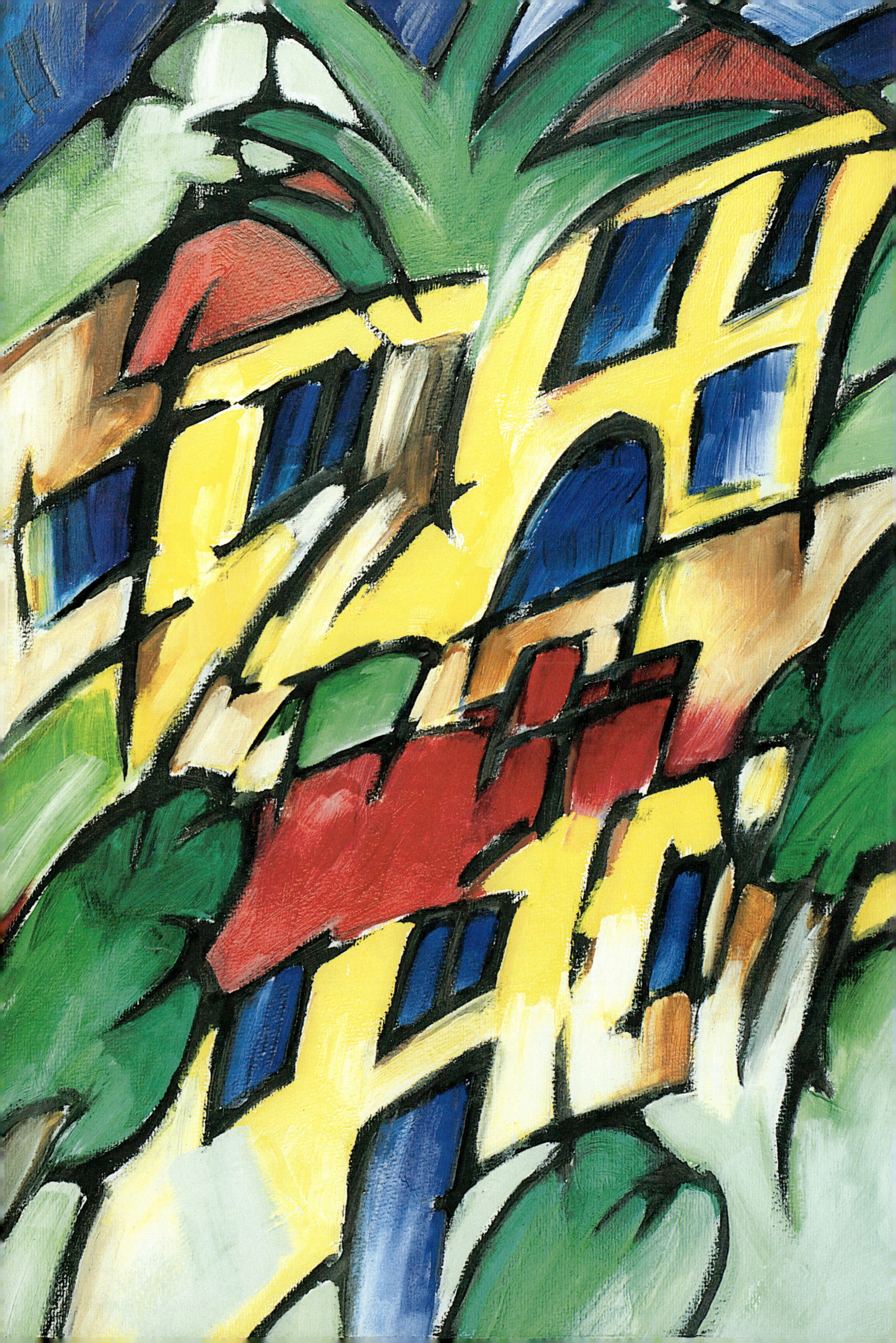

Ein Ausblick

Mit drei Versuchen expressiver Umgestaltung, die sich – beabsichtigt – sogar noch recht stark ähneln, ist natürlich noch keineswegs ausgelotet, welche gestalterischen Möglichkeiten sich in dieser Richtung eröffnen. Es lässt sich aber ahnen, dass sie nur ein winziger Bruchteil dessen sind, was machbar ist. Im Prinzip lässt sich mit einem Ausgangsmotiv jahrelang arbeiten – und das gilt keinesfalls bloß für Anfänger. Ich könnte mir eine Ausstellung als höchst interessant vorstellen, in der nur Bilder zu sehen sein werden, die ein Ausgangsmotiv 30-, 40- oder sogar 50-mal verändert zeigen. Im Idealfall sollten die Bilder so hängen, dass die Veränderung schrittweise vom Beginn her ablesbar wird. Und sie sollten spiralförmig angeordnet sein, sodass sich die jeweiligen Endpunkte der gestalterischen Reihen mit dem Ausgangsbild in einer Reihe untereinander befinden.

Sie haben mit den letzten beiden Herangehensweisen – wie vermutlich mit der Bewältigung der anderen Aufgaben in diesem Buch auch – für die nächste Zeit genug zu tun. Nutzen Sie die Chance des Lernens; nicht um der unmittelbaren Produkte willen, sondern um eine breite, tragfähige Basis zu entwickeln, die es Ihnen dann ermöglicht, gestalterisch Anspruchvolleres bewältigen zu können. Und auch wenn dem Lernen viele Widerstände entgegenstehen, hoffe ich doch, dass Mephisto (in Goethes Faust) Recht behält, wenn er sagt:

„So nimmt ein Kind der Mutter Brust
nicht gleich am Anfang willig an;
doch bald ernährt es sich mit Lust.
So wird's euch an der Weisheit Brüsten
mit jedem Tage mehr gelüsten."

Also ...

Bild links:
Wolf Wrisch: Galilea. 1997, Öl über Gouache, 70x50 cm.
Gegenüber dem Bild auf der Seite 203 sind hier keine neuen formalen Schritte zu sehen. Trotzdem wirkt die hier gezeigte Arbeit erheblich kraftvoller. Sie bezieht ihre Wirkung durch die konsequente Weiterentwicklung der dort bereits eingesetzten gestalterischen Mittel. Wobei allerdings auch die Entscheidung für ein anderes Farbensystem einen ganz erheblichen Anteil daran hat: statt der stumpfen, kalkigen Gouachefarben wurden hier stark lasierende Ölfarben oder solche, die durch Beimengung von Lasurpaste dazu gemacht wurden, verwendet.

Bild rechts:
Wolf Wrisch: Galilea. 1997, Öl über Acryl, 70x50 cm.
Der Ausdruck dieses Bildes ist nicht unbedingt als Steigerung dessen anzusehen, was das linke ausmacht. Trotz aller Vorbehalte gegenüber eindeutigen Beurteilungen von Bildausdruck wirkt es vergleichsweise nicht mehr so dynamisch, kraftvoll und positiv, sondern auch ein wenig irritierend, sogar beunruhigend. Außer den Brüchen in der Richtungsdynamik der Bildobjekte und der veränderten Farbigkeit, trägt vor allem auch die expressive Handschrift im wahrsten Sinne des Wortes, denn die Ölfarbe wurde ausschließlich mit den Fingern aufgetragen, zu dieser veränderten Bildwirkung bei.

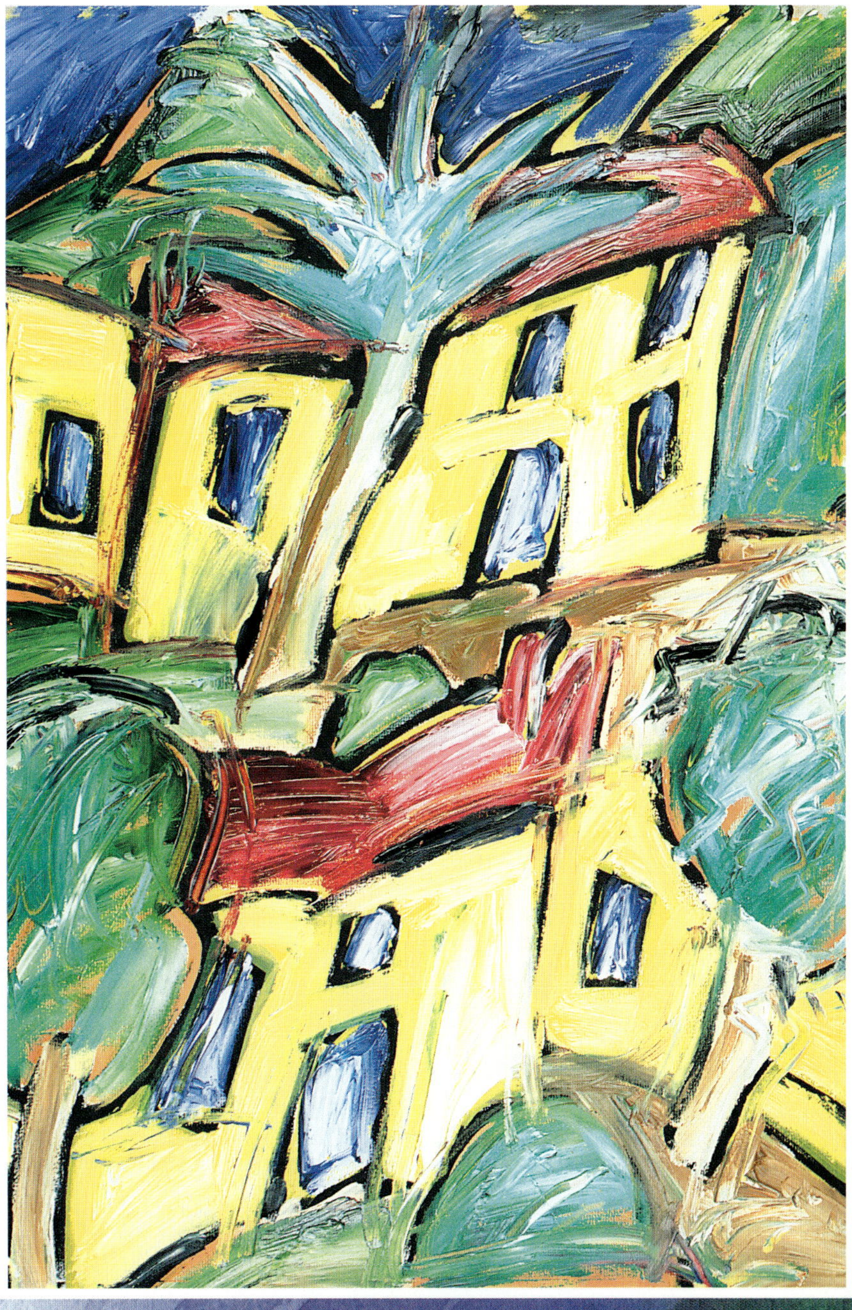

Register